이 책에 대한 추천사

"슐로모 산드의 『만들어진 유대인』은 반가운 책이다. 이 책은 특히 이스라엘 안에서 민족주의 역사학의 신화를 해체하는 데 꼭 필요한 학습서인 동시에, 이스라엘이 모든 주민에게 평등하게 속하는 나라가 되기를 바라는 탄원서이다. 열정과 박식함을 겸비한 이 책으로 정치 상황이 바뀌지는 않겠지만, 만약 그런 일이 벌어진다면 이 책은 하나의 뚜렷한 이정표 역할을 할 것이다." **에릭 홉스봄**

"슐로모 산드가 놀라운 책을 썼다. 그는 냉철하고도 학술적인 필치로 아주 간단하게 유대 역사를 표준화했다. 추방되고, 고립되고, 방황하다가 마침내 고향 땅으로 돌아갈 특별한 운명을 지닌 민족이라는 믿기 어려운 신화 대신, 그는 유대인의 역사를 재구성하고 그 역사를 인류의 보편적 역사에 설득력 있게 재통합했다. 다른 여러 나라들의 과거와 마찬가지로, 현재의 갈등을 일으키는 데 지대한 역할을 해온 유대인의 과거는 결국 이기적이고 대부분 상상에 지나지 않는 발명품임이 드러났다. 현대 중동을 이해하는 데 관심이 있는 사람이라면 누구나 이 책을 읽어야 한다." **토니 주트**

"산드는 '유대인의 기원'을 묻는다. 이 책의 원제는 『유대인의 발명』인데, 유대 민족과 인종은 19세기 유럽의 내셔널리즘 속에서 말 그대로 '발명된' 것이다. 그 역사적 기원을 보면, 유대인이란 유대교도일 뿐 '민족'과는 하등의 관계가 없다. 유대인이 로마제국, 아프리카, 러시아 지역에 이르기까지 널리 늘어난 것은 추방 때문이 아니라 유대교 개종자가 늘어났기 때문이다. 그런데 시오니스트들은 그것을 '민족의 역사'로 바꿔치기했다. 이 책을 읽음으로써 우리는 현대 세계의 가장 심각한 문제 중 하나에 대한 폭넓은 이해를 얻을 것이다." **가라타니 고진**

"이 책은 분명코 가장 용감한 '올해의 책'이다." **테리 이글턴**

"그의 책은 허구와 환상의 풍경을 헤쳐 나가는 여행이다. 산드는 오늘날의 이스라엘 사회를 견고한 진실의 벽돌로 다시 짓고 그것에 자유의 풍경을 입히기 위하여, 먼저 그 풍경을 폭파한다." **사이먼 샤마, 영국 역사학자**

"이스라엘 국가독립선언문은 유대 민족이 이스라엘 땅에서 발원하여 고국에서 추방당했다고 명시하고 있다. 모든 이스라엘 학생은 이것이 서기 70년 로마제국 시대에 일어났다고 배운다. 역사학자 슐로모 산드는 이런 인식이 틀렸다고 말한다. 유대 민족은 없었고 유대 종교만 있었을 뿐이며, 추방이 일어나지 않았으므로 귀환도 없었다는 것이다." **톰 세게브, 이스라엘 역사학자**

"『만들어진 유대인』은 필수적으로 도전해야 할, 매우 복잡한 지적 연습이다. 이스라엘보다 안전한 사회라면 기꺼이 이 책을 학교의 핵심 교과과정에 포함시킬 것이다."
아브라함 부르크, '유대기구' 전 의장

"나는 슐로모 산드의 주장에 동의하는 많은 유대인 가운데 한 명이다. 그는 말하기를, 이스라엘의 미래를 좌우할 결정적 요소는 팔레스타인계 시민과 비유대계 시민의 이야기와 권리를 얼마나 배려할 수 있는지에 달려 있다고 한다. 그러기 위해서는 먼저 '유대 민족'이라는 신화의 허구성을 근본적으로 해체하는 것이 필요하다고 말한다."
조너선 위튼버그(랍비), 『가디언』

"유대 민족주의에 대한 격렬한 비판을 담은 이 책이 번역되면서 영국에서는 새로운 보도 경쟁이 일어났고, 열띤 논쟁을 촉발시켰다. (…) 엄청난 비난과 찬사를 동시에 받은, 흔치 않은 책이다."
『뉴욕타임스』

"이유도 없이 악명을 떨치게 된 위험한 책들이 있다. 일단 그런 일이 일어나면 책은 유례없는 입소문을 탄다. 슐로모 산드의 『만들어진 유대인』도 그렇다. (…) 책의 엄청난 성공으로 저자는 대학에서 친구들을 잃었고, 독자들의 감동적인 편지로 보상을 받았다."
『르몽드』

"슐로모 산드는 역사가이자 최근 영어로 번역된 책 가운데 가장 많이 조명되고 논란을 일으킨 『만들어진 유대인』의 저자이다. 그는 유대인이 유전적으로나 그 밖의 다른 이유로나 한 번도 '하나의 민족'을 이룬 적이 없다고 주장함으로써 세계 학계에서 일대 논쟁을 일으켰다. (…) 이스라엘이 다른 민주주의 국가들을 더 닮아야 하고 인종적 순수성에 덜 매달려야 한다는 산드의 요점은 크게 환영할 만하다."
『뉴스위크』

"슐로모 산드가 일으킨 조용한 책의 지진이 유대교와 이스라엘의 관계에 대한 역사적 믿음을 뒤흔들고 있다."
『옵서버』

"연이어 폭죽을 터뜨리는 책. 이 책을 인정하지 않고는 더 이상 이스라엘-팔레스타인 지역에 대한 논의를 진행할 수 없을 것이다."
『인디펜던트』, '2009년 최고의 역사책'

"산드가 최근 출간한 이 저작은 무려 19주 동안 이스라엘 베스트셀러 순위에 올랐다. 이스라엘의 가장 큰 금기에 도전하는 책임에도 이 책의 성취를 모르는 역사학 교수는 없다."
『알자지라』

"이스라엘 민주주의가 더 자유로워지고 굳건해질 방법을 묻는 산드의 질문은 생각해볼 점이 많으며, 진지하게 논의할 가치가 있다."
『하아레츠』, 이스라엘 유력 일간지

만들어진 유대인

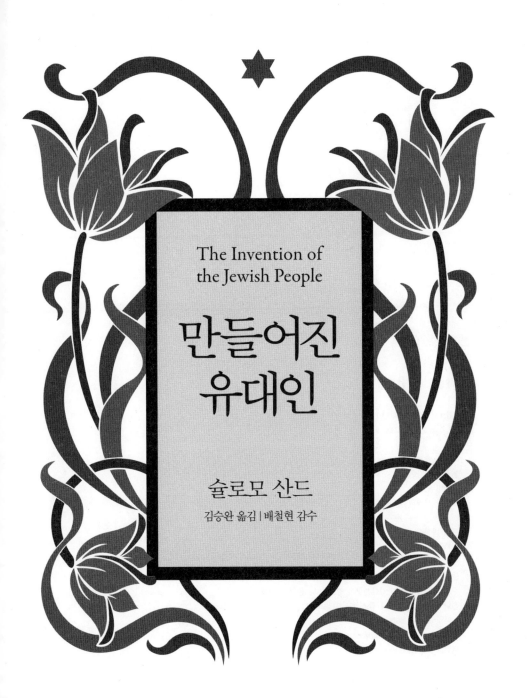

The Invention of
the Jewish People

만들어진
유대인

슐로모 산드

김승완 옮김 | 배철현 감수

사월의책

만들어진 유대인

1판 1쇄 발행 2022년 1월 3일
1판 6쇄 발행 2024년 9월 20일

지은이 슐로모 산드
옮긴이 김승완
펴낸이 안희곤
펴낸곳 사월의책

편집 박동수
디자인 김현진

등록번호 2009년 8월 20일 제2012-000118호
주소 경기도 고양시 일산서구 중앙로 1388 동관 B113호
전화 031)912-9491 | 팩스 031)913-9491
이메일 aprilbooks@aprilbooks.net
홈페이지 www.aprilbooks.net
블로그 blog.naver.com/aprilbooks

ISBN 979-11-92092-00-3 93900

차 례

머리말 11

들어가는 글 : 기억이라는 짐 19

1. 움직이는 정체성 21
첫 번째 이야기—이민자 할아버지 두 사람 / 두 번째 이야기—두 명의 마흐무드 /
세 번째 이야기—두 명의 유대인 또는 비유대인 학생

2. 구성된 기억들 45
신화로 역사 만들기 / 이스라엘의 경우 / 아주 낯선 질문들

제1장 민족 만들기—주권과 평등 65

1. '민중'인가 '종족'인가 68
'민중'이라는 용어의 짧은 역사 / '종족'이라는 거짓말

2. '민족'을 의심한 사람들 80
민족에 대한 초창기 생각들 / 세 명의 이민자 / 민족을 다시 정의하면

3. '이데올로기'인가 '정체성'인가 94
민족은 이데올로기이자 정체성이다 / 정체성은 어떻게 만들어졌나 /
신앙보다 더 강력한 정체성

4. 시민적 민족주의 대 종족적 민족주의 104
서유럽형과 동유럽형 / 예외적인 사례가 있었음에도 / 또 다른 설명들

5. 민족의 '군주' 지식인 118
지식인, 그들은 누구인가 / 근대의 지식인들 / 지식인들이 유리했던 이유

제2장 역사가 된 신화—하느님이 만드신 민족 135

1. 초창기 유대 역사가들 138
「창세기」 없는 유대 역사 / 유대인이기보다는 자기 땅의 일원이기를

2. '신화역사'로서의 구약성서 148
최초의 유대 민족사 / 구약성서라는 보물창고 / 하나로 이어져온 민족

3. "인종이 곧 민족이다" 159
모제스 헤스와 유대 인종주의 / 헤스와 그레츠의 공통점 또는 차이점

4. 어느 역사가의 반박 165
한 나라 안에 두 민족? / 반유대주의에 맞선 독일인

5. 동쪽에서 나타난 원-민족주의 176
그레츠의 러시아인 후계자 / 과학의 옷을 입은 고대사

6. 서쪽에서 나타난 종족주의 191
뉴욕의 유대인 역사가 / 영토, 주권보다 '종족'이 중요

7. 시온에서 시작된 역사학 200
역사의 목적은 뿌리로 돌아가는 것 / 유대인들만의 역사학 /
권력자의 역사 서술

8. 정치와 고고학 212
학자가 되고 싶었던 정치가 / 교사와 작가들이 맡은 역할 / 고고학의 이름으로

9. 신화역사를 배반하는 증거들 224
모순으로 가득한 성서고고학 / 출애굽에서 가나안 정복까지 /
영광의 왕국은 존재했는가?

10. 비유문학으로서의 성서 237
누가 지은 책인가? / 잠정적인 결론

제3장 너무 많은 유대인—유배 때문인가, 개종 때문인가 247

1. 서기 70년에 일어난 일 249
아무도 추방되지 않았다 / 관념으로만 존재한 유배

2. 추방 없는 유배?—불가사의한 역사 259
나라는 사라졌어도 백성은 남았다 / 유배의 새로운 의미 / 의도적으로 외면하기

3. 왜 고향을 떠났을까? 271
너무 많은 유대인 / 풀리지 않는 수수께끼

4. 만방이 그리로 모여들 것이라 282
이교도를 사랑한 성서 영웅들 / 태생은 이교도, 이름은 유대인

5. 이웃들을 강제로 개종시키다 290
하스몬 왕조—최초 일신교 왕국의 진짜 얼굴 / 개종과 동화의 과정

6. 헬레니즘 권역에서 메소포타미아 땅까지 300
언어는 문제가 아니었다 / 지중해 세계를 벗어나다

7. 로마의 그늘 아래서 310
유대교라는 골칫거리 / 여자들이 사랑한 종교

8. 랍비 유대교는 개종을 어떻게 보았을까 321
개종을 환영한 랍비들 / 유대교 확산이 멈춘 이유

9. 유다지역 사람들의 슬픈 운명 332
7세기 팔레스타인에 있었던 일 / 유대인이 줄어든 진짜 이유

10. '땅의 사람들'의 정체 339
이스라엘 땅에 사는 아랍인들 / '펠라힌'의 기원

제4장 침묵의 왕국들—잃어버린 시간을 찾아서 355

1. '행운의 아라비아'—힘야르 왕국의 개종 360
한 아라비아 유대 왕국의 흥망성쇠 / 역사에서 지워진 유대인들

2. 페니키아인과 베르베르인—수수께끼의 여왕 카히나 371
유대교도가 된 카르타고 사람들 / 베르베르 유대인들은 누구인가? /
'세파르디'—스페인 유대인들의 기원

3. 유대인 카간?—동쪽에서 일어난 이상한 제국 390
두 통의 편지가 알려준 것 / 강력했던 유대 왕국 하자르

4. 하자르인과 유대교—밀월의 시작과 끝 404
그들은 왜 하필 유대교를 택했을까? / 하자르 유대교의 성격 /
집단개종의 증거들 / 왕국은 무너져도 믿음은 살아남았다

5. 하자르 과거를 어떻게 볼 것인가? 422
회의론과 동정론 사이 / 하자르를 되살려낸 학자들 / 그들이 침묵하는 이유

6. 수수께끼—동유럽 유대인의 기원 436
정치에 짓눌린 역사 / 이디시어는 어디에서 왔는가? /
인구통계학이 말해주는 것

제5장 구별하기—이스라엘의 정체성 정치 455

1. 시오니즘과 유전 466
생물학에 호소하다 / 우파와 좌파가 다함께 믿은 이론 /
유대 생물학이 진짜로 원했던 것 / 에르네스트 르낭과 카를 카우츠키의 경우

2. 꼭두각시 과학과 인종주의 난쟁이 492
인종주의, 유전학으로 옷을 바꿔 입다 / 당황스런 연구 결과들 /
난쟁이가 조종하는 인형

3. '에트노스' 국가 수립 506
이스라엘 국가수립선언문의 양면성 / 종교에 굴복한 민족주의 /
두 얼굴의 귀환법 / 유대인이 되지 못한 이민자들

4. '유대적이면서 민주의적'이란 네모난 동그라미인가? 527
유대인의 나라인가, 이스라엘인의 나라인가 /
이스라엘은 민주주의 국가인가—학자들의 논쟁 / 법학자들의 '평등' /
'민주주의'라는 말을 붙일 수 있으려면

5. 글로벌 시대의 '종족정' 553
이스라엘의 존립을 위협하는 요소들 /
글로벌 유대인 공동체, 그 속에 숨은 잇속

후기: 땅 없는 민중, 민중 없는 땅—비판에 답함 567

유대인은 언제나 단일 민중으로 살아왔다? / 유배와 역사적 기억 /
팔레스타인인은 고대 유대인의 후손인가? / 최후의 수단—유대인 유전자 /
개종자들, 하자르인들, 그리고 역사가들 / '이스라엘 민중'의 존재를 부정하기 /
종족적 민족과 이스라엘이라는 국가

주 585
참고문헌 627
감수의 글 643
찾아보기 649

머리말

    이 영어판 책은 원래 히브리어로 출판되었다. 나의 모어(母語)는 동유럽 유대인들이 주로 썼던 이디시어이지만, 생각을 할 때는 히브리어를 써왔고, 꿈도 히브리어로 꾸는 듯하며, 글쓰기는 확실히 히브리어로 해왔다. 나는 처음부터 이스라엘인 독자를 염두에 두고 이 책을 썼기 때문에 이스라엘에서 책을 출판했다. 여기서 '이스라엘인'이란 이스라엘 안에 살면서 스스로를 유대인이라고 생각하는 이들과 아랍인으로 규정되는 이들 모두를 아우른다. 이스라엘인 독자를 생각하며 책을 쓴 이유는 단순하다. 나는 이스라엘의 수도 텔아비브에 살고 있고, 이곳에서 역사를 가르치고 있기 때문이다.

    2008년 초에 이 책이 처음 나왔을 때 독자들의 반응은 다소 뜻밖이었다. 방송매체들이 상당한 호기심을 보였고, 나는 많은 TV 및 라디오 프로그램에 초대받았다. 언론인들 역시 대체로 호의적인 관심을 보였다. 이와는 대조적으로 소위 '권위 있는' 역사학자들은 학문적 분노를 표출하며 이 책에 달려들었고, 흥분 잘하는 블로거들은 나를 이스라엘인의

적으로 묘사했다. 아마 이런 대조적인 반응 때문에 독자들이 더욱 이 책에 관심을 가지게 된 듯하다. 이 책은 베스트셀러 목록에 19주 동안 머물렀다.

이런 사정을 이해하기 위해서는 맑은 정신으로, 어느 쪽이 좋고 어느 쪽이 싫다는 편향된 시각 없이 이스라엘을 바라보아야 한다. 내가 살고 있는 사회는 다소 이상한 사회이다. 이 책의 마지막 장—많은 논평자들을 불쾌하게 만든 장—에서 논의하고 있듯이, 이스라엘이 스스로를 '유대 민중'의 국가로 여기는 한 이 나라는 민주국가라고 할 수 없다. 왜냐하면 이스라엘은 공인된 국경 안—점령지를 포함하지 않는 원래 국경—에 거주하는 모든 시민들을 대표하는 구성체이어야 하기 때문이다. 이스라엘 법에 담겨 있는 정신에 의하면, 21세기에 들어선 오늘날에도 이스라엘국의 목적은 이스라엘인들이 아닌 유대인들을 섬기는 것이며, 이 나라 안에 거주하고 이 나라 말을 쓰는 모든 국민이 아닌, 유대인이라는 '에트노스'(ethnos, 종족)의 후손이라 여겨지는 이들에게 최적의 환경을 제공하는 것이다. 사실, 유대인 어머니에게서 태어난(현재 이스라엘에서 유대인으로 분류되는 기준) 사람은 '두 개의 세계'를 마음껏 누릴 수 있다. 즉 자기 뜻대로 런던이나 뉴욕에 살면서, 이스라엘국의 통치 아래서 살고 싶은 마음이 하나도 없으면서도 그 나라를 자기 나라라고 생각할 수 있다. 하지만 유대인 부모에게서 태어나지 않은, 야파(Jaffa)나 나사렛(Nazareth)에 살고 있는 그 누구도 자신이 태어난 국가가 결코 자신의 것이 될 수 없으리라는 사실을 느끼고 있을 것이다.

하지만 이스라엘에는 보기 드문 종류의 자유주의적 다원주의가 있다. 이것은 전시에는 약해지지만 평화 시에는 상당한 힘을 발휘한다. 지금까지 이스라엘에서는 지면을 통해 다양한 정치적 의견을 개진하는 일이 가능했고, 아랍 정당들이 의회 선거에 참여하는 일도 가능했으며(이스라엘이 '유대 국가'라는 데 의문을 제기하지 않는 한 그러하다), 선출된 정부를 비판하는 일도 가능했다. 자유주의가 허용하는 자유들, 이를테면 언론의 자유, 표현의 자유, 결사의 자유 같은 것들도 보호되어 왔고, 공공영역은 다양하며 동시에 안전하다. 그렇기 때문에 이 책을 출간하는 것도 가능했고, 그렇기 때문에 이 책이 2008년에 뜨거운 반응을 일으키며 진정한 논의를 촉발하기도 했던 것이다.

뿐만 아니라 목을 꼭 죄던 민족 신화의 단추도 오래전에 헐거워졌다. 더 젊은 세대 언론인들과 평론가들은 더 이상 부모 세대의 집단주의적 기풍을 따르지 않고, 런던과 뉴욕 같은 다인종 사회에서 볼 수 있는 여러 사회적 모델들을 탐색하고 있다. 세계화는 예외 없이 그 날카로운 발톱을 이스라엘의 문화적인 장에도 찔러 넣었으며, 그 과정에서 이른바 '건국 세대'를 길러냈던 각종 전설들을 약화시켰다. '포스트시오니즘' (post-Zionism)이라고 알려진 지적 조류가 이제 미미하게나마 여러 다양한 학술기관에서 모습을 드러내고 있으며, 그리하여 과거에 대한 익숙지 않은 해석이 나오기 시작했다. 사회학자들, 고고학자들, 지리학자들, 정치학자들, 문헌학자들, 심지어 영화인들까지도 지배적인 민족주의가 설정해놓은 기본 약관들에 도전하고 있다.

그러나 많은 정보와 통찰력이 그런 방향으로 흘러가고는 있지만, 그 흐름이 히브리어로 교육을 실시하는 여러 교육기관에서 '이스라엘 민중의 역사'라는 이름을 내건 학과 설립으로까지 이어지지는 못하고 있다. 이들 교육기관에는 그런 이름을 가진 역사를 가르치는 학과는 없으며, 대신 '일반 역사학과'(내가 소속한 학과와 같은)와 또 별도로 분리된 '유대 역사학과'(유대-이스라엘인의 역사를 다루는)가 있을 뿐이다. 나를 가장 혹독하게 비판하는 이들이 후자 출신임은 말할 필요도 없다. 그들은 사소한 오류들도 지적하지만, 무엇보다도 내 전문 분야가 서유럽이기 때문에 내가 유대 역사학을 논할 권리가 없다고 불평했다. 하지만 마찬가지로 일반 역사를 전공한 다른 역사가들이 유대 역사를 다룰 때는, 그들이 지배적인 사고에서 이탈하지 않는 한 그런 비판이 제기되지 않았다. '유대 민중', '선조의 땅', '유배', '디아스포라', '알리야', '에레츠 이스라엘', '대속의 땅' 등등은 이스라엘 내에서 민족 역사를 재구축할 때 결코 빠지는 일 없이 등장해야만 하는 핵심 용어들이며, 이 용어들의 채택을 거부하는 것은 이단적인 것으로 간주된다.

나는 이 책을 쓰기 전부터 이 모든 것을 인지하고 있었다. 나를 공격하는 이들이 내가 유대 역사에 대한 적절한 지식이 부족하다고, 유대 민중의 역사적 독특성을 이해하지 못한다고, 유대 민중의 성서적 기원을 보지 못한다고, 그래서 유대 민중의 영원한 독자성을 부정한다고 주장하리라는 것을 예상했다. 그러나 내가 텔아비브대학교에서 유대 역사에 관한 방대한 서적들과 문서들에 둘러싸여 있으면서도, 그것들을 읽고 연구하는 데 시간을 내지 않고서 그냥 인생을 보낸다면, 그거야말로 내 직업에 대한 배신과 다름없다는 생각이 들었다. 사실 자리 잡은 교수로서, 프랑스나 미국으로 여행 다니며 서구 문화에 대한 자료나 모으면서 학자로서의 권력과 평온함을 누리고 산다면 분명히 좋을 것이다. 하지만 내가 살고 있는 사회의 집단기억을 형성하는 데 참여하고 있는 한 사람의 역사가로서, 이 문제의 가장 민감한 측면에 직접적으로 기여하는 것이 나의 의무라고 느꼈다.

인정한다. 유대 민중의 역사에 대한 나의 연구와, 그 역사가 흔히 (이스라엘 내에서만이 아니라 더 넓은 세계에서) 이해되는 방식의 차이가 너무 커서, 독자들이 충격을 받은 만큼이나 나도 충격을 받았다. 일반적인 교육 방식은 우리에게, 생각을 다 끝내고 나서 쓰기 시작하라고 가르친다. 쓰는 작업에 착수하기 전에 결론을 알고 있어야 한다는 것이다. (나는 박사학위를 받을 때 그런 방식으로 했다.) 하지만 이 글을 쓰면서 나는 집필 중에도 여러 차례 갈피를 잡지 못했다. 어니스트 겔너와 베네딕트 앤더슨을 비롯해 민족 역사 분야에서 개념의 획기적 전환을 주도했던 학자들의 방법론을 적용하기 시작하는 순간, 내 연구 자료들에 불을 밝히는 통찰들이 예상치 못한 방향으로 나를 이끌었다.

이번 연구에서 내가 이용한 자료 중에 새로운 결과물은 거의 없었다는 사실을 강조해야겠다. 거의 모든 자료가 다 예전부터 시오니스트 및 이스라엘 역사학자들이 알고 있었던 것들이다. 차이가 있다면 예전에는 그 일부 자료들이 충분한 주목을 받지 못했다는 것, 또 어떤 자료들은 저 역사학자들이 즉각 은폐해버렸다는 것, 또 어떤 자료들은 진화하는 민족 정체성의 이데올로기적 요구에 부응하지 않았기 때문에 '망각'되었다는 것 등이다. 무척이나 놀라운 사실은, 이 책에 인용된 정보들 중 많은 것이 학문 연구의 몇몇 제한된 서클에 항상 알려져 있었음에도, 어느 하나 할 것 없이 일반인들의 기억과 교육시스템 안으로 들어가는 길은 찾지 못하고 있다는 사실이다. 내 임무는 그 역사적 정보를 새로운 방식으로 조직하고, 오래된 문서들의 먼지를 떨어내고, 그것들을 끊임없이 재검토하는 것이었다. 이렇게 하여 얻은 결론들은 젊은 시절 내가 배운 내용과는 근본적으로 다른 담론으로 나를 이끌었다.

안타깝게도 이스라엘에서 역사를 가르치는 나의 동료들 가운데 과거에 대한 틀에 박힌 거짓말들을 폭로하는 이 위험한 교육적 임무의 수행을 의무로 느끼는 이는 거의 없다. 나는 이 책을 쓰지 않고는 이스라

에서 계속해서 살아갈 수가 없었을 것이다. 책이 세상을 바꿀 수 있다고
는 생각하지 않는다. 하지만 세상이 바뀌기 시작할 때 그 세상은 이제까
지와는 다른 종류의 책을 찾을 것이다. 내가 순진한 것인지도 모르지만,
이 책이 그런 책의 하나가 되는 것이 나의 바람이다.

2009년 텔아비브에서

들어가는 글

기억이라는 짐

민족이란… 자신들의 선조에 대한 공통된 착각과 이웃들에 대한 공통된 적의로 결합된 사람들의 집단이다.

카를 도이치, 『민족주의와 그 대안』, 1969년

민요를 들으면서 약간의 술의 도움을 받아 울음을 터뜨릴 능력이 없었다면, 나는 민족주의에 대한 이 책을 쓸 수 없었을 것이다.

어니스트 겔너, 『비판에 답함』, 1996년

이 책은 역사에 관한 책이다. 그렇지만 개인적인 이야기 두어 개로 책을 시작하려고 한다. 모든 전기문이 그러하듯 이 이야기들도 생생함을 살리자니 어느 정도는 상상력을 가미해야 했다. 이런 식으로 역사책을 시작하는 것이 그리 이상한 일은 아니다. 개인적 체험이 종종 학문 연구의 동기를 부여한다는 게 무슨 대단한 비밀도 아니기 때문이다. 여러 겹으로 쌓인 이론을 들춰보면 그런 체험들이 감춰져 있는 경우가 많다. 그중 몇몇을 나도 여기서 꺼내놓으려는 것이다. 이 이야기들은 책을 쓰는 이가 이상적 목표로 세운 역사적 진실을 향해 나아가는 데 좋은 디딤돌이 될 것이다. 하지만 자신은 물론 누구도 그 목표에 완전히 도달할 수 없다는 것을 안다.

개인의 기억은 신뢰하기가 어렵다. 그 기억이 어떤 빛깔의 잉크로 기록되었는지 우리는 알지 못한다. 그러므로 이제부터 조우하는 장면들은 부정확하거나 부분적으로 지어낸 것으로 보아야 한다. 하지만 다른 전기문 형식보다 정도가 더 심하지는 않을 것이다. 이 이야기들이 책의 중심 논지와 어떤 관계가 있는지 의아할 수도 있겠지만, 읽어나가다 보면 자연히 알게 될 것이다. 이 이야기들이 때로는 아이러니하고 때로는 우울하기까지 한 것은 사실이다. 하지만 아이러니와 우울함이란 것도 나름 쓰일 곳이 있게 마련이다. 이스라엘 정체성 정치의 역사적인 뿌리와 이후 변화된 특성을 따로 떼어내 관찰하고자 하는 이 비판적 저작에는 아이러니와 우울함이라는 옷이 어쩌면 절묘하게 맞을지도 모른다.

1. 움직이는 정체성

첫 번째 이야기―이민자 할아버지 두 사람

그의 이름은 슐렉(Shulek)이었다. 나중에 이스라엘에 와서는 샤울 (Shaul)이라는 이름으로 불렸다. 1910년 폴란드 우치에서 태어났다. 1차 세계대전이 끝날 무렵 그의 아버지가 스페인독감으로 세상을 떠나자 어머니는 도시 근교 직물공장으로 일하러 나가야 했다. 슐렉의 두 형은 지역 유대인 공동체의 도움을 받아 입양되었고, 막내 슐렉만 어머니 곁 에 남았다. 슐렉은 몇 년간 유대인 초등학교에 다녔지만, 궁핍한 집안사 정 때문에 어린 나이에 거리로 나갈 수밖에 없었다. 슐렉은 직물 가공과 관련된 여러 가지 일을 시작했다. 폴란드 섬유산업 중심지인 우치에서 는 흔히 볼 수 있는 풍경이었다.

청년 슐렉은 부모가 물려준 오래된 신앙을 극히 평범한 이유로 버렸 다. 아버지의 죽음 후 어머니가 가난해지자 유대인 회당이 어머니에게 모임 뒷줄에 앉을 것을 명했기 때문이다. 이 전통 사회를 지배하는 것은 위계질서였다. 물질적인 자산이 줄어들면 거의 언제나 상징 자본도 급격히 줄어든다. 그래서 어머니도 존중받던 사회적 지위에서 멀어졌고, 이 일은 신성한 토라*와의 거리에도 반영되었다. 아들 슐렉은 백안시하는 분위기에 밀려 더 이상 유대인 회당에 발을 들일 수가 없었다. 주요 도시들의 유대인 구역에서 젊은이들이 신앙을 잃는 일은 흔한 현상이 되고 있었다. 젊은 슐렉 역시 하루아침에 갈 곳을 잃고 신앙도 잃었다.

하지만 갈 곳 없는 생활은 잠시였다. 슐렉은 공산당에 가입했다. 공산당 가입은 당시 유행이었다. 그것을 기화로 슐렉은 폴란드 사회의 문화적·언어적 다수들과 어깨를 나란히 하게 되었다. 슐렉은 곧 혁명가가 되었다. 사회주의가 제시하는 청사진이 그의 상상력을 자극하고 정신을 단련시켰다. 슐렉은 생계를 위해 고된 일을 하면서 읽고 또 생각했다. 당은 그에게 안식처가 되었다. 하지만 오래지 않아 이 따뜻하고 활기찬 안식처마저 떠나야 했다. 정치선동죄로 감옥에 가게 된 것이다. 슐렉은 거기서 6년을 복역했다. 학교는 마치지 못했지만 감옥에서 배움의 폭을 크게 넓혔다. 마르크스의 『자본』은 여전히 완벽하게 이해하지 못했지만 엥겔스와 레닌이 대중을 상대로 쓴 글들은 익숙하게 읽을 수 있었다. 유대인 초등학교도 졸업하지 못하고 그를 예시바**에 보내려던 어머니의 소망도 이루지 못한 슐렉은 이렇게 하여 마르크스주의자가 되었다.

1939년 12월 어느 추운 겨울날, 슐렉은 우치의 중심가에서 유대인 세 명이 목 매달린 채 죽은 모습을 보았다. 근처 술집에서 술을 마시던 독일군인 몇 명이 이유 없이 벌인 일이었다. 며칠 후 슐렉과 그의 젊은 아

---

* Tora. 유대교 경전. 구약성서 중 첫 다섯 권인 모세오경을 주로 가리키지만 넓게는 구약 전체를 말한다. —이하 각주는 모두 옮긴이 주이며, 저자의 원주는 미주로 실었다.
** Yeshiva. 유대인 고등교육기관 또는 대학. 탈무드와 토라 등 전통 종교문헌을 중심으로 가르친다.

내와 처제는 쏟아지는 난민 행렬에 휩쓸린 채 동쪽으로 서둘러 나아갔다. 동쪽에서는 붉은 군대가 폴란드 영토 절반을 점령한 상태였다. 슐렉은 어머니는 데리고 가지 못했다. 나중에 슐렉은 어머니가 나이 들고 약했기 때문이라고 말했다. 사실 슐렉의 어머니는 그때 50세였다. 그로부터 얼마 되지 않아 게토 거주자들이 가스 트럭에서 죽어나가기 시작했을 때, 나이 들고 궁핍한 슐렉의 어머니도 그들 가운데 끼어 있었다. 속도가 느리고 장비가 조악한 가스 트럭은 후일 성능이 개선된 가스실보다 먼저 사용된 원시적인 집단학살 도구였다.

난민들이 소련군 점령지에 도착하고 나서도 슐렉은 자신이 공산주의자라는 것을 밝히면 안 된다는 것을 알고 있었다. 그즈음 스탈린이 폴란드 공산당 지도부를 숙청했기 때문이다. 대신 슐렉은 독·소 국경을 넘으면서 새로운, 하지만 사실은 오래된 정체성을 내세웠다. 바로 '유대인'이라는 정체성이었다. 당시 소련은 유대인 난민을 받아들이는(비록 그 대부분을 소련 내 아시아 지역으로 보내긴 했지만) 유일한 나라였다. 슐렉과 아내는 다행히 멀리 있는 우즈베키스탄으로 보내졌다. 교육을 받았고 몇 개 언어를 구사할 수 있었던 처제는 허가를 받아 문명 유럽에 남는 특권을 누렸다. 하지만 안타깝게도 그 문명은 아직 '유대-그리스도교' 문명이 아니었다. 1941년 처제는 나치들에게 붙잡혀 화장터로 보내졌다.

1945년 슐렉과 아내는 폴란드로 돌아왔다. 독일군은 더 이상 없었지만 폴란드는 계속 유대인을 거부했다. 폴란드인 공산주의자 슐렉은 또다시 갈 곳 없는 신세(그의 유일한 고향은 공산주의였고, 그렇게 고생을 하면서도 그는 끝까지 공산주의에 충성했다)가 되었다. 슐렉과 아내는 어린 자녀 둘을 데리고 이리저리 떠돌다가 바바리아 산간지대에 있는 난민수용소에 들어갔다. 그곳에서 슐렉은 어린 시절 입양 갔던 형 한 명을 만났다. 형은 슐렉과 달리 공산주의를 싫어하고 시오니즘을 좋아했다. 그러나 역사는 아이러니한 미소를 띤 채 그들의 운명을 가만히 지켜보기만 했다. 시오니스트인 형은 비자를 받아 몬트리올로 가서 그곳에서 평생을 살게 된 반면, 슐렉은 유대기구(Jewish Agency)의 도움으로 가족을 데리고 마르세유로 넘어갔다가 1948년 말 배를 타고 하이파로 오게 되었다.

이스라엘에서 슐렉은 '샤울'이라는 이름으로 오랜 세월을 살았지만 결코 문자 그대로의 '이스라엘인'이 되지는 못했다. 신분증부터 그를 이스라엘인으로 분류하지 않았다. 신분증 상으로 그의 민족과 종교는 유대인, 유대교로 규정되었다. (1960년대 이래 이스라엘은 모든 시민의 종교를, 확고한 무신론자들까지 포함해 빠짐없이 기록해왔다.) 하지만 언제나 그는 유대인이라기보다는 진정으로 공산주의자였고, 폴란드인이라기보다는 이디시주의자*였다. 그는 히브리어로 의사소통하는 법을 배웠지만 그 언어를 별로 좋아하지 않았고, 가족이나 친구들과 이야기할 때는 이디시어를 계속 썼다.

슐렉은 동유럽의 '이디시 땅'과 전쟁 전 그곳에서 부글부글 끓어오르던 혁명 사상들을 그리워했다. 이스라엘에서 그는 다른 사람들의 땅을 도둑질하고 있다고 느꼈다. 비록 자신이 한 짓은 아니었지만, 슐렉은 그것을 계속해서 도둑질로 간주했다. 그가 가장 뚜렷하게 느낀 소외감은 토박이 사브라들**이 그를 멸시한 데서 온 게 아니라 이 지역 기후 때문

---

* 동유럽 유대인들이 주로 쓰던 이디시어(Yiddish)를 통해 민족 정체성을 구별하고자 한 운동. 이디시어는 독일어, 히브리어, 슬라브어의 요소가 결합된 언어다.
** Sabra. 이스라엘 및 팔레스타인 지역에서 태어난 유대인들을 가리키는 말.

에 생긴 것이었다. 레반트*의 뜨거운 공기는 그에게 맞지 않았다. 그 뜨거운 공기를 마실수록 우치의 거리를 두텁게 덮던 함박눈에 대한 그리움만 깊어졌다. 폴란드의 함박눈은 기억 속에서 서서히 녹아갔고, 마침내 슐렉도 눈을 감았다. 그의 무덤가에서 옛 동지들이 '인터내셔널가'**를 불렀다.

베르나르도(Bernardo)는 1924년 카탈루냐 지방의 바르셀로나에서 태어났다. 수년 후 그는 도브(Dov)라는 이름으로 불리게 된다. 베르나르도의 어머니도 슐렉의 어머니처럼 평생토록 종교를 가장 소중하게 여긴 여인이었다. 다만 베르나르도의 어머니는 유대인 회당이 아니라 성당에 가서 미사를 드렸다. 하지만 베르나르도의 아버지는 일찍부터 영혼에 심취하는 일은 그 어떤 것도 가까이하지 않았고, 반항적인 분위기의 바르셀로나에서 일하는 다른 많은 금속노동자들처럼 아나키스트가 되었다. 스페인내전 초기에 아나코-생디칼리스트***노동조합은 막 탄생한 좌파 공화정부를 지지했고, 얼마 동안은 바르셀로나를 관할했다. 하지만 곧 우파 프랑코 군대가 바르셀로나에 입성했고, 청년 베르나르도는 아버지와 함께 싸우며 거리에서 퇴각했다.
스페인내전이 끝나고 몇 년 후 베르나르도는 정권을 장악한 프랑코 군대에 징집되었지만, 새 정권에 대한 그의 반감은 누그러들지 않았다. 1944년 베르나르도는 무장 탈영하여 피레네 산맥에 몸을 숨기고 다른 반정부군들이 국경을 넘는 것을 도왔다. 그러면서 미군이 도착해 악랄

* Levant. 아라비아반도 중 지중해에 면한 지역을 가리키는 역사적 용어.
** 1871년 제1인터내셔널 때부터 불린 국제사회주의자들의 공식 가요.
*** Anarcho-Syndicalism. 아나키즘과 결합된 노동조합주의의 한 조류. 이탈리아, 스페인 등에서 성행했다.

한 무솔리니-히틀러 동맹을 쓰러뜨리기만을 고대했다. 하지만 실망스럽게도 민주주의 해방군은 시도조차 하지 않았다. 베르나르도는 선택의 여지가 없었다. 그 역시 국경을 넘어 나라 없는 사람이 되는 수밖에 없었다. 베르나르도는 프랑스에서 광부 일을 하다가 밀항하여 멕시코에 가겠다는 마음을 먹고 몰래 배를 탔다. 하지만 뉴욕에서 붙잡혀 쇠고랑을 차고 유럽으로 돌려보내졌다.

그리하여 1948년 베르나르도는 다시 마르세유에 있었다. 그는 어느 조선소에서 일을 하고 있었다. 5월의 어느 저녁, 베르나르도는 부두 카페에서 혈기왕성한 젊은이 한 무리를 만났다. 여전히 바르셀로나의 혁명 노동조합이 만들어낼 아름다운 세상을 꿈꾸고 있던 젊은 금속노동자 베르나르도는 그 젊은이들의 이야기를 듣고 이스라엘이라는 새로운 국가의 키부츠*야말로 옛 노동조합의 꿈을 이어갈 후신이라고 확신하게 되었다. 유대교나 시오니즘과는 조금도 관계한 적이 없었지만, 그는 이민자를 실어 나르는 배를 타고 하이파에 도착했고 곧바로 라트룬 계곡의 전선으로 보내졌다. 많은 전우가 전투 중 쓰러졌지만 베르나르도는 살아남았다. 그는 봄날의 마르세유에서 꿈꾸었던 대로 즉시 키부츠에 들어갔다. 그리고 그곳에서 인생의 여인을 만났다. 다른 여러 커플들과 함께 랍비의 주례로 번개 같은 식을 치렀다. 그 시절 랍비들은 여전히 기쁜 마음으로 주례를 서면서 불필요한 질문은 전혀 하지 않았다.

내무부는 곧 심각한 문제가 생겼다는 것을 발견했다. 이제는 '도브'라 불리는 베르나르도가 유대인이 아니었던 것이다. 결혼이 무효화되지는 않았지만, 도브는 심사를 받고 자신의 진짜 정체성을 명확히 해야 했다.

* Kibbutz. 이스라엘의 집단농장. 재산을 공동소유하며 자치로 운영된다.

지시받은 대로 관청에 가니 커다란 검정색 스컬캡*을 쓴 공무원 한 명이 앉아 있었다. 당시 내무부를 운영하고 있던 종교색 강한 시오니스트 정당 미즈라히 당은 조심스럽고 우유부단했다. 이때까지만 해도 '자민족 영토'라든지 정체성 배제 정치 등을 고집스럽게 내세우지는 않았다.

두 사람 간의 대화는 대충 다음과 같이 진행되었다.

"유대인이 아니시군요, 선생님." 공무원이 말했다.

"내 입으로 유대인이라고 한 적은 없어요." 도브가 대답했다.

"주민등록을 바꿔드릴게요." 공무원은 격의 없이 말했다.

"좋아요." 도브가 고개를 끄덕였다. "바꾸죠, 뭐."

"어느 민족이시죠?"

"이스라엘?" 도브가 제안하듯 말했다.

"그런 건 없어요." 공무원이 말했다.

"왜 없어요?"

"이스라엘 민족이라는 분류는 없거든요."

내무부 소속 공무원은 한숨을 내쉬며 다시 물었다.

"출생지가 어디시죠?"

"바르셀로나."

"그러면 민족을 '스페인'으로 할게요."

"아니, 나 스페인 사람 아니에요. 난 카탈루냐 사람이에요. 내가 왜 스페인으로 분류가 돼요? 바로 그것 때문에 30년대부터 우리 아버지하고 내가 목숨 걸고 싸웠는데."

공무원은 머리를 긁적였다. 그는 역사는 잘 몰랐지만 사람을 존중할

---

* 유대인 남자들이 쓰는 챙과 테두리가 없는 검정 모자.

줄은 알았다.

"그럼 민족을 '카탈루냐'로 하죠."

"그거 좋네요!" 도브가 대답했다.

그리하여 이스라엘은 세계 최초로 카탈루냐 민족을 공식 인정한 국가가 되었다.

"그럼 선생님, 종교는 어떻게 되세요?"

"세속인이에요, 무신론자."

"그렇게 쓸 수는 없어요. 이스라엘국에서 '무신론자'라는 분류는 인정이 안 되거든요. 어머님 종교*가 어떻게 되시나요?"

"마지막으로 뵈었을 때도 가톨릭이셨죠."

"그럼 종교는 '그리스도교'로 할게요." 공무원이 안도하며 말했다.

하지만 도브는, 평소에는 조용한 사람임에도 점점 더 참을 수가 없었다.

"내가 신분증에 '그리스도교'라고 적어놓고 다니라고요? 그건 내 원칙하고도 어긋날 뿐만 아니라, 돌아가신 우리 아버지를 모독하는 겁니다. 우리 아버진 아나키스트였고, 전쟁 때 교회만 보이면 불을 질렀다고요."

공무원은 머리를 긁적거리고는, 이리저리 궁리하더니 해결책을 찾아냈다. 관청에서 나오는 도브의 손에 쥐어진 파란색 신분증에는 민족과 종교 모두 '카탈루냐'라고 적혀 있었다.

그 후 오랜 세월 동안 도브는 자신의 민족 및 종교 정체성 때문에 딸들이 부정적인 영향을 받지 않도록 무진 애를 써야 했다. 학교의 이스라

---

* 유대교를 포함, 세계의 많은 종교가 모계를 따른다.

엘 교사들이 학생들 중 일부 또는 학부모들 중 일부가 유대인이 아닐 수도 있음에도 '우리 유대인들'이라는 표현을 종종 쓴다는 것을 알고 있었기 때문이다. 하지만 도브는 여전히 종교에 반감을 갖고 있었고 아내도 남편이 할례 받는 것을 반대했기 때문에 유대교로 개종할 생각이 없었다. 나중에는 자신이 스페인의 마라노들*과 어떤 연관이 있지는 않을까 조사해보기도 했다. 하지만 딸들이 커서 아버지가 유대인이 아니어도 자기들은 불편하지 않다고 안심시키면서 그는 마라노 조사를 그만두었다.

모든 이스라엘 공동체가 비유대인을 공동체 묘지가 아닌 담장 밖이나 그리스도교인 묘지에 매장하지만, 다행스럽게도 키부츠만은 그렇게 하지 않았다. 그래서 도브는 키부츠의 다른 구성원들과 같은 장소에 묻혔다. 그의 신분증은 어디론가 사라져버렸다. 물론 그가 마지막 여행길에 그걸 가지고 갔을 리는 없겠지만.

슐렉과 베르나르도, 두 이민자는 각자의 딸과 아들을 결혼시켜 같은 손녀들을 보았다. 그 손녀들의 아버지에게는 친구 두 사람이 있었다. 다음 이야기는 그 두 친구의 이야기이다.

두 번째 이야기―두 명의 마흐무드

첫 번째 마흐무드(이 이야기의 주인공들은 둘 다 이름이 마흐무드이다)는 1945년 야파에서 태어났다. 1950년대 야파 인근에는 여전히 아랍인 동

---

* Marrano. 15세기 스페인 영토회복운동(레콩키스타) 당시 박해를 피해 가톨릭으로 가짜 개종한 유대인. '돼지'라는 경멸적 의미를 담고 있으며, 개종자에 대한 공식 명칭은 '콘베르소'(Converso)이다.

네가 있었다. 그 동네에는 전쟁 때 가자지구로 피난가지 않은, 그래서 자신들이 태어난 도시에서 계속 살아가도록 허가받은 이들이 살고 있었다. 야파는 거의 전 지역에 유대인 이주자들이 들어와 정착해 있었다. 마흐무드는 야파의 빈민가 골목에서 살았다. 야파에 거주하는 팔레스타인 주민들은 샤론 평야와 갈릴리에 사는 팔레스타인 주민들과 달리 그 수도 적었고 뿌리도 없이 방치되어 있었다. 원래 거주하던 주민들 가운데 극소수만 남았기 때문에 독자적인 문화를 끌어나갈 수도 없었고, 유대인 이주민 사회도 그들과 관계를 맺거나 통합하기를 거부했다.

이스라엘 공산당은 '아랍인 야파'라는 작고 비좁은 게토에서 벗어나는 중이었다. 청년 마흐무드는 공산당 청년운동에 참여했고, 그 안에서 또래의 이스라엘 청년들을 만났다. 공산당 청년운동 덕분에 히브리어를 제대로 배울 수 있었고, 각지를 여행하며 '에레츠 이스라엘'*을 속속들이 알아갈 수 있었다. 에레츠 이스라엘은 당시에는 무척이나 작았다. 마흐무드는 또 청년운동을 통해 아랍인 학교에서 받았던 열악한 교육의 폭을 더 넓힐 수 있었다. 폴란드에서 슐렉이 그랬듯이 마흐무드 역시 엥겔스와 레닌을 공부했으며 전 세계 공산주의 작가들이 쓴 글들을 읽으려 노력했다. 공산당 청년운동의 이스라엘인 교사들은 그를 좋아했다. 그는 언제나 동지들을 돕는 데 앞장서는 사람이었다.

마흐무드는 한 살 어린 이스라엘 소년과 친해졌다. 둘은 세계관이 비슷했다. 마흐무드는 한 살 어린 친구가 거칠고 모진 야파의 길거리 생활을 헤쳐 나갈 수 있도록 도와주었다. 힘센 마흐무드는 그 어린 친구를 보호해주었고, 어린 친구는 때때로 예리한 말을 내뱉어 마흐무드를

---

* Eretz Israel. '이스라엘의 땅'이라는 뜻으로 유대인들이 팔레스타인을 가리켜 부르는 말.

즐겁게 해주었다. 둘은 매우 가까워졌다. 마음속 깊은 곳의 비밀도 서로 에게 털어놓았다. 이스라엘 소년은 마흐무드의 꿈이 유대인 이름인 '모 셰'(Moshe)로 불리는 것, 그리고 보통의 이스라엘 소년처럼 대우받는 것 임을 알게 되었다. 어떤 때는 밤마다 거리를 다니면서 '모셰'라는 이름 으로 행세함으로써 행상인들과 상점 주인들로 하여금 그를 유대인으로 믿게 만들기도 했다. 그러나 이런 정체성을 오래 유지할 수는 없었고, 그는 언제나 마흐무드로 되돌아왔다. 그의 자존심도 가족에게 등 돌리 는 것을 용납하지는 않았다.

마흐무드가 아랍인으로서 누릴 수 있는 이점 한 가지는 군대에 가지 않는 것이었다. 하지만 그의 이스라엘 친구는 입영통지서를 받았고 이 제 둘은 떨어져야 했다. 1964년 어느 주말에 둘은 야파의 아름다운 해변 에 앉아 앞날을 생각했다. 마음껏 자유로이 상상할 수 있었던 시절, 둘 은 이스라엘 친구가 제대하는 즉시 함께 세계여행을 가기로 했다. 그리 고 운이 좋다면 이스라엘로 돌아오지 않을지도 모른다. 이 운명의 결의 를 못박아두기 위해 둘은 조심스레 각자의 손바닥을 벤 다음 서로 마주 대었다. 그리고 세계여행을 함께 하겠노라고 철부지 어린아이들처럼 맹 세했다.

마흐무드는 친구가 제대하기를 기다렸다. 2년 반도 넘는 시간이었다. 하지만 제대한 친구는 달라져 있었다. 사랑에 빠졌고, 감정적으로 구속 받고 있었고, 혼란스러워했다. 옛 약속을 기억하긴 했지만 망설였다. 수 도 텔아비브의 활기가 그를 부르고 있었고, 그 자극적인 유혹에 저항하 지 못했다. 마흐무드는 참을성 있게 기다렸지만, 결국 친구가 이스라엘 적인 것이 주는 자극에 너무나 끌려가버렸다는 사실을, 그래서 그로부 터 벗어나지 못할 거라는 사실을 인정해야만 했다. 그래서 마흐무드는 단념하고 혼자 돈을 모아 떠났다. 그는 유럽을 천천히 가로질러 올라갔다. 이스라엘이 점점 멀어졌다. 그는 스톡홀름까지 가서야 발길을 멈췄다. 스웨덴의 추위가 낯설었고 흰 눈에 눈이 부셨지만, 그는 적응하기 위해 열심히 일했다. 엘리베이터 회사에 취직한 마흐무드는 엘리베이터 설치 전문가가 되었다.

하지만 북국의 긴 겨울을 지낼 때면 아직도 꿈에 야파가 나왔다. 결혼해야겠다는 생각이 든 마흐무드는 한때 자신의 모국이었지만 세 살 되던 해에 역사의 결정에 의해 더 이상 '모국'이 아니게 된 그곳으로 돌아왔다. 그는 배필을 찾아 스웨덴으로 데려갔고 그곳에 가정을 꾸렸다. 어쨌든 야파 출신 팔레스타인인 마흐무드는 스칸디나비아인이 되었고, 그의 자식들은 스웨덴어를 말하며 자랐다. 아이들은 자기들의 모국어를 어머니에게 가르쳐주었다. 마흐무드는 이름을 모세로 바꾸고 싶다는 생각을 이미 오래 전에 그만두었다.

두 번째 마흐무드는 1941년 아크레 부근에 있던, 지금은 없어진 지 오래인 어느 작은 마을에서 태어났다. 1948년 가족이 전쟁을 피해 레바논으로 피난을 가면서 그는 난민이 되었고 그가 태어난 마을도 사라졌다. 그 잔해 위에는 북적대는 유대인 마을이 들어섰다. 전쟁이 끝나고 1년 뒤인 어느 그믐밤, 마흐무드 가족은 조용히 국경을 다시 넘어와 갈릴리의 '자디다'라는 마을에 있는 친척집으로 갔다. 이렇게 하여 마흐무드는 '현존 부재자'(present absentee)로 오랜 기간 분류될 이들의 대열에 끼게 되었다. '현존 부재자'란 태어난 지역에 돌아와 계속 살지만 이미 땅과 재산을 잃은 난민들이었다. 41년생 마흐무드는 공상을 잘하고 재능 있는 아이였다. 종종 유창한 말솜씨와 풍부한 상상력으로 교사들과 친

32

구들의 넋을 빼놓기도 했다. 45년생 마흐무드처럼 그 역시 공산당에 들어갔고, 곧 당원들 사이에서 저널리스트이자 시인으로 유명해졌다. 마흐무드는 당시 이스라엘에서 유대인과 아랍인이 섞여 사는 가장 큰 도시였던 하이파로 갔다. 그곳에서 젊은 이스라엘인 남녀들과 만났고, 점점 더 많은 사람들이 그의 시에 매료되었다. 마흐무드가 1964년에 쓴 대담한 시 「신분증」(Identity Card)은 이스라엘 국내외를 가리지 않고 아랍인 청년세대 전체를 열광시켰다. 「신분증」은 이스라엘 내무부 공무원에게 당당히 맞서는 장면에서 시작한다.

> 적어!
> 나는 아랍인
> 내 신분증 번호는 오만 번
> 자식은 여덟
> 가을 되면 아홉째가 나오지
> 짜증 나냐?

이스라엘은 비유대인 토박이 시민들에게 신분증을 소지하고 다닐 것을 강요했는데, 그 신분증에 적힌 그들의 민족 분류는 이스라엘도 팔레스타인도 아닌 아랍이었다. 역설적이지만, 이스라엘은 카탈루냐에 더해 '아랍'을 민족으로 인정한 전 세계에서 얼마 안 되는 나라 중 하나가 되었다. 시인 마흐무드는 이스라엘 내 비유대인 주민의 수가 늘어나는 것이 당국과 정치가들에게 걱정거리가 되리라는 것을 일찍부터 내다보았다.

곧 마흐무드에게는 선동가라는 낙인이 찍혔다. 1960년대 이스라엘은 여전히 시인을 '샤히드'*보다 더 두려워하였다. 마흐무드는 수차례 구금되고 가택연금에 처해지기를 반복했으며, 조용한 시기에도 경찰 허가 없이는 하이파를 떠날 수가 없었다. 그는 시인이라기보다 거의 도 닦는 사람에 가까운 평정심으로 박해와 제약을 견뎌냈고, 하이파의 와디 니스나스(Wadi Nisnas) 동네에 있는 그의 아파트로 성지순례 오는 친구들에게서 위안을 얻었다.

가까운 친구는 아니지만 그를 찾아오는 이들 중에 야파 출신의 공산주의자 청년이 하나 있었다. 그는 아랍어를 몰랐지만, 히브리어로 번역된 마흐무드의 시를 읽고 상상력이 불타올라 자신도 시를 끼적거리고 있었다. 그는 제대하고 난 후 이따금 하이파로 시인을 찾아갔다. 시인과 대화를 하다 보니 투쟁에 대한 그의 신념도 강해졌을 뿐 아니라, 아무나 시를 쓰면 안 되겠구나 하는 깨달음도 얻게 되었다.

1967년 말에 청년은 다시 하이파로 찾아갔다. 그해에 그는 동예루살렘 정복**에 참여해서 적을 향해 총을 쏘고 겁에 질린 주민들을 위협해야 했다. 이스라엘인들은 승리에 도취해 있었고, 아랍인들은 치욕에 괴로워하고 있었다. 마흐무드의 젊은 친구는 기분이 더러웠다. 자신에게서 전쟁의 악취가 느껴졌다. 그는 모든 것을 버리고 이 나라를 떠나고만 싶었다. 하지만 존경하는 시인과 마지막으로 한 번 만나고 싶었다.

예루살렘에서 싸움이 벌어지는 동안 마흐무드는 수갑이 채워진 채하이파 거리를 지나 감옥으로 끌려갔다. 시인을 만나러 온 병사는 시인이 석방되고 난 뒤에야 그를 만날 수 있었다. 둘은 한숨도 자지 않고, 알

* shaheed. 이슬람 순교자.
** '6일 전쟁'으로 불리는 1967년 제3차 중동전 당시 팔레스타인 지역인 동예루살렘을 점령한 일을 말함.

코올 향기에 취한 밤을 담배 연기로 흐려진 창문 옆에서 지새웠다. 시인은 자신을 존경하는 이스라엘 병사를 설득하려 애썼다. 두 사람 모두에게 고향인 곳을 버리고 외국 도시에 가지 말고, 남아서 싸우라고. 병사는 자신의 절망감을 고백했다. 승리에 도취한 분위기에 대해 역겨움을 쏟아냈다. 자신이 쏜 총 때문에 무고한 피를 흘리게 된 땅으로부터 느끼는 소외감에 대해 토로했다. 밤의 끝에 다다랐을 무렵 그는 위장에 들어간 것들을 다 쏟아냈다. 다음날 낮, 시인은 병사를 깨워 동틀 무렵 쓴 시를 번역해 보여주었다. 제목은 「하얀 백합을 꿈꾸는 병사」(A Soldier Dreaming of White Lilies)였다.

그는 말한다.
고향이란
어머니가 끓여주는 커피를 마시는 것
저녁에 안전하게 귀가하는 것.

내가 물었다
    그런 땅이란?
그가 말했다
    땅은 모르겠어요.

전쟁터에서 눈이 뒤집혀 폭력을 저지른 데 대해 회한을 느끼는, 남의 땅을 정복하는 일에 가담한 데 대해 죄책감을 느끼는 이스라엘 병사 이야기를 쓴 팔레스타인 시는, 1968년 아랍 세계에서는 배신으로 여겨졌다. 그런 이스라엘 병사가 존재할 리 없다는 것이었다. 마흐무드는 대대적으로 비난받았고 시오니스트 적국에 문화적으로 부역했다는 혐의까지 뒤집어썼다. 하지만 비난은 오래가지 않았다. 마흐무드의 명성은 계속해서 커졌고, 그는 곧 이스라엘 내 팔레스타인인들이 펼치는 당당한 저항의 상징이 되었다.

병사는 결국 나라를 떠났다. 그에 앞서 시인도 떠났다. 숨 막힐 것 같은 경찰의 감시, 끊임없는 박해와 괴롭힘을 더 이상 견딜 수 없었던 것이다. 이스라엘 당국은 재빨리 시인의 허울뿐인 시민권을 폐기했다. 이 시인은 어떤 국적도 전혀 가져서는 안 되는 신분임에도 건방지게 자기만의 신분증을 발행한 이스라엘 최초의 아랍인이라는 것을 그들은 결코 잊지 않았다.

시인은 각국 수도를 다니며 여행했고, 그러면서 명성은 더욱 커져갔다. 마침내 그는 짧았던 오슬로협정* 해빙기에 귀국해 이른바 서안지구(West Bank)의 라말라에 정착하는 것이 허용되었다. 하지만 이스라엘 안으로 들어가는 것은 금지되었다. 동료 작가가 죽었을 때에야 보안당국은 규제를 풀어주었고, 마흐무드는 어린 시절의 풍경을 단 몇 시간 동안이나마 바라볼 수가 있었다. 마흐무드는 폭탄을 운반하지 않았기에 그 후로도 몇 번 더 이스라엘 입국 허가를 받을 수 있었다.**

한편 병사는 오랜 세월 파리에 머물며 아름다운 거리를 거닐고 공부를 했다. 하지만 끝내 약해졌다. 자신이 자라난 도시에 대한 소외감은 가시지 않았지만 그리움까지 억누를 수는 없었다. 그래서 자신의 정체성이 주조된 고통스러운 장소로 되돌아왔다. 조국은 '유대인의 나라'임

---

* 1993~95년 사이 이스라엘 라빈 총리와 팔레스타인해방기구(PLO) 아라파트 의장이 체결한 합의. 팔레스타인 자치정부 출범의 계기가 되었다.
** 이상에 소개된 인물은 '팔레스타인 민족 시인'으로 불리는 마흐무드 다르위시(Mahmoud Darwish, 1941~2008)이다.

을 자임하였기에 그를 기꺼이 받아주었다.

그러나 그 땅에서 태어난 반항적인 시인과 '모세'가 되는 것이 꿈이었던 옛 친구에 대해서 이 나라는 너무나 협량(狹量)하여 결코 그들을 받아주지 않았다.

세 번째 이야기—두 명의 유대인 또는 비유대인 학생

할머니 이름을 물려받은 지젤(Gisèle)은 파리에서 나고 자랐다. 지젤은 명랑하고 충동적인 소녀로 무슨 말만 하면 첫 대답은 언제나 '아니요', '싫어요'였다. 그런 대답을 입에 붙이고 살았지만, 아니 어쩌면 그런 성격으로 지젤은 (비록 선생들은 인정하기 힘들었지만) 우수한 학생이 되었는지 모른다. 지젤의 부모는 일정 부분 지젤이 하고 싶은 대로 하게 내버려뒀다. 지젤이 갑자기 '성스러운 언어' 히브리어를 공부하겠다고 마음먹었을 때도 그랬다. 부모는 지젤이 과학자가 되기를 바랐지만 지젤은 이스라엘에 가서 살기로 마음을 굳혔다. 지젤은 소르본대학교에서 철학을 공부하면서 이디시어와 히브리어를 동시에 배웠다. 이디시어는 할머니가 썼던 말이기에 배우기로 했다. 지젤이 할머니를 본 적은 없었다. 히브리어는 미래에 태어날 자식들이 말할 언어였다.

지젤의 아버지는 수용소 생활을 했었다. 수용소에 함께 수용되어 있던 독일 출신 동료들에게서 큰 도움을 받아 목숨을 구할 수 있었고, 그리하여 운 좋게 종전 후 파리로 돌아올 수 있었다. 1942년 여름에 함께 수용소로 끌려갔던 그의 어머니 지젤라는 프랑스 내 수용소가 설치된 드랑시에서 곧바로 아우슈비츠로 이송되었다. 어머니는 살아남지 못했다. 생존한 아들은 프랑스 사회당에 가입했고 그곳에서 장차 아내가 될 여자를 만났다. 그들은 딸 둘을 낳았고 둘 중 한 아이에게 지젤이라는 이름을 붙여주었다.

　지젤은 중학교에 다닐 때부터 이미 거친 아나키스트였고, 전설적인 68년 5월 그룹 가운데 남은 이들과 어울렸다. 열일곱 살이 되었을 때 지젤은 돌연 자신을 시오니스트라고 선언했다. 당시만 해도 나치 점령시기 프랑스 유대인들의 운명을 다룬 책은 많이 나와 있지 않았던 터라, 지젤은 그 시기를 개괄적으로 다룬 글들을 읽는 데 만족해야 했다. 지젤은 독서에 심취했다. 지젤은 죽음의 수용소에서 살아남은 이들 중 많은 이가 이스라엘로 갔지만, 자신의 할머니 지젤라는 수용소에서 목숨을 잃었다는 사실을 알고 있었다. 지젤은 할머니와 닮은 유대인 여인들을 찾아냈고, '알리야'*를 실행에 옮길 준비를 했다.

　1976년 겨울 지젤은 파리 중심부에 있는 '유대기구'에 개설된 히브리어 심화강좌를 수강했다. 지젤을 가르친 선생은 예민하고 욱하는 성질이 있는 이스라엘인이었다. 지젤은 질문 공세로 선생을 짜증나게 했고, 선생이 까다로운 동사 변화를 잘못 설명하면 서슴없이 틀린 것을 지적했다. 선생은 지젤의 비판적 발언에 심기가 불편하긴 했지만 지젤에게 흥미로운 면도 있고 해서 나무라지는 않았다. 지젤은 수강생들 중 가장 뛰어난 학생이기도 해서 존중할 수밖에 없었다.

　그러나 그해가 저물기 전 지젤은 갑자기 수업에 나오지 않았다. 히브리어 선생은 혹시 수업 중에 논쟁을 하다가 무심코 지젤의 자존심을 상하게 한 일이라도 있나 걱정했다. 몇 주가 지나고 강좌가 거의 끝나갈 무렵, 지젤이 갑자기 나타났다. 어느 때보다 오만한 태도였지만 눈빛 속

---

* aliyah. '성지로의 이주'라는 의미. 원래는 유대교 예식에서 기도를 위해 단상 쪽으로 나아가는 것을 이르는 말.

에는 일말의 우울함이 감춰져 있었다. 지젤은 선생에게 히브리어 공부를 그만두기로 했다고 말했다.

지젤은 이스라엘 여행 수속을 밟기 위해 유대기구에 갔다고 했다. 그곳에서 상담을 하다가, 예루살렘의 히브리대학교에서 공부할 수도 있고 일반적인 이주민 혜택도 받을 수 있지만 개종하지 않는다면 유대인으로 인정받을 수 없다는 얘기를 들었다. 항상 스스로 유대인임을 주장하고 자신의 전형적인 유대인 성을 자랑스러워했던 지젤은, 어머니가 마음 깊은 곳까지 아버지와 일치된 정체성을 갖고 있었지만 유대인은 아니라는 사실을 알고 있었다. 그리고 유대 종교에서 자식의 종교적 정체성은 어머니의 종교적 정체성을 물려받는다는 사실도 알고 있었다. 하지만 지젤은 그 문제를 단지 사소한 관료적인 사항에 불과한 것으로 과소평가했다. 젊고 성급한 데다 아버지 집안의 역사가 본인의 정체성에 충분한 배경이 된다고 확신했기에, 그런 문제들이 쉽게 해결될 수 있을 거라 기대했던 것이다.

프랑스에서 무례하게 여겨지는 태도였지만 지젤은 유대기구 직원에게 다짜고짜 신을 믿느냐고 물었다. 직원은 안 믿는다고 대답했다. 그러자 지젤은 신을 믿지 않으면서 스스로를 유대인이라 보는 건 서로 똑같은데, 어떻게 유대인이 되고 유대인의 나라에 살려면 개종하라고 말할 수 있느냐고 따졌다. 유대 민중의 대표라 할 유대기구 직원은 그게 법이라고 무심하게 대답했다. 그리고 이스라엘에서는 종교혼만 법적으로 허용되기 때문에, 이스라엘에서였다면 지젤의 아버지가 지젤의 어머니와 결혼할 수도 없었을 거라는 얘기도 덧붙였다. 문득 지젤은 자신이 소위 민족적 서자(庶子)라는 사실을 깨달았다. 스스로를 유대인이라 생각했고, 시오니스트가 된 후로는 다른 이들도 지젤을 유대인으로 여겼지만,

이스라엘 국가를 충족시킬 만큼 충분한 유대인은 아니었던 것이다.

지젤은 개종을 고려할 마음이 추호도 없었다. 성직자라면 어떤 신념을 가진 사람이든 견딜 수 없었고, 정통파 유대교로 개종하는 데 따른 난처함과 위선에 대해 들은 바도 있었기 때문에, 혐오감에 몸이 움츠러들었다. 지젤에게는 아직도 급진적 아나키즘의 흔적이 남아 있었다. 지젤은 가고 싶은 곳의 목록에서 이스라엘을 주저 없이 삭제했다. 유대 민중의 국가로 이주하지 않기로 결정했고, 히브리어 공부를 그만두었다.

지젤은 이스라엘인 선생과 프랑스어로 마지막 대화를 나누고 난 뒤, 일어나면서 히브리어로 강한 악센트를 담아 이렇게 말했다. "여러 가지로 고마웠습니다, 그럼 건강하시고 안녕히 계세요."

선생은 지젤의 말투에 이디시어와 같은 느낌의 억양이 있다고 생각했다. 결국 지젤은 이디시어를 습득한 셈이었다. 지젤은 다시는 선생에게 연락하지 않았다. 수년 후 선생은 파리의 이름 있는 신문에서 지젤의 이름을 우연히 보게 되었다. 지젤은 이스라엘이 점령지에서 자행한 행동에 대해 칼럼을 썼다. 지젤의 이름 밑에는 정신분석가라는 직업이 짤막하게 소개되어 있었다. 이 칼럼을 읽고 많은 프랑스 유대인들은 틀림없이 지젤을 즉시 자기혐오 유대인으로 분류했을 것이고, 반유대주의자들은 지젤이 전형적인 유대인 직업을 가지고 있다고 생각했을 것이다.

또 한 명의 학생은 이름이 라리사(Larissa)이고 1984년에 시베리아의 한 작은 마을에서 태어났다. 소련이 와해된 직후인 1990년대 초에 라리사의 부모는 이스라엘로 이주했고, 갈릴리 북부의 이른바 '신도시'*라 부

* 정착촌을 지칭하는 용어로 영어로는 development town.

르는 곳으로 보내졌다. 그곳에서 라리사는 이주민 아이들과 이스라엘인 아이들이 적당히 섞여 있는 환경에서 자라났고, 그 속에 잘 동화되는 것 같았다. 라리사는 '사브라'처럼 히브리어를 말하기 시작했고 자신의 모습과 이스라엘의 일상생활에도 만족하며 지냈다. 가끔씩 러시아인이라는 소리를 듣거나 금발머리 때문에 놀림을 당할 때면 화가 나기도 했지만, 동네아이들이 새로 이사 온 아이들을 대하는 방식이란 게 대개 그러했다.

2000년 열여섯 살이 되었을 때 라리사는 첫 신분증을 받기 위해 내무부 관서에 갔다. 한 여직원이 라리사를 다정하게 맞아주고 신청서를 건네주었다. 민족을 묻는 항목을 두고, 라리사는 순진무구하게 '유대인'이라고 써도 되냐고 물어보았다. 여직원은 라리사가 앞서 써놓은 정보를 쭉 훑어보더니 미안하다는 듯이 그럴 수 없다고 설명해주었다. 라리사는 어머니와 동일하게 분류되어야 했고, 그래서 놀림 받을 때 듣는 말인 '러시아인'이라는 이름이 신분증에 기재되어야 했다. 나중에 라리사는 이야기하기를, 생리를 시작할 때 느꼈던 것과 똑같은 고통을 그 순간에 느꼈다고 했다. 자연적으로 발생하지만 결코 제거될 수 없는 고통.

이런 가인의 표적을 달고 다니는 이는 동네에서 라리사 혼자만이 아니었다. 학교에서는 비유대인 소녀들끼리 클럽을 조직하는 일도 있었다. 그들은 서로에게 방패가 되어주었으며, 신분증의 민족 정보가 잘 보이지 않도록 일부러 그 글자를 얼룩지게 만들기도 했다. 하지만 그런 것은 별 도움이 되지 않았고 그들은 마치 죄수번호표처럼 느껴지는 신분증을 계속해서 들고 다녀야만 했다. 열일곱 살이 되자 그들 모두 서둘러 운전면허를 땄다. 운전면허증은 민족 정보가 기재되어 있지 않으면서도 신분증 대신 사용할 수 있었기 때문이다.

어느 날 학교에서 폴란드에 있는 죽음의 수용소들을 방문하는 '뿌리' 여행을 간다고 했다. 예전에는 유대 정체성의 밑바탕 기억을 형성하는 주요 유적지로 마사다*가 주로 이용되었지만, 점점 더 아우슈비츠가 마사다를 대체해가고 있었다. 그런데 라리사에게 문제가 생겼다. 여권을 발급받기 위해서는 학교에 신분증을 가지고 가야 했던 것이다. 학급 전체가 자신의 비밀을 알게 될까 두렵기도 했거니와 집안 형편도 넉넉지 않았기에 라리사는 여행을 포기했고, 결국 아우슈비츠에 가지 못했다. 그런데 라리사에게도 입영통지서가 날아왔다. 라리사는 러시아 민족임을 내세워 군에 가지 않으려 했다. 병무청에 장문의 편지를 써서 보내기까지 했다. 하지만 요청은 기각되었다.

그래도 군 생활이 라리사에게 어느 정도 도움이 되었다. 군복무 선서를 하는 동안 라리사는 손이 떨려 성서를 떨어뜨릴 뻔했고 눈물까지 흘렸다. 어릴 때 러시아를 떠나면서 외할머니에게서 받은 작은 십자가도 잠깐 동안은 까맣게 잊어버렸다. 군복을 입고 있으니 소속감이 느껴졌고, 이 순간부터 모든 면에서 한 사람의 이스라엘인으로 받아들여질 거라는 확신이 들었다. 라리사는 남의 눈총이나 받고 주눅 들게 하는 부모의 러시아 문화에 등을 돌렸다. 러시아 남자들은 피하고 사브라 남자들하고만 데이트를 하곤 했다. 머리색 때문에 의혹을 사긴 했지만, 그래도 러시아인처럼 보이지 않는다는 얘기를 듣는 것이 가장 기뻤다. 심지어 유대교 개종을 심각하게 고려하기도 했다. 사실 군종 랍비를 찾아가기까지 했지만, 마지막 순간에 그만두었다. 어머니가 독실한 정교 신자는 아니라 해도 어머니의 정체성만 고립시키고 싶지는 않았기 때문이다.

* Masada. 서기 70년경 로마에 저항해 일어난 유대전쟁의 마지막 격전지.

라리사는 제대하고 텔아비브로 갔다. 활기차고 근심거리 없는 도시에 적응하는 것은 쉬웠다. 신분증에 적힌 민족 따위는 무의미하며, 끈덕지게 쫓아다니던 열등감도 단지 혼자 만들어낸 것에 지나지 않는다는 새로운 느낌을 갖게 되었다. 하지만 간혹 밤이 되면, 특히 연애를 하고 있을 때는, 걱정이 스멀스멀 기어 올라왔다. 과연 어느 유대인 어머니가 '쉭스'*를 며느리로 맞아 비유대인 손주를 보고 싶어 할까?

라리사는 대학에서 역사를 공부하기 시작했다. 대학은 너무 좋았다. 라리사는 주로 학생용 라운지에서 시간을 보냈다. 3학년이 되었을 때 '근대 민족과 민족주의'라는 강의를 신청했다. 교수도 그렇게 엄격하지 않고 과제도 어렵지 않다는 얘기를 들었던 것이다. 다른 무언가에 호기심이 동하기도 했다는 것을 라리사는 나중에 깨달았다.

첫 수업시간에 교수는 수업을 들으러 온 학생들 가운데 내무부에 유대인외 다른 민족으로 등록된 사람이 있는지 물었다. 손을 든 학생은 한 명도 없었다. 라리사는 교수가 자신을 쳐다보지 않을까 두려웠지만, 교수는 단지 조금 실망한 듯 보였을 뿐 그 얘기를 더 이상 하지는 않았다. 수업이 가끔 지루하기도 하고 교수가 같은 말을 반복하는 스타일이기는 했지만, 강의는 라리사의 가슴에 와 닿았다. 라리사는 이스라엘 정체성 정치의 독특한 성격을 이해하기 시작했다. 자신이 커오면서 겪었던 상황들을 다시 끄집어내 그것들을 새로운 각도에서 바라보았다. 자신이 비록 혈통에서는 아니더라도 정신적으로는 사실상 이스라엘 국가의 마지막 유대인들 중 한 명이라는 것을 라리사는 이해하게 되었다.

학기가 한참 진행되고 기말리포트 주제를 정해야 했기에 라리사는

---

* shickse. 젊은 비유대인 여자를 경멸적으로 이르는 속어.

조용히 교수에게 다가갔다.

"첫 수업시간에 하신 질문 혹시 기억나세요?"

"어떤 질문?"

"유대인으로 분류되지 않은 사람 있느냐고 물어보셨잖아요. 그때 손들었어야 되는데, 손이 올라가지가 않았어요." 그리고 라리사는 미소와 함께 이렇게 덧붙였다.

"교수님께선 제가 또다시 벽장 밖으로 나오지 못했다고 하시겠지만."

교수가 말했다.

"그렇다면 뭣 때문에 그렇게 '척'했는지에 대해서 리포트를 쓰면 되겠네. 그 리포트를 읽고 나면, 어쩐지 나도 유랑하는 민족인 '척'하며 혼란스러워 하는 사람들에 대해 책을 쓰기 시작할 수 있을 것 같은데."

라리사의 기말리포트는 높은 점수를 받았다. 그 리포트를 쓰며 라리사는 남아 있던 불안과 고뇌의 장벽을 완전히 무너뜨렸다.

이쯤 되면 텔아비브에서 라리사에게 역사를 가르친 교수와, 비에 젖은 파리에서 지젤에게 히브리어를 가르치던 선생이 같은 인물이라는 것을 눈치 챘을 것이다. 젊은 시절에 그는 엘리베이터 설치기사 마흐무드의 친구였으며, 팔레스타인의 민족 시인이 된 마흐무드의 친구이기도 했다. 그는 바르셀로나 출신의 아나키스트 베르나르도의 사위이자 우치의 공산주의자 슐렉의 아들이다.

그는 또한 지금 이 골치 아픈 책을 쓰고 있는 사람이기도 하다. 이 책을 쓰는 데에는 여러 이유가 있지만, 무엇보다도 정체성에 관한 이 개인적 이야기들 밑에 깔려 있을 역사 일반의 논리를 한번 이해해보고자 하는 마음에서 쓰는 것이다.

2. 구성된 기억들

신화로 역사 만들기

역사가가 연구 주제를 선택할 때 개인적인 경험에 좌우될 수 있다는 것은 확실하다. 수학자나 물리학자보다 그런 경향이 더 강할 것이다. 하지만 개인적인 경험이 역사가가 수행하는 작업의 절차와 방법까지 지배한다고 가정하는 것은 잘못일 것이다. 때로는 후한 지원금이 연구자를 특정 분야로 이끌기도 한다. 자주 있는 일은 아니지만 또 다른 경우에는 새 연구 결과가 나오면서 학자가 방향을 다시 잡아야 하는 일도 생긴다. 그런 와중에도 학자는 자신의 관심 주제를 처음 의식하게 된 계기를 마음에 간직한다. 물론 다른 요인들도 이 학문적 활동의 형태를 잡아가는 데 영향을 줄 것이다.

이 모든 구성요소 외에 중요한 부분이 하나 더 있다. 역사가도 연구자가 되기 전에는 다른 사회구성원들처럼 집단 기억을 층층이, 가지런히 축적한다는 사실이다. 우리들 각자는 지나간 이데올로기적 갈등을 거쳐 형성된 다층적 이야기들을 쌓아두고 있다. 역사 수업, 윤리 수업, 교육 과정, 국가 공휴일, 추모 및 경축일, 국가 행사 등 기억의 다양한 영역들은 과거를 대표하는 하나의 상상된 세계가 되어, 역사가가 이 세계를 비판적으로 생각하는 도구를 습득하기 전에 그의 일부가 된다. 역사가가 자신의 연구 경력에 첫발을 내딛고 역사의 전개를 알아보고자 할 때, 이 문화적으로 구성된 '진실'의 거대한 세계는 역사가의 마음속에 이미 자리를 잡은 상태다. 그의 사고는 이 세계를 그냥 지나칠 수 없다. 그러하기에 '역사가'라는 존재는 개인적인 경험뿐 아니라 주입된 기억들이 만들어낸 심리적이고 문화적인 산물이다.

나는 어렸을 때 유치원에서 열린 하누카 축제*에서 발을 구르며 열정적으로 노래를 불렀다. "불과 빛을 앞세우고 우리가 간다. 어둠을 몰아내자!" 아이의 마음속에 '우리'와 '그들'의 일차적 이미지가 형성되기 시작했다. 우리 유대 마카베오인들은 빛과 관련된 사람들이고, 그들 그리스인들과 그 추종자들은 어둠과 관련된 사람들이다. 나중에 초등학교에 들어간 뒤에는 성서 수업시간에 성서 속 영웅들이 정복한 땅이 바로 '약속된 땅'이라고 배웠다. 나는 무신론 집안에서 자랐기에 그 약속에 의구심을 가졌지만, 그래도 어느 정도는 자연스럽게 여호수아의 용사들을 수긍했고 그들을 나의 조상으로 여겼다. (내가 속한 세대가 배운 역사는 성서에서 민족 부흥까지 하나의 길로 쭉 이어져 있었다. 서기 70년 무렵의 추방에서 홀로코스트까지를 생략한 나중 역사와는 달랐다.) 나머지는 말하지 않아도 되리라. 고대 유대 민중의 후손이라는 느낌은 단지 확신 정도가 아니

---

* Hanukkah. 기원전 164년 마카베오 가문이 당시 이스라엘 일대를 지배하던 그리스계 셀레우코스 왕조에 맞서 예루살렘을 탈환하고 성전을 회복한 것을 기념하는 축제. 이로 인해 20년 후 하스몬 왕조가 성립된다.

라 자기 정체성을 구성하는 중심요소가 되었다. 대학에서 역사를 공부하고 역사 연구자가 되었음에도 단단하게 굳은 이 역사적 '기억'을 용해시킬 수는 없었다. 역사적으로 볼 때 민족국가(nation-state)가 세계사에 등장한 것은 대중 의무교육이 시행되기 이전이긴 하지만, 그 지위를 확고히 할 수 있었던 건 오로지 대중 의무교육이라는 체제를 통해서였다. 그리고 이렇게 구성된 기억들은 국가 교육체제의 더 높은 단계에 확고하게 자리 잡았고, 그 핵심에는 민족 역사학(national historiography)*이 있었다.

근대에 집단 동질성을 고취하려는 노력은 여러 가지가 있었지만, 그 가운데서도 해당 공동체에 소속된 구성원 모두가 '선조들'과 시공간적으로 연결돼 있다는 것을 암시하는 장대한 서사를 제공하는 것이 필수였다. 그런데 민족이라는 몸체 안에 살아있는 이런 긴밀한 연결고리란 어느 사회에서도 실제로 존재한 적이 없기에, 기억을 구축하는 이들은 이 연결고리를 만들어내는 데 노력을 기울여야 했다. 우선 고고학자, 역사가, 인류학자 등이 나서서 다양한 연구 결과들을 수집했고, 다음으로는 문필가, 언론인, 역사소설가 등이 메스를 들고 이 결과들에 대규모 성형수술을 가했다. 이런 수술 끝에 탈바꿈한 과거를 보니 당당하고 잘 생긴 민족의 초상이 그 속에 숨어 있었다.[1]

어느 역사든 신화가 포함되어 있지만, 민족 역사학 안에 숨어 있는 신화는 특히 뻔뻔하다. 민중과 민족에 관한 역사는 마치 도시 광장마다 서 있는 동상들처럼 고안된 것들이다. 이 역사는 웅장해야 하고, 뛰어나며, 영웅적이어야 한다. 20세기의 마지막 사반세기까지도 한 민족의 역사

* 'historiography'는 종종 '역사기록학'으로 번역하지만, 역사(history) 그 자체와 구별하기 위한 단어이므로 이 책에서는 간단히 '역사학'으로 옮김.

는 지역신문의 스포츠 면 같았다. '우리'와 '나머지 사람들'을 구분하는 건 일반적이고도 자연스러운 일이었다. 이 '우리'를 생산하는 일은, 기억을 되살리는 권위 있는 제사장으로서 민족 역사가들과 고고학자들이 맡은 필생의 작업이었다.

　유럽인들은 유럽 민족들이 형성되기 전까지만 해도 스스로를 고대 트로이인의 후손이라 믿었다. 이런 신화는 18세기 말에 와서는 과학의 도움을 받기까지 했다. 과거를 연구하는 전문 연구자들—그가 그리스인인지 다른 유럽인인지는 상관이 없었다—이 쏟아낸 상상력 넘치는 연구의 결과, 근대 그리스에 거주하는 이들은 자신들을 소크라테스와 알렉산더 대왕의 생물학적 후손으로 여기거나 비잔틴제국의 직계 상속인처럼 생각하게 되었다. 19세기 말 이후에는 영향력 있는 교과서들이 고대 로마인들을 오늘날 흔히 접하는 이탈리아인처럼 탈바꿈시켜 놓았다. 프랑스 제3공화정의 학교에서는 율리우스 카이사르 시대에 로마에 저항했던 골족(Gaules, 갈리아인)이야말로 진짜 프랑스인이라고(다만 라틴 기질은 별로 없는) 가르쳤다. 또 다른 프랑스 역사가들은 5세기에 클로비스 왕이 그리스도교로 개종한 장면을, 영원히 남을 프랑스 민족의 진정한 탄생의 순간으로 골랐다.

　루마니아 민족주의의 선구자들은 근대에 만들어진 그들의 정체성을 고대 로마의 속주였던 다키아(Dacia)로부터 끌어왔다. '로마'라는 고귀한 기원을 부여받은 그들은 자기들의 말을 루마니아어(Romanian)라고 불렀다. 19세기에는 많은 영국인이 로마 정복군에게 맹렬하게 저항했던 켈트족 계통 이케니(Iceni) 부족의 지도자인 부디카(Boudicca) 여왕을 최초의 영국인이라고 보았다. 부디카를 미화시킨 동상이 런던에 세워졌다. 독일 작가들은 고대 케루스키(Cherusci) 부족을 이끌었다는 아르미니우스(Arminius)에 대한 타키투스의 서술에 너도나도 달려들어, 그를 게르만 민족의 아버지로 묘사했다. 미국 제3대 대통령으로 많은 흑인 노예를 소유했던 토머스 제퍼슨조차, 클로비스가 개종했던 5세기에 브리튼을 처음 침략한 색슨족 지도자 헹기스트(Hengist)와 호르사(Horsa)의 이미지를 국새에 새겨 넣어야 한다고 주장했다. 제퍼슨은 그 이유를 이렇게 설명했다. "우리는 그들의 명예로운 후손이며, 우리의 정치 원리와 정부 형태도 그들의 것을 취했기 때문이다."[2]

20세기 와서도 이런 믿음은 거의 달라지지 않았다. 오스만제국이 와해된 후 새로 건국된 터키의 주민들은 스스로를 수메르인과 히타이트인의 후손인 백인 아리아인으로 여겼다. 그런데 한 게으른 영국 관리가 임의로 이라크 국경을 정하면서 지도상에 일직선을 쭉 그어버렸다. 하루아침에 이라크인이 되어버린 이들은 곧 권위 있는 역사가들로부터 자신들이 고대 바빌로니아인의 후손이며, 영웅적인 전사 살라딘의 아랍인 후예라는 얘기를 들어야 했다. 또한 이집트 시민은 자신들의 첫 민족국가가 여러 신을 믿는 파라오 왕국이었다는 것을 의심하지 않으면서도, 독실한 이슬람교도로서 내내 살아왔다. 인도인, 알제리인, 인도네시아인, 베트남인, 이란인들도 자신들의 민족이 옛날부터 항상 존재해왔다고 믿고 있으며, 아이들 역시 어릴 때부터 학교에서 기나긴 역사적 서사들을 외우고 있다.

이스라엘의 경우

이스라엘 국민들, 특히 유대인으로 분류되는 이스라엘인들은 자신들의 역사가 확고하고 정확한 사실에 기초해 있다고 믿은 나머지 신화를 더욱 무리하게 구성했다. 유대 민족은 모세가 시나이산(시내산)에서 십계명을 받았을 때부터 항상 존재해왔으며, 자신들이야말로 유대 민족(아직 자취를 찾지 못한 열 지파는 제외하고)*의 직접적이고 배타적인 후손이라는 것을 사실로 확신한다. 이 민족은 이집트에서 '탈출'했으며, 이른바 '이스라엘'이라 부르는, 신이 이 민족에게 약속한 땅을 정복해 정착했다. 이후 유대 민족은 장엄한 다윗과 솔로몬 왕국을 탄생시켰고, 이 왕국이 후에 유다왕국과 이스라엘왕국으로 나뉘었다. 그들은 또한 기원전 6세기 바빌로니아의 침략으로 인한 제1차 성전파괴와 서기 70년 유대전쟁으로 인한 제2차 성전파괴 이후 유랑을 하게 되었다고 믿는다. 그리고 이 유일무이한 민족은 두 번째 유랑을 시작하기 전에 사악한 헬레니즘에 대항해 하스몬 왕조**를 탄생시키기도 했다는 것이다.

그들은 세상에서 가장 오래된 '민족'으로 거의 이천 년 동안 유랑 생활을 했지만, 이방인들 틈에서 오랜 세월을 보내면서도 그들과 통합되거나 동화되는 것을 끝내 피했다고 믿는다. 이 민족은 고된 방랑 속에서 예멘, 모로코, 스페인, 독일, 폴란드, 그리고 멀리 러시아까지 이를 만큼 널리널리 흩어졌다. 하지만 이토록 널리 퍼진 공동체들 사이에서도 긴밀한 혈연관계를 계속 유지하여 그 독특함을 보존할 수 있었다는 것이다.

그 후 19세기 말에 일어난 보기 드문 상황이 이 고대 민중을 긴 잠에서 깨웠고, 다시 활력을 찾아 고대의 고향땅으로 돌아가도록 준비시켰다. 그리하여 이 민족에 속한 많은 사람들이 기쁘게 돌아오기 시작했다. 그러나 많은 이스라엘인은 지금도 이 일이 히틀러가 저지른 만행 때문

---

* 고대 이스라엘은 원래 12지파였는데, 솔로몬 이후 두 왕국으로 갈라져서 남왕국 유다에 속한 유다 지파와 베냐민 지파만 남고 북왕국 이스라엘을 구성한 10지파는 사라졌다고 한다.
** Hasmonean Dynasty. 마카베오 가문이 기원전 164년 셀레우코스 왕조로부터 예루살렘을 되찾은 후 세운 왕조.

이라고 믿는다. '알리야'를 원하는 유대인 수백만 명이 '에레츠 이스라엘'을 삽시간에 가득 채운 것은 그 때문이라는 것이다.

이 유랑하는 민족은 그들만의 땅이 필요했고, 마침 아무도 살지 않던 텅 빈 땅이 있어서 어느 민족이 와서 꽃피워주기만을 고대하고 있었다고 믿는다. 고향땅에는 이미 낯선 불청객들이 와서 정착해 있었지만(이건 사실이다), 이 민족은 이천 년 동안 '디아스포라*' 상황에서도 언제 어디에 살건 항상 신앙을 곁에 두고 지켰기에' 이 땅은 오직 이들에게 돌아가야 할 땅이었다. 역사의식도 없이 어쩌다 이곳에 들어오게 된 저 성가신 이들에게는 맞지 않는 땅이었다. 그렇게 하여 이 유랑 민족이 이 지역을 정복하면서 벌인 전쟁들이 정당화되었다. 현지 주민들의 폭력적인 저항은 범죄였다. 나아가 이 이방인들이 계속 이 땅에 남아 유대 민족 사이에서 살아갈 수 있는 건 오로지 유대인들의 (너무나 비성서적인) 자비심 덕분이라는 것이다. 유대인들은 성서의 언어를 되찾았고 경이의 땅으로 되돌아왔다.

이스라엘에서도 이 '기억이라는 짐'은 자연적으로 생겨난 것이 아니다. 재능 있는 기억의 구성자들이 19세기 후반기부터 시작해 층층이 쌓아올린 것이다. 그들은 우선 유대교에 전해 내려오는 종교직 기억의 파편들과 그리스도교가 가진 기억의 파편들을 모은 다음, 그 파편들로부터 상상력을 발휘해 이른바 '유대 민중'에 관한 길고도 단절되지 않은 계보를 구성해냈다. 그 전까지는 한 번도 이런 공적 기억을 체계적으로 구성한 적이 없었다. 또 참으로 신기한 일이지만, 이후에도 그 기억은 지금에 이르기까지 별로 바뀐 것이 없다. 영국 통치하의 예루살렘과 건

---

* '디아스포라'(diaspora)라는 말 자체가 유대인의 이산을 뜻한다.

국 후 이스라엘에 대학들이 설립되고 서구 전역에도 유대인 연구 과목이 개설되는 등 유대 역사 연구가 학문적 영역으로 들어왔음에도, 유대 과거에 대한 관념은 통일된 민족-종족적 성격을 오늘날까지 간직한 채 거의 변하지 않은 상태로 남아 있다.

물론 다른 접근법들도 이 방대한 유대교 및 유대 역사학에 동원되었다. '민족의 과거'라는 매우 건질 게 많은 이 분야에서 의견 대립과 논쟁이 부족한 적은 한 번도 없었다. 하지만 아무리 논쟁이 치열해도 19세기 말과 20세기 초에 형성, 수용된 기본 개념에 도전하는 학자는 거의 없었다. 20세기 말 서구 세계의 역사 연구에서 근본적인 전환이 일어났고 민족 및 민족주의 연구에서도 중대한 패러다임 교체가 있었지만, 이스라엘 여러 대학에 개설된 '이스라엘 민중사'(유대 역사라고도 알려진) 과목들은 그런 변화들로부터 아무런 영향도 받지 않았다. 놀라운 일이지만 미국이나 유럽 여러 대학의 유대 연구 학과들이 내놓은 풍부한 성과물에서도 그런 변화의 흔적은 찾아볼 수가 없다.

가끔 어떤 연구 결과가 나와서 단절 없는 직선적 유대 역사라는 그림을 위협해도, 그 연구는 거의 인용되지 않았다. 그런 연구 결과는 수면 위로 떠올랐다가도 금세 망각 속에 묻혀버렸다. 민족적 긴급 상황이라는 자물쇠가 지배 서사를 옥죄어 어떤 것도 이탈하지 못하게 했다. 유대인과 시오니즘과 이스라엘의 과거에 관한 자료의 생산을 맡은 저 독특한 연구 체제도 경악할 정도의 학문적 마비 상황을 만드는 데 일조했다. 즉 유대 역사학과들이 따로 설립되어 일반 역사 및 중동 역사학과는 완전히 단절된 채 배타적으로 연구를 수행했던 것이다. 이 유대 역사학과들의 고집스런 배타성 때문에 유대인의 기원과 정체성을 냉철하게 조사할 새로운 역사학이 나올 길도 막혀버리게 되었다. 때때로 '유대인이란 누구인가?' 하는 질문이 나와서 이스라엘 여론을 흔들곤 했지만(그 이유는 무엇보다 이 질문이 법적 쟁점을 수반하고 있었기 때문인데), 그래도 이스라엘 역사가들은 흔들리지 않았다. 그들은 언제나 답을 알고 있었다. 즉 유대인이란 '이천 년 전에 추방된 민족의 후손'이라는 것이다.

1980년대에 시작된 이른바 '새로운 역사가들'의 논쟁이 이스라엘의 기억 구조를 흔들어놓을 것처럼 보였지만 그것도 잠시였다. 권위 있는 역사가들 가운데 이 논쟁에 참여한 이는 거의 없었다. 이 공개 논쟁에 참여한 몇 안 되는 이들 대부분은 다른 분야 학자이거나 학계 외부 인물이었다. 사회학자, 정치학자, 동양학자, 문헌학자, 지리학자, 문학자, 고고학자, 그리고 몇 명의 자유기고가가 유대, 시오니즘, 이스라엘 역사에 대해 의구심을 표했다. 그중 일부는 이스라엘 밖에서 역사학 박사학위를 받은 사람들인데, 이스라엘 안에서는 자리를 구하기도 어려웠다. 새로운 연구의 원천이 되어야 할 유대 역사학과들은 오로지 변명과 관습적인 수사법의 틀에 갇힌, 불편한 기색이 역력해 보이는 보수적인 반응만을 보였다.[3]

그러다가 1990년대에 대항역사(counter-history)가 등장하여 1948년 전쟁*이 여러 국면들과 결괴, 그중에서도 특히 이 전쟁의 도덕적 함의를 중점적으로 다루기 시작했다. 이 논의는 이스라엘 사회가 가진 기억의 형상화 방식에 대해 대단히 중요한 이의를 제기하였다. '1948년 증후군'이라 부를 수 있는 이스라엘인의 양심을 괴롭혀온 이 문제는, 이스라엘 국의 미래 정치에도 중요하지만 아마도 국가의 미래 존립에 있어서도

---

* 1948년 5월 이스라엘 건국일을 전후해 민병조직들이 수백 개의 팔레스타인 마을을 파괴, 1만 5천 명을 학살하고 수십만 명을 추방 이주시킨 사건. 팔레스타인인은 아랍어로 '대재앙'이라는 뜻의 '나크바'(Nakbah)라고 부른다.

핵심적인 사안이 될 것이다. 팔레스타인인과의 의미 있는 화해가 언젠가 실현된다면, 유대인들의 역사뿐 아니라 이들 '타자들'의 최근 역사도 함께 다루어질 것이 틀림없다.

하지만 이 의미 있는 논의도 학문 영역에서만 제한적 성과를 냈을 뿐 대중적인 인식은 여전히 미미한 수준이다. 나이든 기성세대들은 모든 새로운 연구 결과 및 평가를 모조리 거부해 왔다. 그들은 역사의 향방을 이끌어왔다고 믿는 자신들의 엄격한 도덕률과 이 새로운 연구 결과들을 융화시킬 수 없었다. 지식인 가운데 좀 더 젊은 세대들은 국가를 만드는 과정에서 범죄가 자행되었음을 충분히 수긍할 용의가 있었을지 모른다. 하지만 대부분은 범죄를 예외적인 일로 돌리는 아전인수식의 상대적 도덕률을 견지했다. 따라서 그들은 이렇게 되물었다. 홀로코스트에 비하면 '나크바'가 뭐 그리 나빴다는 건가? 짧은 기간 동안 제한적으로 벌어진 팔레스타인 난민 문제를 어떻게 이천 년 유배의 고통에 비길 수 있단 말인가?

한편, '정치적 범죄'보다 시오니스트들의 장기간에 걸친 의도에 주목했던 사회역사학 연구들은 아예 관심을 끌지도 못했다. 그 연구서들은 이스라엘인들이 썼음에도 히브리어로는 한 번도 출판되지 않았다.[4] 민족 역사를 뒷받침하는 패러다임들에 의문을 제기한 몇 안 되는 히브리어 저작들은 냉대를 받았다. 그중에는 보아스 에브론의 대담한 책 『유대 국가인가, 이스라엘 민족인가?』와 우리 람의 흥미로운 논문 「시오니스트 역사학, 그리고 근대 유대 민족의 창안」도 있었다.[5] 에브론과 람은 모두 유대 과거를 직업적으로 연구하는 역사학에 급진적인 도전장을 던졌지만, 유대 과거의 권위 있는 생산자들은 그런 도전에 거의 신경 쓰지 않았다.

에브론과 람의 저작을 중심으로 1980년대와 1990년대 초에 걸쳐 돌파구가 마련되었고, 이 책은 그 발전에 힘입은 바 크다. 에브론과 람 및 다른 이스라엘인들의 도전적인 글쓰기가 없었더라면, 그리고 무엇보다도 어니스트 겔너와 베네딕트 앤더슨처럼 민족주의를 연구한 비이스라엘인 학자들의 기여가 없었더라면,[6] 내가 과연 나의 정체성 뿌리에 대해 새롭게 질문을 던질 생각이 들었을지, 그리고 어릴 적부터 과거에 대한 내 자신의 감각 위에 겹겹이 쌓아올린 기억의 층으로부터 나 자신을 빼내야겠다는 생각이 들었을지 의심스럽다.

민족 역사와 관련해서 우리는 단순히 나무를 보느라 숲을 보지 못하는 게 아니다. 전체를 아우르는 삼림지대를 흘깃 보기만 해도 숲으로 덮인 그 어마어마한 규모에 겁이 덜컥 나기 때문이다. 학문의 전문화로 인해 학자들은 과거의 특정 부분 안에 갇혀있는 실정이다. 서사들은 본디 좀 더 많은 것을 포괄하는 방향으로 자라나는 경향이 있지만, 어떤 이단적인 서사가 그런 형태를 갖추려면 다원적인 문화 안에서 연구가 수행될 필요가 있다. 즉 민족 간 무력충돌의 긴장으로부터 자유롭고, 민족 정체성 및 그 기원에 대한 만성적인 걱정으로부터도 자유로울 필요가 있다는 얘기다.

동시대 이스라엘의 현실에 비춰봤을 때 이런 진술은 꿈같은 얘기라는 소리를 듣기 딱 좋을 것이다. 이스라엘 건국 후 60여 년간 민족 역사는 거의 발전을 보지 못했으며, 곧 성숙에 이를 거라고 기대할 이유도 찾을 수 없다. 나는 이 책이 일으킬 반응에 환상이 없다. 하지만 소수 독자들이나마 과거를 더 급진적으로 재평가하는 데 기꺼이 나섬으로써 거의 모든 유대계 이스라엘인의 생각과 행동에 스며있는 근본주의 정체성을 서서히 무너뜨리는 데 힘을 보태주기를 기대한다.

아주 낯선 질문들

이 책은 직업 역사가가 쓴 것이긴 하지만, 학계에서 일반적으로 허용하거나 공인하지 않는 방식을 감히 취하고 있다. 학계 통념상 학자는 정해진 길을 따라갈 것과 그가 자격을 가졌다고 보는 분야에만 매진할 것을 요구받는다. 그러나 책의 목차를 보면 알겠지만, 이 책에서 논의되는 사안은 단일 학문의 경계를 넘어선다. 성서를 연구하는 교사들, 고대사 학자들, 고고학자들, 중세사 학자들, 그리고 누구보다도 유대 민중에 관한 전문가들이 내 연구 분야가 아닌 영역을 침범한 것에 항의할 것이다.

그런 주장이 일리가 있음을 나 역시 알고 있다. 이 책이 한 사람의 역사가가 아니라 한 무리의 학자에 의해 쓰였더라면 더 좋았을 것이다. 하지만 안타깝게도 그건 가능하지가 않았다. 공모자를 찾을 수가 없었기 때문이다. 따라서 이 책에는 일부 부정확한 기술이 들어있을 수도 있으며, 이에 대해서는 미리 사과의 뜻을 표한다. 아울러 비평가들이 최대한 능력을 발휘해 그런 사항들을 바로잡아주기를 요청한다. 나는 이스라엘인들에게 역사적 진실이라는 불을 훔쳐다준 이스라엘의 프로메테우스임을 자임하지 않는다. 그러니 전능한 제우스를, 다시 말해 유대 역사학을 전문적으로 연구하는 집단의 형상을 한 제우스를 두려워할 이유도 없다. 나는 다만 특정 분야 바깥에서 뭔가를 시도하거나 특정 분야들 사이의 경계를 걷거나 하면 이따금 예상치 못한 통찰이나 놀라운 연관성을 발견할 수도 있다는 사실에 주목할 따름이다. 가끔은 안에서 생각하는 것보다 옆에서 생각하는 것이 역사적 사고를 풍요롭게 만들 수 있다. 비록 비전문적이거나 고도의 추론을 발휘해야 한다는 점이 문제이긴 하지만 말이다.

유대 역사 분야에서 인정받는 전문가들은, 처음 들으면 놀라운 질문처럼 들리지만 사실은 기초적인 질문들을 마주하는 데 그다지 익숙지 않다. 따라서 그들을 대신해 그런 질문들을 마주해보는 것도 가치 있는 일이다. 예를 들자면 이런 질문이다. 다른 '민중들'(peoples)은 쇠퇴하고 사라졌는데 유대 민족(Jewish nation)만 수천 년 동안 존속해온 것이 사실인가? 놀라운 신학적 집대성인 성서는 (성서에 포함된 각권들이 언제 갖춰지고 편집되었는지는 아무도 모르지만) 어떻게 그리고 왜, 한 민족의 탄생을 연대기적으로 기록한 신뢰할 만한 역사서가 되었을까? 유다지역[*]에 있었던 하스몬 왕국(이 왕국에 살았던 각양각색의 백성들은 하나의 언어를 쓰지도 않았고 대부분 문맹이었다)은 어느 정도까지 민족국가였을까? 유다지역 주민들은 과연 '제2차 성전파괴' 후에 추방된 것일까? 아니면 이 추방 이야기는 그리스도교가 지어내고 결국 유대 전통의 일부가 된(의도적이라면 의도적인 대로) '신화'에 불과할까? 만약 그때 추방되지 않았다면, 유다지역 사람들은 그 후 어떻게 되었을까? 즉 생각지도 못한 광범위한 지역에서 역사의 무대에 등장한 수백만 유대인들은 누구란 말인가?

　세계에 퍼져 있는 유대인들이 정말로 하나의 민족이라면, 우크라이나의 유대인과 모로코의 유대인은 종교적 믿음과 그것에 따른 특정 관습 외에 민족지적 문화의 요소로 무엇을 공통적으로 가지고 있을까? 어쩌면 우리가 들어왔던 모든 이야기들과 달리 유대교는 그저 매력 있는 종교에 불과했을지도 모른다. 경쟁자인 그리스도교와 이슬람교가 부상해

---

[*] 이 책에서 지역 및 왕국은 '유다'(Judea, Judah)로, 종교 및 민족 집단은 '유대'(Jew)로 구분하여 번역했다. 일례로 유다지역민(Judean)은 민족으로서의 유대인이 아닌 유다지역에 살던 사람들이다.

승리를 거두기 전까지는 널리 퍼져 있었지만, 이후에는 멸시와 박해를 받으면서 근대까지 꿋꿋이 살아남은 종교일 것이다. 유대교가 단일한 민족 문화가 아니라 의미 있는 종교 문화로 늘 존재해왔다는 주장이, 유대 민족주의 지지자들이 지난 130여 년간 호언했던 것처럼 과연 유대교의 위엄을 해치는 일일까?

유대 종교 공동체들 사이에 문화적인 공통분모가 없었다면, 어떻게 그들이 혈연적 연결을 유지하고 따로 구별될 수 있었겠는가? 19세기 이래 반유대주의자들이 상상하고 설득하려 했던 것처럼, 유대인들은 과연 한 묶음의 특이한 '민족-종족'(nation-race)인가? 유대인들만의 독특한 생물학적 특징(과거라면 피, 오늘날에는 유전자)이 있다는 가정 위에 세워진 이런 교조가 허물어질 가능성은 없을까? 그토록 많은 이스라엘 시민이 자기들의 종족적 순수성을 십분 믿고 있는 마당에 과연 그럴 가능성이 있을까?

또 하나의 역사적 아이러니가 있다. 한때 유럽에서는 "모든 유대인들이 저들만의 기원을 가진 하나의 민족에 속한다"고 주장하면* 당장 반유대주의자로 치부되던 시절이 있었다. 요즘에는 "세계에 흩어져 사는 유대인이라는 사람들이(오늘날의 이스라엘 유대인들과 구별하여) 하나의 민중이나 민족을 이루었던 적은 없으며 지금도 그러하다"고 감히 말했다가는 즉각 유대인 혐오자로 찍힐 것이다.

이스라엘국은 건국 60년이 지난 지금까지도 시오니즘 특유의 민족 관념에 사로잡힌 채, 이 나라를 국민 모두에게 복무하는 공화국으로 여기기를 거부하고 있다. 국민의 4분의 1이 비유대계임에도 국가 법

---

* 유대인을 하나의 민족으로 묶는 시각은 예컨대 나치즘의 입장이었다. 시오니스트와 나치의 초기 협력도 이런 견지에서 이해할 수 있다.

령은 이스라엘이 이들을 위한 나라가 아니며 이들에게는 나라가 없다고 암시한다. 또한 이스라엘은 현지 주민들을 국가가 창출한 상위문화(superculture)에 통합시키기를 회피함으로써 의도적으로 그들을 배제해왔다. 나아가 이스라엘은 스위스, 벨기에 같은 다극공존형 민주주의(consociational democracy) 국가나 영국, 네덜란드 같은 다문화적 민주주의 국가, 다시 말해 다양성을 받아들이면서 주민들을 섬기는 국가가 되기도 거부해왔다. 그러기는커녕 여전히 이스라엘은, 세계에 퍼져 있는 유대인들이 더 이상 박해받는 난민도 아니고 그들이 거주하기로 선택한 나라에서 온전한 시민으로 살아가고 있는데도, 전 세계 유대인들에게 속한 유대인 국가임을 고집스레 자처하고 있다. 근대 민주주의의 기본 원리를 이처럼 심각하게 위반하는 데 대한, 그리고 국민 일부를 지독하게 차별하는 종족정(ethnocracy)*을 유지하는 데 대한 변명은, 조상의 땅으로 궁극적으로 모여야만 하는 어느 영원한 민족에 관한 아직도 유효한 신화에 기초하고 있다.

시오니즘이라는 좁은 프리즘을 통해 보는 것만으로는 유대 역사를 새로 쓰기 어렵다. 이 프리즘을 투과해 들어오는 빛은 종족중심적인 색깔들로만 분광되기 때문이다. 여기서 주의사항 한 가지. 이 책은 유대인들이 영원한 추방으로 유랑하면서도 단일한 기원을 공유해온 '에트노스'(ethnos)가 아니라 언제나 하나의 의미 깊은 종교 공동체로서 세계 곳곳에 등장하고 정착해왔다는 의견을 제시하지만, 그렇다고 해서 역사를 직접 다루지는 않는다. 그러나 널리 퍼져 있는 역사학 담론을 비판하는 것이 주목적인 만큼, 대안적인 서사를 제시하지 않을 수도 없다. 나

* 이스라엘 정치학자 오렌 이프타켈(Oren Yiftachel)이 처음 쓴 개념. 민중(demos)의 정치체제인 민주정(democracy)과 대비되는 의미로 썼다.

는 프랑스 역사가 마르셀 데티엔이 제기한 다음 질문을 머릿속에서 되뇌며 이 책을 쓰기 시작했다. "우리는 어떻게 하면 민족 역사들을 탈민족화(denationalize)할 수 있을까?"[7] 민족적 판타지로 찍어낸 블록들이 깔려 있는 보도를 힘들게 걸어가는 우리는, 어떻게 하면 그 걸음을 멈출 수 있을까?

민족을 상상해낸 일은 근대 국가를 성립시키는 데도 중요한 역할을 했지만, 역사학의 발전에서도 중요한 단계를 이루었다. 19세기 이후 많은 역사가들이 이 일에 참여해왔다. 하지만 20세기 말이 가까워지면서 민족 정체성이라는 환상들은 해체되기 시작했다. 그때까지 역사 서술에 어두운 그림자를 드리워왔던 위대한 민족 이야기들, 특히 공통의 기원에 관한 신화들을 해부 검토하는 학자들이 점점 늘어났다. 이러한 역사의 세속화 작업이 문화의 글로벌화라는 강력한 충격 하에서 일어났음은 말할 것도 없다. 문화의 글로벌화는 서구 전역에서 예기치 못한 모습을 띠고 지속적으로 대두된 사건이다.

어제 정체성에 관한 악몽을 꿨다 해서 내일 정체성에 관한 새로운 꿈을 꾸지 못하리라는 법은 없다. 어떤 인격체든 다양하고 유동적인 정체성으로 이루어져 있듯이, 다른 모든 것 중에서도 특히 역사는 움직이는 정체성이다. 이 책은 시간의 흐름 속에 내재해 있는 그런 층위들 곧 인간적 층위와 사회적 층위를 모두 밝혀내고자 한다. 유대인의 역사를 장황하게 헤집고 다니는 이 책이 통상의 서사와 다르다고 해서 주관성에서 벗어나 있다고 할 수는 없을 것이고, 나도 이념적 편향에서 자유롭다고 주장할 생각은 없다.

내가 보여주고자 하는 것은 미래의 대항역사를 위한 다소간의 개요다. 이 미래의 대항역사 역시 언젠가는 또 다른 종류의 '문화적으로 구성된 기억'을 만들어낼지 모른다. 하지만 이 기억은 그것이 품은 진실 또한 상대적일 수 있음을 늘 자각하는 기억이다. 또한 그것은 지금 막 솟아나고 있는 지역 기반 정체성을 제련하고 과거에 대한 비판적이고 보편적인 의식을 벼리는 데 보탬이 되기를 간절히 바라는 기억이기도 하다.

제1장

민족 만들기
주권과 평등

자연적으로 종족 기반 위에서 생겨난 민족은 없다. 오히려 사회적으로 형성된 것들이 민족을 이룸에 따라, 그 안에 속하거나 그것에 의해 구분되거나 그 지배를 받아온 주민들이 종족으로 묶이는 것이다. 즉 과거에서나 미래에서나 마치 그들이 자연 공동체를 이루기라도 한 듯 그려지는 것이다.

에티엔 발리바르, 「민족 형성: 역사와 이데올로기」

누에고치 속 나방처럼, 민족 개념 속에 들어있던 민주주의는 민족주의의 형태를 띠고 이 세상에 등장했다.

리아 그린펠드, 「민족주의: 근대에 이르는 다섯 갈래 길」

민족주의(nationalism)라는 문제를 놓고 사상가들과 학자들이 백 년이 넘도록 머리를 싸매왔지만, 보편적으로 받아들일 수 있는 명확한 정의는 이제껏 나오지 못했다.[1] '민족'이라는 개념을 누구나 납득할 수 있도록 설명하는 것은 민족의 시대가 종말을 고하고 난 뒤라야 가능할 것이나. 그때가 되면 미네르바의 올빼미가 날개를 펼 것이고,* 우리는 그토록 강력하게 근대 문화를 구축해온 이 대단한 집단 정체성을 냉정한 눈으로 되돌아볼 것이다.

하지만 역사를 탐구하는 저작물, 특히나 논쟁을 불러일으킬 것이 틀림없는 저작물이라면, 짧게나마 그것이 다루고자 하는 기본 개념들을 살펴보고 탐구를 시작하는 것이 좋다. 물론 아무리 사전 설명을 잘한다

---

* 헤겔 『법철학』 서문에 나오는 "미네르바의 올빼미는 황혼이 질 무렵에야 날개를 편다"는 문장에서 따온 말. 밤이 되어야 활동하는 올빼미처럼 진리는 역사의 마지막에 가서야 드러난다는 뜻.

해도 앞으로의 탐구가 쉬워지는 것은 아니며 여전히 사람의 진을 빼는 긴 여정이 되겠지만 말이다. 그래도 이 책에서 이용할 개념적 장치들을 설명해주는 일종의 어휘집을 만들어둔다면, 장황한 설명이나 종종 일어나는 몰이해를 막아줄 것이다.

유럽 언어들은 '민족'(nation)이라는 용어를 사용한다. 이 단어는 후기 라틴어 '*natio*'에서 유래한 것으로, 원래는 '낳다, 배태하다'라는 의미를 지닌 '*nascere*'에서 온 것이다. 20세기 전까지 이 용어는 주로 내적 연관성을 가진 크고 작은 규모의 인간 집단을 나타내는 데 쓰였다. 예를 들면 고대 로마에서 이 용어는 흔히 이방인 집단(다른 동물종을 포함)을 가리켰다. 중세에는 먼 곳에서 온 학생 집단을 지칭할 때 사용하기도 했다. 근대 여명기 잉글랜드에서는 귀족 계층을 가리켰고, 이따금은 공통된 기원을 가진 집단 또는 어떤 특정한 언어를 사용하는 집단을 가리키는 데 쓰기도 했다. 19세기 전반에 걸쳐서는 더욱 다양한 방식으로 사용되었는데, 그 정확한 의미는 오늘날에도 여전히 논란이 되고 있다.

프랑스의 위대한 역사가 마르크 블로크는 말했다. "역사가들에게는 꽤나 실망스러운 일이겠으나, 사람들이 관습을 바꾼다고 해서 그때마다 어휘까지 함께 바꾸는 것은 아니다."[2] 우리는 이 말에 이렇게 덧붙일 수 있을 것이다. 역사 연구에서 시대착오가 발생하는 근본적인 이유 중 하나(단 하나는 아닐지라도)는 인간의 게으름 때문이라고. 용어 창안 역시 게으름의 영향을 받을 수밖에 없다. 과거로부터 지금에 이르기까지 가면을 바꿔가며 계속 사용되고 있는 많은 어휘들이 새로운 의미를 덧붙인 상태로 다시 과거에 적용된다. 이런 식으로 해서 머나먼 과거가 마치 오늘날 우리 세상과 유사하고 더 가까운 것처럼 착각을 일으키는 것이다.

역사 저작이나 정치 저작을 꼼꼼히 읽어보면, 아니 근현대 유럽의 사전을 읽어보기만 해도, 말의 의미가 용어와 개념의 테두리 내에서 끊임없이 움직여왔다는 것을 알 수 있다. 특히 변화하는 사회 현실을 해석하기 위해 고안한 말일수록 더욱 그러하다.[3] 예컨대 '돌'이라는 단어가 문맥에 따라 다르기는 해도 누구나 동의하는 특정 사물을 가리킨다는 데 우리는 어느 정도 합의를 볼 수 있다. 하지만 민중(people), 인종(race), 종족(*ethnos*), 민족(nation), 민족주의(nationalism), 나라(country), 조국(homeland)과 같은 추상적 개념들은 역사의 흐름과 함께 수없이 많은 의미를 부여받았다. 새롭게 부여된 의미가 때로는 기존의 의미와 상충하기도 했고, 때로는 기존 의미를 보완하기도 했다. 그러나 어느 때건 문제를 일으키지 않는 경우는 없었다. '민족'이라는 용어는 근대 히브리어로 번역될 때 '*le'om*' 혹은 '*umah*'로 번역되었다. 다른 많은 단어들과 마찬가지로 두 단어 모두 풍성한 성서 어휘에서 건져 올린 말이다.[4] 하지만 여기서 '민족'이라는 중대한 문제로 논의를 진전시키거나, 도무지 모호성을 떨쳐내려고 하지 않는 이 단어를 정의하려 애쓰기 전에, 잠깐 멈춰서 학자들의 어설픈 발걸음을 끝없이 걸고넘어지는 다른 두 가지 골치 아픈 개념을 먼저 살펴보고 가자.

1. '민중'인가 '종족'인가

'민중'이라는 용어의 짧은 역사

이스라엘에서 출간된 역사책들을 살펴보면, 거의 전부가 *le'om*(nation, 민족)의 동의어로 *am*(people, 민중)이라는 단어를 사용하고 있다. *am* 역시 성서에서 온 말로, 러시아어의 '나로드'(Narod), 독일어의 '폴크'(Volk), 프랑스어의 '푀플'(peuple), 영어의 '피플'(people)에 해당하는 말이다. 하지만 이 유럽어 단어들이 '사람들'이라는 복수 의미를 띠고 있는 데 반해, 현대 이스라엘에서 사용되는 히브리어의 *am*은 더 이상 나눌 수 없는 통일체 내지 통합된 실체의 의미를 내포하고 있다. 그건 그렇다고 해두고, 고대에 사용된 히브리어에서 *am*이라는 용어는 다른 언어에서와 마찬가지로 매우 유동적인 단어였다. 그런 용법이 지금까지 매우 허술하게 이어져온 탓에, 이 단어를 이념적으로 사용할 경우 안타깝게도 단어 자체를 어떤 의미 있는 논의에 포함시키기가 어렵다.[5]

어떤 개념을 정의하는 가장 좋은 방법은 그 개념의 역사를 추적하는 것이다. 하지만 이렇게 짧은 장에서 '*am*'이라는 용어의 진화 과정을 상세하게 논하기는 불가능하므로, 일단은 이 단어가 과거에 획득한 의미들의 역사에 대해 몇 가지 언급을 하는 정도로만 끝내겠다.

유럽에 근대 사회가 등장한 18세기 이전에도 대다수 농경사회에는 주변 문화에 영향력을 행사하고 엘리트들에게 다양한 집단 정체성을 부여해주는 상위문화들이 전역에 발달해 있었다. 그런데 상당수 역사책들이 지속적으로 유포하고 있는 바와 달리, 당시의 군주국, 공국, 대제국 등은 결코 그 행정적인 상위문화에 '민중' 모두를 끌어들이려 하지 않았다. 그들의 참여가 필요하지도 않았고, 또 그런 참여를 가능하게 할 만한 기술적, 제도적 장치 혹은 의사전달 체계를 보유하고 있지도 않았다. 전근대 세계에서 절대 다수를 차지한 소농들은 대개 문맹이었지만, 별다른 지장 없이 자기들 지역의 비문자 문화를 지속적으로 재생산하고 있었다. 통치 도시 내부 또는 인근에 사는 민중들의 경우에는 중앙의 행정언어와 더 가깝게 닮은 방언을 썼는데, 이런 백성들(subjects)이야말로 당시 '민중'이라 불리던 이들이었다. 하지만 정치 중심지에서 멀리 떨어진 외곽 지역에서 땅을 일구며 살아가던 이들의 방언은 중앙 행정언어와 미약한 관계만을 가시고 있었나.[6]

인민의 의지가 아닌 '왕권신수'(王權神授)라는 원리가 사회를 지배했기에 통치자들에게는 백성들의 애정이 그다지 필요가 없었다. 그들의 주된 관심은 민중의 두려움을 유지할 수 있을 만큼의 충분한 힘을 확보하는 것이었다. 물론 통치자들은 정부의 지속성과 안정성을 지키기 위해 행정부의 충성심만큼은 확보해두어야 했다. 하지만 소작농들은 그저 잉여 농산물을 바치고 가끔씩 군주와 귀족에게 병력을 제공해줄 것만을 요구받았다. 세금도 설득이나 합의에 의해서가 아니라 무력으로 징수하였으며, 무력이 아니더라도 어쨌거나 꾸준한 암묵적 위협을 가하여 징수하였다. 그렇다 하더라도 이러한 권력의 존재가 식량 생산자들(권력층에게도 소중한)에게 신체적 안위를 제공해주기도 했다는 사실은 잊지 말아야 한다. 그런 안위야말로 백성들이 얻을 수 있는 부가가치로서, 권위의 존재가 없으면 불가능한 것이었기 때문이다.

세금을 징수하고 병사를 징집하는 데만 혈안이 된 국가기구들이 존속할 수 있었던 것은 무엇보다도 귀족과 정치권력층 같은 상류층의 일치된 이해관계 덕분이었다. 이들 국가기구의 지속성과 상대적 안정성—그저 통치자 한 명에게 왕관을 씌우는 일만이 아니라 왕조를 세우는 것까지 포함하는—은 특정 이데올로기적 장치들을 통해 일찌감치 확보되어 있었다. 통치 중심부 주변에서 번성하던 종교 교단이 초세속적 정당화를 통해 위계구조 내 상류층의 충성심을 강화했던 것이다. 그렇다고해서 다신교 내지 이후의 일신교적 종교가 정부 기능을 직접 수행했다는 얘기는 아니다(이들 종교가 발흥하게 된 상황은 좀 더 복잡하다). 다만 정부로서는 이런 종교 이상의 것이 필요치 않았고, 예외가 없지는 않겠지만 종교가 거의 언제나 권력의 재생산에 이바지했다는 얘기다.

통치 권력 주변에 신앙이 자리 잡으면서 미약하지만 중요한 사회 계층이 탄생했다. 이 계층은 행정기구 내부에서 자라나서 때로는 행정기구 자체와 통합되기도 했고 나중에는 경쟁하기도 했다. 제사장, 궁정서기, 예언자—나중에는 신부, 주교, 율법학자—로 이뤄진 이 계층은 정치 중심부에 의존적이었다고는 해도, 신과의 특권적 연결이나 직접적인 대화 능력을 통해 가장 중요한 상징적 자산을 손에 쥐고 있었다. 초기 농경사회에서는 시대와 장소에 따라 이들이 쥔 권력의 종류도 달랐고 종교를 조직하는 방법도 달랐지만, 그 주된 힘이 신앙에서 나오기 시작한 후로는 너나할 것 없이 신도들이라는 인적 토대를 넓히는 데 주력했다. 물론 국가 행정기구와 마찬가지로 이들 종교 계급도 폭넓은 동질적 대중문화를 만들어낼 수단을 따로 갖고 있지는 못했다. 그럼에도 독실한 백성의 숫자를 계속 늘려가겠다는 야망만큼은 강렬했고, 결국 그 목표를 달성하는 데 성공했다.

하지만 농경사회에서 국가 권력기구 주변에 지배 집단을 구축하는 전략도, 종교기관이 구사하던 노련한 기술도, 18세기 말 민족국가들의 발흥과 함께 발전하기 시작한 정체성 정치와는 별로 닮은 점이 없었다. 그럼에도 앞서 말한, 새 용어를 고안하지 않는 게으름이 이념적이고 정치적인 이해관계와 짝을 맺고는 과거와 현재 사이에 존재하는 중대한 차이점들을 완전히 흐려놓았다. 고대의 농경 세계와 우리가 여전히 살고 있는 새로운 상업적·산업적 세계 사이에 가로놓인 차이점들을 지워버린 것이다.

역사 분야든 다른 분야든 근대 이전의 저작물에서 '민중'이라는 용어는 다양한 집단들에 적용되었다. 강력한 부족을 가리킬 때도 있었고, 아주 작은 왕국이나 공국의 백성들을 말할 때도 있었으며, 다양한 크기의 종교 공동체나, 정치 및 문화 엘리트에 속하지 않는 하층민(고대 히브리어에서 'the people of the land' 곧 '땅의 사람들'이라 부르기도 했던)을 가리키기도 했다. 고대 말기의 '골족'(Gallic people)에서부터 근대가 동틀 무렵 게르만 지역에 살던 '색슨족'(Saxon people)에 이르기까지, 그리고 성서가 쓰이던 때의 '이스라엘 사람들'(the people of Israel)에서부터 중세 유럽의 '신의 백성들'(*peuple de Dieu*, God's people)에 이르기까지, 또한 특정 방언을 말하는 소작농 공동체에서부터 반항적인 도시 대중에 이르기까지, '민중'이란 용어는 정체성의 윤곽이 모호하거나 안정되어 있지 않은 인간 집단들에 두루 쓰였다. 15세기 서유럽에서 도시가 일어나고 더 발전된 형태의 교통 및 통신 방법이 등장하면서 광범위한 언어집단들 사이에 이전보다 더 뚜렷한 분계선이 나타나기 시작했고, '민중'이란 용어도 이렇게 나뉜 집단들을 가리키는 데 주로 쓰였다.

18세기 말과 19세기 초에 걸쳐 민족주의가 일어나자, 근대의 모든 문화를 아우르는 이데올로기이자 무엇보다 중요한 정체성이 된 이 이념이 '민중'이라는 용어를 지속적으로 활용했다. 특히 그것이 지어낸 민족의 장구함과 연속성을 강조하기 위해서라도 더욱 그렇게 했다. 또한 역사의 좀 더 앞선 단계에서부터 살아남은 언어, 종교 등의 문화적 요소들이 민족을 건설하는 자재로 늘 이용되면서, 민족의 역사를 맵시 있게 겉옷걸이로 쓸 수 있도록 그것들에도 정교한 가공이 가해졌다. '민중'이 과거와 현재 사이의 다리가 되어, 근대성이 갈라놓은 깊은 정신적 단절의 골짜기를 이어주었던 것이다. 그리고 그 다리는 새로 탄생한 민족국가의 전문 역사가들이 편하게 행진할 수 있는 행로가 되어주었다.

'종족'이라는 거짓말

'민중'이라는 용어의 분석을 마무리하기 전에 한 번 더 집행정지 조치를 취할 필요가 있겠다. 19세기 민족 문화들은 손쉽게 쓰던 '민중'이라는 단어를 경직되고 문제 있는 용어인 '인종'(race)과 자주 묶었고, 그래서 많은 이들이 두 단어를 서로 겹치거나 상호 보완해주는 말들로 생각했다. 근대성의 물결이 겉으로는 통합을 추구하고 있어도, 그 밑에서는 파편적이지만 여전히 지속적인 하위정체성이 끊임없이 들끓고 있었기에, '~인' 또는 '~족'이라는 말이 가리키는 단일한 집단적 기원은 (실제로는 하나도 순수하지 않음에도 뭔가 우월하거나 독보적인 것처럼 그려지면서) 그런 하위정체성의 출몰에 대비한 일종의 안전장치 역할을 해주었다. 나아가 이렇게 상상된 기원은 적대적인 이웃 민족과의 바람직하지 않은 통혼을 걸러내는 효과적인 필터로도 기능했다.

살육으로 점철된 20세기 전반기 이후 인종 개념이 단호히 반박되자, 많은 역사가와 학자들은 좀 더 점잖은 '에트노스'(ethnos, 종족)라는 개념을 선발하여 먼 과거와의 긴밀한 유대를 확보하고자 했다. '민중'을 뜻하는 고대 그리스어 '에트노스'는 이미 2차 세계대전 이전에도 '인종'과 '민중'의 유용한 대안으로 쓰이거나 두 단어 사이의 언어적 중재자 역할을 한 적이 있다. 하지만 보통의 학문적 의미로 쓰이기 시작한 것은 1950년대에 이르러서이며, 널리 퍼져나간 것도 그 이후다. 이 용어의 가장 큰 매력은 문화적 배경과 혈연적 유대, 곧 언어적 과거와 생물학적 기원을 한데 섞어주는 데 있었다. 다시 말해서 하나의 역사적 가공물에 불과한 것을, 자연 현상으로 대접받기를 원하는 사실(fact)과 결부시켜주는 매력이 있었던 것이다.[7]

지금까지 너무나 많은 저자들이 이 개념을 참기 어려울 만치 안이한 방식으로 사용해왔다. 때로는 그 지적 게으름에 경악할 정도다. 일부 저자들은 이 개념을 근대 이전의 역사적 실체—예로부터 문화적 표현 양식을 공유해온 특정 집단들—에 적용했다. 개념이 이미 무너졌음에도 다른 적용 대상을 찾은 것이다. 종족 공동체(ethnic community)라고 하는 것은 사실상 같은 문화적·언어적 배경을 가진 인간 집단에 불과하다. 언제나 뚜렷이 구별되는 실체는 아니지만 그래도 민족을 구성하는 데 결정적인 재료를 제공해줄 만한 집단이었던 셈이다. 그럼에도 많은 수의 학자들이 '에트노스'에 마치 근본적인 시원적 측면이라도 있는 양 은 근슬쩍 그런 혈연적 특성을 집어넣었다. 하지만 이런 특성이야말로 사실은 19세기와 20세기에 허술한 민족 정체성을 부르짖던 이들이 의지하던 바로 그 '인종'과 다를 바 없는 것이었다.

이렇게 하여 '에트노스'는 역사적이고 문화적인 분류 단위에 그치지 않고 고대적 기원을 가진 어렴풋한 실체로 대접받게 되었다. 이 실체의 중심에는 그것을 믿는 이들을 고쳐시키려 하는 주관적 친밀감이 자리하고 있다. 19세기의 인종 개념이 그것을 믿는 사람들에게 그들만의 친밀감을 조장했던 것처럼 말이다. 심지어 열성적인 학자들은 '에트노스'라는 정체성 신앙에 도전해서는 안 된다고 주장하기까지 한다. 그 속에 강력한 기원 의식(sense of origin)이 있기 때문이라는 것이다. 그리고 이 기원 의식은 비판적 분석과 해부—아무리 정당하고 필수적인 절차라 해도—의 대상으로보다는 하나의 전체로 취급해야 하고, 의문을 제기할 필요도 없는 분명한 역사적 사실로 받아들여야만 한다는 것이다. 물론 이 학자들도 근대의 민족이 '에트노스'로부터 나왔다는 생각을 사실로 증명하기는 어렵다고 인정한다. 그럼에도 '에트노스'와 더불어 살아가는 것 외에는 다른 선택지가 없다고 한다. 그것에 의문을 제기하는 것은 의미 없는 일이며 궁극적으로는 바람직하지 않은 일이라는 것이다.

이들 학자들이 그렇듯이, 과거 사회 집단들에 적용했던 범주들을 뒤섞어 사용하는 것은 현재의 불안정한 정체성을 지키는 데 필수인 듯하다. 민족학 분야에서 가장 활동적인 학자의 하나였던 앤서니 D. 스미스는 이런 식의 사용법을 만드는 데 크게 기여했다. 연구 생애의 비교적 늦은 시기에 그는 종족 원리를 연구의 핵심 요소로 삼았고, 자신의 접근 방식에 '종족-상징주의'(ethno-symbolism)* 라는 말을 붙이기까지 했다. '상징'이라는 용어는 '종족'이라는 말에서 느껴지는 근본주의적 어감을 완화시켜 주는 한편, 바라던 바대로 모호함을 입혀준다. 스미스에 따르면, 한 종족 집단을 다른 종족과 구별해주는 특징으로는 4가지가 있다. "그 집단만의 독특한 기원에 대한 의식, 그 집단만의 독특한 역사에 대한 지식과 그 운명에 대한 믿음, 하나 또는 여러 차원으로 이루어진 그 집단만의 문화적 개성, 마지막으로 독특한 집단적 연대의식"이 그것이다.[8]

부지런한 영국인 학자 스미스는 '에트노스'를 공통의 생활양식을 지닌 언어 공동체로만 보지 않는 듯하다. 특정 지역에 거주하지 않아도 뭔가 관련성만 있으면 같은 종족이라 할 수 있으며, 실제로 공유하는 역사가 없어도 고대 신화가 그것과 동일한 기능을 계속 수행해 왔다면 역시 같은 종족으로 볼 수 있다고 한다. 집단이 공유하는 기억은 현재로부터 출발해 과거로 올라가는 의식적 과정(왜냐하면 사람들은 늘 이런 방식으로 기억을 조작하기 때문이다)이 아니라 '자연적' 과정이기 때문이다. 특별히 종교적이랄 것도 민족적이랄 것도 없는, 그 자체 과거로부터 현재까지 이어져온 과정이라는 얘기다. 따라서 스미스가 내린 '에트노스'의 정의는 시오니스트들이 역사에서 유대인의 실체적 증거를 찾으려 했던 것과 잘 맞아떨어졌다. 또한 그것은 범슬라브주의 정체성이나 아리아인 내지 인도유럽인에 대한 오랜 관념과도 맞아떨어졌으며, 심지어 미국에 사는 '흑인 히브리인들'(Black Hebrews)**의 정체성과도 맞아떨어졌다. 하지만 그것은 전통적인 인류학 학문집단에서 받아들이는 의미와는 전혀 다른 것이었다.[9]

---

* 민족의 영속성을 주장하는 영속주의(perennialism)에 반대하여 민족 또는 종족이 공통의 상징을 통해 실제로 존재해왔다는 이론. '족류-상징주의'로도 번역한다.
** 고대 이스라엘인의 후손으로 믿어지는 아프리카계 미국인들을 말함. 19세기 말에서 20세기 초에 확인되었으며, 현재 미국에 2만 5,000명 이상이 있다고 한다. 유대교를 믿는 아프리카의 '흑인 유대인들'(Black Jews)과는 다르다.

'종족성'(ethnicity)은 20세기 말과 21세기 초를 거치면서 다시 인기를 구가하기도 했지만, 프랑스 철학자 에티엔 발리바르는 이미 그것이 전적으로 허구임을 정확하게 밝힌 바 있다. 발리바르는 민족이란 종족적인 것이 아니며 민족의 종족적 유래라고 하는 것들도 의심스럽다고 거듭 강조했다. 오히려 여러 사회에서 종족 정체성이라는 감각을 만든 것은 바로 민족주의이며, "과거에서나 미래에서나 마치 그들이 자연적 공동체를 이루기라도 한 듯 그려졌다"[10]는 것이다. 하지만 종족생물학 내지 종족종교가 내린 정의에 대해 경고를 던진 이 비판적 접근법은 안타깝게도 충분한 영향력을 발휘하지 못했다. 반면, '민족성'(nationality)을 지지하는 역사가들과 기타 이론가들은 근본주의적이고 종족주의적인 장광설로 자기들 이론을 계속 살찌워왔고 그 서사를 늘려왔다. 20세기 말과 21세기 초 서구 세계에서는 전통적인 민족 주권론이 상대적으로 쇠퇴하였음에도 이 경향을 약화시키지는 못했다. 사실 어떤 면에서는 그런 경향을 오히려 강화시켰다고도 볼 수 있다.

상황이 이런데도 여전히 이 책이 오해를 무릅쓰면서까지 '민중'이라는 용어—'에트노스'라는 용어는 그 생물학적 어감 때문에 사용하지 않겠지만—를 사용하는 것은 정말로 유동적인 인간 공동체를 조심스럽게 가리키기 위해서다. 물론 이 경우에도 대부분은 전근대나 근대 초기의 공동체들에만 한정해서 사용할 것이다. 이런 집단들이 지닌 공통의 문화 및 언어 구조는 이전까지는 전혀 두드러지게 나타난 적이 없었다. 그러나 왕국 내지 공국에서 행정적 소통의 필요성으로 인해 상위문화가 하위문화와 서서히 섞이면서 마침내 그 형체가 수면 위로 떠오르게 되었다. 즉 일정한 영토에 거주하면서 비록 대략적일지라도 공통의 규범과 세속의 문화적 관행—말씨, 음식, 복식, 음악 등—을 가지는 사회 집단을 '민중'이라 부를 수 있게 된 것이다. 민족국가보다 더 앞선 시기에 나타난 이 언어적이고 민족지적인(ethnographic) 특성은 견고하게 뿌리 내린 것이 아니었으며, 다른 집단과 비교할 만큼 근본적이거나 명확한 경계를 가진 것도 아니었다. 많은 경우 이 집단들 사이의 분계선을 그어 준 것은 바로 국가 간 관계에서 우연하게 발생한 역사적 사건들이었다.

이미 언급한 바 있지만, 바로 이 '민중'이 때로는 새로운 민족을 등장시키는 아르키메데스 점으로 작용하였다. 근대 문화가 추진한 민족화 사업에서 마르고 닳도록 이용한 지레점이 되었던 것이다. 예컨대 잉글랜드'인'의 문화가 브리튼에서 패권을 잡았고, 일드프랑스 문화와 부르봉 왕가의 행정언어가 그들의 왕국을 지배하게 되었다. 반대로 이 과정에서 웨일스'인'은 물론이고 브르타뉴'인', 바바리아'인', 안달루시아'인', 심지어는 이디시'인'까지도 거의 완전히 해체되고 말았다.

민족을 구성하는 일은 또한 그 반대 방향으로 나아가기도 한다. 민족주의 시대 전까지는 명확하게 구분할 수 없었던 문화적·언어적 소수집단들이 중앙에서 추진한 성급한 동화정책이나 차별적 배제정책 때문에 오히려 뚜렷한 정체성 의식을 새로이 얻는 경우다. 이런 경우에는 특히 패권에서 배제된 이 집단들의 지식 엘리트들로부터 반발이 일어나면서, 형태가 불명확하던 차이점들이 자치나 민족분리를 위한 투쟁의 기본 토대로 바뀌곤 한다. (이 문제는 나중에 더 깊이 논의한다.)

여기서 이 책과 관련된 별도의 주의사항 하나를 더 언급해야겠다. 어떤 전근대 집단의 공통분모가 오로지 종교적 규범 및 관습(숭배의식, 의례, 계율, 기도, 종교적 상징 등)밖에 없을 경우, 이 책에서는 그 집단을 지칭할 때 '종교 교단'(religious congregation)이나 '종교 공동체'(religious community) 또는 '종교 문명'(religious civilization) 등의 용어를 사용할 것이다. 아울러 민족의 시대 이전에는 '민중'도 왕국들처럼 역사의 흐름 속에서 명멸했다는 점을 덧붙여 두어야겠다. (이 문제 역시 뒤에서 다시 논할 것이다.) 반면에 종교 공동체들은 페르낭 브로델이 창안한 유명한 용어를 사용하자면, '장기 지속성'(longue durée)을 띠고 꿋꿋이 버텨왔다. 그것은 종교 공동체들이 전통을 중시하는 지식 계급을 보존하고 재생산했기 때문에 가능한 일이었다.

그런데 대중의 민속이나 국가 행정언어가 민족을 주조하는 귀중한 재료로 쓰였던 것처럼, 종교문화들도 민족 주조의 소중한 재료로 쓰이는 일이 때때로 있었다. 약해진 채로 비교적 안정성을 유지할 때도 그러했고, 심지어 해체되고 있는 중에도 그러했다. 벨기에, 파키스탄, 아일랜드, 이스라엘 등은 많은 점에서 차이가 있지만 이에 관한 좋은 사례들이다. 이 사례들 모두에서 우리는 민족 구성이라는 형식 안에 하나의 공통분모 곧 종교적 요소가 있음을 발견한다. 민족의 출발점이 종교 공동체이건 '민중'이건 다 마찬가지다. 이처럼 하나의 민족이 창조되는 방식에 있어서 종교적 요소들이 대단히 중요한 역할을 했다는 건 부인할 수 없는 사실이다. 그러나 한편으로는 민족이 새로 떠오른 근대 종교의 기질적 윤곽을 결정해왔다는 점도 잊어서는 안 된다. 그리하여 더 큰 규모의 인간 집단—물론 그 중심은 정치 및 지식 엘리트들이겠지만—이 자신들의 운명을 직접 손에 쥐고 민족 역사를 만들어나가기 시작하자, 종교적 숙명론의 강도도 현저하게 약해질 수밖에 없었다.[11]

민중들, 주민들, 토착민들, 종족집단들, 종교 공동체들은 곧잘 민족이라 불리긴 했어도 민족은 아니다. 분명 그들은 문화를 건설하는 재료로서 새로운 민족 정체성을 빚어내는 데 없어서는 안 될 존재였지만, 온전한 '근대성'을 구성하는 데 필요한 결정적 특징들을 결여하고 있었다.

근대성은 바로 이런 결정적 특징들을 날개 아래에 달고서 마치 독수리처럼 그들을 낚아챘던 것이다.

2. '민족'을 의심한 사람들

민족에 대한 초창기 생각들

'민족'을 뒷받침하는 사회사상이 그 나름의 토크빌, 마르크스, 베버, 뒤르켐 같은 일류 사상가를 배출하지 못한 이유에 대해서는 지금까지 꽤 많은 논의가 있었다. '계급' '민주주의' '자본주의', 나아가 '국가'에 대해서도 상당히 면밀한 고찰이 이루어졌지만, '민족'과 '민족주의'는 방치된 채 이론적 영양결핍 상태에 처해 있는 셈이다. 유일한 이유는 아니더라도 그 주된 이유는 '민족'이 '민중'과 동의어가 된 채 태곳적부터 있었던, 거의 자연적으로 생겨난 실체로 인식되었다는 데 있다. 역사학자들을 포함해 상당수 저자들이 '민족'이라 불리는 인간 집단 내에서 일어난 발전에 주목하기도 했지만, 이런 발전들은 원시 때부터 있었다고 여겨진 실체들에서는 그다지 중요한 변화로 인식되지 않았다.

이 저자들 대부분이 새로 부상하던 민족 문화 안에 몸담고 살았기 때문에 그 문화 안에서 생각하는 경향이 강했고 바깥의 시각으로 자기 문화를 고찰하기도 어려웠다. 게다가 그들은 새로운 민족 언어로 글을 썼기에 자신들의 주요 저작도구에 얽매일 수밖에 없었다. 즉 과거란 것이 19세기에 주조된 언어 및 개념 구조와 긴밀하게 결합되어 있었던 것이다. 마르크스가 자기 시대의 사회적 현실을 보면서 역사란 본질적으로 계급투쟁에 대한 장대한 상위서사(supernarrative)라고 했듯이, 역사가를 포함한 다른 대부분의 사람들도 과거란 영원히 존속해온 민족들의 영고성쇠라고 상상했으며, 민족들 간의 상호 갈등이 역사책을 장엄하고도 두텁게 채워 왔다고 상상했다. 새로 성립한 민족국가들은 그런 이미지와 글쓰기를 자연스레 장려했고 자금 지원을 아끼지 않았으며, 이런 사정은 새로운 민족 정체성의 윤곽을 더 뚜렷하게 하는 데 도움이 되었다.

그러나 영국 사상가 존 스튜어트 밀이나 프랑스 사상가 에르네스트 르낭의 저작을 읽어보면, 당시로서는 범상치 않은, 뭔가 다른 갈래의 통찰들과 만나게 된다. 밀은 1861년에 벌써 이렇게 썼다.

> 만약 인류의 일부가 어떤 공통의 공감대에 따라 그들끼리 연합한다면, 하나의 '민족'을 구성한다고 말해도 될 것이다. 이때의 공감대란 그들과 다른 이들 사이에는 존재하지 않는 것으로서, 이 공감대로 인하여 그들은 다른 이들보다 자기들끼리 더 기꺼이 협력하고, 같은 정부 아래 있기를 바라며, 그 정부란 것도 그들 혹은 그들 중 일부가 배타적으로 만든 정부이기를 바란다.[12]

한편 르낭은 1882년에 다음과 같이 천명했다.

> 한 민족의 존재란, 비유를 해도 된다면, 매일매일 하는 국민투표와 같은

것이다. 그것은 한 개인의 실존이 생명의 끝없는 확인과정인 것과도 같다. … 민족은 영원한 어떤 것이 아니다. 민족에게도 시작이 있었고 끝이 있을 것이다. 언젠가는 유럽연방이 민족들을 대체할지도 모른다.[13]

모순에 빠지거나 망설였을 수는 있겠지만, 두 명석한 사상가가 공히 민족 형성과정에 내재해 있는 민주주의적 면모를 인지하고 있었다는 것은, 둘 다 자신이 지극히 근대적인 현상을 다루고 있음을 알고 있었다는 뜻이기도 하다. 두 자유주의 사상가가 새로 대두한 대중의 문화를 다소 두려운 시선으로 바라보았음에도 '인민에 의한 정부'라는 이념을 원칙적으로 받아들인 데는 그만한 이유가 있었던 것이다.

안타깝지만 두 저자 모두 민족에 관한 방대하고 체계적인 연구물을 더 펴내지는 않았다. 19세기는 그 정도로 준비가 되어 있지 않았다. 민족이라는 주제를 다룬 유명 사상가들, 이를테면 요한 고트프리트 헤르더, 주세페 마치니, 쥘 미슐레 등은 '민족정신'이라는 것의 간지(奸智)를 제대로 헤아리지 못했다. 그것을 고대의 것이거나, 어떤 때는 영원한 것이라고까지 잘못 생각했다.

이 주제를 이론적으로 처음 다룬 사람들은 20세기 초의 마르크스주의자들이다. 카를 카우츠키, 카를 레너, 오토 바우어, 레닌, 스탈린 같은 이론가들에게 민족주의는 생각지도 못한 곳에서 날아온 한 방의 주먹이었다. 민족주의의 엄연한 존재 앞에서는 그들이 밝혀낸 사실들의 영원한 증거인 역사마저 그들을 배반하는 것 같았다. 그들은 위대한 마르크스의 예견에서조차 다뤄진 적이 없는 낯선 현상들과 씨름해야 했다. 중유럽과 동유럽에서 일어나는 민족적 요구의 물결로 인해 그들은 피치 못하게 논쟁에 뛰어들 수밖에 없었고, 그 결과 복잡하게 엉킨 분석을

내놓거나 당의 긴급한 당면과제에 굴복한 모양새의 성급한 결론만을
내놓곤 했다.[14]

　마르크스주의자들이 민족 연구에 두드러진 공헌을 한 부분은 시장경
제의 발흥과 민족국가의 성립 사이에 긴밀한 관계가 있다는 데 주목한
것이다. 자본주의의 진전이 자급자족 시장들을 파괴했고, 그 시장들 내
에 있었던 특정한 사회적 관계들을 끊어버렸으며, 새로운 종류의 관계
들과 의식으로 나아가는 길을 열었다는 주장이다. 자본주의적 상업의
첫 번째 결투신호였던 '레세페르 레세알레'*가 자본주의 초기부터 곧바
로 전면적인 세계화로 이어진 것은 아니지만, 그래도 기존 국가체제의
틀 안에 시장경제가 발흥할 수 있는 조건을 만들어준 것은 분명하다. 그
리고 이 시장경제가 단일 언어 및 단일 문화와 더불어 민족국가의 발흥
을 위한 기반이 되어주었다. 재산 지배의 가장 추상적인 형식인 자본주
의가 무엇보다 필요로 한 것은 사유재산을 신성한 것으로 규정하는 법
체계와 그 집행을 보장하는 국가권력이었기 때문이다.

　중요한 것은 마르크스주의자들이 민족 형성의 심리학적 측면을 무시
하지 않았다는 점이다. 바우어에서부터 스탈린까지, 비록 용어는 단순
했을지라도 그들의 핵심 논지에는 심리학직 집근이 포함되어 있었다.
유명한 오스트리아 사회주의자인 오토 바우어에게 "민족이란 같은 기
질의 공동체라는 기둥에 같은 운명 공동체라는 밧줄로 묶인 인간들의
총체"[15]였다. 한편 스탈린은 더 분명한 용어들로 논의를 요약했다.

　민족이란 공통의 언어, 영토, 경제생활 및 문화 속에서 나타난 심리 상태

---

* Laissez faire, laissez aller. '자유방임'이라는 뜻으로 애덤 스미스가 처음 쓴 말. 원래는 중세 때 결
　투 시작을 알리는 신호로 '막지 말고 놓아두라'는 뜻이다.

이자 역사적으로 구성된 견고한 인민들의 공동체이다.[16]

이 정의는 분명 너무 도식적인데다가 특별히 표현이 멋진 것도 아니다. 그럼에도 이 시도는 객관적인 역사 과정에 기초하여 민족을 규정하고 있다는 점에서 충분히 만족스럽지는 못할지언정 여전히 흥미를 끈다. 우리는 이렇게 질문해 볼 수 있겠다. 이 가운데 한 가지 요소라도 빠지면 민족은 형성되지 못하는 것인가? 또 우리의 논의와도 관련이 있는 질문으로서, 이 역사 과정의 각 단계들에 동행하면서 그 형태들을 잡아주는 역동적인 정치의 차원이 따로 있지는 않은가?

그러나 계급투쟁을 역사 전체를 이해하는 열쇠로 보는 이론에 마르크스주의자들이 몰두해 있는데다가, 갑자기 그들 옆구리를 치고 들어온 중유럽 및 동유럽 민족 운동들과의 고된 경쟁 때문에, 그들은 민족 문제에 대해 단순한 미사여구 이상의 것을 생산해내지 못했다. 그저 경쟁자들에 맞서고 추종자들을 끌어들이려는 목적의 수사들만 쏟아내고 만 것이다.[17]

한편 이런 논의의 진행에 그다지 흥미가 없었던 다른 일군의 사회주의자들은, 민족 형성과정에 내재해 있는 대중 민주주의의 매력과 잠재력을 예리한 감각으로 알아챘다. 사회주의와 민족주의의 공생이라는 거부할 수 없는 유혹을 발견한 이들이었다. 시오니스트인 베르 보로코프(Ber Borochov)와 폴란드 민족주의자 유제프 피우수트스키(Józef Piłsudski)에서부터 공산주의 애국자 마오쩌둥과 호치민에 이르기까지, '민족적 사회주의'라는 공식은 큰 승리를 구가하였다.

세 명의 이민자

순수 연구의 영역에서 민족에 관한 논의는 늘 있어왔지만, 이제 살펴보듯이 사회적 층위에서 민족의 등장을 다룬 지적 시도들은 1950년대 들어 처음 나타났다. 논의를 되살려낸 사람이 한 이민자였다는 사실은 우연한 것이 아니다. 마르크스주의가 민족 바깥에서 그것을 관찰하는 렌즈를 제공한 반면, 이민의 경험—자기 고향에서 뿌리 뽑힌 경험—과 지배문화 안에서 피지배 소수로 지낸 '이방인'의 경험은 더 발전된 방법론적 도구를 얻는 데 필수적인 조건처럼 보이기까지 한다. 민족 이데올로기를 연구한 일급 학자들 대부분이 어린 시절이나 청소년기에 이중 언어를 사용했으며, 다수가 이민자 가정의 자녀였던 것을 보면 그러하다.

카를 도이치는 나치 침공 때 체코의 수데텐 지역을 떠난 뒤, 맞춤한 시기에 미국 학계에서 자리를 잡았다. 그의 책 『민족주의와 사회적 커뮤니케이션』은 큰 주목을 끌지는 못했지만 민족 개념에 관한 논의를 진전시켜 나가는 데 중요한 발판이 되었다.[18] 도이치는 자료도 부족했고 방법론적 도구도 미숙했지만, 민족 형성의 기지에 깔려 있는 근대화의 사회경제적 과정들을 짚어내는 부분에서는 비범한 통찰력을 보여주었다. 잘 정돈되어 있던 농경사회의 의사소통 형식들이 와해되고 소외된 도시 대중을 위한 새로운 종류의 의사소통이 필요해지면서 민족으로 묶일 만한 집단들 사이의 통합 또는 분열이 촉진되었다는 것이다. 그리고 그것을 더욱 공고히 한 것이 대중 민주주의 정치였다고 도이치는 말한다. 16년 후 출간한 두 번째 민족 관련 저작에서 그는 민족화 과정의 토대가 된 사회·문화·정치 집단들에 대한 역사적 기술을 통해 이 논지를

계속 발전시켰다.[19]

도이치의 첫 번째 책이 나온 뒤 이 분야에서 새로운 전기가 마련되기까지는 30년이라는 세월이 흘러야 했다. 20세기 마지막 사반세기에 일어난 급속한 커뮤니케이션 혁명과, 서구에서 인간 노동이 상징과 기호를 다루는 지적 활동으로 점차 전환된 것에 발맞춰 이 오래된 사안을 재검토해볼 수 있는 쾌적한 환경이 마련되었다. 특히 민족이라는 의식이 처음 싹튼 바로 그 지역에서 민족주의의 전통적 지위가 쇠퇴하는 최초 징후가 나타나서 새로운 패러다임의 등장에 기여했다. '민족'이라는 주제에서 커다란 이정표가 될 책 두 권이 1983년 영국에서 출간된 것이다. 베네딕트 앤더슨의 『상상된 공동체』(*Imagined Communities*)와 어니스트 겔너의 『민족과 민족주의』(*Nations and Nationalism*)가 그 책들이다. 두 책의 출간 이후 민족주의 문제는 우선적으로 사회문화적 프리즘을 통해 고찰되기 시작했다. '민족'은 명백히 문화적인 기획으로 여겨졌다.

앤더슨의 삶 역시 광활한 문화적·언어적 지역들 사이를 떠도는 삶이었다. 중국에서 아일랜드인 아버지와 영국인 어머니 사이에서 태어난 앤더슨은 어릴 때는 캘리포니아에서 살기도 했지만 주로 영국에서 교육을 받으며 대학까지 마쳤다. 국제관계학 학위를 취득한 곳은 미국인데, 학위를 받은 뒤 그는 이전과 달리 인도네시아와 미국 사이를 오가는 삶을 살게 된다. 이런 인생사는 민족 공동체를 다룬 그의 책에도 투영되어 있으며, 그래서 그의 책에서는 유럽중심주의 낌새가 보이는 입장이라면 그 어떤 것도 비판을 면하지 못한다. 이런 태도로 인해 그는 근대 역사에서 민족의식의 선구자는 '크레올'(Creole)—아메리카 초기 정착민의 현지 태생 후손들—이라는 별로 설득력 없는 주장을 내놓기도 했다.

지금 우리가 논의하는 것과 관련해서 가장 의미 있는 부분은 앤더슨이 그의 책에서 제시한 독창적인 정의이다. "민족이란… 본디부터 제한적이고 주권을 가지고 있다고 상상된 정치적 공동체를 말한다."[20] 어떤 공동체든 부족집단이나 마을 규모를 넘어선 것이라면 다 상상된 것이라고 보는 게 옳다. 왜냐하면 그 구성원들이 서로를 알지 못하는 상태에서 만들어진 것이기 때문이다. 근대 이전에 있었던 거대한 종교 공동체들이 다 그런 것들이었다. 하지만 민족은 사람들에게 가상의 소속감을 갖게 하는 새 도구들을 가지고 있었는데, 이 도구야말로 과거 사회에는 없던 것들이다.

앤더슨은 15세기 인쇄 자본주의의 출현이 상층부의 신성한 언어와 대중들이 사용하던 다양한 지역 방언 사이의 오랜 역사적 차이를 융해시켰다고 거듭 강조한다. 또한 유럽 왕국들의 행정언어가 인쇄술의 출현과 함께 퍼지기 시작하여 오늘날 우리가 아는 민족적이고 영토적인 언어의 형성에 초석을 놓았다고 한다. 이런 의사소통의 신세계가 새로 나타난 민족들의 분계선을 긋기 시작했는데, 그 첨병 역할을 한 것이 소설과 신문이었다. 그리고 지도, 박물관 등의 다른 문화적 편의장치가 뒤를 이어 민족 구축의 과업을 완수한다.

민족의 윤곽을 더 확고히 다지기 위해서는 민족 이선에 오랫동안 사리 잡고 있던 두 역사적 조직체인 종교연합체(religious commonwealth) 및 왕조왕국(dynastic kingdom)이 제도적으로나 개념적으로나 뚜렷하게 퇴조해야 했다. 실제로 거대제국 체제와 교회 체제의 지위가 상대적으로 약화되었을 뿐 아니라 종교적인 '시간' 관념에도 뚜렷한 단절이 발생했고, 그 결과 왕권신수(王權神授)라는 전통적인 믿음에도 영향을 끼쳤다. 민족을 이룬 시민들은 왕국의 백성이나 공국의 소작농과는 확연히 다르게 자신들을 평등한 사람들로 보기 시작했으며, 자기 운명의 지배자

곧 주권자로 보기 시작했다.

어니스트 겔너의 『민족과 민족주의』는 앤더슨의 기획을 큰 틀에서 보완한 책으로 읽을 수 있다. 그의 글에도 새로운 문화가 민족을 만들어내는 데 주된 촉매제로 작용했다는 설명이 있으며, 앤더슨이 그랬듯이 그 역시 근대화 과정을 새 문명의 원천으로 보았다. 그런데 겔너의 사상을 본격적으로 논하기에 앞서 우리는 '아웃사이더' 규칙, '변방에서의 글쓰기' 규칙이 그에게도 적용된다는 사실을 지적해야겠다. 카를 도이치처럼 겔너도 어린 시절인 2차 세계대전 직전에 가족과 함께 체코를 떠나 피난민이 되어야 했다. 부모가 영국에 정착함에 따라 그곳에서 성장한 그는 영국 인류학자 겸 철학자로 성공을 거두었다. 그의 저작들에서 늘 볼 수 있는 여러 문화에 대한 비교 분석은 그의 지적 노력을 남김없이 보여준다. 간결하면서도 명쾌한 『민족과 민족주의』는 다음과 같은 이중의 정의에서 시작한다.

1. 만약 두 사람이 같은 문화를 공유한다면 (그리고 오로지 그럴 때에만) 두 사람은 같은 민족이다. 단, 여기서 문화란 생각과 기호와 연상과 행동방식과 의사소통방식의 체계를 말한다.
2. 만약 두 사람이 서로를 같은 민족에 속한 것으로 '인식'한다면 (그리고 오로지 그럴 때에만) 두 사람은 같은 민족이다. 다시 말해서 '민족이 사람을 만든다.' 민족은 사람들의 신념과 충성과 연대가 만들어낸 가공물이다.[21]

그의 말을 따른다면 주관적 측면은 객관적 측면을 채우는 보완재임이 분명하다. 따라서 두 측면을 함께 고려할 때에만, '민족'이라는 낯선 역사적 현상—관료화되고 산업화된 세계가 새로 등장하기 이전에는 존재하지 않았던 현상—을 제대로 기술할 수 있을 것이다.

농경사회에서는 수백, 수천 년간 이웃하면서도 별개로 떨어진 문화들이 공존하곤 했다. 그러나 노동 분화가 더 진전되자—노동이 분화할수록 인간 행위는 덜 물리적이고 더 상징적인 것이 되며, 직업 이동성 역시 증가한다—문화들 사이의 전통적 구획도 허물어지기 시작했다. 근대 생산체제가 잘 작동하려면 동질적인 문화적 코드가 필요하다. 직업들 간의 이동성이 수평적 방향으로나 수직적 방향으로 모두 증가함에 따라 상층부 문화는 그 편협성을 버리고 넓은 범위의 대중문화로 점점 확대될 수밖에 없었다. 보편교육과 문자해득력은 역동적인 선진 산업사회를 만들기 위한 필수 조건이었다. 겔너에 따르면, 이것이야말로 '민족'이라 알려진 정치 현상의 커다란 비밀이었다. 따라서 어떤 민족 집단이 형성되는 것은 분명 사회문화적인 과정이다. 다만 그럼에도 일정한 국가기구가 있을 때만 그 형성이 가능하다. 국가기구는 그 지역 주민에게 친숙할 수도 있고 낯설 수도 있지만, 민족의식의 각성과 민족문화의 구축 및 유지를 용이하게 하거나 촉진시켜준다.

겔너 논지 가운데 일부 전제들에 대해서는 많은 학자가 의구심을 표했다.[22] 민족주의가 그 깃발과 상징들을 나부끼려면 충분한 산업화가 꼭 필요하다는 말인가? 복잡하고 더 진전된 노동 분화가 일어나기 전의 초기 자본주의에는 민족 감정이나 주권에 대한 열망이 없었다는 말인가? 겔너에 대한 일부 비판은 수긍할 만한 것이었다. 하지만 더 이상 농경적이지도 전통적이지도 않은 사회에서만 가능한 문화 통합과 민족의 공고화 사이에 긴밀한 연관성이 있음을 보여준 철학적 통찰은 그런 비판에도 빛을 잃지 않았다.

민족을 다시 정의하면

'민족'이라는 용어를 앤더슨과 겔너의 명제들에 비추어 정의하거나, 이들의 발자취를 따르는 학자들의 가설에 비추어 정의하기 위해서는, 먼저 민족이 다음 몇 가지 특징들에서 다른 사회집단들과 구별된다는 것을 짚어두는 게 좋겠다. 민족이 역사적으로 아무리 다면적이고 유동적이라 해도 다음 특징들에서만큼은 공통적이기 때문이다.

1. 민족은 보편교육을 통해 구성원 모두가 공유, 접근할 수 있는 동질적 대중문화를 만드는 인간 집단이다.
2. 민족은 자신을 구성원으로 생각하거나 남에게 그렇게 생각되는 사람들 모두에게 시민적 평등이라는 관념을 갖게 한다. 이 시민 연합체는 스스로를 주권 기관으로 여기며, 아직 독립성을 확보하지 못한 경우라면 정치적 독립을 요구한다.
3. 주권적 권력의 실제 대표들이나 그 권력을 원하는 사람들에서부터 마지막 시민 1인에 이르기까지 모두를 한데 묶는 문화적·언어적 연속성—또는 적어도 그런 연속성에 대한 일반화된 생각—이 있어야 한다.
4. 구 지배체제에서 살았던 백성들과 달리 민족 정체성을 가진 시민들은, 민족 주권 아래 살겠다는 목표로 민족에 대한 소속감을 가지거나 그 일부이고자 하는 열망을 가진다.
5. 민족은 공동의 영토를 가지며, 민족 구성원들은 자신들만이 이 영토의 유일한 소유주라고 느끼고 그렇게 주장한다. 이 영토에 대한 어떤 공격도 사유재산에 대한 위협만큼이나 중대한 일로 간주된다.

6. 주권 확보 후 영토 안에서 벌어지는 모든 경제활동들은 적어도 20세기 말 이전까지는 외부의 시장경제와 맺은 관계보다 더 긴밀하게 상호 연결되어 있었다.

이상은 물론 베버적인 의미의 이념적인 서술이다.* 우리는 문화적·언어적 소수들을 포함하지 않는, 혹은 그들과 공존하지 않는 민족이란 거의 없다는 사실을 이미 지적한 바 있다. 이런 소수들을 지배적인 상위문화에 통합하는 일은 외부의 다른 집단을 통합하는 일보다 더 힘들다. 이점은 시민적 평등이라는 원칙이 비교적 늦게 적용된 곳들에서 지속적인 마찰이 빚어진 것만 봐도 알 수 있다. 심지어 스위스, 벨기에, 캐나다의 경우처럼 각기 발전하여 소통이 어려워진 2, 3개 언어 모두를 공용어로 채택하는 일도 있었다.[23] 게다가 위에서 제시한 경제 모델과 달리, 어떤 생산 부문 및 재정 부문은 국내 시장의 지배를 피해서 해외의 수요공급 체제에 직접 지배받으려는 경우도 종종 있었다.

하지만 오직 탈농업 사회만이 이전에는 없었던 노동 분화—이는 사회 이동성의 뚜렷한 증가와 새로운 의사소통 기술의 발전을 의미하기도 하는데—를 통해 언어적·문화적 동질성을 증진시킬 수 있는 조건들을 제공했다는 점을 다시금 강조하지 않을 수 없다. 다시 말해서 과거처럼 협소한 엘리트 집단에만 국한되지 않는, 생산 대중들도 폭넓게 공유하는 정체성 및 자기인식은 산업화 사회에서만 만들어질 수 있었다는 얘기다. 물론 과거 거대제국 시대에도 인간 집단들은 늘 뚜렷한 문화적·언어적 단위 및 신분적 층위에 따라 구분되었다. 하지만 이제는 신분이

---

* 막스 베버는 사회적 행위를 합목적성 기준에 따라 4가지 유형으로 나누면서 실제와 꼭 맞지는 않는다는 의미에서 '이념형'(ideal type)이라 불렀는데, 저자의 정의도 그러하다는 말.

높건 낮건, 부유하건 가난하건, 교육을 받았건 받지 않았건, 모든 사람이 같은 민족에 속해 있다고 느끼게 되었으며, 또 그만큼 중요한 것으로 '평등하게' 속해 있다고 느끼게 되었다.

법적이고 시민적이고 정치적인 평등의식—이것 역시 상업자본주의와 산업자본주의 시대에 일어난 사회 이동성에서 주로 기인하는데—이 하나의 우산이 됨으로써 모든 사람이 그 아래에서 동일한 정체성을 공유할 수 있게 되었다. 이 정체성이 없는 사람은 평등의 내재적 기관인 민족의 구성원이 될 수 없었다. '민중'을 완전한 자치가 보장된 '민족'으로 해석하는 정치적 입장의 근저에는 바로 이러한 평등 개념이 있는 것이다. 그러므로 '민중에 의한 통치'라는 민족의 민주주의적 성격 역시 지극히 근대적인 것으로서, 민족을 낡은 사회집단들—부족집단, 왕조통치 하의 소농 사회, 내부 위계질서를 가진 종교 공동체, 나아가 근대 이전의 '민중들'—과 구별하게 해주는 기준이 되었다.

근대 이전에는 어떤 인간 공동체도 포괄적 의미에서의 시민적 평등을 주장한 적이 없으며, 민중 전체가 자치에 대한 지속적 열망을 보여준 적도 없다. 그러나 사람들이 스스로를 주권을 가진 존재로 보기 시작하면서, 정치적으로 선발된 사람들을 통해 스스로를 통치할 수 있다고 믿는 의식—물론 환상일 수도 있지만—도 생겨났다. 이것이야말로 근대에 일어난 모든 민족의식의 핵심이다. 1차 세계대전이 끝난 후 국제 관계에서 지도적 원칙으로 받아들여진 민족자결주의는 바로 이런 측면에 대한 보편적 선언으로서, 근대 정치에서 새로운 다수가 갖게 된 영향력을 대표하는 것이었다.

민족의 탄생은 역사적으로 발전인 것은 틀림없지만 순수하게 자발적인 발전은 아니다. 집단 충성심이라는 추상적 감정을 강화하기 위해 민족은 이전에 있었던 종교 공동체처럼 의례, 축제, 행사, 신화 등을 필요로 했다. 단일하고 확고한 실체로 거듭나기 위해 민족은 공적인 문화 활동들에 부단히 개입하여 통합적인 집단 기억을 만들어내야 했다. 누구나 따를 수 있는 규범과 관례들로 이루어진 이 기억 체계는 모두를 아우르고 융합하는 이데올로기적 의식, 곧 민족주의에 꼭 필요한 것이었다.

3. '이데올로기'인가 '정체성'인가

민족은 이데올로기이자 정체성이다

오랫동안 학자들—특히 역사가들—은 민족을 아주 오래된 현상으로 간주했다. 오늘날 그들의 저서를 읽다보면 역사란 것이 처음부터 민족 집단들의 탄생과 더불어 시작된 게 아닌가 하는 인상마저 받게 된다. 이들은 과거와 현재를 한데 뒤섞은 다음, 이미 사라진 문명에다 자기들이 속해 있는 동질적이고 민주적인 문화 세계를 투사했다. 그들은 전통 사회의 상층 권력 및 지식 권력들이 작성한 역사 문헌에 근거하여 이런 주장을 펼쳤고, 그 문헌들을 이 시대에 통용되는 표준적 언어로 번역해놓고서는, 그것을 임의로 개념화한 민족적 세계상에 끼워 맞췄다. 그들에게 민족이란 항상 존재해온 것이므로, 민족주의가 하나의 체계화된 사상으로 부상했다는 사실이야말로 오히려 새삼스럽고 신기한 일로 보였다.

그러다가 겔너 이론이 건드린 지뢰가 대다수 학자들을 뒤흔들었다. 겔너는 "민족주의가 민족을 낳은 것이며, 그 반대는 성립하지 않는다"

고 선언했다.[24] 이토록 통렬하고도 급진적인 선언에, 별로 내키지 않는 이들까지 포함하여 모든 학자가 이 문제를 다시 검토하지 않을 수 없었다. 경제적, 행정적, 기술적 근대화로 인해 민족을 구축할 수 있는 하부구조가 만들어졌고, 그에 뒤따라 민족에 대한 필요성도 생겨났다는 얘기였다. 이 과정에는 또한 정교한 이데올로기적 책략도 함께하였으니, 언어·교육·기억 등 민족의 윤곽을 다듬고 규정하는 문화적 요소들을 조종하는 일—국가 체제가 아직 힘을 발휘하지 못한 곳에서는 '희망'으로 그쳤지만—이 그것이었다. 이 모든 이데올로기적 책략들을 통합하는 최고의 논리는 "정치적 단위와 민족 단위가 일치해야 한다"[25]는 요구였다.

겔너의 뒤를 이어 에릭 홉스봄이 두각을 나타냈다. 홉스봄이 쓴 『1780년 이후의 민족과 민족주의』는 정치 조직체나 국가의 건설을 추구하던 정치 운동들이 어떻게 기존의 문화적·언어적·종교적 재료의 혼합물로부터 '민족'이라는 실체를 만들어냈는가를 방법과 시기 면에서 검토한 책이다. 하지만 홉스봄은 겔너의 이론적 대담함에 대하여 다음과 같은 경고를 덧붙였다. "민족이란 이중적 현상이다. 근본적으로는 위로부터 구축되지만, 또한 아래로부터 분석하지 않는다면, 즉 일반 민중들이 품은 가정, 희망, 필요, 기대, 관심 등을 통해 분석하지 않는다면 이해하기 어려운 것이다."[26]

'일반 민중'이 무슨 생각을 했는지 알아내기란 쉽지 않다. 그들은 역사가들이 작업 기반으로 삼는, 이른바 신뢰할 만한 증거인 문헌 자료를 남기는 경우가 거의 없기 때문이다. 하지만 20세기 내내 새로운 민족국가의 시민들이 보여준 열의는 여러 군데서 확인할 수 있다. 그들은 기꺼이 군대에 입대하여 참전했고, 그 전쟁은 전면전으로 이어지곤 했다. 또한 대중들은 국제 스포츠행사에 열광적으로 반응한다. 국가 행사에도 기꺼이 참가하고, 결정적인 선거에 빠지지 않고 참여하여 정치적 선호를 표시한다. 이 모든 것들이 민족주의가 매력적인 성공사례라는 사실을 증명한다.

그리고 그건 그럴 만하다. 오직 민주적인 민족국가에서만 시민들은 공식적으로나 심리적으로 근대 국가의 합법적 소유주가 될 수 있기 때문이다. 과거 왕국들은 왕조나 군주 또는 귀족들의 소유였지, 대중들의 생산적 노동에 의해 탄생한 사회의 소유가 아니었다. 그러나 근대 들어서 대중들은 민주적인 정치 구성체를 자신들의 공동 재산으로 생각하기 시작했다. 새로 탄생한 국가에 대한 상상된 소유권은 민족 영토에 대한 소유권으로도 나타났다. 전근대 시기에는 없었던 인쇄지도 덕분에 민중들은 국가의 정확한 범위를 그들 공동의 '영구' 재산을 표시하는 경계로 숙지하였다. 이렇게 하여 열띤 집단적 애국주의가 등장했고, 얼마든지 죽이고 또 죽으려는 강렬한 의욕까지 갖게 되었다. 추상적인 의미의 '조국'을 위해서만이 아니라 구체적인 땅 한 뼘 한 뼘을 위해 죽음조차 불사하기에 이른 것이다.

민족주의가 퍼져나갈 때는 각각의 사회 계급마다 서로 다른 방식으로 퍼졌기 때문에, 이전의 집단 정체성이 완전히 지워지지 않은 것도 사실이다. 하지만 민족주의가 승리를 거두고 패권을 잡은 것이 근대 들어와서라는 점에는 의심의 여지가 없다. 민족주의 이데올로기가 민족 정체성의 형태와 그 장래 비전을 고안하고 다듬었다고 해서, 그 이데올로기가 우연히 발명된 것이라거나 사악한 통치자들 및 사상가들의 변덕이 낳은 작품이라고 할 수는 없다. 지금 우리는 어두컴컴한 음모론이나 정치 공작을 다루려는 것이 아니다. 통치 엘리트들이 대중의 충성과 복종을 유지하려는 목적에서 대중 스스로 민족 정체성을 만들어가도록 고무하긴 했지만, 민족주의는 근대에 만들어진 기초적 권력관계를 뛰어넘는 지적, 정서적 현상이다. 그것은 약 3세기 전 서구 자본주의 발전 단계에서 시작된 다양한 역사 과정들이 교차하는 지점에서 생겨난 것이다. 그것은 인간의 모든 집단화 방식을 아우르고 다양한 요구와 기대에 해답을 주는 이데올로기이자 정체성이었다.

정체성은 어떻게 만들어졌나

개인 정체성이 한 인간에게 있어 세상을 보는 렌즈이자 명실상부한 주체로 살기 위한 조건이라면, 민족 정체성은 국가로 하여금 각양각색의 주민들을 이해할 수 있게 하는 근대적 렌즈로서, 국가는 그것을 통해 스스로를 동질적이면서 유일무이한 역사적 주체라고 느낀다.

근대화 초기 단계—곧 농업 의존적인 사회관계가 파괴되고, 잘 결합되어 있던 전통적 공동체의 연결이 붕괴됨과 동시에, 정체성의 안락한 틀을 제공하던 종교적 믿음마저 쇠퇴한 시기—에 이미 개념적 단절이 나타나서 민족주의가 빠른 속도로 치고 들어갈 수 있는 틈새를 마련해주었다. 마을과 성읍에 존재하던 소규모 인간 공동체의 결속력과 정체성도 와해되었다. 이런 일이 일어난 것은 직업적 이동성과 도시화 때문이기도 하고, 대가족의 해체와 함께 친숙했던 대상과 공간이 사라졌기 때문이다. 그리고 이런 의식상의 파열을 다시 꿰맬 수 있는 것은 총체적인 정체성 정치뿐이었다. 오직 민족주의만이, 의사소통의 새 도구들로 인해 가능해진 강력한 추상성을 가지고 그 상처를 치유할 수 있었던 것이다.

민족 이데올로기의 때 이른 꽃망울들이 꽃으로 피어나기 시작한 것은

17세기 영국에 청교도혁명이라는 정치적 봄이 찾아왔을 때다. 비록 종교라는 잎사귀에 가려서 잘 보이지는 않았으나, 어쩌면 로마 교황과 결별을 고한 영국 국교회가 그 꽃들을 수분했는지도 모른다.[27] 청교도혁명이라는 격변에 뒤이어 꽃망울들이 개화되었고, 근대화 과정과 함께 동쪽으로 서쪽으로 퍼져나갔다. 그리고 18세기 말 혁명의 시대가 오자 꽃들이 만개했다. 북아메리카와 프랑스 혁명가들 사이에서 민족의식이 기세를 올리기 시작했고, 새 시대의 강력한 돌격구호인 '주권재민'의 이념이 민족의식과 손을 맞잡았다.

대담한 아메리카 정착민들이 영국에 맞서 내걸었던 유명한 구호 "대표 없이 조세 없다!"에는 이미 민족이라는 실체가 지닌 이중성, 곧 민족주의와 민주주의라는 두 얼굴이 잘 드러나 있다. 에마뉘엘 시에예스(Emmanuel Sieyès)가 1789년에 쓴 유명한 문건 「제3신분이란 무엇인가?」에도 아직 처녀처럼 수줍은 모습이긴 하지만 민족-민주 이데올로기가 행간에서 언뜻언뜻 엿보인다. 불과 3년 후 그것은 프랑스의 소용돌이치는 거리 위를 떠다녔다. 각종 의례와 축제, 찬가로 표출된 민족국가 숭배는 자코뱅파 혁명가와 그 계승자들의 눈에는 자연스럽고도 지당한 것이었다.

뒤이어 벌어진 나폴레옹의 침공은 전통적인 군주제 구조를 허물고 근대 정치에서 가장 중요한 이념적 바이러스라 할 만한 것을 빠르게 확산시켰다. 민족-민주의 세균이 프랑스 병사들의 심장에 침투하여 각자의 배낭 안에 사령관의 지휘봉을 지니고 있다고 믿게 하였다. 나폴레옹의 침공에 맞선 집단들과, 전통 왕국들에 도전을 감행한 민주주의 세력도 이내 민족주의적이 되었다. 이러한 확산에 숨어 있는 역사적 논리는 분명하다. 즉 '인민의 정부'는 오로지 민족국가에서만 실현될 수 있다는 것이다.

　그뿐이 아니었다. 오래되고 쇠약해진 왕조국가들—프로이센, 오스트리아-헝가리제국, 그리고 나중에는 차르의 러시아제국—도 자신의 생존을 연장하기 위해 어쩔 수 없이 민족주의적 혁신을 천천히, 조심스럽게 수용했다. 이렇게 하여 19세기 동안 민족주의는 유럽의 거의 모든 곳에서 승리를 거두었다. 단, 그것이 성숙해지기 위해서는 의무교육법의 통과가, 그리고 19세기 말 즈음에 가서는 보통선거법의 통과가 있어야 했다. 이 두 가지 핵심적인 대중 민주주의 프로젝트가 민족 구조의 형성에 도움이 된 것이 분명하다.

　민족주의는 20세기에 더욱 불타올랐다. 억압적인 식민주의 정책이 더 많은 민족들을 새로 만들어낸 것이다. 인도네시아에서 알제리까지, 베트남에서 남아프리카까지, 민족 정체성은 보편적인 것이 되었다.[28] 오늘날 자신을 일정하게 정의된 민족의 일원으로 보지 않는 사람은 없다. 또한 자신의 조국이 완전한 자치권을 갖기를 열망하지 않는 사람도 거의 없다.

신앙보다 더 강력한 정체성

　학계에서 처음으로 민족주의를 연구한 학자는 미국 역사가 칼턴 헤이즈였다. 그는 1920년대에 민족주의의 영향력을 전통 종교들이 가진 영향력과 비교했다.[29] 독실한 가톨릭 신자였던 헤이즈는 민족을 오랜 기간 존재해온 것으로 가정하긴 했지만, 근대 민족주의만이 가진 구조 및 독창성에 주목했고, 지고한 신에 대한 신앙과 민족의 지고성에 대한 열성적 믿음을 여러 측면에서 비교했다. 헤이즈의 주된 관심은 사상사였지만, 그가 보기에 민족주의는 단순히 사회경제적이고 역사적인 과정을 해설하는 정치철학 이상의 것이었다. 왜냐하면 그것이 가진 파괴적 잠재력이 엄청났기 때문이다. 헤이즈는 1차 세계대전에서 받은 인상을 가지고 첫 책을 썼다. 이전에는 없었던, 민족주의에 고무된 수백만 사상자들의 모습이 그의 눈을 가득 채웠다.

헤이즈가 잘 보았듯이, 18세기 유럽에서 그리스도교가 쇠퇴했다고 해서 초월적 힘에 대한 인간의 오랜 믿음이 완전히 사라진 것은 아니었다. 이전에 종교의 대상이었던 것이 근대화로 인해 다른 것들로 대체되었을 뿐이다. 자연, 과학, 인본주의, 진보의 개념이 그것들인데, 이 개념들은 모두 이성의 범주에 드는 것이지만 그 가운데는 인간을 종속시키는 강력한 외적 요소들도 포함되어 있었다. 18세기 말 지적, 종교적 변혁의 절정을 이룬 것은 민족주의의 출현이었다. 민족주의는 그리스도교 문명의 심장부에서 출현한 이념답게 시작부터 어떤 뚜렷한 특징을 보여주었다. 중세 유럽에서 교회가 로마군대 편제에 맞춰 신앙을 조직한 것처럼, 근대에는 민족국가가 같은 방식으로 신념을 조직하였다. 민족국가는 스스로 어떤 영속적 임무를 수행하고 있는 것처럼 여긴다. 민족국가는 숭배를 요구하고, 세례의식이나 혼인서약 같은 종교의례 대신 엄격한 시민등록제를 채택하고 있으며, 자신의 민족 정체성에 대해 의심하는 이들을 배신자와 이단자로 간주한다.

헤이즈의 생각은 민족주의를 일종의 근대 종교로 보는 이들에게 두루 받아들여졌다. 예를 들어 베네딕트 앤더슨은 민족주의를, 죽음이라는 최종 사태에 새로운 방식으로 맞서는 신앙의 한 유형이라 보았다.[30] 또 어떤 이들은 그것을, 근대화라는 대단절 사태 안에서 인간 삶에 새로운 의미를 부여하는 데 성공한 종교로 규정하기도 했다. 끊임없이 변화하는 현실에 의미를 부여하는 일은 이 새로운 세속 종교가 가진 주요 기능의 하나였다. 또 어떤 학자들은 민족주의가, 사회 질서와 계급적 서열을 지탱하기 위해 종교적 숭배라는 영구 비계를 설치하는 기능을 하는 근대 종교라고 진단하였다. 그런데 만약 우리가 민족주의의 종교적 속성에 대한 이상의 여러 가정들을 받아들인다면, 아직 답을 얻지 못한 다음 두 질문에 마주칠 것이다. 정말로 민족주의는 영혼의 참된 형이상학이라 할 만한 것을 제공하는가? 또한 민족주의는 일신주의 종교들처럼 오래 지속될까?

민족주의와 전통 종교들 사이에는 중요한 차이점들이 있다. 예를 들어 초월적 종교의 큰 특징인 보편 지향적 성격과 개종을 환영하는 경향은 폐쇄적 성향을 가진 민족주의의 모습과는 많이 다르다. 민족이 초월적 대상보다 언제나 그 자신을 숭배의 대상으로 삼는 점도 국가를 위한 대중 결집을 용이하게 하는 요소다. 전통 사회에서는 그런 일이 일시적으로 벌어질 수는 있어도 영속적이지는 않았기 때문이다. 이런 차이점들에도 불구하고 민족주의가 전통 종교와 가장 밀접하게 닮은 이데올로기라는 점에는 의심의 여지가 없다. 공통의 사회관계 안에서 계급 간 경계를 가로질러 성공적으로 사회 통합을 추진해온 섬에서도 그러하다. 민족주의는 그 어떤 세계관이나 규범 체계보다 더 효과적으로 개인 정체성과 집단 정체성 모두를 형성했다. 고도로 추상화된 관념들을 가지고도 두 정체성 사이의 간극을 잇고 결합을 강화하는 데 성공했다. 계급 정체성, 공동체 정체성, 종교 정체성도 더 이상 민족주의의 경쟁자가 되지 못했다. 물론 그 정체성들이 아예 지워진 것은 아니었다. 하지만 새롭게 나타난 민족주의라는 정체성과의 공생적인 연계관계 속으로 들어가지 않고서는 계속 존속하기가 어려워졌다.

다른 이데올로기들과 정치 운동들도 이 새로운 민족 이념과의 타협을 통해서만 힘을 떨칠 수 있었다. 사회주의의 갖가지 변형들, 이를테면 제3세계 공산주의의 운명이 바로 그러했고, 2차 세계대전 당시 독일이 점령한 유럽 지역이나 심지어 소비에트 러시아의 운명도 다르지 않았다. 여기서 우리가 잊지 말아야 할 점은, 파시즘이나 국가사회주의(National Socialism, 나치즘)도 자본 대 노동 갈등에 대한 강압적 해결책으로 떠오르기 전에는 급진적 공격성을 지닌 특수한 종류의 민족주의였다는 사실이다. 자유주의 민족국가들이 벌인 식민주의와 제국주의도 그 중심부에는 거의 언제나 대중적인 민족 운동의 지지가 있었다. 식민주의와 제국주의가 확장을 거듭하는 매 단계마다 민족주의 이데올로기는 정서적이면서도 정치적인 신용 제공의 원천으로 봉사했다.

민족주의는 근대화라는 사회문화적 과정에서 탄생한 세계 보편의 관념이다. 그것은 새로운 세계의 미궁 안으로 떠밀려간 무수한 인간 대중의 심리적, 정치적 요구에 대한 선도적 해답으로 복무했다. 겔너의 주장처럼 민족주의가 민족을 실제로 '고안한' 것은 아니겠지만, 민족이 민족주의를 고안한 것도 아니고, 민족보다 앞서 있었던 민중이 고안한 것도 아니다. 민족주의 그리고 그것이 가진 정치적이고 지적인 도구들이 없었다면 민족은 존재하지 못했을 것이고 민족국가도 틀림없이 생겨나지 못했을 것이다. 민족의 윤곽을 규정하고 그 문화적 대강을 결정한 한 걸음 한 걸음은 모두 의도된 것으로서, 그 실현을 위한 기구를 만들고 운영하는 가운데 수행되었다. 그러므로 민족 프로젝트는 전적으로 의식적인 작업이었으며, 이 작업이 진행되면서 민족의식도 형태를 갖추어 나갔다. 그것은 상상, 발명, 사실상의 자기창조 등이 동시다발적으로 일어난 과정이었다.[31]

상상과 발명의 형태들은 지역에 따라 달리 나타났으며, 인간들을 구획하는 분계선도 여기에 맞춰 정해졌다. 모든 이데올로기적 현상, 정치적 현상들이 그러하듯이 이 분계선들 역시 저마다의 특수한 역사에 따라 획정되었다.

4. 시민적 민족주의 대 종족적 민족주의

서유럽형과 동유럽형

한스 콘은 체코-독일계 배경을 지닌 시오니스트였지만, 유대 민족주의에 실망하여 1920년대 말 영국 위임통치하에 있던 팔레스타인을 떠나 미국으로 갔다. 미국에서 그는 칼턴 헤이즈와 함께 민족주의에 관한 학술적 연구에서 선도적 학자의 한 사람이 되었다. 그는 동유럽에서 청년기를 보내다가 1차 세계대전에 참전하기도 했는데, 당시에 접한 시오니스트들의 식민주의 기획 및 뉴욕 이주에서 얻은 경험과 환멸 덕분에 동료인 헤이즈보다 더 가치 있는 1차 자료들을 확보할 수 있었다.[32] 콘 역시 민중과 민족이 언제나 존재해왔다는 근본주의적 전제에서 벗어나지는 못했는데, 다만 '민족의식'만큼은 근대에 등장한 새 현상이라고 가정했다. 이런 의미에서 그의 저작 대부분은, 비록 그것들이 사회정치사를 끌어들이려는 조심스런 시도를 담고 있다 해도, 결국은 '사상사'에 속한다고 할 수 있다. 민족주의 연구에서 그가 결정적으로 기여한 부분은, 민족주의의 상이한 출현 방식을 보여주는 지도 작성에서 선구적 업적을 남긴 점이다.

콘은 1920년대부터 민족주의 문제에 관한 글을 쓰기 시작했지만, 그의 유명한 이분법 이론은 1944년 출간된 종합적 연구서 『민족주의의 개념』에서야 확립됐다. 콘의 이론은 많은 지지자와 함께 많은 적을 만들어 냈다.[33] 그에게 민족주의라는 연구 방향을 잡아준 것이 1차 세계대전이었다면, 2차 세계대전은 정치적, 이데올로기적 감수성을 형성시켜 주었고 사실상 그의 학문적 업적을 완성시켜 주었다. 콘은 민족주의가 두 가지 주요 범주로 구성된다고 보았다. 하나는 자발주의적(voluntarist) 성격을 가진 서유럽형의 시민적 민족주의(civil nationalism)*로, 대서양 양안과 함께 유럽 동쪽으로는 스위스까지를 경계로 한다. 다른 하나는 유기적(organic) 성격의 민족 정체성으로서, 라인강 동쪽에서 시작하여 독일, 폴란드, 우크라이나, 러시아 등을 아우른다.

서유럽형 민족주의는 (아일랜드는 예외로 하고) 외부 개입 없이 토착 사회정치 세력들이 독자적으로 일으킨 현상이다. 이런 유형의 민족주의는 대부분의 경우 국가가 이미 수립되어 근대화에 매진하고 있거나 이제 막 수립되고 있을 때 출현한 것이나. 이 민족주의는 르네상스와 계몽주의 전통에 개념적 뿌리를 두고 있으며, 그 원리는 합법적이면서 정치적인 개인주의와 자유주의에 기초해 있다. 이런 민족의식을 일으킨 주요 세력은 유력한 세속 계급인 부르주아지다. 이들에 의해 정치적 힘을 가진 시민적 제도들이 구축되어 자유주의적 민주주의 형성에 결정적인 역할을 한 것이다. 자신만만한 이들 부르주아지가 수립한 민족 정치

* '공민적 민족주의'로도 번역한다.

는 대체로 개방성과 포용성을 지향하는 경향이 있다. 미국, 영국, 프랑스, 네덜란드, 혹은 스위스의 시민이 되기 위해서는 혈통과 출생뿐 아니라 이 나라들에 속하겠다는 의지만 있으면 된다. 민족을 어떻게 생각하는지는 사람마다 다르겠지만, 이들 나라에 귀화한 이는 누구라도 법적, 이념적으로 민족의 일원으로 여겨지며, 국가 역시 시민의 공동재산으로 간주된다.

콘에 따르면 중유럽 및 동유럽에서 발전한 민족주의는 (체코의 경우에는 예외적인 면이 있지만) 서유럽 민족주의와 달리 주로 외부에 의해 촉발된 역사적 산물이었다. 그것은 나폴레옹의 침공 시기에 태동하여 계몽주의와 진보적 가치관에 대한 저항운동으로 출범했다. 이들 나라에 출현한 민족 관념은 근대적 국가기구가 공고화되기 이전에, 따라서 사실상 그것과 아무 관련 없이 생겨난 것이다. 이 정치 문화에서는 중간계급이 그다지 힘을 갖지 못했으며, 그들이 수립한 시민적 제도들 역시 중앙과 귀족의 권위에 순종적이었다. 그들이 받아들인 민족 정체성은 소심했고 자신감도 결여되어 있었다. 그 결과 혈연과 고대 기원에 더 의존하는 민족 정체성이 만들어졌고, 민족 또한 더 경직되고 배타적인 실체로 생각되었다.

나중에 독일이 되거나 폴란드가 된 지역에서, 그리고 차르의 독점 소유였던 러시아 지역에서 융성한 민족주의 철학은 반동적이고 비합리적이었다. 이 철학들은 이 지역에 장차 나타날 정치적 경향들을 예감케 하는 것이었다. 피와 흙의 신비주의가 게르만 민족주의를 특징지었고, 보수적 낭만주의가 동유럽 슬라브 국가들의 민족 발효에 숨결을 불어넣었다. 막 태동한 이들 민족에 새로운 구성원으로 합류하는 일은 곧 불가능해졌다. 민족이란 종족생물학적으로도 종족종교상으로도 배타적인 실체로 생각되었기 때문이다. 민족의 경계는 곧 '종족' 경계였고, 따라서 마음대로 진입할 수 없는 것이었다. 이런 것들이야말로 이 정체성 정치가 낳은 역사적 결과였다.

예외적인 사례가 있었음에도

세세한 뉘앙스를 무시하고 큰 틀로만 보면, 콘의 이분법은 의심할 바 없이 규범적인 이론이었으며 무엇보다 나치즘의 발흥에 대한 반발로 태어난 것이었다. 이민자로서 다양한 문화들과 민족운동들을 직접 겪은 콘은, 그의 마지막 피난처가 된 미국의 집단 초정체성이야말로 서구 문화의 원동력인 보편주의 목표를 가장 높은 수준에서 구현한 것이라 여겼다. 반대로 독일과 동유럽의 사례는, 고대 집단들에 관한 모든 유기적이고 종족적인 신화와 전설이 이르게 되는 종착점 같은 것이었다.[34]

미국적 시민 개념과 앵글로색슨 민족주의를 이상적으로 본 콘의 생각은 확실히 오늘날의 비판을 견뎌내기 힘들며, 많은 반대자가 나온 것도 무리가 아니다. 콘에 대한 비판은 크게 두 종류로 구분할 수 있을 것이다. 한편에서는 콘이 지나치게 도식적인 구분을 하느라 역사 기술에 있어 경험적 근거를 충분히 대지 못했다고 비판하면서도, 그의 분석에 들어있는 근본주의적 요소들을 거부하지는 않았다. 다른 편에서는 시민적-정치적 민족주의와 종족적-유기적 민족주의라는 콘의 구분 자체를 거부했는데, 이 입장은 결국 종족적-유기적 민족주의에 대한 옹호를 내포한 것이기도 했다.[35]

콘이 시민적, 자발주의적, 개방적 유형으로 분류한 서유럽형 사회들—미국, 영국, 프랑스, 네덜란드 등—이 실제로 발전해온 과정을 분석해보면, 다양한 경향들 간의 긴장과 투쟁이 있었음을 알 수 있다. 19세기를 통틀어 미국 민족주의의 핵심이 되었던 것은 프로테스탄트 앵글로색슨 정체성이었으며, 아메리카 원주민, 아시아 및 동유럽 이민자, 아프리카 흑인노예 등은 심각한 정체성 불안과 적대적 취급을 감수해야 했다. 콘이 선구적인 저서 『민족주의의 개념』을 쓰고 있던 1940년대에도 여전히 흑인 시민들은 이 위대한 민주주의 국민의 일부분으로 '상상'되지 못했다.[36]

영국인들은 자기들의 기원이 노르만인, 스칸디나비아인 등으로 혼합되어 있다는 점을 늘 자랑스러워하지만, 자유주의적인 대영제국이 절정을 구가하던 때만 해도 정치지도자들과 사상가들은 타고난 잉글랜드적(English) 특성에 위대함의 근원이 있다고 보았고, 늘 경멸적인 태도로 식민지 주민들을 대하곤 했다. 대다수 옛 브리튼 사람들은 그들의 앵글로색슨 유산을 자랑스럽게 여겼으며, 웨일스인과 아일랜드인을 '순수 켈트 기원'이라고 하여 '선택된 그리스도교 민중'인 자신들보다 열등한 이질적 민족이라 여겼다. 또한 서구 전역에서 민족 정체성이 뚜렷해지던 19세기에는 자신들을 골족의 직계 후손이라고 보는 프랑스인들이 언제나 존재했다. 이들은 게르만인들을 대할 때마다 동쪽에서 침략해온 이 프랑크족*에 영원히 맞서 싸워야 한다는 식으로 적의를 불태우곤 했다.

한편 중유럽과 동유럽에서도, 종족생물학적 경계나 종족종교적 경계가 아닌 문화적 경계와 정치적 경계로만 구분되는 개방적이고 포용적인 정체성 정치를 구상했던 사상가나 조류를 어렵지 않게 찾아볼 수 있

---

* 프랑크족은 게르만의 일족으로 분류된다.

다. 콘의 이분법 모형의 주요 대상인 독일만 해도 하인리히 트라이치케나 베르너 좀바르트 같은 이념가들을 낳은 종족중심주의 전통만 있었던 게 아니다. 프리드리히 실러나 요한 볼프강 괴테와 같은 세계시민주의 작가들도 있었고, 테오도르 몸젠이나 막스 베버 같은 민족적 자유주의자들도 있었다. 나아가 '독일다움'(Germanity)이란 것을 포용적 문화로 보고, 그 영토 안에 사는 모든 이들을 본래의 일부로 여기는 위대한 사회민주주의 대중 운동도 있었다. 마찬가지로 차르 시대 러시아에서도, 자신을 러시아인이라 보는 이는 누구나 러시아인이라는 포용적 입장이 사회주의 세력들에게만 국한된 생각은 아니었다. 자유주의 조류와 상당수 지식인 계층도 유대인, 우크라이나인, 벨라루스인들을 이 커다란 민족의 뺄 수 없는 일부라고 여겼다.

하지만 이런 비판에도 불구하고 콘의 주요 통찰은 올바르고 정확한 것이었다. 서유럽에서 민족이 형성되던 초기 국면마다—결국은 민족 이데올로기가 발흥하던 모든 국면마다—종족주의 신화가 등장하여 문화적·언어적 지배집단을 옹위하고 그 집단을 태곳적부터의 민중 내지 인종으로 숭배하도록 이끌었다. 하지만 서유럽 사회들에서 이런 신화는 (비록 완전히 소멸되지는 않았나 해도) 금세 사라졌다. 신화들 대신에 모든 시민과 귀화한 이주민을 민족의 필수불가결한 부분으로 여기는 관념과 감수성이 서서히 자리를 차지하였다. 그러다 어느 시점이 되자 지배문화는 민족 구성원 모두에게 귀속되는 문화로 여겨지게 되었고, 지배적 정체성 역시 민족 구성원 모두를 아우르는 정체성이 되고자 했다. 물론 이런 포용적인 민주화 과정이 단절 없이 이어진 것은 아니다. 후퇴하거나 탈선하기도 했고, 불안정과 위기의 시기에는 정치적 격변을 겪기도 했다. 하지만 이런 차질에도 불구하고 모든 자유주의적 민주주의는 과거보다는 미래에 더 의미를 두는 상상된 시민권을 만들어왔다. 이 상상된 관념은 법적 규범으로도 채택되었고, 결국에는 국가 교육체제에도 스며들게 되었다.

이것이 바로 19세기와 20세기 동안 앵글로색슨 나라들, 북해 연안국들, 프랑스, 스위스 등지에서 일어난 일이다. 그렇다고 해서 이들 사회에서 인종주의가 사라졌다거나 이들 사회 내부에 있는 여러 부문들 간의 멸시와 갈등이 중단되었다는 말은 아니다. 하지만 통합의 과정이 여러 부문들을 흡수하였고, 때로는 억제하였다. 이 과정은 필수적일 뿐더러 바람직한 것으로 인식되었다. 어차피 악이 선에게 바칠 수 있는 찬사가 위선뿐이라면, 그나마 시민적 민족주의는 인종주의자나 배타적 종족주의자가 사과하지 않으면 안 되는 분위기를 유지한, 비교적 열린 문화였던 것이다.

이와 반대로 독일, 폴란드, 리투아니아, 우크라이나, 러시아 등지에서는 민족 정체성을 시민권이라는 정치적 토대 위에서 정의하려는 주목할 만한 운동들이 있었음에도, 단일한 고대적 기원이라는 신화를 지속적으로 구축한 집단들이 승리를 거두었다. 종족이라는 실체를 굳게 믿는 오랜 관념들이 역사의 흐름 속에서 변함없이 이어졌고, 이런 원시적이고 독자적인 '민중'의 계보학은 누군가 민족에 새로 합류하는 것을 막는가 하면, 같은 방식으로 누군가 민족에서 탈퇴하는 것을 효과적으로 차단했다. 이렇게 하여 민족주의자들의 눈에는 한번 독일인이면 독일인으로, 폴란드인이면 폴란드인으로, 심지어 미국에서 태어난 후손들까지도 독일인이나 폴란드인으로 영원히 남게 되었다.

이와 달리 프랑스의 교육 현장에서 골족은 일종의 역사적 은유에 불과한 것이었다. 이주민의 자식들조차 학교에서 자신들의 선조가 골족이라고 따라 말했고, 교사들도 이 새로운 '후손들'을 뿌듯하게 여겼다.[37] 반면에 튜턴족 기사들이나 고대 아리아족은 19세기 말로 갈수록 점점 더 근대 독일인의 이상화된 선조처럼 여겨졌다. 그 후손이 아닌 것으로 보이는 이는 아무도 진짜 게르만인이 될 수 없었다. 마찬가지로 1차 세계대전 종전과 함께 수립된 폴란드에서도 순수한 가톨릭 자궁에서 수태되지 않은 사람은, 유대인이건 우크라이나인이건 루테니아인*이건 상관없이, 그가 아무리 시민의 일원이라 할지라도, 오래도록 고통을 감내해온 고귀한 폴란드 민족의 일원이 될 수 없었다.[38] 이 점은 러시아 슬라브주의자들도 마찬가지였다. 그들이 보기에 정교회의 품에서 태어난 순종 슬라브인이 아닌 백성들은 당연히 신성한 러시아 민중의 일부일 수 없었으며, '대러시아'(Greater Russia)에 포함될 수 없었다.

이들 나라의 언어적 소수들이나 종교적 소수들은, 러시아에서 자행된 유대인 학살이나 나치의 살육은 잠시 제쳐두더라도 서유럽에 비해 훨씬 힘든 삶을 살아야 했다. 유고슬라비아 해체 이후에 생겨난 민족들의 특징과 그들의 허술한 소속 기준을 보면, 종족종교가 내리는 민족의 정의와 이 집단들 상호간의 인종혐오(xenophobia)가 얼마나 긴밀히 연결된 것인지 파악할 수 있다. 각 민족들은 자기 민족의 종족성, 한 번도 충분한 존재감을 가진 적이 없는 그것을 주장하기 위해 거의 소멸되다시피 한 '종교'에 호소했다. 가톨릭을 믿는 크로아티아인들이 정교회에 속한 세르비아인들을 배척하고, 정교회 세르비아인들이 특히나 잔인하게 이슬람교도인 보스니아인들과 코소보인들을 배척하는 일이 가능했던 것은 오로지 고대의 (동시에 전적으로 허구인) 신화들을 이용했기 때문이

* Ruthenia. 현재의 우크라이나 북부, 벨라루스, 러시아 서부, 폴란드 동부에 걸친 역사적 지명으로, 한때 키예프 공국의 지배를 받았다.

다. 이전 공산주의 정권의 통합 정책이 실패한 후 여전히 잔존해 있던 사소한 문화적·언어적 차이들이 배타적 장벽으로 바뀐 것이다.[39]

1990년 이전까지만 해도 독일과 동유럽은 끈질긴 종족적 민족주의에 지배당하고 있었다. 문화적·언어적 소수들은 시민권이 있다 해도 대중의 지배적 의식에서는 민족의 범위 안에 포함되지 못했다. 현지에서 태어난 이주민 2세나 심지어 3세조차도 명실상부한 시민권을 부여받지 못했다. 하지만 동유럽에서 수 세대를 살아온, 심지어 중세 때부터 거주해왔기에 문화적·언어적 측면에서 '독일성'과 아무런 상관이 없어진 종족상의 독일인조차 언제든 원하기만 하면 독일 시민이 될 수 있는 특권이 있었다. 유럽공동체가 성장하고 전통적인 민족주의가 어느 정도 쇠퇴하고 나서야 중유럽과 동유럽에서도 종족적 정체성들이 약화되기 시작했다. 유럽공동체가 새로운 통합 유럽에 걸맞은 완전한 민주적 시민권이라는 요구사항을 조용히 강제했기 때문이다. 종족적 민족주의에서는 민주주의—정부가 모든 주민을 동등하게 대표하는 체제—가 언제나 미완에 그친다는 것을 잊어서는 안 된다. 이런 민족주의에서는 시민이라고 해서 모두가 민족의 적법한 일원이 되는 것이 아니다.

또 다른 설명들

이상의 차이가 생겨난 역사적 기원을 찾는다면, 이른바 '시민권 민족주의'—시민권에 기반을 둔 정치적 민족주의—가 그 성숙 과정에서 어떤 밝혀지지 않은 분기점을 만나 이른바 '종족적 민족주의'—종족성에 대한 충성에 기반을 둔 민족주의—와는 반대 방향으로 나아갔기 때문일 것이다. 안타깝게도 한스 콘은 이 부분에 대해서는 충분히 만족스런 설명을 제시하지 못했다. 예를 들어 이탈리아의 통일은 비교적 늦게 독일 통일과 비슷한 시기에 이루어졌고, 독일과 마찬가지로 중간계급의 힘이 약해서 민족화를 가속화시키지도 못했다. 두 지역 모두 민족운동이 실제 통일보다 앞서 일어나긴 했으나 대중의 지지를 받은 부르주아 계급이 아닌 군주가 국가를 세운 점도 같다. 그런데 독일에서는 종족 내지 종족생물학적인 민족주의가 승리를 거둔 반면, 이탈리아는 19세기 말에 이르러 정치적 시민권에 입각한 민족주의가 승리를 거두었다.

이 차이를 이해하는 것은 어렵다. 특히 이 지역들에서 훗날 등장한 운동들, 즉 독일 국가사회주의(나치즘)와 이탈리아 파시즘을 비교하면 더욱 그러하다. 물론 두 경우 다 강렬한 민족주의적 성격을 띠고서, 이전의 군주제가 충분히 성취하지 못한 대중 통합을 다양한 기획의 하나로 삼은 점은 동일했다. 또한 둘 다 권위주의적인 데다 민족을 부분(민족을 구성하는 개인들)의 합보다 더 큰 집단으로 보고 서구 개인주의를 경멸한 점도 같았다. 하지만 독일 국가사회주의가 출발 때부터 성장의 자양분이 되어준 종족생물학적 유산을 적극 채용한 반면, 이탈리아 파시즘은 (적어도 1938년까지는) 이탈리아 건국 영웅인 주세페 마치니와 주세페 가리발디의 포용적인 민족주의에 꾸준히 의존해왔다. 북이탈리아 지역의 독일어 사용자들, 도시에 살던 유대인들, 전쟁을 통해 합병한 크로아티아인들 모두 이탈리아 민족의 일부로 여겨지거나 미래에 일원이 될 사람들로 인식되었다.

에릭 홉스봄의 흥미로운 연대기적 분류 역시 부분적으로만 설득력이 있다. 그는 민족주의 현상이 두 가지 색조를 띤다고 지적한 바 있다. 하나는 18세기 말과 19세기 초 혁명의 시대에 나타난 자유주의-민주주의적 형태이며, 다른 하나는 19세기 말 반동적인 종족언어적, 인종주의적 기호들에 기반을 둔 새로운 형태의 민족주의이다.[40] 19세기 말에 가까워지면서 동유럽에서 도시화 과정과 이주 과정이 심화되고 이 과정들 사이의 마찰이 원한과 인종주의를 낳은 것은 사실이지만, 홉스봄의 분석은 독일의 발전 과정을 잘 설명하지 못한다. 뿐만 아니라 그리스는 19세기 전반기에 오스만제국으로부터 민족 독립을 쟁취함으로써 당시 유럽의 모든 민주주의자들과 자유주의자들의 환호를 받았지만, 거의 20세기 말에 이르기까지 엄격한 종족종교적 민족주의를 고수해왔다. 반면에 이탈리아는 민족주의의 특징이 더 늦게 형성되었는데도 매우 정치적이고 시민 중심적이었다. 마찬가지로 체코 민족주의—1차 세계대전이 끝난 직후에 결국 슬로바키아인들과 함께 민족국가를 건설한—도 독일어 사용자들을 제외하고는 어느 정도 포용성을 보여주었는데, 이런 포용성은 합스부르크제국의 몰락과 함께 생겨난 민족들 사이에서는 보기 드문 현상이었다.

리아 그린펠드는 막스 베버에게서 빌린 비교사회학적 도구들을 이용해 이 문제를 파고들었다.[41] 그린펠드는 민족주의 분야의 저명한 학자로, 어린 시절 소련에서 이스라엘로 이주했다가 후일 이스라엘을 떠나 미국에서 활동하였다. 그녀는 시민적 민족주의와 종족적 민족주의의 구분을 큰 틀에서 받아들였는데, 거기에 '집단주의'라는 기준을 더 포함시키기로 했다. 영국과 미국이 개인주의 국가라면, 대혁명으로 탄생한 국가인 프랑스는 정치적 몸체에 대한 숭배를 시민적 정체성과 연결시켰다. 그로 인해 프랑스 문화는 이웃 서유럽 국가의 문화보다 더 동질적이고 그 땅에 거주하는 소수집단들에 대해 덜 관용적이고 덜 자유주의적이 되었다는 것이다. 그러나 라인강에서 모스크바에 이르는 지역에서는 더 문제적인 민족주의, 곧 집단주의적인 동시에 종족주의적인 민족주의가 발달했다. 이 지역에서는 민족이 변치 않는 원형적 통일체로, 오로지 유전적 혈통을 가져야만 거기에 속할 수 있는 통일체로 여겨진다.

그린펠드가 보기에 민족 정체성을 형성하는 전략은 주로 그것을 담당한 역사적 주체의 성격에 따라 달라졌다. 서유럽에서는 폭넓은 사회 계층이 민족의식을 받아들여 내면화했다. 영국의 담당 계층은 비주류 귀족과 상당한 교양을 지닌 도시민이었고, 북아메리카의 담당 계층은 대다수 정착민이었다. 프랑스에서는 강력한 부르주아지가 그 일을 맡았다. 하지만 동유럽에서는 민족주의를 받아들이는 데 앞장선 계층의 폭이 매우 좁았다. 게르만 문화권에서 그 계층은 보수적인 사회 위계질서의 한복판에서 지위 상승을 추구했던 소수 지식인들이었다. 러시아에서는 힘없는 귀족층이 새로운 근대적 정체성을 받아들임으로써 그나마 남아 있는 특권들을 지키고자 했다. 동유럽 민족주의를 만든 이 집단들의 오랜 고립성은 이들 민족주의가 가진 배타성 및 신화화된 과거에 대한 집착의 원인이 되었다.

다른 학자들도 유럽과 세계 곳곳에서 저마다 다른 역사를 만들어온 이질적 민족 기질에 대한 설명을 시도해왔다. 겔너에 따르면, 서유럽에서는 민족이라는 오믈렛을 만들기 위해 그다지 많은 날샅을 깨뜨리지 않아도 됐다. 고도문화가 오랫동안 존재해 온 덕분에 민족 경계선을 정하기 위해서는 약간의 수정만 하면 됐다는 것이다. 하지만 '동쪽'에서는 흔하게 벌어진 번잡한 조건 때문에 오랫동안 존재해 온 고도문화가 없었다. 그래서 특정한 문화적·언어적 집단이 다른 집단들을 배제하거나 추방하거나 심지어는 물리적으로 절멸하는 방법까지 동원해 정치적 몸체를 강제 조정할 필요를 느꼈다는 것이다.[42] 하지만 겔너의 분석 역시 홉스봄의 분석이 그렇듯이 독일 지역에는 들어맞지 않는다. 종교개혁

이후에는 이 지역 역시 고도문화를 줄곧 가지고 있었음에도, 노골적인 종족 중심의 민족주의가 궁극적으로 승리를 거두었기 때문이다.

미국의 사회학자 로저스 브루베이커는 민족성의 발달을 놓고 프랑스와 독일의 경우를 전체적으로 꼼꼼하게 비교한 끝에 다음과 같이 결론지었다. 곧 게르만-슬라브 경계 지역에 있던 문화·언어 집단들의 복잡한 모자이크와 그 집단들 간의 날카로운 마찰이 프랑스와 독일 사이의 차이를 만든 주요 원인이었다는 것이다. 여러 독일어 방언 사용자들 틈에 끼어 살던 폴란드인 및 여타 민족들을 독일화할 능력을 가진 강력한 민족국가가 이 지역에는 오랫동안 없었다는 것이다. 또한 언어적으로 상이한 문화들에 둘러싸여 살아온 모든 '종족적 독일인'을 통합할 능력이 있는 혁명 정권이 프랑스에서처럼 탄생하지도 못했다.[43]

민족 발현의 다채로운 스펙트럼과 지난 2세기 동안의 발달을 설명할 수 있는 통일된 분석은 오늘날까지 제시된 바 없다. 사회경제적 요인, 심리적 요인, 인구통계학적 요인, 지리적 위치, 심지어 정치적이고 역사적인 우연들까지도 그것들을 설명하기에는 여전히 부분적이고 불완전하다. 어떤 민족들은 비교적 빠르게 성장해 성숙한 민주주의를 이룩하는 데 성공한 반면, 왜 다른 민족들은 종족중심주의 신화를 오랫동안 지켜오면서 그 신화를 자기규정에 활용했는가의 질문에 대해 만족스런 답변은 아직 나오지 않았다. 더 진전된 연구가 필요하고 실증적인 증거도 추가되어야 할 것이다.

고대의 시원적 정체성, 생물학적 계보라는 이미지, 선택받은 민족 내지 인종 개념은 진공상태에서 불쑥 솟아난 것이 아니다. 시민적이든 종족중심적이든 상관없이 민족의식을 공고화하기 위해서는 언제나 지식 엘리트가 있어야 했다. 민족이 역사적인 자아상을 '기억'하고 다지기 위해서는 문화의 학문적 생산자들, 기억의 대가들, 법과 제도의 제정자들의 노력이 필요했다. 민족국가의 성립을 통해 각종 이득을 취하거나 그것을 활용한 사회 계층은 많지만, 민족이라는 실체를 형성하는 데 주된 역할을 맡은 사람들—곧 민족으로부터 가장 커다란 상징적 이득을 취한 이들—은 누구보다 지식인들이었다.

5. 민족의 '군주' 지식인

지식인, 그들은 누구인가

칼턴 헤이즈는 근대적 사고가 담긴 고전 문헌들 속의 민족 관념을 공들여 연구한 후 1920년대에 이르러 이런 결론을 내렸다. "이 모든 과정의 핵심은 다음에 있다. 즉 지식인들의 민족주의 신학이 대중들에게 와서는 민족주의 신화가 되었던 것이다."[44] 후대 학자이지만 독창성에서는 헤이즈에 뒤지지 않는, 특히 스코틀랜드인이기도 한 톰 네언은 이렇게 덧붙였다. "새로운 중간계급인 민족주의 지식인들은 대중들을 역사 속으로 초대해야만 했다. 그리고 그 초대장은 대중들이 이해하기 쉬운 언어로 쓰여 있어야 했다."[45]

이 두 가지 가설을 유지하려면, 우리는 먼저 주류 사상가들의 생각을 역사 발전의 실제 원인이나 출발점으로 보는 오랜 학문적 전통을 버릴 수 있어야 한다. 민족주의란 학자들의 연구에서 싹튼 후 이데올로기를 애타게 찾는 대중들에게 채택되어 삶의 방식이 되는 그런 이론적 결과물이 아니기 때문이다.[46] 민족주의가 퍼져나간 방식을 이해하기 위해서는 이 현상에서 지식인들이 맡았던 역할을 밝혀내야 하며, 그들의 사회정치적 지위가 전통 사회와 근대 사회에서 어떻게 달라졌는지를 먼저 검토해야 한다.

초기 부족사회를 제외하고 잘 조직된 사회가 지식인을 배출하지 않았던 적은 없다. '지식인'이라는 말 자체는 뒤늦게 19세기 말에서야 생겨났지만, 문화적 상징 및 표지를 생산하고 조작하는 일을 주요활동 혹은 생계수단으로 삼은 개인들은 가장 초보적인 노동 분화가 일어났을 때부터 존재했다. 점술가와 무당에서부터 궁정서기, 사제, 나아가 교회 서기관, 궁정 광대 및 성당 화가에 이르기까지 문화 엘리트들은 모든 농경사회마다 존재했다. 이 엘리트들은 다음 세 가지 주요 영역에서 말이나 이미지를 제공하고 조직, 전파할 능력이 있어야 했다. 첫째는 지식을 증대하는 일, 둘째는 사회 질서의 안정성을 확보해줄 이데올로기를 개발하는 일, 셋째는 마법과도 같은 우주 질서에 대해 체계화된 형이상학적 설명을 제공하는 일이다.

앞서 언급했지만 이 문화 엘리트들 대부분은 어떤 식으로든 정치적, 경제적 지배층에 의존하거나 그들과 관계를 맺고 있었다. 그 의존도는 클 수도 작을 수도 있었고, 이곳저곳에서 어느 정도의 자율성을 누리기도 했다. 심지어 경제적 기반이 탄탄할 때는 상당한 독립성을 지니기도 했다. 전통 사회의 정치권력이 근대 사회와는 다른 방식으로 경제적 생산의 그물망을 거머쥐고 있었지만, 통제력을 유지하기 위해서는 그들 역시 문화 엘리트들이 필요했다.

생산의 세계 안에서 지식인들이 취했던 다양한 존재 방식에 대한 안토니오 그람시의 설명을 겔너의 근대화 이론과 결합시키면, 민족주의 내지 민족의 형성에서 지식인들이 한 역할에 대해 더 깊은 통찰을 얻을 수 있다. 이 이탈리아 마르크스주의자는 다음과 같이 썼다.

> 모든 사회 계급은 경제적 생산의 세계 안에서 그들이 맡은 필수적 기능을 기반으로 삼아 등장한다. 또한 이 계급들은 계급 동질성과 자기들의 기능에 대한 의식을 고취시키는 지식인 집단을 유기적으로 만들어낸다.[47]

어떤 계급이 오래도록 통제력을 유지하려면 눈에 보이는 권력을 소유하는 것만으로는 충분치 않고, 윤리적이고 법적인 규범들을 생산할 필요가 있다. 이럴 때 식자층이 나서서 계급 구조를 받쳐주는 헤게모니에 대한 옹호 논리를 제공한다면, 헤게모니 세력은 이 구조를 계속 폭력적인 수단으로 방어하지 않아도 된다. 근대 이전 세계에서 전통적 지식인은 궁정서기들, 왕실의 보호를 받는 예술가들, 다양한 종교인들이었다. 이런 사회에서 합의된 이데올로기를 공고히 하는 데 기여한 사람들은 누구보다 성직자들이었다. 그람시는 고전적 봉건 사회에서 지식인들이 어떻게 출현했는지 고찰하는 것이 현재에도 여전히 필요하다고 보았지만, 막상 이 주제에 대한 그의 글은 명쾌하지 않고 다소 실망스럽다. 그와 달리 겔너는 더 흥미로운 가설을 제시했다.

앞에서 언급했듯이 인쇄 기술이 발명되기 전까지 궁정서기들은 대중에게 다가갈 소통 수단을 갖추지 못했고 그런 수단들을 필요로 하지도 않았다. 왕권신수설의 이념적 타당성을 설파해야 할 대상은 주로 행정관료와 지주 귀족들이었고 이 집단들이 영토를 통제했기 때문이다. 종교 엘리트가 대다수 소농 인구에게 다가가려는 노력을 서서히 시작한 것은 사실이지만, 그럼에도 긴밀한 접촉은 기피했다. 농경사회에서 작동하던 지식 메커니즘을 겔너는 다음과 같이 잘 묘사하고 있다.

> 전례용 언어를 토착 언어와 분리하려는 경향이 매우 강했다. 성직자와 속인들 사이에 가로놓인 장벽은 단지 문자해득력의 차이 때문에 생긴 것이 아니다. 그 언어가 접근 불가능한 글로 기록되었다는 것뿐 아니라 그 언어를 들었을 때 이해할 수 없다는 것 또한 그들 사이의 간극을 벌려 놓았다.[48]

고대 지중해 주변의 다신교적 궁정들에 비교적 작은 집단으로 존재했던 제사장들과 달리, 일신교의 확산은 폭넓은 지식인 계층을 만들어 냈다. 고대 에세네파*에서부터 포교사, 수도사, 랍비, 신부, 나아가 울레마**에 이르기까지, 점점 불어나는 식자 개인들이 농업생산 대중들과 폭넓고도 복잡한 접촉을 이어갔다. 제국, 왕국, 공국 및 민중 사회가 성하고 쇠하는 그 세월 동안 종교들이 살아남을 수 있었던 한 가지 이유다. 세속 권력과 완전히 섞이지 않았던 종교집단들은 다른 정치·사회 계급에 비해 어느 정도 자율성을 확보하고 있었다. 그들은 소통의 고리들을 잘 유지하였고, 언제나 사회 전체에 대한 봉사자로 인식되었다. 이렇게 하여 그들이 전파하는 신앙, 의례, 상징들이 그토록 대단하게 생존할 수 있었다. 그들이 대중에게 제공하는 영적 상품의 가치가 정치권력이 제공하는 세속의 (착취적) 보호보다 훨씬 의미 깊다는 생각이 종교를 장수하게 만들었다. '신의 섭리'가 신자들에게 순결의 은총과 내세의 구원을

---

* Essenes. 고대 유대교에서 바리사이, 사두가이파와 경쟁했던 금욕적 신비주의 경향의 일파.
** ulema. 이슬람 율법학자의 통칭.

보장해주었던 것이다.

　한 가지 덧붙이자면, 전근대 세계에서 종교집단들이 자율성을 누릴 수 있었던 것은 그들의 명성이나 그들이 퍼뜨린 보편적 메시지 때문만이 아니었다. 독실한 식량 생산자들로부터 직접 물질적 지원을 받은 덕분이기도 했다. 더 나아가서는 많은 식자 개인들이 자신들의 영적 헌신에 육체노동을 결합시키기도 했고, 이들 가운데 기득권 상층부에 속한 이들은 적기에 사회경제적 계급을 구성하거나 심지어 사법 권력으로 화하기까지 했다. 가톨릭교회가 바로 그런 예다.

　농경 세계에서 종교 엘리트들은 점차 높은 인기를 얻었고 인간 양떼에게도 여전히 헌신을 다했지만, 자신들의 권위를 유지하기 위한 작업 도구들도 철저히 관리했다. 그렇게 하여 신성한 언어를 비롯한 읽기와 쓰기 능력이 이들 '책 가진 사람들'(book people)에 의해 보존되었다. 그렇다고는 해도 이런 전문 능력을 서민들에게 전파할 의향까지는 없었고, 또 그럴 수단도 없었다. 앤더슨이 이를 잘 설명한다. "이중 언어를 구사하는 지식인 계층은 세속언어와 라틴어 사이를 중재함으로써 땅과 하늘 사이를 중재했다."[49] 종교 엘리트들은 신성한 언어와 때로는 행정 언어까지 알고 있었을 뿐 아니라, 소농들의 토박이말도 잘 알고 있었다. 이중 혹은 삼중 언어를 구사하는 지식인들의 이러한 중재 기능은 그들에게 쉽게 앗아가기 어려운 권력을 안겨 주었다.

　하지만 근대화 과정이 시작되면서 교회 권력의 쇠퇴, 종교 공동체들의 위축, 중세 문화생산자들을 지탱했던 후원자-피후원자 관계의 소멸이 이어졌고, 거의 모든 것을 사고팔 수 있는 시장경제의 형성도 함께 시작되었다. 이 과정이 불가피하게 모든 문화 형태의 변형을 가져옴에 따라 지식인들의 위치와 지위에도 중대한 변화가 일어났다.

근대의 지식인들

그람시는 새로운 지식 계급과 부상하는 부르주아지 사이의 관련성을 반복해서 강조했다. 그람시가 '유기적'(organic)이라고 기술한 이 지식인들은 대자본가가 아니라 주로 도시 및 시골의 중간계급 출신이었다. 그 가운데 일부는 생산을 관리하는 숙련된 전문가가 되었고, 다른 일부는 자유직업을 갖거나 관료가 되었다.

그람시는 "철학, 예술 등 다양한 지식 분야에서 일하는 창작자들"을 피라미드 꼭대기에 위치시켰다.[50] 물론 그는 '지식인'이라는 용어를 사용할 때 정치가들과 관료들을 포함하는 폭넓은 의미로 썼고, 근대 국가의 조직자들과 책임자들 대부분을 포함시켰다. 그람시 스스로 밝힌 것은 아니지만, 그가 보기에 지식인 집합체로서의 새로운 국가기구는 사실상 합리적인 '군주'(Prince), 그러니까 니콜로 마키아벨리가 묘사했던 저 유명한 이상적 독재자를 대신하는 것이었다. 그 신화적 표상과 달리 근대의 군주는 한 사람의 절대적 통치자가 아니라 민족국가의 기구를 통제하는 지식인 집단에 가까웠다. 이 집단은 자신들의 관심사를 표현하기보다는 민족 전체를 대변하기로 되어 있었다. 그들은 이 목적을 위해 구성원 모두에게 봉사를 요구하는 보편적 담화를 만들어내곤 했다. 부르주아 사회의 정치적·지적 군주들은 생산을 통제하는 유산계급과 의존적 파트너 관계를 맺는다고 그람시는 주장했다. 그리고 노동자들의 당이 권력을 잡을 때, 즉 새로운 지적 군주가 등장할 때에야 비로소 사회 상층부의 정치 영역에도 보편의 차원이 실현될 것이라고 보았다.[51]

그람시가 그린 정치적 유토피아—그것은 노동자당 내 지식인으로서 그가 하는 작업을 정당화하려고 고안한 것이기도 한데—에 동의하지 않더라도, 근대 국가를 특징짓는 지식인들의 기능에 대한 그람시의 이론적 성취를 이해하는 데 어려움은 없을 것이다. 농경사회를 통치했던 권력과 달리, 근대화 및 노동 분화는 그 정치 기구에 대해 점점 다양하게 증대하는 지적 기능들을 수행할 것을 요구했다. 주민의 절반 이상이 여전히 문맹인 상황에서도 정치 기구는 식자층을 대거 확대 구성했다.

성장일로에 있던 국가 관료체제 안에 처음 등장한 지식인들은 어떤 사회 계급에서 배출되었을까? 이 질문이 '시민적 민족주의'와 '종족적 민족주의'의 형성과정에 왜 역사적 차이가 생겼는지에 대한 답을 줄지도 모르겠다. 영국에서는 청교도혁명 이후 새로운 비주류 귀족과 상업 부르주아지가 국가기구의 자리를 채웠다. 미국에서는 주로 부유한 농장주 일가와 여유 있는 도시 거주자들이 국가기구를 채웠다. 프랑스에서는 상인 계급과 소부르주아지 출신의 교육받은 이들이 '법복 귀족'의 자리에 올랐고, 대혁명의 격랑으로 인해 또 다른 사회구성원들이 계속 정치적 통일체 안에 유입되었다.

이와 반대로 독일에서 제국적 국가체제를 구성한 것은 주로 보수적인 융커 계급과 그 후손들 및 그들과 결탁한 이들이었다. 이런 상황은 1871년 프로이센-프랑스 전쟁이 끝난 후 프로이센이 독일제국을 통합하였을 때도 여전히 달라지지 않았다. 러시아의 차르 제국도 그 공복을 전통적인 귀족 계층에서 조달했다. 폴란드에서도 민족국가를 열망하고 그것을 위해 투쟁한 최초의 사회 계급은 귀족들이었다. 이 지역들에서는 새롭게 이동한 계급으로부터 교육받은 구성원들을 건네받을 수 있는 혁명이 없었기에 국가 형성 초기부터 평민층 지식인이 참여할 길이 없었고, 따라서 유력한 원-민족(proto-national) 이데올로기를 만드는 일에도 참여할 수가 없었다.

프랑스 사상가 레몽 아롱은 인종주의가 여러 얼굴을 가지고 있음에도 왜 그것을 유독 '가난한 이들의 우월감'으로만 생각하는지에 대해 의문을 표했다.[52] 그의 관찰은 근대 대중의 익숙한 정신 상태를 진단하게 해줄 뿐만 아니라, 특정 민족 집단들 사이를 경계 짓는 '혈연'이라는 관념의 역사적 근원을 짚을 수 있게 해준다. 근대 이전에 피를 친족관계의 척도로 삼았던 이들은 오히려 귀족 계급이었다.[53] 오직 귀족들의 핏줄에만 선조의 값진 씨앗으로부터 물려받은 푸른 피(blue blood, 귀족 혈통)가 흐른다고 했다. 옛 농경 세계에서는 생물학적 결정론이야말로 인간 분류의 기준으로, 지배계급이 가진 가장 중요한 상징적 자산이었을 것이다. 그것이 법적 토대가 되어 토지와 영토에 대한 장기적이고 안정적인 지배권의 하부구조 역할을 했다. 알렉시스 토크빌이 자기 시대에 대해 관찰한 바에 따르면, 중세시대의 계급 상승은 오직 교회 내에서만 가능했다고 한다. 교회는 계급의 배타적 근거를 혈통에서 찾지 않는 유일한 조직이었기 때문이고, 그로 인해 근대 평등주의의 원천이 될 수 있었다는 것이다.[54]

중유럽과 동유럽의 정부 조직에 합류한 새로운 지식인들 중에는 몰락 귀족이나 그들과 관계가 있는 이들이 우세한 숫자를 차지하고 있었다. 이들이 발전과정 중에 있는 미래의 민족 정체성에 방향을 설정했다. 나폴레옹 전쟁으로 인해 프랑스 동쪽의 왕국들이 어쩔 수 없이 민족이라는 의상을 입게 되자, 이 왕국들의 충성스럽고 보수적인 식자 그룹은 푸른 피의 수평적 전달이 수직으로도 전달될 수 있다는 이데올로기적 씨앗을 뿌렸고, 이 같은 귀족 정체성의 전도로 인해 원-민족 정체성이 주춤거리며 만들어지기 시작했다. 이 정체성은 후대 지식인들의 도움을 받아, 혈연에 기초한 혈통주의(*jus sanguinis*)를 기준으로 민족 자격을 정하는 법적·이데올로기적 원리로 곧장 이어졌다. 서유럽에서 인정하는 것처럼 영토 내 출생 여부에 따라 민족 자격을 부여하는 속지주의(*jus soli*)는 동유럽 국가들에서는 전혀 채택되지 않았다.

그러나 이번에도 역시 이탈리아 사례가 이 지나치게 자신만만한 도식화에 끼어든다. 이탈리아에서는 어떤 연유로 시민적-정치적 민족주의가 그토록 이른 국면에 성공을 거둘 수 있었을까? 장차 이탈리아가 될 지역 전역에서 국가기구에 참여한 최초의 지식인들 역시 전통 귀족층 출신 아니던가? 이탈리아 정체성이 공고화되는 과정에서 종족주의가 비교적 억제된 데 대해서는 정확하지는 않더라도 다음과 같은 설명이 가능할 것이다. 우선은 교황권의 무게가 대단했다는 것, 그리고 이 교황권으로부터 가톨릭 보편주의가 모든 계층에 스며들었고, 이로부터 이탈리아 관료체제가 생겨났다는 것이다. 어쩌면 고대 로마 공화국 및 제국의 정치적 신화가 이 색다른 시민적 정체성의 면역력을 높여주었는지도 모른다. 또한 이탈리아 북부와 남부 사이의 뚜렷한 차이점들이 수상쩍은 종족적 민족주의를 미리 막아주었는지도 모른다.

우리는 그람시의 분석 전부를 내던지고 더 확고한 기반을 택하여 민족 근대화 과정에서 지식인들이 한 역할을 밝힐 수도 있을 것이다. '지식인'이라는 용어를 근대 국가의 문화 생산자들, 조직자들, 전파자들로만 한정짓거나, 이들이 시민사회로 외연을 넓힌 경우까지만 한정할 수도 있을 것이다. 이런 접근법으로도, 지식인들이 민족주의를 공고화하고 민족국가를 형성하는 데 얼마나 필수불가결한 존재였는지를 여전히 밝혀낼 수 있을 것이다.

지식인들이 유리했던 이유

앤더슨이 지적했듯이, 15세기 말 서유럽에서 시작된 인쇄혁명은 민족주의 시대를 여는 중대한 사건 가운데 하나였다. 이 기술문화 혁명은 신성한 언어의 지위를 약화시켰고 국가 행정언어를 널리 퍼뜨리는 데 기여했다. 국가 행정언어는 결국 민족 언어가 되었다. 신성한 언어를 사용하는 능력을 주요한 상징 자산으로 삼았던 성직자들의 지위도 하락했다. 이중 언어 구사능력 덕분에 여전히 신분을 유지하고 생계를 꾸려나가기는 했지만, 성직자들은 그 역사적 역할을 잃고 다른 수입원을 찾아야 했다.[55]

민족 언어에 내재된 상징적 특성은 더 확대된 시장 기회를 열어주었다. 출판 시장이 번창함에 따라 새로운 전문성과 지적 노력이 필요해졌다. 먼저 철학자와 과학자가, 그리고 오래지 않아 작가와 시인들이 라틴어를 버리고 프랑스어, 영어, 독일어 및 기타 세속언어로 돌아섰다. 그다음에는 언론이 출현하여 독자들의 수를 대폭 늘릴 차례였고, 대중 수요에 부응하는 작가들의 수도 그만큼 늘어날 터였다. 하지만 민족 언어 및 문화의 진정한 기폭제는 국가였고, 국가는 그 성격상 진화를 멈추지 않았다. 국가기구는 생산을 장려하고 다른 민족 경제들과 경쟁하기 위해서라도 서민들을 교육하는 임무를 떠맡아야 했고, 그 임무를 민족적 사업으로 승화시켜야 했다.

보편교육을 실시하고 모두가 따르는 문화적 코드를 만드는 일은 근대 노동 분화가 요구하는 복잡한 전문화를 완수하기 위한 전제조건이었다. 따라서 '민족국가'가 된 나라 모두는 권위주의 국가건 자유주의 국가건 할 것 없이 초등교육을 보편적 의무로 만들었다. 성숙한 국가치고 교육을 의무로 선포해 시민들이 자식을 학교에 보내도록 강제하지 않는 국가가 없었다. 교육기관은 민족 이데올로기의 주요 대변인이었고, 이 역할에 관한 한 군대와 전쟁 외에는 필적할 상대가 없었다. 이 기관들은 모든 신민을 시민으로, 즉 자기 민족에 대한 소속감을 가진 민중으로 탈바꿈시켰다.[56] 조제프 드 메스트르*가 사형집행인이야말로 국가 사회질서의 대들보라고 주장했다면, 겔너는 국가의 핵심적 기능이 다름 아닌 교육자에게 있다는 도발적인 통찰을 보여주었다.[57] 민족국가의 새로운 시민들은 통치자들보다 더 자국 문화에 충성을 바쳤다.

하지만 이로 인해서 근대 국가가 전적으로 사제/서기들로 구성된 공동체로 탈바꿈했다는 겔너의 주장은 부정확하다.[58] 문자해득이 보편화되기는 했어도 민족 안에는 또 다른 노동 분화가 있었다. 문자 다루는 능력을 만들고 전파하면서 생계를 꾸려가는 이들과, 그 산물을 소비하고 이용하는 이들 사이의 분화이다. 선출된 문화부 장관에서부터 대학의 학자와 강사 및 학교 교사에 이르기까지, 하나의 위계서열로 짜인 지식인층이 민족이라는 이름의 거대한 문화적 스펙터클 속에서 연출가와 극작가, 심지어 주연배우 역할을 맡아 국가에 봉사했다. 그리고 언론, 문학, 공연 분야, 나중에는 영화와 방송 분야의 문화 대리인들이 조연을 담당했다.

민족 성립 이전의 왕국들, 특히 서유럽 왕국들에서 문화 대리인들은 행정관료, 사법부, 군대 등과 협력하여 일하는 효율적 집단이었고, 민족 건설이라는 프로젝트에서도 힘을 합쳤다. 하지만 이들 초민족적 왕국과 제국 권력 하에서 차별을 받던 소수집단—언어적·문화적 소수이거

---

* Joseph de Maistre(1753~1821). 프랑스 대혁명기의 작가이자 정치가로 혁명에 반대하고 절대왕정을 옹호했다.

나 종교적 소수인지와 무관하게 대체로 종족적 소수로 규정된 이들—의 경우에는 지식인 계층만이 거의 유일하게 자기 민족의 산파역을 맡았다.

오스트리아-헝가리제국, 차르의 러시아제국, 오스만제국, 그리고 나중에 생긴 영국, 프랑스, 벨기에, 네덜란드 식민지들의 넓은 경계 안에서 소규모의 격렬한 지식인 집단들이 생겨났다. 이들의 특징이라면 문화적 차별, 언어적 억압, 종교적 배척에 대해 예민한 감수성을 가졌다는 점이다. 이런 지식인 집단들은 본국 중심부—몰락하고 있는 왕국에서는 부실한 가상적 공간에 불과했지만 새로 떠오른 제국들에서는 정통적이고 패권적인 위치를 점한—에서 이미 민족주의가 왕성하게 발효되고 있는 경우에만 등장하는 것을 알 수 있다. 이 그룹들은 권력 중심부에서 형성되어 퍼져나가던 상위문화에 매우 친숙했지만, 그것에 대한 열등감도 가지고 있었다. 그들 자신이 주변부 출신이었고, 또 그 사실을 끊임없이 되새겼기 때문이다. 그들은 문화와 언어를 작업도구로 가지고 있었기에 누구보다 먼저 영향을 받았으며, 따라서 민족주의적 소요의 선봉을 구성했다.

이들 열혈 집난은 이제 막 떠오르고 있는 민족 운동, 장차 자기 민족만의 주권을 요구하게 될 그 민족 운동의 초석을 놓는 긴 캠페인을 시작하였고, 자신들이 그 민족을 만든 만큼 스스로 그것을 대표하게 될 터였다. 이 지식인들 중 일부는 새로운 대중운동의 정치 지도자가 되는 훈련 과정에 들어갔고, 다른 일부는 계속 지식 업무에 종사하면서 새로운 민족 문화의 얼개와 내용을 설계하는 임무를 열정적으로 이어갔다. 이들 초기 지식인 계급이 없었다면 민족들은 그토록 빨리 확산될 수 없었을 것이고, 세계의 정치 지도도 훨씬 단조로워졌을 것이다.[59]

이들 지식인은 대중들의 방언은 물론 부족 방언까지 써야 했고, 가끔은 이미 잊힌 신성한 언어도 활용해야 했다. 그리고 그것들을 재빨리 새로운 근대 언어로 변형시켜야 했다. 처음으로 사전을 만들었고, 소설과 시로 가상의 민족 이미지를 그려내고 모국 땅의 경계도 스케치해야 했다. 그들은 민족의 흙을 상징하는 애틋한 풍경을 그림으로 그렸고,[60] 감동적인 설화와 위대한 역사 영웅을 만들어냈으며, 오래된 민간전승을 하나의 동질적인 이야기로 엮어냈다.[61] 또한 그들은 서로 연결되어 있지 않은 여러 정치적 실체들에서 따로 일어난 사건들을 취합하여 시공간적으로 일치를 이루는 하나의 연속적이고 일관된 서사로 결합시켰고, 태곳적까지 올라가는 장구한 민족 역사를 지어냈다. 당연한 일이겠지만, 다양한 역사적 재료들 가운데 특별히 가려 뽑은 요소들이 근대 문화의 형태를 만드는 데 (수동적으로나마) 일조했다. 하지만 민족의 이미지를 주조한 주체는 기본적으로 지식인이라는 조각가들이었다. 그들은 자기들의 비전에 따라 민족 이미지를 주조했는데, 주로 당대의 얽히고설킨 요구들에 부응하는 내용들로 그것을 주조했다.

그들 대부분은 자신들을 새로 일어난 민족의 산파로 생각하지 않았다. 그보다는 오래 잠들어 있던 민족의 후손으로서 자기 민족을 긴 잠에서 깨우는 거라고 믿었다. 그들 중 누구도 자신의 존재를, 출생 사항에 대한 쪽지 하나 없이 교회 문 앞에 버려진 아기로 보고 싶어 하지 않았다. 민족의 이미지가 프랑켄슈타인의 괴물처럼 출처가 제각각인 장기들로 만든 몸뚱이 같았어도, 그 때문에 곤혹스러워하는 추종자는 아무도 없었다. 민족들마다 자기 '선조'가 누군지 안다고 믿었고, 심지어 선조가 퍼뜨린 생물학적 씨앗의 우수성을 애타게 찾는 민족 구성원도 나왔다.

계보학(족보) 역시 민족이라는 새로운 정체성에 가치를 입혀 주었다.

파악되는 과거가 길수록 미래도 더욱 끝이 없을 거라 생각되었다. 그러니 모든 지식 분야 가운데 역사가들의 학문이야말로 가장 민족주의적 색채를 띠었다 해도 전혀 놀랄 일이 아니다.

◎

근대화가 일으킨 파열은 인간을 직전의 과거로부터 떼어놓았다. 산업화와 도시화가 낳은 이동성으로 인해 산산조각 난 것은 견고한 사회적 위계질서만이 아니었다. 과거와 현재와 미래 사이의 전통적인 순환적 연속성 역시 파괴되었다. 예전의 농업 생산자들에게는 왕국, 제국, 공국의 연대기가 전혀 필요치 않았다. 대규모 집단의 역사 또한 아무 쓸모가 없었다. 자신들의 구체적 존재와 연결되지 않는 추상적 시간에는 관심이 없었기 때문이다. 그들은 그런 발전 관념을 갖지 않은 채 종교적 상상력에 만족했다. 다시 말해서 앞으로 진행해 나가는 구체적 느낌이 전혀 없이 모자이크 같은 기억을 구성해주는 상상력만으로도 충분했다. 그런 사고방식에서는 끝이 곧 시작이었고, 영원이 삶과 죽음 사이에 다리를 놓아주고 있었다.

하지만 세속적이고 전복적인 근대 세계가 등장하여 '시간'의 순환도로를 곧게 뻗은 직선도로로 바꿈으로써, 이제 그 길을 통해 상징적이고 감정적인 이미지가 사회의식 속으로 진입할 수 있게 되었다. 역사적 시간이 개인 정체성의 뗄 수 없는 일부가 되었고, 민족을 다지는 데 큰 희생이 필요했다는 등의 집단 서사가 등장하여 민족이라는 실체에 의미를 입혀주었다. 과거의 고난이 현재 우리가 져야 할 짐을 설득해주는 이유가 된 것이다. 지나간 세상의 영웅담은 밝은 미래를 예언하는 이야기로 바뀌었다. 그 미래란 것도 아마 개인을 위한 것이라기보다는 민족을 위한 것이겠지만 말이다. 역사가들의 도움으로 민족주의는 근본에서부터 낙관적인 이데올로기가 되었다. 그리고 다른 무엇보다 바로 이것이 민족주의가 성공한 비결이었다.

제2장

역사가 된 신화
하느님이 만드신 민족

지금까지 이야기한 것을 미루어 보건대, 모세오경을 쓴 이가 모세가 아니라 모세보다 훨씬 훗날에 살았던 어떤 이라는 것은 한낮의 태양보다 더 자명한 사실이다.   바뤼흐 스피노자, 「신학정치론」, 1670년

이스라엘 땅은 유대 민중이 태어난 곳이다. 이곳에서 우리들의 영적·종교적·정치적 정체성이 형성되었다. 이곳에서 우리들은 처음으로 국가를 가졌고, 민족적이고 보편적인 의미의 문화적 가치를 창조하였으며, 영원한 책 중의 책을 이 세상에 전하였다.

「이스라엘 국가수립선언문」, 1948년 5월 14일

플라비우스 요세푸스가 역작 『유대고대사』를 쓴 것은 1세기 말이다. 이름난 저자가 유대인들(Jews), 더 정확하게는 유다지역 사람들(Judeans)의 일반 역사를 그들의 '시초'부터 저자가 살던 당대까지 재구성하려고 한 것은 이 저작이 최초일 것이다.[1] 요세푸스는 그리스 문화를 받아들인 헬라화된 유대인이자 유대교 신자였고, 자신이 선택된 제사장 가문 출신이라는 것을 자랑으로 여겼다. 그래서 『유대고대사』 서두는 다음과 같이 시작된다. "태초에 하느님이 천지를 창조하셨다. 하지만 땅이 짙은 암흑에 덮여 보이지 않고 바람이 그 표면 위로 운행하자, 하느님이 가라사대 빛이 있으라 하셨다. … 이는 사실 '최초의 날'(the first day)이었다. 하지만 모세는 이를 '하루'(one day)라고 했다."[2]

고대 역사가 요세푸스는 모세오경(구약성서 중 첫 다섯 권)을 모세가 신의 말씀을 듣고 받아 적은 것으로 확신했으며, 히브리인들과 유다지역 사람들의 역사가 세계 창조 때부터 시작되었다는 것을 당연하게 받

아들였다. 성서가 바로 그런 방식으로 역사를 보여주었기 때문이다. 그러므로 요세푸스 저작 서두에 관한 한 성서는 유일한 출전 역할을 했다. 요세푸스는 자신이 서술하는 역사에 신빙성을 부여하기 위해 가끔 다른 출전들을 끌어오기도 했지만 그 효과는 크지 않았다. 창조 이야기에서부터 시작하여 히브리인 아브라함의 등장과 이집트 탈출을 거쳐 신실한 에스더의 모험에 이르기까지, 요세푸스는 일부 눈에 띄는 문체상의 변화나 전략적인 첨삭을 제외하고는 주석이나 의심도 없이 성서 이야기들을 그대로 복사했다. 『유대고대사』 마지막 부분에 가서야, 다시 말해서 성서 속 이야기가 다 끝나고 이어서 유다지역 사람들 이야기를 다루는 부분에 가서야 세속의 출전들에 의지했다. 이 경우에도 요세푸스는 연속적이고 일관된 서사를 위해 세속의 출전들을 공들여 각색했다.

이 신앙심 깊은 서기 1세기 말의 유대인 저자는 아담과 이브와 그 자손들의 역사를 위해서, 그리고 홍수와 노아의 방주 이야기를 위해서라도 자기 시대 유대인들의 족보를 따져 올라가는 것이 합당하다고 생각했다. 요세푸스는 신의 행위와 인간의 행동을 계속 연결시켰고, 둘을 따로 떼거나 다른 무엇으로 중재할 생각조차 하지 않았다. 그는 유다지역 사람들의 기원이 가장 오래되었다—로마에서는 오래되었다는 것이 미덕이다—고 기록하면서 그 점을 공공연히 찬양했다. 또한 이들의 종교 계율을 중점적으로 칭송하면서 이들을 인도하는 전능한 신성을 찬양했다. 요세푸스는 로마에 살았지만, 자신의 등 뒤에서 일신교의 바람이 이 거대한 이교도 세상의 문화 영역 안으로 불어오는 것을 느꼈다. 그리고 그 바람이 그의 글쓰기 소명을 이끌어주었다. 요세푸스에게는 구약성서를 그대로 복사한 고대사야말로 '모범적 철학'이었다. 이 말은 그리스 역사가 할리카르나소스의 디오니시오스가 정의한 것으로, 로마 고대사를

다룬 그의 글은 실제로 이 유대인 역사가에게 모델 역할을 했다.[3]

서기 1세기에는 고대 신화가 여전히 널리 퍼져 있었고, 그 신화가 들려주는 인간 행동에는 비현실적인 사건들이 가미될 수도 있었다. 그러나 근대 민족주의 시대 초기에 특기할 만한 재조정이 이루어졌다. 신성이 그 제단에서 쫓겨났다. 그때부터 진실은 성서 이야기 중 인간 행동을 다룬 부분으로만 좁혀졌다. 하지만 신의 섭리가 행한 초자연적 일이 갑자기 진실하지 않은 것으로 간주되었는데도, 이 초자연적 사건과 밀접하게 엮인 인간의 이야기는 어찌하여 역사적 진실로 계속 남을 수 있었을까?

여기서 잊지 말아야 할 사실은, 그 증류되고 남은 성서적 '진실'이 인류사에 대한 보편적 서사가 아니라 어떤 신성한 민중의 이야기에 집중되었다는 점이며, 근대의 성서 독해가 그 민중을 인류 역사에서 최초로 탄생한 '민족'으로 만들었다는 점이다.

1. 초창기 유대 역사가들

「창세기」 없는 유대 역사

플라비우스 요세푸스 이후 근대 초에 이르기까지 유대인 저자가 그들의 과거에 대해 개괄적인 역사서를 쓰려고 시도한 경우는 없었다. 유대 일신교가 신학적이면서 유사역사학적인 옷을 입고 등장했음에도, 중세라 불린 오랜 기간 동안 유대 역사는 기록되지 않았다. 그리스도교에서 고도로 발전한 연대기 전통도, 이슬람의 역사문학도 율법 중심의 유대교에는 별 영향을 주지 못했다. 유대교는 가깝든 멀든 과거를 검토하기를 늘 거부했다.[4] 세속의 시간에 따라 사건들을 연대기적으로 나열하는 것은 유랑의 시간 앞에서는 낯선 일이었기 때문이다. 유랑의 시간은 메시아가 나타날 순간, 애타게 기다려온 그 순간에 주파수를 맞춘 채 늘 깨어 있는 상태로, 이런 시간 개념 앞에서 과거란 메시아가 오리라는 것을 확인시켜주는 흐릿한 기억 이상이 아니었다.

유다지역에서 태어나 로마에 정착한 역사가 요세푸스의 과업을 이

어받은 이는 약 1,600년 후 노르망디에서 태어나 로테르담에 정착한 위그노 신학자 자크 바스나주였다. 18세기 초 이 프로테스탄트 학자가 쓴 『예수 그리스도 시대부터 현재까지 유대인의 역사: 요세푸스 이야기의 보완 및 연장』[5]은 혐오스런 로마교회를 공격하는 데 주된 목적이 있었다. 요세푸스 저작이 그러했듯이 이 저작에서도 과거에 대한 글쓰기는 도덕적이고 종교적인 목적에 도움을 주기 위한 것이었다. 즉 이 책은 근대적인 의미의 연구서가 아니었고, 유대 문서도 거의 이용하지 않았다.

바스나주의 책은 요세푸스의 저작을 잇는다는 계획을 가졌으므로 「창세기」부터 시작할 필요가 없었다. 하지만 바스나주는 그 자신 독실한 신학자로서 「창세기」의 진실성을 결코 의심하지 않았다. 사실 16세기 마르틴 루터에서부터 시작해 구약성서에 전보다 더 큰 중요성과 위엄을 부여한 것은 프로테스탄트였고, 그런 성향은 특히 성공회와 그 경쟁 교파들에서 더 뚜렷했다. 하지만 가톨릭에 대한 대다수 비판자들이 그러했듯이 바스나주도 자기 시대의 유대인 공동체들과 고대 히브리인을 직선으로 이어서 생각하지는 않았다. 그는 구약성서가 '이스라엘의 자식들'에서 나온 이들 모두에게 해당된다고 생각했다. 이 용어 앞에서 그리스도교인들은 더 이상 유대인들에게 밀리지 않았다. 아니, 그리스도교 세계가 '진정한 이스라엘'이 된 이상, 어쩌면 유대인들보다 그리스도교인들이 더 앞줄인지도 몰랐다. 바스나주는 유대인들에게 '민족'이라는 용어를 붙였지만, 그렇다고 해서 근대적 의미로 그것을 쓴 것은 아니었다. 그는 유대인들의 역사를 논할 때 무엇보다도 그리스도를 구세주로 받아들이기를 거부하여 박해를 받은 한 분파로 다루었다. 바스나주는 유대인들에 대해 어느 정도 동정심을 가지고 쓰면서, 중세 내내 그들이 부패한 교황권의 희생양으로 선택되었다고 보았다. 오로지 계몽된

프로테스탄트 개혁만이 유대인들을 구원으로, 즉 그리스도교 개종의 위대한 날로 이끌 것이었다.[6]

그로부터 약 1백 년 후 독일계 유대인 역사가 이자크 마르쿠스 요스트가 진지하게 유대인 역사를 쓰면서 바스나주의 글쓰기를 본보기로 삼았다. 요스트는 바스나주를 비판하기도 했지만, 이 프로테스탄트 역사가가 쓴 책의 구조를 그대로 본받았다. 요스트의 선구적 저작 『마카베오 시대부터 우리 시대까지 이스라엘인들의 역사』[7] 전 9권 중 제 1권은 1820년에 나왔다. '이스라엘인'이란 '모세 종교'를 가진 독일과 프랑스 사람들이 쓰던 용어다. 그들은 부정적인 함의를 품고 있는 '유대인' 대신 이 용어를 선호했다.

요스트의 저작을 보면 오늘날의 독자들은 조금 놀랄 것이다. 왜냐하면 자신을 유대인으로 본 역사가가 쓴, 유대인들의 완전한 역사를 말하고자 한 이 최초의 근대적 작업이 성서시대*를 건너뛰고 있기 때문이다. 요스트의 긴 이야기는 하스몬 왕조가 통치하던 유다 왕국에서 시작해서, 근대까지 출현한 다양한 유대 공동체들의 역사를 재구성하는 소논문들로 이어진다. 이 저작은 비연속적인 내러티브, 곧 서로 연결되지 않는 수많은 이야기들로 구성되어 있다. 그러나 가장 기억할 만한 측면은 훗날 세계 유대인 역사에서 필수적인 것으로 취급될 '태초' 부분을 빼버렸다는 점이다. 19세기 후반 민족주의 형성기를 맞이해 유럽의 많은 유대 지식인 계급 사이에서 성서 복원 붐이 불었을 때, 이 저작의 역사학적 특징은 분명 이상하게 보였을 것이다.

누대에 걸친 유대인 역사를 처음으로 체계화한 이 연구를 이해하려

---

* Biblical period. 야훼를 처음 믿은 아브라함부터 바빌론에 유배된 기원전 6세기까지를 일컫는다. 바빌론 귀환 이후는 '제2성전시대'라 부른다.

면, 우리는 이 재능 있는 저자가 아직 민족 역사학자가 아니었다는 것을, 더 정확하게는 '민족'으로서의 유대인이 아니었다는 것을 기억해야만 한다. 우리는 요스트의 어깨 너머를 보아야 하며, 그의 감수성이 전통적인 유대인 세계로부터 빠져나온 젊은 지식인들의 새로운 정신구조에 속한다는 점을 알아야 한다. 19세기의 첫 20년 동안 독일계 유대 지식인들의 자기인식은 (매우 유대적인 이들마저도) 대개 문화적이고 종교적인 것이었다. 당시 젊은 독일은 하나의 정치적 실체라기보다는 문화적·언어적 관념체였다. 다양한 독일어 방언을 구사하는 사람들로 구성된 이 사회—유대인들은 이 사회의 1퍼센트를 점했다—는 나폴레옹의 침공에 자극을 받아 최근에야 통합이라고 할 만한 것을 시작한 터였다. 유대교적 배경을 가지고 있든 그리스도교적 배경을 가지고 있든 상관없이 지식인들 대다수는 아직 민족주의의 정치적 유혹에 충분히 노출되지 않은 상태였다. 요스트를 포함해 그들 중 몇몇만이 민족주의가 내려친 첫 번째 망치의 타격을 의식하는 정도였다. 유대교 배경을 가진 지식인 계급 대다수는 해방적 과제, 곧 평등한 시민권 쟁취라는 과제에 관심이 쏠려 있었다. 1810년대부터 여러 게르만 공국과 왕국들에서 부분적으로 실현되기 시작한 이 과제야말로 정치의 민족화를 이루는 결정적 요소로 보였기 때문이다. 애타게 바라는 게르만 국가가 나타나 그 종교적 토대를 끊고 모든 종교를 개인의 문제로 만들어주기를 모든 이가 바라고 있었다.

요스트는 비판적 역사학의 창시자 레오폴트 폰 랑케*보다 2년 먼저

---

* Leopold von Ranke(1795~1886). 독일 역사가. 역사에 목적이 있다고 본 낭만주의적, 목적론적 역사관에 반대하고, 사료에 대한 엄격한 비판과 객관적 서술에 따른 역사를 주장하여 '근대 역사학의 아버지'라 불린다.

독일 중부의 베른부르크에서 태어났다. 요스트는 전형적인 계몽적 자유주의자로 문필활동을 시작했다. 그는 유대인으로 자라 랍비 학교에 다녔으며 유대 종교문화의 어떤 측면들을 소중하게 간직했지만, 그럼에도 당시 일고 있던 개혁 조류에 마음을 두었다. 자신과 자기 공동체의 삶이 새로 등장하고 있던 독일 시민으로서의 역사적·정치적 비전과 조화를 이룰 수 있을 거라 믿었다.

요스트는 모두가 유대교 배경인 친구, 동료들과 더불어 잠시 '과학서클'을 만드는 데 참여하기도 했다. 이 서클로부터 장차 '유대학'(Wissenschaft des Judentums, 영어로 the science of Judaism)이라고 하는 중요한 흐름이 생겨났으며, 이 운동은 근대의 모든 유대 연구에 영향을 끼쳤다. 과학서클 회원들과 그 후배들은 자신들의 정체성에 대해 갈등했으며, 이 문제 때문에 꽤 괴로움도 겪었다.[8] 이 지식인들은 대학에서 공부한 독일계 유대인의 첫 세대에 속했지만, 남들과 다른 종교적 배경 때문에 학계에 진출할 길이 막혀 있었다. 그들은 교사, 언론인, 개혁파 랍비 등으로 근근이 살아가면서 남는 시간을 이용해 철학이나 역사를 연구했다. 기본적으로 자신들의 상징 자본을 유대 유산에 두고 있는 지식인으로서 그들은 그 문화적인 특별함을 포기하고 싶지 않았고, 그 유산 안에서 뛰어난 것은 무엇이든 보존하고자 했다. 동시에 그들은 새로 부상하고 있던 독일에 통합되기를 갈망했다. 그들은 유대인의 과거를 연구하여 그 긍정적 측면들을 부각시킨다면 장차 유대 공동체가 미래의 독일에 참여할 수 있는 다리를 놓는 데 도움이 될 거라는 믿음으로, 그 복잡하고 어려운 지적 여정을 시작했다.

유대인이기보다는 자기 땅의 일원이기를

유대 역사가 처음 기술되던 근대 초기에는 이 과제가 민족 담론의 성격을 띠지는 않았다. 저자들이 성서 속 이야기를 유대 역사의 일부로 포함시키는 데 주저한 것도 이것으로 설명이 된다. 요스트는 유대 역사의 시작이 아브라함의 개종이나 시나이산의 십계명이 아니라 바빌론 유수(幽囚)에서 풀려난 때부터라고 보았고, 이런 생각은 초기 유대학에서 두 번째로 중요한 역사가인 레오폴트 춘츠*에게도 마찬가지였다. 바빌론에서 풀려난 그때 비로소 역사이자 종교인 유대교가 시작되었고, 유대 문화도 이 유수의 경험을 통해 제련되었다고 두 사람은 주장했다. 구약성서의 품에서 유대교가 탄생하긴 했지만, 이후 유대교는 그리스도교의 탄생에 영감을 준 보편적 자산이 되었다는 것이었다.[9]

시민적 해방에 대한 열망 외에 요스트, 춘츠, 그리고 나중에 아브라함 가이거**까지 19세기 개혁파들 대다수가 관심을 가진 것은 당시 힘을 얻고 있던 비유대계 학자들의 성서 연구였다. 요스트는 이런 비판적 흐름의 뛰어난 개척자 중 한 사람인 요한 고트프리트 아이히호른***의 학생이었고, 새로운 문헌학적 비판에도 익숙하여 그 비판 대부분을 기꺼이 받아들였다.[10] 요스트는 성서가 여러 기자(記者)들에 의해 꽤나 늦은 시기에 쓰였다는 것을 알고 있었을 뿐 아니라, 그 이야기들을 입증해줄 수

---

* Leopold Zunz(1794~1886). 독일 베를린에서 활동한 유대교 학자이자 근대 유대학 창시자 중 한 사람. 요스트 등과 함께 '유대문화 및 유대학 연구회'를 설립하고, 유대인 교원양성소장으로 일하기도 했다.
** Abraham Geiger(1810~1874). 랍비이자 학자. 개혁파 유대교의 주창자로, 예배의식을 당대 독일 시민사회에 맞추려고 하는 등 유대교를 보편화, 근대화하고자 했다.
*** Johann Gottfried Eichhorn(1752~1827). 독일 프로테스탄트 신학자이자 계몽주의자. 유대교 및 이슬람 연구로 동방학 분야를 처음 개척했으며, 근대 비판적 성서연구의 창시자로 평가된다.

있는 성서외적 증거도 없다는 것을 알고 있었다. 그렇다고 해서 그가 히브리인들의 등장과 이후의 왕국 건설을 둘러싼 신화의 진실성까지 의심했다는 얘기는 아니다. 하지만 그는 문제의 기간이 의미 있는 역사 연구의 기초로 쓰기에는 너무 불분명하다고 여겼다. 게다가 가나안의 히브리인들은 비록 모세의 율법을 받았다고는 하나 그들 주변의 이교도 백성들과 하나도 다를 바가 없었다. 바빌론 유수 때까지도 그 신성한 계명을 끈덕지게 어겼기 때문이다. 계명을 지킨 이들은 얼마 안 되는 사제들과 예언자들뿐이었다. 성서는 각권이 편찬되고 그것을 진정으로 원한 신심 깊은 대중에게 퍼지고 난 후에야 정체성과 신앙을 이끄는 책이 되었다. 요스트는 이렇게 썼다. "이집트에서 나왔을 때만 해도 '이스라엘의 자식들'은 미개하고 무지했다. 페르시아에 있을 때 비로소 유대인들은 그곳 사람들로부터 새로운 종교적 시야, 문명화된 삶, 언어와 과학을 배우고 연구했다."[11] 따라서 유수 기간이야말로 가장 넓은 의미에서 유대 역사의 시작을 알리는 것이었다. 고대 헤브라이즘과 유대 역사 사이의 불연속성은 독일의 유대학 개척자들 다수에게는 기본적인 개념이었다.[12]

역사적 사실의 입증이 (공공연하든 감춰져 있든) 이데올로기에 기대지 않는 경우란 없다. 하지만 요스트의 접근법은 한결같이 공정했다. 그의 위대한 저작이 추구한 것은, 이스라엘인들이 특이한 신앙을 가지고 있기는 해도 도처에 퍼진 그들의 거주지에서 유달리 이질적인 사람들은 아니라는 것을 독일 독자들—유대교인과 그리스도교인 모두—에게 납득시키는 일이었다. 제2차 성전파괴 훨씬 전부터 유대인 선조들은 성지 외부에 사는 것을 마다하지 않았으며, 종교적인 자기고립에도 불구하고 언제나 그들과 함께 살았던 여러 민중들 가운데 필수적인 일부였다는 것이다. 요스트는 거듭해 말한다. "그들은 여전히 유대인이었지만, 또한 여러 민족들 가운데 하나이기도 했다. 그들은 예루살렘에 있는 형제들을 사랑하고 형제들의 평화와 번영을 기원했지만, 그들의 새로운 고향을 더 소중히 여겼다. 그들은 피를 나눈 형제들과 함께 기도했지만, 땅을 나눈 형제들과 함께 전쟁터에 갔다. 그들은 피를 나눈 형제들에게 우호적이었지만, 그들의 고향땅을 위해서도 피를 흘렸다."[13]

먼 과거에는 그 고향땅이 바빌로니아 혹은 페르시아였지만, 요스트 당시에는 무엇보다도 나폴레옹이 물러간 독일이었다. 요스트는 게르만 민족주의의 초기 징후들을 잘 인식하고 있었고, 유대 배경을 가진 대다수 식자들과 마찬가지로 그 민족주의에 합류할 간접적인 방법을 찾고 있었다. 바로 이것이, 나중에 나올 유대 역사와는 그 시야와 독창성 면에서 전적으로 구별되는 역사학 저작이 탄생할 수 있었던 배경이다. 19세기에 자신이 일원인 집단에 대해 역사를 기술하는 이는 대개 민족주의적 동기에서 그것을 썼다. 하지만 요스트가 이스라엘인들의 역사를 재구축한 것은 매우 다른 지적, 정신적 요구 때문이었다. 그가 전제로 삼은 것은, 유대인들이 같은 기원을 공유하는지는 몰라도 여러 유대인 공동체들이 단일한 몸체에서 갈라져 나온 일부는 아니라는 점이었다. 유대인 공동체들은 지역마다 문화와 생활양식 면에서 현격한 차이가 있었고, 오로지 신앙에서만 서로 연결되어 있었다. 유대인을 비유대인과 구별하게 해주는 범유대적 정치 통합체는 없었다. 따라서 근대 세계 안에서 그들은 근대 민족에 서둘러 편입되고자 하는 다른 공동체 및 문화 집단들과 동등한 시민권을 가질 자격이 있었다.

요스트는 자신의 저작 제1권이 출간되었을 때 친구에게 쓴 편지에서 이 역사학 저술의 근간이자 동기가 된 정치사상을 이렇게 밝혔다.

유대인들이 그 지역 주민들과 결혼하려 하지 않는다면 국가는 유대인들을 합법적으로 인정할 수가 없을 걸세. 국가는 오로지 그 민중들 덕분에 존재하며 그 민중은 하나의 통일체를 구성해야 하기 때문이지. 가령 자기들만이 진리를 소유하고 있고, 따라서 그 지역 주민들과 어떤 통혼도 하지 말아야 한다는 것을 주요 원칙으로 삼는 집단이 있다면, 국가가 왜 그 집단을 지켜줘야 할까? … 바로 이것이 장차 우리 아이들이 가져야 할 사고방식이네. 강압적인 교당을 과감히 버리고 자유, 민족적 소속감, 조국애와 국가에 대한 봉사의식을 가져야 하네. 이런 것들이야말로 세속의 인간이 가질 수 있는 최상의 것이지.[14]

이 솔직한 진술은 요스트가 자기 시대에 밀려오던 민족주의의 기본 원칙들을 명확히 파악하고 있었다는 것을 보여준다. 하지만 당시 부상하고 있던 독일 민족 안에서 과연 유대인과 비유대인이 공생할 수 있을지에 대해서는 그 역시 의구심을 가졌다. 그리고 1830년대에 보수주의 물결이 반유대주의 조류와 함께 일어나면서 그의 의심은 더욱 커진다.

이 선구적인 역사가의 후기 저작들에서는 몇 가지 변화가 엿보인다. 독일 정체성 정치는 19세기 중반부터 개념적 격변을 겪지만 그 최초 징후들은 1848년 혁명*이 발발하기 이전부터 있었고, 그 징후들은 유대 과거를 재구축하려는 초기 작업들에도 영향을 끼친다. 1832년에 나온 요스트의 짧은 두 번째 책『이스라엘 민중의 일반사』에서는 성서시대가 책의 더 많은 부분을 차지하고, 유대인들 역시 더 촘촘한 역사적 장면을 가진 하나의 단위로 등장한다.[15] 이때부터 요스트의 어조는 (아직 민족주

---

* 나폴레옹 전쟁 이후 수립된 보수적인 빈 체제에 저항하여 일어난 자유주의 운동. 이탈리아, 프랑스, 독일, 오스트리아 등 각지에서 일어났으며, 민족주의 운동과도 연결되어 있었다.

의적이라 할 수는 없지만) 좀 더 정치적인 색채를 띠며, 구약성서도 '이스라엘 민중'이라는 서사를 구성하기에 타당한 사료로 자리매겨진다. 이후 기간 동안 요스트의 정치적 견해는 더 신중하고 주저하는 기미가 보이며, 첫 번째 저작에서 따랐던 성서 비판에서도 후퇴하는 모습이 나타나기 시작한다. 이런 변화는 초기 히브리인들과 이후 유대인들에게 각기 할애한 시대 분량을 비교해 보면 확연하게 알 수 있다.

그러니 구약성서를 신뢰할 만한 사료로 볼 수 있는가 하는 문제와, 근대 유대인 정체성을 민족주의 이전의 용어로 규정하느냐 민족주의 용어로 규정하느냐 하는 문제 사이에는 처음부터 긴밀한 연결고리가 있었던 셈이다. 저자가 민족주의로 기울어지면 기울어질수록 그 저자는 성서를 더 실제 역사인 것처럼 다룬다. 이 '민중'의 공통된 기원을 증명하는 출생증명서처럼 여기는 것이다. 개혁파 유대 지식인들 중 일부는 조금 다른 이유로, 이를테면 탈무드에 대한 정통파적 집착에 반대하거나 개신교의 스타일을 모방하려는 이유로 성서에 관심을 가졌다. 하지만 요스트에서 시작해 유대학의 두 번째 단계에 참여한 지식인들을 거쳐 위대한 혁신가인 하인리히 그레츠의 등장에 이르기까지, 구약성서는 장차 '유대 민족'이라는 매혹적인 발명으로 나아가는 역사적 탐사의 출발점 역할을 할 터였다. 그리고 이 발명은 19세기 후반으로 갈수록 더욱 중요성을 띠게 될 터였다.

2. '신화역사'[*]로서의 구약성서

최초의 유대 민족사

근대에 저술된 유대인 역사로는 처음인 요스트의 『이스라엘인들의 역사』는 당대에는 그다지 유명세를 얻지 못했다. 따라서 이 저작이 다른 언어로 번역된 적이 없고 심지어 히브리어로도 번역되지 않았다는 사실은 딱히 놀랄 일이 아니다. 이 저작이 당시 해방 운동에 관여했던 독일계 유대 지식인들의 세계관에 부합한 것은 사실이지만, 그렇다고 해도 그들 중 대다수는 자신의 뿌리를 구태여 먼 고대에서 찾고 싶어 하지 않았다. 그들은 자신들을 독일인이라 생각했고, 신의 섭리를 믿는 한 여전히 모세 종교의 일원이라 얘기했으며, 활기 넘치는 개혁의 물결을 지지했다. 중유럽과 서유럽에서 계몽주의를 계승한 지식인 대부분에게 '유대인'이란 특정 종교 공동체의 구성원을 말하는 것이지, 유랑하는 민

---

[*] mythistory. 신화를 곧이곧대로 사실로 받아들이는 일종의 유사역사학을 가리키는 용어.

중이나 이질적인 민족을 가리키는 말이 전혀 아니었다.

랍비들과 전통적인 종교 해설자들—즉 유대인 공동체와 유기적 관계를 맺고 있는 지식인들—도 그들의 정체성을 확고히 구축하기 위해 역사를 고찰할 필요를 아직은 느끼지 않고 있었다. 그 정체성은 수백 년간 그냥 당연한 것으로 여겨졌기 때문이다.

하인리히 그레츠가 저술한 『태고시대부터 현재까지 유대인들의 역사』 첫 권들이 나오기 시작한 것은 1850년대였다. 이 저작은 큰 성공을 거뒀으며, 일부는 비교적 신속하게 히브리어로 번역되었고 몇몇 다른 언어로도 번역되었다.[16] 인상 깊은 문학적 필치로 쓰인 이 선구적 저작은 20세기 내내 유대 민족사에 뚜렷한 존재감을 남겼다. 이 저작이 장차 등장할 시오니즘 사상에 얼마만큼의 영향을 끼쳤는지는 측정하기 어렵지만, 그 중요성과 중심적 위치에 대해서는 의심할 여지가 없다. 이 방대한 저작에서 동유럽 유대 역사는 불충분한 서술에 그쳤는데도(당시 독일의 일부였던 포즈난에서 태어난 그레츠는 이디시어를 모어로 썼는데, 자신의 독일어 저작이 부모의 '수치스런 방언'으로 옮겨지는 것을 거부했다), 러시아제국의 초기 민족주의 지식인들을 보면 이 저작을 얼마나 열광적으로 받아들였는지 알 수 있디. 그들이 적어놓은 '고대 고향'에 내한 꿈에서 우리는 지금도 그레츠의 대담한 선언이 남긴 흔적을 찾아볼 수 있다.[17] 그의 저작은 역사적 기억의 새로운 경작지를 열정적으로 찾고 있던 작가와 시인들의 상상력을 비옥하게 해주었다. 그들이 찾던 새로운 경작지란 더 이상 전통적이지 않으나 그럼에도 계속 전통을 끌어다 쓸 수 있는 땅을 말한다. 그레츠는 또한 구약성서에 대한 세속적인, 그러나 완전히 무신론적이지는 않은 관심을 새로 불러일으켰다. 후일 팔레스타인으로 이주한 최초의 시오니스트 정착민들은 그레츠의 저작을 그들의 오랜 과거를 찾아가는 로드맵으로 이용했다. 오늘날 이스라엘에는 그레츠의 이름을 딴 학교와 거리들이 있으며, 유대 역사에 대한 개설서들은 반드시 그레츠의 이름을 언급한다.

이 저작이 그토록 뚜렷한 존재감을 갖게 된 이유는 분명하다. 이 책이야말로 일관성과 애정을 가지고 유대 민중을 발명하려고 한 최초의 노작이었기 때문이다. 이때 '민중'이라는 용어는 어느 정도까지는 근대 용어인 '민족'을 뜻한다고 해도 무방하다. 그레츠는 결코 완전한 시오니스트는 아니었지만, 유대 역사를 기술함에 있어 '민족'이라는 거푸집을 처음 만든 사람이었다. 그는 훌륭한 솜씨로 통일된 서사를 창조해내는 데 성공했다. 그 서사는 문제 많은 다양성들은 최소화하면서도 끊긴 곳이 없는 역사, 곧 갈래는 많지만 언제나 단일하게 이어져온 역사를 보여주었다. 마찬가지로 그레츠의 기본적인 시대 구분—시간의 갈라진 틈을 잇고 공간상의 간격과 균열을 메우는 작업—도 미래의 시오니스트 역사가들에게 도움을 주었다. 비록 그들이 그레츠의 시대 구분을 일신하거나 개량했다고는 해도 말이다. 이후 많은 이들에게 '유대'는 거대 문명의 그늘 아래서 숱한 고난과 유혹을 이겨내고 살아남은 풍성하고 다양한 종교 문명이 아니라, 가나안 고향땅에서 뿌리 뽑힌 뒤 베를린 성문 앞에 와서 이제 막 성장기를 맞이한 고대 민중 내지 종족으로 받아들여졌다. 그리스도교에서 만들어지고 이후 수백 년간 전통 유대교를 통해 재생산된 '방랑하는 유대인'*이라는 저 유명한 신화가, 마침내 한 역사가를 통해 민족이 되기도 전의 유대인에게 적용될 기회를 얻은 것이다.

---

* '방랑하는 유대인'(the Wandering Jew)은 예수를 십자가에 못 박은 죄로 저주를 받아 떠도는 유대인의 설화로, 고대 끝 무렵부터 유대인의 디아스포라를 설명하는 근거가 되었으며, 문학과 예술의 모티브로도 자주 이용되었다. 이 방랑의 모티브는 또한 고대의 유배(추방)와도 연결되어 유랑하는 민족의 이미지를 만든다.

구약성서라는 보물창고

새로운 시대 패러다임을 만들기 위해서는 '부실하고 해로운' 과거의 것을 무너뜨리는 일이 필수적이다. 마찬가지로 한 민족을 새로 건축하기 위해서는 그 토대가 될 발판을 찾는 데 실패한 기존 서술들을 기각하는 것도 필수적이다. 이런 이유로 그레츠는 그의 전임자인 요스트가 유대인의 역사에 "구멍을 뚫어놓았다"고 비난했다.

> 그는 수천 년의 영웅적 드라마를 갈가리 찢어 놓았다. 요스트는 예언자들과 시편 작가들의 선조이거나 동시대인인 옛 이스라엘인들과, 랍비가 키운 후대 유대인들을 철저히 갈라놓고서, 마치 후자의 유대인들이 옛 이스라엘인들의 후손이 아닌 것처럼, 둘이 전혀 다른 혈통인 것처럼 둘 사이에 깊은 균열을 냈다.[18]

그렇다면 그 많은 유대인들은 구체적으로 어떤 혈통에서 나왔을까? 이 문제는 다음 장에서 다룰 것이다. 지금 주목해야 할 것은 민족 역사—엄밀히 말하면, 그 바탕에 정치적 주권에 대한 명확한 요구가 들어 있지 않다는 점에서는 '전-민족'(prenational) 역사일 텐데—에서 어떤 빈틈이나 이탈도 보여서는 안 되었다는 점이고, 그레츠가 그 참을 수 없는 틈새를 메우려고 했다는 것이다. 그 틈새는 요스트, 춘츠, 가이거의 좁은 시야 때문에 생겨난 것으로, 그로 인해 그들은 고대 왕국을 유대 역사의 정당한 장면으로 보지 못했으며, 이에 따라 유대인들도 자신들의 모습을 영원한 백성 또는 종족(tribe, 그레츠는 독일어 *Volksstamm*을 사용)으로 보지 못하고 단지 여러 종교문명 가운데 하나로만 여기게 되었다는 것이다.

그레츠의 날선 비판은 그의 저작 앞부분에는 나오지 않고 끝부분으로 가면서, 즉 1860년 요스트의 사망 후 몇 해 뒤에 쓴 근대 부분에서 나온다. 자신의 방대한 저작을 첫 출간한 1853년, 그레츠는 바스나주와 요스트가 그랬듯이 유대인들의 이야기를 성서시대 이후부터 시작했고, 첫째 권을 제2차 성전파괴 이후인 미슈나 탈무드* 시대로 채웠다. 이렇게 얼마간을 진행한 다음 그는 다시 기원전 2세기의 하스몬 왕조 시대로 되돌아갔는데, 그로부터 불과 20년 후—즉 독일 제2제국 수립과 비스마르크가 이끄는 프로이센의 독일 통일로 중부와 남부유럽 전역에 민족주의가 기세를 올리던 때—에 그레츠의 원-민족주의적(proto-nationalist) 입장은 마지막 원숙한 형태를 갖추었다.[19] 즉 자기 시대 유대인들의 역사를 요약하고 19세기 중반인 현재로 책을 일단락지은 후에, 다시 연대를 거슬러 올라가 호전적이고도 비장한 어조로 '선택받은 도덕적 민중'의 탄생 이야기를 재구성하려 한 것이다. 유대인에 대해 쓴 것으로는 최초의 민족적, 역사적 서사시로 불리는 이 저작이 성서시대로 대단원을 장식한 것은 어찌 보면 당연한 일이었다.

근대적 집단 정체성인 민족의식까지 가기 위해서는 신화와 목적론 모두가 필요하다. 여기에 토대를 제공한 신화는 구약성서에 기록된 우주였다. 구약 속의 이야기들과 역사적 재료들은 19세기 후반에 일어난 문헌학적 비판에도 불구하고 생기 넘치는 뮈토스(Mythos)를 제공해주었다.[20] 그리고 유대인이라는 영원한 민중이 세상에 구원을 가져오도록

* Mishnah Talmud. 유대교 구전율법을 총망라한 것으로, 율법서인 할라카(Halakhah)와 설화집인 하가다(Haggadah)로 이루어져 있으며, 주석서에 해당하는 게마라(Gemara)와 함께 탈무드 전체를 구성한다. 제2차 성전파괴 즉 유대전쟁 패배 후인 서기 70년~220년경 편찬된 것으로 추정한다.

운명지어졌다는, 아직은 모호하고 충분히 민족주의적이지 않은 가정이 그레츠를 통해 목적론으로 커나갔다.

　수백 년 된 유대 공동체들이 구약성서를 '구전 율법' 곧 탈무드의 해석 및 중개 없이 읽을 수 있는 독립된 저작으로 생각해본 적은 한 번도 없었다. 특히 동유럽 유대인들 사이에서 구약성서는 할라카*와 권위 있는 주석가들을 통해서만 이해할 수 있는 여백의 책으로 여겨져 왔다. 일상적으로 사용된 유대교 텍스트는 탈무드였다. 이런 탈무드와 달리 토라 즉 모세오경은 어떤 스토리 연결도 없이 각 구절을 임의 선택하여 회당에서 주 단위로 크게 낭송했을 뿐이다. 한 권으로서의 구약성서 전체는 먼 과거의 카라이트파** 유대교와 근대의 프로테스탄트에서나 주요한 위치를 차지했다. 성서는 수백 년 동안 유대인 대부분에게 신성한 경전, 인간의 이해로는 접근할 수 없는 텍스트로 이해되었던 것이다. '성지' (Holy Land)를 이 세상에 실제로 존재하는 장소로 거의 보지 않았던 것과 마찬가지다.

　대개가 랍비 학교 출신인 교육받은 유대인들은 빠르게 세속화되던 동시대의 영향으로 그들의 형이상학적 신앙에서 차츰 균열을 겪고 있었기에, 이 불확실하고 부실해진 정체성을 강화시켜줄 다른 원천을 애타게 찾았다. 그러던 차에 역사라는 종교가 신앙을 대체할 적절한 원천이 되었던 것이다. 하지만 주어진 민족 신화들을 이성적으로는 도저히 받아들일 수 없었기에(그 신화들이 안타깝게도 이교나 그리스도교 설화와

---

* Halakhah. 유대 율법과 관례를 통칭하는 말로 구약성서와 현실생활 사이에 다리를 놓는 역할을 했다. 설화로 구성된 하가다(Haggadah, 아가다)도 같은 역할을 했는데, 할라카와 하가다는 성서 주석과 설교를 뜻하는 '미드라쉬'(Midrash)의 각 부분이기도 하다.
** Karaites. 8세기에 생긴 유대교의 한 교파. 전승된 성서 해석과 탈무드를 중심으로 하는 '랍비 유대교'를 배척하고 순수 성서만을 교리로 삼았다. 현재 러시아와 예루살렘에 일부 남아 있다.

긴밀히 연결되어 있었기 때문인데), 그들의 유일한 선택은 그에 맞먹는 민족 신화를 만들어내고 그것을 추종하는 것뿐이었다. 여기에 도움을 준 것이 바로 이 신화에 대한 문헌 자료라 할 수 있는 구약성서였다. 특히 구약성서가 동시대 유대인들에 대한 증오를 노골적으로 드러내는 이들에게조차 경배의 대상이 되고 있다는 사실도 도움이 되었다. 이처럼 고향땅에 존재했다고 하는 그들의 고대 왕국이 유대인을 단순한 종교 공동체가 아닌 하나의 민중 또는 민족으로 보게 하는 강력한 증거가 됨에 따라, 성서를 향해 어색하게 기어가던 발걸음은 '유대 민중'을 상상하는 과정을 통해 확신에 찬 행진으로 바뀌게 되었다.

하나로 이어져온 민족

자신들이 새로 생겨난 존재가 아니라 태곳적부터 있었던 실체라는 것을 보여주기 위해 과거를 창작하고, 그런 영웅적 과거(고대 그리스, 로마 공화국, 튜턴족 또는 골족) 속에서 황금시대를 찾는 것은 19세기 유럽의 다른 민족 운동들도 마찬가지였다. 이들처럼 초창기 유대 민족주의도 신화 속의 다윗 왕국으로 고개를 돌렸다. 다윗의 광채와 힘이야말로 종교적 신앙의 축전지 안에 수 세기 동안 축적되어온 것이었기 때문이다.

그러나 다윈의 『종의 기원』이 나온 후인 1870년대에 이르자 진지한 역사를 창조 이야기로 시작하는 것은 더 이상 가능하지 않게 되었다. 따라서 그레츠의 저작은 요세푸스의 고대사와는 다르게 "이스라엘의 가나안 정착과 민중 형성이 시작됨"이란 장으로 막을 연다. 저작을 더 과학적인 것으로 만들기 위해 초기 기적들은 내용에서 빠졌다. 족장들 이야기와 출애굽 이야기를 간략하게 축약한 것이 이상하게 보일지 모르지만, 이 저작을 더 민족적인 것으로 만들려는 심산이었다. 그레츠는 히브리인 아브라함 이야기를 간단명료하게 줄이고 모세에게도 두어 페이지만을 할애했다. 그레츠가 보기에 민족을 키운 것은 (이주와 유랑과 토라보다는) 어머니 대지와 고대의 민족 영토였다. '경이로운' 동식물상과 독특한 기후를 지닌 가나안 땅이 유대 민족의 유일무이한 특징을 낳았고, 이런 환경 안에서 민족이 그 유아기에 담대하고 조숙한 첫 발을 떼었다는 것이다. 한 민족의 천성은 그 초기에 결정되며, 이후로도 결코 변하지 않는다는 얘기였다.

> 만약 이 민족이 아직 유아기에 있을 때 영적인 씨앗들이 이미 민족의 영혼 속에서 급성장하고 있었다면, 그리고 그 마음이 흐릿하게나마 이 민족에 대해 그들을 다른 민중과 구별시켜주고 우월하게 만들어줄 위대한 행위를 할 운명임을 느꼈다면, 나아가 교사와 스승들이 그 흐릿한 감정이 강력한 믿음으로 자라날 때까지 가르쳐왔다면, 그렇다면 이런 환경 속의 민족이 그 마음으로부터 결코 지워지지 않을 특별한 자질을 개발하지 못할 이유가 없을 것이다.[21]

이런 언명을 한 다음 그레츠는 성서 속 이야기를 밀착해서 따라가면서 영웅적 행위, 군사적 무용담, 왕국의 통치, 그리고 무엇보다 '유대 민족의 아동기'에 있었던 도덕적 활력을 세련된 문학적 언어로 조명하기 시작한다. 구약성서의 나중 부분들에 대해서는 다소 신중한 유보의 입장을 취하기도 하지만, 가나안 정복 이야기만큼은 의문의 여지가 없는 견고한 진실의 덩어리로서 제시한다. 그는 이런 입장을 죽는 날까지 고수했다. 그레츠가 보기에, 이집트에서 나와 요단강(요르단강)을 건넘으로써 그들 선조가 유산으로 받은 가나안 땅을 정복한 '이스라엘의 자식들'은 단일한 원시 씨족집단의 후손이었다.

그레츠는 기적들에 대해서도 합리적인 설명을 제시하려고 애썼지만, 다른 한편으로는 그것들을 중심 서사에서 부록으로 격하시키기도 한다. 하지만 예언들만큼은 건드리지 않고 그대로 둔다. 그 예언들이야말로 후대에 벌어진 일 때문에 중요성을 얻게 된 것인데 말이다. 예를 들면 영웅적인 사사(士師)들*의 행적과 소년 다윗이 골리앗에게 승리를 거둔 이야기가 다소 상세하게 다뤄지고, 다윗이 권력을 잡은 다음 왕국을 공고히 하는 이야기가 많은 페이지를 채운다. 다윗은 꽤나 중한 죄인이었음에도 언제나 민중을 위해 일했던 "그의 훌륭한 행적을 감안하여" 그레츠는 신이 그랬듯이 유대교의 귀감인 이 담대한 왕을 용서한다. 솔로몬 왕국 이야기도 한 장(章) 전체를 차지하는데, 그 까닭은 솔로몬의 왕국이 "땅 위의 가장 위대한 왕국들과 어깨를 나란히 할 만큼 광대하고도 강력한 왕국"이었기 때문이다. 그레츠는 솔로몬 왕국의 인구를 약 4백만 정도로 추정했다. 그리고 이 왕국이 둘로 나뉜 것이야말로 쇠락의 징조였다. 두 왕국 가운데 죄 많은 북왕국 이스라엘이 먼저 멸망을 자초했고, 남왕국 유다의 마지막 왕들도 결국 같은 운명을 맞았다.

이스라엘의 자식들이 맞이한 슬픈 운명의 이야기는 종교적인 죄를 범한 것과 관련이 있다. 그런데 웬일인지 이스라엘의 딸들에게 더 큰 비난이 가해진다. "이스라엘 여성들, 순결과 도덕을 받드는 여사제가 되어야 할 이들이 바알 신과 아스타르테 여신에 대한 비도덕적 숭배로 특별히 기우는 경향을 보여준 것은 분명한 사실이다."[22] 하지만 다행스럽게

---

* Judges. 모세의 후계자 여호수아로부터 사울 왕 이전까지의 지도자 겸 군사 지휘자들. '판관'이라고도 한다.

도 이스라엘의 옛 자식들에게는 선지자들도 있었다. 선지자들이 온 힘을 다해 이 민중을 숭고한 도덕의 길로 인도하기 위해 노력했다. 그런 도덕적 길은 다른 민중들은 알지 못하는 이들만의 독특한 기풍이었다.

그레츠는 구약성서의 중심 서사들을 충실히 따랐으며, 언제나 그것에 대한 경외감에 가득 차 있었다. 혹시 성서 안에서 모순점을 만나더라도, 그 모순들을 해결하려 하지는 않고 그때마다 다른 접근법을 제시했다. 한 가지 예를 들면, 그레츠는 바빌론 유수에서 돌아온 이들의 지도자였던 에스라*의 분리주의 정책 이야기와 나란히, 다윗왕의 비유대인 증조모인 모압 여자 룻**의 생애를 기술한다. 그는 능숙하게 두 이야기 사이의 도덕적이고 정치적인 차이를 재구성하는데, 잠시 동안은 둘 사이에서 결정을 내리지 못하는 것처럼 보인다. 하지만 그레츠는 이교도와의 통혼을 금하고 비유대인 여자들을 그 자식들과 함께 내쫓은 일의 의미를 명확하게 이해하고 있었다. 그는 이렇게 썼다.

> 에스라는 이것을 끔찍한 죄로 여겼다. 그가 보기에 유다 인종 또는 이스라엘 인종은 신성한 인종인데, 비록 우상숭배는 버렸을지언정 이방 부족과 여전히 섞임으로써 신성모독을 범하고 있었기 때문이다…. 바로 이 순간이 유다 민중의 운명을 결정지었다. 에스라 및 그와 같은 생각을 가진 이들이 유대인들과 나머지 세상 사이에 분리의 장벽을 세웠던 것이다.[23]

---

* Ezra. 바빌론 귀환 후의 제사장으로 율법 엄수를 주장하고 이교도 여성과의 결혼을 금하는 등의 분리주의 정책을 취했다. 「에스라서」 참고.

** Ruth. 다윗 조상이 모압에 살 때 며느리가 된 이교도 여성. 집안 남자들이 모두 죽은 후 시어머니 나오미와 함께 베들레헴에 돌아와 일가인 보아스와 결혼함으로써 가계를 이었다. 「룻기」 참고.

이러한 조치가 유대인에 대한 증오를 사상 처음으로 불러일으켰다고 그레츠는 주저 없이 덧붙인다. 이것이 어쩌면 그가 룻 이야기를 강조한 까닭인지도 모른다. 룻 이야기야말로 바빌론 귀환자들이 가졌던 '신성한 씨'라는 관념에 대한 보편주의 입장에서의 반박임을 그도 알고 있었을 것이다. 하지만 결과적으로는 그레츠 역시 그의 선구자인 에스라와 느헤미야가 그어놓은 엄격한 경계 짓기와 배타적 유대교의 발명에 전폭적인 지지를 보낸다.

종족종교적 토대에 기반을 둔 낭만적 관념은 더 앞선 시기의 책들에서도 이미 그레츠를 이끌었지만, 그리 강력하지는 않았다. 어쨌든 생각이 많은 역사가인 그는 초기에 쓴 유대인 역사서들에서는 유대인의 문학적 유산을 다루었고, 주로 도덕적이고 종교적인 내용에 초점을 맞추었다. 그런데 때맞춰 게르만 민족주의가 (1848년에 있었던 민족-민주의 봄이 실패한 이후 몇 년간의 성숙기를 거치며) 인종과 기원에 근거한 민족의 정의를 확고히 하면서, 유대인의 후손인 소수 지식인 집단의 감수성을 휘저어 놓았다. 회의하고 망설이긴 했지만 어쨌든 그레츠도 그 집단의 일원이었다. 그들 가운데 가장 예민한 감각으로 반응한 이는 모제스 헤스였다. 지적 대담성을 갖춘 좌파로 한때 카를 마르크스의 친구였던 그는 1862년 『로마와 예루살렘: 마지막 민족주의적 질문』을 출간했다.[24] 이 책은 어느 모로 보나 민족주의 선언문이었다. 아마 이런 종류들 가운데 세속적 필치로 쓰이기로는 처음이었을 것이다. 그의 입장이야말로 그레츠의 유대 역사가 형태를 갖추는 데 결정적인 영향을 주었기에, 우리는 둘의 관계를 간략하게나마 짚어봐야 할 것이다.

3. "인종이 곧 민족이다"

모제스 헤스와 유대 인종주의

『로마와 예루살렘』 서문에서 헤스는 열정적으로 그레츠를 인용한다. 그는 이 유대인 역사가의 저작(특히 제5권)을 통해서, 탈무드 이후에도 유대인들의 역사가 "여전히 민족적 특성을 보유하였으며, 결코 단순한 교리나 교회사에 그치지 않았다"[25]는 것을 알게 된다. 이 놀라운 깨달음은 지친 혁명가의 정신적 고투에 대한 답이 되어 주었다. 정치적이든 철학적이든 독일에서 반유대주의적 선전들과 매일 맞서는 데 지친 그는 결국 자신의 '민족적 존재성'을 찾는 길로 이끌린다. 헤스는 저작 전체에 걸쳐 결코 독일인에 대한 미움을 감추려 하지 않았고, 독일인에 대한 질타를 멈추지도 않았다. 그는 프랑스인들을 더 좋아했고, '정통' 유대인은 더더욱 좋아했다.

독일에서 추방된 헤스는 프랑스로 건너갔다. 그는 말하기를, 1848년 유럽 혁명들의 실패로 말미암아 그 역시 일시적으로 정치에서 손을 떼고 자연과학에 집중하였다고 한다. 겉만 과학으로 포장된 유사과학책들을 열심히 읽던 그는 1850년대에 슬슬 끓어오르기 시작한 인종주의 이론들을 접하게 되었다.

스코틀랜드인 로버트 녹스가 그의 유명한 책 『인종론』을 출간한 것이 1850년이다. 2년 후에는 제임스 레드필드의 『골상 비교, 또는 인간과 동물의 유사성』이 미국에서 출간되었다. 1853년에는 카를 구스타프 카루스의 『인간 형태의 상징』이 독일에서 나왔고, 프랑스인 아르튀르 드 고비노의 『인종 불평등론』 제1권도 출간되었다.[26] 이런 저작들에 이어 다른 '과학적' 저술들도 잇따라 출간되었고, 19세기 후반 사상계의 권위자들 중 일부는 인종주의와 오리엔탈리즘 관습이라는 늪 속에서 즐거이 노를 젓기 시작했다. 이러한 풍조는 정치적 좌파들과 저명한 학계 인사들의 지지를 받으며 퍼져 나갔다. 카를 마르크스로부터 에르네스트 르낭까지 많은 사상가들이 유대인, 아프리카인, 혹은 오리엔트 민중에 대한 편견에 찬 저술들을 출간했고, 이 저술들은 삽시간에 시대적 표준으로 자리 잡았다.

서구 문화의 중심지에서 인종 이론이 인기를 얻은 이유를 설명하려면, 서구와 유럽대륙 중심부에서 빠르게 일어난 산업과 기술 발전에 대한 유럽의 우월감을 고려해야만 하며, 또 그런 발전이 어떻게 생물학적이고 도덕적인 우월성을 반영하는 것으로 해석되었는지를 고려해야만 한다. 게다가 발달심리학 내지 발달신경학 등이 발전하면서 생명과학을 사회 연구 및 역사와 연결하려는 비교의 욕망이 생겨났다. 1880년대까지 인종 이론은 거의 의문의 여지가 없고 이의를 제기할 수 없는 것이었다.

헤스는 이 새로운 문학을 게걸스레 탐식했다. 그의 예민한 감수성―아마도 그를 독일 최초의 공산주의로 만들어주었을 예전의 그 감수성—은 이번에는 그를 다음의 새로운 결론으로 이끌어주었다. "민족과 자유라는 문제 뒤에는 단순히 구호만으로는 해결될 수 없는 훨씬 더 깊은 문제가 존재한다. 그것은 인종 문제로, 역사의 시작과 함께 존재해온 것이며, 정치적 문제와 사회적 문제를 해결하기 전에 먼저 해결해야만 하는 것이다."[27]

과거 역사는 인종 갈등과 계급 투쟁의 끊이지 않는 이야기들로 이루어져 있는데, 그중에서도 더 두드러진 것이 인종 갈등이다. 이러한 피의 투쟁이 막장으로 치닫기 전에 유대인들은 (적어도 동유럽 유대인들만이라도) 그들의 기원이 있는 장소 곧 성지로 돌아가야 한다는 것이 헤스의 주장이었다. 헤스는, 유대인들이 비유대인들과 갈등을 겪어온 것은 유대인들이 언제나 특출한 인종집단이었기 때문이라고 결론짓는다. 이 끈질긴 고대 인종의 출발은 이집트에서 찾을 수 있다. 파라오 무덤 벽화에는 신전과 궁전을 건설한 이들이 그려져 있는데 그 가운데 골상이 근대 유대인들과 동일한 인간 유형이 있다는 것이다. 헤스는 다음과 같이 썼다. "유대 인종은 인류 최초의 인종 중 하나로, 그들을 둘러싼 기후 환경의 지속적인 변화에도 불구하고 지금까지 온전함을 유지해 왔다. 그리고 유대인 유형은 수 세기에 길쳐 그 순수성을 보존해 왔다. … 유대인 남성들과 여성들이 개종이나 인도게르만 인종 및 몽골 인종과의 통혼을 통해 유대인 혈통을 지우려 애쓰지만 다 헛수고다. 유대인 유형은 파괴될 수 없는 것이기 때문이다."[28]

그렇다면 경이로울 정도로 끈질긴 이 민족의 생명력은 어떻게 설명할 수 있을까? 헤스는 그 답이 무엇보다 이 민족의 종교와 신앙에 있다고 책 전체에 걸쳐 되풀이해 말한다. 그는 독일의 유대 시민권운동을 조롱하는 만큼이나 유대 개혁주의자들도 업신여겼다. 유대 종교는 유대 민중의 동화를 막는 민족적 전통으로 기능했다. 하지만 동화는 원래부터 불가능한 것이었다. 그렇다. 오해는 이 부분에 있다. 종교가 아무리 중요하다 해도 유대 정체성을 지키는 데 종교만 있었던 것은 아니기 때문이다.

> 따라서 삶의 형태를 만드는 것은 이론이 아니라 인종이다. 마찬가지로, 유대 찬양의 원천인 성서적-족장적 삶을 만든 것은 교리가 아니다. 오히려 유대인 선조들의 족장적 삶이 이 성서 종교의 창조적 기반이 된 것이다. 이 종교는 가족 전통으로부터 발전한 민족적-역사적 예찬 외에 다른 어떤 것도 아니다.[29]

헤스와 그레츠의 공통점 또는 차이점

민족 기원과 종교의 관계에 대한 이 기본 입장 가운데 많은 부분이 그레츠의『유대인들의 역사』제1권 서문에서도 암시되고 있다. 그때만 해도 그레츠의 역사 관념은 영적인 것과 물질적인 것 사이에서 망설이는 이원론적 경향을 보여주었지만, 헤스의 인종주의적 '유물론'의 도움을 받아 더욱 견고한 근본주의적, 민족주의적 입장으로 옮겨갔다. 1860년경 아직 저작 초반인 제5권—헤스가『로마와 예루살렘』에서 칭찬했던 그 책—에서 그레츠는 유대 역사가 바빌론 유수 이전은 물론 이후에도 두 가지 근본 요소를 통해 이어졌다고 기술했다. 한편으로는 불멸의 유대 부족이 몸을 만들어 왔다면, 다른 한편으로는 유대 종교가 그에 못지 않은 영원함으로 영혼을 이루어 왔다는 것이다. 하지만 1860년대 후반부터 그레츠의 역사서는 유대인을 정의함에 있어 (신의 섭리가 역사 내내 그들 머리 위를 계속 맴돌고 있다고는 했지만) 몸을 더 결정적인 것으로 제시했다.

그레츠가 헤스와 만난 것은 『로마와 예루살렘』을 읽은 후였다. 이 만남에서 시작된 두 사람의 친밀한 우정과 서신 교환은 1875년 헤스가 죽을 때까지 이어졌다. 두 사람은 저 옛 '선조의 땅'으로 함께 여행할 계획까지 세웠지만, 결국은 그레츠 혼자 여행하게 되었다. 헤스의 책이 나오고 1년 후, 그레츠는 「유대 인종의 청춘 회복」[30]이라는 제목의 매혹적인 에세이 한 편을 발표했다. 이 에세이는 헤스와의 정신적 대화라 할 만한 것으로, 헤스가 촉매제 역할을 한 저 이데올로기적 타개책에 대해 비록 어느 정도 의심과 망설임을 보여주고는 있지만, 또한 부분적인 수용 의사를 드러내고 있다. 이 에세이는 유대 민중이 어떤 형태로 발명되었는가를 보여줄 뿐 아니라, 유럽의 많은 지식인 서클을 들끓게 하던 민족성 문제에 대한 이 역사가의 날카로운 의식도 함께 보여준다.

한 인간 공동체가 자기들을 민족으로 내세울 권리는 어디에서 오는 것일까? 그레츠는 이런 질문을 던지고, 그것이 인종적 기원에서 오는 것은 아니라고 답한다. 때로는 다른 인종 유형들이 함께 모여 하나의 민중을 이루기도 하기 때문이다. 언어도 반드시 공통분모는 아니다. 스위스가 그 예이다. 통일된 영토 역시 민족을 형성하기에는 충분치 않다. 그렇다면 역사적 기억이 민중을 통합시키는가? 그레츠는 이렇게 묻고서, 날카롭고도 선견지명적인 역사적 관찰력을 가지고 대답한다. 근대 이전까지 민중은 정치사에 참여하지 못하고 지도자들과 통치자들의 행위를 수동적으로 받아들이기만 하지 않았느냐고. 그렇다면 민족의 기초를 마련해 준 것은 상위문화였는가? 아니다. 그것 역시 민중에게는 새로운 것이었으며, 여전히 민중 전체에게 받아들여지지도 않았다. 민족의 존재는 미스터리로, 그것을 해명할 수 있는 단일한 방법은 없는 것 같다.

그레츠의 표현에 따르면, 역사 속으로 사라져 버린 민중이 분명히 있는가 하면 어떤 민중은 불멸이다. 고대 그리스 인종과 라틴 인종은 여러 인간 갈래들로 분해되어 아무런 흔적도 남기지 못했다. 이와 달리 유대 인종은 그 자신을 보존하고 살아남는 데 성공했으며, 그 경이로웠던 성서 속 젊음을 이제 다시 꽃피우려 하고 있다. 바빌론 유수에서 시온으로 돌아온 후의 부활은 유대 인종이 재생의 잠재력을 지니고 있다는 것을 보여준다. 따라서 이 사람들은 기적적인 재생의 능력을 지닌 하나의 유기체이며, 그러한 능력 면에서 다른 평범한 생물학적 집단들과 구별된다. 유대 인종의 존재는 처음부터 독특했으며, 그래서 그 역사가 경이 자체라는 것이다. 그러므로 결국 인류 전체를 사실상 구원할 사람들은 '메시아적 민중'이다. 선택받은 민중이라는 목적론은 그레츠에게 정치적이기보다는 도덕적인 명제였다. 무너져 가는 전통적 신앙의 케케묵은 잔존물이 거기에 일부 간직되어 있었다.

민족을 양육한 19세기 역사가들이 다 그랬듯이, 그레츠도 자기 민족의 역사가 숭고하며 다른 어떤 민족의 역사와도 비교할 수 없다고 여겼다. 이런 논지(누가 봐도 독창적이지 않은)의 메아리를 우리는 1860년대 후반과 1870년대 초기에 걸쳐 쓴 『유대인들의 역사』 마지막 부분에서 마주친다. 특히 1848년 혁명까지의 근대 유대 역사를 다룬 권을 보면 민족적 색채가 두드러지게 나타나며, 앞에서 언급했듯이 이 저작의 마지막 두 권에 이를수록 더욱 뚜렷해진다. 이 마지막 두 권에서 그레츠는 유대인들의 성서적 족보를 재구성하려고 한다. 그러나 이 부분에서 엿보이는 우쭐대는 어조 때문에 또 한 사람의 역사가가 분노를 일으키고 말았다.

4. 어느 역사가의 반박

한 나라 안에 두 민족?

1870년대에 하인리히 트라이치케(Heinrich Treitschke)는 베를린대학교의 존경받는 자리에 있던 저명한 역사가였다. 높은 평가를 받은 그의 저작 『19세기 독일 역사』는 1879년부터 나오기 시작했는데, 같은 해에 그가 공동편집인으로 있던 명망 있는 잡지 『프로이센 연감』은 트라이치케의 중요한 글 한 편을 실었다. 「우리 유대인들에 대한 한 마디」(One Word about Our Jewry)라는 제목의 이 에세이는 유대인 정체성에 대한 혐오감을 학문적으로 정당화하려 한 최초의 글이라 할 수 있다.

이 존경받는 역사가의 주된 걱정은 인구통계학적인 것이었다. 동유럽에서 밀려오는 유대 이민의 물결로 독일 내 유대인 수가 늘어났고, 그로 인해 게르만 민족의 존재 자체가 위협받는다고 인식했던 것이다. 이 이주자들은 스페인 유대인들과 조금도 닮은 점이 없다고 트라이치케는 주장했다. 스페인 유대인들은 관용적인 사회에서 살아온 덕분에 서유럽의 주인 민족들에 잘 합류했지만, 폴란드 유대인들은 그리스도교의 혹독한 대우에 고통을 받아 일그러졌고 우수한 게르만 문화와도 이질적이어서, 그들이 합류한다면 어쩌면 잡종의 게르만-유대 문화가 생겨날지도 모른다는 것이었다. 이들 유대인들이 게르만 민족에 동화되려면, 아직 빗장이 열리지도 않았지만, 어쨌든 엄청난 노력을 기울여야 할 터였다. 하지만 그런 발전을 기대할 수도 없는 것이, 무례하기 짝이 없는 저 역사가 하인리히 그레츠처럼 자기 분리를 설교하는 학자들이 그들을 이끌고 있기 때문이다. 트라이치케는 『유대인들의 역사』를 이미 읽었거나 어쨌든 그 마지막 권들을 읽었으며, 그것에 격분했다.

> 그레츠의 『유대인들의 역사』를 읽어 보라. '오랜 숙적' 그리스도교에 대해 얼마나 분노에 휩싸여 있고, 루터로부터 괴테, 피히테에 이르기까지 더없이 순수하고 당당한 게르만 민족의 대변자들에 대해 얼마나 지독한 증오를 갖고 있는지! 게다가 그 과장되고 공허하고 공격적인 자존심은 또 어떠한지! … 독일 내 '비유대인들'에 대한 이런 고집스런 증오가 단지 열심당원 한 명의 마음에만 국한된 것은 결코 아닐 것이다.[31]

그레츠는 트라이치케의 고자세에 별로 위축되지 않고 이 반유대적 비판에 대해 면밀히 논박하는 답변을 썼다. 하지만 끝내 참지 못하고 글을 마무리하면서 벤저민 디즈레일리의 도발적인 말을 인용했다.

> 순수 코카서스 인종은 파괴될 수 없다. 이는 정신적인 문제이며 자연의 법칙으로, 이집트와 아시리아의 왕들, 로마 황제들과 중세의 종교재판관들도 이 법칙 앞에서 좌절했다. 어떤 처벌 제도와 어떤 육체적 고문을

쓰더라도, 한 우월한 인종이 열등한 인종에게 소멸되거나 파괴되는 일은 일어날 수 없다.[32]

이와 같은 민족주의적 완고함에 부딪히자 트라이치케는 더욱 높은 톤으로 역사학적 공격성을 드러냈다. "유대인들이 서구 민중들과 완전 병합되는 일은 결코 일어나지 않을 것이다. 기껏해야 분리나 고립을 완화하는 정도가 가능할 것이다. 왜냐하면 이것은 고대에 뿌리를 둔 문제이기 때문이다."[33] 나아가 트라이치케는 그레츠의 글에서 유대인을 게르만 민족 안에서 하나의 민족으로 인정받게 하려는 열망을 감지했다고 하면서, '진짜' 독일인이라면 누구나 이런 열망을 즉각 거부해야 한다고 했다. 트라이치케는 계속해서 그레츠가 유대 민족주의자의 오만을 드러내고 있다고 비난하면서, 과연 자신을 독일인으로 보고 있기는 하느냐며 꼬치꼬치 따져 물었다. 그는 그렇지 않을 거라고 자답하면서, 그레츠는 어쩌다 이 땅에서 태어난 이방인일 뿐 "우리 민족을 이해하지도 못하고 이해하고 싶어 하지도 않는" 한 명의 동방인이라고 결론지었다. "그와 우리 사이에는 아무런 공통점도 없다. 공통점이 있다면 단지 그가 우리 시민권을 가지고 있고 우리 모국어를 사용한다는 것뿐인데, 그마저도 우리를 저주하고 욕하기 위해서 사용하고 있다." 그러고 나서 이 프로이센 역사가는 다음과 같이 쏘아붙인다.

하지만 만약 이 인종적 오만함이 공공연히 퍼진다면, 나아가 유대인들이 자기들의 민족적 지위를 인정해달라고 요구하기까지 한다면, 이 요구는 해방의 법적 토대마저 무너뜨릴 것이다. 그런 열망을 채워줄 수 있는 길은 단 하나밖에 없다. 타지로의 이주, 우리 땅 바깥 어딘가에 유대인 국가를 만드는 것이다. 그러고 나면 과연 그 국가가 다른 민족의 인정을 얻을 수 있는지 알게 될 것이다. 독일 땅 위에 두 민족이 거할 자리는 없다. 게르만 국가들을 건설하기 위해 수천 년간 기울인 노고에서 유대인들이 한 역할은 아무것도 없다.[34]

유대인들의 '동방 기원'에 대한 트라이치케의 혐오는 이후 더 극단적으로 커져 갔지만, 그는 이 당시만 해도 시민적 민족주의와 노골적인 종족적 민족주의 사이의 중간쯤 되는 위치에 있었다. 빌헬름 마르(Wilhelm Marr)나 아돌프 슈퇴커(Adolf Stoecker) 같은 더 천박한 반유대주의자들과 달리, 트라이치케는 유대인들이 게르만 민족에 '합류'할 가능성을 완전히 배제하지는 않았다. 하지만 긴 역사 차원에서 유대 민중과 게르만 민중을 대비한 뒤 유대 특성과 게르만 특성을 서로 모순되는, 따라서 화해할 수 없는 정체성들로 본 점에서는 근본주의 성향을 보여준다. 트라이치케의 민족주의는 인종주의적 근본주의(ethnicist-essentialism) 관점에 물들어 있었다. 이 관점에서 보자면 누군가의 문화와 언어가 아무리 순수 게르만적일지라도 유대인은 그냥 유대일 따름이다. 이런 점에서 트라이치케는 사실상 그레츠와 원칙적으로 다르지 않았다. 그레츠도 그의 책 마지막 장들에서 비슷한, 심지어 동일하기까지 한 입장을 보였기 때문이다.

그레츠는 아직 민족주의의 날개를 충분히 펼친 역사가가 아니었음에도, 저작들 전체에는 국가 주권에 대한 애매모호하지만 추상적인 갈망이 가득하다. 한편으로 그는 유대인과 그들의 '고대적 고향' 사이에 새로운 세속적 연결고리를 만드는 데 일조한 첫 사상가의 한 명이지만, 그래도 논적 트라이치케나 친구 모제스 헤스와 달리, 유대인들이 고향으로 이주해야 한다는 데 대해서는 회의적인 입장을 견지했다. 헤스와 가까웠고 또 선조들의 땅에 짧게나마 향수에 찬 방문을 했지만, 그는 진정한 시오니스트가 아니었다. 그래서 트라이치케의 도전에 대한 두 번째 대응에서는, 자신이 유대적 정체성을 민족으로 규정한 적이 한 번도 없다고 한 발 물러서면서 솔직하지 못하게 논의를 회피했다. 논쟁이 가열되자 아마도 대다수 독일계 유대 지식인들의 반발이 일어날 것을 우려했는지, 자신을 다시 온전한 독일인, 오직 동등한 권리를 요구할 뿐인 독일인으로 간주했다. 다만 트라이치케가 그의 비게르만 기원을 모욕한 것에 대해서는 똑같은 불량 화폐로 갚아주었다. "'트라이치케'야말로 슬라브 이름 아닌가?"

이 두 명의 종족주의 역사가들의 충돌은 게르만 민족주의의 공고화 과정에 있었던 중요한 내부 투쟁을 보여주는 사례이다. 그레츠와 트라이치케 두 사람 모두에게 있어 민족이란 무엇보다 혈통과 관계있는 것이자 고대부터 장기간 일직선으로 이어져온 역사의 산물이었고, 게르만 신화와 구약성서가 각기 그 근거를 제공해주고 있었다. 사실이 그렇다면 민족이란 정말로 먼 과거에 기원을 둔 '민중이자 인종'이며, 현재의 집단 정체성을 결정하고 그 윤곽을 잡아주는 무게감을 가지게 된다. 두 역사가 모두 '푈키쉬'*한 민족 관점에 흠뻑 물들어 있었다. 유대교 배경의 독일인과 그리스도교 배경의 독일인 사이의 공생 가능성에 대한 회의는 이 관점에서 기인한 것이었다. 두 역사가 모두 두 집단 상호간의 관계를 개선하고자 노력하는 것은 별 의미가 없다고 생각했다. '유대인'과 '게르만인'이라는 두 집단의 상상된 민족적 뿌리에는 '함께 산' 일도

---

* völkisch. 문자 그대로 '민족적'의 뜻보다는 '인종적 의미로 민족적'이라는 의미를 담은 말. 훗날 나치 용어로도 사용되었다.

없었으니 '갈라설' 일도 없는 셈이었다.

주목해야 할 것은 독일의 비유대인 지식인들 가운데 적지 않은 숫자가 이런 비관적이고 결정론적인 입장에 대해 반론을 제기했다는 점이다. 이 책 1장에서 지적한 바와 같이, 게르만 민족주의 지지자들 모두가 '푈키쉬'한 신념을 가졌거나 반유대주의자라고 가정하는 것은 잘못이다. 사회민주주의자들 대다수뿐 아니라 자유주의자들 다수도, 독일 유대인들을 필요불가결한 일부로 포함하는 포괄적인 공화주의적 정체성에 대한 믿음을 품고 있었다. 마찬가지로 독일 내 유대인 식자층도 트라이치케의 적의에 당연히 질겁했지만, 그에 못지않게 그레츠의 민족적 종족주의 입장에 대해서도 강하게 반대했다. 베를린대학교 철학교수였던 모리츠 라자루스(Moritz Lazarus)에서부터 같은 대학교 역사학과의 해리 브레슬라우(Harry Bresslau), 그리고 그레츠의 제자였으며 나중에 마르부르크대학교에서 저명한 신칸트주의 철학자가 된 헤르만 코헨(Hermann Cohen)에 이르기까지 모두가 그레츠를 강력하게 비판했다. 그들 모두 단일 국가 내에 두 개의 민족성*이 있을 수 없다는 데 동의하면서도, 다른 한편으로는 이렇게 통합된 민족 안에도 다양성은 있어야 한다는 입장을 고수했다. '게르만적'이라는 것 자체부터가 다양한 문화 요소들이 만들어낸 역사적 산물이기에, 그런 문화 요소들을 계속 흡수할 수 있는 탄력성을 충분히 가지고 있다고 그들은 주장했다. 독일제국의 다른 백성들 즉 프로테스탄트 및 가톨릭교도들과 마찬가지로 유대인들도 무엇보다 먼저 독일인이며, 그들이 유대인이라는 것은 부차적인 문제였다. 유대 배경을 지닌 식자층 가운데 일부는 자기들만의 특별한 인

---

* nationality가 '국적'으로도 번역되듯이, 저자는 책 전체에서 이 말을 '민족다움'만이 아니라 '민족 소속'이라는 의미로도 사용한다.

종적 기원을 믿었음이 분명하지만, 더 중요한 건 미래의 민족적-문화적 과제라고 거의 모두가 입장을 정리하고 있었다. 그 과제란 바로 '독일' 건설이었다.

반유대주의에 맞선 독일인

문제는 역사가들 사이에서 논쟁이 고조되고 있던 그때, 낮은 수위의 반유대주의가 사회 여러 분야에 퍼져 나가면서 공기를 흐리고 있었다는 점이다. 1870년대에 일어난 일련의 경제위기는 비록 가속화되고 있는 산업화의 힘을 방해할 정도는 아니었지만 경제적 불안감을 야기했고, 이는 즉시 정체성에 대한 불안으로 바뀌었다. 이것은 20세기에도 익숙하게 보는 역사적 현상이다. 그로 인해 1870년 전쟁의 결정적 승리와 '위로부터의' 제국 통일은 그 광휘를 잃었고, 위기의 원인으로 지목된 이들은 언제나 그렇듯이 '타자들'—종교적 소수와 인종적 소수들—이었다. 대중 민주주의의 진척 역시 정치적 반유대주의의 확산을 자극했다. 정치적 반유대주의가 근대 들어와 대중의 지지를 결집하는 효과적인 수단의 하나가 되었던 것이다. 동쪽으로부터 와서 '독일인이라고 주장하는' 동방인들(Orientals)에 대한 독기어린 선동 구호가 거리와 언론과 제국 관청 복도에서 쏟아져 나왔다. 이들에 대한 해방적 조치를 철회하라는 공개적 요구가 터져 나왔다. 이 질식할 것 같은 분위기에서 비유대인 지식인 및 자유주의 인사 75명이 서명한 공개 청원이 1880년 발표되었다. 새로 일어나고 있는 반유대주의의 물결을 막아내고 진정시키고자 하는 청원이었다. 서명자 중에는 높은 명망으로 존경을 모으던 역사가 테오도르 몸젠도 있었다.

고대 로마사의 위대한 권위자 몸젠은 서명만으로 만족하지 않았다. 그는 '유대인 문제'에 대한 논쟁에 직접 뛰어들기로 했다. 이 문제가 단지 유대인의 지위만이 아니라 게르만 민족성의 본질에 관한 문제임을 명확하게 이해하고 있었기 때문이다. 공개 청원이 나오고 몇 개월 후, 몸젠은 「우리 유대인들에 대한 또 다른 한 마디」(Another Word about Our Jewry)라는 제목의 매혹적인 글을 발표했다.[35] 이 팸플릿은 그의 동료 트라이치케에게 직접 답하는 것이었고, 이때부터 역사가들의 논쟁은 3파전 양상을 띠게 되었다.

하지만 오해하지 말자. 몸젠은 역사가로서도 시민으로서도 분명히 민족주의자였다. 그는 독일 통일은 물론이요, 알자스-로렌의 강제 병합도 지지한 인물이다. 그럼에도 그는 1870년대 무렵 게르만 민족주의가 점점 더 종족주의화되는 것을 우려하고 있었다. 그래서 비꼬는 투로 이렇게 썼다.

이러다가는 얼마 안 가서 다음 세 종류의 자격을 갖춘 사람만이 완전한 시민이 될 수 있는 상황이 올 것 같다. 첫째, 자기 기원을 돌아볼 때 자신을 마누스*의 세 아들 중 하나의 후손으로 볼 수 있는 사람. 둘째, 복음을 오직 사제가 해석해 준 대로만 믿는 사람. 셋째, 밭갈이와 씨뿌리기에 능한 사람.[36]

고대 독일을 다룬 타키투스 저작**의 기준에 따라 근대 민족을 다시 구

---

* Mannus. 게르만 민족의 조상신으로, 이 신이 낳은 세 아들로부터 게르만의 세 부족이 생겨났다고 한다.
** 타키투스의 저서 『게르마니아』(Germania)를 말함. 서기 98년 간행.

성한다면, 독일계 유대인뿐 아니라 제국 내 다른 주민들 중 꽤 많은 수를 배제해야 할 것이라는 얘기였다. 그러나 젊은 시절 혁명적 공화주의자였던 이『로마사』저자는 언제나 시민적 개념의 민족주의를 고수했다. 그리고 19세기 역사가들 누구나 그랬듯이, 몸젠도 민족과 민족주의가 고대부터 존재해 왔다는 소박한 가정을 믿었다. 하지만 트라이치케가 게르만 민족의 기원을 튜턴 왕국들에서 찾고, 그레츠가 유대 민족의 근원을 다윗과 솔로몬 왕국에서 찾았다면, 몸젠에게 최상의 역사적 모델이 된 것은 개방적이고 탄력적인 시민권 개념을 갖고 있었던 카이사르 시대의 로마였다. 몸젠이 상상한 민족은 이중의 원천에서 나온 것이었다. 하나는 과거에 그가 겪은 정치적 경험*이었고 다른 하나는 역사학적 지식이었다. 그는 당대의 정치 현실에 존재하던 근대 인종주의를 경멸한 것만큼이나 고대적 정체성들에 내재해 있는 고립주의도 혐오했다. 고대 유다지역 역사에 대한 몸젠의 지식은 주로 로마제국 사료를 통해 얻은 것이지만,『로마사』의 "유다지역 및 유대인들"(Judah and the Jews)이라는 장의 첫 번째 페이지는 그가 요스트의 저작에 대해서도 잘 알고 있었음을 보여준다. 몸젠은 유다지역 사람들이 반드시 고대 히브리인들의 영적 후예들일 거라고는 생각하지 않았으며, 로마제국 전역에 퍼져 있는 대다수 유대인들도 유다지역 거주자들의 생물학적 직계 후손은 아닐 거라고 보았다.[37]

민족 형성에 대한 몸젠의 반근본주의적 역사관은 트라이치케 대 그레츠 논쟁에서 중요한 역할을 했다. 몸젠이 보기에 유대인들은 낯선 민중 내지 인종이 아니라, 새로운 독일에 꼭 필요한 부족 내지 공동체의

---

* 몸젠은 데마크와 독일 경계지역인 슐레스비히 태생으로 데마크 출신이었으나 늘 독일인이기를 원했고, 1848~49년 봉기에 가담했다가 라이프치히대학교 교수직을 박탈당하기도 했다.

하나였다. 유대인들은 몸젠이 태어난 슐레스비히-홀슈타인 지역 사람들이나, 하노버 또는 헤센 사람들과 기본적으로 다를 게 없었다. 근대 민족은 서로 다른 근원에서 나온 여러 문화적 구성요소들이 혼합된 결과다. 몸젠은 유대인들이 그들이 거주하는 지역에 진정으로 통합되어야 한다고 보았고, 의식과 능력을 최대한 발휘해 그들의 고립주의적 특성을 상당 수준 벗어버려야 한다고 생각했다. 하지만 그들이 그렇게 해야 하는 것과 마찬가지로 독일의 다른 부족들도 자신들의 전근대적 지역 문화 가운데 일부 요소를 포기해야 한다고 보았다. 유대인들은 단지 독일의 다른 부족집단들과 다른 문을 통해서 독일 민족 안에 입장했을 뿐이고, 구별된 특성을 지니게 된 것도 바로 그 때문이라고 주장했다.

로마제국의 유대인들이 민족들을 해체시킨 한 요인이었던 것처럼, 독일에서도 부족주의를 해체시키는 한 요인임은 의심할 바 없다. 그런 부족들이 다른 곳보다 더 많이 모여 사는 독일 수도에서 유대인들이 부러움을 사는 위치에 앉아 있다는 사실을 우리는 기뻐해야 한다. 유대인들이 오랜 세월 이런 방식으로 좋은 성과를 거두었다는 점이 해가 될 건 전혀 없다고 본다. 모든 점을 고려해볼 때, 독일이라는 철을 담금질하는 데 있어 왜 일정 비율의 유대인이 필요한지는 아돌프 슈퇴커 씨보다는 신께서 훨씬 더 잘 이해하고 계신 듯하다.[38]

몸젠이 유대인들을 전-민족주의 단계의 지역주의를 해체하는 역할을 해온 사람들이라 보고, 그들이 그냥 독일인들이 아니라 새로운 독일성을 불러낼 전도유망한 일차 동인이라 여긴 것은 분명하다. 유대인들은 대체적으로 도시에 사는 부르주아였고, 교육 받은 계층에서 두각을 보였으며, 민족 언어가 된 고지 독일어*의 확산에도 큰 공헌을 했기 때문이다.

알다시피 몸젠을 비롯한 독일의 민족적 자유주의자들이 가졌던 이런 태도는 결국 실패를 맛본다. 하지만 20세기 전반기를 보면 시민적 민족주의의 이런 모델이 단지 실패만 한 것은 아니었다. 1933년 독일 나치당 대회에서 학구적인 요제프 괴벨스가 위대한 몸젠의 "해체하는 역할"이라는 문구를 반유대주의 입장의 모범이라고 추켜세웠던 것이다. 괴벨스의 눈에는 이 표현이 유대인에 대한 리하르트 바그너의 생각과 비슷해 보였던 모양이다.[39]

트라이치케와 그레츠는 몸젠의 개입에 대해 공식적인 반응을 보이지는 않았지만, 제3의 입장이 끼어들어 그토록 '자연스럽고 논리적인' 종족적 민족주의 담론을 허물어뜨리는 것을 달가워하지 않은 것이 분명하다. 그레츠의 전 저작은 19세기 초의 요스트와 19세기 후반의 몸젠이 대표하는 역사학 연구와는 반대되는 방향으로 나아갔다. 그레츠는 요스트와 몸젠의 입장을 반유대적이라 여겼다. 유대 민중-종족의 연속성과 항구성—게르만 민족의 그것과 어깨를 나란히 하는—을 두 사람이 단호하게 거부했기 때문이다. 그레츠에게 이 민중은, 성서에 쓰인 대로 가장 이른 시기에 태어나 이후 전 세계로 흩어진 사람들이었다.

---

* 북부에 비해 지대가 높은 독일 남부 및 중부에서 쓰는 독일어.

5. 동쪽에서 나타난 원-민족주의

그레츠의 러시아인 후계자

그레츠는 역사 저작물을 쓰는 것 말고도 생애 마지막 몇 년간 구약성서를 연구하는 데 많은 시간을 바쳤다. 그 사이 구약성서는 유대 민족부흥의 교본이 되었다. 그레츠는 성서 문헌 비판의 원칙을 기꺼이 받아들였고, 성서의 마지막 몇 권이 언제 쓰였는지에 대해서도 스스로 다양한 안을 제시했다. 하지만 성서의 사실성에 대한 역사가들의 도전에 대해서는 죽는 날까지 논박을 멈추지 않았다. 특히 그는 모세오경의 진실성을 옹호하는 데 전력을 기울였고, 그것의 성립 시기를 각기 다른 시대로 설정하려는 많은 시도들을 모조리 일축했다. 일례로 그는 스피노자가 제시한, 에스라가 구약 전체 또는 일부를 썼다는 가설을 바보 같은 생각으로 여겼다.[40] 그레츠가 보기에 오경은 거기에 기술된 사건들이 발생한 지 얼마 지나지 않아 쓴 것으로, 오경이 이야기하는 사건들은 전부 역사적으로 틀림없는 사실이었다. 후대 선지자들이 수백 년 전에 '기록된' 성서 이야기들을 정확하게 되풀이해 말했다는 것이 그것의 부인할 수 없는 증거였다. 그 이야기들이 후대 선지자들과 동시대에 쓰였을 수도 있다는 것을 그레츠는 생각조차 하지 못했다.

그러던 차에 1882년 저명한 성서학자 율리우스 벨하우젠이 『이스라엘사 서설』을 출간했고, 이 책은 곧바로 당대의 가장 권위 있는 성서 비판서가 되었다.[41] 벨하우젠은 성서라는 고대 저작의 부분별 작성 시기를 밝혀내려 한 이전 1백 년간의 연구를 독창적이고 복잡한 종합을 통해 요약, 발전시켰다. 탁월한 문헌학적 분석의 결과 그는 성서 이야기들 중 일부의 역사성을 의심하게 되었고, 일부 핵심 구절들은 거기 쓰인 사건들이 일어나고 오랜 시간이 지난 후에야 기록된 것이라는 결론에 이르게 되었다. 그가 보기에 유대 종교는 단계적으로 발전해왔으며, 모세오경이 가진 여러 겹의 층(layer)은 각기 다른 작성 시기를 시사해주는 것이었다.

그레츠는 이 '반유대적' 저작에 분노에 찬 공격을 가했다. (그리고 앞으로 살펴보겠지만, 유대 민족주의 역사가들 거의 대부분이 그레츠의 선례를 따른다.) 그레츠는 벨하우젠의 생각 중에서도 구약성서의 주요 부분인 P문서*가 바빌론 유수에서 돌아온 후에 작성되었다는 주장에 특히 격분했다. 그것은 곧 유대인들의 고대사 이야기가 강인하고 뛰어난 한 민족의 문화가 아니라, 바빌론에서 돌아온 한 작은 분파―그레츠의 표현에 따르면 '핏기 없는'―의 문화에 불과하다는 것을 의미했기 때문이다. 이런 생각이 유대 민족의 기원에 관한 영웅적 이야기들의 진실성에 도전할

---

* Priestly Codex. 벨하우젠은 모세오경이 각기 다른 시기에 작성된 문서들로 만들어졌다는 '문서설'을 제창했는데, 그 문서들을 J문서(신을 '야훼'로 지칭), E문서(신을 '엘로힘'으로 지칭), D문서(Deuteronomy 즉 신명기와 관련된 문서), P문서(Priest 곧 제사장 문서)로 분류했다.

여지를 주었다는 것이다. 이 최초의 유대 원-민족주의 역사가의 눈에 벨하우젠은 유대인에 대한 증오를 연구 동기로 삼은 무식자였다. ("그는 유대인에게 흔한 매부리코에 대한 혐오를 아브라함, 모세, 에스라에게 쏟고 있다"고 그레츠는 썼다.) 같은 이유에서, 저명한 프랑스 역사가이자 문헌학자이며 『이스라엘사』(*History of Israel*)의 저자이기도 한 에르네스트 르낭 역시 그레츠의 사나운 비판을 면치 못했다. 그레츠는 르낭이 반유대적인 면에서는 르낭의 독일 동료인 벨하우젠보다 더 나을 게 없는 무식쟁이라고 여겼다. 그레츠가 보기에 유대인이 아닌 학자는 유대 역사에 담겨 있는 그것만의 독특한 의미를 이해할 수가 없었다.

1891년 그레츠가 세상을 떠나자 그를 기리는 감동적인 추도문을 발표한 인물이 있었다. 벨라루스 토박이로 랍비 학교에서 교육을 받고 이후에는 독학으로 공부한 지몬 두브노프였다. 젊은 두브노프는 그레츠의 마지막 저작 『대중을 위한 유대인 역사』[42] 중 성서와 관련된 장들을 러시아어로 번역하는 작업을 맡기도 했다. 이 번역본은 출간은 되었지만 곧 러시아 검열관에게서 부적합 판정을 받고 폐기처분되었다. 동방정교회의 눈에는 그레츠가 풍기는 성서적-민족적 수정주의의 낌새가 '거룩한 역사'를 모독하는 것처럼 보였기 때문이다. 이 책 번역에 들인 노력과, 또한 이상하게 들리겠지만 젊은 시절 에르네스트 르낭의 『이스라엘사』제1권을 열정적으로 읽었던 것이 자극제가 되어서,[43] 두브노프는 생애를 바쳐 유대인들이 '광야로부터 벗어난' 시기로부터 근대에 이르기까지의 역사를 쓰게 되었다.

그레츠를 계승한 이가 베를린이나 파리 같은 권위 있는 학문 중심지 출신의 역사가가 아니라 동유럽의 이디시어 사용자라는 것은 이상한 일이 아니다. 독일제국과 달리 러시아제국에는 여느 제국 신민들과는 다른 언어를 사용하는 유대인 인구가 대거 포함되어 있었기 때문이다. 이 유대인 인구를 여러 세대 동안 한데 묶어준 종교가 약해지고 있었지만, 그래도 그들에게는 그들만의 세속 문화가 번성하고 있었다. 이러한 근대화 과정은 중유럽이나 서유럽의 유대인들 사이에서는 한 번도 일어난 적이 없었다. 그런데 차르의 왕국이 가한 제도적 차별과 러시아, 우크라이나, 폴란드 같은 주변 사회들에서 일어난 민족주의로 인해 한창 성장 중이던 이디시 공동체의 상황이 악화되었고, 더 활동적인 구성원들은 쫓기듯 서쪽으로 이주했다. 남겨진 공동체들 안에서 끓어오르기 시작하여 특히 1880년대 포그롬*의 파도 이후 격화된 민족 감정은 당대 어느 유대 공동체에서도 찾아볼 수 없는 것이었다. 아직 민족주의적이지 않거나 이미 민족주의화된 지식인들과 운동들이 한꺼번에 솟구쳤다. 자치를 지지하는 다수파와 소수의 초기 시오니스트들 모두가, 어제까지 이웃이었던 사람들이 세운 차별과 배제의 벽을 타넘는 데 힘이 될 그들만의 독립적인 표현물을 찾았다.

이런 상황에서 그레츠의 책이 인기를 얻고, 또 하나의 인상적인 기획을 간접적으로 촉발시켰다는 것은 놀라운 일이 아니다. 그 기획이란 민족 공통의 과거를 창작하는 일이었는데, 이 문학적 과제의 서자가 민속 국가 지지자가 아니라 자치론자였다는 것은 다소 의외이다. 두브노프는 그레츠처럼 역사 속 유대인의 존재에 대해 단절 없는 서사를 제시하는 데 평생을 바쳤다. 하지만 그의 전임자 그레츠가 그렇듯이 두브노프를 원-민족주의 역사가로 규정할 수 있을지는 몰라도, 아직 시오니스트로 규정하기는 어려웠다. 그는 수많은 인구가 팔레스타인으로 이주해 그들

---

* Pogrom. '집단 학살'을 뜻하는 러시아어. 19세기 말 제정러시아에서 자행된 유대인에 대한 조직적 약탈과 학살을 가리킨다.

만의 국가를 세운다는 구상이 가능한 일도, 적절한 일도 아니라고 생각했다. 그럼에도 그는 당시 유대 민중의 상황이 '비정상적인' 것이 분명하므로 이들을 위한 완전한 자치 공간을 만들어야 한다고 역설했다. 당시의 자치론자들 대부분이 자신들을 유럽 내 이질적인 인종으로 여기지 않았으며, 그들의 정체성을 당대의 활기차고 대중적인 이디시 문화에서 찾았음에도, 두브노프는 예외였다. 어렴풋한 민족주의적 감수성이 그로 하여금 당대보다는 과거에 눈을 돌리게 했고, 너무 유약하고 문제가 많아서 걱정인 이 집단적 존재에 더 확고한 정체성을 제공해줄 어떤 기억을 과거를 통해 조각하도록 만들었다.

두브노프의 이론적 전제는 프랑스의 르낭과 독일의 헤르더 및 피히테를 나름대로 종합한 것이었다. 르낭에게서는 민족을 정의하는 주관적 요소들—자기 집단의 경계를 분명히 하려는 의지와 의식—을 취했고, 헤르더와 피히테에게서는 한껏 부풀어 오른 낭만주의적 종족정신을 다량 섭취했다. 두브노프가 생각하기에 인종이란 단지 민족 형성의 첫 단추일 뿐이고, 그것이 계속해서 서서히 발전함으로써 단일한 문화적·역사적 실체가 되는 것이었다. 결국 인종, 언어, 영토 가운데 그 무엇도 역사에서 민족의 최종 형태를 결정짓지는 않는다. 그보다는 스스로를 재생산하며 세대에서 세대로 전수되는 장기적인 정신문화를 담은 실체, 그것이 바로 민족이라 부르는 집단이다.

하지만 이 '세계-민중'(world-people, 유대인들을 칭하는 두브노프의 용어)의 공동체들 모두에게 공통된 초-문화는 과연 무엇이란 말인가? 러시아계 유대인 역사가 두브노프는 이 질문에 답하기가 매우 어렵다는 것을 깨달았다. 그래서 자신의 일관된 세속주의와 신앙에 대한 날카로운 비판에도 불구하고, 이러한 '민족 문화'의 필수 조건으로 유대 종교를 꼽지 않을 수 없었다.[44] 이러한 실용주의적 경향은 나중에 시오니스트 역사학에서 민족 정체성을 규정할 때 종교적 믿음을 가장 중요한 요소로 꼽은 데서도 엿보이는데, 두브노프는 이런 선례를 처음으로 보여 준 역사가였다.

하지만 두브노프는 근대 민족을 규정하는 데 있어 종교문화를 이용하는 것이 여전히 탐탁지 않았다. 그래서 독일 낭만주의의 선례를 따라 뭐라 규정할 수 없는 광대무변한 정신성, 곧 고대의 근원에서부터 시공을 넘어 울려 퍼지는 커다란 메아리와도 같은 정신성을 찾아 나서게 되었다. 단일 민족국가를 이루기가 거의 불가능할 만큼 광대한 러시아제국의 백성이었던 두브노프는, 민족 문화를 창달하는 데 있어 근대 국가가 하는 역할을 충분히 이해할 수가 없었다. 따라서 그는 자신의 자치론을 설명하기 위해서 헤르더의 잘 알려진 포퓰리스트적 근본주의에 노골적으로 기댈 수밖에 없었다.

> 민족이 내적이고 자연적인 연합인 데 반해, 국가는 그 구성원들의 요구를 수호하는 것이 목적인 외적인 사회적 동맹이라는 것을 잊어서는 안 된다. 후자는 그 본질상 변화에 익숙한 반면, 전자는 고정되고 변하지 않는다. 역사적 재난 때문에 정치적 자유를 잃어버린 민족이라고 해서 그 민족적 자아까지 잃을 수는 없다.[45]

그레츠와 마찬가지로 두브노프에게도, 민족국가가 안정적이고 세속적인 유대 정체성을 실현하는 데 있어 결정적이고도 즉각적인 목표인 것은 아니었다. 그들이 애타게 찾은 정체성은 구체적인 정치 현실 너머에 존재하는 것이었으며, 당분간은 키우고 보존해야 할 것이었다. 근대의 다양한 유대 문화들로 이뤄진 모자이크를 다 고려하다가는 길을 잘못 들기 쉬웠고, 그로부터는 유대인을 '통일된 정신적 민족'으로 정의하기 위한 답을 찾을 수도 없었다. 따라서 민족의 불변하는 본질을 지키는 가장 좋은 방법은 그 본질을 알고 분간하는 의식을 키우는 것, 역사 연구를 진척시키고 공통의 기원에 대한 지식을 늘리는 데서 얻을 수 있는 그런 의식을 함양하는 것이었다. 두브노프가 볼 때, 정치적 주권을 아직 확보하지 못한 상태에서는 역사가가 랍비를 대신해 과거에서 상속받은 정체성과 기억의 대리인이 되는 게 당연했다.

하지만 학자로서의 두브노프는 그레츠만큼 호전적이지 않았다. 비록 낭만주의적 경향이 농후하긴 했지만 그 자신을 진정한 과학인으로 보았기 때문이다. 19세기 말과 20세기 문턱에서 실증 과학은 유럽 지식인들 사이에서 꾸준히 대세를 장악하고 있었고, 그레츠에서 두브노프로 넘어가던 이 전환기는 역사를 한 편의 이어진 줄거리로 서술하는 방식이 적어도 표면적으로는 포기되고 전문 역사학이 시작된 시기이기도 했다. 그레츠의 경우에는 랑케 이래 발전해 온 유럽의 꼼꼼한 과거사 연구 전통과 별다른 연결점이 보이지 않지만, 두브노프의 저작에는 그 전통의 흔적이 더 명징하게 각인되어 있다. 그레츠는 유대인들의 역사를 당대의 환경에서 완벽하게 고립시켜 이해한 반면, 두브노프는 그들이 살아온 사회와 연결시키고자 했다. 두브노프의 저작은 19세기를 통해 역사학의 다양한 분야에서 발전해온 방법론적 도구들을 효과적으로 이용했다. 참고문헌 활용, 뒷받침 증거 제시, 상호 참조 등의 도구들을 역사 서술의 표준 요소로 삼았다.

과학의 옷을 입은 고대사

두브노프의 『유대 민중의 세계사』는 다루는 범위가 매우 넓은 책으로, 그가 이 책을 쓰기 시작한 것은 20세기 초부터다. 그는 고대 히브리인들에서 책을 시작하지 않고, 최신의 고고학적 발견을 바탕으로 근동지방을 넓게 조망하는 것에서부터 시작한다.[46] 텔 엘-아마르나* 발굴 결과들, 엘레판티네 파피루스,** 함무라비 법전, 메사 비문*** 등을 인용하여 그의 저작이 과학적인 저작임을, 또는 저자 자신의 표현에 따르면 '사회학적' 저작임을 보여주려 한다. 두브노프는 '사회학적'이라는 단어를 사용함으로써 유대 역사에 대한 연구가 그들의 종교에 기초한 것이 아니라 '살아있는 민족적 몸체'로서의 그들 존재에 기초한 것임을 암시하고자 했다.[47] 현존의 살아있는 몸체가 유대 자치 공동체들의 총합이다. 유대인들이 하나의 민족을 이룰 수 있는 것은 공통의 기원을 갖고 있기 때문이지, 요스트와 그 동료들의 생각처럼 종교 공동체로 흩어진 채 존재해왔기 때문이 아니라는 얘기였다. 두브노프는 "유대인들의 민족 원형은 최초의 정치적 위축이 찾아왔을 당시에 이미 완결된 형태에 도달해 있었다"고 주장했고, 이 주장은 그의 지작 전체를 이끌어가는 근간이 되었다.[48]

'민족적 몸체'(national body)라는 표현은 두브노프 저작의 시작 부분부터 등장한다. 세속적 합리주의자였던 그는 「창세기」 전체를 역사적 증

---

* Tel el-Amarna. 이집트 카이로 남쪽 나일강변에 위치한 기원전 14세기경의 유적지. 모세와 관련이 있는 유적지로 생각되었다.
** 나일강의 엘레판티네(Elephantine) 섬에서 발견된 파피루스. 기원전 5세기경의 것으로, 유대인들이 야훼 신전을 건립한 일 등이 언급되어 있다.
*** Mesha stela 모압 왕 메사를 기리는 기념비. 그들을 압박한 이스라엘 오므리 왕이 언급되어 있다.

거로는 도저히 받아들일 수 없었으며, 그 책에 기술된 사건들이 발생하고 오랜 시간이 지난 후에야 그것이 쓰였음을 인식하고 있었다. 그래서 그는 어느 정도 현실에 부합하는 것으로 보이는 이야기들만 선별하고, 나머지는 과거를 상징적으로 보여주는 은유들로 취급하자고 제안한다. 예를 들면, 히브리인 아브라함에 대한 이야기는 역사적으로 히브리인들이 유목생활을 하던 셈족으로부터 떨어져 나온 것을 상징하며, 이삭과 야곱은 '이스라엘 민중'이 다른 히브리 사람들로부터 갈라져 나왔음을 나타낸다는 것이다. 성서 속 인물들은 집단을 나타내는 표상이며, 서술된 사건들도 곧이곧대로 사실이라기보다는 실제 있었던 대규모 과정들을 반영한다는 얘기였다.

두브노프의 역사 서술 전략은 그의 뒤를 이은 모든 시오니스트 역사가들에게 수용된다. 그 전략인즉 성서는 사실상 상상의 이야기들로 가득 차 있지만 그 역사적 핵심은 신뢰할 수 있다는 것이었다. 어째서 그러한가? 그것이 설화의 성격을 가지게 된 것은 후대의 민간전승과 문학적 수정 때문인데, 이것들 역시 오래 보존되어 온 살아있는 민중의 기억을 각색한 것이고, 장구하고 자연스런 역사적 추이를 증명해준다는 이유에서였다. 두브노프는 민중의 기억을 간직한 이 표현물들이야말로 그 민족의 실제 경험을 증명하는, 반박할 수 없는 진짜 증거라고 생각했다. 그렇다면 구약성서가 실제로 기록된 것은 언제일까? 두브노프의 견해에 따르면 "구약성서의 초창기 사건들은 다윗과 솔로몬 시대에 쓰였고, 그것들에 대한 문학적 각색은 남북 분열왕국 시대 말기인 기원전 8세기경에 이루어졌을 가능성이 가장 크다."[49] 성서 텍스트에서 발견되는 모순점들은, 유다왕국 사람들이 텍스트 일부를 작성하고 나머지를 '에브라임 사람들'*이 작성한 사실에서 기인한다. 두브노프는 율리우스 벨하우젠과 다른 성서비평가들이 세부적인 문헌학적·과학적인 분석에서는 옳았고, 그들 말대로 성서 중 일부 책들은 더 후기에 쓰인 게 확실하다고 논했지만, 그러면서도 이 학자들이 너무 극단화된 나머지 불필요한 세부사항, 특히 그들의 결론에 지나치게 집착했다고 주장했다. 구체적으로 말하면, "군주시대보다 앞선 시기의 고대 이스라엘 문화를 논하는 것을 금한" 그들의 기본 전제를 받아들이지 말아야 한다는 것이었다.

> (벨하우젠 등은) 군주시대보다 앞선 시기의 고대 이스라엘 문화를 논하는 것을 금한다. … 하지만 유대교에서 일반적으로 볼 수 있는 오리엔탈 요소들의 근원은 함무라비 시대와 그 뒤를 이어 가나안을 다스린 왕들의 시대인 고대 바빌로니아에 있는 것이지, 네부카드네자르와 그를 이어 역시 유다지역을 차지했던 페르시아 왕들의 신바빌로니아에 있는 것이 아니다. 벨하우젠 학파와 '에스라 기자설'의 극단적인 지지자들처럼 기원전 1,000~2,000년 사이 이스라엘 부족들이 공유했던 문화적 환경의 영향을 무시할 수는 없다.[50]

그레츠를 비롯한 근대의 모든 전 민족주의 역사가 및 민족주의 역사가들과 마찬가지로 두브노프도 '민중'의 탄생을 가능한 한 더 이른 시기로 밀어올리고 싶어 했고, 그리하여 '이스라엘의 역사'가 기원전 20세기에 시작되었다고 주장했다![51] 고대 바빌로니아의 신화 및 법령과 구약성서의 주요 요소들 사이의 유사성이야말로 '이스라엘의 자식들'이 그처럼 이른 연대에 등장했음을 말해주는 증거라는 것이다. 따라서 출애

---

* 솔로몬 이후 이스라엘은 남왕국 유다와 북왕국 이스라엘로 갈라졌다고 하는데, 후자의 중심세력이 에브라임(Ephraim) 지파였다.

굽도 기원전 15세기 또는 14세기에 일어난 것이 틀림없다. 왜냐하면 파라오 메르넵타(Merneptah)의 명으로 만든 전승비에 언급되어 있는 "이스라엘을 패망시킴"이라는 구절이 바로 기원전 13세기 말에 이스라엘이 이미 가나안에 있었음을 말해주는 증거이기 때문이다.

사실 두브노프에게도 위 마지막 결론은 문제였는데, 다른 방향에서 이 문제를 보면 그의 역사학 연구실이 밟아나간 생산 공정이 잘 드러난다. 출애굽과 그것에 이어진 가나안 정복이 있었다는 시기에 파라오가 이 지역 전체를 지배하고 있었다는 것은 두브노프도 잘 아는 사실이었다. 그런데 어떻게 노예 생활을 하던 이스라엘의 자식들이 이집트 왕국에 맞서 일어날 수 있었고, 힘으로 그 왕국을 등지고 떠날 수 있었으며, 이집트 지배하에 있던 가나안을 아무런 방해 없이 차지할 수 있었을까? 게다가 메르넵타 석비에는 당시 이스라엘이 이집트에 패한 후 "더 이상 씨가 남지 않았다"—비록 성서에는 이 패배에 대한 언급이 없지만—고 명확하게 적혀 있었다. 두브노프는 이 난제를 다음과 같이 해결한다.

> 그러므로 우리는 이렇게 가정할 수밖에 없다. 파라오의 승리를 찬양하는 이 비문이 정확치 않거나, 파라오가 반란 민중의 저항에 부딪힌 곳이 아프리카임에 틀림없다고. 그게 아니라면 이스라엘에 대한 승리는 출애굽 이후 광야에 있을 때 벌어진 일일 텐데, '이스라엘의 씨'의 자취가 더 이상 남지 않았다는 말은 그 일을 가리키는 것으로 이해해야 한다. 어느 경우든 이스라엘의 자식들이 가나안에 정착한 직후에 이집트 왕의 공격을 받았다는 것은 가능하지 않다.[52]

그토록 머나먼 시간을 구약성서 속 이야기에 맞추기 위해서는 새로운 고고학적 발견의 뒷받침이 필요했다. 그리고 초창기 유대 민중 이야기에 대한 과학적 근거를 대기 위해서는 그러한 고고학적 발견들을 어떻게 해석할지 알기만 하면 되었다. 이 지점에서 두브노프는 이후 유대 민족주의에서 계속 이어질 하나의 전통을 창시했다. 그 전통이란 성서 이야기들을 뒷받침하기 위해, 그리고 그와 더불어 '이스라엘 땅'에 대한 '이스라엘 민중'의 소유권을 주장하기 위해, 유적 발굴 도구들을 적극 활용하는 전통이다. 당시의 고고학은 역사학과 마찬가지로 아직 시오니즘에 물들어 있지는 않았지만, 그래도 이미 그리스도교 쪽 발굴가들이 구약성서와의 모순을 피하려고 애쓰고 있었다. 그 모순이 자칫 신약성서의 권위를 해칠 수도 있었기 때문이다. 그럼에도 불구하고 혹시 모순점이 발견된다면 전-민족주의 또는 민족주의 역사가는 어떤 태도를 취했을까? 민족 서사를 만드는 과정에 몸담고 있는 한, 그 역사가는 언제나 고고학적 결과보다는 성서 텍스트가 말하는 '진실'을 먼저 택할 것이다.

두브노프의 저작은 작가가 입힌 과학이라는 옷을 제외하면 전적으로 구약성서에 대한 믿음을 고수했으며, 그러면서도 그레츠의 저작과 마찬가지로 초자연적인 묘사와 신의 직접적인 개입은 그냥 간단히 배제했다. 가나안 정복, 12지파의 가나안 분할, 사사시대, 통일왕국시대 등이 세세한 연대를 부여받고 근대 역사학 및 사회학으로 변모했다. 이 유대인 역사가는 "위대한" 다윗 왕국과 "강대한" 솔로몬 왕국에 별도의 장들을 할애했다. 왜냐하면 "글쓰기와 문학이 위대한 두 군주 다윗과 솔로몬의 치하에서 특별히 발전"했기 때문이었다. "두 군주에게는 정부 행정에 관해 기록할 것들을 모두 기록하고 그들 시대에 일어난 모든 사건들을 빠짐없이 기록한 필경사들과 서기들이 있었다."[53] 다윗의 아들로 왕위를 계승한 솔로몬에 대해서는, "이집트 및 바빌로니아 왕들이 행한 것과 같은 일을 행하고, 장엄한 건물들을 지어 자신의 이름을 석조 건물에 영원히 새긴 솔로몬이라는 인물"[54]을 고대세계 전체가 알고 있었다는 데에 한 치의 의심도 품지 않았다. 그 휘황찬란한 건축물들을 직접 보지는 못했지만, 두브노프는 그것들이 곧 발견되리라는 확신을 가졌던 것 같다. 그러나 저작의 이 부분에 이르자 그는 솔로몬 사후 이 고대의 통일왕국에 닥칠 분열이라는 민족적 난국에 더 큰 염려를 보인다.

두브노프는 분열 이후의 북왕국 이스라엘을 '에브라임'이라 부르기를 선호했다. 성서 기자들이 '이스라엘'이라는 이름을 이집트에서 나온 민중 전체에게 썼기 때문에 혼동을 피하기 위해서였다. 그는 분리주의적인 북왕국을 악마화했던 고대 성서 기자들의 입장을 전적으로 받아들였고, 유다지역에 성전이 이미 있었음에도 북왕국이 추가로 성전을 지은 데 대해서는 분노를 표하기까지 했다. 하지만 두브노프는 그런 지속적인 신성모독에도 불구하고 '사실상의 유대인들'이 세운 이 에브라임 왕국을 에돔, 암몬, 모압 같은 다른 가나안 세력들보다는 더 선호했다 (비록 그가 모압 왕 메사의 비문 거의 전체를 인용했지만 말이다).[55] 에브라임의 슬픈 운명—그들을 멸망시킨 아시리아 통치자들은 그 땅에 외국인 강제추방자들을 정착시킨다—을 요약하면서 두브노프는 이렇게 쓰고 있다.

자기들 땅에 남은 이스라엘인들은 그곳에 유배돼 온 새로운 정착민들과 섞였고, 그리하여 순수한 민족 형태를 잃었다. 그럼에도 불구하고 이스라엘인 다수는 그들의 종교와 민족다움을 유지했고, 남왕국 유다로 이주하여 같은 위기를 피한 민족 핵심부에 합류했으니… 이 대파멸 이후 군사력이 유다왕국에 집중되기 시작했는데, 이를 발판으로 동쪽의 정치적 격변 속에서도 150년 가까이 유다왕국이, 그리고 이후에는 유대 민족이, 생존을 지속해 나갈 수 있었다.[56]

이후 찾아온 유다왕국의 몰락은 더 생생하고 비극적인 색채로 그려지는데, 결국 이 러시아 유대인 역사가의 낙관론을 회복시켜 줄 것은 '시온으로의 귀환'—유배된 이들 중 다수가 바빌로니아를 떠나 고향으로 돌아가기를 거부했음에도—밖에 없었다. 나중에 있었던 기원전 516년의 새로운 성전 건설이 민족을 다시 강성하게 해주었지만, 여전히 이들은 뼈아픈 영적 타락과 싸워야 했다. 패망 이후 유다왕국 땅에 남은 이들이 이웃들과 섞였고, 그래서 잡혼이 점점 많아졌기 때문이다. 20세기 초의 이 유대인 학자는 인종주의자가 아니었지만 민족의 지속적 생존을 염려한 나머지 성서에 나오는 이교도 여성과의 전면적인 금혼 조치뿐 아니라 이교도 배우자의 추방까지도 다음과 같이 정당화했다.

> 미천한 이들에게서나 훌륭한 이들에게서나 관행적으로 벌어진 이 잡혼은 인종과 종교의 순수성을 위태롭게 했다. 유다 민중의 민족 문화는 아직은 외래 요소들을 흔적 없이 흡수할 수 있을 만큼 강하지 못했다. 거주할 터전을 구축하던 이 시기에는 다른 민족들 속으로 사라져 버리지 않도록 민족적으로 고립되는 게 필요했다. 유대교가 동쪽의 저 수많은 종교 의식들, 보편적 가치 하나 남기지 못한 채 결국 역사의 폭우에 씻겨나간 그런 종교 의식들과 같은 운명에 빠지지 않기 위해서는 말이다.[57]

여기서 중요한 것은, 에스라와 느헤미야가 통혼을 금지한 것이 종교적 이유에서였다면, 두브노프가 그것을 정당화한 것은 세속적이고 근대적인 관심사 때문이었다는 사실이다. 과거 트라이치케와 그레츠가 품었던 '푈키쉬'한 염려가 동유럽에서 일어난 이 초기 유대 역사학에도 꽤 깊이 스며있었던 것이다. 두브노프의 역사 담론에 깔려 있는 뚜렷한 종족중심적 정체성은 폴란드, 우크라이나, 라트비아 등 동시대 다른 동유럽인들이 추구하던 민족 정체성들과 닮아 있었지만, 그것보다 유리한 결정적 이점을 하나 가지고 있었다. '살아있는 민족적 몸체'를 정의하는 기준을 찾기 위해 기원전 6세기로 돌아갈 수 있다는 이점이었다. 그레츠가 최초로 시도한 역사학적 기획이 그랬듯이, 두브노프의 종족중심적 정체성 역시 반유대주의와 유대인 거부에 직면했을 때 '신뢰할 만한' 성서적 근거에 기댈 수 있는 장점이 있었다. 이 근거는 반유대주의에 맞서는 논리를 제공해주었고, 그보다 한 걸음 더 나아간 시도—곧 근대적이고 세속적인 면에서의 유대인의 민족적 자기 고립을 설명하고 정당화하는 근거가 되어 주었다.

6. 서쪽에서 나타난 종족주의

뉴욕의 유대인 역사가

역사라는 학문에 직업화와 전문화가 일어나기 직전에 유대인들의 전 역사를 보여주려는 시도는 두브노프 말고도 마지막으로 두 차례 더 있었다. 하나는 제예프 야베츠의 『이스라엘 역사서』로, 이 책은 역사학적 가치가 비교적 떨어진다.[58] 더 중요한 책은 살로 위트마이어 배런의 『유대인의 사회사 및 종교사』이다.[59] 야베츠가 성서 속 이야기들에 그토록 꽂혔던 것은 놀랄 일이 아니다. 당시 새로운 유형의 시오니스트 랍비들은 구약성서를 성스러운 책에서 민족의 책으로 바꿔놓았음에도 그것을 세속적 혹은 개혁적 시각으로 독해하는 것을 맹비난했는데, 야베츠도 그런 사람의 하나였다. 그보다 우리의 눈길을 끄는 것은 미국 최고의 유대사 전문가인 배런의 관점이다. 그는 1937년 『유대인들의 사회사 및 종교사』 첫 판본을 펴냈다가, 이후 재작업을 한 뒤 1952년에 재출간하기 시작했다. 그러나 생전에 이 작업을 끝내지는 못했다.

배런은 근대적 주권에 대한 유대인 일각의 요구를 모르지는 않았지만, 그렇다고 해서 공공연한 시오니스트는 아니었다는 점에서 그레츠나 두브노프 같은 유명 선배들과 비슷했다. 다만 그레츠가 통일된 독일이라는 유리한 지점에서 역사를 보았고, 두브노프가 무너져 내리고 있던 차르 제국에서 역사를 바라보았다면, 배런은 동유럽 유대인들의 가장 큰 피난처였고 1926년 그 자신이 이주해온 곳이기도 한 뉴욕에서 유대인들을 관찰했다. 이러한 관점 덕분에 그는 이른바 '예루살렘 학파'나 이스라엘 국가 건립 후 이 학파의 계승자들 사이에 유행한 담론보다 덜 직선적이고 더 자유로운 담론을 발전시킬 수 있었다.[60] 확실히 배런은 시오니스트 역사학의 핵심에 자리하고 있던 '디아스포라 극복 증후군'(rejection of the diaspora syndrome)으로부터 자유로울 수 있었다. 배런의 작업을 인도한 방향타가 다를 수 있었던 것은 이 때문이다.

전 세계 유대 공동체들의 삶에 대한 배런의 묘사는 다채롭고 독창적이며 때로는 비범하다. 유대인이 처한 상황을 묘사하는 글들에서 흔히 보이는, 그의 표현에 따르면 '징징대는' 톤을 그는 싫어했다. 하지만 그런 배런도 '유대 민중'의 탄생과 관련된 것이라면 그 어떤 부분에서도 그레츠와 두브노프가 성서에 맞춰 설계한 원-민족주의 노선을 비껴갈 수 없었다. 그래서 배린은 그의 방대한 저작의 첫머리에서 다음과 같이 자신 있게 발언한다.

지금 구약성서 비평가들은 초기 시대 것까지 포함해서 성서의 기록들을 그 어느 때보다 신뢰할 만한 문서로 취급한다. 몇 십 년 전의 극단적이고 거의 반성서적인 고등 비평에 대한 반박과 고대 근동에 대한 지식의 증가 덕분에, 지금 세대는 성서 앞머리 이야기들에 깔려있는 기본적 사실

들의 역사성을 받아들일 수 있게 되었다.[61]

따라서 금후로는 벨하우젠과 그 계승자들의 문헌학적 연구를 무시해도—배런의 말마따나 미국 학자들이 이미 그러기 시작했다니까—별 문제는 없게 되었고, 그 대신 새로운 고고학적 성과에 기대면 될 터였다. 두브노프 이후 역사학이라는 게임의 이름이 '과학'으로 바뀌었기 때문이다.

> 비록 신화적 요소들로 덮여 있긴 하지만, 성서 전승은 이스라엘 족장들이 칼데아(갈대아) 지방, 특히 우르와 하란이라는 도시에서 유래했다는 것을 뚜렷한 기억으로 간직해왔다. 지난 20년간 영국인들의 발굴로 알게 되었듯이 우르는 고대 수메르-아카드 문명의 중심지였다. 아브라함의 아버지 '데라'와 동생 '나홀'이 우가리트어로 쓰인 시 두 편에 언급되어 있다. 그들 이름이 발음이 비슷한 시리아와 팔레스타인 지역 침입자들과 무슨 관계가 있는지는 몰라도, 그들이 메소포타미아 지역 출신이라는 것은 믿을 만한 추정이다…. 성서비평가들은 후대 팔레스타인 시인이나 역사가가 우연히 그와 비슷한 이름을 지어냈다는 가설을 오랫동안 받아들였다. 그러나 그런 가설은 훨씬 더 꼼꼼한 설명이 있지 않는 한, 요즘 널리 받아들여지고 있는 가설, 즉 성서 이야기에 들어있는 진짜 역사적 전승의 단단한 알맹이들로 만든 가설을 뛰어넘을 수 없을 것이다.[62]

이 말대로라면, 이제부터는 유대인들의 역사를 이야기할 때 구약성서가 말한 내용 거의 그대로, 즉 기사와 기적(아마도 화산 분출 등과 비슷한 자연현상이었을 텐데)과 심각한 설교 내용을 빼고는 쓰인 그대로 말해도 무방할 것이다. 이제 역사는, 비록 그것이 신성한 형이상학의 옷을 벗고 좀 더 세속적인 옷을 걸쳤다고는 하나, 어떤 특정한 원-민족주의 담론에 전적으로 속하는 이야기로 다뤄지게 되었다. 그리고 유대 역사는 머나먼 고대에 탄생한 유목민들, 역사를 통해 신비롭고도 경이롭게 그 존재를 지탱해온 사람들의 이야기가 되었다. 이렇게 하여 그레츠와 두브노프의 위대한 기획은 다소간의 조정을 거쳐 학계의 영예로운 승인을 얻게 되었고, 성서적 진실은 의심할 수 없는 담론이자 20세기 역사 연구의 필수적인 요소가 되었다.

배런은 더 나중 시기의 유대인 역사를 다룰 때도 마찬가지로 성서적 세계관에 의지했다. 그는 후대의 유대인 역사를 다양한 종교문화 및 대중문화 안에서 공생 혹은 충돌하며 존속해온 종교 공동체의 이야기가 아니라, 이동이 잦았던 한 특출한 민중의 이야기로 다루었다. 하지만 미국의 이 유대인 학자는 유대인의 과거를 민족주의적인 방식으로 기술할 때 발생하는 인지부조화를 잘 인식하고 있었고, 그래서 다음과 같이 인정했다.

개인과 민족의 '특이한' 운명이 그런 운명의 내적 기질을 타고난 개인과 민족에게만 실현된다고 주장하는 것은, 형이상학의 영역에 들어갈 만큼 위태로운 주장이 될 것이다. 하지만 동일한 상황에서 다른 여러 민중들은 소멸했거나 역사에서 사라졌는데도 유대인들이 살아남을 수 있었던 것은, 무엇보다 그들이 자신들의 초기 역사를 바탕으로 그들에게 닥쳐올 운명에 대비했기 때문이다.[63]

동유럽에서 뉴욕으로 떠나온 이민자 배런에게 '땅'은 이 독특한 이산 민족의 출발점으로는 그다지 큰 의미가 없었다. 이러한 이념적 면모는 그의 저작 제1권 전체에 걸쳐 잘 드러난다. 그가 볼 때 유대교는 자연 상태에서 생겨난 게 아니라 자연에 대한 역사의 저항을 보여주는 것이다. 따라서 거주지마다 서로 다른 문화적 요소를 가진 이 영원한 민중의 정체성을 결정짓는 특질은, 무엇보다 그들의 '종족적' 기원 및 과거에 대한 애정에 있었다. "어디에서 살았고 또 어떤 상황에서 살았든, 아브라함과 이삭과 야곱으로부터 내려온 공통된 혈통은 여러 민족들 안에서 이스라엘의 존귀한 위치를 지켜주는 중심 요소였다."[64]

영토, 주권보다 '종족'이 중요

배런에 따르면 종족성(ethnicity)은 민족성(nationality)의 일종으로, 유대 민중의 역사에서 짧은 기간밖에 지속되지 못했던 주권 기반의 민족성에 비해 결코 열등하지 않은 것이다. 오히려 많은 주요 자질에서는 그보다 더 우월하기까지 하며, 역사를 통해 유지된 유대인들의 강인한 생명력의 비밀도 바로 그 자질 안에 숨이 있다는 것이다. 그리고 그 독특하고 통합적인 '종족적' 민족성이 탄생한 시기는 바로 히브리인들이 이집트에서 탈출한 때라고 배런은 주장했다.

문화가 발전하지 못한 유목 사회에서는 유대교 같은 일신론이 탄생하기 어렵다고 본 벨하우젠과 그 동료들에 대한 대답으로, 이 뉴욕 학자는 고대 히브리인들이 이집트에서 노예생활을 할 당시에 이미 복잡한 문화를 가지고 있었다고 주장했다. 아브라함 당시의 자손들이 오늘날의 베두인족과 닮았다고 상상하는 것은 낭만적 허상이라고 그는 반박했다.

고대 히브리인들은 파라오 아크나톤*의 일신교적 성격을 띤 종교개혁에 대한 기억을 생생하게 간직하고 있었음이 분명하다. 모세 역시 유일신의 개념을 처음 제시했던 아크나톤의 철학을 잘 숙지하고 있었을 것이다. 물론 모세의 업적은 이런 일신교 선배들의 업적보다 훨씬 더 정교하고 독창적이었다. 그 중에서도 십계명은 매우 독특한 문서로 이를 통해 우리는 당시 히브리인들의 상황이 어떠했는지 이해할 수 있다. 십계명에서 특히 중요한 것은 그 속에 신전이 한 마디도 언급되어 있지 않다는 사실이다. 이는 십계명이 광야에서 작성되었으며, 이 유목 민중에게 맞도록 고안되었다는 것을 의심할 바 없이 증명해주는 것이기도 하다.[65] 종교를 창시하면서 '땅'이나 '주권'을 그 본질적 조건으로 삼지 않은 것, 모세의 지혜는 바로 거기에 있다고 배런은 생각했다. 그래서 그는 가나안 정복과 통일왕국 성립 시기에 대해서는 비교적 적은 분량만 할애했다.

그렇다면 히브리인들은 어떻게 이집트를 떠날 수 있었고, 나아가 이집트 세력권에 포함된 지역을 정복할 수 있었을까? 그 사건은 이집트의 지배력이 약해졌을 때 일어났음이 틀림없다. 또 사울과 다윗의 강력한 왕국이 일어나 부족들을 통일할 수 있었던 이유는 어디에 있을까? 외부 적들의 위협이 있었기 때문이다. 그러면 그 위대한 왕국은 왜 분열되었을까? 기기에는 지파간의 대립과 정치적 갈등도 있었지만, 또한 이집트의 개입이 있었기 때문이다. 유대인들의 사회사 및 종교사에 몰두했던 배런은 왕국의 정치에는 관심을 훨씬 덜 기울였다. 덕분에 독자들은 다채로운 사회학적 분석을 제공받을 수 있었지만, 불행하게도 그 분석들에는 신뢰할 만한 근거가 결여되어 있었다.

* Akhnaton. 이집트 제18왕조의 제10대 왕(BC 1379~1362년 재위). 기존의 다신교 사제들이 권부와 권력을 빼앗기 위해 태양신 아톤을 유일신으로 섬기는 종교개혁을 단행했다.

배런이 고대의 성서 기자들을 선호한 것은 그의 뿌리 깊은 반정치적 기질 때문이기도 하다. 그는 벨하우젠 학파에 대해서는 의구심을 가졌지만, 그래도 두브노프의 선례를 따라서 성서 기자 한 명이 신의 이름을 'YHWH'*로 표기하고 다른 기자가 'Elohim'**이라 칭한 것을 너그러이 받아들였다. 배런은 '야훼' 사용자는 유다왕국 출신이고 '엘로힘' 사용자는 이스라엘왕국 출신이라는 의견을 밝혔다. 하지만 어느 쪽도 왕국의 분열에 대해 그리 실망하지 않고 "이스라엘과 유다를 분리될 수 없는 하나의 통일체"로 보았다며 감탄을 표했다. 이후 유대인들의 역사에서 계속된 의미 깊은 융합을 보여주었다는 것이다. 둘로 나뉜 주권을 거부하고 통일된 민중만을 거론한 성서 기자들의 태도에 이미 다른 고대 왕국들과의 차이점과 미래 모습이 엿보인다는 얘기다. 이 존경받는 역사가는 그런 신학적·문학적 융합의 이미지가 후대 편집자들로 인한 것일 수도 있다는 가능성을 전혀 고려하지 않은 게 분명하다.

배런은 성전파괴와 바빌론 유수를 중립적이고 심지어 찬성하기까지 하는 듯한 태도로 기술한다. "팔레스타인 땅에 거주하거나 유대인 정부 치하에 사는 것이 유대인으로 인정받는 데 꼭 필요한 조건은 아니다. 뿔뿔이 흩어져 사는 중에도, 고향땅에서 멀리 떠나 이빙인 왕의 통치를 받던 때도, 유대인들은 종족적으로 여전히 유대인이었다."[66] 배런은 바빌론에 포로로 잡혀간 사람들의 비율을 다른 학자들이 추정한 것보다 더 높게 잡았으며, 그 대다수는 유배지에서도 잘 살았다고 가정했다. 동화된 흔적도 일부 있지만, 다행스럽게도 소중한 종족성이 이들의 민족 정

---

* '야훼'(Yahweh)의 히브리식 표기. 히브리어는 원래 모음 철자가 없다.
** '엘로힘'은 주로 신의 전능성을 가리키는 말로 '알라'와 같이 신의 일반적 호칭이고, '야훼'는 창조주 내지 '스스로 있는 자'에 대한 호칭으로 흔히 구분한다.

체성을 계속 지켜주었다는 것이다. 고대 페르시아에 유배되어 있는 동안 보편주의가 유대교 안에 침투하기도 했지만, 곧 엄격한 고립주의에 의해 균형이 잡혔다. 시온으로 돌아온 뒤에 에스라와 느헤미야가 종족 분리 조치를 취함으로써 이 민중에 크게 이바지하고, 사실상 그들을 구원했다는 것이다. 그것은 간접적으로는 전 인류를 이롭게 하는 데 크게 기여한 셈이었다.[67]

배런은 그의 책 전체를 통해 종족중심주의와 인류 보편성 사이에서 균형을 유지하고자 했다. 여기에서 종족중심주의란 유대교 핵심에 놓여 있는 독특한 정신성과 공통된 기원 의식을 말한다. 그리고 배런은 유대 민중이 유배생활 중에 인류 보편성을 받아들여 삶의 핵심으로 삼았다고 믿었다. 그에게 종족성이란 단순히 종교적인 문화도 아니요, 그렇다고 순전히 세속적인 문화도 아니었다는 점을 잊어서는 안 된다. 확실히 배런은 유대 종족성이란 것이 믿음의 체계와 종교적 교리 너머에 오롯이 있는 일종의 '생활방식'이라는 입장을 고수했다.[68] 이처럼 배런은 종족성이라는 용어에 늘 모호한 의미를 부여했기에 동료 역사가나 유대인이 아닌 영어권 독자들로부터 그다지 큰 비판을 받지 않았다. 이런 식으로 배런은 유대인들을 관용적이고 가치 있는 '에트노스'로 규정하기 위한 이념적 발판을 마련했다. 즉 유대인들을 위대한 미국 민족에 속한 다른 인종집단들과 어깨를 나란히 하고 살아가는, 그러나 그 집단들과 지나치게 섞인 적은 없는 종족으로 정의한 것이다. 두브노프와 마찬가지로 배런도 역사 연구가 유대 정체성을 지키는 성스러운 임무의 하나가 될 수 있다고 생각했다. 심지어는 그때까지 이 중요한 기능을 성공적으로 수행해온 종교 연구의 자리를 대체할 수도 있다고 보았다.

하지만 문제는 배런의 저작 전체에 정치적 주권에 대한 열망이나 옛 고향땅으로 귀환하는 꿈이 결여되어 있었다는 점이다. 그리고 이처럼 민족주의적 목적론이 뚜렷이 보이지 않는 점은 또 한 사람의 중요한 역사가를 크게 실망시킨 이유가 되었다. 이 역사가는 이 문제에 정면으로 반응했다.

7. 시온에서 시작된 역사학

역사의 목적은 뿌리로 돌아가는 것

배런의 책이 처음 출간되던 무렵, 이츠하크 베어는 1935년 말 예루살렘에서 창간된 정기간행물 『시온』에 그 책의 서평을 써달라는 요청을 받았다. 베어는 1929년 독일에서 팔레스타인으로 건너온 인물이었다. 배런이 미국 최초의 유대사 권위자였다면, 개교한 지 얼마 안 된 예루살렘의 히브리대학교에 몸담고 있던 베어도 비슷한 위치였다.[69] 새로운 '팔레스타인' 학자가 뉴욕의 저명하고 영향력 있는 동료 학자를 언급하면서 절제되고 존경심 어린 어조를 취한 것은 아마 그런 이유 때문이었을 것이다. 하지만 이 같은 어조도 그의 비판에 들어있는 핵심 골자를 감추지는 못했다. 베어는 이렇게 썼다. "이 유대인 역사가는 후대의 여러 변화하는 조건들 속에서도 계속해서 운명적으로 작동할 내적인 힘을 성서시대 안에서 밝혀냈어야만 했다. 배런은 유대 역사의 앞머리에서 고정된 패턴을 찾아낸 다음 동일한 패턴으로 계속 유배의 역사를 더

듬어 현재에 이른다. 그렇게 함으로써 그는 역사에 대한 유기적인 이해를 봉쇄해버렸다."[70]

베어의 말인즉, 배런은 '유배'라는 렌즈를 통해 성서 역사를 읽었는데 오히려 그 반대로 읽었어야 했다는 것이다. 유대인들의 역사를 이해하는 열쇠는 베어 자신이 독일인 선생들의 가르침을 따라 '유기적'이라 칭한 개념에서 찾아야 한다는 얘기였다. 이 개념은 생물학적 의미에서 동근원적(homogeneous) 접근법을 말하는 것으로, 역사를 통해 전개된 민중들의 실타래를 찾아내기 위해서는 무엇보다 그 민중들의 기원을 결정해야 한다는 뜻을 내포하고 있었다. 다시 말해서 유대인들의 역사에는 시초부터 현재까지 모든 단계를 단일한 통일체로 묶는 유기적 연속성이 있다는 주장이었다.[71] 배런은 비록 학식도 상당하고 문체도 생생했지만, 고대에 생겨나 현재에 이르기까지 유대 민족을 지탱해온 민족 내적인 힘을 이해하는 데 실패함으로써 죄를 짓고 말았다. 배런은 유대 일신론이 나타난 첫 시점부터 그것을 고향땅과 분리시켰고, 유배 시기를 꽤나 편하고 이상적인 것으로 잘못 묘사했다. 배런의 저작에는 고향땅에서 자연스럽게 살아가는 것에 대한 열망이나, 역사 속에서 유랑하던 유대인들이 늘 품어왔고 그들을 규정짓기도 한 주권에 대한 열망이 전혀 기술되지 않았다는 것이다.

베어는 이 서평을 쓰기 2년 전인 1936년, 베를린에서 『갈루트』(Galut, 히브리어로 '유배'라는 뜻)라는 책을 출간한 바 있다. 이 책은 그가 앞으로 쓰게 될 모든 역사학 저작의 이론적 요약이었다. 책은 다음과 같은 주장으로 시작한다. "성서는 신이 이 백성을 선택하시고 성숙케 하신 느린 과정을 이야기해준다. 약속의 땅 팔레스타인에 대한 그들의 주권을 확인시켜 주고, 민족들 안에서 그들의 특별한 위치를 보여준다."[72] 『갈루트』의 끝부분은 일종의 신앙고백으로 마무리된다. 이 신앙고백은 장차 유대-이스라엘인의 역사의식이 형성될 때 큰 영향을 주게 되므로, 다소 길어도 인용할 만하다.

신은 모든 민족에게 그 민족만의 장소를 주셨고, 유대인들에게는 팔레스타인 땅을 주셨다. '갈루트'라는 말은 유대인들이 그들이 태어난 장소에서 떠났음을 의미한다. 자기 본연의 장소를 이탈한 모든 것은 그곳으로 다시 돌아올 때까지 마땅한 토대를 가질 수 없는 법이다. 이스라엘이 다른 민족들 사이로 뿔뿔이 흩어진 것 역시 자연스럽지 못한 일이다. 그러나 이제 유대인들의 민족적 일체성이 증명된 이상, 더구나 다른 민족들보다 더 고매한 것으로 그것이 증명된 이상, 실질적인 일치의 상태로 돌아가는 것은 불가피하다 하겠다. … 오늘날 유대의 부흥은 본질적으로 유럽의 민족운동에 달린 문제가 아니다. 오히려 그것은 고대 유대인들의 민족의식을 되살리는 데 달려있다. 고대 유대인들의 민족의식은 유럽 역사 이전부터 존재했던 것이며, 유럽의 모든 민족 사상에 원조가 된 모델이기 때문이다. … 만일 우리가 역사야말로 성서에서 예견한 과정의 부단한 전개임을 믿으면서 다가올 날들의 사건을 고대의 먼지 쌓인 연대기 안에서 읽어낸다면, 그렇게만 된다면 지금의 우연한 역사로부터 유대 민중을 구해낼 힘이 어딘가에 분명 존재한다는 것을 디아스포라로 흩어진 유대인 모두가 깨닫게 될 것이다.[73]

이 글을 쓴 이는 유창한 말솜씨를 자랑하는 시오니스트 지도자도 아니고, 과장된 표현을 즐겨 쓰는 낭만주의 시인도 아니다. 이 글은 예루살렘 최초의 직업적 유대 역사학자로 많은 학생을 가르치고 지도한 이가 쓴 것이다. 이 책이 나치 독일에서 출판되었다는 사실 역시 이 책에 넘쳐흐르는 특별한 민족 정체성의 특징과 구성요소들을 분석하는 데 중요하다.

그레츠가 펜을 들고 싸운 상대가 트라이치케였다면, 베어가 싸운 상대는 그를 키워준 독일 역사가들이었다. 이 역사가들은 새로운 나치 정권을 전폭적은 아니지만 대체로 너그러이 받아들였다. 1936년이 되자 열병처럼 일어난 독일의 유대인 추방은 최고조에 다다랐고, 자신이 태어난 독일로부터 매몰차게 거부당한 시오니스트 역사가는 고통스런 대항의식을 키움으로써 자신의 싸움을 매듭짓고자 했다. 그의 자의식은 역설적으로 그의 독일인 선배들이 몇 세대에 걸쳐 배양한 허구의 민족 관념으로부터 나온 것이었다. 즉 근원이 본질을 결정하며, 목표는 뿌리로 돌아가는 데 있다는 관념 말이다. 튜턴 사람이든 히브리 사람이든 목표는 태곳적 거주지로 돌아가는 것이었다. 베어가 보기에 민족의 기원이 어디에 있는지 알려주는 성서신화는 이전까지 수줍고 소심하게만 보였던 민족의 목적인(telos, 目的因)을 뚜렷이 담고 있는 보관소였다. 그 목적인이란 바로 이방의 유배지를 떠나 이 선택받은 백성들을 낳은 따뜻한 태중으로 돌아가는 것이었다. 그 땅에 내한 소유권은 궁극적으로 성서가 증명하고 있었다.

유대인들만의 역사학

『갈루트』가 출간된 해에 학계에서는 중요한 사건 하나가 발생했다. 장차 이스라엘에서 나타나게 될 모든 역사학의 특징을 결정짓는 사건이었다. 히브리대학교가 다른 학문 분야에서는 유럽형 학제 모델을 따르면서도 역사학과만큼은 하나가 아닌 둘을 만들기로 한 일이었다. 그 하나는 '유대역사학 및 사회학과'(Department of Jewish History & Sociology) 라는 이름이었고, 다른 하나는 '역사학과'(Department of History)라는 이름이었다.[74] 이스라엘 내 다른 모든 대학교의 역사학과가 이 선례를 따랐고, 이후부터 유대 역사는 비유대인들의 역사와 분리시켜 연구되기 시작했다. 연구의 원칙, 도구, 개념, 시간적 틀이 완전히 다르다는 게 이유였다.

베어는 처음에는 이런 이상한 학제 구분에 반대했지만, 곧 그것을 열렬히 지지하게 되었다. 이 구분이 실질적으로 그의 역사 접근법과 맞아떨어졌기 때문이다. 이 운명의 결정이 있기 전해인 1935년에 베어는 벤 시온 디누어(Ben-Zion Dinur 또는 Dinaburg)와 함께 정기간행물 『시온』을 창간했다. 디누어는 예루살렘에서 유대역사학과 교수 자리에 있던 또 한 명의 역사가였다. 잡지 『시온』은 영국 위임통치하 팔레스타인에서, 그리고 나중에는 독립 이스라엘에서 유대 역사를 논하는 최고 토론장이 되었다.[75] 이와 달리 이스라엘 최초로 '일반' 역사학을 다룬 히브리어 잡지 『츠마님』(Zmanim)은 1970년대 후반에야 창간되었다.

앞의 인용문에서 볼 수 있듯이, 베어는 성서를 유대 과거사 전체의 유기적 발전이 시작된 결정석 지점으로 보았다. 하지만 그는 중세사 전공자였지 고대사 전공자는 아니었다. 한참 후인 1960년대에 와서야 그는 하스몬 왕국에 관심을 돌린다. 역사학에서 장대한 종합의 시대는 이미 지나갔고, 히브리 학계의 어떤 직업 역사가도 그레츠, 두브노프, 배런이 선구적으로 개척한 기획을 개인 혼자만의 힘으로 다시 맡을 수는 없었다.[76] 특히 20세기 후반 들어 강화된 국제학계의 요구조건으로 인해 젊은 히브리 학자들은 쉽게 외면할 수 없는 기준들을 지켜야만 했다. 깐깐

하고 조심스럽게 실증적 작업을 해왔던 베어는 자신이 직업적으로 '팩트'에 충실하다고 항상 주장했다. 확실히 그는 전형적인 독일학계 출신다웠으며, 늘 부지런하게 옛 기록을 조사했다. 따라서 그는 벨하우젠과 그의 동료들로 인해 성서에 기초한 역사 담론이 흔들리게 되었다는 사실을 인정할 수밖에 없었고, 어쩌면 그래서 그 자신도 성서시대를 직접 다루기를 꺼려했는지도 모른다. 하지만 베어에게는 한편으로 민족 역사가의 의무도 있었기에, 민족 창건 신화를 약화시켰다는 혐의를 피하기 위해 다음과 같은 글을 썼다.

그레츠는 제1차 성전파괴까지의 이스라엘 역사에 대해 독창적이고도 독자적인 이해를 가지고 글을 쓴 유일한 유대인이었다. 성서 비평과 이 시기 역사에 대해 그가 말년에 내린 혁명적 결론들만 아니라면, 그의 저작 첫 두 권은 이 시기에 대해 쓴 가장 훌륭한 책들 가운데 하나로 올바르게 평가받았을 것이고, 또한 역사학의 발전이라는 측면에서도 오래도록 흥미로운 저작으로 남았을 것이다.[77]

이 진술에 들어있는 모순은 이스라엘 민족역사학의 창시자 중 한 명이 겪은 딜레마와 긴장을 뚜렷이 보여준다. 베어는 신화적인 것과 과학적인 것 사이를 끊임없이 오갔다. 비록 의도에 어긋나는 사소한 팩트들로 인해 주기적으로 좌절을 겪었지만, 대체로는 신화적인 것들에 기울곤 했다. 그리하여 1950년대에 이스라엘의 과거숭배 붐이 성서를 한 부족의 모닥불 옆 스토리인 양 대하고, 상상의 산물들로 과거를 새로 쓰도록 부추기는 때가 되자, 최초의 '시오니스트 팔레스타인' 역사가인 베어는 이 의기양양한 분위기에 값진 과학적 힘을 보탠 사람이 되었다.

성서시대를 빼고 유대 민중의 역사를 이해하는 것은 불가능하다. 성서시대는 이후 이어지는 시기들의 모델이자 귀감으로 기능한다…. 지난 두 세대 동안 우리는 성서시대에 대한 연구에서 커다란 진전을 이루었다. 50년 전까지만 해도 사람들은 이스라엘인들을 다른 민족과 다를 게 없는 일개 민족으로 생각했고, 이 민족의 특징인 신정주의(神政主義) 경향도 제1차 성전파괴(기원전 586년) 직전 또는 직후에 시작된 늦은 발전기의 산물로 간주했다. … 이런 생각에 따르면 민족의 초기 단계—족장시대와 이집트 탈출 후 광야에서 보낸 시기—를 시원적 이상으로 묘사하는 성서 전승은 역사적 사실에 근거하지 않은 허구이다. 그러나 유대 역사에 대한 이러한 관점은 근대 연구에 의해 폐기되었다. 오늘날의 성서 연구에서 받아들이는 생각은 다르다. 즉, 족장 아브라함은 한 종교 공동체를 이끈 역사적 인물로서 고전적 예언자들이 벌인 종교개혁 운동의 원형이자 최초의 영적 스승이다. 광야 시절 이스라엘인들에 대한 이상적 묘사, 곧 신의 구름기둥이 그들을 인도하는 가운데 성막(聖幕) 주변에 캠프를 치고 지냈다는 묘사가 모조리 후대 상상력의 산물일 수는 없는 것이다.[78]

베어의 동료이자 절친한 친구였던 역사가 벤 시온 디누어 역시 이 우렁찬 역사적 주장을 공유했다. 하지만 더 유력한 인물이었던 디누어에게 민족 만들기라는 무리한 과업은 베어와는 달리 전혀 불편을 일으키지 않았다. 사실상 그 자신이 민족 발명이라는 과업의 주역이었기 때문이다.

권력자의 역사 서술

유대 민족을 소급하여 건설하는 일에서 그레츠가 터를 닦고 비계를 설치하는 책임을 맡았다면, 디누어는 벽돌을 쌓고 들보를 얹고 창문과 문을 내는 역할을 했다. 그는 이 작업을 두 방면으로 추진했다. 우선 그는 유대역사학 교사로서 베어와 함께 이 분야의 세력권을 만드는 데 참여했다. 다른 한편으로 그는 시오니스트 좌파 정당의 문화 활동가이자 이스라엘 제1대 국회의원이었다. 1951년부터 이스라엘국 교육부 장관으로 히브리 교육과정에서 역사학 분야 전체를 설계하는 책임을 맡게 된 것이다.[79]

디누어는 우크라이나에서 태어나 현재 리투아니아 수도인 빌뉴스의 예시바(탈무드학교)에 다녔고, 독일에서 역사를 공부했다. 1930년대에 히브리대학교 강사로 임명되기 전부터 그는 남다른 역사학 프로젝트를 시작했다. 영국 위임통치하의 팔레스타인으로 이주하기 3년 전인 1918년에 이미 키예프에서 『이스라엘 역사』(*Toldot Yisrael*)를 출간했던 것이다.[80] 유대인들의 역사를 연속적이고 유기적으로 서술하는 데 바탕이 되어줄 출전들과 문헌들의 총서를 펴내는 것이 학자로서 니누어가 계획한 필생의 작업이었으며, 『이스라엘 역사』는 그 첫 번째 책이었다. 이 과업의 마지막 책은 유대역사 전체를 아우르는 교육서 시리즈인 『유배된 이스라엘』(*Yisrael BaGolah*)이었다.[81] 그는 각양각색의 문헌들을 연대와 주제별로 정리하였다. 그것들 대부분에는 간결한 설명을 덧붙였는데, 히브리어 독자들이 역사를 유기적으로 독해할 수 있도록 안내하는 주석들이었다.

이 총서는 어떤 면에서는 그레츠의 선구적인 작업의 대단원으로 볼 수도 있었다. 하지만 이 독일계 유대인 역사가의 저작이 독일과 유럽 전역에 사는 유대인 식자들이 주로 가졌던 견해에 도전하는 데 그쳤다면, 디누어의 저작은 같은 시기에 나온 배런의 저작과 마찬가지로 유대 과거사에 대한 적절하고도 표준적인 역사학으로 빠르게 수용되었다. 팔레스타인의 히브리어 독자들에게 디누어의 저서들은 가장 유력한 역사서 역할을 했고, 거기에서 벗어나는 것은 모두 괴상하거나 심지어 악의적인 것으로까지 취급받았다. 바로 이때부터 '민족사적 진실'이라는 것이 소수 역사가의 주관적 저작에서만이 아니라 과학적이고 객관적인 기록물에서도 모습을 나타내기 시작했다.

디누어는『이스라엘 역사』제1권을 성서시대에 할애했고, 히브리대학교에 자리 잡은 다음에는 책을 개정하여『이스라엘 역사: 자신의 땅에서 본 이스라엘』이라는 제목으로 출간했다.[82] 1918년 초판과 1938년 증보판 사이에는 많은 차이가 있지만, 역사에 대해 실증적 신뢰성을 부여하는 방법은 동일했다. 디누어는 구약성서를 부문별로 나누고, 자신의 책을 성서에서 따온 인용문들의 체계적인 편람이 되도록 구성하였다. 그 사이사이에는 부가적인 자료들을 끼워 넣었는데, 근동의 고고학 발굴에서 나온 약간의 금석문 자료, 그리스-로마 역사가들에게서 따온 몇몇 인용문들, 탈무드의 짧은 논평들이 그것이었다.

이 책은 당연히 '이스라엘 땅'이라는 명칭과 신이 약속한 광활한 그 땅에 대한 논의로 첫 장을 시작한다.[83] 그 다음에는 히브리인들의 도래, 이집트로의 이주와 귀환, 그들에게 약속된 상속지에 대한 정복, 통일왕국의 건설 등이 기술된다. 인용되는 성서 구절들은 모두 이 책이 기술하는 시기들에 대한 믿음직한 증거로 쓰인다. 신학적 접근은 거의 배제하고 있으며, 성서 매 페이지마다 등장하는 신의 말씀 가운데 일부는 앞서 말한 비성서 자료들로 대체되었다. 디누어는 성서에 내포된 종교형이상학적 측면을 폐기하고 그것을 민족과 역사에 대한 직설적인 신앙고백으로 탈바꿈시켜 놓았다. 이제부터 성미 급한 독자들은 구약성서를 대충 훑으면서 신의 계율들은 건너뛰고 민족적 진실들만을 따라가며 읽을 수 있게 되었다.

사실 디누어의 총서는 그가 비록 성서 교사로 경력을 시작했지만[84] 성서를 교육학적 도구로 신뢰하지 않았다는 것을 말해준다. 그가 성서를 당시의 과학에 맞추어 '개작'하기로 결심한 것도 그 때문이다. 그렇다고 해서 그가 성서라는 고대 텍스트의 역사성을 의심했다는 얘기는 아니다. '히브리인 아브라함'에서부터 '시온으로의 귀환'까지 그는 세세한 기사들과 사건들을 글자 그대로 받아들였다. 디누어는 "족장들의 이야기들은 후대 선지자들의 시대로부터 투사한 것이 아니라, 족장들보다 앞선 세대 및 시기로부터 물려받은 것"[85]이라고 확신하면서 벨하우젠 학파의 성서 비평을 전면적으로 거부했다. 심지어 그는 당시 통용되던 의견과는 반대로, 최초의 역사가가 고대 그리스인들이 아니라 성서 기자들이라고 믿었다. 그는 직업 학자로서 다음과 같은 주장을 서슴없이 펼쳤다.

성서 역사학은 다음 세 요소를 결합시킴으로써 중요한 이론적 혁신을 일반 역사학에 제공했다. 첫째는 사실적 정확성이다. 성서 속 사건들은 '신의 비밀'이므로 부정확하게 이용되지는 않았을 것이다. 둘째는 고대 서고와 공개된 전거들을 활용한 것이다. 셋째는 어떤 사실을 파악하고 설명할 때 쓴 실용주의적 방법이다. 이러한 이유로 우리는 다른 어떤 역사학보다 먼저 왕조시대의 성서 역사학을 근대 역사학의 시초로 본다.[86]

저 고대의 '거의 과학적인' 역사학, 앞서 밝혔듯이 예루살렘의 민족주의 역사가 디누어의 손에 의해 약간만 수정된 이 역사학의 의도는 유대 민족의 독특한 종족적·종교적·사회적·지리적·언어적·정치적 기원을 밝히는 데 있었다.[87] 디누어에게 역사 서술은 무엇보다 민족 자서전의 서술을 뜻했다. 일종의 징발된 역사였던 셈이다. 그래서 그는 다음과 같은 입장을 견지했다. 즉 시오니스트 학자라면 비유대계 학자들이 따르고 있는 '히브리역사'와 '유대역사' 사이의 구분을 거부해야 하며, 태초부터 현재에 이르기까지 '이스라엘 민중'의 등장과 발전과정에서 발견되는 동질적 연속성을 강조해야 한다는 것이었다.[88]

'성서 역사학'이 민족의식 창달에 가장 중요하게 기여한 부분은 '이스라엘 땅'의 범위를 확고히 했다는 점이다. 요르단강 동편인 바산과 길르앗까지를 자연스레 포함하는* 이 광활한 땅은 이스라엘 민중이 독점적으로 소유한 땅이었다. 오직 그들에게만 약속된 이 땅에 대한 역사적 소유권을 증명하는 데 있어 성서보다 더 나은 증거가 어디 있겠는가? 베어와 마찬가지로, 하지만 더 열정적으로, 디누어는 성서에 의지해 이스라엘 땅이 민족의 구심점임을 증명하고자 했다. 오랜 유배기간 내내 그 땅으로 귀환하려는 갈망으로 민족의 삶이 이어져왔다는 것이다.[89]

성서를 민족의 책이자 신뢰할 만한 역사서로 바꾸는 작업은 하인리히 그레츠의 낭만적 동기에서 출발하였고, 디아스포라에 조심스럽게 의미를 부여했던 두브노프와 배런에게서 발전을 이루었으며, 고대 영토를 정치적으로 전용하는 데 중요한 역할을 한 시오니스트 역사학 창시자들에 의해 완결되었다. 근대 히브리어로 처음 역사를 쓴 이 역사가들—

---

* 과거 이스라엘 왕국을 구성한 요르단강 서안의 유다와 에브라임 지역은 물론이고, 동쪽도 이스라엘 세력권으로 볼 수 있다는 뜻.

이들은 근대 히브리어가 성서 언어에서 곧바로 발전한 것처럼 잘못 믿었는데[90]—은 이후부터 유대 민족이 '오랫동안' 간직해온 기억의 관리인이자 발굴자로 여겨지기 시작했다.

8. 정치와 고고학

학자가 되고 싶었던 정치가

디누어는 꽤나 많은 활동을 했다. 그중 하나가 1950년대 이스라엘 초대 총리였던 다비드 벤구리온의 자택에서 정기적으로 가진 성서모임이었다. 카리스마 넘치는 지도자 벤구리온은 단순히 성서를 열심히 읽는 수준에 그치지 않았다. 그는 성서를 정치적으로 교묘히 이용할 줄 알았다. 성서가 세속적인 민족 텍스트로 변용될 수 있고, 고대 공동체적 이미지가 가득한 보고 역할을 할 수 있다는 것을 일찍부터 깨달았다. 수십만의 새 이민자들을 하나의 통합된 국민으로 제련하는 데 도움을 줄 수 있고, 젊은 세대를 이 땅에 묶는 끈으로 쓸 수도 있다는 것을 잘 알고 있었다.

벤구리온은 성서 이야기를 매일 쏟아내곤 하던 정치적 수사들의 뼈대로 이용했다. 그리고 진정으로 자신을 모세 및 여호수아와 동일시했던 것으로 보인다. 프랑스혁명 지도자들이 스스로 로마 원로원의 역할을 하고 있다고 느낀 것과 마찬가지로, 벤구리온을 비롯한 시오니즘혁명 지도자들, 그리고 군 고위층과 민족 지식인들은 자신들이 성서에 나오는 가나안 정복이나 다윗 왕국의 노선에 따른 국가 건설을 압축 재현하고 있다고 느꼈다. 현재의 행위가 과거의 모범적 사건들의 맥락 속에서 의미를 부여받은 것이다. 프랑스혁명과 시오니즘혁명 모두에서 혁명가들은 전혀 새로운 인간형을 창조해내는 것을 꿈꾸었지만, 이 창조과정에 이용한 재료들은 신화적인 과거에서 온 것이었다. 특히 벤구리온이 상상한 새 이스라엘은 제3차 성전(聖殿) 왕국이라 할 만한 것이었다. 그래서 1956년 전쟁*에서 이스라엘군이 시나이반도 전체를 점령하고 반도 남단의 샤름 엘-셰이크까지 수중에 넣자, 벤구리온은 싸움에 이긴 부대에게 메시아적 열정이 가득한 축전을 보냈다.

> 우리는 모세와 고대 이스라엘 자손들의 노래를 다시 한 번 부를 수 있게 되었습니다…. 모든 이스라엘방위군(IDF) 사단들의 강력한 추진력을 바탕으로 여러분은 3천 년 전에 이스라엘 최초의 항구를 엘롯(에일라트)에 건설한 솔로몬 왕과 하나가 되었습니다. 1천 4백 년 전까지만 해도 히브리인들의 독립국이었던 욧바다(요트바타), 즉 '티란'이라고노 부르는 그곳 역시 이스라엘 제3왕국의 일부가 될 것입니다.[91]

벤구리온의 자택에서 격주로 열린 비공개 성서모임의 토론 내용은 가끔씩 일간지에 보도되기도 했다. 이 모임에는 직업 역사가, 대중적으로 공인된 성서학자, 그리고 아마추어 학자로 활동하는 정치가 등이 참

---

* 1956년 10월 이집트와 이스라엘이 벌인 전쟁. 1948년 건국 당시의 제1차 중동전에 이어 '제2차 중동전'이라고도 한다.

여했다. 디누어 외에 정기적인 참석자로는 저명한 근본주의 성서학자 예헤즈켈 카우프만(Yehezkel Kaufmann) 교수, 성서고고학의 권위자 비냐민 마자르(Binyamin Mazar) 교수, 당시 이스라엘 대통령이던 이츠하크 벤츠비(Yitzhak Ben-Zvi)와 나중에 대통령이 된 잘만 샤자르(Zalman Shazar) 등 여러 학자들과 고위인사들이 있었다. 이 모임은 학계와 정계가 만나는 교류의 장이었으며, 학문 연구의 방향을 설정하는 것 외에도 교육시스템을 통해 그 가치관과 연구 결과를 전파하려는 목적이 있었다. 여기 참석한 지식인들이 논의한 주제는 출애굽 당시 이스라엘인의 숫자는 몇 명이었는가, 가나안 정복 당시 그들의 생활방식은 어떠했는가, 가나안 정복과정에서 몇 명의 왕을 물리쳤는가와 같은 문제들이었다. 이 열띤 토론에서 가장 인기가 높았던 것은 당연히 「여호수아서」였으며, 눈(Nun)의 아들 여호수아는 이 쇼의 간판스타였다.[92] 벤구리온은 공개적으로 열리는 성서학회에도 참여했고, 성서퀴즈대회를 후원하여 전국적인 미디어중계 축제로 만들었으며, 고고학 발굴 붐을 장려(자신이 기대하지 않은 결과가 나오면 절대 받아들이지 않았지만)하기도 했다.

국가지도자가 그토록 많은 시간을 들여 역사 문제에 적극적으로 관여한 것은 확실히 일반적이지 않은 일로, 이는 시오니즘 이데올로기를 구축하는 데 있어 성서 속 신화역사(mythistory)가 중요한 역할을 했음을 보여주는 사례일 것이다. 벤구리온의 글을 모아놓은 『성서적 사색』을 읽어보면, 그가 한편으로는 능수능란한 정치적 실용주의와 다른 한편으로는 고대의 '진실'에 대한 특별하고도 신실한 믿음 사이를 무척이나 쉽게 오간다는 인상을 받게 된다.[93] 성서는 유대 민중의 신분증명서인 동시에 이스라엘 땅에 대한 소유권을 입증해주는 증거라는 얘기를 그는 계속해서 반복한다. 그의 역사관은 명확하고 직설적이다.

유랑이 시작되면서 우리 민족은 성서가 자라난 땅에서 뿌리째 뽑히게 되었고, 성서를 만들던 당시의 정치적, 영적 현실로부터 찢겨나가게 되었다. … 유랑 중에 우리 민족의 모습은 망가졌고 성서의 이미지 역시 변형되었다. 그리스도교 성서 연구자들은 그리스도교 및 반유대주의의 의도로 성서를 고쳐 그 종교의 주춧돌로 삼았으며, 유대인 주석가들 역시 성서적 환경, 그 영적이고 물적인 기후에서 멀어지는 바람에 더 이상 성서를 제대로 이해할 수 없게 되었다. 하지만 이제 우리가 다시금 우리 땅의 자유로운 민족이 되고 성서가 처음 형성되던 때의 공기로 숨 쉬게 되었으니, 지금이야말로 성서의 본래 모습과 진실을 파악할 수 있는 때가 되었다고 나는 믿는다. 종교적이고 문화적인 면에서만이 아니라 역사적이고 지리적인 면에서도 그 진실을 파악할 수 있는 때가 된 것이다.[94]

벤구리온이 가장 좋아한 성서학자는 예헤즈켈 카우프만이었다. 카우프만은 성서 속 주장들을 거의 다 믿었고, 유대 일신교의 발흥이 독특하고도 매우 오래된 현상이라 여겼다. 벤구리온은 방법론적으로는 민족 역사학의 권위 있는 설계자인 디누어에게 주로 의지했다. 무엇보다 이두 학자가 족장 아브라함과 눈의 아들 여호수아를 실존인물로 여겼기 때문이다. 요스트나 벨하우젠과는 정반대였다.[95]

늘 지식인 행세를 하고 싶었던 벤구리온은 자기 손으로 직접 성서 이론을 발전시키기도 했다. 예를 들어 그는 가나안 땅에 아브라함이 오기 전부터 이미 유일신을 믿는 히브리인들이 오랫동안 살고 있었고, 바로 그들의 존재가 '민족의 시조' 아브라함을 그들의 땅으로 이끌었던 거라고 믿었다.[96] 유대 민족의 역사가 시오니스트 직업 역사학자들이 제시한 것보다 훨씬 더 길어지는 셈이었다. 벤구리온은 심지어 애국심 넘치는 히브리인들이 일제히 이집트로 이주했을 리는 만무하므로 가나안 땅에도 상당수가 남았고, 한 가문만이 이집트로 이주했을 거라고 추측하기까지 했다. 그래서 출애굽이 의심할 수 없는 역사적 사실인 것만큼이나 이 백성이 고향땅에 남아 있었다는 것 역시 부정할 수 없는 사실이라고 보았다. 따라서 이 민족이 이방의 땅에서 그 모습을 갖추었다고 상정하는 것은 부정확한, 당치도 않은 일이라고 생각했다. 그는 또한 깊이 있는 의문 몇 가지를 제기하기도 했다. 히브리인들은 파라오의 땅에 430년 동안 포로로 잡혀 있으면서 어떻게 히브리 언어를 보존했을까? 모세와 여호수아 시절에는 한 명의 지도자 아래 하나의 민족으로 있던 이들이 그 후에는 왜 갑자기 여러 지파로 갈라졌을까? 그가 제시한 답은 하나같이 민족주의적인 것이었다. 실제로 그의 입장은 공식적인 역사학에 부합하는 것이었고 거기에 맞춰 형성된 것이었다.

성서와 외부자료들(고고학 또는 금석학 분야의 발견들) 사이에 모순이 있을 때, 내가 외부에서 온 자료를 받아들여야 할 의무는 없다. 그들이 실수했거나 사실을 왜곡했을 수도 있지 않은가? 성서의 증언 자체에 모순이 없고 명백한 결격사유가 없다면, 설령 외부자료가 이의를 제기한다 하더라도, 나는 순수하게 과학적인 견지에서 얼마든지 성서의 증언을 받아들일 수 있다.[97]

벤구리온은 '과학적'이고 세속적인 접근법을 취했다고 하면서도, 필요할 때는 신의 가르침에 의지했다고 밝히고 있다. 일례로 그는 이렇게 썼다. "유대 역사에서 결정적인 의미를 지닌 위대한 사건은 바로 가나안 땅을 아브라함과 사라의 씨에게 주겠다고 하신 약속이었다."[98] 신의 약속을 이처럼 명기해놓은 성서 기자의 증언에 이의를 제기하는 외부자료는 확실히 없다. 지적인 분위기와 메시아적인 기질을 갖춘 지도자 벤구리온은 역사가들의 안내를 받으면서 민족 문화 전체를 이끌었다.

교사와 작가들이 맡은 역할

이스라엘 건국 초기 몇 년간 지식인 엘리트들은 너나없이 성서 – 민족 – 이스라엘 땅이라는 신성한 삼각구도를 구축하는 작업을 도왔고, 성서는 '다시 태어난' 국가를 건설하는 일에서 핵심적인 역할을 했다. 공무원들은 압력을 받거나 자진해서 각자의 이름을 히브리 이름—대체로 성서에서 고른 이름—으로 개명했고, 나머지 주민들도 기성 엘리트들을 모방하려는 마음에서 기꺼이, 심지어 열정적으로 개명에 동참했다. 디아스포라 시절의 오래된 성(姓)을 지우고 신비롭고 매혹적인 성서 속 인물들의 이름을 아이들에게 붙였다. 이러한 개명 과정은 사람에게만 적용된 것이 아니다. 새로운 정착지 거의 모든 곳에 고대 히브리 이름이 부여되었다. 이 작업에는 이중의 목적이 있었다. 즉 현지 아랍 지명을 지우는 동시에, 이스라엘국(the State of Israel)의 탄생으로 종결된 긴 '유랑'의 기간을 건너뛰려는 것이었다.

하지만 교육기관들에게 성서 숭배를 강제한 것은 새 국가의 관료들이 아니었다. 건국 이전부터 오랫동안 활동해온 기구들과 한창 부상하던 히브리문학이 성서를 과거 인식의 구심점으로 만들었다.

교사, 작가, 평론가, 시인 등 폭넓은 지식층이 고등교육기관보다 한 걸음 앞서 유대 역사를 '올바르게' 해석하는 작업에 나섰고, 그리하여 이념화된 현재를 만드는 데 일조했다. 20세기 초 시온 정착붐이 일고 최초의 히브리어 학교들이 문을 열면서 성서는 민족 교과서가 되었고, 언어와 문학 교육의 일부로서가 아니라 별도의 강의를 통해 교육되기 시작했다. (이런 능률적 체계는 오늘날까지도 이어지고 있으며 이스라엘 정치문화에서는 당연한 것으로 받아들여진다.) 이주해온 교사들과 새로 교사가 된 이들은 집단의 과거를 가르치는 표준 교과서로 성서를 활용하는 방법을 학계와 기성 엘리트들로부터 새삼 배울 필요조차 없었다.[99] 그레츠, 두브노프, 야베츠의 책을 읽기만 하면 되었고, 그로부터 성서의 이중적 기능도 바로 이해할 수 있었기 때문이다. 그 기능의 하나는 민족 정체성을 형성시켜 주는(전 세계에 흩어져 있는 이 종교 공동체들의 공통된 '종족적' 기원을 만들어내는) 기능이었고, 다른 하나는 그 땅에 대한 점유권을 주장함에 있어 먼저 스스로를 납득시키는 기능이었다.[100]

교육시스템에 공고히 자리 잡은 히브리화 계획은 대중적 영웅주의와 자부심 가득한 민족주의의 고대적 모델을 중심에 두고 발전해갔다. 다윗과 솔로몬 왕국의 엄청난 인기에 필적할 만한 또 다른 왕조로 하스몬 왕조가 꼽혔고, 이 왕조의 중요성도 이전의 역사 못지않은 것으로 받아들여졌다. 교사들은 학생들이 성장하면서 그들의 유약한 부모와 조부모를 닮기보다 고대 히브리 농민들이나 전사들을 닮기를 바랐다. 그들의 상상 속에서 고대의 농민들이나 전사들은 정복사 여호수아와 전쟁터의 사사들, 사울 왕과 다윗 왕 또는 그 비슷한 군사 지도자들을 따라 싸운 사람들이었다. 그리고 몇 가지 연계 수단을 통해 토착의식도 심어주었다. 성서를 세속적 방식으로 읽는 수업 외에 새 역사를 담은 교과서, 향토조사, 배운 것을 확인하는 고된 도보답사 등이 더해졌다. 이스라엘 국가 수립 이후 이 모든 교육 방안들은 국가 교육제도 전 분야에서 표준이 되었다.

첫 번째 사브라들(sabras) 곧 현지 태생 세대들의 이념 형성에 고대사가 어떻게 이용되었는지는 모셰 다얀의 책 『성서와 함께한 삶』을 보면 잘 알 수 있다. 새로운 사회의 유명 영웅들 가운데 하나였던 다얀은 이 책에서, 허구적으로 만들어진 민족주의가 정착민 사회의 정치적 목적과 밀접하게 연결되어 수용된 과정을 잘 보여준다. 책은 다음과 같은 일화로 시작된다.

> 내가 성서 이야기들을 접한 것은 아주 어릴 때부터다. 나를 가르쳐주신 메슐람 할레비 선생은 우리 민족의 탄생을 기술한 이 책을, 단지 가르치고 설명하는 데 그치지 않고 우리 눈앞에 생생하게 그려주었다. 삼사천 년 전에 있었던 일들이 마치 우리 머릿속과 눈앞에 존재하는 듯했다. 주변 현실들도 우리 상상력이 과거를 뛰어넘어 고대로, 선조들과 민족 영웅들에게로 거슬러 올라가는 데 도움을 주었다. 우리가 살던 이스르엘 계곡, 그리고 갈멜산과 길보아산, 기손강과 요르단강 같은 주변의 산과 강들이 전부 다 성서에 나와 있었다.[101]

다얀은 이스라엘방위군 참모총장을 서쳐 국방상관//서 억임한 인물이다. 그는 책의 이 지점에서부터 아브라함, 이삭, 야곱의 여정으로 들어가는데, 그 사이사이에 자신의 유년기 및 청년기 때 이야기들을 섞어가며 이야기한다. 두 종류 이야기들은 그토록 먼 시간을 사이에 두고 있음에도 서로 밀접한 관계를 가진 것처럼 보인다. 마치 역사적 차원을 뛰어넘는 하나의 영원한 시간 안에 함께 존재하는 듯하다. 이집트에서 탈출해 시나이 광야를 가로질러 나아가는 이야기는 1956년의 현대전과 연결된다. 가나안 정복을 스릴 넘치게 묘사하면서 자연스럽게 1948년 전쟁과 연결시키는가 하면, 더 나아가서는 1967년의 서안지구(West Bank) 점령과도 연결시키고 있다. 작은 몸집의 다윗이 거인 골리앗과 싸워 이긴 이야기는 이스라엘이 아랍과 벌인 모든 전쟁을 상징한다.[102] 성서는 팔레스타인 점거라는 현재의 사실과 식민사업을 정당화해주는 최고의 근거로서, 이를 통해 모든 전투는 고대에 있었던 활동의 메아리가 된다. 다얀의 책은 강대한 다윗 왕국을 닮은 이스라엘을 보고 싶다는 열망을 숨김없이 표출하면서 끝을 맺는다. 지중해에서 요르단강까지, 시나이 광야에서 헤르몬산까지 이르는 '통일된 이스라엘 땅'에서 살고 싶다는 욕망을 분명하게 선포하면서 끝을 맺는다.

책 속에는 고대 '유대 땅'의 아름다운 사진들이 그리스도교 이미지에서 빌려온 성서 장면들과 함께 수록돼 있다. 고대 발굴물들의 사진도 있다. 그 유물 중 다수는 이 자부심 넘치는 저자가 소유한 것들이다. 다얀은 고대 유물에 대한 평생 동안의 소유욕을 감추지 않았다. 사진에 보이는 유대 사령관 다얀의 개인 정원은 온갖 고대 유물들로 가득하다. 여러 해를 지나면서 그의 집은 이스라엘 땅을 줄인 일종의 축소모형이 되었고, 그가 이 소중한 수집품들을 소유하고 있다는 사실은 약속된 땅을 용감무쌍한 정착민 2세가 지배하고 있다는 증거가 되었다. 그 유물 가운데 일부는 훔친 것이기도 한데, 다얀은 아무 거리낌 없이 수집 활동을 벌인 것으로 알려져 있다. 벤구리온이 그리 대단치 않은 자택에서 성서 모임을 가진 반면, 다얀은 자신의 널찍한 집을 사설 성서박물관으로 바꿔놓았다. 나이든 국가 건설자가 주변에 지식인을 불러 모으기를 좋아했던 반면, 그의 젊은 후예는 조각된 돌과 도자기와 장식품 모으기를 더 좋아했다. 하지만 두 사람 다 자기들이 벌인 역사적 활동들을 높이고 정당화해주는 성서신화의 외투를 입었다는 점에서는 다를 바 없었다.[103]

고고학의 이름으로

다얀은 아마추어 고고학자에 지나지 않았지만, 또 한 사람의 군 참모 총장이면서 벤구리온의 제자였던 이가엘 야딘(Yigael Yadin)은 약속의 땅을 발굴하는 일을 직업이자 소명으로 생각했다. 야딘은 이스라엘 고고학의 향방을 정하는 데 커다란 영향력을 행사했고, 하솔, 므깃도, 마사다와 같은 주요 유적지의 발굴 작업을 이끌기도 했다. 고고학자로서의 그는, 19세기 후반에 성지에 와서 구약성서의 내용을 입증하고 그럼으로써 신약을 입증하고자 한 그리스도교 발굴가들의 직계 상속인이었다. 이들이 품은 종교적 동기 때문에 이 지역 고고학은 처음부터 성서 연구에 부수된 학문으로 출발하였다.[104] 미국인 감리교 선교사의 아들인 윌리엄 올브라이트는 그들 중 가장 뛰어난 인물이었다. 올브라이트는 1920년대에 이 지역에서 발굴 작업을 시작한 이래 쉼 없이 성서 이야기의 진실성을 옹호하였고, 뒤에 등장한 이스라엘 고고학자 대다수가 그의 접근법을 받아들였다.

올브라이트의 가장 잘 알려진 책이자 그의 작업을 요약해놓은 『팔레스타인과 성서의 고고학』은 아브라함이 메소포타미아에서 이주해 왔을 것으로 추정되는 시기를 기원전 20세기 혹은 19세기로 제시한다. 마찬가지로 야곱 가족이 이집트로 이주한 시기도 기원전 18세기 혹은 17세기로 주저 없이 설정한다.[105] 올브라이트는 하솔에서 발견된 고대 아치와 '마구간들'이 솔로몬 통치 때 만들어진 거라고 자신 있게 주장하면서, 이에 맞춰 다음과 같은 결론을 이끌어냈다. "솔로몬 시대는 확실히 팔레스타인 역사에서 물질문명이 가장 번성한 시기의 하나였다. 고고학은 긴 침묵 끝에 마침내 성서 전승을 분명하게 입증해냈다."[106]

올브라이트는 성서적 세계에 대한 기본 교과서가 된『팔레스타인과 성서의 고고학』제2판을 준비하면서 이가엘 야딘에게 몇몇 장을 그의 이름으로 써달라고 요청했고, 야딘은 이 요청을 흔쾌히 받아들였다. 야딘이 쓴 부록에는 하솔에서 실시한 그의 발굴 성과가 기술돼 있는데, 발굴 결과 "하솔이 큰 도시로 부상한 것은 오직 솔로몬 통치 기간에만 있었던 일"임이 증명되었다고 그는 주장한다.[107] 솔로몬 이전의 휴면 상태는 눈의 아들 여호수아가 그곳을 파괴했기 때문이라는 게 이 부지런한 발굴가의 주장이었다.

올브라이트의 발굴 성과와 마찬가지로, 1950년대와 60년대에 실시된 야딘의 발굴에서 드러난 것도 오로지 성서 기록에 부합하는 발견들뿐이었다. 도자기, 무기, 구조물, 예술품, 무덤 등 모든 것이 '족장시대' '출애굽' '가나안 정복' '이스라엘 각 지파의 영토 분할' 등등에 대한 틀림없는 증거로 제시되었다. 야딘의 동료로 나중에 히브리대학교 총장을 역임하고 '이스라엘상'을 수상한 비냐민 마자르 교수와 야딘의 동료이자 경쟁자였던 텔아비브대학교의 요하난 아하로니 교수는 더 많은 증거를 추가하여 그 풍성한 모자이크를 채웠다. 이렇게 하여 과거에 대한 한 폭의 보기 좋은 그림, 주류 역사학 담론에 부합하는 그림이 대중에게 주어졌다. 물질로 과거를 증명하는 과학(고고학)이 글로 쓰는 학문(역사학)을 확고하게 지지해 주었고, 다양한 유적지가 다시금 탄생한 민족의 순례지가 되었다. 간혹 일치하지 않는 것들도 있었다. 발굴된 유물 중 일부는 무례하게도 성스러운 텍스트와 모순되기도 했다. 하지만 고고학자들은 말이 없는 유물들을 대신해서 말하고, 그것들을 성서가 들려주는 조화로운 목소리에 끼워 맞추는 식의 논변으로 그런 문제를 교묘히 해결하곤 했다.[108] 대체적으로 최종발언권은 성서에 있었다. 성서야말로 모든 발굴의 출발점이자 존재 이유였기 때문이다. 말할 것도 없이, 역사적으로 '가나안' '유다' '팔레스타인' 등의 이름으로 불리던 오랜 비유대 시기들은 저 고고학자들의 흥미를 거의 불러일으키지 못했다.[109]

1964년 이스라엘 고고학의 권위자 중 한 사람인 아하로니 교수는 대중적 저서 『성서 도해』를 출간했다. 이 책은 모든 세대에게 고대 지리에 대한 정보와 함께, 성서에 등장하는 주요 인물들이 어떻게 이동했는지에 대한 정보를 제공했다.[110] 아브라함과 야곱의 유랑, 출애굽, 이스라엘 첩자들의 가나안 잠입, 노아 방주의 이동, 암나귀를 찾아 나선 사울의 행로, 다윗 부대의 진로, 솔로몬 왕국의 교역로 등 모든 내용이 성서외적 고고학 연구결과와 깔끔하게 맞아떨어지며 인상적인 시각적 체험을 제공했다. 디누어의 예전 책에 지리학을 입힌, 그래서 더 효과적인 책이었다. 상세한 지도 한 장보다 더 분명하고 안심이 되는 것도 없는 것 같다. 지도가 보여주는 외견상의 현실은 대단히 설득력이 있었고, 역사가들과 성서학자들이 말로 하는 추상적 설명을 눈으로 확인시켜 주었다. 말할 필요도 없이 출간 당시의 좁은 이스라엘 국가 영토는 책에 그려져 있지 않았고, 다윗과 솔로몬의 강력한 왕국이 점했던 영토만이 여러 이스라엘 영웅들의 전투 경로와 함께 그려져 있었다.

1967년 6일 전쟁이 끝난 직후 「에레츠 이스라엘 전체」(The Whole Eretz Israel)라는 제목의 청원서가 제출되었다. 미래 이스라엘의 어떤 정부도 고대 고향땅의 단 1인치도 양도하지 말 것을 촉구하는 청원서였다. 여기에 아하로니가 첫 서명자들의 한 명으로 이름을 올렸다는 사실은 전혀 놀랄 일이 아니다.

9. 신화역사를 배반하는 증거들

모순으로 가득한 성서고고학

1967년 전쟁으로 이스라엘 고고학 연구에 새로운 지평이 열렸다. 그때까지는 '그린라인'* 안에서만 발굴 작업이 가능했지만, 서안지구 점령으로 인해 성서에 나오는 유다지역 한복판과 예루살렘 주변에 산재해 있는, 탐사의 손길을 기다리는 유적지로 가는 길이 활짝 열린 것이다. 국제법상 이스라엘 고고학자들이 이들 점령지에서 발굴 작업을 벌이거나 출토된 것을 옮기는 일은 금지되어 있었지만, 여기는 옛 고향땅이었다. 그러니 누가 감히 이의를 제기하겠는가?

처음에는 전쟁에 이겨 땅을 차지했다는 기쁨이 그 땅을 파는 이들의 의기양양한 기분을 더해주었다. 이스라엘 지식층 대부분이 '대 이스라엘'이라는 달콤한 꿈에 빠져들었다. 그들 중에는 자신들의 황금기가 왔

* 1949년 제1차 중동전 후 이스라엘과 주변 아랍국들이 정한 이스라엘과 팔레스타인의 경계선.

224

다고 생각한 고고학자들도 여럿이었다. 이제야말로 이 고대 민족을 역사적 고향과 합치시킬 때가 온 것이며, 그럼으로써 성서의 진실성을 증명할 수 있게 된 것이다. 하지만 한껏 부푼 아하로니와 그 동료들의 사기는 탐사가 진행될수록 바람이 빠지기 시작했다. 중앙 산악지대인 므낫세산과 에브라임산, 예루살렘을 둘러싼 유다산 등지에서 발굴이 진행될수록, 예전의 국경선 내 유적지를 발굴할 때 제기되었던 의문과 우려를 증폭시키는 것들이 더 많이 출토된 것이다. 1948년부터 1967년까지 민족주의 이념에 봉사하는 도구였던 성서고고학에 불안의 징후가 보이기 시작했다. 하지만 그 첫 발견들이 일반 대중에게 공개되고 주류 학계의 합의지점에 균열을 내기까지는 그로부터 20여 년이 더 흘러야 했다. 또 그렇게 되기까지는 과거를 연구하는 방법론이나 이스라엘 내부의 민족적 분위기에도 몇 가지 발전이 필요했다.

1960년대와 특히 70년대를 거치면서 의미 있는 변화들이 역사학계에 일어나 전 세계 고고학자들의 작업에 영향을 주었고, 마침내 이스라엘 고고학자들에게도 영향을 미쳤다. 정치적 측면에 초점을 맞춘 고전적 역사학이 퇴조하고 사회적이고 인류학적인 역사 연구가 일어나 많은 고고학사들로 하여금 고대 문명의 다른 지층들에 관심을 갖도록 이끌었다. 일상의 물질적 삶, 고대의 노동 생활, 영양상태와 매장, 기본적인 문화 습속 등이 국제적인 학술 주제로 점점 중요해졌다. 프랑스 아날학파*가 제시한 '장기 지속'(longue durée) 개념은 특히 고고학 발굴자들의 마음에 꼭 드는 것이어서, 장기적 과정을 추적하는 이 접근법을 그들은

---

* 1929년 뤼시앵 페브르와 마르크 블로크가 창간한 『사회경제사 연보』(Annales d'histoire économique et sociale)를 중심으로 형성된 프랑스 역사학파. 정치사보다는 일상의 삶을 중심으로 한 사회의 물질적이고 구조적인 측면에 주목함으로써 현대 역사학 방법론에 큰 영향을 주었다.

기쁘게 받아들였다.[111]

이러한 역사학적 전환의 반향은 결국 이스라엘 학계에도 와 닿았다. 기본적으로 이벤트 중심적이고 정치적이던 성서고고학은 기존의 무게 중심을 서서히 잃게 되었다. 젊은 고고학자들이 의혹을 품기 시작했고 더 앞선 시기로 도피했다. 더 많은 연구자들이 풀리지 않는 모순에 마주 쳤다. 하지만 1987년 제1차 인티파다*가 발발하고 이스라엘 공공영역에 비판적이고 개방적인 분위기가 더 널리 조성된 후에야 고고학자들은 성스러운 땅에 오래도록 짓눌려서 잠겨버린 목소리를 높이기 시작했다.

지진이 처음 일어난 곳은 '족장 시대'였다. 두브노프와 배런, 그리고 시오니스트 역사가들 모두의 마음속에 무척이나 소중했던 그 시기는 답 없는 질문들로 가득 차 있었다. 아브라함이 가나안으로 이주해 온 것 이 과연 기원전 21세기 또는 20세기였을까? 물론 민족주의 역사가들도 아브라함과 이삭과 야곱의 놀랍기 그지없는 장수를 성서가 과장하고 있다고 생각하기는 했다. 하지만 '유대인의 시조'가 감행한 메소포타미 아로부터의 이주라는 결정적 사건은 바로 그 후손들이 가나안 땅을 물 려받을 것이라는 약속과 연관되어 있었다. 그러니 이스라엘 땅으로의 최초 이주가 가진 역사적 중요성을 지키겠다는 욕망은 그 무엇보다 앞 설 수밖에 없었다.

1960년대 말 즈음에 이미 민족주의 고고학의 시조 중 한 명인 비냐민 마자르는 골치 아픈 문제에 직면해 있었다. 족장들의 이야기 속에 블레 셋인(Philistine)과 아람인(Aramaean)을 비롯해 많은 수의 낙타가 언급되 어 있는데, 어떤 고고학적, 금석학적 증거를 보아도 블레셋인들이 이 지

---

* intifada. '봉기'를 뜻하는 아랍어로 팔레스타인인들의 반 이스라엘 투쟁을 통칭하는 말. 1987년 과 2000년에 각각 일어나 이후 수년간 많은 팔레스타인인들이 살상되었다.

역에 출현한 것은 빨라야 기원전 12세기를 넘지 못했기 때문이다. 또한 「창세기」에서 중요한 역할을 하는 아람인들도 기원전 11세기에서야 근동지역 비문들에 처음 등장하며, 뚜렷한 존재감을 보이는 것은 기원전 9세기에 이르러서였다. 낙타 역시 끝없는 골칫거리였다. 낙타가 처음 가축화된 것은 기원전 10세기가 시작될 무렵이고, 상업 활동에서 운송수단으로 쓰인 것은 기원전 8세기부터다. 마자르는 성서의 역사성을 지키기 위해 자신이 원래 정했던 연대를 고쳐서 족장들의 이야기를 더 나중시기로 밀어내지 않을 수 없었다. 그러고는 이 이야기들이 "대체로 사사시대 끝 무렵이나 왕국 초기에 들어맞는다"고 결론지었다.[112]

예전부터 다른 비이스라엘권 학자들은 그가 제시한 연대 설정이 비논리적이며, 올브라이트와 그 추종자들이 일찌감치 제시한 불확실한 연대기 역시 비논리적이라는 것을 알고 있었다. 그 가운데 특히 대담한 미국 학자 토머스 톰슨이 주목을 끌었다.[113] 이들은 족장들의 이야기 연작을 훗날의 재능 있는 신학자들이 지은 문학적 창작물로 보아야 한다고 주장했다. 왜냐하면 줄거리가 그토록 상세하고 인근 부족 및 민중들의 위치와 이름이 일일이 명시되어 있는 점이야말로, 그것이 오랜 세월에 걸쳐 증식되고 발전된 인개 자욱한 대중 신화라기보다 오히려 수백 년 후 의식적으로 만든 이데올로기적 창작물임을 가리키는 증거였기 때문이다. 「창세기」에 언급된 이름들 중 다수가 기원전 7세기, 심지어 6세기에 등장하는 것만 보아도 그러했다. 「창세기」 기자들은 의심할 바 없이 아시리아 왕국과 바빌로니아 왕국을 잘 알고 있었다. 물론 이 두 왕국은 첫 이주가 있었다고 하는 기원전 20세기에서 오랜 시간이 지난 후에 일어난 나라들이었다.

모세오경을 기록한 이 후대 기자들은 상상 속의 선조들이 다른 기원을 갖고 있다는 것, 그들이 다른 곳에서 왔다는 것을 강조하고 싶어 했다. 자신들의 뿌리가 민족의 땅에 있고 그 흙으로부터 태어났다고 확신하는 근대 애국자들과는 달랐다. 오경 기자들은 민족의 영토 소유권보다는 자신들의 혈통이 문화적으로 고귀하다고 주장하는 데 더 신경을 썼다. '민족'의 고귀한 시조가 메소포타미아 칼데아의 우르에서 기원했다고 쓴 것도 바로 그 때문이었다. 또 아브라함이 할례 받은 아들 이삭의 나이가 찼을 때 가나안 현지의 이교도 처녀 중에서 신부를 찾으려 하지 않은 것도 그 때문이었다. 그리하여 특별한 임무를 띤 사자를 나호르(나홀)에 보내 정결한 신부를 데려오도록 했다. 나호르는 아브라함이 살던 헤브론에 비해 일신교 문화에서는 더 나을 게 없었지만, 그래도 기원전 5~6세기 바빌로니아 세계에서는 족장들이 지배하던 가나안의 작은 마을 헤브론보다는 더 훌륭한 곳으로 여겨졌다. 이에 비하면 우르야말로 선망 받던 유명 도시로, 고대 근동의 뉴욕 아니 파리라고 할 수 있었다. 그러나 칼데아인들이 우르에 정착하기 시작한 것은 기원전 9세기 들어서였으며, 칼데아 왕 나보니두스가 우르를 종교 중심지로 발전시킨 것도 기껏해야 기원전 6세기 들어서였다. 이름 없는 오경 기자들, 아마도 상당히 후대로 생각되는 그들이 자신들의 기원을 우르라고 한 것이 단지 우연일까?

출애굽에서 가나안 정복까지

위대한 문화 중심지에서 혈통을 찾으려는 노력은 또한 이집트에서 탈출해온 사람들이라는 스토리를 만들어냈다. 두 번째로 중요한, 그러나 곧 흔들리게 될 신화였다. 출애굽의 근거가 박약하다는 것은 진작부터 잘 알려져 있었지만, 출애굽을 세부적으로 검토하는 것에 대해서는 완강한 거부심리가 있었다. 유대 문화에서 유월절 축제가 맡은 역할은 말할 것도 없고, 유대 정체성을 규정하는 데 있어 출애굽이 차지하는 중심적 위치 때문이다. 기원전 13세기 말의 메르넵타 석비에 대해 두브노프가 골치 아파 했다는 것을 우리는 앞서 살펴본 바 있다. 파라오의 명에 따라 쓰인 이 비문은 진압된 여러 도시들과 부족들 가운데 이스라엘이 있었고 '그들의 씨가 더 이상 남지 않았다'고 선언한다. 파라오가 과장한 것일 수도 있지만, 이 비문은 어쨌든 이집트 지배하에 있던 가나안에 이스라엘이라는 이름을 지닌 어떤 작은 문화적 실체가 다른 작은 집단들과 더불어 존재했음을 시사하는 것만은 틀림없다.[114]

기원전 13세기, 출애굽이 있었다고 하는 그 시기에 가나안은 여전히 강력했던 파라오들의 지배를 받고 있었다. 그렇다면 모세는 자유를 얻은 노예들을 이끌고 이집트에서 나와서… 역시 이집트로 갔다는 말인가? 성서 이야기에 따르면, 모세가 40년 동안 광야를 유랑하며 이끌었던 이들 중에는 전사 60만 명이 있었다고 한다. 그들에게는 아내와 자식들도 있었을 텐데, 그렇다면 그 집단은 모두 합쳐 대략 3백만 명이라는 얘기가 된다. 그만한 수의 인구가 사막을 그토록 오랫동안 유랑한다는 것이 도무지 불가능하다는 사실은 차치하고라도, 그만한 규모의 사건이 있었다면 뭔가 금석학적 흔적이나 고고학적 증거가 남아 있어야 한다.

고대 이집트인들은 어떤 사건이든 꼼꼼하게 기록을 남겨두었다. 그래서 왕국의 정치적이고 군사적인 일상에 대한 기록도 대단히 많다. 심지어 유목민 집단들이 왕국을 침략한 일에 대한 기록들도 있다. 그런데 '이스라엘의 자식들' 중 어느 하나라도 이집트에 살았다거나, 이집트에 대항해 봉기했다거나, 어느 시기엔가 이집트로부터 이주해 나갔다거나 하는 기록은 단 한 줄도 언급되어 있지 않다. 히브리 노예들이 건설했다는 이집트 도시 비돔(Pithom)이 다른 초기 자료에 등장하긴 하지만, 이곳이 주요 도시로 건설된 것은 기원전 6세기 말에 이르러서였다. 출애굽이 있었다는 시기에 인구집단의 이동을 보여주는 흔적은 시나이 광야 어디에서도 발견된 바 없다. 또 성서에서 유명한 시나이산의 위치도 아직 밝혀내지 못한 상태이다. 유랑 이야기에서 언급되는 에시온 게벨(Etzion-Gever)과 아라드(Arad) 역시 그 시기에는 존재하지 않았고, 번성하는 영구 정착지로 등장하게 되는 것은 훨씬 나중의 일이다.

40년의 유랑 끝에 이스라엘의 자식들은 가나안에 도착해 그 땅을 기습, 탈취했다고 한다. 신의 명령에 따라 그들은 지역 주민 대부분을 절멸시켰고, 남은 이들은 장작 패고 물을 긷게 하는 등 그들을 섬기게 했다. 모세가 영도할 때는 하나였던 이 민중은 정복 후 12개 지파로 (마치 나중의 그리스가 12개 도시국가로 구성된 것처럼) 갈라졌고 그 땅을 나눠 가졌다.「여호수아서」에서 인류 초기에 일어난 집단학살 사건으로 다채롭고 상세하게 묘사되고 있는 이 무자비한 정착 신화는 실제로는 결코 일어난 적이 없었다. 새로운 고고학 논쟁 속에서 폐기될 다음 신화는 바로 이 유명한 가나안 정복 신화였다.

꽤 오랜 기간 동안 시오니스트 역사가들과 그들의 뒤를 이은 이스라엘 고고학자들은 잘 알려진 발견들을 무시해왔다. 이스라엘이 가나안을 정복했다고 추정되는 시기에 그곳을 이집트가 지배하고 있었다면, 그 정복을 언급한 이집트 기록이 단 한 건도 없는 것은 어찌된 일일까? 뿐만 아니라 성서는 왜 가나안에 있었던 이집트인들에 대해서는 전혀 언급하지 않았을까? 가자와 벳셰안(벳스안)에서 이뤄진 고고학적 발굴이 오랜 기간에 걸쳐 밝혀낸 바에 따르면, 가나안 정복이 있었다는 시기와 그 이후에 이집트인들이 거기 있었다는 것은 분명한 사실이다. 하지만 고대의 민족 텍스트를 포기하기에는 그 가치가 너무 높았다. 그래서 학자들은 사실을 얼버무리고 모호한 설명을 붙임으로써 어디로 튈지 모르는 이 작은 사실들을 덮는 방법을 익혔다.

하지만 예리코(여리고), 아이, 헤스본 등 이스라엘인들이 진격나팔을 불며 함락시켰다고 하는 강력한 성곽도시들의 발굴 결과도 다른 발굴과 다르지 않았다. 즉 기원전 13세기 말의 예리코는 성벽은커녕 별 의미 없는 작은 마을이었고, 아이와 헤스본 역시 당시에는 전혀 정착해서 사는 사람들이 없는 곳이었다. 정복 이야기에 언급되어 있는 다른 도시들도 대부분 다를 바 없었다. 하솔, 라키시(라기스), 므깃도에서 파괴와 화재의 흔적이 발견된 적은 있지만, 이 오래된 가나안 도시들의 몰락은 대략 한 세기에 걸쳐 느리게 진행된 과정이었으며, 그 원인도 블레셋인과 같은 '바다에서 온 사람들'의 출현 때문이었을 가능성이 매우 높다. 블레셋인은 그 당시 지중해 동쪽 연안 전체에 걸쳐 침입했는데, 이집트의 풍부한 기록 및 다른 기록들이 이를 입증해주고 있다.[115]

이스라엘의 새 고고학자들과 학자들은 이벤트 중심의 정치적 발굴에서 관심을 거두는 한편, 사회인류학적 조사에 더 많은 관심을 기울였다. 지역 조사에 힘을 쏟았고, 넓은 지역에 걸쳐 고대 주거환경, 생산 도구, 숭배 문화 등을 조사했다. 그 결과 많은 발견이 이루어졌고, 가나안 고지대를 누가 차지하고 있었는가에 대한 여러 잠정적인 가설이 새로 제시되었다. 이 가나안 도시들이 몰락한 후 저지대에서는 현지 유목민들이 정착을 시작해 여러 중간 단계를 거치면서 서서히 정주형 농경 공동체들을 형성했을 것이다. 장차 이스라엘왕국과 유다왕국을 서서히 태동시키게 되는 주민은 아마도 토착 가나안인이었을 거라는 얘기다. 그들은 처음에는 이집트 지배자들의 통치하에 있다가 기원전 12~10세기 사이에 이집트인들이 그 지역에서 물러나면서 천천히 등장했을 것이다. 이들 새 농부들이 사용한 도자기 및 연장들은 한 가지 문화적 특징을 제외하고는 타 지역 가나안인들의 것과 다르지 않았다. 그 한 가지 문화적 차이란, 이들 새 농부들의 정착지에서는 돼지뼈가 발견되지 않았다는 점이다.[116] 분명 이것은 의미 있는 사실이지만, 그렇다고 해서 그 사실이 곧 어떤 낯선 종족이 가나안을 정복했다거나 그 농민들이 일신교를 믿었음을 시사하는 것은 아니다. 여기저기 산재해 있던 농경 공동체들이 그 생산물을 기반으로 한 도시들로 발전해간 과정은 길고 아주 느린 과정이었으며, 그 과정은 두 개의 작은 지역 왕국이 생겨나면서 정점에 이르게 된다.

영광의 왕국은 존재했는가?

새로운 고고학적 발견으로 인해 과학적 역사성을 잃게 될 다음 성서 이야기는 장구한 민족의 기억 가운데서도 백미라 할 다윗과 솔로몬 왕국 부분이었다. 그레츠 이후 디누어와 그 뒤를 이은 이스라엘 역사가들까지 오는 동안, 다윗과 솔로몬의 통일왕국은 유대 역사에서 가장 영광스러운 황금시대로 남아 있었다. 미래의 정치 모델들은 모두 이 성서적 과거를 본보기삼아 만들어졌으며, 거기에서 시각적 이미지와 사고와 지적 활력을 끌어왔다. 새로 쓴 소설에도 그 이야기가 줄거리 일부로 담겼으며, 출중한 사울과 용감무쌍한 다윗과 지혜로운 솔로몬에 대한 시와 희곡들이 나왔다. 발굴자들은 그들의 궁전 유적을 찾았고, 상세한 지도들로 역사적 그림을 완성하여 유프라테스강에서부터 이집트 경계에까지 이르는 통일제국의 영토를 그려 넣었다.

그러다 1967년 이후세대 고고학자들과 성서학자들이 등장했다. 성서에서 사사시대 이후 급속하게 성장한 것으로 나오는 그 강력한 왕국의 존재 자체에 대해 의심의 눈초리를 던지는 사람들이 등장한 것이다. 1970년대, 그러니까 예루살렘이 이스라엘 정부에 의해 '영구 통합된' 이후에 그곳에서 진행된 발굴 작업들은 영광스런 과거에 대한 환상을 무너뜨렸다. 하람 알 샤리프* 바닥을 파볼 수는 없었지만, 출입이 허용된 주변 어느 곳을 발굴해도 다윗과 솔로몬의 시기로 추정되는 기원전 10세기에 왕국이 존재했던 흔적이 전혀 발견되지 않았다. 기념구조물이나 벽이나 장엄한 궁전 등의 흔적도 전혀 발견되지 않았고, 그나마 발견된 도자기조차 양적으로나 질적으로 소박하기 그지없었다. 처음에는 끝없이 벌어진 예루살렘 침략과 헤롯 통치시대의 대규모 공사 때문에 유적이 파괴된 것이라는 주장이 제기되었지만, 그보다 더 앞선 시기의 인상적인 흔적이 발견되자 그 추정도 힘을 쓰지 못했다.

통일왕국 것으로 추정되던 다른 유적들에도 의심의 눈길이 더해졌다. 성서는 솔로몬이 하솔, 므깃도, 게제르(게셀) 등과 같은 북쪽 도시들을 재건했다고 기술하고 있고, 이가엘 야딘도 히솔의 장엄한 구조물들 속에서 지혜의 왕 솔로몬의 도시를 찾아냈다고 주장해왔다. 야딘은 또한 므깃도에서 통일왕국 시대의 궁전들을 찾아냈으며, 세 고대 도시 모두에서 유명한 솔로몬 성문을 발굴했다고 주장했다. 하지만 안타깝게도 이 성문들의 건축양식은 기원전 10세기 이후의 것으로 밝혀졌다. 기원전 9세기 사마리아에 건설된 어떤 궁전의 흔적과 매우 닮았던 것이다.

* Haram al-Sharif. 동예루살렘에 위치한 이슬람 성지로 알 아크사 모스크가 있다.

그리고 방사성탄소연대측정이라는 기술적 발전으로 사마리아의 그 거대한 구조물이 솔로몬 시대가 아니라 이스라엘 북왕국 때 것임이 확인되었다. 그 부유함으로 볼 때 바빌로니아나 페르시아의 강력한 제국통치자들에 거의 맞먹을 정도였다고 성서에서 기술한 전설의 왕 솔로몬, 그가 실존했다는 흔적은 사실상 발견된 적이 없는 것이다.

따라서 골치 아프지만 피치 못하게 다음과 같은 결론을 내릴 수밖에 없었다. 만일 기원전 10세기 유다지역에 어떤 정치적 실체가 존재하였다면 그것은 작은 부족왕국이었을 것이며, 예루살렘은 요새화된 근거지였을 것이라는 결론이다. 이 작은 왕국을 다윗 일가로 알려진 어떤 왕조가 통치했을 수는 있다. 1993년 텔 단에서 발견된 한 비문이 그 가정을 뒷받침한다. 하지만 이 유다왕국은 북쪽 이스라엘왕국보다 훨씬 뒤처져 있었고, 훨씬 발전이 덜 이루어졌던 것으로 보인다.

기원전 14세기로 소급되는 이집트 텔 엘-아마르나의 문서들은 가나안 고지대에 이미 두 개의 작은 도시국가 세겜(Sechem)과 예루살렘이 있었음을 시사하며, 메르넵타 석비는 '이스라엘'이라 불리는 어떤 집단이 기원전 13세기 말 가나안 북부에 있었음을 알려준다. 1980년대에 서안지구에서 발굴된 풍성한 고고학적 유물들은 두 산악지대 사이에 물질적, 사회적 격차가 있었음을 보여준다. 비옥한 북쪽 땅에서는 농업이 발전해 수십 개 정착지가 먹고살 수 있었던 반면, 남쪽 땅에는 기원전 10세기 내지 9세기까지 20여 개의 작은 촌락들밖에 없었다. 이스라엘왕국은 이미 기원전 9세기에 안정되고 강력한 국가를 이룬 반면, 유다왕국은 기원전 8세기 말이 되어서야 국가를 세우고 강력하게 성장했다. 가나안에는 항상 서로 다른 두 개의 정치적 실체가 존재하고 있었다. 비록 양쪽 주민 모두 변형된 고대 히브리어를 사용하는 등 문화적, 언어적 연관성이 있기는 했지만 말이다.

오므리 왕조가 통치한 이스라엘왕국이 다윗 가문이 통치하던 유다왕국보다 더 큰 나라였다는 것은 명백하다. 우리가 가지고 있는 가장 오래된 성서외적 증거는 이스라엘왕국에 대한 것이다. 아시리아 샬마네세르 3세의 검은 오벨리스크, 메사 비문, 텔 단에서 발견된 비문 등이 그것이다. 솔로몬의 것으로 여겨졌던 장엄한 구조물들이 사실은 전부 다 이스라엘왕국이 더 나중 시기에 벌인 사업의 결과물이었다. 절정기의 이스라엘왕국은 가장 인구가 많고 번성한 왕국의 하나로, 북으로는 다마스쿠스, 동으로는 모아브(모압), 서로는 지중해, 남으로는 유다왕국과 면하고 있었다.

다양한 장소에서 실시된 고고학 발굴 결과, 북부 산악지대 주민들은 유다지역 농민들과 마찬가지로 열정적인 다신교 신자였다는 사실이 밝혀졌다. 그들은 대중적으로 인기 있던 '야훼'를 숭배했는데, 야훼는 서서히 그리스의 제우스 또는 로마의 주피터 같은 주신(主神)이 되었다. 하지만 그들이 바알, 세메스, 그리고 아름다운 아세라 등 다른 신들에 대한 숭배를 버린 것은 아니었다.[117] 더 나중 시기의 유다지역 일신교도들이었던 모세오경 저자들은 이스라엘왕국 통치자들을 혐오하면서도 그들의 전설적인 힘과 영광에 대한 부러움을 감추지는 못했다. 그리하여 모세오경 저자들은 '이스라엘'이라는 명망 높은 이름을 무단으로 사용하기로 했다. 그러면서도 오경 저자들은 그곳 사람들의 도덕적, 종교적 타락에 대해서는 결코 비난을 멈추지 않았다.

결국 이스라엘왕국 주민들과 통치자들의 가장 큰 실수는 기원전 8세기 후반에 아시리아제국에게 패했다는 사실이었다. 다시 말해 기원전 6세기 유다왕국이 멸망하기까지 꽤 긴 시간을 남겨놓은 것이야말로 실수였다. 게다가 그들은 역사를 가장한 매력적인 옷을 그들 종교에 입혀

줄 신의 대리인들도 전혀 남겨두지 못했다.

새로운 고고학자들 및 성서학자들 대부분이 받아들인 결론은 다음과 같다. 즉 거대한 통일 군주국은 결코 존재한 적이 없으며, 솔로몬 왕이 아내 7백 명, 첩 3백 명과 함께 거주한 장엄한 궁전도 결코 없었다는 것이다. 성서가 그 거대 제국의 이름을 따로 명명하지 않았다는 사실도 이 결론을 강화한다. 유일신의 은총으로 수립된 강력한 통일왕국을 인위적으로 발명하고 영광스럽게 만든 것은 후대 저자들이었다. 그들은 또한 풍부하고 독특한 상상력을 발휘하여 세계 창조, 대홍수, 선조들의 유랑, 야곱과 천사의 씨름, 이집트 탈출과 홍해 기적, 가나안 정복과 기브온 전투에서 해가 멈춘 기적 등과 같은 유명한 이야기들을 만들어냈다.

광야로부터 와서 드넓은 땅을 정복하고 영광스런 왕국을 세운 민족, 이 경이로운 민족의 태곳적 기원에 관한 신화들은 새로 일어난 유대 민족주의와 시온의 식민화에 큰 도움이 되었다. 그 신화들은 정전 자격을 갖춘 텍스트로 대접받으면서 복잡한 정체성 정치에 숨을 불어넣고, 자기 정당화와 상당한 희생을 요하는 영토 확장에 힘을 실어주는 연료를 한 세기 동안 공급해주었다.

그 신화를 허문 사람들이 바로 이스라엘 내부 및 외부의 성가신 고고학자들과 성서학자들이다. 20세기 말이 되자 그 신화는 실제 역사와의 사이에 놓인 건널 수 없는 간극 때문에 픽션의 지위로 강등될 것처럼 보였다. 하지만 이스라엘 사회는 이 문제에 그리 관심이 없으면서도, 또 그들의 탄생과 지금의 존재 자체를 뒷받침해주는 역사적 정당성을 더 이상 필요로 하지 않으면서도, 여전히 새로운 연구 결과를 받아들이기를 어려워하고 있다. 그러니 이렇게 변화된 연구 방향에 대중들이 완고하게 저항하는 것도 당연하리라.

10. 비유문학으로서의 성서

누가 지은 책인가?

17세기 바뤼흐 스피노자와 토머스 홉스 이래, 즉 근대 철학이 시작된 이래로 성서 기자들의 정체에 대한 논쟁은 계속되어 왔다. 그들의 정체를 안다면 그들을 특정 시대 안에 위치시킬 수 있을 것이고, 이 위대한 텍스트를 쓰게 된 다양한 동기들에 대해서도 조명해 볼 수 있을 것이다. 모세가 신으로부터 영감을 받아 오경을 썼다는 전통적 가설, 오경을 부분별로 나누어 각기 다른 시대 및 장소에 배정한 19세기 성서 비평, 페르시아 지배 시기와 심지어 헬레니즘 시기에 더 많은 분량이 저술되었다고 보는 현대적 해석 등 지금까지 서로 상충하는 많은 가설들이 나왔다. 하지만 문헌학과 고고학의 성과에 힘입어 이 분야에 상당한 진전이 있었음에도, 성서가 언제 쓰였고 그 저자들이 누구인지를 우리가 확실히 알 수 있을지는 여전히 의심스럽다.

성서에서 역사와 관련된 핵심 부분이 유다왕국 말기로 접어들던 요시야 왕 통치기에 작성되었다고 주장하는 텔아비브 학파 창설자들—나다프 나아만, 이스라엘 핑켈슈타인, 제예프 헤어초크 등—의 결론은 매력적이지만, 그 해석과 추론의 상당 부분은 견고하다고 할 수 없다.[118] 성서가 기원전 8세기 말 이전에 씌었다고 보기는 어려우며 성서에 포함된 이야기들 대부분이 사실적 실체성이 없다고 하는 그들의 분석은 상당한 설득력이 있다. 하지만 그들의 기본 가정, 즉 창작된 과거가 명백히 통치자 요시야의 조작에 따른 결과물이라는 가정은 의도하지는 않았겠지만 시대착오 문제를 일으킨다.

예를 들어 이스라엘 핑켈슈타인과 닐 애셔 실버먼이 공저한 풍부하고 고무적인 내용의 책 『발굴된 성서』(*The Bible Unearthed*, 한국어판 제목은 『성경: 고고학인가 전설인가』)에서 묘사하는 사회는 상당히 근대적인 민족 사회이다. 군주 즉 유다 국왕이 토라를 지어서 자기 백성과 멸망한 이스라엘왕국 난민들을 통합하려 한 것처럼 그리고 있기 때문이다. 북왕국 영토를 합병하려는 욕구의 충동을 받아, 새 민족을 이루게 될 두 부분을 융합하려는 목적으로 통합된 역사를 썼다는 얘기다. 하지만 재능 있는 이 고고학자들은 물론이고 그 뒤를 이은 다른 고고학자들에게도, 기원전 7세기 요시야의 작은 왕국에서 일신교적 종교개혁이 일어났다는 성서외적 증거는 없다. 그들은 반박 증거가 나오지 않는 한 여전히 성서에 안주하고 있는 셈이며, 그 텍스트에다 정치적 근대성을 전형적으로 보여주는 요소들을 반복적으로 담고 있는 것이다. 그들의 저작을 접한 독자는, 유다 주민들과 북이스라엘 난민들이 오두막집마다 텔레비전이나 라디오는 안 가지고 있었을지언정 최소한 글을 읽고 쓸 줄은 알았으며, 새로 인쇄된 토라를 열심히 돌려보았다고 상상하기 쉽다.

교육시스템이나 공통된 표준 언어가 없고 또 소통수단도 제한되어 있던 문명의 소농사회, 곧 극소수 비율만이 읽고 쓸 수 있었던 사회에서, 토라 한두 권은 숭배의 대상이었을지는 몰라도 모닥불 옆에서 들려주는 이념적 서사로 기능했을 수는 없다. 마찬가지로 최고 권력자가 백성의 이해를 구하려는 것 역시 근대적 현상으로, 고고학자들과 성서학자들은 역사적 감각의 부족으로 인해 그런 이미지를 계속 고대사에 갖다 붙이려 한다. 왕은 민족 정치로 대중을 결집시킬 필요가 없었다. 왕들은 행정계급 및 소수 토지귀족들로부터 왕조에 대한 느슨한 이념적 합의를 얻어내는 것만으로 대개 만족했다. 왕들은 백성들의 헌신이 필요치 않았고, 혹시 그런 헌신 의식이 있었다한들 그것을 군주에게 붙잡아 매어둘 수단도 없었다.

한 작은 주변부 왕국이 영토를 북쪽과 합병하고자 널리 선전을 펼쳤다는 줄거리로 최초 일신교의 기원을 설명하는 것은, 역사학적 주장으로서는 굉장히 납득하기 어렵다. 물론 이런 주장이 21세기 초 이스라엘에서 일어난 반-합병주의 분위기를 반영하는 것일 수는 있다. 하지만 그 작은 예루살렘의 왕조가 멸망에 앞서 관료적이고 중앙집권적인 필요에 따라 오직 야훼만을 신봉하는 일신교적 교리를 탄생시켰고, 성서 속 역사와 같은 형태로 회고조의 신학적 저작을 직성했다는 것은 이상한 이론이다.[119] 만약 그게 사실이라면 요시야의 동시대인들은 솔로몬의 장엄한 궁전을 묘사하는 이야기를 읽으면서 분명 그들의 도시에서 위대했던 과거의 흔적을 보고 싶어 했을 것이다. 하지만 고고학이 보여주었듯이 저 장대한 고대 궁전이란 것이 결코 존재한 적이 없는데, 상상 속의 파괴가 일어나기 전의 모습을 어떻게 볼 수 있었겠는가?

그보다는 고대 이스라엘왕국과 유다왕국이 그 통치자들의 상세한 연대기와 허세 가득한 승전 기록을 지어냈으며, 말 잘 듣는 궁정서기들—

이를테면 성서에 등장하는 아살리야의 아들 사반[120]이 그런 사람인데—
을 시켜서 그것들을 작성했다고 보는 것이 더 그럴듯하다. 그 지역 다른
왕국들의 상황도 비슷했다. 그 연대기들이 어떤 내용을 담고 있었는지
는 알 수 없고 앞으로도 알 수 없겠지만, 그 일부가 왕국의 잔존 기록물
안에 보관되어 있다가 유다왕국 멸망 후 성서 기자들이 그 원재료에 놀
라운 창의력을 가하여 근동지역 일신교 탄생에 가장 큰 영향을 준 문헌
을 작성했을 가능성이 매우 높다. 성서 기자들은 이 연대기들에다가 당
시 지식층 사이에서 돌던 그 지역의 우화와 전설, 신화 등을 추가했을
것이고, 세속 통치자의 자격에 대해서도 신정통치 관점에서 본 뛰어난
비판적 담론을 제시했던 것이다.[121]

기원전 6세기의 바빌론 유수와 귀환이라는 대사건은 유다지역의 엘
리트 식자층—전직 궁정서기나 제사장, 또는 그 후손인 사람들—에게
왕조 통치자로부터 직접 지배를 받던 때보다 더 많은 자율성을 가져다
주었을 것이다. 정치 붕괴와 그로 말미암은 비상 권한의 공백이라는 역
사적 돌발 사태는, 그들에게 새롭고도 예외적인 행동 기회를 제공했다.
그리하여 권력이 아닌 종교를 통해서 큰 보상을 받는 독특한 문학적 창
조의 무대가 새롭게 탄생하게 된 것이다. 예컨대 왕조 창시자(다윗)를
찬미하면서도 그를 더 높은 신적 존재에게 벌 받는 죄인으로 묘사하는
일이 어떻게 가능했는지는 오로지 그러한 상황 속에서만 설명할 수 있
을 것이다. 전근대 사회에서는 보기 힘든 표현의 자유가 신학적 대작을
낳을 수 있었던 것도 오직 그 때문일 것이다.

잠정적인 결론

따라서 우리는 다음과 같은 가설을 제시할 수 있을 것이다. 성서의 거의 모든 내용에서 두드러지게 나타나는 배타적인 일신론은 정치적 결과—일개 지역 왕이 영토를 확장하려다가 얻은 결과—가 아니라, 문화적 결과물이었다. 유수 기간 중이나 유수에서 돌아온 뒤, 유다지역 지식 엘리트들 사이에서 추상적인 페르시아 종교와의 주목할 만한 만남이 이루어지면서 생겨난 결과였다. 이 일신교는 아마도 더 발전된 지적 체계에 근원을 두고 있겠지만, 그로부터 튕겨져 나온 이후로는 역사 속의 많은 혁명적 이념들이 그러했듯이, 보수적 중심부에게 정치적 억압을 받던 주변부로 침투해 들어갔다. 히브리어 'dat'(종교)가 페르시아어에서 왔다는 것은 우연이 아니다. 이 최초의 일신교는 나중에 헬레니즘 다신교와 만나면서 완전한 발전을 이루게 된다.

토머스 톰슨, 닐스 페테르 렘케, 필립 데이비스 등 코펜하겐-셰필드 학파[122]의 이론은 비록 그 가정과 결론을 하나도 빼놓지 않고 다 받아들일 수는 없다 하더라도, 텔아비브 학파의 주장보다는 더 설득력이 있다. 그 이론이 말하려는 바를 한 마디로 요약하면, 성서는 한 권의 책이 아니라 기원전 6세기 말부터 기원전 2세기 초에 이르기까지 약 3세기 동안에 걸쳐 작성되고 수정, 각색된 장대한 한 질의 총서라는 것이다. 우리는 성서를 종교적이고 철학적인 성격을 가진 다층적인 문학적 구성물로 읽어야 한다. 또는 교육적 목적으로 가끔 유사역사학적 기술을 채택하기도 한 신학적 우화로 읽어야 한다. 그 목적은 특히 미래 세대를 대상으로 놓고, 신의 처벌은 종종 선조의 죄를 후손에게 묻는 방식으로 이루어지기도 한다는 것을 납득시키는 데 있었다.[123]

이 고대의 저자들과 편집자들은 하나의 응집력 있는 종교 공동체를 만들고자 했으며, 과거의 영광스런 정치를 멋대로 끌어와 예루살렘에 있던 신앙 중심부의 지속적이고 안정된 미래를 도모하려 했다. 그들은 신앙 중심부를 우상숭배 주민들로부터 분리시키고자 하는 의도에서 '이스라엘'이라는 범주를 만들어냈다. 장작 패고 물이나 긷는 현지의 적대적 주민인 가나안인과 달리, 다른 어딘가에 기원을 둔 거룩하고 선택받은 백성이라는 의미를 부여한 것이다. 이 문헌작성자 그룹이 '이스라엘'이라는 이름을 도용한 것은 아마도 이스라엘왕국의 계승자가 자기들이라고 생각한 사마리아인들과의 경쟁의식 때문이었을 것이다.[124] 이러한 자기고립적인 문학적 정치는 작은 '야후드 땅'*과 바빌로니아의 상위문화 중심지들에서 이미 발전하고 있었는데, 페르시아제국의 정체성 전략과도 잘 맞아떨어졌다. 페르시아제국 통치자들은 광활한 소유지에 대한 통제력을 유지하기 위해 공동체, 계급, 언어집단들을 뿔뿔이 흩어 놓으려고 애썼기 때문이다.

성서에 등장하는 지도자들, 사사들, 영웅들, 왕들, 제사장들, 선지자들(좀 더 나중 시기 인물들) 중 일부는 역사적 인물이었을 것이다. 하지만 그들이 살았던 시대, 그들의 관계, 그들을 움직인 동기, 실제 권력, 통치 범위, 그들이 끼친 영향, 예배 관습 등—다시 말해 역사에서 진정으로 중요한 것들—은 훗날의 상상력이 만들어낸 결과물이었다. 마찬가지로 성서 이야기 연작을 지적 또는 종교적 목적으로 소비한 이들, 즉 초기 유대 신앙공동체들이 형성된 것도 훨씬 나중의 일이었다.

셰익스피어의 연극 〈줄리어스 시저〉에 고대 로마에 대한 얘기는 거의

---

* 야후드(Yahud)는 '유다'라는 뜻의 아랍어.

없고 16세기 말 잉글랜드에 대한 얘기가 많다고 해서 그 사실이 작품의 힘을 퇴색시키는 것은 아니다. 그 때문에 오히려 우리는 그 역사적 사실을 다른 각도에서 바라볼 수 있다. 세르게이 예이젠시테인의 영화 〈전함 포툠킨〉도 1905년 혁명을 배경으로 하고 있지만 그 봉기에 대한 얘기는 거의 없고, 1925년 영화가 만들어질 당시 볼셰비키 정권의 이념에 대한 얘기가 많다. 성서를 대하는 우리의 태도도 이와 같아야 한다. 성서는 그것이 서술하는 시기에 대해 뭔가를 알려주는 서사가 아니다. 그보다는 감동을 주고 교훈을 주는 신학적 담화이다. 아울러 그것이 작성된 시기에 대해 알려주는 증거는 될 수 있다. 성서의 각 부분이 쓰인 시기들을 우리가 더 확실히 알게 된다면, 성서는 더 신뢰할 만한 역사적 문서가 될 수도 있을 것이다.

◎

수백 년 동안 성서는 3대 일신교 문화권—유대교, 그리스도교, 이슬람교 문화—에서 신의 영감을 받아 기록한 저작이자 신의 현현과 위대함을 보여주는 증거로 여겨져 왔다. 근대 들어 민족주의가 출현하면서 성서는 점차 인간이 작성한, 자신의 과거를 재구성한 저작으로 여겨지기 시작했다. 하지만 성서는, 민족주의 등장 이전의 프로테스탄트 영국에서도 그랬고 북아메리카 및 남아프리카의 청교도 정착민들 사이에서는 더욱 그랬듯이, 시대착오와 열띤 상상력을 통해서 근대의 종교·정치 집합체들을 형성하는 데 일종의 이상적인 모델을 제공했다.[125] 과거의 유대교 신자들은 그다지 성서를 들이파는 편이 아니었다. 하지만 유대 계몽주의가 출현하면서 점점 더 많은 수의 교양 있는 개인들이 성서를 세속적인 방식으로 읽기 시작했다.

그렇지만 이번 장에서 보여주고자 했던 바와 같이, 성서가 근대 유대 민족의 출현이라는 드라마에서 주역을 맡게 된 것은 19세기 후반 원-민족주의적 유대 역사학이 등장하고부터였다. 신학책자 서가에 꽂혀있던 성서는 역사 칸으로 자리를 옮겼고, 유대 민족주의 지지자들은 성서가 마치 복잡한 역사적 과정들과 사건들에 대한 신뢰할 만한 증거라도 되는 듯이 성서를 읽기 시작했다. 실로 성서는 반박할 수 없는 진실을 말해주는 '신화역사'의 지위에 오르고야 말았다. 성서는 범접할 수 없는 세속적 거룩함의 중심지가 되었고, 민중과 민족에 대한 모든 고찰 역시 거기에서 시작되어야 했다.

성서는 무엇보다 종족적 표지가 되었다. 각기 다른 배경과 문화를 지녔음에도, 별로 관심도 없는 종교 때문에 다른 모든 사람의 미움을 받는 이들에게, 성서는 그들이 공통된 기원을 가졌음을 알려주는 표지 역할을 했다. 세계 창조 때까지 기원이 거슬러 올라가는 고대 민족이라는 이 이미지 아래 숨은 의미는 바로 그것이었다. 그리고 이 이미지는 '근대'라는 야단법석 속에서 자기 자리를 찾지 못한 이들의 마음에 각인되었다. 특히 그것은 과거를 대하는 그들 의식에 각인이 되었다. 성서의 따스한 품은, 그 초자연적이고 진설적인 특성에도 불구하고(또는 바로 그 특성 때문에) 그들에게 기나긴 정도를 넘어 거의 영원한 소속감을 제공해줄 수 있었다. 그것은 빠르게 달리는 화물열차 같은 현재로서는 줄 수 없는 무엇이었다.

이런 경로를 통해 성서는 종교 경전이 아닌 세속적인 책자가 되었다. 아이들이 옛 조상에 대해 배울 때 읽는 책이 된 것이다. 이 아이들은 장차 당당하게 행진하는 군인으로 자라나서 독립과 식민지 정복을 위한 전쟁에서 싸우게 될 터였다.

제3장

너무 많은 유대인
유배 때문인가, 개종 때문인가

자기 땅에서 강제로 추방된 이후에도 유대 민중은 디아스포라 시절 내내 신앙을 지켰고 그곳으로 돌아가려는 기도와 희망을 멈추지 않았다. 그곳으로 돌아가 정치적 자유를 회복하겠다는 희망을 버리지 않았다. 「이스라엘 국가수립선언문」, 1948년

로마의 티투스가 예루살렘을 파괴하고 이스라엘이 그 땅에서 추방 당한 역사적 재난의 결과, 저는 유배된 도시들 중 한 곳에서 태어났 습니다. 하지만 저는 언제나 저 자신을 예루살렘에서 태어난 사람 으로 여겼습니다. 슈무엘 아그논, 노벨문학상 수상 연설, 1966년

이스라엘인이라면 독립을 선포하는 저 역사적인 선언문의 서두는 익숙지 않을지라도 슈무엘 아그논(Shmuel Agnon)의 감동적인 노벨상 수상 소감이 적힌 오십 셰켈짜리 지폐는 한번쯤 손에 쥐어보았으리라. 유명 작가 아그논이 알고 있는 바도 「국가수립선언문」을 작성한 이들과 대부분의 이스라엘 시민들이 알고 있는 바와 다르지 않았다. 즉 '유대 민족'은 기원후 70년에 벌어진 제2차 성전파괴로 추방되었고, 옛 고향땅에서 "자유민으로 살리라는 … 이천 년 동안의 희망"(이스라엘국가 가사)을 품은 채 세계를 떠돌아다녔다는 것이다.

자신이 태어난 땅에서 뿌리 뽑히고 추방되었다는 관념은 모든 형태의 유대 전통 안에 깊이 박혀 있다. 하지만 그 의미는 유대교 역사를 거치면서 변해왔다. 그 관념들이 세속적 의미를 띠기 시작한 것은 근대에 들어와서이지 언제나 그랬던 것은 아니다. 유대 일신교가 모습을 드러내기 시작한 것은 기원전 6세기 유다왕국 멸망 후 강제추방당한 문화

엘리트들 사이에서였는데, 그때부터 이미 유배와 방랑의 이미지는 직설적으로든 은유적으로든 토라의 주요 부분과 예언서들, 그리고 성문서들*속에 울려 퍼지고 있었다. 에덴에서 쫓겨난 사건에서 시작하여 아브라함의 가나안 이주와 야곱의 이집트 피난을 거쳐 스가랴와 다니엘의 예언서에 이르기까지, 유대 종교는 늘 유랑과 뿌리 뽑힘과 귀환의 관점에서 과거를 돌아보았다. 토라에 이미 이런 진술이 나온다. "야훼께서 너희를 땅 이 끝에서 저 끝까지 만민 중에 흩으시리니 너희가 그곳에서 너희와 너희 조상들이 알지 못하던 목석 우상을 섬길 것이라."(신명기 28:64) 강제추방은 제1차 성전파괴 때부터 있었고(바빌론 유수), 그 문학적·신학적 기억이 이후 유대교적 감수성을 형성하는 데 기여했다.[1]

그러나 기원후 70년 '두 번째 유수'를 불러왔다고 하는 역사적 사건을 자세히 검토해보면, 그리고 히브리 단어 'golah'(유배, galut와 같은 말)의 원뜻과 그 용어가 후기 히브리어에서 가지게 된 함의를 분석해보면, 민족적 역사의식이란 게 얼마나 많은 이질적 사건들과 전통적 요소들을 짜깁기한 것인지 알게 된다. 그 역사의식은 오직 그런 짜깁기를 통해서만 효과적인 신화로, 즉 근대 유대인들에게 종족적 정체성으로 가는 길을 제공하는 신화로 기능할 수 있었다. 강제추방이라는 거대 패러다임은 장기 기억을 구축하는 데 필수적이었다. 그 기억 안에서 가상의 유배된 민중 내지 종족은 성서에 나오는 백성의 직계후손으로 묘사될 수 있었다. 이제 살펴보겠지만, 유배 신화는 그리스도교 전통에서 생겨나 유대 전통으로 흘러들어간 것임에도, 결국 일반 역사와 민족 역사를 아우르는 역사 전체에 새겨진 진실이 되었다.

---

* the Writings. 구약성서 가운데 율법서(토라)와 예언서를 제외한 시편, 잠언 등의 지혜서와 묵시록 및 일부 역사적 기록들을 가리키는 말.

1. 서기 70년에 일어난 일

아무도 추방되지 않았다

가장 먼저 강조해야 할 것은 로마인들이 유대전쟁이 끝난 후 결코 주민 전체를 강제추방하지 않았다는 사실이다. 아울러 우리는 이스라엘왕국을 멸망시킨 아시리아인들과 유다왕국을 정복한 바빌로니아인들 역시 그들의 정복지로부터 주민 전체를 이주시키는 일 같은 건 하지 않았다고 덧붙일 수 있다. '땅의 사람들' 곧 농작물을 생산하고 세금을 바치는 이들을 그 땅에서 뿌리 뽑는 것은 결코 득이 되는 일이 아니다. 심지어 로마제국은 아시리아인과 바빌로니아제국이 실시했던 효율적 추방정책—전 지역에 걸쳐 각 분야 행정 및 문화 엘리트들만을 골라서 추방한 정책—조차 시행하지 않았다. 지중해 서안 지역에서는 간혹 로마 군인들의 정착지를 확보하기 위해 지역 농경공동체를 쫓아낸 일이 있었지만, 그런 예외적인 정책도 근동에는 적용하지 않았다. 물론 로마 통치자들도 반항적인 피지배 주민들을 억누를 때는 말할 수 없이 무자비했다. 투사들을 처형하고, 포로들은 노예로 팔고, 왕과 왕자들은 유배시키곤 했다. 하지만 분명코 동방의 정복지 주민 전체를 강제추방한 일은 없었고, 그렇게 할 만한 수단도 가지고 있지 않았다. 근대 세계에서 활용하는 트럭, 기차, 대형선박 따위는 존재하지 않았다.[2]

당시 있었다는 유배에 대해 말해주는 사료로는, 그 시기까지 거슬러 올라가는 고고학적 결과를 논외로 치면, 기원후 66년의 열심당(Zealot) 반란에 참가했던 역사가 플라비우스 요세푸스의 문헌이 유일하다. 그의 책『유대전쟁』은 당시의 충돌이 가져온 비극적 결과를 묘사하고 있다. 그렇다고 해도 그 참화가 유대 왕국 전 지역에서 벌어졌던 것은 아니며, 파괴의 손길이 미친 곳은 주로 예루살렘과 다른 요새화된 도시 몇 군데였다. 요세푸스는 예루살렘 포위와 이후 이어진 대학살에서 110만 명이 죽고 9만 7천 명이 포로로 잡혔으며, 다른 도시들에서 몇 천 명이 더 죽임을 당했다고 추산했다.[3]

고대 역사가들이 다 그랬듯이 요세푸스도 숫자를 과장하는 경향이 있었다. 오늘날 대다수 학자들은 고대 기록에 나오는 인구통계 수치들이 죄다 과장된 것이며, 상당히 많은 수치가 수비적(數秘的) 의미를 가지고 있다고 믿는다. 요세푸스는 반란이 일어나기 전 순례자들이 예루살렘에 대거 모여들었다고 밀하고 있지만, 예루살렘에서 1백만 명 이상이 죽임을 당했다는 설은 믿기 어렵다. 기원후 2세기 로마제국이 가장 번영을 누렸을 때조차 수도 로마의 인구는 근대의 중간급 광역시 인구에 불과했는데,[4] 유다지역의 작은 왕국에 그 정도 되는 대도시가 있었을 리 만무하다. 조심스럽게 추산하건대, 당시 예루살렘에 거주하던 주민 수는 6만~7만이 고작이었을 것이다.

포로가 7만 명이었다는 믿기 힘든 수치를 받아들인다 해도, 여전히 그 얘기가 성전을 파괴한 악마 티투스에 의해 '유대 백성'이 추방되었음을 말해주는 것은 아니다. 로마의 명물 티투스 개선문에도 로마 군인들이 성전에서 촛대를 강탈하는 모습은 조각되어 있어도, 이스라엘 학교에서 가르치듯 유대 포로들이 성전 촛대를 나르며 끌려가는 것으로는 나오지 않는다. 유다지역에서 추방이 있었다는 언급은 로마의 풍부한 기록 어디에도 없다. 반란 후 유다지역 경계선 부근에서 대량의 피난민이 있었던 흔적도 전혀 발견된 적이 없다. 대규모 피난 사태가 발생했다면 그런 흔적이 없을 수가 없다.

물론 우리는 열심당 반란과 로마에 맞선 전쟁이 일어나기 전 유다 땅의 인구가 얼마였는지 정확히 알지 못한다. 하지만 이 부분에서조차 요세푸스의 수치는 쓸모가 없다. 일례로 그는 갈릴리에 3백만 명이 거주했다고 썼는데, 최근 몇 십 년간 진행된 고고학 조사에 따르면, 기원전 8세기 가나안 땅 전체—즉 강력했던 이스라엘왕국과 작은 유다왕국을 합친 지역—에 약 46만 명이 거주했을 것이라고 한다.[5] 이스라엘 고고학자 마겐 브로시가 지중해에서 요르단강에 이르는 지역의 밀 소출량에 근거하여 인구를 계산한 바에 따르면, 그 지역이 가장 번성했던 6세기 비잔틴제국 시기에조차 주민 수는 최대 1백만 명이었을 것이라고 한다.[6] 따라서 열심당 반란이 일어나기 직전의 유다지역 인구는 최대한 많이 잡아도 50만~100만이라고 가정하는 것이 타당하다. 전쟁이나 전염병, 가뭄, 과도한 조세 등으로 그 수가 감소할 수는 있어도, 근대의 작물 혁명과 농공산업 혁명이 있기 전까지 그 수가 크게 증가할 수는 없었다.

열심당이 일으킨 내전과 로마에 대한 반란으로 그 지역이 심각한 타격을 입었고, 성전파괴 후 문화 엘리트들의 사기가 극도로 저하된 것은 사실이다. 예루살렘 안팎의 인구도 얼마동안 줄어든 채로 있었을 가능성이 크다. 하지만 이미 밝혔듯이 강제추방은 벌어지지 않았고, 지역경제도 오래지 않아 회복되었다. 고고학 발견 결과 요세푸스는 참상을 과장한 것으로 보이며, 몇몇 도시는 기원후 1세기 말쯤 되자 금세 원래 인구를 회복하였다. 유대 종교문화는 역사상 가장 인상적이고 생산적인 시기들 가운데 하나로 막 진입하고 있었다.[7] 하지만 안타깝게도 이 시기의 정치적 형세를 보여주는 정보는 거의 없다.

기원후 2세기에 유다지역 역사를 뒤흔들었던 두 번째 메시아적 반란에 대해서도 정보가 거의 없기는 마찬가지이다. 서기 132년 하드리아누스 황제 때 일어난 '바르 코크바 반란'(Bar Kokhba revolt)이라는 이름의 봉기에 대해서는 로마 역사가 카시우스 디오와 카이사레아의 주교이자 『교회사』 저자인 에우세비오스가 간략하게 언급하고 있으며, 유대 종교문헌들과 고고학 발견을 통해서도 그 사건의 메아리를 들을 수 있다. 하지만 유감스럽게도 이 당시에는 요세푸스만큼 지명도 있는 역사가가 없었기에 사건을 재구성하는 일은 단편적으로만 가능하다. 여기서 다음과 같은 질문이 떠오른다. 강제추방이라는 오래된 이야기는 혹시 이 반란의 충격적인 결과에서 나온 것 아닐까? 카시우스 디오는 이 반란의 결말을 설명하면서 다음과 같이 썼다.

> 그들에게 가장 중요한 전초기지 50곳과 그들의 가장 유명한 마을 985곳이 파괴되었다. 남자 58만 명이 각종 습격과 전투 중에 죽어나갔고, 기근, 질병, 화재로 목숨을 잃은 이들의 수는 파악할 수조차 없었다. 그리하여 유다 땅 거의 전체가 황폐해졌다.[8]

특징적인 과장(고대 역사가들이 제시하는 수치는 항상 거기서 '0'을 하나

빼도 될 것이다)이 또 엿보이지만, 이 암울한 보고서에서조차 강제추방에 대해서는 아무런 언급이 없다. 예루살렘의 이름이 '아일리아 카피톨리나'*로 개명되고 할례 받은 남자들의 출입이 얼마 동안 금지되기는 했다. 현지 주민들, 특히 예루살렘 부근 주민들에게는 3년간 가혹한 제재가 가해졌고 종교적 박해도 자심해졌다. 포로로 잡힌 전사들은 아마 이송되었을 것이고, 나머지 전사들은 그 지역에서 달아났을 것이다. 하지만 유다지역 대중들이 서기 135년에 추방당한 일은 없었다.[9]

'유다 속주'(Provincia Judea)라는 이름도 '시리아-팔레스타나 속주' (Provincia Syria Palaestina)로 바뀌었지만, 2세기경의 이 지역은 여전히 유다 사람들과 사마리아인들이 주류를 이루고 있었고, 반란이 끝나고 한두 세대 지난 후에는 다시 번성하기 시작했다. 2세기 말에서 3세기 초쯤 되었을 때는 농사짓는 인구 대부분이 회복되었고 농작물 생산이 안정을 찾았을 뿐 아니라, 지역문화 역시 랍비 유다 하나시(Judah ha-Nasi)의 황금시대를 맞이하여 풍성한 결실을 이루게 된다.[10] 그리하여 220년 무렵에는 '미슈나'의 6개 부분이 완성되고 최종적으로 편찬되었다. 유대 정체성과 종교 발전에 관한 한 바르 코크바 반란보다 훨씬 더 결정적인 역할을 한 사건이었다. 그렇다면 성전이 파괴된 후 유대 민중이 유배되었다는 거대한 신화는 도대체 어디에서 유래된 것일까?

관념으로만 존재한 유배

바르-일란대학교의 하임 밀리코프스키는 2세기와 3세기에 '*galut*'

---

* Aelia Capitolina. '아일리우스' 곧 하드리아누스의 도시라는 뜻.

(exile)라는 용어가 '강제추방'의 의미보다는 정치적 '정복'의 의미로 사용되었다는 증거를 당대의 많은 랍비 문헌들에서 발견했다. 그리고 두 의미는 반드시 서로 연결된 게 아니었다. 또한 다른 랍비 문헌들은 바빌론 유수만을 유일한 'galut'로 불렀으며, 제2차 성전파괴 때까지도 이 유수가 지속되고 있는 것으로 간주했다.[11]

예루살렘 히브리대학교의 역사학자 이스라엘 야콥 유발은 여기서 한 발 더 나아갔다. 유배에 관한 새로운 유대 신화가 생겨난 것은 상당히 늦은 시기였다. 그는 그 신화가 무엇보다 "유대인들이 예수를 배척하여 십자가에 못 박은 벌로 유랑의 삶을 살아간다"는 그리스도교 신화로부터 유래했음을 보여주려 했다.[12] 이러한 반유대적 유배 이론의 최초 출처는 '순교자 유스티누스'(Justinus Martyr)의 저작인 것으로 보인다. 2세기 중반에 활동했던 유스티누스는 바르 코크바 반란 이후 할례 받은 남자들이 예루살렘에서 축출된 일을 신이 내린 집단 징벌과 연결시켰다.[13] 그 뒤를 이은 다른 그리스도교 저자들도 유대인들이 성지 바깥에 살게 된 것을 그들이 저지른 죄에 대한 벌이자 징표로 간주했다. 이 유배 신화는 서서히 도용되어 유대 전통 안으로 흘러들어가기 시작했다.

그러나 유배를 그리스도의 십자가가 아닌 제2차 성전파괴와 연결시킨 이야기는 '바빌로니아 탈무드'*에 최초로 등장한다. 바빌로니아에는 기원전 6세기 이래 유대 공동체가 계속 존속하고 있었다. 이 공동체는 하스몬 왕국이 강력한 힘을 자랑하던 시기에도 시온으로 '귀환'하려는 노력을 전혀 하지 않았다. 그런 와중에 또 한 번의 성전파괴가 일어나

---

* 6세기 초 바빌론에 살던 랍비들이 집대성한 탈무드. 이와 별개로 4세기 말에 편찬된 '예루살렘 탈무드'(또는 '팔레스타인 탈무드')가 있으며, 일반적으로 '탈무드'라고 하면 바빌로니아 탈무드를 가리킨다.

자, 아마도 그것을 유배의 연장으로 해석하는 담론이 생겨났을 것이다. 그것을 고대에 있었던 사건의 재현으로, 즉 "바빌론 강가에서 흐느껴 울었던" 일에 대해 종교적 근거를 제공해주는 재난으로 받아들였을 것이다. 예루살렘에서 그리 먼 강가도 아니었으니까 말이다.

4세기 초 그리스도교가 승리를 거두고 로마제국의 종교가 되자, 원래부터 예루살렘 외부에 거주하던 유대교 신자들마저 유배를 신의 징벌로 보는 관념을 받아들이기 시작했다. 죄와 뿌리 뽑힘, 그리고 성전파괴와 유배를 연결시키는 관념이 세계 곳곳에 있는 유대인들의 존재에 대한 다양한 정의들 속에 깊이 자리하게 되었다. 죄로 인해 벌을 받고 있다는 '방랑하는 유대인'이라는 신화는 이후 그리스도교와 유대교 사이의 증오의 변증법 안에 뿌리를 내리고는, 긴 세월 동안 두 종교 간의 경계선을 표시하는 표지가 되었다. 그러나 더 중요한 것은 유배 관념이 향후 유대교 전통 안에서 노골적인 형이상학적 함의를 띠게 되었다는 점이다. 단지 고향에서 떠나왔다는 수준을 훨씬 넘어버린 것이다.

예루살렘 추방자의 후손이라는 주장은 아브라함, 이삭, 야곱의 혈통이라는 주장만큼이나 필수적인 것이 되었다. 그것 없이는 유대교인이 누리는 '선택받은 백성'이라는 지위가 확보되지 않았다. 나아가 '유배중'이라는 관념은 영토적 의미가 퇴색된 실존적 상황을 가리키는 말이 되었다. 어느 곳에 살더라도, 심지어 성지에 살더라도 유배 상태였다. 나중에 생겨난 유대교 신비주의 카발라(Kabbalah)는 유배를 신의 주된 속성으로까지 만들었다. 신의 영혼 '셰키나'(Shekhinah)를 신의 임재하심으로, 즉 언제나 유배에 처해 있는 상태로 본 것이다.

유배 관념은 커져가는 그리스도교의 힘에 맞서서 랍비 유대교*를 재정의하는 데 이용되었다.[14] 구약성서 속의 유대 신앙을 추종하는 이들은 예수가 자신을 희생시켜 세상의 구원을 이루었다는 생각을 거부했다. 자신들의 정체성을 유대인으로 보는 한, 그들은 십자가의 구세주가 부활하여 은총을 내렸다는 그리스도교적 관념을 받아들이지 않았다. 그들이 보기에 현재의 세상은 여전히 고통 속에 있고, 진짜 메시아가 오기 전까지는 계속 고통 속에 있을 터였다. 따라서 유배란 종교적 카타르시스의 한 형태였고, 이 카타르시스는 죄를 씻어주는 기능을 했다. 유배의 대립항, 즉 그토록 기다리는 구원은 최후의 날이 닥쳤을 때 비로소 올 것이다. 그러므로 유배란 고향을 떠나왔다는 장소적 의미가 아니라 아직 구원이 오지 않았다는 상황적 의미를 갖는 관념이었다. 대망의 구원은 다윗의 후손인 메시아 왕이 등장할 때 찾아올 것이며, 이와 함께 백성이 무리를 지어 예루살렘으로 돌아올 것이다. 구원은 망자들의 부활을 포함하며, 그들 역시 예루살렘에 무리지어 모여들 것이다.

다른 패권적 종교문화 아래 억눌려 사는 소수 종교집단에게 유배란 '성전파괴'처럼 일시적 패배를 의미하는 것이긴 하지만, 그 패배를 씻어줄 미래는 전적으로 메시아적인 것이므로 비천한 유대인의 힘이 전혀 닿지 않는 곳에 있었다. 그 미래는 당장 오든 멀리 있든 인간의 시간 바깥에 있는 것인데, 어쨌든 그 미래만이 구원과 아마도 우주적인 힘의 도래를 약속해주었다. 바로 이것이 유대인들이 "날마다 그들의 옛 고향으로 돌아가기만을 꿈꾸며 살지는 않았던" 이유이다. 그렇게 되기를 꿈꾼 소수는 오히려 가짜 메시아로 비난받곤 했다. 물론 개인적 행동으로 예루살렘에 가려 했던 일부 독실한 순례자들도 있었고, 그 땅에 묻히기 위

---

* 서기 70년의 성전파괴 후 유대 사회의 지도자로 등장한 랍비들이 주도한 유대교를 이르는 말. 이후 오늘날까지 유대교는 성서 자체와 제사의식보다는 탈무드와 율법에 대한 랍비 해석이 권위를 갖게 되었다.

해 간 사람들도 많았다. 하지만 예루살렘에서 평생 유대인으로서의 삶을 살겠다는 목적으로 집단이주를 감행하는 것은 이 종교의 상상력을 벗어난 일이었고, 이주를 주장하는 소수 역시 이례적이거나 괴팍한 이들로 여겨졌을 뿐이다.[15]

신기한 것은 카라이트파 유대교와 예루살렘의 관계이다. 카라이트파 상당수가 예루살렘으로 이주하고 동료 신자들에게도 이주를 촉구했기 때문이다. 성서만을 고집하고 탈무드 등의 구전 율법을 받아들이기를 거부했던 이 '프로테스탄트적 유대인들'은 랍비 유대교의 엄격하고 폐쇄적인 유배 관념으로부터 별로 영향을 받지 않았다. 그들은 랍비 유대교가 예루살렘에 관해 내린 금지규정들을 무시하고 그곳에 대거 정착했다. 성전파괴에 대해 남다르게 애도를 표했던 그들은 '시온의 애도자들'로 불리었고, 9세기와 10세기에 예루살렘 인구의 과반수를 차지했다고 한다.

랍비 유대교의 금지사항 가운데 상당수가 구원을 재촉하지 말라는 것이었다. 그러니 구원이 일어날 근거지로 이주하는 것도 당연히 금지되었다. 금지사항들 중 가장 눈에 띄는 것은 바빌로니아 탈무드에서 볼 수 있는 다음의 유녕한 세 가지 서약이다. "이스라엘은 벽 너머로 일어나[고자 해]서는 안 된다. 찬양하노니 거룩한 분*께서 이르시기를, 이스라엘이 세상의 민족들에 맞서서는 안 된다고 하셨다. 찬양하노니 거룩한 분께서는 우상숭배자들이 이스라엘을 너무 노예로 삼아서도 안 된다고 명하셨다."(탈무드 중 「혼인절차 지침 *Tractate Ketubot*」 110:72)[16]

'벽 너머로 일어난다'는 말은 성지로 집단이주한다는 의미로 해석되

---

*`the Holy One, Blessed Be He. 유대교에서 신을 지칭하는 관용적 표현.

었는데, 이 명쾌한 금지조항은 오랜 세월 유대인들에게 영향을 끼쳤고, 유배를 어길 수 없는 신의 명령으로 이해하는 태도가 서서히 퍼져나갔다. 종말의 날을 재촉하는 것과 떠도는 신의 영혼에 반기를 드는 것은 금지되었다. 유대교인들에게 유배란 세계를 횡단하는 이주로 바꿀 수 있는 정도의 잠시 눈앞에 주어진 상황이 아니라, 현존하는 물리적 세계 전체를 규정짓는 상황이었다.

따라서 바빌로니아의 유대 문화 중심지들이 쇠락했을 때 유대인들은 예루살렘과 바그다드 두 도시 모두 같은 칼리프의 통치를 받고 있었음에도 예루살렘이 아닌 바그다드로 이주해 갔던 것이다. 스페인에서 무슬림들에 의해 추방되거나 영토회복(레콩키스타)으로 인해 쫓겨난 유대인들 역시 지중해 연안의 도시들로 이주했으며, 극히 적은 수만이 시온을 행선지로 택했을 뿐이다. 근대 들어 동유럽에서 잔혹한 집단학살이 벌어지고 공격적인 민족주의가 발흥하자, 많은 이디시 주민들이 서유럽과 주로 미국으로 이주한 것도 그러하다.

1920년대 들어 미국 국경이 닫히고, 이후 나치의 참혹한 학살이 시작된 후에야 상당수가 위임통치하 팔레스타인으로 이주했고, 결국 그 땅 일부가 이스라엘국(State of Israel)이 된 것이다. 유대인들이 그들의 '고향 땅'에서 강제로 추방된 일은 없었으며, 그곳으로 자발적으로 '돌아간' 일도 없었다.

2. 추방 없는 유배? ─ 불가사의한 역사

나라는 사라졌어도 백성은 남았다

하인리히 그레츠는 그의 책 『유대인들의 역사』에서 제2차 성전파괴를 설명하면서 먼저 제1차 성전파괴와 비교하는 데서 시작한다.

시온은 또 한 번 폐허 위에 앉아 흐느껴 울게 되었다. 전쟁에서 쓰러진 아들들 때문에 흐느꼈고, 노예로 팔려가기거나 야만적인 로마군인들 틈에 떨어진 딸들 때문에 흐느꼈다. 하지만 이번에는 처음 포로가 되었던 시절보다 더 황량했다. 한때 과부되는 일과 그들의 애도가 끝날 거라 예언했던 선지자의 목소리도 이제는 들리지 않았기 때문이다.[17]

결국 이 역사 이야기는 성서에 나오는 성전파괴 모델에 맞춰 지어낸 것이다. 그 다음에 이어지는 추방 이야기도 마찬가지다. 최초의 원-시오니스트 역사가는 고통스런 어조로 이 비극을 계속 이야기한다.

90만 명으로 추산되는, 전쟁에서 포로로 잡힌 이들의 괴로움을 묘사하기란 참으로 어려운 일이리라. …포로가 된 여자들 대부분과 16세 이하 소년들이 믿을 수 없이 싼 가격에 노예로 팔려갔다. 노예시장에 공급이 넘쳐났기 때문이다.[18]

그레츠는 열심당 반란의 결말 이야기를 자연스럽게 요세푸스에게서 빌려왔고, 나아가 요세푸스의 수치를 더 부풀렸다. 심지어 요세푸스 저작에 없는 정보까지 더하면서 성전파괴와 유배 간의 신성한 짝짓기를 부각시키고자 했다.

이 모든 재앙이 남아 있는 유대인들에게 엄청난 여파를 미치며 밀어닥치자 그들은 해야 할 바를 잊고 망연자실했다. 유다 땅 인구는 줄어들었고… 세 번째 추방―베스파시아누스와 티투스 치하에서 벌어진 로마 유수(*Galut Edom*)*―은 네부카드네자르 치하의 바빌론 유수보다 더 큰 공포와 잔인함 속에서 시작되었다. 오직 소수만이 고향에 남았으니, 이제 유대 민족의 미래, 유대교의 미래는 과연 어찌된다는 말인가?[19]

그레츠는 이 불길한 수사적 질문에 대해 정반대되는 대답을 제시한다. 유대 민족은 살아남았고 그 종교도 살아남게 되었다고. 그렇지 않았다면 그레츠가 그 훌륭한 책을 쓸 수도 없었을 것이다. 게다가 제1차 성전파괴 때와 달리 제2차 성전파괴 때는 '고향땅에 붙어있는 잔존 민중'이 있었다. 그 덕분에 그레츠는 자기 땅에서 살아가는 유대 민중에 대한

---

* 에돔은 가나안의 한 이방지역이지만 2세기 초 로마에 정복당한 후 히브리인들은 '에돔'을 '로마'와 같은 뜻으로 사용했다.

이야기를 격정적인 어조로 이어갈 수 있었다. 하지만 이 단계에서 이미 그는 간접적으로나마 뿌리 뽑힘과 유랑이라는 메타이미지를 떠올리고 있었다. 이 이미지는 65년 후 일어난 바르 코크바 반란의 결과를 설명하는 가운데 더욱 선명해진다.

> 그리하여 전사들은 모두 말살되었고, 마을과 도시도 전부 초토화되었으며, 말 그대로 황무지가 되었다. 여자들과 아이들이 대부분인 포로 수천 명이 헤브론과 가자의 노예시장으로 끌려가 팔려나갔다. … 하지만 많은 이가 아라비아로 도망쳐서 그 지역에 유대인들이 거주하기 시작했으며, 후일 그곳 역사에서 매우 중요한 역할을 수행하였다.[20]

그레츠가 어느 부분에서도 민중 전체가 유배되었다고 말하지 않는 데 주목하자. 그는 포로가 되었다는 것과 많은 이가 유다지역에서 도망쳤다는 것만을 강조한다. 그는 비극이라는 문학 장르 안에서 두 번의 역사적 반란을 하나의 민족적 장면으로 솜씨 좋게 엮고 연결한다. 제1차 성전파괴와 반복적 비교를 함으로써 독자 대부분에게 낯익은 결과를 보여주고 그림을 완성하고 있는 것이다.

지몬 두브노프 역시 강제추방에 대해서는 아무런 언급도 하지 않는다. 나아가 이 러시아계 유대 역사가는 그레츠와 달리 예루살렘 함락을 대규모 강제추방과 연결시키는 것도 피한다. 하지만 두브노프 역시 성전파괴를 극적이고 충격적인 용어로 묘사하는 부분에서는 요세푸스와 그레츠가 보여준 문학적 본보기를 따른다. 포로 수천 명이 로마제국 변방으로 끌려가고 유다지역 인구는 줄어든다. 바르 코크바 반란 결과도 비슷하게 묘사된다. 많은 포로가 노예로 팔려나가고 또 그만큼 많은 반란군이 도망자가 된다. 하지만 두브노프는 성전파괴 후에 유대 민중이 유배되었다는 메타이미지는 만들어내지 않는다. 그들이 자기들 땅에서 강제로 뿌리 뽑히지 않았다는 것을 독자들에게 분명히 한다.[21]

살로 배런도 비슷한 수사법을 쓴다. 뉴욕의 이 역사가도 성전파괴와 강제추방을 연결시키지 않는다. 다만 앞으로 보게 되듯이, 유대인들이 유다지역을 떠나 살게 된 것에 대해서는 다른 이유들을 강조하는 경향이 있다. 배런은 두 번의 봉기가 가져온 비극적 결과를 길게 이야기하지만, 유다지역 사람들에게 국가라는 실체가 사라졌음을 강조하는 데 더 세심하게 신경을 쓴다. 극적인 서술보다는 지루하고도 논리적인 역사적 과정으로 그것을 묘사한다.

배런에게 가장 중요한 문제(이 책 제2장의 주제와도 관련된 문제인데)는 유다지역에 있던 정치적 실체가 몰락한 사건이 유대라는 '종족적 민족'의 소멸로 해석되는 것을 막는 일이었다. 배런은 예루살렘 함락 이후의 유대 공동체들을 하나의 민중이 아니라 종교집단으로 기술한 테오도르 몸젠과 율리우스 벨하우젠 등에 맞서, 네부카드네자르 시대부터 근대에 이르기까지 유대라는 종족이 뚜렷이 존재해왔으며, "민족들을 구분하는 일반적 패턴에는 결코 완벽하게 들어맞지 않는" 방식으로 그들이 존재해왔다고 주장한다.[22] 유대인들은 여느 민중들과는 다른, 특별한 과거를 지닌 민중이라는 것이다.

유배의 새로운 의미

전형적인 시오니스트 역사학 쪽으로 더 들어가면, 이 담론의 핵심이 변함없이 들어있음을 알 수 있다. 놀랍게도 시오니스트 역사가들은 성전파괴 후 강제추방이 있었다고 서술하지도 않는다. 하지만 여기서 우리는 다른 또 하나의 놀라운 연대기적 서술을 만나게 된다. 이츠하크 베어는 그의 유명한 책 『갈루트』의 앞머리에서 기나긴 유랑의 의미를 설명한다.

> 제2차 성전파괴로 인해 민족의 역사적 연속성에 간극이 더 벌어졌고, 애통하게도 민족종교의 보고에서 상실되는 보물들도 더 많아졌다. 성전과 제례의식, 훼손된 신정정치, 민족 자주성의 상실과 함께 신성한 땅을 되찾을 가능성도 점점 더 줄어들었다.[23]

하지만 베어가 보기에, 민족의 터전이 그들의 발아래에서 사라졌다 해도 유대 민족이 단 한 번의 폭력에 의해 그 터전에서 찢겨나갔던 것은 아니다. 그들의 왕국이 자취를 감춘 것이 아무리 오래 전이라 해도 말이다. 심각한 파괴에도 불구하고 민족 성지에서의 삶은 이어졌으며, 따라서 영웅적 투쟁도 그치지 않았다.

> 정치적 자유를 얻고 하느님의 지배권을 곤긴히 하기 위한 얼심당의 투쟁은 바르 코크바 반란 때부터 아랍인들의 팔레스타인 점령 때까지 줄곧 이어졌다. 끈질긴 저항이 끝난 후에야 비로소 교훈을 얻곤 했다. 때가 무르익기 전에는 신의 사랑을 얻을 수 없다는 것, 신의 왕국은 무력으로 건설될 수 없다는 것, 폭동으로는 타민족의 전제적 지배에 맞설 수 없다는 것.[24]

베어는 근면하고 생각이 깊은 역사가였다. 제2차 성전파괴를 다룬 술한 자료들은 물론이고 중세 유대교에 관한 방대한 자료들도 잘 알고 있었다. 그러므로 강제추방이 없었다면 다른 어떤 강제적 유배라도 있어야 했다. 그렇지 않다면 방랑하는 유대 민중이 일궈온 '유기적' 역사, 어떤 이유에서인지 고향으로의 귀환을 결코 서두르지 않았던 그 역사를 이해하기가 불가능해진다. 결국 이 '강제추방 없는 유배'의 시작점은 유대 전통에서 잘못 산정한 기원후 1세기의 성전파괴 사건과는 다른 데서 찾아야 한다. 기나긴 유배의 시간은 실제로는 더 짧았다. 아랍이 팔레스타인을 완전히 정복한 7세기 무렵에야 비로소 유배가 시작된 것이기 때문이다.

7세기, 곧 제2차 성전파괴로부터 약 6세기가 지난 후에 시작된 이 추방 없는 유배를 생각해낸 것은 이츠하크 베어만이 아니었다. 다른 시오니스트 학자들도 이 기막힌 발견을 했고, 그들 중에는 특히 베어의 친구이자 역사학의 전우라 할 만한 벤 시온 디누어가 있었다. 디누어가 펴낸 유명한 자료모음집 『유배된 이스라엘』 제1권은 1920년대에 처음 출간되었고, 나중에 '아랍인들의 이스라엘 땅 정복에서 십자군전쟁까지'라는 부제가 붙었다. 독자들이 새로운 민족사적 흐름에 대해 준비가 되어있지 않다는 것을 알고 디누어는 새로운 연대기에 대한 길고 상세한 설명을 서두에 썼다.

나는 아랍인들이 이스라엘 땅을 정복한 시기를 기점으로 '유배된 이스라엘' 시기를 시작한다. 그 시기 전까지의 이스라엘 역사는 주로 유대 민족이 고향땅에서 겪었던 역사다. … 진정한 '유배'(개별 구성원이 아니라 집단적인 역사적 실체로서의 민족과 관련된 유배)가 언제 시작되었는지는 구태여 말할 필요도 없을 것이다. 이스라엘 땅이 더 이상 유대인의 땅이 아니게 된 것은, 다른 이들이 이 땅에 와서 영구히 정착하고 수 세대에 걸쳐 자기들 땅이라고 주장한 때부터이기 때문이다. … 사실 전통적이고 대중적인 인식에서는 우리 민중이 이 지역에 대한 지배력을 상실한 것이나 발아래 땅을 잃은 것이나 큰 차이가 없을 것이다. 하지만 역사적 관점에서는 두 상황을 구별할 필요가 있다. 두 상황은 동시에 발생하지 않았으며 역사적으로 뚜렷이 구분된다.[25]

이런 연대기상의 수정은 중대하고 결정적인 것이었으며, 유대 전통을 훼손하는 것으로 충분히 보일 수 있었다. 그럼에도 이런 수정을 가해야 했던 것은 다음 두 가지 서로 관련된 이유 때문인 듯하다.

첫째, 전문 역사학의 기본적인 준수사항 때문에 이 최초의 시오니스트 역사학자 두 사람은 제2차 성전파괴 후에 유대 민중이 추방되었다는 주장을 할 수 없었을 것이다.

둘째, 두 사람에게는 이 지역에 대한 민족 소유권 주장을 최대화하기 위해 유배 기간을 최소한으로 줄일 필요가 있었을 것이다. 같은 의도에서 디누어는 유배에 대한 저항과 '근대적 알리야(aliyah, 성지 이주)의 미약한 바람'이 처음 불어온 시점을 1700년에 있었던 유디 헤-하시드와 그 동료들의 이주로 잡기도 했다.[26]

로마제국이 유다지역 왕국의 정치권력을 서서히 축소시켰던 것도 중요하지만, 더 중요한 것은 실제로 유배를 초래한 역사적 과정이 무엇이었는가 하는 점이었다. 7세기에 있었던 사막 거주자들의 침입과 그들의 유대 소유지 점령은 이 지역의 인구 구성을 바꿔놓았다. 물론 2세기 하드리아누스 황제가 내린 칙령도 땅을 잃는 계기로 작용했지만, 무슬림들이 그 땅에 발을 디딘 것이야말로 이런 과정을 가속화하면서 결국 유대인들의 이주를 부르고 "그 지역에 새로운 민족적 다수를 만드는"[27] 역할을 했다는 것이다. 이전까지만 해도 주민의 과반은 유대인들이었으며, 히브리어도 여전히 지배적인 언어로 남아 있었다.[28] 그러나 새로운 정복자-정착민들이 오면서 그 지역의 문화 지형도가 바뀌었고, 유대 민중도 자기들 땅에서의 존재를 마감하게 되었다.

의도적인 강제추방 정책이 없었던 것은 사실이지만, 그렇다고 해서 그것이 유배가 자발적으로 이루어졌다는 뜻은 아니다. 신의 이름으로 그건 말도 안 된다. 디누어는 유대인들이 자발적으로 자기 땅을 떠났다는 것을 인정한다면, 근대에 재개된 그 땅에 대한 소유권 주장 역시 약화될 것이라 우려했다. 디누어는 이 예사롭지 않은 문제와 수년간 씨름한 끝에 마침내 더 만족스러운 역사적 논점에 도달했다.

유대인들의 디아스포라 거주지들 각각이 생겨난 것은 유배 때문이다. 즉 그것은 강요와 무력의 결과였다. 그렇다고 해서 유대인들이 예루살렘 함락 직후에 전쟁포로나 도망자나 추방자로서 그 지역들에 갔다는 뜻은 아니다. 황폐화된 예루살렘을 출발해 최종 정착지까지 가는 길은 어느 세대에게나 멀고 험한 길이었고, 그 길 중간에서 긴 시간을 체류하는 일도 다반사였다. 히지만 그들이 안식처를 구하는 망명자 신세로 그곳에 도착한 데다, 그들 나라가 멸망했다는 사실과 그 정황도 널리 알려져 있었기 때문에, 망명자들이 도착한 나라 사람들로서는 그들이 오게 된 원래 상황이 무엇이었는지를 아는 것만으로 충분했다. 가끔은 유대인들 스스로 직전 유배 장소와의 관련성을 애써 축소하고 최초의 1차적 원인만 강조함으로써 '유배'라는 유대인적 특성을 강화하고자 한 것도 사실이다.[29]

그리하여 제2차 성전파괴로 인한 유배가 비록 모호한 신화라 해도, 또 다른 강제추방과 유랑이 그 뒤에 이어졌기 때문에 그 신화는 여전히 정당화될 수 있었다. '오랜 유랑'이라는 이미지는 성전파괴가 드리운 그림자 같은 것이었다. 미래의 모든 유배까지 망라하는 의미가 거기에 담겨 있었다. 디누어는 쉴 곳을 찾지 못한 채 '방랑하는 유대인'이라는 그리스도교 신화, 곧 반유대주의적 신화를 기꺼이 받아들였다. 따라서 디누어가 규정한 유대 정체성이란 수 세기 동안 다른 지배적인 종교문화들—때로는 억압적이었고 때로는 보호도 해주었던 종교문화들—속에서 살았던 종교적 소수집단의 정체성이 아니라, 언제나 옮겨 다녔고 앞으로도 유랑을 계속할 운명을 지닌 하나의 특이한 종족-민족적 몸체로 요약되는 정체성이었다. 오직 이러한 유배 개념만이 유대인 이산의 역사에 유기적 연관성을 만들어주었고, 또 그런 방법으로만 '민족의 탄생지로 귀환'하는 것의 의미가 명확해지고 정당화될 수 있었다.

디누어 덕분에 유대인의 유랑은 종교가 아닌 세속적 의미로 가장 강력하고 분명한 역사적 표현을 얻게 되었다. 그것은 근본에서부터 혁명적인 사건이었다. 이것으로 유배의 시간적 구조가 달라졌을 뿐 아니라 유배라는 종교적 시간에 깔려있는 의미까지 바뀌게 되었다. 디누어는 유배의 전통적 의미가 쇠퇴한 것만큼이나 거기에서 새로운 민족적 힘을 느꼈다. 그래서 반복적으로 유배 관념에 의존하면서도 그 의미를 뒤집어놓았다. 역사가이자 대중적 지식인으로서 디누어는 랍비 수천 명을 대체했다. 그들이야말로 유배 개념을 통해 유대교 자체를 정의해온, 유대 과거의 '유기적' 지식인들이었기 때문이다. 그리하여 디누어는 랍비를 대신하는 시오니스트로서 거리낌 없이 율법에 대한 새로운 할라카적 해석을 발표하기도 했다. "랍비 요시 벤 하나나*의 세 가지 서약은 유배를 지키기 위한 서약이었다. 이제 유배가 끝났으니 그 서약들도 폐지된 것이며, '벽 너머로 일어나서는 안 된다'는 서약도 무효가 된다. 따라서 이에 대한 우리 세대의 유일한 응답은 실로 '벽 너머로 일어나는' 것일 수밖에 없다."[30]

1951년 이스라엘 교육부 장관이 된 이 대담한 역사가는 유대교와 시오니즘 사이의 역학관계 변화로 유배의 종언을 선포할 기회가 자신에게 주어졌다고 보았다. 그건 틀린 생각이 아니었다. 이스라엘에서 종교는 급속도로 민족화되고 있었고, 디누어는 이데올로기적 승리를 주장할 만했다.

의도적으로 외면하기

강제추방과 유배의 관념이 새로운 고향땅의 시오니스트 역사학에서 어떻게 변형되었는가에 대한 설명을 마무리하려면 두 명의 학자에 대해 간략하게나마 더 살펴볼 필요가 있다. 두 학자 모두 이 문제를 직접적으로 다루었으며, 활기찬 이스라엘 사회에서 민족의식과 집단기억의 발전에 많은 기여를 했다. 한 사람은 히브리대학교에 있던 요셉 클라우스너로 사실상 제2성전시대를 연구한 최초의 중요한 학자라 할 수 있었다. 또 한 사람은 역시 같은 대학교의 예헤즈켈 카우프만으로『유배와 멀어짐』이라는 중요한 책을 남겼다. 두 학자 모두 '이스라엘상'을 수상했다.

클라우스너가 쓴『제2성전의 역사』는 전 5권으로 이루어진 저작으로,

---

* Yossi ben Hanina. 3세기 무렵 탈무드를 정리한 초기 랍비 중의 한 명.

여러 차례 재판을 찍었고 수많은 독자들이 이 책을 읽었다. 제5권은 위대한 반란 사건들을 다루며 끝을 맺는데, 이 이름난 학자는 반란군 전사들과 그들이 지닌 민족적 용기에 찬사를 아끼지 않는다. 클라우스너는 마사다 포위전*의 비극적 결말을 묘사한 뒤 다음과 같은 말로 끝을 맺는다.

이렇게 하여 이 위대한 봉기, 고대에 가장 영예로웠던 자유를 위한 전쟁은 막을 내렸다. 이것으로 제2차 성전파괴는 완료되었다. 유다 땅에는 자치도, 그 이름에 걸맞은 내부 자율성이란 것도 더 이상 없게 되었다. 노예, 시체, 폐허—이것만이 모든 공포 속에 드러난 두 번째 파괴의 광경이었다.[31]

역사적인 요점은 이것이며 더 이상 얘기되는 것은 없다. 우익 성향의 민족주의자였던 역사가 클라우스너조차 제2차 성전파괴에 강제추방을 추가하지는 못했고, 자기 책의 가장 극적인 말미에도 그것을 덧붙이지 못했다. 그런 기술을 했다가는 그로부터 60년 후 광범위한 유다지역 주민들 사이에서 터져 나온 또 다른 대중봉기, 즉 "바르 코크바 같은 영웅과 베다르 진투의 영웅적 전사들"[32]이 등장하는 그 봉기가 이렇게 기능했는지 설명할 수 없다는 것을 클라우스너는 너무나 잘 알고 있었다. 그래서 클라우스너 역시 다른 시오니스트 역사가들과 마찬가지로, 유배의 시초를 역사학적으로 경계가 불분명한 영역에 놔두는 편을 더 선호했다.

이와 비슷하게 카우프만의 『유배와 멀어짐』도 '유배'와 '민족'에는 많은 부분을 할애하지만 강제추방에 대한 언급은 없다. 유대인들의 오랜

---

* 유대전쟁 최후의 전투. 마사다(Masada)에서 결사 항전하던 반란군 9백여 명이 모조리 자결하였으며, 요세푸스는 그 최후 생존자 중 한 명이라고 한다.

유배가 가능했던 것은 그들이 단순한 종교 공동체들이 아니라 끈질기고 저항력 있는 민족이었기 때문이라는 흥미로운 주장을 편다. 하지만 카우프만은 유대인 유배에 대해서는 꼼꼼히 분석하면서도, 그 자신이 보기에 모든 상황과 역경을 딛고 "하나의 민중"으로 남은, 이 "기묘하고 낯선 흩어져 있는 공동체"를 만들어낸 역사적 상황에 대해서는 언급을 회피한다. 간혹 "이스라엘이 자기 땅에서 유배되어 흩어진" 것에 대해 이야기하지만, 이 부분에서도 그 유배가 언제, 어떻게, 왜 일어났는지, 그리고 이스라엘이 어디로 흩어졌는지는 설명하지 않는다.[33] 이 책의 부제가 『고대부터 현재까지 이스라엘 민족의 운명 문제에 대한 사회-역사적 연구』인데도 유배의 기원을 마치 세부설명이 필요 없는, 누구나 다 아는 사실인 것처럼 대한다. 강제추방만큼 유대 민중의 역사에서 중심적이고 근본적인 사건도 없기에, 만일 실제로 그런 일이 있었다면 수없는 탐사를 통해 연구가 이루어졌을 텐데, 놀랍게도 그런 작업은 지금까지 단 한 번도 이루어지지 않았다.

결국 강제추방의 역사적 실체는 토론이나 의심할 필요도 없는 자명한 사실로 받아들여졌던 것이다. 모든 역사가가 그 점을 알고 있었다. 성전파괴와 강제추방을 결합시킨 신화가 종교적 전통에서 나와 세속적 의식 속에 확고하게 뿌리내렸음을, 그렇게 하여 대중의 정신 속에 생생하게 살게 되었음을. 하지만 정치적 발언이나 교육과정에서와 마찬가지로 대중적 담론에서도 왕국 멸망 후 이스라엘 민중이 추방되었다는 얘기는 돌에 새겨진 것처럼 변치 않는 사실이었다. 대부분의 똑똑한 학자들은 직업적 기교를 발휘해 그 미심적은 영역을 피해갔다. 그러면서도 마치 몰랐다는 양, 자기들 글에 장기 유배에 대한 대안적 설명을 이곳저곳에 덧붙여 놓았다.

3. 왜 고향을 떠났을까?

너무 많은 유대인

성전파괴-강제추방 결합 신화를 성가시게 한 주요 문제들 가운데 하나는 서기 70년 훨씬 이전에 이미 유다지역 바깥에 대규모 유대 공동체들이 있었다는 사실이다.

페르시아의 키루스가 기원전 522년 '바빌론 유수'의 종식을 선언한 뒤, 유배된 사람들과 그 후손들의 일부만이 예루살렘으로 귀환했다는 것은 널리 알려진 사실이다. 아마도 더 다수였을 나머지는 번성하던 이 동쪽의 문화 중심지에 남아서 성장하는 쪽을 택했다. 그곳에서는 장차 고대세계로 퍼져나갈 풍성한 종교적 전통이 엘리트들에 의해 자라나고 있었다. 최초의 일신교가 어느 정도는 이 지역들, 유대교 창시자들이 영주하기로 한 유배지에서 형성되었다고 해도 그리 허무맹랑한 말은 아닐 것이다. 그들이 예루살렘을 계속 성스러운 중심지로 여겼다는 사실도 그들의 종교적 사고와 충돌하지 않았다. 그리스도교와 이슬람교 같은 나중의 일신교들도 성스러운 중심지가 있었는데, 이주해 가야 할 자석 같은 장소가 아니라 종교적 열망의 장소이자 순례지라는 점에서는 마찬가지였다. (아마 성스런 장소에 많은 사람이 몰려와 영주하면 결국 성지에 대한 믿음이 약화될까봐 그랬을 것이다.) 키루스가 칙령을 발표한 뒤로 수년 동안 수라, 네하르데아, 품베디타* 등지에 있는 정착 랍비학교들은 유대 종교와 그 예배의식을 정련하는 주요 실험실 역할을 했다. 유대교 회당인 시나고그도 거기서 태동한 것으로 보이며, 그곳에서 탄생한 바빌로니아 탈무드는 예루살렘 탈무드보다 더 높은 평가를 받았다. 더 고상한 문화적 맥락에서 탄생했기 때문이다.

요세푸스도 '파르티아'(페르시아의 옛 이름)에 수천 이상의 셀 수 없이 많은 유대인들이 살고 있다고 언급한 바 있다. 요세푸스는 모험심 넘치는 한 형제를 묘사한다. '하시나이'와 '하닐라이'라는 이름의 형제는 기원후 1세기에 네하르데아 근방에 유대인 공국을 하나 세우고 이웃들을 도둑질하는 것을 주업으로 삼았다. 형제는 이 공국을 15년가량 유지했는데, 하닐라이가 어느 아름다운 외국인 여인과 결혼하면서 이런 얘기가 늘 그러하듯이 형제 사이가 틀어졌다고 한다.

그런데 바빌로니아의 유대인 근거지들이 옛날의 강제추방 사건으로 탄생한 것이라면, 성전파괴 훨씬 전부터 아시아와 북아프리카 부근에서 생겨나서 나중에 지중해 전역에 퍼져나간 다른 모든 유대 공동체들의 유래는 어찌된 것일까? 그 공동체들 역시 강제추방 결과로 생겨난 것일까?

그 시작은 이웃하고 있는 이집트의 유대 공동체들이었다. 「예레미야

* Sura, Nehardea, Pumvedita. 바빌로니아의 도시들로 현재의 이라크 중부에 위치.

서」 저자에 따르면 유다지역 사람들이 정착한 것은 제1차 성전파괴 때인데, 곧 우상숭배에 빠져 신으로부터 벌을 받았다고 한다(예레미야 44장). 고고학이 밝혀낸 가장 이른 이집트 안의 유대 정착지는 엘레판티네 섬(히브리어로는 'Yeb')이었다. 그곳에 군인으로 와서 거주하던 페르시아 유대인들이 기원전 6세기 야훼(아직 유일신의 신격은 아니었던 것 같다)를 모시는 신전을 지었다. 아람어로 된 기원전 5세기 서신들이 발견되었는데, 엘레판티네 주둔군과 예후드 지방 총독 사이에 오간 서신들이다. 예후드(Yehud)는 예루살렘 부근의 지방으로 북으로는 사마리아까지 포함했다. 그 군인들이 어디에서 왔는지 혹은 누구였는지는 알려져 있지 않다. 다만 그들의 유대 신전이 기원전 5세기 말에 파괴되었다는 것은 분명하다.

이집트와 지중해 동쪽 끝 전역에서 유대 공동체들이 빅뱅이 일어나듯 대거 탄생한 것은 페르시아제국이 알렉산더 대왕에게 패해 물러나고 거대한 헬레니즘 세계가 형성되던 때였다. 페르시아제국의 강고한 장벽이 무너지자, 무역과 사상의 거대한 물결이 그 지역으로 쏟아져 들어와 새롭고 개방적인 문화를 낳았다. 헬레니즘이 곳곳으로 퍼져나갔고, 상호교류상의 안선이 보상되자 새로운 지적 공생과 송교적 공생의 기운이 생겨나고 고조되었다.

요세푸스가 우리에게 들려준 바에 따르면, 알렉산더의 계승자 중 한 명인 프톨레마이오스 1세가 유다지역과 사마리아를 정복한 뒤 많은 포로가 이집트로 끌려갔고, 이집트에 가서는 동등한 권리를 가진 존중받는 시민으로 정착했다고 한다. 또한 요세푸스는 이렇게 덧붙였다. "자기 의사에 따라 이집트로 간 다른 유대인들도 적잖이 있었다. 기름진 흙의 매력과 프톨레마이오스의 관대함에 이끌렸던 것이다."[34] 두 지역 사이의 관계는 상인들과 용병들 및 유다지역 학자들이 새로운 대도시 알렉산드리아에 주로 정착하면서 더 밀접해졌다. 이후 2백 년간 이집트에 거주하는 유대인들 수는 계속해서 늘어났다. 그리하여 기원후 1세기 초 알렉산드리아의 철학자 필로 유다에우스는 그 시대 특유의 과장을 담아서 그 수가 1백만이라고 말하기까지 했다.[35] 물론 추정한 숫자가 너무 많긴 하지만, 그가 살았던 시대에 이집트에 있던 유대인 수가 유다지역 왕국에 살던 유대인 수와 비슷했다고 가정하는 것은 크게 잘못될 위험이 없다.

프톨레마이오스 왕조의 통치를 받던 이집트 서쪽의 키레나이카에도 유대교 신자들이 상당수 있었고, 셀레우코스 왕조 통치하에 있던 소아시아에도 상당히 많은 수의 유대교 신자들이 있었다. 요세푸스의 『유대 고대사』에는 셀레우코스 왕조의 안티오코스 3세가 리디아 지방과 프리기아 지방에 바빌로니아 출신 유대인 용병 2천 가구를 정착시켰다는 언급이 나온다. 하지만 어떻게 해서 대규모 공동체들이 안티오크와 다마스쿠스에 생겨났으며, 나중에 에페수스, 살라미스, 아테네, 테살로니키, 코린토스 등지에도 생겨난 것일까? 이 부분에서도 역시 우리를 일깨워줄 자료는 없다.

로마제국이 성장해가면서 로마에도 유대인들이 다수 살았다는 사실을 금석학적 기록이 보여준다. 이미 기원전 59년에 유명한 웅변가 키케로는 유대인들의 수에 대해 불평을 늘어놓았다. "그 무리가 어찌나 수가 많은지, 만장일치를 얻자니 어찌나 힘이 드는지, 또 대중회합에서는 어찌나 무게감이 큰지."[36] 그리스도교도들의 지하묘지 카타콤에서 발견된 더 나중 시기의 비문들은 이 유대인들의 풍성한 종교적 삶과 그들의 경제적 번영에 대한 증거를 보여준다. 로마 내 유대 공동체들의 규모가 더 크긴 했지만, 이탈리아 다른 도시들에도 역시 유대 공동체들이 있었다. 그리하여 제2차 성전파괴를 전후한 시기에는 로마제국 전역에 유대교인들이 퍼져 있었고, 동쪽 파르티아 지역에도 그들이 있었으며, 그 숫자는 유다지역 주민 수보다 훨씬 더 많았다. 북아프리카에서 아르메니아까지, 페르시아에서 로마까지, 주로 대도시이기는 했지만 소도시와 촌락에도 역시 유대 공동체들이 번성하고 있었다. 요세푸스는 그리스 역사가이자 지리학자인 스트라본을 인용해 이렇게 썼다. "이제 이들 유대인들은 모든 도시에 들어가 있다. 사람이 살 수 있는 땅에서 이 부족(phylon)을 받아들이지 않은 장소는 찾기 어렵다. 그리고 그들의 소유가 아닌 곳도 찾기 어렵다."[37]

살로 배런은 기원후 1세기에 유대인이 8백만 명에 달했다는 의견을 냈다.[38] 이는 분명코 크게 부풀려진 수치로, 이 유대계 미국 역사가는 고대 역사가들이 제시했던 훨씬 더 큰 수치에서 너무 쉽게 추정치를 뽑아냈다. 고대세계 전역에 걸쳐 있던 유대교 신자들의 숫자에 대한 풍부한 증거에 비춰볼 때, 아르투어 루핀과 아돌프 하르나크가 제시한 것처럼[39] 그 절반인 4백만 정도가 더 합당한 수치로 보인다.

풀리지 않는 수수께끼

하인리히 그레츠로부터 오늘날의 이스라엘 학자들에 이르기까지 역사가들은 연대기적으로 맞지 않는 강제추방 이론에 만족하지 않고 늘 그 대안을 제시해왔다. 기원전 150년에서 기원후 70년 사이에 유대인들이 놀라울 정도로 늘어난 것은 유다지역 사람들이 세계 곳곳으로 광범위하게 이주한 결과였다는 것이다. 알렉산더 대왕이 벌인 전쟁들이 격변을 일으키자 그 여파로 불안정해진 유다지역 주민들이 대거 이주하여 이 나라 저 나라를 떠돌기 시작했으며, 그 과정에서 많은 후손을 남겼다는 것이다. 더욱이 그 이주는 전적으로 자발적인 것이 아니라 고난 앞에서 어쩔 수 없이 택한 것이었다고 한다. 많은 이들이 포로로 잡혔지만 유다지역 사람들 다수는 맞서 싸우다 고향을 떠났다. 선택의 여지가 없었다. 이치에 맞는 얘기였다. 보통사람들이 자발적으로 고향을 떠날 이유는 없기 때문이다. 고통스럽긴 해도 역동적인 이 과정을 통해서 이스라엘인들의 디아스포라가 확대되었다는 것이다.

이러한 이주·분산 모델은 페니키아인들과 그리스인들의 역사에서 그대로 복제한 것이다. 그 문화·언어 집단들 역시 다른 부족과 민중이 일찍이 그랬던 것처럼 어떤 특정 순간에 이동을 시작하여 퍼져나갔기 때문이다. 일례로 그레츠는 서기 70년의 성전파괴와 유배를 암묵적으로 연결시키려는 시도에 앞서 다음과 같이 썼다.

잔인한 운명이 계속해서 그들을 고향땅에서 밀쳐내는 것 같았다. 하지만 이런 분산은 신의 섭리가 행한 일로, 장차 축복임이 드러날 터였다. 유다 인종의 연속성은 이렇게 확보되었고… 그리스 이민자들이 다양한 민족들 속에서 예술과 문화에 대한 사랑에 불을 붙였듯이, 그리고 로마 정착민들이 많은 땅에서 법치 공동체들을 만들어냈듯이, 이 가장 오래된 문명 민중은 훨씬 더 넓게 퍼져나감으로써 잘못된 것들을 타도하고 이교도 세계의 감각적 타락과 싸우는 데 이바지해왔다. 이렇게 흩어져 있는 상태에서도 유다 민중의 구성원들은 서로에게서 떨어져나가지는 않았다.[40]

두브노프는 그레츠처럼 비애를 이용하는 동시에 비애를 자아내는 수사를 사용하지는 않았지만, 종족적 연속성이 끊어지지 않았다는 주장과 민족적 자부심을 드러내는 데서는 다르지 않았다. 유다지역 사람들이 포로가 되어 고향땅에서 뿌리가 뽑히거나 도망자가 되는 바람에 어쩔 수 없이 고향을 떠나야 했다는 것이다.[41] 이 러시아계 유대인 역사가는 알렉산드리아의 철학자 필로가 유대 공동체들의 기원이 유다지역이라고 언급한 것을 인용하기도 했다.[42] 그의 광범위한 개괄서가 보여주려 한 것은 끝없이 이동하는 민중의 대하드라마였다.

배런의 포괄적인 저작은 '디아스포라'를 조금 다른 방식으로 그리고 있지만, 그럼에도 '바깥으로' 이주해나갔다는 것은 여전히 유대인 분포의 가장 중요한 원인이다. 배런은 이렇게 쓰고 있다. "지중해 동쪽 연안 전역에 유대 민중이 계속 퍼져나간 것이야말로 그들의 활기찬 에너지를 보여주는 증거다." 다른 부분에서는 또 이렇게 쓴다. "다른 유대인들도 동쪽으로는 페르시아로, 남쪽으로는 아라비아와 아비시니아로, 서쪽으로는 모리타니-모로코와 스페인으로, 그리고 아마 프랑스까지도 계속해서 침투해 들어갔다." 또 다른 곳에서는 이렇게 쓴다. "하나의 디아스포라 지역에서 또 다른 디아스포라 지역으로 이주할 때 이동하는 규모도 마찬가지로 점점 더 커졌다."[43] 이런 비슷비슷한 진술들이 유대인 증가를 다룬 길고 복잡한 이야기 속에 등장한다. 이런 사회학적인 듯한 접근법으로는 기술이 부정확해질 수밖에 없다는 것을 저자 자신이 잘 알면서도 그랬다.

이츠하크 베어와 벤 시온 디누어에서 시작되는 시오니스트 역사학에 이르면, 전통적인 이주 담론에서는 걸음을 늦추고, 문제성 많은 강제추방 이론부터 보완하려고 애쓰는 것을 볼 수 있다. 실제로 이 역사가들은 유다지역 사람들이 제2차 성전파괴 훨씬 전부터 이미 '고향땅' 바깥에서 살았다고 말한다. 어쩔 수 없이 떠밀려 나간 망명자 신분으로 말이다. 제2성전시대를 연구하는 이스라엘 2세대 학자들에게서 높은 평가를 받는 역사가 메나헴 스턴은 오랜 역사학적 전통을 다음과 같이 요약한다.

> 유대인 분산의 지리적 확산과 수적 증가를 야기한 요인은 다양했다. 첫째는 자기 땅에서 강제추방당한 일이었다. 둘째는 유다지역에서의 정치적, 종교적 압박이었다. 셋째는 번영하는 땅에서 경제적 기회를 찾고자 함이었다. 기원전 3세기 이집트가 그 예다. 넷째는 제2성전시대 초기에 시작되어 기원후 1세기에 최고조에 이른 개종운동(proselytizing movement)이었다.[44]

요인들이 역순으로 나열된 것에 주목하자. 강제추방이 자연스럽게 첫 번째로 나오고, 그 뒤로 고난이 초래한 이동, 그 다음으로 자발적 이주가 이어지며, 마지막으로 개종운동이 나온다. 이것은 민족 역사 연구에서 정보가 어떻게 전파되는지 보여주는 명백한 사례이다. 이것은 다른 이스라엘 역사가들의 이야기에서도, 국가 교육체제의 모든 교과서에서도 반복적으로 되풀이된다.

그럼에도 유대인 분산에 대한 이 모든 가설에는 풀리지 않은 수수께끼가 담겨 있다. 바다로 나가본 적도 없고 또 먼 지역까지 아우르는 제국을 세워본 적도 없는 농경민들에게서 어떻게 그리 많은 이주자가 나올 수 있었을까? 그리스인들과 페니키아인들은 무역 종사자들이 큰 비중을 점한 바다사람들이었다. 그들이 널리 퍼진 것은 그들의 직업과 일반적인 생활방식에서 비롯된 논리적 결과였다. 그들은 바깥으로 이주하여 지중해 연안 전역에 새로운 식민지와 도시를 만들어나갔다. 그들은 플라톤의 유명한 표현대로 '웅덩이 주변에 널린 개구리들처럼' 지중해 연안에 바글바글 모여 살았다. 상업 활동을 주로 한 덕분에 그들은 여러 기존 사회들로 진입할 수 있었고 그 사회들의 문화에 영향을 끼쳤다. 훗날의 로마인들도 이들과 거의 다르지 않았다. 하지만 다음 두 가지 사실을 명심해야 한다.

1. 그리스인들, 페니키아인들, 로마인들이 그렇게 퍼져나갔다 해도 그들의 고향땅이 갑자기 텅 비거나 황량하게 버려진 일은 없었다.
2. 그들은 디아스포라 지역에서도 대체로 그들의 원래 언어를 계속 사용했다.

이와 달리 유대인들은 요세푸스가 재차 강조했듯이 자기들 땅에 살 때부터 대부분 상인이 아니었으며, 키가 아니라 쟁기를 잡고 그 성스러운 땅을 경작했다. "우리로 말하자면, 우리는 해안지대에 살지도 않고 상업 활동을 즐기지도 않으며, 또 해안지대에서 온 다른 사람들과 섞인 적도 없는 사람들이다. 우리가 살고 있는 도시들은 바다에서 멀리 떨어져 있다."[45] 물론 유다 사회에도 상인과 용병, 정치와 문화 방면의 엘리트들이 존재했지만 그들은 인구의 10분의 1을 결코 넘지 못했다. 제2성전시대 동안 가장 인구가 많았던 때의 유다지역 인구가 총 80만 정도였다고 하면, 그중 외부로 이주했을 만한 숫자는 얼마나 되었을까? 많아야 몇 만 정도였을 것이다. 나아가 왜 유다지역 사람들의 공동체는 원래 쓰던 히브리어나 아람어를 자기들 이주 공동체에서 사용하지 않은 것일까? 왜 1세대부터 그들의 이름이 대체로 히브리 이름이 아닌 것일까? 그리고 그들이 정말로 땅을 일구던 사람들이었다면, 왜 그들은 디아스포라 지역에 유다-히브리인의 농경공동체를 하나도 만들지 않았을까?

유다지역에서 온 이주자들이 몇 천을 넘어 몇 만이었다고 해도, 불과 2백 년 만에 지중해라는 문화적 우주에 퍼져있던 몇 백만 유대교 신자들로 성장했을 리는 없다. 앞서 언급한 바 있지만, 그 시대에는 인구가 현저하게 증가하는 일이 거의 없었기 때문이다. 도시와 시골 모두 농업 생산능력의 제약 때문에 인구가 늘어날 수 없었다. 헬레니즘 및 로마 세계에서 일반 인구는 실제로 그리 증가하지 않았다. 식민지를 만들거나 처녀지를 경작했을 때만 늘어났고, 사소한 증가 외에는 오랫동안 늘 안정된 상태를 유지했다. 배런이 반유대적인 로마 역사가 타키투스를 따라 제시했던 것처럼, 바깥으로 이주한 유다지역 사람들이 다른 사람들보다 더 "활기찬 에너지"를 지닌 "생식능력이 왕성한 인종"이었기 때문에 인구가 늘어난 것도 아니다. 새로운 땅을 정복해 그 땅을 개간했기 때문도 아니다. 또 최근 한 이스라엘 원로 역사가가 당시 자식을 죽이지 않은 이들은 그들뿐이었다는 의견을 냈지만, 짐작컨대 그들만 그랬던 건 아닌 듯하다.[46]

노예가 된 유다 포로들이 이송된 것은 맞지만, 그들이 부유한 이교도 주인들보다 선천적으로 더 생식능력이 있거나 자식을 더 잘 키워냈는지는 의심스럽다. 또한 유대 상인들, 용병들, 학자들이 유다지역 바깥으로 이주했다는 것도 입증된 사실이지만, 아무리 그들의 활력이나 생식능력이 대단했다 한들 그렇게 가느다란 물줄기가 몇 백만은커녕 몇 십만의 폭포수로도 커지기는 어려운 노릇이다.

안타깝게도 일신교가 생물학적 다산능력을 더 높여주는 것도 아니었으며, 신자들이 얻은 영적 자양분이 그들의 배고픈 아이들을 먹여주는 것도 아니었다. 하지만 이 일신교는 다른 종류의 수많은 후손들을 자식으로 삼아 키워냈다.

4. 만방이 그리로 모여들 것이라

이교도를 사랑한 성서 영웅들

원-시오니스트 역사가들과 심지어 시오니스트 역사가들까지도 제2차 성전파괴 이전 고대세계 전역에 엄청나게 많은 유대교 신자들이 퍼져 있던 이유의 하나로 개종을 언급한다.[47] 하지만 앞서 보았듯이 개종이라는 이 결정적 요인은 후보로 밀려났고, 강제추방, 비자발적 이동, 이주, 자연적 증가 등이 유대 역사를 더 극적으로 만들 수 있는 주전선수들로 경기장을 차지했다. 이 선수들이 이른바 '유대인 디아스포라'에 대해 더 그럴듯한 종족적 특징을 부여해주었다. 역사가들 중 두브노프와 배런은 개종에 좀 더 비중을 두었지만, 더 강경한 시오니즘 저작들은 개종을 경시했다. 특히 대중적인 역사 저작들과 공적 의식을 형성해주는 교과서들에서는 개종이란 말을 거의 찾아보기 어려웠다.

유대교는 전혀 포교에 관심을 두는 종교가 아니었으며, 개종자가 생기더라도 정말로 마지못해 그들을 받아들이곤 했다는 것이 일반적인 통념이다.[48] 이 문제에 대한 논의를 조금이라도 더 진행해보려고 하면, "개종자들은 이스라엘에게 골칫거리"라는 탈무드의 유명한 선언이 언급되며 논의를 막아 버린다. 그렇다면 이 말은 언제 만들어진 것일까? 기원전 2세기 마카베오 독립전쟁과 기원후 2세기 바르 코크바 반란 사이의 긴 시기 동안 형성된 신앙 원칙과 유대인적 경험이 어떤 식으로든 이 말에 반영된 것인가? 역사적으로 이 시기는 지중해 세계에서 유대교 신자들 수가 상당한 수준에 이른 때로, 그 숫자는 근대 초에 이르러서야 다시 같은 수준을 회복한다.

기원전 5세기 에스라 때부터 기원전 2세기 마카베오 전쟁까지의 시기는 유대인들의 역사에서 일종의 암흑시대였다. 시오니스트 역사가들은 이 기간에 대해서는 성서 속 이야기들에 의존하고, 이 시기 끝 무렵에 대해서는 「마카베오서」와 요세푸스 『유대고대사』의 마지막 부분에 의존한다. 이 불명료한 시기에 대한 정보는 극히 드물다. 고고학적 발견도 거의 없고, 성서 텍스트 역시 작성 시기에 대한 정보는 담고 있을지언정 실제 사실에 대해서는 추상적으로만 다루고 있으며, 요세푸스의 이야기도 매우 짧다. 당시 유다지역 인구는 상당히 적었던 것이 분명하다. 그래서 호기심 많은 역사가 헤로도토스도 기원전 440년대에 그 지역을 여행했지만 그들의 존재를 놓쳤던 것이다.

우리가 알고 있는 것은, 많은 성서 문헌들이 '성스러운 씨'라는 배타적인 부족 원리를 강조하고 있음에도 다른 성서 기자들은 그런 지배 담론에 맞서는 글을 썼으며, 그 일부가 정경에 포함되기까지 했다는 사실이다. 「이사야서」 제2부, 「룻기」, 「요나서」, 그리고 외경 「유딧」 등은 모두 유대교가 비유대인들을 받아들일 것을 촉구하고 있으며, 심지어 세계만방에 대해 '모세 종교'를 채택할 것을 호소하기까지 한다. 「이사야서」저자들 중 일부는 유대 일신교에 대해 다음과 같은 보편주의적 목적론을 제시하고 있다.

> 말일에 야훼의 성전이 있는 산이 모든 산 꼭대기에 굳게 설 것이요 모든 작은 산 위에 뛰어나리니, 만방이 그리로 모여들 것이라. 많은 백성이 가며 이르기를 "오라 우리가 야훼의 산에 오르며 야곱의 하느님의 전에 이르자. 그가 그의 길을 우리에게 가르치실 것이라. 우리가 그 길로 행하리라" 하리니…. (이사야 2:2~3)

다윗왕의 증조모인 모압 사람 룻이 보아스와 결혼하는 데는 아무런 문제도 없었으며,[49] 마찬가지로 「유딧」에서도 그녀에게 감화된 암몬 사람 아키오르가 유대교로 개종하는 이야기가 나온다.[50] 그런데 룻과 아키오르는 모두 「신명기」가 엄격하게 금지한 이교도들이다. "암몬 사람과 모압 사람은 야훼의 총회에 들어오지 못하리니 그들에게 속한 자는 열 세대뿐 아니라 영원히 야훼의 총회에 들어오지 못하리라."(신명기 23:3) 결국 이런 개종 인물들을 집어넣은 성서 기자들은 그들을 묘사함으로써 에스라와 느헤미야 시대의 제사장들, 곧 페르시아 왕국의 위임대리인 역할을 했던 이들의 극단적인 고립주의에 반기를 들었던 것이다.

모든 일신교에는 그 종교를 퍼뜨리려는 성향이 잠재적으로 내재되어 있다. 다른 신성들의 존재를 인정하는 관대한 다신교와 달리 단일신의 존재를 믿고 그 복수성을 부정하는 신앙은, 신자들에게 그들이 받아들인 신의 단일성에 대한 생각을 퍼뜨리라고 한다. 단일신에 대한 숭배를 다른 이들이 받아들인다는 사실이야말로 세상을 지배하는 신의 무한한 권능과 힘을 증명하는 것이기 때문이다. 에스라와 느헤미야 시대에 유대 종교에 뿌리내린 고립주의적인 카스트화 경향—이런 경향은 결국 그리스도교가 승리를 거둔 후 혹독한 비난을 받고 철회되는데—에도 불구하고, 유대교가 자기 종교의 포교에 대해 많은 이들의 생각처럼 그렇게 예외적인 태도를 가졌던 것은 아니다. 비유대인들에게 야훼를 받아들일 것을 촉구하는 구약성서 속 비주류 목소리들은「이사야서」뿐 아니라「예레미야서」「에스겔서」「스바냐서」「스가랴서」「시편」등에서도 발견된다.

예레미야는 바빌론 유배를 당한 이들에게 아람어로 이렇게 조언한다. "너희는 이같이 그들에게 이르기를 천지를 짓지 아니한 신들은 땅 위에서, 이 하늘 아래서 망하리라 하라."(예레미야 10:11) 여기서 '그들'이란 추정컨대 비유대인들을 가리킨다. 이 메시지를 그들의 언어인 아람어로 말한 것도 그 때문일 것이다.「에스겔서」에서 신은 또 이렇게 말한다. "이같이 내가 여러 나라의 눈에 내 위대함과 내 거룩함을 나타내어 나를 알게 하리니 내가 야훼인 줄을 그들이 알리라."(에스겔 38:23) 최후의 날들은「스바냐서」에서 이렇게 묘사된다. "그때에 내가 여러 백성의 입술을 깨끗하게 하여 그들이 다 나 야훼의 이름을 부르며 한 가지로 나를 섬기게 하리니."(스바냐 3:9) 스가랴는 다음과 같이 말한다. "많은 백성과 강대한 나라들이 예루살렘으로 와서 만군의 야훼를 찾고 야훼께 은혜를 구하리라. 만군의 야훼가 이와 같이 말하노라. 그날에는 말이 다른 이방 백성 열 명이 유다 사람 하나의 옷자락을 잡을 것이라. 곧 잡고 말하기를 하느님이 너희와 함께하심을 들었나니 우리가 너희와 함께 가려 하노라 하리라 하시니라."(스가랴 8:22~23)「시편」기자는 황홀하여 노래한다. "너희 만민들아 손바닥을 치고 즐거운 소리로 하느님께 외칠지어다. 지존하신 야훼는 두려우시고 온 땅에 큰 왕이 되심이로다."(시편

47:1~2) "만민들아 우리 하느님을 송축하며 그의 찬양 소리를 들리게 할지어다."(시편 66:8) "그의 영광을 백성들 가운데에, 그의 기이한 행적을 만민 가운데에 선포할지어다."(시편 96:3)

비유대인들을 대상으로 포교와 개종 권고를 하는 이 최초 일신교의 면모는 다른 성서 구절들에도 많이 등장한다. 구약성서는 워낙 많은 저자가 쓴 데다가 또 다른 이들이 오랜 세월 편집을 거듭한 탓에 모순된 내용으로 가득하다. 비유대인들에 대한 경멸, 거부, 우월감의 표현이 들어있는 만큼이나 때로는 은근하게, 때로는 명쾌하게 그들을 감화시키려는 표현도 많이 들어있다. 일례로 엄격한 「신명기」는 단호한 어조로 이렇게 지시한다. "또 그들과 혼인하지도 말지니 네 딸을 그들의 아들에게 주지 말 것이요 그들의 딸도 네 며느리로 삼지 말 것은… 너는 야훼 네 하느님의 성민이며 네 하느님 야훼께서 지상 만민 중에서 너를 자기 기업의 백성으로 택하셨기 때문이라."(신명기 7:3, 6) 하지만 성서의 신화적 영웅들은 이런 신성한 금지사항을 무시했다. 아브라함, 이삭, 요셉, 모세, 다윗, 솔로몬 등이 전부 비유대인 여인들을 사랑했다고 나오며, 그들을 배우자로 삼더라도 결코 개종시키려 하지 않았다. 아브라함은 나중에 사라 때문에 어쩔 수 없이 하갈을 내보낼 때까지 그녀와 행복하게 살았다. 요셉은 이집트인 아스낫을 아내로 맞이했고, 다윗은 이웃 왕국 그술의 공주와 결혼했다. 그리고 최고의 연인이라 할 솔로몬은 에돔 여인, 시돈 여인, 암몬 여인, 모압 여인 등을 아내로 맞이하는 데 거리낌이 없었으며, 그밖에도 아내가 여럿이었다. 이 이야기들이 쓰인 시기가 페르시아 시기였건 헬레니즘 시기였건 자식의 종교 및 공동체 내 정체성이 모계로 결정되지는 않았기 때문에, 익명의 성서 기자들은 이 문제에 구애받지 않았던 것이 분명하다.

태생은 이교도, 이름은 유대인

수메르인의 도시 니푸르에서 발견된 페르시아 지배시기의 문서들을 보면, 사람들이 유대 종교를 받아들였거나 최소한 일부라도 받아들였음을 말해주는 가장 오래된 성서외적 증거를 만날 수 있다. 그 문서들을 살펴보면 아버지 이름은 전형적인 바빌로니아 이름인데 자식 이름은 전형적인 히브리 이름인 경우가 상당수 발견된다. 많은 유대인이 히브리인답지 않은 이름—그 가운데는 스알디엘의 아들 스룹바벨과 에스더의 사촌 모르드개가 가장 잘 알려져 있다—을 가지고 있었던 것도 사실이지만, 그와는 또 다르게 유대교 개종자가 자식에게 히브리 이름을 지어주는 경향도 일시적인 유행이 아니라 상당히 초기 단계부터 개종이 이루어졌음을 시사해주는 것일 수 있다.

엘레판티네 파피루스에서도 유사한 예들이 발견된다. 부모 이름은 이집트 이름인데 자식 이름으로는 히브리 이름이 빈번하게 등장하는 것이다. 여기서 개종 가설은 더 힘을 얻는데, 그와 반대로 유다지역에서 온 이주민들은 이집트 이름을 갖지 않았다. 그 문서들을 살펴보면 성인들이 히브리 이름을 취득한 사례들이 나오며, 비유대인 남녀가 유대인과 결혼하여 커나가고 있던 유대 공동체에 합류한 사례들도 나온다. 원래 엘레판티네 주민들이 가진 종교는 순수한 일신교가 아니었으며, 성서에 대해서도 잘 알지 못했다.[51] 예루살렘 부근 지역을 포함하는 예후드 지방의 유대교 공동체 또한 에스라와 느헤미야의 엄격한 고립주의 정책에도 불구하고 그 수가 증가했다고 가정하는 것이 타당하다.

성서의 「에스더서」가 언제 작성되었는지는 알려져 있지 않다. 일부 추정에 따르면 페르시아 지배시기 말에 처음 쓰였고 헬레니즘 시기에 최종적으로 수정, 편집되었다고 한다. 알렉산더 대왕 정복 후에 작성되었다고 보는 것도 가능하다. 「에스더서」를 보면 이야기 말미쯤에 멀리 페르시아에서 모르드개와 에스더가 아각 사람 하만에게 승리를 거둔 후 이렇게 말하는 구절이 나온다. "본토 백성이 유다인을 두려워하여 유다인 되는 자가 많더라."(에스더 8:17) 이 구절은 성서에서 유대교로의 개종을 언급하고 있는 유일한 부분으로, 집단 개종—최후의 날이 아닌 당장의 집단 개종—에 대한 이 진술은 점점 강력해지고 있던 젊은 유대 일신교의 자신감을 보여준다. 또한 이것은 그 시기 유대교 신자들의 수를 크게 증가시킨 근본 요인이 무엇인지 암시하는 것이기도 하다.

우리엘 라파포트가 1965년에 쓴 박사논문—라파포트는 후일 제2성전시대 연구로 유명한 역사가가 되었는데, 박사논문이 책으로 출판되지는 못했다—은 통상적인 역사학 담론을 벗어나, 널리 퍼진 개종의 물결에 대해 연구자들의 주의를 (비록 실패하긴 했지만) 모으고자 했다. 다른 모든 종족적 민족주의 역사가들과 달리 라파포트는 주저하지 않고 다음과 같은 말로 논문을 끝맺는다. "그 커다란 규모로 보건대, 고대세계에서 유대교가 확산된 것은 자연적인 증가나 고향에서 이주해간 것으로는 설명할 수 없다. 외부인들이 유대교에 합류한 사실을 들지 않는다면 어떻게도 설명할 수 없다."[52]

라파포트가 본 것처럼 유대인이 크게 증가한 이유는 집단 개종 때문이었다. 이 과정을 이끈 것은 개종과 활발한 포교 정책이었는데, 때마침 이교도적 세계관이 약화되고 있던 시기였기에 이 정책은 결정적인 성과를 올릴 수 있었다. 바로 이 점에서 라파포트는 에르네스트 르낭과 율리우스 벨하우젠에서부터 에두아르트 마이어(Eduard Meyer)와 에밀 쉬러(Emil Schürer)까지 고대사의 위대한 학자들이 이룩한 (비유대적인) 역사학 전통에 선다. 라파포트가 주장한 바를 테오도르 몸젠의 예리한 표현으로 옮긴다면 이러할 것이다. "고대 유대교는 전혀 배타적이지 않았다. 오히려 미래 그리스도교 및 이슬람교만큼이나 스스로를 전파하고자 하는 열의로 가득했다."[53]

신앙 전파의 움직임이 페르시아 지배시기 말기에 처음 시작되었다면, 하스몬 왕조 시기에는 아예 공식적인 정책이 되었다. 하스몬 왕조야말로 수많은 유대인들과 거대 민중을 만들어낸 장본인이었다.

5. 이웃들을 강제로 개종시키다

하스몬 왕조—최초 일신교 왕국의 진짜 얼굴

알렉산더 정복전쟁으로 인한 대변동 이전에도 유대교가 개종자들을 끌어들였음을 보여주는 표지가 얼마간 있다. 하지만 폭발적인 개종으로 유대교가 갑작스레 확산된 것은 아마도 유대교가 헬레니즘과 역사적 조우를 한 데 원인이 있지 않나 싶다. 헬레니즘이 오래된 도시국가들에 붙어있던 편협한 정체성의 흔적들을 벗겨낸 것처럼, 에스라의 고립주의적 종교에서도 배타적 장벽을 낮추었던 것이다.

고대세계에 지중해 동부를 포함한 새로운 문화적 공간이 출현하고 오래된 부족신앙의 경계선들이 사라진 것은 진정 혁명적인 사건이었다. 시골 주민들에게는 영향이 덜했겠지만, 지방귀족들, 기존 소도시들, 신생 도시국가들은 의사소통, 신앙, 통치술, 제도 등의 측면에서 새로운 바람을 느꼈을 것이다. 그리스 정신은 건축, 매장풍습, 언어 등의 온갖 분야에 스며들어 현지 관습들과 융화되었고, 이 융합물은 문화적으로 새로운 시대를 알리는 표지가 되었다. 이 같은 융합은 알렉산드리아와 안티오크 같은 중심지에서 일어나서 외부로 퍼져나갔고, 마침내 유다지역에까지 도달했다.

이미 주춤거리며 확장가도에 들어서던 유대교는 이 시기에 헬레니즘으로부터 많은 새로운 특징을 흡수했다. 아테네의 수사적이고 철학적인 관념에서부터 로도스 섬의 포도주항아리(암포라) 형태에 이르기까지 관념적 측면과 물질적 측면의 구분 없이 풍요롭고 다양한 문화적 요소들이 예루살렘에 이식되었다. 예루살렘도 어느 정도 국제적인 폴리스의 양상을 띠었지만, 가장 먼저 헬라화된 곳은 주로 유다지역의 해안 도시들이었다. 제사장 계급과 지주 귀족들이 먼저 헬라화되어 고상한 그리스 이름을 썼다. 헤롯이 짓게 될 신전도 전형적인 그리스 건축양식을 따랐고, 헤롯의 몰락 이후에는 유월절 만찬인 '세데르'마저 그리스식 만찬인 '심포지움'의 특징을 띠게 된다.[54]

시오니스트 역사학 전통, 그 가운데서도 특히 대중 역사와 교육 분야에서는 유대교가 헬레니즘과 대립한 것처럼 서술해왔고, 도시 엘리트들의 헬라화 역시 유대 민족성에 대한 배신처럼 묘사되곤 했다. 또한 원래 이교도 명절인 종교 축제 '하누가'도 순수한 민족 명절처럼 포장되었다. 헬라화된 예루살렘의 제사장들을 추방하고 제거한 일도 민족 왕국의 재등장으로, 즉 과거의 다윗 왕국을 자랑스럽게 재건했다는 식으로 채색되었다. 하지만 기초적인 역사적 사실들은 무례하게도 이런 민족화된 서사들을 반박하며, 이 시기에 대한 전혀 다른 그림을 제시해준다.

마카베오 가문과 그 추종자들이 '정결치 않은' 종교적 관습에 대항해 봉기를 일으켰고 우상숭배 경향에 적대적이었던 건 사실이다. 독실한 제사장 마타티아스(맛다디아)의 가족이 예루살렘을 떠나 살기는 했어도, 아들인 유다 마카베오와 요나단 등의 이름을 보면 여전히 히브리인 가문으로 살았다는 것을 조심스럽게 추정할 수 있다. 하지만 종교적 반란의 성공으로 세워진 하스몬 왕조의 통치가 4백 년 전 요시야 왕의 통치보다 더 민족적이었던 건 아니다. 소농들의 언어와 도시민의 언어가 서로 다른 나라, 또 이 두 종류의 주민이 행정 관료들과 다른 말을 쓰는 그런 정치체제를 민족적 실체로 기술할 수는 없다. 기원전 2세기 무렵 시골 주민들은 여전히 히브리어나 아람어로 말했고, 상인들은 대부분 그리스어로 소통했으며, 예루살렘의 통치 엘리트들과 지식인들은 주로 아람어로 말하고 글을 썼다.[55] 백성들과 주권자가 함께 영위한 일상의 세속 문화에도 일관성이 없었고, 어떤 주권자도 일관된 문화를 만들려고 할 만큼 민족적이지 않았다. 하지만 정치·문화·경제 분야의 엘리트들에게 어떤 종교적 공통분모가 있었던 것은 사실이다. 공인 역사가들이 가상의 민족주의를 아무리 과거에 투사한들, 고대에 있어 훨씬 중요한 의미를 갖는 것은 바로 이 부분이다.

기원전 6세기 바빌로니아에 의해 멸망당하기 전까지의 유다왕국이 어느 정도로 일신교를 믿었는지에 대해서는 의심이 간다. 이에 비해 하스몬 왕국은 헬레니즘 세계에 속하기는 했어도, 의심할 바 없이 일신교라 부를 만한 최초의 유대 왕국이었다. '일신교적'이라는 말과 '헬레니즘적'이라는 말은 서로 모순되지 않았다. 사실 하스몬 왕국이라는 정치적 실체가 가진 독특한 유대적 특성은 헬레니즘이라는 전체 맥락 안에서만 이해될 수 있다. 물론 하스몬 왕국은 나중에 성립되는 '랍비 유대교'의 핵심인 탈무드 율법을 아직 갖지 않은 상태였다. 하지만 하스몬 왕국의 권력구조는 비타협적이고 자신감 넘치는 초기 일신교의 지배를 받았고, 그것이 하스몬 왕국에 문화적 특징을 부여해 주었다.

시오니스트 역사가들이 깎아내리고자 하는 불편한 사실이 하나 있다. 제사장 마타티아스가 헬라화된 지도자들을 예루살렘에서 쫓아내고 이른바 '옛 영광의 회복'을 이룬 후, 통치자 자리를 이어받은 그의 손자가 자신의 히브리 이름 '요하난'(Yohanan)에 '히르카누스'(Hyrcanus)라는 전형적인 그리스 이름을 덧붙였다는 사실이다. 게다가 마타티아스의 증손자는 유다스 아리스토불루스(Judas Aristobulus)라는 이름을 썼고, 또 그 후계자는 알렉산더 야나에우스(Alexander Jannaeus)라는 이름을 썼다. 이러한 그리스적 변용 과정은 유다지역만의 일이 아니었다. 하스몬 왕조가 공고화되면서 이런 일은 더욱 가속화되고 대세가 되었다. 그리하여 아리스토불루스 통치기에 오면 이 제사장 통치자—비록 다윗 가문은 아니었지만—는 헬레니즘 군주가 되어 있었다. 다른 지역의 왕들처럼 이 신세대 통치자들도 일찍부터 주화를 만들었는데, 히브리어와 그리스어가 함께 박힌 이 주화들에는 바퀴, 별, 석류열매 같은 헬레니즘 상징들—그래도 인물 옆얼굴이나 동물들이 들어가지 않았다는 것은 특기할 만하다—이 조각되어 있었다. 민족국가가 존재하지 않았기에 군대도 용병으로 조직했고, 소농들을 징집해서 만들지는 못했다.[56] 헬레니즘의 영향이 최고조에 이른 때는 슐롬시온(Shlomzion)이라는 이름으로도 부르는 살로메 알렉산드라(Salome Alexandra)가 여왕 자리에 오르기까지 했다. 과거 성서 율법에서는 근거를 찾을 수 없는, 유다 군주제에서 성적 혁신이라 할 만한 사건이었다.

다소 이상하고 역설적으로 들릴지 모르지만, 마카베오 가문이 유다지역에서 몰아낸 것은 헬레니즘 자체가 아니라 다신교였다. 그들이 진짜 히브리 문화에 대한, 그것도 헬레니즘과 비교되는 것으로서 그 문화에 대한 확고한 관념을 가지고 있었다고 볼 수는 없다. 그런 식의 기술은 근대에 흔한 문화적 감성에서 나온 시대착오적 환상으로, 고대에 관해서는 전혀 의미 없는 얘기다. 하스몬 왕조의 특징과 권력구조는 배타적 일신교와 함께 전형적인 헬레니즘에 입각해 있었다. 이 시기에 대한 고고학 발굴을 보면 수수한 세례용 욕조들과 호화로운 공용 욕조들을 함께 볼 수 있다. 음모와 경쟁이라는 부분에서도 유다 왕궁은 인근 지역의 헬레니즘 왕궁들과 닮은 점이 많았고, 왕위계승 제도도 매우 흡사했다. 이 책에서 하스몬 왕국과 이 왕국의 흥미로운 이원적 발전과정을 자세히 서술하기는 어려우므로, '유다-헬레니즘'(Judeo-Hellenism)이라는 이 왕국의 본질적 측면만을 언급하고 끝내기로 한다. 요컨대 헬레니즘이라는 면모 때문에 하스몬 왕국은 고대 유대교 확산의 중요한 계기가 되었던 것이다.

유일신 종교가 통치세력과 결합한 것은 하스몬 왕국이 역사상 처음이었을 것이다. 이 왕국에서는 통치자가 제사장이었다. 미래에 권력을 잡는 다른 일신교 종교들처럼 하스몬 신정정치도 무력을 통해 영토와 종교 추종세력을 늘렸다. 또 역사적으로 포용적인 헬레니즘 문화를 받아들였기에 유대교로의 개종도 얼마든지 허용했다. 경계가 양쪽으로 열려서, 헬레니즘이 유대교에 반부족적 보편주의라는 중요한 요소를 주입한 것처럼 하스몬 통치자들도 헬레니즘의 영향으로 자기들 종교를 전파하려는 욕구를 강화했던 것이다. 그리하여 「신명기」와 「여호수아서」의 배타적 계율들이 폐기되었고, 왕조 역시 다윗의 혈통임을 더 이상 주장하지 않았다. 신화적인 가나안 정복자 여호수아 이야기를 굳이 본받을 이유가 없었던 것이다.[57]

개종과 동화의 과정

기원전 125년 요하난 히르카누스가 에돔을 정복했다. 에돔(Edom) 또는 이두메(Idumea)는 사해 서안의 벳술과 엔게디에서 남쪽으로 베르셰바(브엘세바)까지 뻗은 지역이었다. 이곳을 정복한 요하난 히르카누스는 주민들을 무력으로 개종시켰다. 요세푸스는 『유대고대사』에서 이 사건을 다음과 같이 기술한다.

> 히르카누스는 이두메의 도시인 도라와 마레사를 정복하고 이두메인들 모두를 복속시켰다. 그리고 그들이 생식기를 할례하고 유대인들의 법을 따른다는 조건 하에 그 지역에서 계속 사는 것을 허락했다. 조상들의 땅에 살고자 하는 마음이 강했기에 그들은 굴복하여 할례를 받고 유대 생활방식의 남은 부분까지 따르기로 했다. 이런 일로 인해 그들은 유대인과 다를 바가 없게 되었다.[58]

하스몬 왕조의 대제사장은 이렇게 하여 한 민중 전체를 자신의 왕국뿐 아니라 유대 종교에까지 병합시켰다. 이후 에돔 백성은 유대 백성에서 떼어낼 수 없는 일부가 되었다. 당시에 다른 집단의 종교에 귀의한다는 것은 곧 그 집단 사람들에, 그 신앙공동체에 합류한다는 것을 의미했다. 하지만 어떤 신앙을 갖는다는 것이 뿌리를 합치는 것만큼이나 결정적인 일이 된 것은 오로지 일신교의 발전 때문이었다. 이 지점에서부터 문화적·언어적·지리적 실체로서 '유다'(Judeanity)라 부르던 대상은 더 폭넓은 종교 문명을 의미하는 용어인 '유대교'(Judaism)가 되기 시작했다. 이 과정은 계속 진행되어 기원후 2세기에 정점에 이른다.[59]

그러면 에돔인들은 누구인가? 그들의 유래는 여러 가지로 따져볼 수 있다. 아우구스투스 시대에 살았던 중요한 그리스 지리학자 스트라보는 "이두메인들은 나바테아(Nabataea)인들이다. 폭동 때문에 자기들 나라에서 쫓겨난 뒤 유대인들에게 가서 그들의 관습을 받아들였다"[60]고 잘못된 진술을 했다. 이 점에서는 아슈켈론(아스글론) 출신의 무명 역사가 프톨레마이오스의 진술이 좀 더 정확해 보인다. "이두메인들은 원래 유대인이 아니라 페니키아인과 시리아인이었다. 유대인들에게 예속되어 어쩔 수 없이 할례를 받은 뒤 유대 민족에 포함되었고 동일한 관습을 지키면서 유대인으로 불리게 되었다."[61] 에돔인의 수는 알려져 있지 않지만, 그들의 영토가 하스몬 왕국의 절반 크기였던 것으로 보아서는 적지 않았을 것이다. 당연한 얘기지만 에돔 농부들과 목동들이 하룻밤 사이에 전부 훌륭한 일신교도가 되지는 않았을 것이다. 물론 추정컨대 유다 지역 농민들도 하룻밤 사이에 전부 그렇게 되지는 않았다. 하지만 상류 계층과 중간계층이 모세 종교를 받아들이고 유다의 유기적인 한 부분이 되었음은 거의 확실하다. 에돔 출신의 개종 유대인들은 유다지역 사람들과 통혼하며 자식들에게 히브리 이름을 지어주었고, 그 자식들 중 일부는 유다지역 왕조사에서 중요한 역할을 수행하게 된다. 헤롯이 에돔 출신이었을 뿐만 아니라, 엄격한 랍비 샴마이*의 제자들 중 일부도, 또 유대전쟁 당시 가장 과격한 열심당원들도 에돔 혈통이었다.

유대 역사학은 하스몬 왕조가 시행한 강제개종 정책과 동화 정책에 대해 항상 불편해 했다. 그레츠는 에돔인들이 유대 민중에게 재앙이었다고 주장하며 히르카누스의 시책을 비난했다. 두브노프는 특유의 온건

---

* Shammai. 기원 전후에 활동했던 랍비. 예루살렘 탈무드의 편찬자 중 한 사람으로 구약율법(토라)에 대한 엄격한 해석과 로마에 대한 저항을 주장했다.

한 어조로 그 역사를 축소시키려 하면서 에돔인들이 "유대인들과의 문화적 동화에 힘썼다"고 서술했고, 배런은 이 문제적인 주제에 대한 논란에서 필요한 것 외에는 말을 아꼈다.[62] 시오니스트 역사학과 이스라엘 역사학에서도 의견이 엇갈렸다. 자부심 강한 민족주의자 클라우스너는 에돔을 정복하고 그 주민들을 개종시킨 것을 오래된 부당함을 바로잡은 행위라고 보았다. 에돔의 한 지역인 네게브가 제1성전 시기에 유다왕국의 일부였기 때문이다.[63] 하스몬 왕국을 연구한 더 나중 역사가들 중 한 명인 아리예 카셔는 에돔인들의 집단 개종이 억지로 강요된 것이 아니라 자발적이었다는 것을 무리하게 보여주려 했다. 카셔는 에돔인들이 개종하기 전부터 할례를 해왔고, 유대 전통이 항상 강제개종을 반대해왔다는 것은 누구나 다 알고 있는 사실이라고 주장했다.[64]

도시 에돔인들은 오랫동안 헬레니즘 영향을 받아왔기에 아마도 할례를 하지 않았을 것이다. 또한 랍비 전통의 유대교가 강제개종을 시도하지 않은 것은 사실이지만, 그것은 훨씬 뒤인 서기 1세기 열심당 봉기 이후의 일로, 그때는 유대교로의 강제개종을 더 이상 시행할 수 없는 형편이었다. 기원전 1세기 말 하스몬 통치하에서 강제개종은 유대교 정책의 일반적 특징이었으며, 이 정책을 실시한 이가 히르카누스 한 사람이었던 것도 아니다. 그의 아들 아리스토불루스는 기원전 104~103년 갈릴리를 유다지역에 병합하고 갈릴리 북부에 거주하던 이두레 주민들을 유대교로 강제개종하게 했다. 요세푸스는 이렇게 썼다. "아리스토불루스는 그리스 애호가라 불렸다. 그리고 자기 나라에 많은 이익을 안겨 주었다. 이두레와 전쟁을 해서 이두레 땅의 많은 부분을 유다지역에 합쳤고, 그 주민들이 그 땅에 계속 살고자 한다면 할례를 받고 유대 법에 따라 살 것을 강요했다." 이 진술을 뒷받침하기 위해 요세푸스는 스트라보를 인용한다. 스트라보는 다음과 같이 썼다. "이 사람은 공평무사한 사람으로, 유대인들에게 큰 도움이 되었다. 유대인들에게 땅을 더해주었으며, 유대인들을 위해 이두레인들 민족 일부를 획득했으며, 생식기 할례라는 끈으로 그들을 유대인들에게 결속시켰다."[65]

갈릴리에는 이전부터 유다지역 사람들이 살았던 것으로 보이지만, 주로 이두레인들이 거주하고 지배하고 있었다. 그들 왕국의 중심은 레바논 칼키스에 있었다. 그들의 기원은 불명확하다. 아마도 페니키아인들이거나 아랍 부족민이었을 가능성도 있다. 아리스토불루스가 병합한 영역은 남쪽으로 벳스안(스키토폴리스)에서 북쪽으로 기스칼라 너머까지 뻗어있었다. 즉 오늘날의 갈릴리 지역 대부분에 해당하지만 해안지대를 뺀 만큼이었다. 갈릴리 원주민인 이두레 대중은 확대일로에 있던 유다 주민들에게 동화되었고, 많은 이가 독실한 유대인이 되었다. 헤롯의 동료 중에는 소헤무스(Sohemus)라는 이두레인이 있었다.[66] 반면 대반란 당시 열심당 지도자였던 기스칼라 출신 요하난(Yohanan of Giscala)이 또 다른 지도자 시몬 바르 기오라(Simon Bar Giora)처럼 개종자의 후손인지는 좀 모호하다.

아리스토불루스의 동생이자 후계자인 알렉산더 야나에우스 역시 정복한 민중을 개종시키고자 했다. 하지만 그는 주로 유다지역 경계에 있는 그리스계 해안 무역도시들을 상대로 전쟁을 치렀기에, 그 주민 개종은 이전만큼 성공적이지 못했다. 물론 자기 문화에 자부심을 갖고 있던 그리스계 주민들도 자발적으로 유대교로 개종할 의사가 있었을지 모른다. 실제로 지중해 부근 지역에서는 일부가 자발적으로 개종하기도 했다. 하지만 그들은 개종을 하게 되면 폴리스 즉 도시국가들이 인정한 정치적, 경제적 특권을 잃게 되기에 하스몬 왕조의 강제개종을 받아들이

지 않은 것으로 보인다. 그리하여 야나에우스는 트랜스요르단의 펠라 (Pella)라는 도시를 파괴하게 되었는데, 요세푸스에 따르면 "주민들이 유대인들이 괴상히 여기는 종교 의식을 차마 바꾸려 하지 않았기 때문"[67] 이라고 한다. 나아가 우리는 야나에우스가 다른 헬레니즘계 도시들 즉 사마리아, 가자, 그데라 등 다른 여러 도시들을 파괴했다는 것도 알고 있다.

아리스토불루스 형제의 아버지인 히르카누스도 개종과 관련된 복잡한 문제를 처리해야 했다. 기원전 111년(혹은 108년)에 사마리아 지역을 정복했지만, 어느 정도 고대 이스라엘인들의 후손인 사마리아인들을 강제로 개종시킬 수 없었던 것이다. 그들이 이미 일신교도들로서 이교 관습을 멀리하고 있었으며, 안식일을 지키고 할례를 받고 있었기 때문이다. 다만 안타깝게도 그들과 통혼하는 것이 금지되어 있었고, 예배 방식이 약간 달랐으며, 자기들 성전에서 의식을 거행하는 것을 단념하지 않았을 뿐이다. 그럼에도 히르카누스는 사마리아인들의 중심 도시 세겜(나블루스)을 파괴했고, 게리짐 산 위의 성전을 흔적조차 남기지 않고 없애버렸다.[68]

유대 전통에서 사마리아인들의 성전을 파괴한 날인 키슬레브 달[*] 21일은 유대력에서 길일로 표시되며, 이날에는 금식하거나 망자를 애도하는 것이 금지된다.(탈무드 중 「금식 지침 *Tractate Ta'Anit*」 참조). 또 사마리아인 성전을 파괴한, 유대인 티투스나 다름없는 요하난 히르카누스라는 인물이 민족 기억 속에 기념되기도 한다. 오늘날 이스라엘의 많은 거리 이름이 싸움에서 이긴 이 하스몬 제사장의 이름을 당당하게 내걸고 있다.

---

[*] Kislev. 유대력의 세 번째 달로 대략 11~12월에 해당.

6. 헬레니즘 권역에서 메소포타미아 땅까지

언어는 문제가 아니었다

유대교가 3백 년 남짓 지나는 동안 역동적이고 전파력 강한 종교로 탈바꿈한 것은 유대교와 헬레니즘 사이의 공생 덕분이라고 해도 과장이 아닐 것이다. 그러한 공생이 없었더라면 오늘날 유대인들의 수는 사마리아인들 수와 크게 다르지 않았을 것이다. 헬레니즘은 유다지역 왕국의 상위문화에 변화와 활기를 불어넣었다. 이러한 역사적 발전에 힘입어 유대인의 종교는 그리스 문명의 등에 올라타고서 지중해 세계를 횡단할 수 있었다.

그러나 하스몬 왕국이 실시한 개종은 기원전 2세기 초에 시작된 훨씬 더 중요한 현상의 일부에 지나지 않았다. 유대교가 개종운동에 착수했을 때 이미 이교도 세계는 그 믿음과 가치에 대한 재고를 시작하던 차였고, 이런 변화가 한 요인이 되어 거대한 그리스도교 혁명의 토대를 닦게 되었던 것이다. 유대교는 그 동생뻘 되는 종교가 머잖아 하게 될 것처럼 전문 선교사를 양성하지는 않았지만, 스토아 및 에피쿠로스학파의 철학과 만나면서 새로운 문학, 곧 타인의 영혼을 구제하겠다는 욕망을 강하게 품은 문학을 탄생시켰다.

　당시의 알렉산드리아는 헬레니즘 세계를 선도하는 문화 중심지 가운데 하나였다. 기원전 3세기라는 이른 시기에 벌써 이곳에서는 당시 널리 사용되던 그리스 방언 '코이네'(Koine)로 성서를 번역한다는 계획이 세워졌다. 바빌로니아 탈무드와 『아리스테아스의 편지』(Letter of Aristeas)로 알려진 기록에 따르면, 72명의 학자가 참여한 이 번역 사업을 주창한 이는 프톨레마이오스 2세 필라델푸스(Ptolemy II Philadelphus)라고 한다. 「칠십인역」 성서가 정말로 그 이집트 왕의 명령에 따라 만들어졌는지는 의심스럽지만, 확실히 일회성의 간단한 작업은 아니었다. 구약성서 전체가 수년에 걸쳐 상당히 많은 유대인 학자들의 참여 하에 번역되었다. 어쨌든 그 사업은 유대교와 헬레니즘 사이에 중요한 공생관계가 있었음을 증명하며, 그러한 공생을 통해서 유대교는 다언어 종교로 탈바꿈해가고 있었다.

　그렇다면 「칠십인역」의 목적은 비유대인들 사이에 유일신 종교를 전파하는 것이었을까? 이스라엘 역사가들은 이 주장을 거부한다. 히브리어를 모르는 유대인들이 많았으므로 「칠십인역」은 그들을 위한 번역이었다는 것이다. 하지만 왜 유대교 신자들이 유배된 지 얼마 지나지도 않았는데 자기들 언어를 벌써 잊은 걸까? 「칠십인역」을 만든 것은 히브리어가 고향땅에서도 더 이상 쓰이지 않아서인가? 그보다는 유대교 신자들 대부분이 그리스계 개종자여서 유다지역 다수 주민의 언어인 아람어조차 몰랐기 때문이 아닐까?

　이 질문들에 대한 답을 우리는 알지 못한다. 하지만 한 가지 확실한 건 「칠십인역」이 인쇄기술이 없었던 시대임에도 숱한 사본으로 만들어져, 유대 종교가 지중해 전역의 문화 엘리트들 사이에 전파되는 데 견인차 역할을 했다는 것이다. 필로 유다에우스가 이 번역의 영향력을 가장 잘 증언해준다. 필로는 스토아적-플라톤적 로고스를 유대교에 솜씨 좋게 결합시킨 최초의 철학자였을 것이다. 그는 기원후 초기 시점에 다음과 같이 썼다.

바로 오늘날까지도 해마다 파로스 섬(「칠십인역」이 만들어졌다고 믿는 곳)에서는 엄숙한 집회가 열리고 축제가 거행된다. 유대인들뿐 아니라 다른 민족에 속한 수많은 사람이 그곳으로 건너간다. 해석의 빛이 처음 쏟아져 나온 그곳을 숭배하며, 언제나 젊음과 신선함을 간직한 태곳적 은총의 글을 주신 것에 대해 신께 감사한다. … 이렇게 하여 저 탄복할 만한, 비길 데 없는, 가장 바람직한 율법이 개인이나 왕을 가리지 않고 모든 이에게 알려지게 되었으니, 이것은 그 민족이 오래도록 번영하지 못한 시기에도 마찬가지였다. … 이 점을 보건대, 나는 모든 민족이 저마다의 관습을 모조리 버리고 자기 민족의 율법을 단호하게 등짐으로써 큰 변화를 맞이할 것이며, 그런 민중들만이 얻을 수 있는 영광에 다가가리라 생각한다. 그 민족(원문에는 'ethnos')의 번영과 연결되어 함께 빛나는 이 율법이, 마치 떠오르는 태양빛이 별들의 빛을 집어삼키듯이 다른 모든 율법을 집어삼킬 것이기 때문이다.[69]

알렉산드리아의 철학자 필로가 쓴 '에트노스'라는 단어는 (요세푸스가 부족을 'phylon' 또는 'phyle'이라는 단어로 썼을 때처럼) 이미 고립주의적인 출신공동체가 아니라 커나가고 있는 신앙공동체를 가리키는 뜻이었으며, 근대 용어인 '민족'에 상응하는 말이 분명코 아니었다. 필로가 보기에 유대교로의 개종은 그의 '에트노스'를 인구학적으로 확대시켜주는 합당하고도 긍정적인 현상이었다.

이런 역사적 국면이 오자, 점점 확산되던 일신론의 독특한 특성이 헬레니즘의 영향 아래에서 이전 정체성들을 약화시키기 시작했다. 전통적 정체성에 있어서 종교는 문화적·언어적 공동체, 곧 '민중'이나 '평민'이나 도시나 부족의 경계와 어느 정도 일치했다. 그런데 이 국면을 기점으로 이후에는 종교적 경계와 일상의 문화적·언어적 특징들을 옛날식으로 연결시킬 수 없게 되었다.[70] 예컨대 필로만 해도 그랬다. 그가 아무리 박학다식했다 해도 히브리어나 아람어까지 안 것은 아니었는데, 다른 대다수 동료 신자들처럼 유명한 「칠십인역」을 통해 모세 종교에 대해 알았다고 해서 이 종교에 대한 그의 독실한 믿음이 더 약했던 것은 아니다. 그의 저작 일부에 실린 글도 비유대인들이 생활방식을 바꾸고 '각자의 관습'을 포기하도록 설득하려는 글이었을 것이다.

지중해 세계를 벗어나다

「칠십인역」은 외경으로 알려진 저작의 형태로 유대교의 포교를 주춤주춤 시작하게 하는 출발점이 되었다. 「칠십인역」에 대한 언급이 있는 『아리스테아스의 편지』는 기원전 200년경 알렉산드리아의 어느 유대교 신자가 그리스어로 쓴 것이다. '아리스테아스'라는 이름은 저자가 그리스계 독자들에게 어필하기 위해 전형적인 그리스인 이름을 내세운 것일 수도 있지만—아리스테아스는 프톨레마이오스 2세 필라델푸스의 경호원 이름이기도 했다—, 저자의 실제 이름이었을지도 모른다. 이 편지는「칠십인역」의 전설적인 성립과정을 설명하는 한편, 우화적 수법으로 우상숭배를 공격하고 유대 신앙을 찬미한다. 예를 들면 비유대인들의 의욕을 꺾지 않기 위해 할례에 대해서는 한 마디도 언급하지 않지만, 예루살렘과 그 성전은 목가적으로, 심지어 유토피아처럼 묘사한다. 유대 학자들도 이교도 그리스 철학자들보다 더 지혜로운 사람들로 묘사되는데, 역설적이게도 그리스철학 원리에 의거해 이들의 우월성을 논증한다. 그래서 익명의 이 저자는 토라보다 그리스철학에 더 친숙한 듯한 인상을 준다.

비슷한 수사가 『시빌 신탁서』(*Sibylline Oracles*)라고 알려진 고대의 글모음집 제3권에서도 발견된다. 대부분의 학자들은 『시빌 신탁서』가 기원전 2세기 즉 하스몬 왕조 시기에 쓰인 것으로 보고 있다. 이 책 역시 알렉산드리아에서 번역되었으며, 『아리스테아스의 편지』와 마찬가지로 이집트의 동물숭배를 비난한다. 그리스풍의 신탁녀 목소리를 띤 운문 형식의 이 유대 설교문에서는 헬레니즘과의 동화를 꾀하려는 대담한 시도가 느껴진다. 저자는 신의 형상으로 창조된 모든 인간의 자식들에게 이야기하는 설교자 입장에서, 장차 위대한 신의 민중이 모든 인간들 앞에 다시 용감한 교사로 나설 것이라고 예언한다.[71] 저속하고 천한 우상숭배와 달리 유대 신앙은 정의와 박애와 자비의 종교라고 선언한다. 우상숭배는 동성애에 오염되어 있지만 유대인들은 어떤 혐오스런 행위도 가까이하지 않는다. 그러므로 나무와 돌을 숭배하는 자들은 참된 신앙으로 개종하든가 분노의 하느님께 벌을 받든가 해야 한다.

이 저작에 명백하게 드러나는 유대적 자신감은 하스몬 왕국의 성공 및 권력 증대와 관련이 있다. 기원전 1세기 초에 쓰인 것으로 보이는「지혜서」(*Wisdom of Solomon*)도 이집트 유대 공동체들의 개종 노력을 유다지역 통치자들의 개종 정책과 관련짓는다. 이 저작의 첫 부분인 예언적 내용은 히브리어로 쓰였고 유다지역에서 유래한 것이다. 더 철학적인 두 번째 부분은 그리스어로 쓰였고 특징상 알렉산드리아적이다. 이 저작 역시 동물숭배를 조소하고, 우상에 대한 경배를 멸시하는 내용으로 전개된다. 『시빌 신탁서』 제3권처럼 다신숭배를 음란 및 부도덕과 관련짓고 벌을 받으리라 예언한다. 「지혜서」에서도 설득 대상은 비유대인들로 주로 통치자들과 왕들이며, 사용된 수사는 전적으로 그리스 전통에서 나온 것이다. 스토아적 로고스가 솔로몬 왕의 입에서 표현되고, 솔로몬 왕은 잘 알려진 플라톤적 진술을 한다.[72]

다른 저작들 역시 유대교 또는 신성에 대한 보편주의적 견해를 전파했다. 「요셉과 아스낫」(Joseph and Aseneth), 「다니엘서 추가편」, 「포킬리데스 위경」(Pseudo-Phocylides) 등에는 전능한 신성을 중심으로 하는 추상적 일신론의 우월성을 독자에게 확신시키고자 하는 논평들이 들어있다.[73] 포교활동 대부분은 급증하고 있던 유대인 회당에서 이루어졌다. 그 회당은 매력적인 예배당으로 많은 비유대인의 마음을 사로잡았고, 포교 역시 성공적이었다. 알렉산드리아의 철학자 필로가 유대인 수가 증가하는 데 자부심을 느꼈던 것을 우리는 앞에서 살펴본 바 있다. 필로보다 한 세대 후에 살았던 역사가 요세푸스도 자기 방식으로 당시 상황을 다음과 같이 요약한다.

우리의 율법이 다른 모든 이들에게 언제나 감탄과 모방을 불러일으켰다는 것은 이미 입증된 바 있다. 가장 초기의 그리스 철학자들도, 겉보기에는 자기들 지역의 법률을 따랐다 해도, 행동과 철학적 교리에서는 우리 입법자[모세]를 따랐다. 그래서 사람들에게 검소하게 살고 서로 친밀하게 교제하도록 가르쳤다. 또한 많은 인류가 우리 종교의식을 추종하려는 경향을 오랫동안 보여주었다. 그리스인들의 어느 도시도, 이방인들의 어느 도시도, 또 어느 민족이라도, 일곱째 날에 쉬는 우리 관습이 닿지 않은 곳이 없다. 우리의 금식과 철야기도, 그리고 음식에 관한 우리 금지사항들 중 많은 것을 지키지 않는 곳이 없다. 그들은 또한 우리가 상호 화합하는 것과 소유물을 너그러이 나누는 것, 사업에 근면한 것과 우리에게 닥친 역경을 꿋꿋하게 헤쳐 나가는 것을, 우리 율법 때문에라도 모방하고자 노력한다. 그리고 여기에서 가장 커다란 존경의 대상이 되는 것은, 우리 율법이 사람들을 유혹하지 않음에도 그 자체의 힘으로 널리 퍼졌다는 것이다. 그리하여 하느님께서 온 세상에 충만해 계시듯이, 우리 율법 역시 온 세상에 널리 퍼지게 되었다.[74]

요세푸스의 글은 단지 유대교 호교론에 그치는 것이 아니라, 누가 봐도 분명한 선교문서이다. 위 인용문의 출처인 『아피온 반박문』에서 요세푸스는 "그들[그리스인들] 중 많은 이가 우리 율법을 찾아왔으며, 그중 일부는 인내하지 못해 다시 떠났지만 일부는 계속해서 율법을 준수하고 있다"고 자랑스레 진술한다. 이런 주의도 준다. "우리 입법자께서 계셨더라면 우리가 이방인들과 교제할 때 어떻게 공평한 태도를 취하도록 충고하실지 먼저 살피는 것도 좋을 것이다."[75] 요세푸스는 심지어 성서가 그리스 지혜의 원천이며, 예를 들어 피타고라스와 플라톤도 신에 대해 모세에게 배웠다고 뽐내기까지 한다. 요세푸스는 또 유대인에 대한 적대감이 생긴 데는 여러 이유가 있지만, 그중에서도 "우리 제도가 많은 다른 이들에게 받아들여지는 것을 보고 그 때문에 우리를 질시하지 않을 수 없었던 것이 원인이다"라고 진술하기도 한다.[76]

유대인 역사가 요세푸스가 꿈꿨을 전 세계의 유대교 개종은 이루어지지 않았더라도, 엄청난 수의 비유대인들이 유대교에 끌리고 그중 많은 수가 개종하면서, 지중해 남동부 부근 유대인 수는 수십만, 어쩌면 수백만에 이르게 되었다.

다마스쿠스는 알렉산드리아 다음으로 번창하는 헬레니즘 중심지였고 그곳에서의 유대교 개종은 이집트에서보다 더 많았다. 요세푸스는 『유대전쟁』에서 이런 이야기를 한다. 다마스쿠스 사람들이 그 지역 유대인들을 학살하려 했을 때 망설였는데, 그 이유는 "자기들 아내의 지지를 잃을 것 같아서"였다는 것이다. "아내들 거의 전부가 유대 종교에 빠져있었다. 그 때문에 그들의 가장 큰 걱정은 이 일을 아내들에게 어떻게 숨기느냐 하는 것이었다."[77] 요세푸스는 또 이런 이야기도 전한다. 안티오크에서 통치자들이 유대인들에게 호의를 보이면서 다음과 같은 상황이 발생했다는 것이다. "그들 모두 수적으로 크게 증가했고, 그들에게 주어진 것을 사용해 그들 성전을 훌륭한 장식품으로 찬란하게 꾸몄고 장엄함을 입혔다. 그들은 또한 대단히 많은 수의 그리스인들을 끊임없이 개종시켰고, 그리하여 그들을 그럭저럭 유대 몸체의 일부로 만들었다."[78]

서력 기원을 전후해 유대교의 인기는 지중해 지역 너머로 퍼져나갔다. 요세푸스는 『유대고대사』에서 기원후 1세기에 아디아베네(Adiabene, 후일의 'Hadyab') 통치자들이 유대교로 개종했다는 놀라운 이야기를 들려준다.[79] 다른 문헌들도 이 개종 이야기를 기술하고 있으니, 그 전체적인 개요는 의심할 이유가 없다.

아디아베네 왕국은 '비옥한 초승달' 지대 북쪽, 오늘날의 쿠르디스탄(쿠르드족 자치구)과 아르메니아에 걸쳐 있었던 나라다. 유대교 포교로

이 왕국의 왕세자 이자테스(Izates)와 그의 모친 헬레나(Helena)가 개종하였다. 그들을 개종하도록 설득한 이는 하나니아(Hananiah)라는 이름의 상인이었다. 하나니아는 왕자에게 할례를 받을 필요 없이 율법을 준수하는 것으로 충분하다고 얘기했다. 하지만 왕자가 왕위에 올랐을 때 더 엄격한 유대 설교가인 갈릴리인 엘레아자르(Eleazar, 엘르아살)를 만났다. 그는 개종 절차를 끝마치기 위해서는 할례를 받아야 한다고 주장했고, 이자테스는 그 말에 따랐다. 요세푸스가 전하는 바에 따르면 아디아베네 귀족들은 통치 가문의 개종에 분노했고, 일부는 반란을 일으키려 했다. 하지만 이자테스는 반란을 진압하고 이교도들을 제거하는 데 성공했다. 그리고 동생 모노바주스 2세(Monobazus II)가 이자테스 뒤를 이어 왕이 되었을 때, 그 역시 왕가의 다른 이들과 함께 개종했다. 헬레나 여왕은 아들과 함께 예루살렘을 순례했고, 그곳에서 유다지역 사람들이 극심한 가뭄을 견뎌낼 수 있도록 도와주기도 했다. 그녀는 예루살렘에 웅장하게 지은 '왕가의 묘'에 묻혔다. 이자테스의 아들들 역시 신앙교육을 받기 위해 유다지역 중심에 있는 예루살렘으로 갔다.

아디아베네의 개종 왕들에게서 강한 인상을 받은 건 요세푸스만이 아니었다. 유대 전통에도 그들에 대한 기억이 깊이 새겨져 있다. 모노바주스 2세는 '베레쉬트 라바' '요마' '바바 바트라'와 같은 탈무드 율법서* 몇 권을 비롯해 여러 문헌에서 언급된다. 하지만 이 새로운 종교가 아디아베네 사회 전반에 얼마나 널리 퍼졌는지를 알기는 쉽지 않다. 요세푸스는 『유대전쟁』 머리말에서, 아디아베네 사람들이 자신의 글을 읽

---

* 'Bereshit Rabba'는 '창세기 라바'라는 뜻으로 '라바'는 성서 주석서인 미드라쉬의 하나이며, 'Yoma'(그날)와 'Baba Bathra'(마지막 문)는 탈무드의 2부와 4부에 각각 속하는 율법서의 이름이다.

고 열심당 반란에 대해 알게 됐다고 진술한다.[80] 그 말은 곧 유다지역 반란에 관심을 가진 개종 독자가 아디아베네 왕국에 어느 정도 있었다는 얘기다. 귀족들이 왕가 개종에 불안을 느꼈던 것도 왕국의 행정 기준에 변화가 생기는 것을 두려워했기 때문일 것이다. 아디아베네 통치자들이 넓은 제국을 이끌려는 바람으로, 유대인들과 메소포타미아 지역 개종자 다수의 지지를 얻고자 개종했다는 것도 가능한 얘기다.[81] 로마에 대항한 열심당 반란에 아디아베네 대표단이 참가했다는 것, 그리고 아디아베네 왕국의 왕자 몇 명이 붙잡혀 로마로 끌려간 것 등은 이상한 일이 아니었다.

유다지역 바깥의 정치적 독립체가 유대교로 개종한 것은 아디아베네 왕국이 최초였으며, 그런 사례는 아디아베네 왕국 하나에 그치지 않았다. 또한 근대까지 살아남게 되는 중요한 유대 공동체를 낳은 것도 아디아베네 왕국 하나만이 아니었다.

7. 로마의 그늘 아래서

유대교라는 골칫거리

알렉산더의 정복이 개방적인 헬레니즘 문화권을 만들어냈다면, 로마의 팽창과 그 거대제국은 이 과정을 완성시켰다. 이후 지중해 주변의 문화 중심지들은 역동적인 혼융을 겪고 새로운 현상들이 제련되는 장소가 된다. 연안지역들이 서로 가까워졌으며, 동쪽 끝에서 서쪽 끝까지 가는 여정도 훨씬 수월해지고 빨라졌다. 그리고 이 지역의 흥성은 유대교 확산에도 새로운 전망을 열어주었다. 유대교가 한창 절정을 구가하던 무렵에는 로마제국 주민 7~8퍼센트가 유대교를 표방했다. '유대인'(Jew)이라는 단어는 더 이상 유다지역 사람들만을 지칭하는 용어가 아니라 개종자 대중과 그 후손들까지 포함하는 말이 되었다.

유대교 확산이 정점에 이른 3세기 초, 카시우스 디오는 이 중대한 역사적 발전과정을 서술하면서 다음과 같이 주장했다. "유대인이라는 이 명칭이 어떻게 해서 그들에게 주어졌는지 나는 모르지만, 어쨌든 이 명칭은 인종이 다를지라도 그들의 관습을 기꺼이 따르는 모든 인류에게 적용된다."[82] 카시우스 디오와 거의 동시대인인 그리스도교 신학자 오리게네스(Origenes)는 이렇게 썼다. "명사 '이우다이오스'(*Ioudaios*, '유대인'의 그리스어)는 한 종족에서 비롯된 이름이 아니라, 선택[생활방식]에서 비롯된 이름이다. 만약 유대 민족 출신이 아닌 자가 유대인들의 방식을 받아들이고 개종자가 된다면, 이 사람은 '이우다이오스'라 불러도 무방하다."[83] 이 두 학자가 어떻게 해서 동일한 정의에 이르게 되었는지 이해하기 위해서는, 로마에서 이 담론이 발전해온 과정을 처음부터 따라가 보아야 한다.

로마 문서에서 유대교가 처음 언급된 것은 개종과 관련해서다. 로마의 여러 글에서는 유다지역 외부에 거주하는 유대인들에 대한 언급들이 발견되는데, 그중 일부가 개종이라는 핵심 문제를 다루고 있다. 유대인들에 대한 적대감이 가끔 엿보인다면, 그것은 주로 유대인들의 종교적 설교 때문이었다. 대체로 전형적인 다신교도인 로마인들은 다른 믿음에 대해 관대했고, 유대교 역시 적법한 종교(*religio licita*)로 대우했다. 하지만 로마인들은 일신교의 배타성을 이해하지 못했으며, 왜 다른 사람을 개종시키려 하고 그들이 물려받은 믿음과 관습을 포기하게 하려고 하는지 그 충동을 이해할 수 없었다. 유대교로의 개종은 오랜 기간 불법이 아니었지만, 개종자들이 제국의 신들을 거부하는 것은 명백했고, 이는 기존 정치질서에 대한 위협으로 여겨졌다.

아우구스투스와 동시대인인 발레리우스 막시무스(Valerius Maximus)에 따르면, 기원전 139년에 이미 유대인들과 점성술사들을 고향으로 강제추방한 일이 있었다. 그들이 "'유피테르 사바지오스' 숭배로 로마 관습을 오염시키려" 했기 때문이다.[84] 이때는 하스몬 왕조가 예루살렘에서 그 지배권을 확립하고 있던 시기로, 기원전 142년에는 마타티아스의 아들 시몬이 로마에 외교사절을 보내 동맹을 맺으려 한 일까지 있었다. 유대 일신론이 확산되기 시작한 즈음이었고, 자신감과 이교 신앙에 대한 우월의식이 커가던 중이었다.

그 유대 설교자들이 어디 출신인지는 알려져 있지 않다. 그리고 '유피테르 사바지오스'(*Jupiter Sabazius*)라는 용어에 대해서는 여러 의견이 있다. 어쩌면 그것은 혼합된 유대교-이교 숭배였을 수도 있다. 하지만 '유피테르'는 하느님을 의미하는 것으로, '사바지오스'는 'sabaoth'(만군) 또는 'Sabbath'(안식일)라는 단어가 잘못 전해진 것으로 보는 것이 타당할 것이다. 위대한 로마 학자 바로*는 유피테르를 유대교 신과 동일시하면서 예리한 라틴적 논리로 이렇게 결론 내렸다. "같다는 것을 이해하기만 한다면 그것을 어떤 이름으로 부르든 다를 게 없다."[85]

개종 때문에 로마에서 강제추방당한 사례는 또 있었다. 기원후 19년 티베리우스 황제 재위기에 유대인들은 다른 신들을 모시던 이들과 함께 수도에서 추방되었다. 이번에는 그 수도 많았다. 타키투스는 『연대기』에 이렇게 적었다. "저 미신들에 오염된, 군대에 가야 할 연령의 자유민 계층 4천 명을 사르데냐 섬으로 귀양 보내야 한다는 결의안이 통과되었고… 나머지도 정해진 날까지 그들의 불경한 의식과 설연하지 않는다면 이탈리아를 떠나야 했다."[86] 다른 역사가들에게도 비슷한 서술이 보인다. 수에토니우스는 이렇게 적었다. "티베리우스는 그들 유대인 중 군대 가야 할 연령이 된 이들을 건강에 별로 좋지 않은 기후의 지방으로 배속시켰다. 표면적으로는 군대에 복무하라는 것이었다. 같은 인

---

* Varro Marcus Terentius(BC 116~27). 로마 공화정 말기의 저술가로, 역사, 철학, 수학, 언어, 법률 분야에서 수많은 저서를 남긴 백과사전적 학자.

종에 속하는 나머지나 비슷한 믿음을 가진 다른 이들은 그 도시에서 추방했다."[87] 카시우스 디오는 더 훗날에 이렇게 전했다. "유대인들이 로마에 대량으로 모여들어 주민들 가운데 많은 이를 그들 식으로 개종시키고 있기에, 황제가 유대인들 대부분을 추방해버렸다."[88] 요세푸스는『유대고대사』에서 다음과 같은 일화를 덧붙임으로써 위 이야기에 생동감을 더한다. 즉 유대인 네 명이 '풀비아'라는 개종한 귀족 여인에게 성전에 금을 보내라고 설득하고는 자기들이 그 금을 챙겼는데, 이 사실을 알게 된 티베리우스가 로마에 있는 모든 유대교 신자들에게 벌을 내리기로 결정했다는 것이다.[89]

세 번째 강제추방은 클라우디우스 황제 재위기인 기원후 49~50년에 일어났다. 수에토니우스에 따르면, 이 황제는 유대인들에게 호의를 보인 것으로 알려졌음에도, 유대인들이 "크레스투스(Chrestus, 그리스도) 선동 하에 지속적으로 소란을 일으켰기에" 그들을 추방했다고 한다.[90] 그런데 우리는 아직 이 단계에서는 유대교와 그리스도교 사이에 뚜렷한 구분이 없었다는 것을 기억해야 한다. 모든 가능성을 감안한다 해도 아직 분화되지 않은 유대-그리스도교였다고 보는 게 옳을 것이다. 이미 유내인 그리스도교 집단과 유대인 이교도 집단들이 있긴 했지만, 로마법은 기원후 64년까지는 이들을 구분하지 않았다. 하지만 같은 사건에 대해 카시우스 디오는 클라우디우스가 유대인들을 추방하지 않았다고 썼다. "그들은 다시금 엄청나게 증가해 있었다. 이렇게 숫자가 많았기에 큰 소동을 일으키지 않고서는 그들을 수도에서 몰아내기 어려웠을 것이다. 클라우디우스는 그들을 쫓아내지는 않고, 다만 그들이 조상 대대로 내려오는 관습에 정해진 생활양식을 따르되, 무리지어 한데 모이지는 말 것을 명령했다."[91]

키케로가 기원전 1세기 로마에 유대교 신자들 수가 너무 많다고 썼던 것을 우리는 앞에서 살펴본 바 있다. 율리우스 카이사르 장례식에도 야훼 숭배자들이 대거 참석한 것으로 알려져 있다. 그러므로 로마에 유대인 수가 많았던 것은 기원후 70년의 유대전쟁이 있기 훨씬 전부터였으며, 따라서 왕국 몰락 및 바르 코크바 반란 후에 유다지역에서 있었다고 하는 가상의 '집단 강제추방'과는 상관없는 일임을 기억해두는 게 좋겠다. 로마 문헌들 대부분이 시사하는 바에 따르면, 로마에 유대인이 그렇게 많았던 것은 유대 종교가 확산된 데 따른 결과였다. 유대교로의 개종이 늘어날수록 정부의 불안과 많은 로마 지식인의 분노도 커져갔다.

위대한 로마 시인 호라티우스는 시 한 편에서 유대인의 포교 욕망을 유머러스하게 언급했다. "유대인들처럼, 우리[시인들]도 그대를 사람 많은 우리 편으로 강제로 끌어 오리다."[92] 철학자 세네카는 유대인들을 몹쓸 인종으로 여겼다. 그 이유는 이러했다. "이 저주받은 인종의 관습이 그토록 영향력을 키운 결과 이제는 세상을 통틀어 이들의 관습을 받아들이지 않는 곳이 없다. 패자가 승자에게 법을 내린 꼴이다."[93] 유대인을 전혀 좋아하지 않았던 역사가 타키투스는 유대교 개종에 대해 다음과 같이 훨씬 더 신랄한 태도를 보였다.

많은 인종들 가운데 가장 미천한 자들, 그 신앙을 멸시받던 자들이 다른 인종들에게 자기들의 공헌한 바와 선물들을 내밀었다. 이런 방식을 통해 유대인들의 부가 늘어났다. … 또한 그들은 다른 사람들과 구별하려는 표식으로 할례를 채택했다. 그들 종교에 입문하는 자는 이 관습을 받아들이고, 먼저 다음과 같은 가르침을 주입받는다. 즉 다른 모든 신을 경멸할 것, 자기 나라와 연을 끊을 것, 그리고 부모도 자식도 형제도 안중

에 두지 말 것.[94]

2세기 초에 쓰인 『풍자시집』의 저자 유베날리스는 특히 냉소적이었다. 그는 선한 로마인 다수에게 밀어닥친 유대교 개종 열풍에 대해 역겨움을 감추지 않았고, 그가 살던 시기에 유행하던 개종 과정을 다음과 같이 조롱했다.

> 안식일을 떠받드는 자를 아버지로 둔 자들은 오로지 구름을 숭배하고, 하늘에 있다는 신을 숭배하며, 자기들 아버지가 피하는 돼지고기 먹는 것을 사람고기 먹는 것처럼 여긴다. 그리고 때가 되면 할례를 한다. 툭하면 로마법을 어기는 자들이 유대인의 율법은 떠받들고 실행한다. 모세가 비밀의 책에 남긴 율법은 같은 의식이 아니면 어떤 경배 방식도 용납하지 않고 오직 할례한 자만 우물가로 안내하는 율법이다. 이 모든 것은 그 아버지의 잘못이다. 그 아버지가 7일마다 하루를 인생만사에서 떼어내 나태함에 내어주었기 때문이다.[95]

2세기 말, 그리스노교 신사들을 싫어한 깃으로 질 알려진 철학자 켈수스는 유대인들에 대해서는 적대감을 훨씬 덜 가졌다. 하지만 개종이 빠른 속도로 늘어나고 옛 종교들이 버림받자, 켈수스는 개종한 무리에 대해 다음과 같이 공공연한 적대감을 표명했다. "이런 점들을 볼 때 만약 유대인들이 조심스럽게 자기들의 율법을 보존하려 한다면, 그것을 잘못이라고 할 수는 없을 것이다. 하지만 자기 본연의 관습을 저버리고 유대인들의 관습을 받아들인 자들은 잘못이다.[96]

이 대규모 현상 앞에서 로마 당국은 골머리를 앓았고 로마 유력 지식인의 상당수가 당혹스러워했다. 그들이 당혹스러워한 것은 유대교가 일부 집단이 아니라 여러 집단의 폭넓은 관심을 받았기 때문이다. 장차 그리스도교를 매력적으로 만들고 그리스도교의 궁극적 승리에 기여하게 되는 모든 관념적이고 지적인 요소들이 당시 유대교의 이 일시적 성공 안에 이미 들어있었다. 전통적이고 보수적인 로마인들은 위험을 느끼고 다양한 방식으로 근심을 표했다.

쾌락주의 문화로 인한 위기, 집단적 가치에 대한 통합적 믿음의 부재, 제국 당국의 행정에 퍼져있는 부정부패의 문제 때문에 더 철저한 규범 체계와 더 굳건한 의례적 틀이 요구되던 때였고, 유대 종교가 때맞춰 이런 요구를 충족시켜 주었다. 안식일 휴식, 신상필벌 개념, 사후세계에 대한 믿음, 그리고 무엇보다 부활에 대한 초월적 희망 같은 매혹적인 특징들에 많은 이가 설득되어 유대 신앙을 받아들였다.

그에 더해 유대교는 제국 세계의 확대로 인해 옛 정체성과 전통을 잃어버리고 더 이상 공동체적 감정을 갖지 못하게 된 사람들에 대해 보기 드문 공동체 감각을 제공했다. 새로운 계율들을 따르는 것은 쉽지 않은 일이었지만, 선택받은 백성이 된다는 것, 신성한 민족에 합류한다는 것은 무엇과도 바꿀 수 없는 차별의식을 제공해주었고, 거기 들이는 노력에 합당한 보상을 해주었다. 이 과정에서 가장 흥미를 끄는 요소는 젠더적 측면이다. 이 대규모 유대교 개종운동을 이끈 사람들은 바로 여성이었던 것이다.

여자들이 사랑한 종교

다마스쿠스 사람들이 유대인을 학살하려다가 아내들 때문에 망설였다는 요세푸스의 이야기에서 우리는 유대교가 특히 여자들 사이에서 인기가 있었다는 점을 엿볼 수 있다. 또 앞에서 살펴보았듯이 아디아베네 왕가의 개종에 결정적인 역할을 한 것도 여왕 헬레나였다. 신약성서에는 타르수스(다소) 사람 사울 곧 바울의 제자 한 명이 "그 어머니는 믿는 유대 여자요 아버지는 헬라인"(사도행전 16:1)이었다고 나온다. 로마에서도 여자들이 더 쉽게 유대교에 다가갔다. 이베리아 출신 시인 마르티알리스(Martialis)는 안식일을 지키는 여자들을 조롱하기도 했다.[97] 유대인 카타콤에서 나온 금석문 자료에서는 여성 개종자 이름이 남성 개종자 이름만큼 많이 발견된다. '베투리아 파울라'라는 여성에 대한 비문이 특히 눈에 띈다. 그녀는 개종 후에 사라(Sarah)라는 이름으로 개명하고 시나고그 두 곳의 '어머니'가 되었다.[98] 요세푸스가 서기 19년 유대인 추방의 배경으로 소개한 일화에 등장했던 풀비아(사투르니누스의 아내)는 완전한 개종자였다. 브리타니아를 정복한 유명한 장군 아울루스 플라우티우스의 아내 폼포니아 그레치나는 유대 신앙(그리스도교 신앙이었을 수도 있다)에 귀의한 것 때문에 재판을 받았고 남편에게 이혼당하기까지 했다. 네로 황제의 두 번째 아내 포파이아 사비나는 자신의 유대교 성향을 감추시 않았다. 이 여인들을 비롯한 많은 귀족 부인들이 로마 상류층에 유대 신앙을 퍼뜨렸다. 유대교가 도시의 더 낮은 계층들 사이에서도, 그리고 병사들 및 자유민이 된 노예들 사이에서도 역시 대중화되고 있었다는 증거도 있다.[99] 또한 로마에서 유대교는 로마제국이 병합한 유럽 곳곳으로, 이를테면 슬라브 땅과 게르만 땅, 골 남부, 스페인 등지로 퍼져나갔다.

여자들이 개종에 중추적 역할을 한 것은 유대교의 개인적 율법에 대해 여성 특유의 관심이 모아졌기 때문이라 볼 수도 있다. 이를테면 개인적 정결 같은 앞선 규율을 흔한 이교 관습보다 선호했을 것이다. 또한 여자는 할례를 받지 않아도 되는 점 때문이었을 수도 있다. 할례는 개종을 원하던 많은 남자들에게 그것을 포기토록 한 힘든 요구조건이었기 때문이다. 기원후 2세기 하드리아누스가 할례를 전면금지한 후, 황제 안토니누스 피우스(Antoninus Pius)는 유대인들이 아들에게 할례를 행하는 것은 허가했지만 유대인이 아닌 남성이 할례를 받는 것은 금지했다. 개종자 증가와 함께 '하느님을 경외하는 자들'(God-fearers)이라는 범주가 생겨났는데, 그 이유를 위 방침에서 찾을 수 있다. '하느님을 경외하는 자들'이라는 이름은 성서 용어 '야훼를 경외하는 자들'(그리스어로 *sebomenoi*, 라틴어로 *metuentes*)의 변형이었을 것이다.[100]

'하느님을 경외하는 자들'은 반(半)개종자(semi-converts)였다. 그들은 유대 공동체 주위에서 넓게 주변부를 형성했으며, 유대 공동체 의식에 참여하고 시나고그에 출석했지만 계명을 전부 다 지키지는 않았다. 요세푸스는 그들을 여러 번 언급하며 네로의 아내도 '하느님을 경외하는 자'로 묘사한다. 이 용어는 또한 현재 남아 있는 많은 시나고그 비문에서도, 그리고 로마 카타콤에서도 발견된다. 신약성서는 그들이 다수 존재했다는 사실을 확인시켜준다. 예를 들면 다음과 같은 구절들이 그러하다. "그때에 경건한 유대인들(God-fearing Jews)이 천하 각국으로부터 와서 예루살렘에 머물러 있더니."(사도행전 2:5) 바울은 안티오크에 와서 안식일에 어느 시나고그에 들어가 다음과 같은 말로 설교를 시작했다. "바울이 일어나 손짓하며 말하되 이스라엘 사람들 그리고 하느님을 경외하는 사람들아 들으라."(사도행전 13:16) 혹시라도 듣는 이들 중에 이런 인사말에 당황한 이가 있을까봐 바울은 한 번 더 얘기했다. "형제들아 아브라함의 후손과 너희 중 하느님을 경외하는 사람들아 이 구원의 말씀을 우리에게 보내셨거늘."(사도행전 13:26) 이 본문은 계속 이어져 다음 구절에 이른다. "회당의 모임이 끝난 후에 유대인과 유대교에 입교한 경건한 사람들이 많이 바울과 바나바를 따르니…."(사도행전 13:43) 그 다음 주에 이 성공적인 설교자 두 사람과 이들을 시기하는 유대인들 사이에 소란이 벌어졌다. "이에 유대인들이 경건한 귀부인들과 그 성내 유력자들을 선동하여 바울과 바나바를 박해하게 하여 그 지역에서 쫓아내니."(사도행전 13:50) 두 설교자는 길을 계속 나아가 마케도니아의 필리피(빌립보)라는 도시에 당도했다. 그곳에서는 다음과 같은 일이 있었다. "안식일에 우리가… 거기 앉아서 모인 여자들에게 말하는데… 한 여자가 말을 듣고 있을 때 주께서 그 마음을 열어… 그와 그 집이 다 세례를 받고…."(사도행전 16:13~15)[101]

그리스도교가 서서히 전진해 간 영역은 정확히 이 지점, 유대교로의 부분 개종 또는 완전 개종자와 번민에 싸인 이교도 사이의 경계 불분명한 회색지대였다. 유대교 확산과 종교적 절충주의가 번성한 데 힘입어 수용자에게 능숙하게 적응하는 더 개방적이고 유연한 신앙 체계가 출현했다. 예수의 추종자들이기도 한 신약성서 기자들이 이 두 개의 상충하는 마케팅 정책을 어떤 성모로든 의식했다는 사실이 놀랍다. 「마태복음」은 노골적인 유대교 선교와 그 한계에 대해 추가 증언한다. "화 있을진저 외식(外飾)하는 서기관들과 바리사이인들이여, 너희는 교인 한 사람을 얻기 위하여 바다와 육지를 두루 다니다가 생기면 너희보다 배나 더 지옥 자식이 되게 하는도다."(마태복음 23:15)[102]

이것은 물론 엄격한 계율을 강요하는 자들에 대한 노련한 전문 선교사들의 비판이었다. 이들은 그런 엄격한 계율과는 거리를 두었다. 이들 새로운 설교자들은 휘청거리는 다신교 세계의 감수성을 더 잘 읽고 있었으며, 일신교적 신에 대한 더 세련되고 수용자 친화적인 접근법을 그 세계에 제공하는 방법을 알고 있었다.

그렇다면 그들의 경쟁자였던 더 전통적인 유대 학자들은 개종 및 유대교의 대확산에 대해 어떤 태도를 취했을까?

8. 랍비 유대교는 개종을 어떻게 보았을까

개종을 환영한 랍비들

앞에서 살펴보았듯이, 기원전 2세기 헬레니즘계 유대 작가들 시대로부터 기원후 1세기 알렉산드리아의 필로 유다에우스 때까지는 개종이 우호적으로 받아들여졌을 뿐 아니라 저작들 중 일부는 개종을 실제로 장려하기도 했다. 우리는 그 책들을, 페르시아 지배 말기에 쓰인 일부 성서 텍스트들의 태도에서 직접 영향을 받은 결과물로 볼 수도 있다. 그리스도교 문학을 유대-헬레니즘 문학의 직접적 연장선상에 있는 것으로 간주할 수 있는 것과 마찬가지다. 유대교와 헬레니즘의 만남에서 탄생한 지적 코즈모폴리터니즘은 바울 혁명*이 일어날 수 있는 바탕이 되었고, 바울 혁명은 고대세계의 문화 지형도를 바꾸게 된다.

시온과 알렉산드리아의 교차점에서 보편주의적 세계관이 탄생했다

---

* 유대인으로 로마 시민권을 가졌던 바울은 '유대인'과 '이방인'의 엄격한 구분을 고수하던 종래 유대교 및 초기 그리스도교를 보편 종교로 만든 가장 중요한 인물로 꼽힌다.

면, 유다지역과 바빌로니아의 교차점에서는 바리사이[*] 유대교가 탄생했다. 바리사이파 유대교는 새로운 종교원리 및 숭배원리를 미래 세대에게 남겨주게 된다. 학자들은 '현자'(sage)라 일컬어지고 그 후계자들은 '타나임'과 '아모라임'[**]으로 알려지게 되는데, 이들은 이미 성전파괴를 전후한 시기부터 이 끈질긴 소수민족이 지켜온 교리를 강철처럼 단단하게 만들 수 있는 모루를 구축하여, 더 크고 더 강대한 종교 문명들 속에서도 모든 역경을 이기고 살아남을 수 있도록 했다. 이 학자 집단들이 태생적으로 고립을 고수하고 유대 종교의 포교를 삼가도록 프로그램되었던 것은 아니었다. 나중에 유럽의 문화 중심지들 안에서 바리사이 유대교와 바울 그리스도교 사이에 전개된 고통스런 변증법이 특히 지중해 지역에서 그런 고립주의 경향을 심화시키긴 했지만, 유대교에도 오랫동안 개종 충동은 부족하지 않았다.

자주 인용되는 랍비 첼보의 "개종자들은 이스라엘에 옴처럼 해롭다"(탈무드 중 「형사취수 지침 Tractate Yevamot」)라는 진술이 개종과 개종자들에 대한 탈무드의 태도를 대표하는 것은 분명히 아니다. 그 진술과 견주어 결코 영향력이 못하지 않은, 그리고 아마 그 진술보다 더 앞선 시기에 나온 것으로 보이는 랍비 엘르아살의 다음과 같은 진술이 반박을 가한다. "주께서 이스라엘을 만방에 유배시키신 것은 개종자들 수가 불어날 수 있도록 하기 위함이었다."(탈무드 중 「유월절 지침 Tractate Pesachim」) 그러니 유배로 인한 모든 시험과 고난은, 그리고 성지로부터 떨어져 나

* Pharisees. 기원전 1세기부터 기원후 1세기 사이 엄격한 율법 해석과 실천을 내세우던 유대교의 일파로, 여기서는 주로 랍비와 지식층 유대인을 말함.
** 랍비들을 일컫는 용어들로, 타나임(Tanaim)은 아람어로 '반복해서 외운다'는 뜻, 아모라임(Amoraim)은 '해설자'라는 뜻이다. 유대교 역사에서는 기원 전후로부터 미슈나가 성립된 200년경까지를 '타나임 시대', 이후 바빌로니아 탈무드가 편찬된 7세기 초까지를 '아모라임 시대'라고 한다.

간 것은 유대교 신자들의 수를 늘리고 그들을 더 강하게 만든다는 의미였다. 이 두 랍비의 진술이 걸쳐 있는 넓은 스펙트럼에서 랍비들의 태도는 랍비 개개인의 인성에 따라, 또 기원후 첫 몇 세기를 특징지은 변화와 풍랑에 따라 달랐다.

탈무드의 율법서 할라카에 들어있는 모든 관련 진술과 주석의 시기를 정확히 따지는 것은 불가능하다. 다만 다음과 같은 가설을 검토해볼 수는 있다. 즉 개종에 대한 부정적인 진술들은 압박, 반란, 박해의 시기에 나왔던 반면, 당국과 평온한 관계를 유지한 시기에는 개방성이 커지고 성장을 향한 욕망이 허용되었다는 것이다. 하지만 궁극적으로 개종에 대해 더 거센 반대가 일어난 것은 이교보다는 (더 심각한 이단으로 비친) 그리스도교의 부상 때문이었다. 4세기 초 그리스도교가 최종적인 승리를 거두자, 주요 문화 중심지들에서 타오르던 개종의 불은 꺼졌으며, 나아가 개종을 아예 유대 역사에서 지워버리고자 하는 욕구도 촉발되었을 것이다.

미슈나와 탈무드, 그리고 많은 주석서를 보면 유대인 대중이 개종자들을 받아들이고 그들을 평등하게 대하라고 설득하는 진술들과 논의들이 가득하다. 일련의 할라키 문답들은 새로운 일원을 받아들일 때 어느 사회에서나 나타나는 역학적 현상이라 할, 계급 혹은 정체성에 기초한 거부 심리를 완화시키고자 했다.

유대교 포교가 널리 행해졌다는 증거는 '아가서 라바'(*Shir ha-Shirim Rabbah*, 「아가」 주석서)에서 볼 수 있다. "그 노인이 앉아 설교하니 그때 많은 개종자가 개종했다." 「전도서」 주석서는 그 증거에 더 힘을 싣는다. "강물이 다 바다로 흘러들어도, 바다는 가득 차지 않는다. 개종자들이 다 이스라엘에 들어와도, 이스라엘은 약해지지 않는다." 많은 이방인이 유대교를 선택한 데 대해 언급하는 논평은 이밖에도 많다.

여러 랍비가 개종자들을 받아들여야 한다고 거듭 얘기했고, 그들을 신자들과 통합할 것을 요구했다. 미슈나에 등장하는 현자들은 개종자의 출신을 상기시켜서는 안 된다고 강조했다. "만약 그가 개종자의 아들이라면, 그에게 '네 조상들이 한 행동을 기억하라'고 말하지 말라."(탈무드 중 「중간 단계*Baba Metzia*」) 「바바 메치아」라는 이 율법서 부록에는 다음과 같은 진술이 나온다. "개종자가 토라를 배우러 왔는데, '누가 여기에 공부하러 왔는지 보라, 그 입은 썩은 고기와 부정한 짐승, 벌레, 기는 것들을 먹었노라'라는 얘기를 해서는 안 된다." 또 이런 진술도 있다. "살아있는 하나의 영혼을 신자들 속으로 데려온 이는 마치 그를 만들고 낳기라도 한 것처럼 칭송받아 마땅하다." 또 이런 말도 나온다. "왜 모든 남자가 개종자[여자]와 결혼하고 싶어 하는데, 자유를 얻은 [여자] 노예와는 결혼하고 싶어 하지 않는가? 개종자[여자]는 보존되어 있지만, 자유를 얻은 [여자] 노예는 음탕하기 때문이다."(탈무드 중 「법적 결정들 *Horayot*」)

예루살렘 탈무드와 바빌로니아 탈무드 둘 다 개종자들에게 우호적인 진술들이 풍부하지만, 또 한편으로는 비유대인들이 지나치게 가까이 다가오는 데 대해 의혹과 염려를 표현하는 구절들도 있다. "랍비 엘리에제르 벤 야코프는 말한다, 성품이 좋지 않은 비유대인에 대해서 성서는 반복적으로 경고하노라."(탈무드 중 「개종자들*Gerim*」) 이런 구절도 있다. "개종자들을 받아들이는 이들에게는 불행에 불행이 꼬리를 이을 것이라."(「형사취수 지침」) 또 이런 것도 있다. "개종자들과 아기를 희롱하는 자들은 메시아를 막는다."(「월경 기간의 부정*Niddah*」) 유대인들 사이에서 출생과 개종을 기준으로 위계를 세우려고 한 시도들도 여기저기에서 눈에 띈다. 그럼에도 불구하고 지금의 대다수 학자들은 개종자들에 대한 긍정적인 태도와 개종자들에 대한 수용이 그 반대보다 언제나 상당한 정도로 더 널리 퍼져 있었다는 입장을 지지한다. 그리고 아마도 유다 지역 바깥에서는 개방적인 접촉이 더 강했을 것이다.[103]

현자들 중 일부는 개종자 또는 개종자의 아들이었고, 그래서 그런 결정에 그들 자신이 영향을 받기도 했다는 점을 잊어서는 안 된다. 살로메 알렉산드라 여왕 재위기, 즉 하스몬 왕조의 대대적인 강제개종 시기 이후에 개종자 두 명이 이 왕국에서 종교적 위계의 꼭대기에 올랐다. 셰마야(Shemaiah)는 산헤드린* 의장이었고, 압탈리온(Abtalion)은 수석재판관이었다. 유명한 랍비 힐렐(Hillel)과 랍비 샴마이가 그들을 따르며 영적인 스승으로 모시기도 했다. '개종한 랍비 요하난'(Rabbi Yochanan the Convert)이라고도 알려진 벤 박 박(Ben Bag Bag)과 벤 하하(Ben Haa-Haa)도 잘 알려진 인기 있는 개종자였다. 위대한 랍비 아키바 벤 요셉(Akiva ben Joseph, 원주 102 참고)이 비유대인 혈통이라는 주장도 있었다. 중세의 유대교 철학자 마이모니데스(Maimonides)는 아키바의 아버지가 개종자였다고 말한다. 하지만 대다수 문헌에 따르면 아키바의 유능한 제자 랍비 메이르(Meir)가 개종자의 아들이었다는 데 의견이 일치한다. 이 간략한 목록에서도 아킬레스(Achilles)를 빠뜨릴 수는 없다. 토라를 그리스어(아람어가 아닌)로 옮긴 이 위대한 번역가를 어떤 이들은 옹켈로스(Onkelos)와 동일인이라고 믿지만, 반대 의견을 가진 이들은 이 두 사람이 다른 인물로 둘 다 이름난 개종자였다고 본다. 아킬레스는 2세기에 활동한 존경받는 인물로, 아마 로마 혈통이었을 것이다. 유대 전통과 그리스도

---

* Sanhedrin. 유대 사회에서 최고재판권을 지니고 있었던 종교적·정치적 자치조직.

교 전통 모두 그가 황제 하드리아누스의 친척이었다는 암시를 하고 있다.

개종자 혈통을 지닌 랍비는 그 외에도 더 있지만, 유대 공동체 전체에서 개종자의 비율이 어느 정도였는지에 관한 정보는 거의 없다. 역사적 증거들은 하나같이 엘리트에 관련된 것이다. 앞의 랍비 및 학자들에 더해 개종자 혈통의 왕들 및 반란군 지도자들, 즉 헤롯이나 시몬 바르 기오라 같은 이들에 대해서도 우리는 알고 있지만, 유대교 의식을 따랐던 인구 전체 중에서 개종자 혈통이 몇 퍼센트였는지는 추측할 방법이 없다. 우상숭배에 대한 혐오 때문에 사람들은 개종자의 수치스런 역사를 지워버리고자 했다. 개종자의 이전 정체성을 흔적도 없이 지우면서 그 혹은 그녀를 "새로이 태어난"(『형사취수 지침』) 사람으로 간주했다. 개종자 후손은 세 번째 세대가 되면 이방인이 아닌 유대인으로 간주되었다. (더 나중에는 개종자들이 원래 유대인 영혼인데 개종이라는 현명한 방법을 써서 이 세계로 돌아온 것으로 여겼다.)[104]

탈무드는 비유대인을 유대교로 개종시키는 적절한 방법에 관한 논쟁도 다루고 있다. 어떤 이들은 할례만으로 충분하다고 주장하고, 또 어떤 이들은 침례가 최고라는 주장을 고수한다. 결국 남성의 유대교 입회에는 두 가지 방법 모두 필수적인 것으로 판결이 난다. 세 번째 요구조건인 희생 제물을 올리는 것은 성전파괴로 폐기되었다. 할례는 침례보다 더 앞선 시기부터 필수사항이었고, 요세푸스도 필로도 침례에 대해서는 언급하지 않는다. 따라서 침례가 유대교 의식이 된 것은 비교적 늦은 시기였음이 틀림없다. 신기하게도 랍비 유대교와 바울 그리스도교는 거의 같은 시기에 침례/세례를 받아들였고, 두 종교는 갈라졌지만 그 의식은 공통으로 남았다.

유대교 확산이 멈춘 이유

'하느님을 경외하는 자들', 부분 개종자들, 완전한 개종자들, 그리스도교 유대인들, 태생적 유대인들이 함께한 이 활기찬 문화 속에서, 유일신에 대한 믿음은 보존하면서 계율을 면제하는 것은 사람들에게서 부담을 덜어주고 그들을 해방시켜 주는 혁명적 조처였다. 확산 일로에 있던 일신론이 박해와 외부적 반발을 견뎌내기 위해서는, 에스라와 느헤미야 시대 이래 이 일신교 속에 계속 존재했던 배타주의적 경향을 완화시켜야 했다. 부상하고 있던 그리스도교 세계에서는 새 구성원들과 기존 구성원들 사이가 더 평등했으며, 심지어는 '영혼이 가난한 자들' 즉 새로 입회한 이들을 얼마간 더 선호하는 경향까지 있었다. 젊은 그리스도교는 특권적 혈통론을 폐기했고—그래서 특권적 혈통은 하느님의 아들로서 예수에게만 해당되었다—, 더 숭고한 혈통주의 즉 메시아적-보편주의적 목적인에 따른 혈통주의를 선택했다. "너희는 유대인이나 헬라인이나 종이나 자유인이나 남자나 여자나 다 그리스도 예수 안에서 하나이니라. 너희가 그리스도의 것이면 곧 아브라함의 자손이요 약속대로 유업을 이을 사이니라."(갈라디아서 3:28~29)

'육체의 이스라엘'을 '정신의 이스라엘'로 탈바꿈시키는 작업을 완료한 이는 바울이었다. 이 개념은 점점 더 로마제국의 특징이 된 개방적이고 유연한 정체성 정책에도 부합되었다. 모든 이에 대한 자비와 연민의 사상을 (그리고 적어도 한 사람의 부활 개념을) 도입한 이 역동적인 일신교 운동이 결국 승리를 거두고 이교를 유럽 전역에서 역사의 뒤안길로 밀어낸 것은 어찌 보면 당연한 일이었다.

기원후 66~70년 유다지역에서 일어난 열심당 반란은 진압되었지만,

그보다 2백 년 전 마카베오 봉기와 함께 시작된 개종의 확산은 쉽게 멈추지 않았다. 그러나 기원후 115~117년 지중해 남부 연안에서 발생한 유대교 공동체들의 무장봉기와 132~135년 유다지역에서 발생한 바르 코크바 반란 등 그리스-로마 다신교에 대한 두 번의 메시아적 도전이 실패하면서 유대교 세력은 약화되기 시작했다. 유대교로 개종하고자 하는 사람들 수도, 유대교를 따르는 이들 수도 줄어들기 시작했고, 그리하여 더 평화로운 정복을 추구하는 '사랑의 종교' 그리스도교에 길을 내주기 시작했다.

기원후 3세기 지중해 지역 전역에서 유대인들 수는 서서히 감소하기 시작했다. 그래도 유다지역에 이슬람교가 출현할 때까지는 꽤 안정세를 유지했다. 바빌로니아에서, 또 아마도 북아프리카 서부에서 유대인들 수가 감소한 원인은 두 번의 반란에서 사상자가 대량으로 나온 것이나 신자들이 이교로 다시 돌아간 것 때문만이 아니었다. 그 주된 원인은 사람들이 옆걸음을 쳐서 그리스도교로 갔기 때문이다. 4세기 초에는 그리스도교가 국가 종교가 되면서, 유대교 확산의 동력은 멈춰버렸다.

그리스도교를 공인한 황제 콘스탄티누스 1세와 그 뒤를 이은 황제들이 통과시킨 칙령들을 보면, 유대교로의 개종의 힘이 떨어지긴 했어도 4세기 초까지 그 움직임이 계속되었다는 것을 알 수 있다. 또 유대교가 지중해 지역에서 스스로를 고립시키기 시작한 까닭도 그 칙령들이 설명해준다. 그리스도교 신자가 된 콘스탄티누스 1세는 유대인으로 태어나지 않은 남성의 할례를 금지함으로써 2세기 안토니누스 피우스가 내린 칙령을 재확인했다. 그리고 유대교 신자들은 항상 자기 노예들을 개종시켜 왔는데, 이러한 관습이 금지되고 얼마 지나지 않아서는 유대인이 그리스도교 신자 노예를 소유하는 것도 금지되었다.[105] 콘스탄티누스

1세의 아들은 반유대적 캠페인을 더 강화했다. 그는 개종 여성의 침례 의식을 금지시켰고, 유대인 남자가 그리스도교 여자와 결혼하지 못하게 했다.

유대인들의 법적인 지위가 급격하게 바뀐 것은 아니지만, 자기 노예에게 할례를 받게 한 유대인은 사형에 처해졌다. 게다가 그리스도교 신자인 노예를 소유하면 재산 몰수를 당하게 되었고, 그리스도교 신자가 된 유대인에게 어떤 해라도 끼쳤다가는 화형에 처해졌다. 반대로 유대교로 새로이 개종하는 자—여전히 그런 자가 있다면—는 재산을 몽땅 잃을 각오를 해야 했다. 이교 세계에서는 유대교가 비록 박해는 받았을지언정 존경받고 합법적인 종교였다. 그런데 그리스도교의 억압 하에서 유대교는 해롭기 짝이 없는, 멸시받는 한 종파로 전락해버렸다. 새로운 그리스도교회는 유대교를 근절하려고 하지는 않았다. 새 교회가 원했던 것은 유대교를 오래 전에 숭배자들이 흩어져버린 늙고 병든 패배자로 보존하는 것이었다. 그럼으로써 유대교의 미미한 존재가 승리자를 더 돋보이게 해주기를 원했다.

이런 상황 때문에 그 많던 지중해 주변 유대인들의 수는 급속도로 줄어들 수밖에 없었다. 다음 장에서 보게 되겠지만, 시오니스트 역사가들은 고립과 압박의 시기에 유대교를 떠난 이들이 주로 새로 개종한 이들이었다는 의견을 내는 경향이 있다. 이른바 '태생적 유대인들'—시오니스트 역사학에서 자주 발견되는 용어—이라는 '종족' 핵심부는 신앙을 지키고 변함없이 유대인으로 남았다는 것이다. 물론 이 인종주의에 입각한 민족주의적 해석을 뒷받침하는 증거는 조금도 없다. 이런 해석이 가능하다면, 마찬가지로 직접 유대교를 선택하여 이 종교에 가입한 수많은 가족이나 그 가족들에서 이어진 다음 몇 세대의 후손들이, 노력 없이 유대인 가정에 태어났을 뿐인 이들보다 더 열정적으로 유대교를 지키려 했을 가능성 또한 충분하다. 개종자들과 그 후손들이 스스로 선택한 종교에 오래된 신자들보다 더 헌신하는 경향이 있다는 것은 널리 알려져 있다. 타나임 랍비 시므온 벤 요하이(Simeon ben Yohai)의 것으로 여겨지는 주석에, 하느님이 유대인으로 태어난 이들보다 개종자들을 훨씬 더 사랑한다는 주장이 있는 것은 놀라운 일도 아니다. 모든 위험을 무릅쓰고 이 끈질긴 소수 종교를 계속 붙들고 있었던 이들이 누구였으며, 승리한 새 종교로 가는 길을 택한 이들이 누구였느냐 하는 문제의 답은 결코 알 수 없을 거라는 사실을 우리는 받아들여야 한다.

아모라임 시대 후기로 들어서면서 유대 소수집단의 랍비 엘리트층은 개종을 공동체의 존재 자체를 위협하는 먹구름으로 간주했다. 유대교의 핵심 정체성 정책이 방향을 바꾼 것이다. 가장 분명한 이데올로기적 용어들로 내부 검열을 표명했으며, 그리스도교에 권력을 부여하는 칙령을 받아들였고, 점점 더 자기를 고립시키는 집단이 되면서 유대교를 찾는 이들에게 의혹의 시선을 던지고 등을 돌렸다. 이러한 정체성 정책은 그리스도교 세계에서 유대교가 살아남는 생존수단이 되었다.

그러나 유대 일신교의 개종 권유 경향이 완전히 체념을 한 것은 아니었다. 변두리로 물러나 계속해서 적극적으로 개종자를 찾았다. 이런 노력은 그리스도교 문화 세계의 변경에서 계속되었으며, 어떤 지역에서는 괄목할 만한 진전을 이루기도 했다.

하지만 이 중요한 문제, 다시 말해 역사 속 유대교 신자들의 수가 달려 있는 이 문제로 나아가기 전에, 잠시 걸음을 멈추고 개종 운동이 시작된 지역인 유다지역 유대인들의 상황을 살펴보기로 하자. 이들의 상황이 어떠했기에 그토록 긴 상상 속의 유배를 고안해냈을까? 유다지역은 2세기 로마 통치자들과 그 후계자들이 '팔레스타인'으로 이름을 바꾸어놓았다. 그 개명에 대해 유대교 지도자들은 '이스라엘 땅'이라는 이름을 내세우며 방어적으로 대응했다.

9. 유다지역 사람들의 슬픈 운명

7세기 팔레스타인에서 있었던 일

유다지역 사람들이 자기들 땅에서 추방된 게 아니라면, 그리고 유다지역 농업 인구의 대규모 이주가 전혀 일어나지 않은 일이라면, 그 지역주민들 대부분의 역사적 운명은 어떤 것이었을까? 이제 살펴보는 것처럼 이 질문은 유대 민족운동 초창기에 등장했지만, 민족 기억의 블랙홀속으로 사라져버렸다.

우리가 앞서 이 문제를 논의하는 과정에서 확인했듯이, 히브리대학교최초의 직업 역사가인 두 사람, 이츠하크 베어와 벤 시온 디누어도 제2차성전파괴 후에 강제추방 같은 것은 일어나지 않았다는 사실을 너무나 잘알고 있었다. 두 사람이 유랑의 시작을 7세기 이슬람 정복 시기로 옮겨놓은 것도 그 때문이다. 그들의 설명에 따르면, 유다지역 대중이 고향땅에서 뿌리 뽑히고 그 땅이 이방인들의 고향이 되는 인구상의 대변동이 일어난 것은 오로지 아랍인이 유다지역에 도착한 데 이유가 있다는 것이다.

바르 코크바가 이끈 반란이 대규모였던 점, 그리고 그보다 50년쯤 지난 유다 하나시 시대와 그 이후에도 유다지역 문화와 농업이 번성했던 점 등을 고려해보면, 우리는 '이스라엘의 자식들'이 성전파괴 후에도 추방되지 않았다는 두 선구적인 역사가의 주장에 쉽게 동의할 수 있다. 다른 학자들 대다수도 기원후 70년의 왕국 몰락과 그로부터 6백 년 후 이슬람교도들의 정복 사이에, 유다 사람들이 요르단강에서 지중해에 이르는 지역에 살았던 주민의 다수를 점했다고 보는 것에 동의한다. 하지만 강제추방 연대를 7세기로 늦추는 것은 설득력이 부족하다. 디누어에 따르면, 그 땅의 주인이 바뀐 이유는 "사막 사람들이 그 땅으로 끊임없이 유입되었고, 그와 함께 이질적인 (시리아-아람) 요소들의 혼합이 이루어졌으며, 새로운 정복자들이 농지를 빼앗고 유대인의 땅을 차지했기" 때문일 뿐이라는 것이다.[106]

아랍인들이 정말로 땅을 식민화하는 정책을 실시했을까? 그렇다면 땅을 빼앗긴 유다 농민 수십만 명은 어디로 간 것일까? 다른 지역으로 가서 땅을 구하거나 빼앗았을까? 가까운 곳이든 먼 곳이든 다른 장소에 히브리 농경 정착지들을 건설했을까? 아니면 이들 '땅 일구던 사람들'이 7세기에 직업을 바꾸고 행상인과 환전상으로 탈바꿈하여 '추방된' 이방의 땅을 떠돌아다녔을까? 시오니스트 역사학 담론은 이런 문제들에 대해 합리적인 답을 제시하지 않는다.

324년에 팔레스타인 지방은 그리스도교 보호령이 되었고, 팔레스타인 주민 다수가 그리스도교 신자가 되었다. 예루살렘이 그리스도교 공동체의 최초 탄생지가 된 것은 기원후 1세기 유다지역 현지 주민들에 의해서였다.[107] 물론 바르 코크바 반란 이후 할례 받은 일부 남자들이 예루살렘에서 강제추방당한 일도 있었다. 그러면서 예루살렘은 서서히 그리스도교가 지배하는 도시가 되어갔다. 325년 니케아에서 열린 제1차 그리스도교 공의회에 참석한 사람들의 명단을 보면, 가자, 야브네, 아슈켈론(아스글론), 아슈도드(아스돗), 로드(룻다 또는 룻다), 벳셰안(벳스안), 세겜, 가다라(거라사)와 기타 팔레스타인 지역에도 그리스도교 공동체가 있었음을 알 수 있다. 이 지역에서 유대인들이 사라진 것과 그들 중 다수가 그리스도교로 개종한 것이 시기적으로 맞아떨어진다는 얘기다.

하지만 증거에 따르면 그리스도교 확산으로 인해 팔레스타인에서 유대교도의 존재가 완전히 사라진 것은 아니었다. 팔레스타인 주민 구성은 다수의 새로운 그리스도교인들, 견고한 블록을 이루고 있던 유대교 신자들, 강력한 사마리아인 소수집단, 그리고 당연히 이교도 소농들(일신교 문화의 변두리에서 오랫동안 끈질기게 살아남은)까지 포함해서 다채로운 모자이크를 이루고 있었다. 바빌로니아와 깊은 연관성을 가지고 있던 유다지역의 랍비 유대교 전통은 역동적인 그리스도교가 성지 전역에서 영혼들을 불러 모으는 것에 대해 일정한 방해요소로 작용했다. 비잔틴제국의 위세를 등에 업은 그리스도교의 억압도 유대교 신앙과 숭배를 일소하지는 못했고, 새로운 시나고그가 생겨나는 것을 막지도 못했다. 그 점은 614년 갈릴리에서 일어난, 티베리아스의 베냐민(Benjamin of Tiberias)이 이끈 마지막 봉기가 여실히 증명한다.[108]

이렇듯 무시하지 못할 수준이던 유대인 수가 7세기 이슬람교도의 정복 이후 급격하게 감소했다는 베어와 디누어 등 시오니스트 역사가들의 진술은 그 자체로는 틀린 것이 아니다. 하지만 그러한 감소가 일어난건 유대인들이 그 지역에서 뿌리 뽑혀 나갔기 때문이 아니다. 역사 기록에는 그런 증거가 조금도 없다. 아라비아 사막에서 이주자들이 대거 몰려와 토착민들의 땅을 빼앗고 이전에 유다지역이었던 팔레스타인을 휩

쓸어버린 게 아니라는 얘기다. 정복자들에게 그런 정책은 없었고, 유다 지역 농경민들도 야훼를 믿건 그리스도교 삼위일체를 믿건 유배되거나 강제추방당하지 않았다. 그렇다면 이 지역의 유대인들이 줄어든 것은 대체 무엇 때문이었을까?

유대인이 줄어든 진짜 이유

638~643년에 마치 아라비아 모래폭풍처럼 그 지역을 휩쓸고 정복한 이슬람 군대는 비교적 적은 수의 세력이었다. 그 병력을 최대한 많이 잡아도 4만 6천 명 정도였으며, 또 그 부대 중에서 대다수 병력은 이후 비잔틴제국 경계에 있는 다른 전선들로 보내졌다. 정복한 지역에 주둔한 병력들은 가족을 데려왔고 그래서 땅을 빼앗아 가족을 정착시켰겠지만, 그 정도로는 중대한 인구상의 변동을 거의 일으킬 수 없었다. 원주민 중 일부가 임차농이 되는 정도였을 것이다. 물론 아랍인들의 정복으로 지중해 주변에서 번성하던 상업에 차질이 생기고 지중해 부근 인구가 서서히 감소하긴 했지만, 그렇다고 해서 그 감소된 자리가 다른 사람들로 채워졌다는 증거는 없다.

이슬람 군대가 지닌 힘의 비밀 중 하나는 싸움에서 패한 사람들의 종교에 대해 비교적 자유주의적인 태도를 취했다는 것이다. 물론 그 종교가 일신론에 한했을 때의 얘기다. 유대인들과 그리스도교 신자들을 '같은 경전의 백성'(people of the Book)으로 대하라는 무함마드의 계율에 따라 이들은 법적인 보호를 받았다. 아라비아 남부의 군 지휘관들에게 보낸 유명한 서신에서 선지자 무함마드는 이렇게 강조했다. "유대인이든 그리스도교 신자든 이슬람교도가 되는 자는 누구나 신도의 일원으로 동등한 권리와 의무를 지닌다. 유대교나 그리스도교를 고집하는 자는 개종할 필요까지는 없되 남성, 여성, 자유인, 예속인을 막론하고 모든 성인에게 부과되는 인두세를 내야 한다.″[109] 비잔틴제국 치하에서 가혹한 박해에 신음하던 유대인들이 새로운 정복자들을 반기고, 심지어 그들의 성공에 만세를 불렀던 것도 전혀 이상한 일이 아니다. 유대인들 및 이슬람교도들의 증언을 살펴보면, 유대인들이 승승장구하는 아랍 군대를 도왔다는 사실을 알 수 있다.

그리스도교가 신성을 '아들'에게까지 부여하면서 유대교와 그리스도교 사이에는 다시는 회복될 수 없는 균열이 발생했고, 두 종교 사이 경쟁구도는 더욱 악화되었다. 하느님의 아들을 살해했다는 신화 때문에 그 균열은 더 벌어졌고 서로간의 증오가 심화되었다. 게다가 승리한 그리스도교가 유대교를 억압하면서 상황은 더 나빠졌다. 이에 반해서, 비록 무함마드가 아라비아반도에서 유대인 부족들에 맞서 싸운 일―그 부족들 중 하나는 예리코로 추방되었다―은 있지만, 이슬람교의 등장은 많은 이에게 박해로부터의 해방으로 여겨졌다. 심지어는 이슬람교의 등장으로 메시아적 약속이 미래에 성취될 수 있게 되었다고 여기기까지 했다. 사막에서 새로운 선지자가 출현했다는 등의 소문이 퍼졌고, 특히 무함마드가 자신을 신적 존재가 아니라 이전 선지자들의 후계자라고 내세우면서, 그 소문들은 많은 유대교 신자들의 마음을 고무시켰다. 7세기 아르메니아 주교이자 역사가인 세베오스(Sebeos)는 아랍인들이 팔레스타인을 정복한 것을 두고, 이스마엘*의 후손들이 비잔틴제국

---

* 아브라함과 하녀 하갈 사이에서 태어났지만, 사라가 이삭을 낳은 후 함께 쫓겨난 아브라함의 맏아들. 야훼가 그에게 '다른 큰 민족의 시조'가 될 거라 약속한 것 때문에 그를 아랍인들의 시조로 본다.(창세기 21:18 참조)

에 맞서 이삭의 후손들을 도와주러 온 것이라고 이야기했다. 그들 공통의 조상 아브라함에게 내린 하느님의 약속을 함께 이루려고 왔다는 얘기다.[110] 동시대 유대인 한 사람은 어느 편지에 다음과 같이 썼다.

하느님께서 이스마엘인들의 왕국을 이끄시어 우리를 돕게 하셨다. 그들이 뻗어나가 에돔에서 '사슴의 땅'을 취했을 때, 그리고 예루살렘에 당도했을 때, 그들 무리 중에는 이스라엘인들도 있었다. 이스라엘인들은 이스마엘인들에게 성전 자리를 보여주었고, 오늘날까지도 그들과 함께 거주하고 있다. 이스라엘인들은 이스마엘인들에게 다음 사항을 조건으로 걸었다. 성전 자리에 어떤 무례도 행해지지 않도록 지켜줄 것, 성전 각 문 앞에서 기도할 것, 그리고 아무도 이러한 사항에 반대하지 않을 것.[111]

여기서 합동 정복으로 묘사한 얘기는 과장이겠지만, 다른 문헌들의 증언에 따르면 비잔틴제국의 억압을 피해 도망친 유다지역 사람들 일부가 이슬람 군대와 함께 돌아온 것은 사실이었다. 이슬람 지배 하에서 유대인들은 예루살렘 안으로 들어가는 것이 허락되었으며, 그러한 조치는 성전 재건이라는 비밀스런 꿈까지 꾸게 했다. "이스마엘인의 왕들은 그들을 친절하게 대해주었다. 이스라엘인들이 그 건물로 가서 거기에 기도하는 집과 공부하는 집을 지을 수 있게 해주었다. 성스러운 날과 축제일이 되면 그 건물 근처에 있는 모든 이스라엘인 무리가 그리로 가서 그 안에서 기도하게 될 것이다."[112]

새로운 정복자들은 특이한 조세 체계를 가지고 있었다. 이슬람교도들은 세금을 전혀 내지 않아도 되었고, 비신자들에게서만 세금을 거뒀다. 이슬람 개종으로 얻을 수 있는 혜택을 감안할 때, 이 새로운 종교가 엄청난 수의 개종자들을 그토록 빨리 끌어들인 것은 놀라운 일이 아니다. 특히나 새 종교의 신이 이전에 믿던 신과 별로 다른 것 같지도 않았으니, 세금 면제라는 혜택은 신을 바꿀 만한 가치가 있어 보였음에 틀림없다. 실제로 칼리프들의 이 조세 정책은 후일 수정하지 않을 수 없었다. 정복지 주민이 대거 이슬람으로 개종하면서 재정이 바닥날 지경에 이르렀기 때문이다.

종교들 사이의 유사성, 다른 일신교들에 대한 이슬람교의 상대적 관용, 종교에 따른 조세 차별 등의 요인이 유대교, 그리스도교, 사마리아인 신자들을 이슬람교로 개종하도록 유도했을까? 역사적 논리로 본다면 답은 '그렇다'일 것이다. 하지만 확답을 주는 문헌은 불충분하다. 유대 엘리트들은 전통적으로 배교 사실이 뼈아팠기에 그것을 무시하고 은폐하려는 경향이 있었다. 시오니스트 역사학도 이런 태도를 답습해, 그 문제에 관한 의미 있는 논의에는 어떻게든 등을 돌렸다. 유대 종교를 버린 것은 대체로 근대적 감성에 따라 '민족'을 버린 것으로 해석되었고, 그래서 가장 먼저 잊혀졌다.

이전의 비잔틴 시기에는 박해에도 불구하고 제법 많은 시나고그가 세워졌다. 하지만 아랍인들의 정복 후에는 시나고그 건설이 서서히 중단되었고, 유대교 회당은 점점 더 보기 어려워졌다. 팔레스타인 혹은 '이스라엘 땅'에서 느리고 온건한 개종 과정이 있었고, 그것이 그 지역에서 다수를 이루던 유대인들이 사라진 이유를 설명해준다고 보는 것이 타당하다.

10. '땅의 사람들'의 정체

이스라엘 땅에 사는 아랍인들

"[시리아] 왕이 다시 돌아와서는 거룩한 언약을 저버린 자들을 중히 쓸 것이고…."(다니엘서 11:30) 바빌로니아 태생의 예언자 다니엘이 쓴 예언의 말을 10세기 무렵의 랍비 사아디아 가온(Saadia Gaon)은 다음과 같이 해석했다. "여기서 언급된 자들은 예루살렘의 이스마엘인들이다. 그리고 그들이 장엄한 성전을 더럽혔다." 사아디아 가온은 성서를 아랍어로 번역한 위대한 유대 학자였다. 그 다음 구절인 "[이 왕이] 신들의 신이신 하느님을 두고 끔찍한 말을 해댈 것이며"(다니엘서 11:36)에 대한 그의 주석은 다음과 같다. "그가 영원의 주께 반하는 극악무도한 말을 쏟아낼 것이니, 주께서 이스라엘에 대한 당신의 분노를 다 쏟아낼 때까지 그리할 것이다. 그러고 난 후 창조주께서는 이스라엘의 적들을 멸망시킬 것이다." 계속해서 다음 구절, "또 땅의 먼지 속에 잠든 사람들 가운데에서 많은 이가 깨어나 어떤 이들은 영원한 생명을 얻고 또 어떤 이들은 수치를, 영원한 부끄러움을 입으리라"(다니엘서 12:2)는 이렇게 해석했다. "이것은 죽은 이스라엘인들의 부활을 말하는 것이며, 그들은 영원한 삶을 살게 될 것이다. 깨어나지 않는 자들은 주께 등을 돌린 자들로, 그들은 지옥 밑바닥으로 떨어질 것이며 모든 육신의 치욕을 당할 것이다."

이슬람으로 개종한 이들에 대한 깊은 슬픔을 표현한 사아디아 가온의 이 주석들은, 1967년에 발표된 한 편의 흥미로운 논문에 중점적으로 인용되었다. 논문을 쓴 이는 텔아비브대학교에 '중동 및 아프리카 역사학과'를 설립한 역사가 아브라함 폴락이었다.[113] 이스라엘이 서안지구와 가자지구를 점령한 직후 폴락은 그 점령지 주민들이 이스라엘국에 해결하기 어려운 문제가 될 거라 생각했고, 그래서 '이스라엘 땅에 사는 아랍인들의 기원'이라는 곤란하기 짝이 없는 사안을 조심스레 들고 나왔다. 폴락은 확고한 시오니스트였지만 이슬람에도 관심을 가진 대담한 학생이었고, 정당하지 않은 이유로 기억을 은폐하는 것을 싫어했다. 그 점에 관해서는 다음 장에서 보게 될 것이다. '거룩한 언약을 저버린 자들'이나 '예루살렘의 이스마엘인들'이나 '주께 등을 돌린 이스라엘의 적들'에 대해서 누구도 이야기하기를 꺼렸기에, 폴락은 거의 불가능한 임무를 혼자 짊어지게 되었다.

이 중요한 논문에서 폴락이 팔레스타인인 모두를 유다지역 사람들의 직계 혹은 배타적인 후손으로 주장한 것은 아니다. 하지만 폴락은 진지한 역사가로서, 수천 년 아니 수백 년만 지나면 거의 어디에서나 그 거주민들이 이웃이나 포로들이나 정복자들과 섞인다는 것을 잘 알고 있었다. 게다가 요르단강에서 지중해에 이르는 지역과 같은 지리적 교차지점일 경우에는 더욱 그렇다는 것도 잘 알았다. 그리스인, 페르시아인,

아랍인, 이집트인, 십자군 원정대 등 각지 사람들이 그 지역으로 올 때마다 언제나 현지 주민들과 섞였고 그 안에 통합되었다. 폴락은 유다지역 사람들이 이슬람교로 개종했을 가능성이 농후하다고 보았다. 그것은 곧 농업에 종사하는 '땅의 사람들'(people of the land, 고대 히브리어의 표현)에게 고대로부터 우리 시대까지의 인구학적 연속성이 있다는 것을 의미했고, 또한 이것이 합당한 과학적 연구 주제가 되어야 한다는 것을 의미했다. 하지만 우리도 알고 있듯이 역사는 이야기하고 싶지 않은 것은 누락해버렸다. 어느 대학도 어떤 연구기관도 폴락의 도전에 반응을 보이지 않았고, 이 문제성 있는 주제에 지원금도 학생도 전혀 배당하지 않았다.

폴락의 대담성은 충분히 인정할 만하지만, 이슬람교로의 대거 개종이라는 사안을 그가 처음 제기한 것은 아니다. 폴락도 논문 도입부에서 이점을 지적한다. 시오니즘 확립 초기, 팔레스타인 민족주의가 출현하기 전에는 현지 주민 다수가 유다지역 사람들의 후손이라는 생각을 꽤나 많은 이가 받아들였다.

예를 들어 1882년에 팔레스타인에 정착한 최초의 시오니스트들 중 한 명이자 '빌부'* 라는 삭은 운동의 지도자였던 이스라엘 벨킨드는 팔레스타인 지역 고대 주민들과 그가 운동을 벌이던 당시의 농민들이 역사적으로 긴밀하게 연결되어 있음을 믿어 의심치 않았다.[114] 벨킨드는 죽기 전에 이 문제에 대한 자신의 생각을 작은 책 한 권에 정리했다. 그 책에는 장차 논란을 불러일으키며 민족 역사학에서 삭제되고 마는 모든 가정들이 담겨 있었다. "역사가들은 티투스가 예루살렘을 파괴한 뒤에

---

* Bilu. '개척'이라는 뜻의 히브리어로, 시오니즘 초기인 19세기 말 러시아 유대인들 사이에서 '이스라엘 땅'에 농업 정착을 도모한 운동.

유대인들이 전 세계로 흩어졌으며 그들이 살던 땅에 더 이상 거주하지 않았다고 말하는 데 익숙하다. 하지만 이것 역시 역사적 오류로, 삭제해야만 하며 올바른 사실을 밝혀내야 한다."[115]

바르 코크바 반란에서 7세기 초 갈릴리에서 일어난 봉기까지 예루살렘 파괴 이후에 있었던 봉기들을 볼 때, 유다지역 사람들 대부분은 그 지역에 여전히 오래도록 살았음을 알 수 있다고 벨킨드는 주장했다. "땅을 버린 이들은 상류층, 학자들, 토라에 관련된 직업을 가진 이들로서, 그들에게는 땅보다 종교가 우선"이었다고 그는 썼다. "아마 이주능력이 있는 도시민 중 다수도 땅을 버렸을 것이다. 하지만 땅을 일구는 이들은 그들의 땅에 계속 남았다."[116] 많은 연구결과도 이 역사적 결론에 힘을 실어준다.

많은 지역명에도 그리스식 이름과 로마식 이름이 새로 붙여졌지만 계속 히브리식 이름이 살아남았다. 지역 주민들이 성스럽게 여기는 매장지도 상당수가 이슬람식 묘지와 유대식 묘지가 공존하는 모습이다. 아랍어 현지방언에도 히브리어와 아람어 단어들이 수두룩해서 다른 아랍 방언이나 아랍어 문어와 확연히 구분된다. 지역 주민들도 스스로를 아랍인으로 규정하지 않는다. 그들은 베두인족에 대해서는 아랍인으로 칭하면서도 그들 자신은 이슬람교도 혹은 '펠라힌'*이라 본다. 어떤 지역 공동체들의 사고방식을 보면 그들의 히브리인 조상들의 사고방식을 보는 것 같다.

다시 말해 벨킨드는 그와 그의 동료 개척자들이 만난 사람들 중 "많은 수가 우리 백성들… 우리 자신과 피와 살을 나눈 사람들이다"라고 확신

---

* fellahin, 아랍어로 '농민'을 뜻하는 복수형 명사. 단수는 fellah.

했다.[117] 벨킨드에게는 종족적 기원이, 그것에서 파생된 종교와 일상문화보다 더 의미 있는 것이었다. 벨킨드는 유대 민중의 잃어버린 한쪽 팔과 영적인 연결을 되살리는 것, 그들의 경제적 환경을 개선하고 발전시키는 것, 공동의 미래를 위해 그들과 하나가 되는 것 등을 당면한 필수 과제로 들었다. 히브리 학교들도 이슬람 학생들에게 문을 열어야 한다. 그들의 신앙이나 언어를 무시하는 일도 없어야 하며, 그들에게 아랍 문화에 더해 히브리 문화와 '세계 문화'를 다 가르쳐야 한다. 그런데 이런 생각을 한 사람은 벨킨드 혼자만이 아니었다.

'펠라힌'의 기원

벨킨드가 가졌던 역사적 관점과 독특한 문화 전략을 주장한 사람은 또 있었다. 시오니스트 좌파의 전설적인 이론가 베르 보로코프가 그런 사람이다. 시오니즘 운동을 뒤흔들었던 '우간다 논쟁' 당시 보로코프는 시종일관 반 헤르츨* 입장을 견지했다. 보로코프는 당대 용어로 말하자면 철두철미한 팔레스타인 고수파로, 팔레스타인에 정착하는 것만이 시오니즘 기획의 성공을 담보하는 유일한 길이라고 주장했다. 시오니스트 마르크스주의자 보로코프가 좌파 독자들을 납득시키기 위해 제시한 다음 주장은 역사적 맥락에서 나온 것이며, 종족중심주의적인 느낌이 난다.

---

* Theodor Herzl(1860~1904). 시오니즘의 주창자이자 이스라엘의 국부로 여겨지는 헝가리 출신 언론인. 시오니즘의 선구적 저작 『유대 국가』(1896)를 저술하였으며, 우간다에 유대인 국가를 수립하자는 안건을 시오니즘 회의에 제출하여 큰 논쟁을 일으켰다.

팔레스타인 현지 주민은 인종적으로 볼 때 다른 어떤 민중보다도, 심지어 셈족들 중에서도, 유대인들과 가장 가까운 친척 관계이다. 팔레스타인 펠라힌은 유대 및 가나안 시골 주민의 직계후손일 가능성이 높다. 아랍인 피가 약간 섞였을 뿐이다. 아랍인들은 자존심 강한 정복자였기에, 그들이 정복한 지역 주민들과 거의 섞이지 않았다고 알려져 있지 않은가? … 관광객들과 여행자들 모두가 말하기를, 아랍어 쓰는 것을 보지 못하면 세파르디* 짐꾼과 아랍인 노동자 혹은 펠라힌을 구분하는 것이 불가능하다고 한다. … 그러니 디아스포라 유대인과 팔레스타인 펠라힌 간의 인종적 차이는 아시케나지 유대인과 세파르디 유대인 간의 인종적 차이와 별반 다를 게 없다.[118]

보로코프는 그러한 친족관계가 있으니 현지 주민들이 새로운 정착민들을 더 잘 받아들일 거라고 확신했다. 현지 주민들의 문화가 아무래도 더 하위문화이기에, 유대인 정착지 주변 펠라힌은 곧 히브리 문화 양식을 받아들일 것이고, 결국에는 히브리 문화에 동화될 것이다. 부분적으로는 '혈연'에, 부분적으로는 역사에 기반을 둔 이 시오니스트의 시각은 다음과 같은 단언으로 이어진다. "어떤 펠라[힌]가 히브리어를 말하고 유대인 옷을 입고 유대 일반인의 세계관과 관습을 받아들인다면, 그를 유대인과 구분할 이유가 전혀 없다."[119]

보로코프가 만들고 이끈 정치적·이념적 운동조직이었던 '포알레 시온'(Poale Zion, 시온의 일꾼들) 멤버 중에는 나중에 이름이 널리 알려지게 되는 재능 있는 두 젊은이, 다비드 벤구리온과 이츠하크 벤츠비가 있었

* Sephardi. 스페인 및 북아프리카계 유대인의 통칭으로, 독일계(또는 동유럽계) 유대인인 아시케나지(Ashkenazi)와 대별된다.

다. 두 사람은 뉴욕에 체재하고 있던 1918년에 『에레츠 이스라엘의 과거와 현재』라는 제목의 사회역사서를 한 권 썼다. 두 사람은 이 책을 우선 히브리어로 쓴 다음, 더 많은 유대계 미국인 대중에게 다가가기 위해 이디시어로 번역했다. '에레츠 이스라엘'(이 책에서 '에레츠 이스라엘'은 요르단강 양안으로 이루어져 있으며, 남으로는 엘-아리시에서 북으로는 티레까지 뻗어있다)에 관한 가장 중요한 저작인 이 책은 큰 성공을 거두었다. 연구도 잘 이루어진 데다 통계자료와 참고문헌도 인상적이었다. 열정적인 민족주의적 논조만 아니라면 일반적인 학술저작이 되기에 충분했을 것이다. 미래의 이스라엘 총리 벤구리온이 글 전체의 3분의 2를, 미래의 대통령 벤츠비가 나머지를 썼다. 펠라힌의 역사와 현재 상황을 다룬 제2장은 두 사람의 견해가 전적으로 일치한 가운데 벤구리온이 기술했다. 두 사람은 충만한 자신감으로 다음과 같이 썼다.

> 펠라힌은 7세기에 에레츠 이스라엘과 시리아를 차지했던 아랍 정복자들의 후손이 아니다. 승리한 아랍인들은 그 지역에 살던 농경 주민들을 멸하지 않았다. 그들은 이방에서 온 비잔틴 통치자들만 몰아냈을 뿐 현지 주민들은 건드리지 않았다. 아랍인들은 징책하려고 하지도 않았다. 전에 살던 곳인 아라비아에서도 아랍인들은 농업에 종사하지 않았다. … 그들이 새로운 땅을 찾은 것은 자기 농민들을 정착시키기 위해서가 아니었다. 그들에게 농민이란 거의 존재하지도 않았다. 새로운 지역에 대한 그들의 관심은 정치적, 종교적, 물질적인 것이 전부였다. 즉 지배하고, 이슬람교를 전파하고, 세금을 걷는 것뿐이었다.[120]

역사적 합리성을 따른다면, 7세기 이래 살아남은 주민들의 기원은 이슬람교도 정복자들이 그 지역에 도착했을 때 만난 유다지역 농민 계층이라고 보는 것이 합당하다는 것이다.

> 티투스에게 예루살렘이 정복되고 바르 코크바 반란이 실패로 돌아간 후에 유대인들의 에레츠 이스라엘 땅 경작이 중단되었다고 주장하는 것은 역사와 당대 이스라엘 문헌에 대한 완전한 무지를 드러내는 것이다. ⋯ 여느 농민들이 다 그러하듯이 유대 농민도, 조상 대대로 땀 흘려 일궈온 자기 땅에서 쉽게 떨어져나가지 않았다. ⋯ 억압과 고난 속에서도 시골 주민은 바뀌지 않고 그대로였다.[121]

이 글이 쓰인 것은 민중 전체가 강제로 뿌리 뽑혔다고 주장하는 「이스라엘 국가수립선언문」보다 30년 앞선 시기였다. 이 헌신적인 시오니스트 두 사람은 유대인들이 현지 '토착민들' 속에 들어가 하나가 될 수 있기를 바랐다. 종족적 기원을 공유하고 있기에 그 바람을 이룰 수 있을 거라고 진심으로 믿었다. 옛날 유다지역 소농들이 이슬람교로 개종하긴 했지만 그건 물질적인 이유 때문이었다. 주로 납세를 피하기 위해서였으며 그런 이유는 전혀 반역적인 것이 아니다. 사실 그들은 농토를 떠나지 않음으로써 고향땅에 대한 충성을 지켰다. 벤구리온과 벤츠비는 이슬람교를 그리스도교와는 다른 민주적인 종교로 보았다. 이슬람교는 개종하는 모든 이를 형제로 포용했을 뿐 아니라, 진정으로 정치적, 시민적 제한을 폐지했고 사회적 차별을 없애고자 했다.[122]

저자들은 현지 아랍어에 대한 문헌학 연구 및 언어지리학의 도움을 받아 펠라힌의 유대적 기원을 밝혀낼 수 있다고 강조했다. 심지어 벨킨드보다 한 걸음 더 나아가, "단에서 브엘세바까지"* 모든 마을, 하천,

샘, 산, 유적, 계곡, 언덕"의 이름 1만 개를 조사해보면 "에레츠 이스라엘의 성서 용어 전부가 펠라[힌] 주민들의 대화 속에 계속해서 살아있었고 지금도 살아있다는 것을 확인할 수 있다"고 강조했다.[123] 약 210개 마을은 여전히 분명한 히브리 이름을 갖고 있었다. 그리고 이슬람 법률도 있었지만 "'샤리아트 알칼릴'**"이라 알려진 펠라힌 법률 규정"도 오랫동안 존재했다. 그것은 "글로 쓰여 있지 않은 관습적 판례로, 족장 아브라함의 법률"이었다.[124] 많은 마을 모스크 외에도 지역 성지('wali' 또는 'maqam'이라 부르는)가 있어서 세 명의 족장, 일부 왕들, 선지자들, 위대한 이슬람 교부 등의 성인을 기념했다.

벤츠비는 펠라힌의 기원에 관한 제2장이 자신의 단독 연구로 얻은 결실이라 여겼으며, 그래서 벤구리온이 이 자료를 함부로 이용하는 것이 언짢았던 모양이다. 벤츠비는 1929년에 그 중요한 주제로 다시 돌아가 자신의 이름만 내건 특별 소책자 한 권을 히브리어로 출간했다.[125] 이 소책자는 이전에 벤구리온과 함께 펴낸 책의 제2장과 크게 다르지 않았지만, 자료가 좀 더 보강되었고 새로 강조된 부분들이 있었다. 장차 이스라엘 대통령이 될 벤츠비는 교육받은 유다지역 엘리트들과, 모든 격변 속에서도 땅을 떠나지 않은 농경사회 사이의 역사적 차이에 대해 좀 더 광범위하게 분석한 자료를 추가했다. 이슬람교가 도래하기 전 그리스도교로의 강제개종이 있었다는 사실을 강조하면서, 이후에 일어난 이슬람교로의 대중적 개종에 정당성을 더했다. 많은 유대인이 정복자들의 종교를 받아들이게 된 건 조세체계 때문만이 아니라, 땅에서 쫓겨날 것에

---

* 성서에서 이스라엘의 전 영토를 가리키는 관용어.(사사기 20:1) 단(Dan)은 팔레스타인 최북단, 브엘세바(Beersheba, 베르셰바)는 이스라엘 최남단에 각각 위치한 도시이다.
** Shariat al-Khalil. '샤리아트'는 이슬람 율법, '알칼릴'은 요르단강 서안 도시 헤브론의 아랍식 이름으로 '헤브론 법'이라는 뜻.

대한 두려움 때문이기도 했다.

벤츠비의 1929년 입장은 더 온건했다. "펠라힌 전부가 고대 유대인들의 후손이라고 말하는 것은 명백히 잘못이겠지만, 펠라힌 대부분 혹은 펠라힌 핵심부는 그렇다고 말할 수 있다."[126] 많은 곳에서 이주자들이 오는 바람에 현지주민 구성이 꽤 다양해지긴 했지만, 언어, 장소명, 법적인 관습, '네비 무사'(Nebi Musa, 예언자 모세) 축제와 같은 민간 축제 및 기타 문화관습 속에 남아 있는 흔적들을 보면, "펠라힌 대다수는 아랍인 정복자들의 후손이 아니라 그 전부터, 곧 이슬람이 이 지역을 정복하기 전부터 이 지역의 근간을 이루었던 유대 펠라힌의 후손"임을 거의 의심할 수 없다는 것이 벤츠비의 주장이었다.[127]

◎

벤츠비가 소책자를 펴낸 1929년에 아랍인들의 봉기 및 헤브론 유대인 학살사건이 발생하고, 그 후 1936~39년에 팔레스타인인들의 저항이 확산되면서, 통합을 추구하던 시오니스트 사상가들에게 남아 있던 불씨마저 꺼져버렸다. 현지 민족주의의 출현은 교육받은 정착민들에게 종족학적 포옹에는 미래가 없다는 사실을 분명하게 일러주었다. 시오니스트들이 잠시나마 받아들인 그 포용적인 관념은, '저급하고 원시적인' 오리엔탈 문화를 동화시키는 것이 어렵지 않으리라는 가정을 바탕으로 하고 있었다. 그런데 그 오리엔탈리즘 판타지의 대상들이 일으킨 최초의 폭력적 저항이 시오니스트들을 흔들어 깨운 것이다. 그때 이후로 유다지역 소농들의 후손은 유대 민족의식에서 사라져 망각 속으로 던져졌다. 공인된 기억의 중개자들 눈에 비친 근대 팔레스타인 펠라힌은 아라비아반도에서 건너온 이주자에 불과했다. 눈 깜짝할 사이였다. 시오니즘 경제가 발전하여 비유대계 노동자 수천 명을 끌어들인 것처럼, 그 사람들은 그렇게 새로운 신화에 따라 19세기에 거의 텅 빈 땅에 들어오고 계속해서 20세기에도 그 땅에 들어온 아랍인 이주자로 여겨지게 되었다.[128]

베어와 디누어가 유배 시기를 7세기 이슬람의 정복 당시로 늦춘 것도, 사실은 벨킨드, 벤구리온, 벤츠비와 같은 중요 인물이 제안한 역사적 담론에 대한 간접적 응답으로 볼 수 있을 것이다. 시오니스트들은 그들의 선구적인 담론이 이 '고대 민족'의 경계를 너무 느슨하게 정의했다고 보았다. 더 좋지 않은 점은 그 담론이 '토착주민'에게 너무 많은 역사적 권리를 허용할 수도 있다는 점이었다. 따라서 이런 담론은 최대한 신속하게 묻어버리고 민족 어젠다에서 지워버릴 필요가 있었다.

그 뒤로 초기 이슬람교는 유대인들을 개종시킨 것이 아니라 그저 유대인들에게서 땅을 빼앗은 게 되었다. 7세기에 있었다는 가상의 유배가, 제2차 성전파괴 후 대대적 강제추방이 있었다는 근거 없는 종교적 서사를 대체하게 되었고, 또 팔레스타인 펠라힌이 유다지역 사람들의 후손이라는 논지마저 대체하게 되었다. 사실 강제추방이 언제 일어났느냐 하는 것은 전혀 중요한 게 아니었다. 중요한 것은 강제로 추방을 당했다는, 빼앗겨서는 안 되는 기억이었다.

민족 신화도 새로 결정되었다. 강제이주를 했건 추방되거나 도망쳤건 유대인들은 길고 비통한 유랑길에 올라, 시오니즘이 등장해 그들을 주인 잃은 고향땅으로 일제히 귀환하도록 촉구할 때까지 산 넘고 물 건너 세상 구석구석까지 유랑해야 했다. 그 고향땅은 결코 아랍인 정복자들에게 속한 적이 없었다. 그래야만 땅 없는 민중이 민중 없는 땅에 대한 소유권을 주장할 수 있는 것이다.

이런 민족적 언명은 단순화된 형태를 띠고 시오니즘 운동에 유용하고도 인기 있는 슬로건이 되었다. 물론 그것은 전적으로 유배 개념 주변에서 자라난 상상의 역사가 낳은 산물일 뿐이다. 직업 역사가들 대부분은 유대 민중이 강제로 뿌리 뽑힌 일이 결코 없었다는 것을 잘 알고 있었음에도, 유대 전통에 들어온 이 그리스도교 신화가 민족의 기억에 관한 공적이고 교육적인 장에서 마음대로 활보하도록 허용했고, 그것을 논박하려는 아무런 시도도 하지 않았다. 심지어는 그 신화를 간접적으로 고취하기까지 했다. 오직 그 신화만이, '유배된 민족'이 다른 이들이 이미 거주하는 땅을 차지하는 데 도덕적 정당성을 부여해줄 것을 알았기 때문이다.

한편 지중해 부근에 무수한 유대 공동체들을 만들어낸 대규모 개종은 민족 역사학에 거의 기록되지 않았다. 과거에 있었던 흔적들은 이스라엘 국가 기억을 구축하는 과정에서 사라지고 말았다. 이미 살펴보았듯이, 개종자들 스스로도 자신의 비유대적 혈통을 감추려는 경향이 있기는 했다. 죄를 씻고 신성한 민족에 통합되려는 열망으로, 개종자들은 예컨대 부정한 동물을 먹거나 천체를 숭배했던 자신의 불결한 과거를 지워버리고 그들의 공동체와 신앙 앞에서 새로이 태어나고자 했다. 그들의 자식의 자식은 자기 선조가 외부로부터 이 특별한 유대인 집단에 들어온 불결한 비유대인이라는 사실을 거의 알지 못했다. 아니, 알려고 하는 이도 거의 없었다.

그들은 날 때부터 선택받은 백성에 속해 있다는 평판을 얻고 싶어 했다. 개종에 대해 유대교가 긍정적인 태도를 보였고 또 개종자들에 대해 칭찬과 치렛말을 건넸어도, 유대인 혈통이라는 것은 율법 핵심에서 여전히 높은 평가를 받았다. 그러므로 개종자가 아니라 예루살렘에서 추방된 사람이라는 명예는 바깥세상이 아무리 위협적이고 때로는 유혹적이어도, 이들 '믿는 자들'의 영혼과 정체성을 굳건히 해주었다. 또 시온에 기원을 두고 있다는 주장은, 전통적으로 세상의 중심으로 여겨져 온 예루살렘에서 자신의 특권적 지위를 주장하는 데도 힘이 되어 주었다.

근대의 유대 민족주의가 오랜 전통 중에서 허구적인 종족적 요소를 택한 것은 어찌 보면 당연한 일이었다. 근대의 유대 민족주의는 기뻐하며 그 개념을 낚아채서, 이데올로기의 실험실 안에서 그것을 철저하게 조작했고, 세간의 의심스런 역사 데이터를 자양분으로 그것을 키워낸 후, 마침내 그것을 과거를 보는 시각의 토대로 삼았다. 이 민족적 기억은 마치 의식(儀式)과도 같은 망각이라는 기반 위에 이식되었고, 그래서 놀라운 성공을 거두었다.

만약 유대교로의 대규모 개종이 있었다는 기억을 잃어버리지 않았다면, 그 기억은 아마도 유대 민중의 생물학적 단일성을 주장하는 상위 서사를 무너뜨렸을 것이다. 유대 민중의 계보는 아브라함과 이삭과 야곱까지 쭉 거슬러 올라간다고 믿어졌지, 하스몬 왕국, 페르시아 통치권, 그리고 로마제국의 광대한 권역에 살고 있던 다양한 종류의 모자이크 같은 주민들에게 이어진디고 믿어지지는 않았다.

유대교로의 강제개종과 거대한 자발적 개종의 기억을 잊는 것은 일직선으로 이어지는 연표를 지키는 데 필수적이었다. 그 일직선의 연표를 따라서 한 특이한 민족이 과거에서 현재로, 다시 현재에서 과거로, 앞뒤로 왔다갔다 움직였다. 유랑하는 민족, 명확하게 구분되고 고립된 민족이 탄생한 것이다. 물론 이 민족은 상상된 민족이다.

제4장

침묵의 왕국들
잃어버린 시간을 찾아서

베르베르인들 일부도 유대 종교를 믿었는데, 이 종교는 시리아 지역에 사는 강성한 이스라엘 이웃에게서 전해 받은 것이다. 유대 베르베르인들 중에는 아우레스에 거주하는 제라와족이 있었다. 아랍인들의 첫 정복 때 그들에게 목숨을 잃은 여왕 카히나의 부족이었다.

이븐 할둔, 「베르베르인들의 역사」, 1396년

우리 가계는 고대 이스라엘 쪽과는 아예 이어져 있지 않을 가능성이 있다…. 965년 이후 하자르인은 조직된 세력으로는 소멸했지만 유대교를 버리지는 않았으며, 그래서 많은 동유럽 유대인들은 하자르인들과 그들의 지배하에 있던 사람들의 후손일 수 있다. 나도 그중 하나일지 모른다. 누가 알겠는가? 또 누가 신경 쓰겠는가?

아이작 아시모프, 「잘살고 간다」, 2002년

요한 볼프강 폰 괴테는 건축을 공간 속에 얼어붙은 음악에 비유한 적이 있다. 우리도 4세기 이후의 역사 속 유대교를 움직이지 않는 건축 구조물에 비유할 수 있을까? 수백 년 동안 그 소리가 건물 내부로만 미약하게 울려 퍼졌을 뿐 외부로는 세어나기지 않았던?

유대교를 가리켜 신앙의 열정을 탈무드의 결의론적* 문제로 바꾼 자기 폐쇄적 종파라고 말하는 것은, 서구 세계에 유대교의 이미지를 고착시킨 그리스도교적 시각에 딱 맞는 묘사일 것이다. 원-시오니스트 역사학과 시오니스트 역사학은 이 깔보는 듯한 시각에 들어있는 모멸적 요소를 좋아하지는 않았지만, 그 시각 자체에는 서슴없이 굴복했다. 역사

---

* casuistic. 개인의 도덕 문제를 율법이나 외적 규범에 비추어 해결하려는 태도.

학자들은 떠도는 민족이라는 이 '종족적' 민중의 이미지, 고향이라고 하는 곳에 돌아가기 전까지는 제대로 살아가거나 제 역할을 할 수 없다는 이미지를 지지했다.

그러나 현실에서 유대교는 내향적 종교로 바뀌기 전까지는—그렇게 된 가장 큰 이유는 그리스도교가 유대교 둘레에 차단벽을 쌓았기 때문인데—, 확산되고 있던 일신교를 아직 겪지 못한 미개척지에서 포교 노력을 계속 기울이고 있었다. 아라비아반도에서 슬라브 지역까지, 그리고 코카서스 지방과 볼가강-돈강 사이 초원지대에서, 또 파괴 후 재건된 카르타고 주변지역과 이슬람 지배 전의 이베리아반도 등지에서 유대교는 계속해서 신자들을 끌어들였고, 그럼으로써 역사 속에서 뚜렷한 존재감을 드리웠다. 유대교가 닿은 지역의 문화는 대체로 부족사회 국면에서 조직된 국가로 이행하는 단계에 있었으며, 당연히 모두가 순수 이교문화였다.

아라비아는 시리아와 이집트 말고는 유다지역에서 가장 가까운 지역이었기에, 유대 종교의 영향력이 상당히 이른 시기부터 미쳤다. 유다지역 왕국과 접해 있던 나바테아인들(Nabataeans)의 아랍 왕국은 예루살렘 몰락 후 얼마 지나지 않은 서기 106년에 무너졌다. 그 너머로 아라비아반도가 뻗어있었다. 아라비아반도에는 아랍인 유목부족들이 거주하고 있었고, 상인들이 상품을 싣고 남북을 횡단했다. 주 교통로에 있는 여러 오아시스에는 유다지역 출신 상인들의 발길도 닿았으며, 그들 중 일부는 오아시스에 아예 정착하기도 했다. 유다지역 상인들은 세속의 물건과 함께 유일신에 대한 믿음도 가지고 왔다. 그 믿음이 영적으로 제공한 생각, 즉 전능하신 조물주의 존재와 망자들의 부활이 다양한 우상숭배 종파를 따르던 이들을 사로잡기 시작했다. 일례로 미슈나에는 개종 사실을 말해주는 구절이 나온다. "레겜 출신은 모두 순결한데 랍비 예후다는 죄 많은 개종자라는 이유로 그들을 부정하게 본다."(「월경 기간의 부정」) '레겜'(Reqem)은 트란스요르단 남동부에 있던 정착지였을 것이다. 그곳 사람들의 유대교 개종이 랍비 예후다에게는 썩 믿음직스러워 보이지가 않았던 것이다. 홍해 연안 아라비아 지역인 헤자즈 북부 여러 곳에서도 유대식이거나 유대화 과정에 있는 무덤 비문들이 발견된 적이 있다.

아랍 역사학에서 '무지의 시대'라 부르는 이슬람교 출현 이전 시대—4세기 또는 5세기 초—에, 유대인들은 헤자즈 중심부에 있는 타이마(Taima), 카이바르(Khaybar), 야트리브(Yathrib, 나중에 '메디나'라는 유명한 이름이 붙게 되는 곳)에 정착했다. 이슬람교가 등장하기 얼마 전에 유대교는 이 세 중심지에 거주하는 강력한 부족들 속으로 침투하기 시작했다. 그 부족들 가운데 가장 잘 알려진 부족은 야트리브 지역의 쿠아이누카족, 쿠라이자족, 나지르족인데, 이 이름들이 유명한 것은 무함마드가 군사행동을 벌인 초기에 그들과 충돌했기 때문이다. 하지만 그런 일이 없었던 타이마와 카이바르 지역의 부족들—아랍어를 썼고 전형적인 현지 이름을 가졌다—도 유대교로 개종했다. 이 유대교 개종자들의 분위기가 어떠했는지는 아랍인 역사가 아브드 알라 알 바크리(Abd Allah al-Bakri)가 나중에 쓴 글에서 미루어 짐작해볼 수 있다. 11세기에 살았던 알 바크리는 타이마 지역에 살던 한 부족에 대해 이렇게 썼다. "부족민들은 다른 종교를 따르는 한 유대인들의 요새에 들어갈 수 없었다. 유대교를 받아들였을 때에만 들어갈 수 있었다."[1]

아직 랍비 유대교로 발전하기 전이었던 유대 일신교의 확산은 이슬람교가 부상할 수 있는 영적 기반을 닦는 데 도움이 되었음이 틀림없다. 새로 등장한 이슬람교가 그 선구자라 할 유대교와 강하게 충돌했다고는 하지만, 유대교가 이데올로기적으로 기반을 닦아놓은 것이 중대한 역할을 했음을 쿠란이 증언한다. 이슬람 경전인 쿠란에는 구약성서에서 취하고 거기에 지역적 상상력을 가미한 다양한 구절, 이야기, 전설들이 들어있다. 에덴동산에서 '셰키나'*에 이르기까지, 아브라함과 요셉과 모세에 관한 이야기에서 예언자로 불리는 다윗과 솔로몬이 전한 메시지까지, 구약성서의 메아리는 (비록 예레미야와 이사야 같은 대선지자들은 언급되지 않고, 후대 선지자들 중에서도 스가랴와 요나만이 언급되지만) 쿠란 전체에 걸쳐 울려 퍼진다. 아라비아반도에 침투해 들어간 종교는 유대교만이 아니었다. 그리스도교 역시 신도들을 모으기 위해 경쟁했으며, 비록 '삼위일체' 교리가 쿠란에 흡수되지는 않았지만 몇몇 지역에서는 신도들을 모으는 데 성공했다. 게다가 유대교와 그리스도교가 각각 명확하게 규정되는 종교임에도 불구하고 두 종교 영향권 사이에 있던 지역에서는 '하니프'(Hanif)와 같은 활기찬 혼합주의 종파들이 존재하기도 했다. 이 혼합주의 종파들 모두가 부글부글 끓어오르는 도가니 역할을 했고, 이 도가니에서 새로운 일신교가 솟아올랐다.

7세기 초 이슬람교가 아라비아반도에서 승리를 거두면서 유대교 확산이 저지되었고 유대교로 개종했던 부족들도 서서히 이슬람교로 동화되었다. 게다가 이슬람교는 이슬람교도가 유대교로 개종하는 것을 금지했으며, 그런 개종을 독려하는 이는 누구든 사형에 처했다. 또 앞 장에서 언급했듯이, 이슬람교를 받아들인 이들에게 부여되는 특권들도 저항하기 힘들었다.

---

* Shekhinah. '신의 임재'를 뜻하는 히브리어. 이 책 제3장 255쪽 참조.

그런데 무함마드가 등장하기 전 아라비아반도 한복판에서는, 유대교의 가르침에 감화되어 남쪽에 있던 한 왕국 전체가 유대교로 개종하는 놀라운 일이 벌어졌다. 야트리브나 카이바르에서와 달리 이 집단 개종에서는 안정된 종교 공동체가 탄생했고, 그 공동체는 그리스도교가 일시적으로 확장했을 때만이 아니라 후일 이슬람이 승리를 거두었을 때도 잘 버텨냄으로써 근대에 이르기까지 살아남았다. 기원후 첫 몇 세기 동안 헤자즈 중심부의 주민들은 여전히 부족 상태에 있었지만, 오늘날 예멘이 된 이 지역에서는 더 통일성 있는 국가 조직이 발전하고 있었고, 이 국가 조직은 권력을 집중시켜 줄 종교적 믿음을 찾고 있었다.

1. '행운의 아라비아'—힘야르 왕국의 개종

한 아라비아 유대 왕국의 흥망성쇠

아라비아반도 남쪽 끝 예멘에 해당하는 이 전설의 지역은 로마인들의 흥미를 강하게 끌었다. 그들은 이 지역을 '행운의 아라비아'(Arabia Felix)라 불렀다. 아우구스투스 황제 때 이곳에 주둔군을 파견했고, 헤롯도 이 로마 주둔군에 유다군대 1개 부대를 지원했다. 하지만 그 임무는 실패했다. 로마군은 타는 듯한 사막에서 병사들 대부분을 잃었다.

'힘야르'(Himyar)는 이 지역에 있는 큰 부족 이름이었다. 힘야르족은 2세기 무렵에 이웃들을 제압하기 시작해 하나의 부족왕국으로 자리를 잡았다. 왕국 수도는 '자파르'라는 도시였다. 힘야르 왕국은 또 '사바, 두레이단, 하드라마우트, 얌나트 왕국'이라는 지명으로 불리거나 타우드와 티하마트 아랍인들의 왕국으로도 알려지게 되었다. 그런 낭랑한 이름으로 이 왕국의 명성은 널리 그리고 멀리 퍼져나갔다. 로마는 힘야르 왕국과 어느 정도 유대 관계를 맺었다. 훨씬 뒤에 사산 왕조 페르시아도 마찬가지였다. 힘야르 왕국 통치자(이 통치자를 아랍 전통에서는 왕이 나 황제에 해당하는 '툽바tubba'라고 불렀고, 힘야르의 여러 비문에서는 '말리 크malik'라 칭했다) 주변에는 왕국 행정부, 귀족, 부족 지도부가 공고히 자리 잡고 있었다. 힘야르의 끈질긴 경쟁자로는 홍해 건너 에티오피아의 악숨(Aksum) 왕국이 있었다. 악숨 왕국은 부유한 이웃 힘야르를 봉쇄하기 위해 주기적으로 해협 너머로 군대를 보냈다.

힘야르인들이 성지 이스라엘 땅에 왔을 가능성이 제기된 것은 1936년 하이파 부근 베이트 셰아림*에서 무덤 몇 개가 발견되었을 때부터다. 벽감들 중 한 군데에 새겨진 그리스어 비문에 거기 매장된 이들이 '힘야르 사람들'이라는 설명이 있었던 것이다. 그런데 그들은 유대인이었다. 그들 가운데는 '신도들 중 연장자, 메나헴'이라는 유대 이름도 있었고, 비문 옆에는 유대교 특유의 상징인 나뭇가지 모양 촛대와 숫양의 뿔이 새겨져 있었기 때문이다. 대략 3세기경에 만들어진 것으로 추정되는 그 힘야르인 무덤들이 어떻게 해서 베이트 셰아림에 존재하게 되었는지는 아무도 모른다.[2]

아리우스파** 그리스도교도이자 역사가인 필로스토르기우스(Philostorgius)는 4세기 중반 동로마제국 황제 콘스탄티우스 2세가 힘아르인들을 그리스도교로 개종시키기 위해 그들에게 선교 사절단을 보냈다고 썼다. 현지 유대인들이 저항했지만, 결국 힘야르 왕은 그리스도교를 받아들이고 자기 왕국에 교회 두 채를 짓기까지 했다고 필로스토르기우스는 말한다. 이 이야기는 아직 입증되지는 않았다. 하지만 에티오피아

---

* Beit She'arim. 로마 치하인 2~4세기에 대규모 유대인 공동묘지가 조성된 것으로 유명한 유적지. 135년 랍비 유다 하나시가 주도한 유대교 부흥의 증거로 여겨지는 곳이다.
** 예수의 신성과 삼위일체를 부정한 알렉산드리아 출신의 사제 아리우스에서 비롯된 교파. 325년 1차 니케아 공의회에서 이단으로 규정되었다.

의 악숨 왕국이 그리스도교를 받아들인 것이 대략 그때쯤이었으니, 그 당시에 힘야르에서도 경쟁하는 종교 간에 다툼이 있었을 가능성이 있다. 왕들 중 한 명이 그리스도교로 개종했을지도 모른다. 하지만 설령 그랬다 해도 그 승리는 오래 지속되지 못했다.

4세기 말 가까운 시기에 힘야르 왕국이 이교를 버리고 일신교를 채택하면서 결국 그리스도교를 선택하지는 않았다는 사실을 거의 확실하게 알려주는 고고학적, 금석학적 증거는 여러 가지가 있다. 378년 카리브 유하민(Karib Yuhamin)이라는 이름의 말리크가 건축한 구조물에서는 "그들의 주, 하늘에 계신 주의 힘으로"와 같은 비문들이 발견되었다. "하늘과 땅의 주"와 "라흐마난"(Rahmanan, 자비로우신 분)이라는 글자도 있다. 후자는 유대교 특유의 용어로, 탈무드에는 아람어 형태인 '라흐마나'(Rahmana)로 나오며, 나중에 7세기 초에 가면 이슬람교도들에게 알라의 이름 중 하나로도 채택된다. 아랍 세계 그리스도교 신자들도 그 용어를 쓰긴 했지만, 그들은 예외 없이 '성자와 성령'을 붙여 썼다.

이 개척 일신교의 성격에 대해서는 연구자들의 의견이 분분했지만, 베이트 알 아슈왈에서 비문이 하나 더 발견되면서 문제가 해결되었다. 카리브 유하민의 아들에게 헌정한 비문이었다. 거기에는 히브리어로 "길이 기억될 이 예후다 씀, 아멘 샬롬, 아멘"이라고 쓰여 있었고, 힘야르어로는 "그의 영혼을 창조하신 주, 삶과 죽음의 주, 하늘과 땅의 주, 만물을 창조하신 주의 힘과 은총으로, 그리고 그의 백성 이스라엘의 재정적 도움과 그의 주께서 주신 권한을 다하여"라고 쓰여 있었다.[3] 이 비문이 왕실에서 직접 주문한 것이든 아니든 유대 종교의 용어로 왕을 칭송하고 있었으며, 비문을 쓴 이는 통치자도 같은 종교를 가졌다는 것을 분명히 나타내고 있었다.

362

4세기의 마지막 사반세기부터 6세기의 첫 사반세기까지, 즉 하스몬 왕국의 존속 기간과 거의 맞먹는 120~150년 동안 힘야르는 강력한 일신론 유대 왕가의 통치를 받았다. 이슬람 전통에서는 힘야르 왕국이 유대교를 받아들인 것이 아부 카리브 아사드(Abu Karib Assad) 때문이라고 본다. 그는 말리크 카리브 유하민의 둘째 아들로, 390~420년 사이에 재위한 것으로 보인다. 전설에 따르면 이 왕은 전쟁 때문에 아라비아반도 북쪽으로 원정을 갔다가, 싸움은 하지 않고 유대교 현자 두 명을 데리고 돌아와 그의 백성 전체를 유대교로 개종하기 시작했다고 한다.[4] 백성들은 처음에는 새 종교를 거부했지만, 결국에는 설득되어 아브라함의 계약에 함께하게 되었다는 것이다.

아사드의 아들 수라흐비일 야푸르(Surahbi'il Yaffur)가 유대 신앙을 가지고 있었음을 확인시켜 주는 서기 440년의 증거도 있다. 야푸르 왕이 보수, 재건한 거대한 마리브 댐에는 그의 이름과 직함이 새겨진 비문이 있는데, 그 비문에는 "하늘과 땅의 주"의 도움을 받았다는 내용이 들어 있다. 다른 동시대 비문에서도 '라흐마난'이라는 표현이 발견되었는데, 신을 칭하는 이 표현은 그 뒤 이어지는 여러 왕의 비문에서 계속해서 발견된다.

힘야르 북부도시 나지란 출신의 그리스도교 전도자 아즈키르(Azqir)의 처형 이야기는 이 '라흐만 유대교'가 지배 종교가 되었음을 시사한다. 전도자 아즈키르의 죽음에 대해서는 아랍 전설로도 여럿이 전해지며, 그리스도교 성인전에는 아즈키르가 유대인들 손에 목숨을 잃은 순교자로 묘사된다. 이 사건은 수라흐비일 야카프(Surahbi'il Yakkaf)가 힘야르 왕으로 있을 때 일어났다. 아즈키르는 꼭대기에 십자가가 달린 예배당을 지었다가 왕국 요원들에게 체포되었고 그 예배당은 파괴되었다.

왕은 아즈키르를 설득해 구세주에 대한 믿음을 버리게 하려 했지만, 아즈키르는 거부하고 사형에 처해졌다. 왕은 어느 가까운 랍비의 조언에 따라 본보기를 보이기 위해 나지란에서 사형을 집행하기로 했다. 나지란에서는 그리스도교가 느리지만 조금씩 성장하고 있었기에, 현지 주민들이 개종할 생각을 아예 하지 못하게 만들 필요를 느꼈던 것이다. 처형되기 전에 순교자 아즈키르는 몇 가지 기적을 행해 군중을 감동시켰고, 그 기적은 교회 전승에 기록되었다.[5]

수라흐비일 야카프가 죽은 뒤 힘야르 왕국은 잠시 위축되었다. 그의 두 아들이 에티오피아인들을 물리치지 못하는 바람에 에티오피아인들이 힘야르에 쳐들어와 남아 있던 그리스도교 지지자들을 늘리는 데 한동안 성공했다. 힘야르와 에티오피아 악숨 왕국 간의 투쟁은 단지 종교적인 것만이 아니라 정치적, 상업적 이해관계의 충돌이기도 했다. 악숨은 비잔틴제국의 세력 아래 있었는데, 비잔틴제국은 인도로 가는 교역로를 확보하기 위해 홍해 해협을 통제하고자 했다. 힘야르는 비잔틴제국에 반기를 들고, 그리스도교가 그 지역을 지배하는 것에 단호하게 저항했다.[6] 힘야르 왕국의 광범위한 계층이 유대교에 오래도록 충성했던 것은 이해관계의 충돌이 컸기 때문일 수도 있다. 귀족층과 상인들은 유대 왕가가 그들의 경제적 독립을 보호해주었기에 왕가의 종교를 지지했다. 하지만 유대교는 귀족층에게만 국한된 종교가 아니었다. 유대교가 여러 다양한 부족에 뿌리내렸고 심지어 해협을 건너 경쟁자인 에티오피아 영토에 침투하기까지 했다는 증거가 많이 있다.[7]

몇 년 간 그리스도교가 패권을 잡은 후에 유대교는 두 누와스(Dhu Nuwas)라는 왕의 통치기에 권력을 회복했다. 힘야르의 마지막 유대교도 통치자였던 이 말리크에 대한 자료는 풍부하다. 그 이유는 무엇보다 그가 그리스도교에 대항해 격렬하게 투쟁했고, 에티오피아에 대항해 지독하게 싸웠기 때문이다. 프로코피우스(Procopius)의 책 『전사』(戰史), 『그리스도교 지지학』이라는 제목으로 알려져 있는 상인 탐험가 코스마스(Cosmas)의 증언, 애벗 존 프살테스(Abbot John Psaltes)가 작곡한 찬송가, 부분적으로 남아 있는 『힘야르인들의 책』, 시리아 주교 베이트 아르샴(Beit-Arsham)의 편지,[8] 그리고 그밖에도 많은 그리스도교 문서들이 모두 이 유대 왕의 권력에 대한, 그리고 그의 잔인성과 예수를 따르는 이들을 박해한 일에 관한 증거를 제공한다. 상당히 많은 아랍 문헌도, 비록 반유대적 강도는 덜할지라도 그러한 이야기들을 확인시켜 준다.[9]

두 누와스의 공식적인 이름은 유수프 아사르 야다르(Yusuf As'ar Yath'ar)였고, 나중에 아랍 역사에서는 '마스루크'(Masruk)라는 별칭으로 불리기도 했다. '마스루크'는 '긴 머리'를 의미했을 것이다. 그의 흘러내리는 머리채는 유명했다. 전설 속에 묘사되는 최후의 영웅적인 전투에서 그는 커다란 백마를 타고 홍해 속으로 가라앉는다. 그가 유대교 신자였음은 의심의 여지가 없지만, 그가 왕가 혈통이었는지, 그리고 정확히 언제 왕위에 올랐는지는 확실치 않다. 518년보다 많이 늦은 시기는 아니었을 것이다. 바로 그해까지 힘야르 수도는 에티오피아인들의 보호를 받는 어느 총독의 통치 하에 있었고, 두 누와스가 그 총독에 대항해 산간지대에서 널리 확산된 반란을 이끌었기 때문이다. 두 누와스는 자파르를 점령하는 데 성공했고 왕국 전체에 자신의 권력을 공고히 했다. 귀족층이 그를 지지했으며, 그때까지 유대교로 개종하지 않았던 이들은 그가 승리를 거둔 후 개종했다. 어느 증언에 따르면, 두 누와스가 왕권을 확립했을 때 유대교 현자들이 모세 신앙을 다지기 위해 티베리아스에서 왔다고 한다.[10]

유대교가 다시 권력을 잡자, 그리스도교가 다수를 점한 도시 나지란이 다시 반기를 들었다. 두 누와스 왕은 오랜 포위 끝에 결국 나지란을 점령했다. 이 싸움에서 많은 그리스도교 신자가 목숨을 잃었고, 악숨 왕 엘라 아스베하(Ela Asbeha)는 이를 구실삼아 유대 힘야르에 전쟁을 일으켰다. 그리스도교 군대는 배를 마련해준 비잔틴제국의 지원과 물류 원조에 힘입어 홍해를 건너왔고, 두 누와스는 길고 암울한 싸움 끝에 525년 패배했다. 자파르는 파괴되었고 왕족 50명이 포로로 잡혀갔으며, 이로써 아라비아반도 남부의 유대 왕국의 명맥은 끊겼다. 두 누와스의 후손 사이프 이븐 두 야잔(Sayf ibn Dhu Yazan)이 반란을 시도했지만 분쇄되었다.

에티오피아를 등에 업고 힘야르 왕국을 계승한 정권은 물론 그리스도교 정권이었지만, 570년대에 다시 이 지역은 페르시아인들에게 정복되었다. 그래서 힘야르의 완전한 그리스도교 개종은 중단되었지만, 그렇다고 해서 이 지역에 당시 페르시아 종교인 조로아스터교가 퍼지지도 않았다. (조로아스터교는 페르시아 바깥에서는 신자를 거의 얻지 못했다.) 우리가 아는 사실은 힘야르의 유대 공동체가 에티오피아 및 페르시아 치세 하에서도 계속 존속했다는 것이다. 왜냐하면 629년 무함마드 군대가 이 지역에 왔을 때, 무함마드가 군대에게 서면으로 현지 그리스도교 신자들과 유대교 신자들에게 이슬람교 개종을 강요하지 말라고 경고했기 때문이다. 유대인들에게 부과된 세금 유형을 봤을 때 많은 유대인이 농업으로 근근이 살아갔다는 사실은 알 수 있지만, 얼마나 많은 이가 계속해서 유대교를 충실히 따랐는지, 혹은 얼마나 많은 이가 이슬람교로 개종했는지 추정할 수 있는 방법은 없다. 십중팔구 상당히 많은 유대인이 그 전에 그리스도교로 개종했을 것이고, 그러지 않았던 이들도 나중에 이슬람교로 개종했을 것이다. 하지만 앞서 언급했듯이, 그래도 상당히 많은 수가 계속해서 옛 '라흐만' 신을 믿었으며, 힘야르 유대 공동체는 바빌로니아 중심부와 신학적 유대 관계를 유지함으로써 20세기까지 살아남았다.

역사에서 지워진 유대인들

아라비아반도 남부에 유대 왕국이 존재했다는 사실은 19세기에도 이미 알려져 있었다. 하인리히 그레츠는 자신의 대표 저작에서, 아랍 역사가들에게 제공받은 이야기들 및 그리스도교 문헌들을 토대로 그 이야기에 몇 페이지를 할애했다. 그레츠는 다채로운 일화들을 섞어가며 아부 카리브 아사드와 두 누와스의 이야기를 썼다.[11] 시몬 두브노프 역시 힘야르 왕국에 대해 썼다. 그레츠만큼 길게 쓰지는 않았지만 시기를 더 정확하게 적어 넣었다.[12] 살로 배런도 선례를 따라 '예멘의 유대인 선조들'에 대해 몇 페이지를 할애했으며, 그 선조들이 그리스도교 신자들을 가혹하게 대한 것을 여러 가지로 정당화하고자 했다.[13]

이후 시오니스트 역사학은 힘야르 왕국에 관심을 덜 기울였다. 디누어의 기념비적인 총서 『유배된 이스라엘』은 7세기 "유배 길에 나서는 유대 민중"에서 시작하기 때문에, 더 앞선 시기에 아라비아 남부에 있었던 유대 왕국은 모습을 감춘다. 몇몇 이스라엘 학자는 힘야르인들이 충분히 랍비 유대교적이지는 않았을 거라는 점을 들어 그들이 유대교 신자였다는 데 의문을 표하기도 했다.[14] 1950년대 이후에 발행된 학교 교과서들도 사막의 모래 아래 묻혀버린 개종한 남쪽 왕국에 대해서는 한마디 언급도 하지 않았다.

오직 아랍 지역 유대인들의 역사를 전공한 역사가들만이 많은 수의 힘야르 개종자들에 대해 때때로 언급했다. 그중 주목할 만한 이가 이스라엘 벤 제예프(Israel Ben-Ze'ev)였다. 벤 제예프는 1920년대 말 이집트에서 『아라비아의 유대인들』을 처음 출판했다. 1931년에 그 책을 수정하고 히브리어로 번역한 뒤, 1957년에는 상당 부분을 증보해 다시 펴냈다. 힘야르 왕국을 깊이 있게 논한 또 다른 학자로는 하임 제예프 히르쉬베르크가 있다. 그의 책 『아라비아의 이스라엘』은 1946년에 나왔다. 이 두 저작은 폭넓은 화폭에 아라비아반도 남부 유대인들의 역사를 담아내고 있으며, 두 권 다 민족주의적 어조를 띠고 있긴 하지만 학술적으로 높은 수준을 보인다. 최근 몇 년 사이에는 고고학에서 금석학 자료가 추가적으로 발견되었으며, 텔아비브대학교의 명망 있는 역사가 제예프 루빈(Ze'ev Rubin)을 비롯한 극소수의 학자들만이 힘야르인들의 잃어버린 시간에 대한 연구를 이어가고 있다.

아랍 세계 유대인을 연구한 학자들 가운데 아마도 가장 잘 알려진 역사가라 할 히르쉬베르크는 힘야르 왕국에 대한 훌륭한 서술을 마무리하면서 다음과 같은 질문을 던졌다. "예멘에 얼마나 많은 유대인이 살고 있었을까? 그들의 인종적 기원은 무엇이었을까? 그들은 아브라함의 자손이었을까, 아니면 유대교로 개종한 예멘인이었을까?" 당연히 그는 그 질문들에 답할 수 없었지만, 답을 자제하지 못하고 다음과 같이 계속 써 내려갔다.

그럼에도 불구하고 이스라엘 땅에서 온 유대인들과, 아마도 바빌로니아에서 온 유대인들 역시 예멘에 있는 유대 공동체의 산 영혼을 이루었다. 그들은 그리 적은 수가 아니었고, 중요성도 상당했으며, 모든 사안에 대해 결정권을 가졌다. 박해가 시작되었을 때도 그들은 그들의 백성과 함께 끝까지 신앙을 버리지 않았다. 사실 개종한 힘야르인들 중 많은 이가 고난을 견디지 못하고 이슬람으로 개종했음에도 그러했다. 그리스도교도들은 예멘에서 완전히 자취를 감추었지만, 유대인들은 아랍인들과 구별되는 독특한 구성원으로 계속 남았다. 그들은 주위의 멸시와 모욕에도 불구하고 오늘날까지 신앙을 지키고 있다. … 하자르인들(Khazars) 같은 또 다른 개종자들은 유대적 요소가 빈약했기에 다른 민족들에 동화되거나 통합되었지만, 예멘의 유대인들은 유대 민족의 한 부족으로 계속 살아가고 있다.[15]

히르쉬베르크가 본문에서 힘야르 역사를 꼼꼼하게 서술하고 각 단계마다 1차 자료를 엄격하게 사용했던 것을 떠올려볼 때, 책을 마무리하는 이 단락은 부적절해 보이고 다소 뜬금없어 보이기까지 한다. 그래도 여기에 인용할 가치는 있다. 개종이라는 주제에 대한 시오니스트 역사학의 사고방식을 그대로 보여주고 있기 때문이다. 히르쉬베르크에게는 힘야르 사회 각 계층에 '태생적 유대인'이 (만약 조금이라도 있었다면) 몇 명이나 있었는지에 대한 증거도, 또 유대 신앙을 고수한 이들의 기원에 대한 증거도 전혀 없었다. 하지만 역사학적 태도보다 더 강하게 솟구친 종족중심주의적 의무가 이른바 '피의 부름'에 답하면서 책을 마치도록 요구했다. 그렇게 하지 않으면 이 훌륭한 학자의 저작을 읽은 독자들이 예멘의 유대인들이 세계 모든 유대인의 아버지인 온순한 아브라함, 이삭, 야곱의 후손이 아니라, 두 누와스와 그 비정한 귀족들의 후손이라고 생각하는 오류에 빠지게 될지도 모를 일이었기 때문이다.

히르쉬베르크의 종족생물학적 열정은 특별한 사례가 아니었다. 예멘의 유대 공동체에 대해 글을 썼던 이들 모두가 사실상 고대의 유다지역 삶에까지 거슬러 올라가는 정치적으로 올바른 계보학을 그 공동체에 적용했기 때문이다. 일부 학자들은 제1차 성전파괴 후 많은 유다지역 사람들이 바빌로니아가 아니라 아라비아 남부로 유배되었다고 주장하기까지 했다. 또 어떤 이들은 최초의 예멘 유대인들이 '시바의 여왕'(Queen of Sheba)의 왕조 출신이었다고 제안하기도 했다. 그렇다면 솔로몬 왕의 관능적인 손님이었던 시바의 여왕은 '유대인 조신들'과 함께 고향으로 돌아갔으며, 그 유대인 조신들이 생육하고 번성하라는 명령에 매우 헌신적으로 복종했다는 얘기가 된다. 그리고 에티오피아인들도 그들의 왕들이 시바 여왕의 후손이라고 믿고 있으니, 이 여왕은 후손을 수도 없이 낳았다는 얘기다.

이렇게 하여 유대교로 개종한 힘야르인들에 대한 장(章)은 이스라엘 교육과정의 역사학적 갓길에 버려졌으며, 중등학교를 졸업한 이들은 이에 대해 아무것도 아는 바가 없게 되었다. 이 지역을 제패했던 강대한 유대 왕국의 운명이, 후손들에게는 별로 자랑스럽지도 못하고 다른 많은 이들은 그 존재 자체를 입에 올리기도 싫어하는 슬픈 운명을 맞이하고 말았던 것이다.[16]

2. 페니키아인과 베르베르인―수수께끼의 여왕 카히나

유대교도가 된 카르타고 사람들

이스라엘의 역사적 기억에서 사라진 사람들은 힘야르인들만이 아니었다. 북아프리카에 사는 유대인 동료들의 기원도 비슷한 식으로 은폐되었다. 민족 신화에 의거했을 때 예멘의 유대인들이 솔로몬 왕이 보낸 조신들의 후손이거나 최소한 바빌로니아에 유배된 이들의 후손이라면, 마찬가지로 마그레브*의 유대인들도 제1차 성전파괴 당시 유배된 이들의 후손이거나 혈통이 더 높다고 하는 유럽 스페인 유대인들의 후손이라 해야 할 것이다. 아니나 다를까 이들 역시 몰락 후 황폐해진 유다왕국에서 지중해 서쪽 끝으로 '유배된' 것으로 묘사된다.

이 책 제3장에서는 유대교가 북아프리카에 전파된 일과 115~117년 지중해 남부 연안에서 로마에 대항한 무장봉기가 있었음을 언급한 바

---

* Maghreb, '해 지는 서쪽'을 뜻하는 아랍어로, 리비아·튀니지·알제리·모로코 등 아프리카 북서부 일대를 총칭한다. '해 뜨는 곳'을 뜻하는 마쉬리크(Mashriq)와 짝을 이루는 표현.

있다. 그 메시아적, 반이교적 대규모 반란이 진행되던 와중에 그리스계 유대인인 루카스(Lucas, 일부 역사가들은 '안드레아스Andreas'라고도 부르는) 라는 왕이 나타나 오늘날 리비아의 동쪽 지방인 키레나이카(Cyrenaica, 성서에서는 '구레네')를 일시적으로 점령한 일이 있었다. 루카스는 사납고도 민첩한 정복활동을 펼치며 이집트 알렉산드리아까지 진출했다. 증거에 따르면 그 맹렬한 종교 반란은 미래의 일신교 간 충돌을 보는 듯 특히나 사나웠는데, 결국 로마 군대의 철퇴에 의해 진압되었다고 한다.[17] 이후 키레나이카 지방에서의 유대교 전파는 힘을 잃었지만, 그렇다고 해서 완전히 소멸되지는 않았다. 유대인들과 개종자들이 여전히 남아 있었고, 반란 후에는 서서히 서쪽을 향해 유대교 개종 흐름이 퍼져 나가기까지 했다.

마그레브 지역에서 유대교가 성공적으로 확산될 수 있었던 것은 페니키아인 주민들이 있었기 때문일 것이다. 카르타고가 기원전 2세기에 파괴되긴 했지만, 주민 전체가 사라진 건 아니었다. 도시는 재건되었고, 곧 다시 중요한 상업항구가 되었다. 그렇다면 해안을 따라 살고 있던 카르타고인들 곧 아프리카 페니키아인들*은 모두 어디로 가버린 걸까? 프랑스 학자 마르셀 시몽을 비롯한 몇몇 학자들은 그들 중 많은 수가 유대인이 되었다는 의견을 제시해왔다. 그러면 북아프리카 전역에 걸쳐 유대교가 특별히 강성했던 까닭이 설명이 된다.[18]

구약성서의 언어와 고대 페니키아어가 무척 닮았다는 점과 카르타고인들 중 일부가 할례를 받았다는 사실이 유대교로의 대규모 개종을 촉진하는 데 기여했다고 가정하는 것도 불합리한 것은 아니다. 개종은 또

---

* 카르타고는 페니키아의 트로이 왕국이 멸망한 후 그 유민들이 건설했다고 한다.

한 유다지역 왕국이 몰락한 후 그곳에서 포로들이 오면서 자극받은 것일 수도 있다. 현재의 레바논에 속하는 옛 페니키아 도시 티레와 시돈에 기원을 둔 기존 주민들은 굉장히 오랫동안 로마에 적대감을 품어왔으니, 아마도 유배되어 온 반도들을 환영하고 그들의 특별한 신앙을 받아들였을 것이다. 마르셀 시몽은 북아프리카에 기원을 둔 세베루스 왕조*의 황제들 대부분이 친유대 정책을 펼친 것 또한 유대교 개종의 대중화에 기여했을 것이라는 의견을 제시한다.

북아프리카는 지중해 지역의 개종 역사에서 뛰어난 성공을 거둔 곳 중 하나다. 제3장에서 언급했듯이 3~4세기에 이집트, 소아시아, 그리스, 이탈리아 등 고대 서구문명의 핵심부에서는 유대교로의 개종이 줄어들었지만, 마그레브 지역 해안을 따라서는 야훼를 믿는 신자들의 공동체들이 상당히 활발하게 활동했다. 고고학과 금석학의 증거들은 번성했던 유대교적 생활상을 보여준다. 고대 카르타고 부근의 고고학 발굴 결과 3세기에 만들어진 무덤 여러 개가 발견되었는데, 비문에는 라틴어 문자 또는 히브리어나 페니키아어 문자와 함께 나뭇가지 모양의 촛대 이미지가 나란히 새겨져 있었다. 또한 그 지역 전체에 걸쳐 많은 수의 묘비가 그리스 혹은 라틴 이름을 지닌 개종자들의 묘에서 발견되었으며, 그들의 이름 옆에는 항상 그들의 종교가 명시되어 있었다. 같은 시기에 존재했던 시나고그가 오늘날의 튀니스 부근인 함맘리프(Hammam-Lif, 고대에는 '나로Naro'라고 했다)에서 발견되기도 했다. 이 시나고그에는 비문들과 함께 초, 나뭇가지 모양 촛대, 숫양의 뿔 문양이 새겨져 있었고, 바닥에는 이렇게 쓰여 있었다. "주의 여종인 처녀 율리아가 나로의 성스러

---

* 트리폴리 출신 장군 셉티미우스 세베루스에서 시작된 로마 왕조로 193~235년까지 다섯 황제 치세.

운 시나고그를 위해 그녀 재산을 들여 이 모자이크를 보수했나이다.” 이
비문에는 계속해서 시나고그의 수장으로 ‘루스티쿠스’라는 이름과 그의
아들 ‘아스테리우스’라는 라틴 이름이 등장하는데 이는 놀라운 일이 아
니다.

다른 지역에서처럼 북아프리카에서도 유대교 개종자들 다수가 반
(半)개종 상태, 또는 나중에 ‘하늘 숭배자들’(Coelicolae)이라 알려진 상태
로 계속 남아 있었다. 신약성서에는 ‘하느님을 경외하는 자들’과 유대인
들과 개종자들이 “구레네에 가까운 리비아 여러 지방”(사도행전 2:10)에
서 예루살렘으로 왔다는 애기가 나온다. 여러 도시에서 통합주의 분파
들이 번성했으며, 서로 이질적인 사람들이 모인 이 무리가 지중해 다른
지역에서처럼 이 지역에서도 앞으로 강력하게 커나갈 그리스도교를 일
으켰다. 초기 그리스도교 사상의 두 거두인 테르툴리아누스와 아우구스
티누스가 아프리카에서 태어난 것도 유념해둘 만하다.

테르툴리아누스는 자신이 태어난 도시 카르타고에서 유대교가 위세
를 떨치는 것이 특히나 염려스러웠다. 그가 구약성서와 유대 전통에 대
해 광범위한 지식을 가지고 있었던 것을 보면 현지 유대 종교문화의 힘
을 알 수 있다. 그가 개종자들에 대해 날카로운 공격을 퍼부었던 것 역
시 유대교 개종운동이 대중적 호소력을 갖고 있었음을 방증한다. 그는
박해받는 그리스도교와 비교해 유대교의 성공을 설명하고자 했으며, 유
대교가 로마에서 합법적인 종교여서 받아들이기가 더 쉽다는 데 이유
가 있다고 보았다. 그도 유대인들을 존중했고, 특히 유대인 여성들의 겸
손을 칭찬했다. 하지만 개종자들이 그 종교를 받아들인 것은 신성한 안
식일에 일하는 것을 피할 수 있다는 편의 때문이라고 주장하며 그들을
맹렬하게 공격했다.[19]

유대교의 강력한 존재감에 맞서 그리스도교가 투쟁한 증거는 아우구스티누스의 저작과 그리스도교 개종자인 시인 코모디아누스(Commodianus)의 저작에서도 볼 수 있다. 아우구스티누스는 '하늘 숭배자들'을 비판한다. '하늘 숭배자들'은 유대교와 그리스도교 중간쯤 되는 분파였던 것으로 보이는데, 교회는 그들을 이단으로, 혹은 심지어 불신자로 간주하기까지 한다. 250년경 활동한 생몰년 미상의 코모디아누스는 『지침서』(Instructiones)라는 저작에서 많은 개종자들을 공격하고, 그들의 종교 바꾸기와 뻔히 보이는 예배의 모순성을 조롱했다.

그리스도교회의 성장은 반달족 정복 때문에 일시적으로 중단되었다. 유럽에서 내려온 이 게르만계 부족은 430~533년 사이에 북아프리카를 지배했고, 그곳에 아리우스파 그리스도교 왕국을 세웠다. 반달족이 지배하던 시기 북아프리카 유대인들의 상황에 대한 정보는 거의 없는 것이나 마찬가지이지만, 아리우스파와 유대교도들의 관계는 자리를 확고히 굳혀가고 있던 정교회가 유대교도들을 대하는 것보다는 훨씬 좋았던 것으로 알려져 있다. 그 지역에 비잔틴제국이 다시 돌아오면서 교회의 으뜸가는 지위가 회복되었고, 이단자들과 불신자들에 대한 억압이 다시 심화되었다. 이 정복 때문에 해안기에 거주하던 유대인들(예전의 페니키아인들) 중 일부는 내륙으로 피신하고 다른 이들은 더 서쪽으로 이동했을 가능성이 매우 크다. 여기에서부터 유대교 개종의 새로운 흐름, 그 놀라운 이야기가 시작된다.

베르베르 유대인들은 누구인가?

14세기의 위대한 아랍 역사가 이븐 할둔은 이렇게 썼다.

[아마도] 베르베르인들 일부도 유대교를 믿었는데, 이 유대교는 시리아에 사는 강력한 이스라엘인 이웃에게서 전해 받은 것이다. 유대 베르베르인들 중에는 아우레스(Aurès)에 거주하는 제라와족(Djeraoua)이 있었다. 아랍인들의 첫 정복 때 그들에게 목숨을 잃은 여왕 카히나(Kahina)의 부족이었다. 다른 유대 부족으로는 네포우카가 있었고, 아프리카 베르베르인 부족 중에는 펜델라와, 메디오운, 베흘로울라, 기아타, 그리고 가장 멀리 떨어진 메가레브의 베르베르인 부족인 파자즈가 있었다. 마그레브에 도착한 엘하산(El-Hassan)의 아들 이드리스 1세(Idris the First)는 그의 영토에 남아 있던 종교들의 흔적을 일소해버리고 부족들의 독립을 분쇄했다.[20]

이븐 할둔은 북아프리카의 오랜 주민인 베르베르인들 중에 최소한 일부는 시리아 인근에 기원을 두고 유대교로 개종한 고대 페니키아인 혹은 다른 어떤 가나안 주민의 후손이라고 가정했던 것 같다. (다른 부분에서는 베르베르인 일부가 힘야르에 기원을 두고 있다는 이야기까지 한다.)[21] 유대교를 따른 것으로 할둔이 열거한 부족들은 크고 강했으며, 북아프리카에 걸쳐 퍼져있었다. 아우레스 산간지대에 거주했던 제라와(Jerawa로도 표기) 외에, 네포우카(Nefouca)는 오늘날의 트리폴리 부근에 살았고, 메디오운(Medioun) 부족은 오늘날의 알제리 서부에, 펜델라와(Fendelaoua), 베흘로울라(Behloula), 파자즈(Fazaz)는 오늘날의 모로코 페스 지역에 살았다. 아랍인들의 정복 후 이슬람교로의 대규모 개종이 있었지만, 그래도 이 부족들의 영토는 유대 공동체들이 근대까지 존속했던 위치와 대체로 들어맞는다.

베르베르인들 사이에 흔한 (부적에만 국한되지 않는) 많은 문화적 관습 또한 북아프리카 유대인들의 종교 의례 속에서 발견된다. 북아프리카 유대인들 중 일부는 언제나 아랍어에 더해 베르베르어를 사용했다. 유대교를 따랐던 베르베르인들이, 그들보다 앞서 개종한 페니키아인들 및 소수 유다지역 망명자들과 더불어 북아프리카 유대인들의 조상이었던 것일까? 또한, 베르베르인들의 이 대규모 개종 흐름이 아랍인들의 정복 과정과 정복 후에 스페인의 유대인 수를 얼마만큼 증가시킨 것일까?

이븐 할둔은 다른 부분에서 이슬람 정복에 맞서 아우레스 산간지대에서 저항을 이끌었던 여왕 디흐야 알 카히나(Dihya al-Kahina)에 대한 이야기로 다시 돌아간다. 유대교를 믿었던 베르베르인들의 지도자 카히나는 주술사라고 믿어졌다. 페니키아어 혹은 아랍어에서 유래한 것으로 보이는 '카히나'(여사제)라는 직함도 그래서 붙은 것이다. 카히나는 강력한 통치자였다. 689년 이슬람교도들이 북아프리카 정복을 재개했을 때, 카히나는 몇몇 강력한 부족들을 결집하여 하산 이븐 알 누만(Hassan ibn al-Nu'man)의 강군을 물리치는 데 성공했다. 5년 후에 카히나는 초토화 작전을 펼치며 해안을 따라 도시와 마을을 파괴했는데, 그 후 아랍 지원군이 증파되어 이 대담한 베르베르 통치자의 부대를 제압했고 카히나는 전사했다. 카히나의 아들들은 이슬람교로 개종해 정복자들에게 합류했다. 이로써 막을 내린 카히나의 긴 통치는 아직도 신화와 수수께끼에 싸여 있다.

디흐야 알 카히나의 매혹적인 발자취를 묘사한 아랍 역사가는 이븐 할둔만이 아니었다. 더 이른 시기인 9세기부터의 아랍 역사가들도 이슬람 정복자들에 대항했던 카히나의 싸움을 상세하게 묘사했다. 바그다드에서 글을 썼던 알 와키디는 카히나가 자기 백성들을 잔인하게 다뤘다는 점을 강조했다. 칼리파 이븐 하이야트 알 우스푸리는 카히나의 패배를 서기 693년으로 보았다. 페르시아 역사가 아흐마드 알 발라드후리는 이 이야기를 간략하게 소개했다. 이집트에 살았던 이븐 아브드 알 하캄 역시 침략자들에 대항해 싸웠던 카히나의 아들 이야기를 상세하게 설명했다.[22] 이븐 할둔 이후의 이슬람 역사가들도 계속해서 카히나에 대해 썼으며, 근대 학자들도 그녀의 이야기를 취했다.

이 여성 베르베르 유대 지도자의 활동과 성격에 관련하여 많은 전설이 생겨났다. 식민지 시기에는 프랑스 작가들이 아랍인들은 침략자였고 현지 주민들이 그에 맞서 맹렬히 저항했다는 역사적 사실을 강조하려는 목적으로 카히나의 옛 신화를 소생시켰다. 이후 탈식민지 시기가 되자 카히나는 프랑스의 민족영웅 잔 다르크의 전신처럼 대우받았다. 아랍 문헌이 카히나를 수수께끼의 유대인으로 언급했기에 일부 시오니스트 역사가들도 흥미를 느꼈고, 몇몇은 마치 카히나가 성서 속의 여선지자 데보라의 후신인 것처럼 그 이야기를 받아들였다.

북아프리카 유대인들을 성실하게 연구하고 파리에서 박사논문을 완성한 시오니스트 역사가 나훔 슬루쉬츠는 처음으로 카히나를 근대 유대 기억 속에 집어넣었다.[23] 슬루쉬츠는 1909년에 이미 유대 베르베르인들에 대한 에세이 두 편을 발표했고, 「카히나의 부족」이라는 제목의 논문도 한 편 썼다.[24] 그는 예루살렘에서 온 많은 수의 유대인이 북아프리카에 정착했으며, 이슬람교도들이 올 때까지 오랫동안 북아프리카를 통치했다고 주장했다. 그에게는 전사 여왕 카히나가 단지 개종한 베르베르인에 불과할 수는 없었다. 그녀는 '인종적'으로도 유대인이어야만 했다.

슬루쉬츠는 1933년 자신의 출판물들을 증보해서 한 권의 히브리어 책『디흐야 알 카히나』('여제사장 유디트')로 다시 펴냈다.[25] 이 책에 담겨

378

있는 역사적 자료들은 낭만주의 경향을 띠고 있으며, 슬루쉬츠가 아랍 및 프랑스 역사학에서 빌려온 민속적이고 생생한 이야기들이 가미되어 있다. 슬루쉬츠는 카히나의 고귀한 부족, 즉 아우레스의 강력한 제라와 부족을 '게라'(Gera)라고 부르면서, 그 부족이 "이스라엘 인종의 민족"이 었다고 주장한다.[26] 이 게라인들은 리비아에서 그 지역으로 왔으며 이 전에는 이집트에 살았다. 그 부족을 이끌었던 제사장들이 이집트에 오 게 된 것은 유다왕국 요시야 왕 통치기에 파라오 네코(Necho)에게 유배 되면서였다. '디흐야'는 '유디트'라는 이름을 가진 여성에게 붙이는 유대 애칭이었고, 그녀는 확실히 제사장 가문 출신이었다. 유대 전통에서는 여자가 제사장이 되는 게 허락되지 않았지만, 게라인들에게는 고대 가 나안의 영향이 여전히 강했기에 그녀에게 '카히나'라는 여사제 직함을 붙일 수 있었다는 것이다.

슬루쉬츠는 카히나가 아름답고 힘이 세다는 것을 알 수가 있었다. 그녀가 "말처럼 잘생기고 씨름꾼처럼 힘이 세다"고 얘기되었기 때문 이다.[27] 프랑스 학자들은 카히나를 잔 다르크에 비교했지만, 슬루쉬츠 는 아랍 문헌들에 기대어 카히나가 "불타는 젊음의 열정으로 육체적 사랑에 탐닉"했으며 세 번 결혼했다고 기술했다. 문제는 이 남편들이 같은 부족의 유대인이 아니었다는 것이었다. 카히나의 남편 중 한 명 은 베르베르인이었고 또 한 명은 그리스인 즉 비잔틴 사람이었다고 알 려져 있다. '코셔'* 유대인 여자였다면 과연 할례 받지 않은 비유대인들 과 결혼했을까? 슬루쉬츠는 베르베르인들의 유대교가 우리에게 알려 져 있는 엄한 랍비 유대교 형태는 아니었다고 설명한다. 그래서 그들

---

* kosher. '(율법에) 합당하다'는 뜻으로, 특히 음식에 관련해서 쓰는 유대교 용어이나, 여기서는 다 른 '피'가 섞이지 않은 순수한 유대인이라는 의미.

의 관습도 달랐다.

> [카히나는] 조상들의 신앙을 계속 충실히 따랐는데 그 신앙은 고대의
> '에스라 이전' 것으로 멀리 떨어진 아프리카 유대인들 사이에서는 흔한
> 형태였다. 그 유대교는 아직 민족들을 구별하지 않아서 이웃들과 혼인
> 을 계속했고, 로마와 아랍 도시들에서 두드러진 율법주의 유대인들의
> 특별한 고립주의는 결코 따를 수 없었을 것이다.[28]

슬루쉬츠는 이런 식으로 다른 베르베르인 부족은 대체로 개종자였다
고 인정하면서도, 전설적인 아마존 전사인 카히나와 그녀의 제사장들
은 합당한 민족이었다고 주장함으로써, '종족중심적 시오니스트'로 남
을 수 있었다. 그는 통합주의와 유연한 종교 정책이 유대교를 전파하는
데 기여했고, 이슬람의 도래 이전까지 유대교를 대중적인 종교로 만드
는 데도 기여했다고 확신했다. 유대 베르베르인들의 비정통적인 방식들
과 색다른 특성에도 불구하고 그들과 그들 후손들은 분명히 '유대 민중'
에 속한다는 얘기였다. 슬루쉬츠는 자신의 '민족적 형제들'을 찾기 위해
아프리카로 가서 "이스라엘은 세상에서 하나의 민족"임을 확신하게 되
었다고 주장했다.[29]

유대교를 받아들인 베르베르인들과 그들의 여왕 카히나를 다룬 두
번째 학자는 슬루쉬츠보다 훨씬 더 신중하고 신뢰할 만한 역사가 히르
쉬베르크였다. 히르쉬베르크의 책 『북아프리카 유대인들의 역사』 서문
에는 다음과 같은 구절이 있다.

> 10~15세기에 중근동에 있던 유대 공동체들 대부분의 역사가 불명료하

다는 사실이, 마그레브 유대인들 대다수가 베르베르 혈통이라는 논지에 대한 어떤 뒷받침이 되어주는 듯하다. 이 논지는 여러 여행책자에도 버젓이 쓰여 있고 근대의 역사 서술에서도 일반적으로 받아들여졌다. 하지만 누구도 이 논지를 철저하게 검토해보려 하지 않았다. … 이 문제에 가서는 문헌을 대하는 입장이 아라비아 남부의 힘야르 개종자나 볼가강 유역의 하자르인들을 다룰 때와 달라지는 것이다. 힘야르 개종자들 대부분이 무함마드 시대에 이슬람교를 택했고 아라비아 남부에 남은 것은 유대 혈통 유대인들뿐이라는 것을 우리는 알고 있다. 그리고 하자르 개종자들이 완전히 자취를 감추었다는 것 역시 잘 알려져 있다. 그런데 다름 아닌 북아프리카 베르베르인들이, 특히나 그들이 유대교로 개종했다는 증거가 극도로 엉성한 판국에, 유대교에 계속해서 충실했다고 가정해야 하는 것일까?[30]

히르쉬베르크는 오늘날의 예멘 유대인들과 힘야르 왕국 사이에 역사적인 연관성이 있을 가능성을 허물어버리고 그런 연관성은 없다는 것을 확고한 사실로 선언한 다음, 북아프리카 유대인들의 기원에 대해서도 명확히 해야 할 의무를 느꼈다. 철저하고 지나치리만치 원칙적인 학자로서 그는 동료들 대부분이 손 놓고 방치해둔 불편한 역사적 논란을 넘겨버리고 싶지 않았다. 더 오래 전에 어떤 아랍 역사가들이 베르베르 부족들이 유대교로 개종했다고 서술해놓았는데, 이에 대해 동료들이 긍정도 부정도 하지 않는 바람에 아랍 역사가들의 서술이 더욱 신뢰를 얻게 되었다고 생각했다. 히르쉬베르크가 알고 있는 대로 유대인들은 결코 남을 개종시키려 하지 않았으므로, 주민 일부가 유대교를 택했다는 것은 베르베르 땅에 이미 유대 공동체들이 있었기 때문임이 틀림없다는 것이다.

히르쉬베르크의 책을 읽은 독자들은 곧 안도할 수 있었다. 더 나아가 히르쉬베르크는 그 유대교 개종자들조차 유대인 인구 중 극히 미미한 소수에 불과했다고 주장했다. 그리고 개종이라는 문제에 대해 유대인이 증언한 것은 거의 없고, 베르베르어는 글로 쓰인 유대-아랍 문화에 거의 흔적을 남기지 않았으며, 구약성서가 베르베르어로 번역된 적도 한 번도 없었다고 썼다. 이슬람 정복 후 유대인들이 아랍어를 굉장히 빨리 받아들인 데 반해 베르베르인들은 언어적 문화변용에 더 강한 저항을 보였다는 사실도, 그 유대인들이 베르베르 혈통이 아니었다는 사실을 증명한다고 보았다. 유대교를 받아들인 여왕 카히나 이야기는, 카히나가 유대교 정신에 따라 행동하지 않았고 궁극적으로 유대교에 기여한 바가 아무것도 없기 때문에 그다지 의미 있는 이야기가 아니었다. 그리고 사실 그녀의 이름은 '카히야'(Kahya)였는데, 아랍인들이 글을 쓰면서 그걸 여사제라는 뜻의 '카히나'로 잘못 읽었다는 것이었다.[31]

물론 히르쉬베르크는 베르베르인들의 문화가 대개 구전 전통이며, 그렇기 때문에 북아프리카의 아랍 문학 및 언어에서도 그 흔적이 발견되지 않는다는 것을 알고 있었다. 유대교 신자들과 이슬람교도 베르베르인들에게 공통된 이름, 가문의 명칭, 미신, 관습 등이 많다는 것도 알고 있었다. (예를 들어 유월절 후 7주째에 오는 유대교의 추수감사절 맥추절에 지나가는 사람에게 물을 끼얹는 관습은 유대 관습인 동시에 베르베르 관습이었다. 유대 여성들의 지위가 비교적 자유로웠던 것도 아랍 관습이 아니라 베르베르 관습과 닮은 것이었다. 그 외에도 더 있다.) 많은 유대 공동체들에서는 '코헨'(Cohen, '제사장'이라는 뜻)이라는 성이 전혀 보이지 않는데 일부 다른 공동체에서는 거의 모든 구성원이 그 성을 가지고 있고, 대신에 세리

(稅吏)를 뜻하는 '레비'(Levy)라는 성은 하나도 없다는 것, 이런 것은 집단 개종이 있었음을 가리키는 증거일 수 있었다. 게다가 몇몇 이슬람화된 베르베르 부족들은 안식일 전날 밤 불을 피우지 않는다든지 봄 축제 기간에 누룩이 든 빵을 피한다든지 하는 일부 유대 관습들을 유지해오고 있었다. 하지만 이런 사실도 히르쉬베르크의 확신을 강화시켜줄 따름이었다. 히르쉬베르크는 이렇게 썼다. "북아프리카에서 고대 그리스도교는 완전히 자취를 감춘 반면, 유대교는 그 세월 동안 사라지지 않았다. 사실 그리스도교 베르베르인들만이 이슬람교도가 된 것은 아니었다. 유대교로 개종했던 베르베르인들도 이슬람교도가 되었다. 오직 아브라함의 씨앗이었던 유대인들만이 이슬람교로 개종하지 않고 남았다."[32]

히르쉬베르크는 너무 굳건하게 확신한 나머지 아랍인들 역시 위대한 족장 아브라함의 후손이라는 자신의 종족종교적인 믿음마저 잊어버리고 말았다. 하지만 그런 전형적인 실수는 사소한 것에 불과하다. 더 중요한 것은 유대인들이 자신들의 옛 고향땅에서 찢겨 나가 방랑의 유배생활을 하게 된 민족-종족이라는 것을 증명하고자 했던 그의 지속적인 노력이었고, 그 노력은 우리가 지금까지 봐온 것처럼 주류 시오니스트 역사학의 다급한 필요성에 부응했다. 그의 모든 연구 방향에 지침이 된 순결한 근본주의 이데올로기 그 너머를 보지 못하는 무능력이 그의 작업에 해를 끼쳤다. 그리고 바로 그러한 오류가 '과학적 근거'가 되어 이스라엘 교육과정의 표준 역사교과서에서 흔히 볼 수 있는 입장들을 뒷받침하게 된 것이다.

'세파르디'—스페인 유대인들의 기원

알제리에서 태어난 프랑스계 이스라엘 학자로서 공인으로도 활동한 앙드레 슈라키는 자신의 순수 혈통에 대해 그 정도까지 신경 쓰지 않았다. 그의 책 『동과 서 사이에서: 북아프리카 유대인의 역사』는 중대한 역사학적 전환을 보여준다. "그러나 베르베르인들의 마지막 그리스도교 공동체들이 12세기까지밖에 살아남지 못한 반면, 북아프리카의 유대교는 오늘날에 이르기까지 개종자들의 충성을 유지했다. 20세기 중반 북아프리카 유대인들 가운데 절반 정도가 베르베르 개종자들의 후손인 것으로 추정된다."[33]

슈라키가 마그레브 유대 공동체 내 베르베르 후손들의 비율을 추정하는 데에 히르쉬베르크보다 데이터가 더 많았던 것도 아니다. 두 학자 모두 9퍼센트라고 얘기할 수도 있고 99퍼센트라고 얘기할 수도 있을 것이다. 1950년대에 프랑스에서 처음 출간된 『동과 서 사이에서』는 마그레브를 연구하는 프랑스 학자들의 대체적인 의견에서 벗어나지 않으려 하는 모습이 역력하다. 당시에는 고대 유대교가 강력하게 포교를 시행했다는 널리 퍼진 견해를 반박하기가 어려웠던 것이다. 그래서 나중에 이 책을 접한 히브리어 독자들은 북아프리카 유대인들의 기원에 대해 종족중심주의가 훨씬 덜한, 더 합리적인 견해를 접할 수가 있었다. 이 책은 카르타고인들을 개종시키려 한 유대인들의 노력을 강조하고, 그 지역에서 유대교의 영향력이 커져가는 것을 베르베르인들의 집단 개종과 연결시키는 데 주저하지 않는다. 슈라키는 유대인 여왕 카히나에 대해서도 썼다. 카히나 역시 자신의 유대인 백성을 가혹하게 대하긴 했지만, "근대 이전 유대 민중의 마지막 싸움은 서기 1세기 이스라엘 땅에서

로마에 대항해 싸운 것이 아니라 7세기 아프리카에서 아랍인들에 대항해 싸운 것"[34]이었다고 주장했다.

이제 계속해서 살펴보겠지만 슈라키는 민족적인 열정 때문에 조금 오판했다. 20세기 이전에 아랍인들에 맞선 유대 민중의 마지막 싸움은 그 싸움이 아니었다. 이슬람의 진출을 저지한 일에 있어서는 유대교로 집단 개종하기 직전이었던 하자르인들이 카히나와 베르베르 유대인 부대를 능가했다. 카히나의 북아프리카 싸움 이후에 벌어진 일이었다. 하지만 이 '동쪽 먼 곳의 유대인들'(볼가강과 돈강은 마그레브의 동쪽에 있다) 이야기로 넘어가기 전에, 마그레브 유대인들을 베르베르 개종자들과 아랍인 개종자들의 후예로 보는 견해를 뒷받침해주는 중요한 증거에 대해 언급할 필요가 있다. 이 증거는 문헌학 분야에서 나온 것이다.

텔아비브대학교의 파울 벡슬러 교수는 스페인 유대인이 주 관심사였지만, 스페인 유대 공동체의 역사가 초기 단계에는 북아프리카 유대 공동체의 역사와 연관되어 있기에 북아프리카 문제에도 새로운 조명을 비추어야 했다. 그의 저서 『세파르디 유대인들의 비유대적 기원』에는 다음과 같은 주장이 나온다. "세파르디 유대인은 아랍인, 베르베르인 그리고 유럽인의 후손들로 주로 구성되어 있다. 이들은 서아시아, 북아프리카, 남유럽에서 최초의 유대 공동체들이 출현했을 때부터 12세기까지의 시기에 유대교로 개종한 사람들이다."[35] 물론 그 공동체들에는 유다지역 사람들의 후손들도 좀 있었겠지만, 틀림없이 그들은 아주 소수였을 것이다. 어떻게 해서 벡슬러는 자신이 몸담은 학계의 지배적 담론에 반하는 그런 이단적 결론에 도달하게 된 것일까?

슬프게도 이베리아반도 내 유대인 집단들의 초기 형성에 대해서는 역사적 증언이 턱없이 부족하기에, 어쩔 수 없이 그들의 언어 진화 및 민족지적 데이터에 의존할 수밖에 없다고 벡슬러는 주장한다. 이른바 '문헌학적 고고학자'로서 벡슬러는 과거 텍스트들과 오늘날에도 여전히 사용되고 있는 언어들 속에서 발견되는 언어적 자취를 능숙하게 추적했고, 그리하여 세파르디 유대인들의 기원이 극히 다양하게 뒤섞여 있으며 유다지역 사람들을 기원으로 하는 경우는 거의 없다는 결론을 내렸다. 세파르디 유대인들 대부분은 8세기 초 이슬람 정복활동과 함께 북아프리카에서 유럽으로 왔는데, 그렇게 볼 수 있는 것은 마그레브의 유대-아랍 관습의 흔적과 베르베르 관습의 흔적을 유대-이베리아 언어 및 문화 속에서 찾아볼 수 있기 때문이다. 즉 언어적 측면에서는 아랍어가 결정적 요소로 들어있다면, 문화-종교적 측면 및 민족지적 측면에서는 베르베르적인 것이 가장 중요한 요소로 들어있다는 얘기였다.[36]

그게 다가 아니었다. 그리고 이제부터가 벡슬러의 가장 중요한 발견일지 모른다. 히브리어와 아람어가 이 지역의 유대교 텍스트에 등장한 것은 10세기가 되어서였다. 더 이른 시기부터 언어가 자생적으로 발전해온 결과가 아니라는 것이다. 이 사실은 곧 1세기에 유다지역에서 추방되었거나 망명해온 이들이 스페인에 정착한 게 아니라는 것, 혹은 정착했더라도 자신들이 원래 쓰던 언어를 도입하지는 않았다는 것을 뜻한다. 기원후 첫 1천 년 동안 유럽의 유대교 신자들은 히브리어도 아람어도 알지 못했다. 이슬람 세계에서 고전 아랍어를, 그리스도교 세계에서 중세 라틴어를 종교적 규범으로 삼은 후에야 유대교도 자신들만의 종교적 언어를 상위 문화규범으로 채택하고 전수했던 것이다.[37]

벡슬러의 이론은 이스라엘 역사교과서들이 봉착한 커다란 난제를 해명해줄 만한 것이었다. 공인된 학자들은 스페인에 그토록 커다란 유대 공동체—이 공동체는 이탈리아나 갈리아 남부 또는 게르만 지역 등지에 등장했던 유대교 신자집단보다 수적으로 훨씬 큰, 활기차고 창조적인 공동체였다—가 존재한 데 대해 지금까지는 어떤 합리적 설명도 제시하지 못했다.

이베리아반도에서 유대교는 기원후 처음 몇 백 년 동안은, 지중해 북서부에 있는 제국의 다른 식민지들에서 그랬던 것처럼 주로 개종한 로마 군인들, 노예들, 상인들 사이에서 싹트기 시작했을 것이다. 신약성서에서 바울은 이렇게 썼다. "내가 언제가 됐든 서바나(스페인)로 갈 때에 여러분에게도 가기를 바라고 있으니, 지나는 길에 여러분을 만나 먼저 기쁨을 나눈 후에 그리로 가기를 바라며…."(로마서 15:23~24) 바울은 스페인에서 조직되기 시작한 최초의 유대-그리스도교인 무리에게 설교할 작정이었을 것이다. 4세기 초에 소집된 엘비라 공의회에서 채택된 결정사항을 보면, 당시 서유럽 남부에서 유대교-그리스도교 혼합 종파가 여전히 활기를 띠고 있었다는 증거를 찾을 수 있다.[38] 그 뒤로 특히 7세기에 이르러 서고트 통치자들이 유대교 신자들과 신규 개종자들을 가혹하게 대하면서 이들 중 많은 이가 북아프리카로 피난하는 일이 벌어졌다. 이들의 역사적인 복수는 얼마 지나지 않아 시작되었다.

711년에 시작된 이슬람의 이베리아 정복을 주로 수행한 것은 베르베르 부대였고, 그들 가운데는 당연히 많은 유대교 개종자가 있었을 것이다. 그리고 그들 덕분에 기존 유대 공동체들은 수적 규모가 더 확대되었다. 당대 그리스도교 문헌들은 여러 도시에서 유대인들이 행한 배신행위를 비난했다. 유대인들은 침략군을 맞아들였으며 그들의 보조병력으로 선발되기까지 했다는 것이다. 실제로 많은 그리스도교 신자가 도망갔을 때, 그들의 경쟁자였던 유대인들은 많은 도시에서 총독대행으로 임명되었다.

벤 시온 디누어는 『유배된 이스라엘』에서 그리스도교 문헌들을 뒷받침해주는 아랍 문헌들을 많이 인용했다. 다음은 그 한 사례이다.

> 엘비라 원정을 나선 제3부대는 엘비라의 수도 그라나다를 포위한 뒤 그라나다 봉쇄를 이슬람교도들과 유대인들로 구성된 현지 부대에게 맡겼다. 유대인들이 발견되는 곳이면 어디에서든 그들은 그렇게 했다… 카르모나를 점령한 무사*는 세비야를 공격했다. … 수개월에 걸친 포위 끝에 무사는 세비야를 점령했고, 그리스도교 신자들은 바야로 피신했다. 무사는 유대인들을 세비야에 상비군으로 두고 메리다로 진격했다. 그뿐 아니라 타리크는 톨레도가 소개되자 유대인들을 데려와서 자신의 부하 일부와 함께 주둔시킨 뒤, 자신은 와디 알 하자라[과달라하라]로 진군했다.[39]

총사령관이자 이베리아반도의 첫 이슬람 총독인 타리크 이븐 지야드(Tariq ibn Ziyad, '지브롤터Gibraltar'는 그의 아랍어 이름 Jabal Tariq에서 딴 것이다)는 유대교를 받아들인 네포우카 부족 출신의 베르베르인이었다. 타리크는 7천 명의 군사를 이끌고 스페인에 도착했는데, 많은 현지인이 합류하면서 그 수는 곧 2만 5천 명으로 불어났다. 디누어는 "그들 중에 유대인이 많았다"고 썼다. 시오니스트 역사가 디누어는 스페인 학자들에게서 정보를 취하면서, 그 학자들 중 일부가 "아랍인의 스페인 정복에 참가한 베르베르인들이 전부 유대교 개종자들이었다고 주장한다"는 것을 마지못해 인정했다.[40]

---

* Musa ibn Nusayr(640~716). 이슬람제국의 북아프리카 총독으로, 부하 타리크 이븐 지야드와 함께 스페인 정복을 주도한 인물. 이슬람으로 개종한 유대인 2세로 알려져 있다.

스페인 정복이 이슬람교도와 유대 베르베르인들 간의 협력 작전이었다고 주장하는 것은 터무니없는 과장이 될 것이다. 하지만 지금까지 보았듯이 이베리아에서 두 종교의 생산적 협력이 시작된 것은 침략 초기부터였던 만큼 유대인들이 특별히 혜택 받는 지위에 있었고, 그 때문에 공동체의 의미 있는 확대를 이룰 수 있었다고 가정하는 것은 합리적이다. 그러나 지위가 확립된 유대인들이 이교도들과 그리스도교 신자들을 개종시킨 것은 오직 이슬람 지배가 시작된 초기 단계에만, 즉 그리스도교 패권이 쇠퇴하고 이슬람교로의 대규모 개종이 아직 시작되지 않았을 때에만 가능했다.[41] 그런 종교적 선택권은 9세기부터 제한되기 시작한다. 그래도 완전히 소멸되지는 않았다.

이슬람교 개종의 물결도 유대교 신자들이 남유럽 전역에서 이주해 오는 것을, 그리고 북아프리카 연안에서 더 많은 수가 이주해 오는 것을 막지는 못했다. 이츠하크 베어는 세파르디 유대인에 관해 쓴 자신의 중요한 저서에서, 아랍인들의 스페인이 "유대인들의 피난처"가 되었다고 감탄하듯 언급했다.[42] 유대 공동체는 현지 개종 덕분에, 그리고 정복과 이주의 물결 덕분에 수적으로 번창했다. 또한 알 안달루스*의 왕국과 그 뒤를 이은 공국들의 관용적인 아랍주의와 유대교 사이의 감탄할 만한 공생 덕분에 유대 공동체는 문화적으로도 번성했다. 이슬람 영토 내 유대인의 삶은 일신론이 공고해지고 있던 중세 세계에서 다종교사회의 가능성을 증명했다. 그 일신론이 점점 더 '불신자'(infidel)에 대한 멸시와 가끔 있었던 박해로 표출되기는 했지만 말이다. 바로 이때, 유럽의 반대편 끝에 있던 한 왕국이 종교적 광신에서 자유로웠기에 특히 눈에 띄었다.

---

* Al-Andalus. 8세기에서 15세기까지 이베리아반도 대부분 또는 일부를 차지한 이슬람 영토를 부르는 말.

3. 유대인 카간? ─ 동쪽에서 일어난 이상한 제국

두 통의 편지가 알려준 것

10세기 중반, 세파르디의 황금시대에 코르도바의 칼리프인 아브드 아르 라흐만 3세의 궁정에서 주요 정치가이자 의사로 일하던 하스다이 이븐 샤프루트(Hasdai ibn Shaprut)가 하자르인들의 왕 요셉 벤 아론 (Joseph ben Aaron)에게 편지를 썼다. 동유럽에 접해 있다는 거대한 유대 제국에 대한 소문이 유럽 서쪽 끝의 유대인 엘리트에게까지 전해져 강한 호기심을 불러일으켰던 것이다. '이슬람 세력이나 그리스도교 세력에 굴복하지 않은 유대 왕국이 마침내 존재한다는 말인가?'

하스다이의 편지는 요셉 왕을 찬미하는 시로 시작된다. 하스다이의 비서이자 이베리아반도 최고의 히브리어 시인이던 메나헴 벤 사루크 (Menahem ben Saruq)가 아크로스틱 기법*으로 쓴 시이다.[43] 그 다음에 편

---

* acrostic. 각 행의 머리글자들을 이어서 메시지를 만드는 기법.

지 쓴 이의 자기소개(물론 예루살렘에서 유배된 이들의 후손이라는 소개가 포함돼 있다)에 이어 자신이 살고 있는 왕국에 대해 설명한 뒤, 다음과 같이 본론으로 들어간다.

> 상인들이 저에게 와서 '알 하자르'(Alkhazar)라 불리는 유대인들의 왕국이 있다고 말하였으나, 저는 이들이 저에게 접근하고자 아첨으로 하는 말이라 생각하고 그 말을 믿지 아니하였습니다. 이 일에 대해 어찌 생각하여야 할지 모르고 있던 차에, 어느 날 콘스탄티노플에서 저들 왕의 선물을 우리 왕에게 전하는 사절단이 왔기에 그들에게 이 일을 물어보았습니다. 그들은 그것이 사실이고, 그 왕국은 '알 하자르'라 불리며 알 콘스탄티노플과 그 나라 사이에 뱃길로 15일 걸린 여행을 한 번 했다고, 하지만 땅으로는 그 나라와 우리 사이에 많은 민족이 있다고 확인시켜 주었습니다. 그리고 그 나라 왕의 이름은 '요셉'이라 하였습니다. … 이 말을 듣고 저는 마음으로부터 힘이 솟구쳐 두 주먹을 불끈 쥐었고 희망이 격해졌으며, 머리 숙여 하늘에 계신 주께 경배하였습니다. 그리고 귀국에 가서 진상을 알아내고 귀하신 왕께 인사드리며 우리 형제인 그 신하들과도 인사를 나눌 충성스러운 시절을 찾았으나, 거리가 너무 멀기에 찾기가 어려웠습니다.[44]

계속해서 하스다이는 편지를 보내는 데 따르는 어려움들을 일일이 설명한 다음, 마침내 단도직입적으로 질문을 던진다. 왕은 어떤 부족 출신인가? 군주제는 어떤 형태인가? 토라에 나오는 선조들이 그랬던 것처럼 아들이 아버지의 뒤를 잇는가? 왕국은 얼마나 큰가? 적은 누구이며, 또 누구를 지배하는가? 전쟁이 안식일보다 우선인가? 그 지역 기후는 어떠한가? 그 외에도 더 있었다. 하스다이의 호기심은 끝이 없었고, 그는 자신의 질문공세에 대해 정중하게 사과했다.

하자르 왕의 답신이 도착할 때까지 얼마나 많은 시간이 걸렸는지는 알 수 없다. 하지만 현존하는 편지에 따르면 요셉 왕은 자신이 할 수 있는 최대한으로 하스다이의 질문에 답해주었다. 왕은 자신의 기원과 자기 왕국의 경계에 대해 이렇게 설명했다.

> 우리가 어떤 민족이며 가문이며 부족인지 경이 물었도다. 이에 알리노니 우리는 야벳의 자손이요 그의 아들 도갈마의 … 후손이라.* 이르기를 도갈마의 시대에는 우리 선조들의 수가 적었으나, 주께서 그들에게 힘과 담대함을 허락하시어 그들이 그들보다 더 강대한 많은 큰 민족과 싸워 주의 도움으로 그들을 몰아내고 그들의 땅을 이어받았다 했노라. … 많은 세대가 흘러가고 마침내 한 왕이 나타났으니 그 이름은 불란(Bulan)으로 현명하며 하느님을 경외하는 자라, 주께 모든 믿음을 바쳐 마법사들과 우상 숭배자들을 그 땅에서 없애버리고 주의 날개 아래 … 거하였도다. 불란 왕이 신하들과 종들을 모두 불러 이 모든 일을 이야기했더니 그들도 만족하며 왕의 결정을 받아들이고 세키나의 날개 아래 들어갔도다…. 그 후 그의 후손 중에 오바댜(Obadiah)라는 왕이 나타났으니 정의롭고 정직한 자라, 왕국을 개혁하고 순리에 따라 법을 정하고 시나고그와 신학교를 지었으며 이스라엘의 현자들을 많이 데리고 왔도다.[45]

---

* 야벳(Japhet)은 노아의 셋째아들로 흔히 유럽인의 조상이라고 하며, 도갈마(Togarmah)는 정확하게는 야벳의 큰아들인 고멜(Gomer)의 아들이다.(창세기 10장 참조)

왕은 서사시적인 화려한 문체로 유대교로의 개종을 묘사하고, 그의 선조들이 다른 두 일신교 신앙보다 유대 종교를 더 선호하게 된 이유를 열거한다. 그리고 토라와 율법에 대한 열렬한 믿음이 배인 어조로 왕국의 위치, 크기, 인구, 그리고 적과 경쟁자(러시아인들과 이스마엘인들)의 힘에 대해 계속해서 서술한다.

이 오래된 텍스트들에 다양한 문학적 장식이 입혀지고 내용이 추가되면서, 일부 학자들은 이 편지들, 특히 왕의 답신이 10세기에 쓰인 것이 아니라 이슬람 저자들이 위조하거나 수정한 것일지도 모른다는 결론을 내렸다. 요셉 왕의 편지는 긴 것과 짧은 것 두 변형이 전해진다. 그런데 짧은 편지에 등장하는 어떤 용어들은 아랍어 어휘에 속하지 않기 때문에, 그것을 쓴 이는 이슬람 문화권에 속한 이가 아님을 추정할 수 있다. 게다가 성서 히브리어의 이른바 '전환 접속법'(reversing connection, *vav hahipukh*)을 언어적으로 독특하게 사용한 것을 볼 때, 하스다이의 편지와 요셉 왕의 답신은 한 사람이 쓴 것이 아니라는 것을 알 수 있다. 하자르 왕의 편지는 수도 없이 사본으로 만들어지고 윤색되었겠지만, 그 핵심 정보는 당대 아랍 증언들과도 일치하는 등 상당히 믿을 만한 것으로 보인다. 그러니 단순히 문학적 창작물로 치부할 수는 없다.[46]

어찌 됐든, 국제적인 서신 교환의 어려움에도 불구하고 이 두 통의 편지 사본이 몇 가지 다른 형태로 유대 지식세계 전역에 전해졌다는 11세기 말의 증거가 있다. 예를 들어 랍비 예후다 알 바르셀로니는 이 사본들의 정확성에 대해 의문을 표했으며 다음과 같이 논평했다. "우리는 하자르 제사장 아론의 아들인 요셉 왕이 이츠하크의 아들 랍비 하스다이에게 쓴 편지의 몇 가지 다른 형태의 사본을 본 바 있다. 그런데 그 편지가 진짜인지 아닌지는 우리도 알 수 없었다." 하지만 우화를 혐오했던 이 예리한 학자도 결국 확신을 갖게 되었고 다음과 같이 인정했다. "하자르인들과 그 왕들은 유대교로 개종했다. 이 모든 것이 당시에 살았던 이스마엘인들의 책에 적혀있다고 들었다. 그들은 이 일에 대해 자기들 책에 적어놓았다고 한다." 그래서 그는 요셉 왕의 편지 사본을 만들었고 자신의 저작에 그 일부를 인용하기도 했다.[47]

12세기 랍비 예후다 할레비도 이 서신에 대해 잘 알고 있었던 것이 거의 확실하다. 그는 하자르 군주가 3개의 일신교를 놓고서 브레인스토밍 회의를 거친 뒤 유대교로 개종했다고 보았다. 히브리어로 '하자르'를 뜻하는 그의 저서 『쿠자리』(Kuzari) 도입부에는 그 회의 장면에 대한 묘사가 나오는데, 이는 요셉 왕의 편지를 문체와 세부사항에 얼마간 변화를 주어 각색한 것이다.[48] 예후다 할레비보다 몇 십 년 뒤의 인물로 프로방스 지역 카발라(유대교 신비주의)의 시조 중 한 명이었던 라바드(Rabad, 랍비 아브라함 벤 다비드)가 동유럽에 대해 쓴 다음 글도 빼놓을 수 없다. "유대교로 개종한 하자르인들이 있었다. 그들의 왕 요셉은 이츠하크의 아들 랍비 하스다이 벤 샤프루트에게 편지를 보내 그와 그의 백성 모두가 랍비를 따른다고 말했다." 라바드는 계속해서, 톨리톨라[톨레도]에 있을 때 유대인 학생들을 만났는데 자신들이 하자르인으로 랍비 유대교를 충실히 따르고 있다 하더라고 전한다.[49]

유대교를 받아들인 힘야르인들과 베르베르인들의 역사는 일반의 기억에서 거의 지워진 반면, 하자르인들의 경우는 공백으로 내버려두기가 어려웠다. 우선 세간의 근대 대중들이 할레비가 1140년에 완성한 호교론서 『쿠자리』에 대해 잘 알고 있었다. 예후다 할레비는 유대 전통에서 크게 존경받는 인물이었을 뿐 아니라 성스러운 땅과도 특별한 연관을 맺고 있었기에 시오니즘 문화에서 권위적인 지위에 있었다. 둘째로 하자르 왕국에 대한 역사적 증거가 아랍, 페르시아, 비잔틴, 러시아, 아르메니아, 히브리 문헌에서, 심지어는 중국 문헌에서도 풍성하게 발견되었다. 그 문헌들은 하자르 왕국이 매우 강대했다는 데 의견이 일치했다. 그리고 그 문헌들 중 다수가 하자르 왕국의 예상치 못한 유대교 개종에 대해서 언급하고 있었다.

그뿐 아니라 하자르 왕국과 왕국 해체 후 일어난 사건들은 동유럽의 초기 유대 역사학 내에서 그 역사적 지위가 사그라지지 않고 계속 메아리쳤다. 동유럽의 유대 역사학은 수십 년 동안 이 문제와 씨름해야 했다. 과거를 재구축하는 시오니스트 학자들조차 이 주제에 딴죽을 걸기를 오래도록 망설였으며, 그들 중 정말 철저하게 이 문제를 연구하려고 시도하는 이조차 없었다. 하지만 하자르 왕국에 대해 널리 퍼져있던 관심도 결국은 줄어들기 시작했다. 이스라엘에서 기억 수립 작업이 시작되면서, 이스라엘 건국 후 약 10년쯤 후에는 하자르 왕국에 대한 관심이 거의 사라져버렸다.

강력했던 유대 왕국 하자르

비록 하자르인들의 중세 왕국이 멀고 외진 곳에 있긴 했지만, 그리고 성서 기자들이 그들 시대에 그랬듯이 재능 있는 신학자들이 나와서 그 왕국을 찬미하고 불멸의 것으로 남기지도 않았지만, 그래도 다윗과 솔로몬 왕국에 대해 남아 있는 문헌보다 훨씬 더 다양하고 풍성한 외부 문헌들이 그 왕국에 대해 증언해준다. 유대 하자르 왕국은 유다 땅에 출현했던 역사 속 어떤 왕국보다 측정할 수 없을 만큼 더 컸다. 또한 힘야르나 디흐야 알 카히나의 사막 왕국보다도 더 강대했다.

하자르인들에 대한 이야기는 매혹적이다. 그 이야기는 4세기에 훈족이 서쪽으로 밀려왔을 때 어떤 유목부족들이 함께 오면서 시작된다. 볼가강과 코카서스 북부를 따라 스텝지대에 거대한 제국이 출현하면서 이야기는 계속되다가 13세기 몽골의 침략으로 끝이 난다. 몽골의 침략은 이 특이한 왕국의 흔적을 몽땅 지워버렸다.

하자르는 강력한 튀르크 씨족들 혹은 훈-불가르 씨족들이 정착하기 시작하면서 흑해와 카스피해(오랫동안 '하자르해Khazar Sea'로 알려져 있던) 사이 산간지대와 초원지대에 거주하던 스키타이인들과 뒤섞여 이루어진 연합체였다.[50] 절정기에 하자르 왕국은 알란족, 불가르족, 마자르족, 슬라브족 등 각종 부족들과 언어집단들을 아울렀다. 하자르인들은 그들 모두에게서 세금을 거뒀고 북서쪽으로는 키예프에서 남쪽으로는 크림반도에 이르는, 그리고 볼가강 상류에서 오늘날의 조지아에 이르는 광대한 땅을 통치했다.

6세기부터는 페르시아 쪽 증언과 이후의 이슬람 쪽 증언이 하자르 이야기의 초기 단계에 빛을 밝혀주었다. 하자르인들은 사산 왕조에 침입해 국경 주민들을 괴롭혔다. 그들은 오늘날 이라크의 모술 부근 지역까지 나아갔다. 7세기 초 페르시아 왕 호스로 2세 통치기에는 호스로 2세와 하자르 공주의 결혼으로 동맹이 맺어짐으로써 페르시아인들이 코카서스산맥의 요충지에 방어시설을 건설할 수 있었다. 하자르인들의 추후 침입에 대비해 건설한 이 방어시설의 유적은 지금도 볼 수 있다. 아르메니아 문헌과 비잔틴 문헌은 그 다음 수 년 동안 하자르 왕국이 페르시아인들과 싸우고 있던 동로마제국과 동맹을 맺었고, 지역의 세력 균형에 중대한 요소가 되었다는 것을 밝혀준다. 7세기 아르메니아 주교 세베오스는 그의 책 『헤라클리우스의 역사』에서 이렇게 썼다. "그들[아르메니아 귀족들]은 북쪽 땅의 왕, 위대한 카간을 섬기러 갔다. 그들의 왕 카간의 명을 받들어⋯ 그들은 '요르'(Jor) 관문을 통과해 그리스 왕을 돕기 위해 나아갔다."[51]

'카간'*은 비잔틴제국과 폭넓은 관계를 유지했다. 반란 때문에 크림반도로 유배되었던 유스티니아누스 2세는 7세기 말 하자르 왕국으로 탈출해 하자르 공주와 결혼했다. 그녀는 다시 세례를 받고 '테오도라'라는 이름으로 개명했으며 나중에 강력한 황후가 된다. 두 왕국이 결혼을 통해 유대관계를 맺은 것은 이때만이 아니었다. 10세기에 황제로 있으며 책을 썼던 콘스탄티누스 7세 포르피로게니투스는 이렇게 썼다. "저 황제 레오[3세]는⋯ 결혼으로 하자르 카간의 편에 섰다. 카간의 딸을 [황제의 아들 콘스탄티누스 5세의] 아내로 들이면서 비잔틴제국과 그 자신에게 수치를 주었다. 왜냐하면 그 행동은 선조들의 계율을 버리고 업신여긴 것이기 때문이다."[52]

전통에서 벗어난 이 왕조 간 결혼은 732년에 있었고, 그 결혼에서 태어난 아들은 나중에 황제가 되어 '하자르 레오'(Leo the Khazar)라는 이름으로 알려졌다. 이때가 두 강대국 간 외교관계의 절정기였다. 하자르인들은 많은 진두를 벌이며 이슬람교도들의 북진을 저지하는 데 성공했고 비잔틴제국을 일시적으로나마 구해냈다. 이때 비잔틴제국이 이슬람교도들에게 포위되었더라면 자칫 멸망의 길로 나아갈 수도 있었다.

많은 아랍 연대기작가들이 이슬람교도와 하자르인 사이에 벌어진 여러 전투를 기술했다. 그들은 아무 거리낌 없이 서로의 저작을 베꼈다. 이븐 알 아티르는 이렇게 썼다. "그들은 사납게 싸웠으며, 양쪽 다 물러

---

* Kagan. 튀르크계 또는 몽골계 유목민 국가에서 주로 쓴 군주의 호칭으로, 하자르 통치자의 호칭이기도 하다. 흔히 '칸'(Khan)으로 부르며 중국에서는 가한(可汗), 대한(大汗)으로 썼다.

서지 않았다. 그러다 하자르인들과 튀르크인들이 이슬람교도들을 격파했다…. 알 자라(al-Jarrah)가 전사한 뒤 하자르인들은 [이슬람 땅을] 원하여 깊숙이 침투해 들어와 모술에까지 닿았다."[53] 이때가 730년이었는데, 머잖아 이슬람교도들의 반격이 시작되었다. 아랍군은 군수적으로 엄청난 노력을 기울여 더 많은 전투를 벌인 끝에 완강한 적을 격퇴할 수 있었다. 나중에 칼리프 마르완 2세가 되는 아랍군 사령관은 강군을 이끌고 하자르 땅에 들어가기까지 했다. 그리고 카간에게 이슬람교로 개종하면 철수하겠다는 조건을 내걸었다. 하자르 카간은 이 조건을 받아들였고 아랍군은 코카서스산맥으로 철수했다. 코카서스산맥은 하자르와 이슬람 세계 사이의 최종적인 분계선이라는 데 의견이 일치했다. 앞으로 보게 되겠지만, 이교 하자르 왕국이 이때 일시적으로 이슬람교로 개종한 것은 별로 큰 의미가 없었다. 다만 많은 백성이 이슬람교를 받아들이기는 했다.

대부분의 문헌들은 하자르 왕국에 매우 독창적인 이중정부가 있었다고 설명한다. 성스러운 최고지도자와 실질적으로 활동하는 세속 지도자가 공존하는 이중정부였다. 외교관으로 여행기를 남긴 아마드 이븐 파들란(Ahmad ibn Fadlan)은 칼리프 알 무크타디르(al-Muqtadir)의 명에 따라 921년 볼가강 부근 불가르 지역에서 하자르 왕국으로 건너가 그 일을 그의 귀한 여행기에 기록해놓았다. 그는 하자르인들과 그들의 정치 체제에 대해 다음과 같이 썼다.

카칸[카간]이라고 알려진 하자르인들의 왕은 겨우 넉 달에 한 번 모습을 나타내며, 그것도 존경을 표하는 거리를 두고서야 접견할 수 있다. 그는 '위대한 카칸'(Great Khakan)이라 불리며 그의 대리인은 '카칸 베이'

(Khakan Bey)라 불린다. 군을 통솔하고 왕국을 운영하며 돌보는 이는 그 [후자]이다. 그는 군을 이끌고 출정하여 습격을 가하고, 그러면 부근 왕들은 그에게 항복한다. 그는 매일 위대한 카칸을 알현하러 가서, 공손한 태도로 자신을 낮추고 겸손을 보인다.[54]

지리학자이자 연대기작가인 알 이스타크리(al-Istakhri)가 932년경에 쓴 저작에서는 더 많은 정보를 얻을 수 있다. 그의 묘사는 눈앞에 그려 놓은 듯 더 생생하다.

그들의 정권과 정부에 대해서 말하겠다. 최고 지위에 있는 이는 '카칸 하자르'라 불린다. 그는 하자르인들의 왕보다 더 격상된 위치에 있다. 다만 그에게 권력을 주는 것은 하자르인들의 왕이다. 그들이 카칸에게 권력을 주고자 할 때는 비단줄로 카칸이 될 자의 목을 졸라 그가 질식해 거의 숨이 넘어갈 때 그에게 얼마나 통치할 거냐고 묻는다. 그러면 카칸이 될 자는 몇 년이라고 많은 햇수로 답한다. 만약 카칸이 그 기간보다 일찍 죽으면 [그걸로 되지만], 그렇지 않을 경우에는 그 기간이 다 찼을 때 처형을 당한다. 잘 알려진 가문의 아들들만이 카간의 자리에 앉을 수가 있으며, 카칸에게는 실질적인 권력은 없지만 사람들 앞에서는 숭배와 공경을 받는다. 하지만 왕이나 왕과 비슷한 지위에 있는 소수의 사람들을 제외하고는 누구도 카칸을 직접 만나는 일은 없다…. 그리고 유대교를 따르지 않으면 카칸으로 지명될 수가 없다.[55]

다른 아랍 문헌들도 하자르 왕국에 이중권력 체제가 있었음을 확인시켜준다. 그것은 효율적인 체제였다. '위대한 카간' 주변에는 신비감을 유지하면서, 가장 재능 있고 유능한 왕손을, 군사권을 지닌 총독과 같은 존재인 '베이'로 활용했기 때문이다. 카간은 신성한 후광을 발하는 존재였지만 그것과는 상관없이 25명의 여자와 60명의 첩이 있는 하렘을 두었다. 이것이 반드시 성서 속 솔로몬 왕을 열심히 본받은 결과는 아니었다.

통치자들이 있던 곳은 수도 이틸(Itil)이었다. 이틸은 볼가강이 카스피해로 흘러들어가는 어귀 옆에 있었다. 안타깝게도 볼가강 지류들의 흐름에 변화가 생기고 카스피해 수위가 높아지면서 이틸은 수몰된 것으로 보인다. 그래서 그곳의 정확한 위치는 아직까지 알려져 있지 않다. 만약 하자르 왕국이 문서로 기록을 남겼다 해도 그것을 찾을 수는 없고, 그래서 학자들은 지금까지 주로 외부 문헌에만 의존해야 했다. 이틸은 대체로 천막과 목조주택으로 이루어진 도시였으며, 오직 통치자들의 거주지만이 벽돌로 지어졌다. 이븐 파들란은 이틸에 대해 다음과 같이 자세하게 묘사한다.

알 하자르는 지역(그리고 기후대) 이름이다. 그 수도는 '이틸'이라 불린다. 이틸은 러시아인들과 불가르인들[의 땅]에서 알 하자르로 흘러들어가는 강 이름이다. 이틸은 도시이며 알 하자르는 왕국 이름이지 도시가 아니다. 이틸은 두 부분으로 나뉘어 있다…. 왕은 서쪽 지역에 거주한다. 길이로는 1파라상* 정도 되며 벽으로 둘러싸여 있는데, 벽은 불규칙하게 세워져 있다. 하자르인들의 집은 몇 집 외에는 펠트 천으로 만들어져 있고, 또 몇 집은 진흙으로 만들어져 있다. 그리고 시장과 공중목욕탕들이 있다.[56]

* parasang. 페르시아의 거리 단위로 약 5.5km에 해당.

주민들은 더 이상 그들의 선조와 같은 유목민은 아니었지만, 그래도 여전히 봄마다 시골 지역으로 옮겨가서 땅을 경작했고, 혹독한 겨울은 이틸에서 보냈다. 이틸은 바다에 근접해 있어서 기후가 좀 더 온화했던 것이다. 알 이스타크리는 다음과 같이 썼다.

> 여름에 그들은 20리그* 떨어진 들판에 가서 씨를 뿌리고 수확을 한다. 어떤 이들은 강에 가까이 있고 어떤 이들은 초원에 가까이 있기 때문에, 각각 그것[생산물]을 수레에 싣기도 하고 강에 띄우기도 하여 나른다. 그들의 주식은 쌀과 생선이다. 그들이 나라 밖으로 보내는 꿀과 보리는 러시아인들과 불가르인들 지역에서 나는 것이다.[57]

알 이스타크리는 다른 도시에 대해서도 썼다. "하자르인들에게는 '사만다르'(Samandar)라는 도시가 있다. … 사만다르에는 정원이 많으며, 과수원도 세리르(Serir) 경계에 이르기까지 약 4천 곳이 있다고 한다. 과수원에서는 대부분 포도를 재배한다."[58] 사만다르는 통치자들이 이틸로 옮기기 전까지 하자르 왕국의 수도였으며, 사만다르 주민들에게는 낚시가 중요한 생계수단이었다고 알려져 있다.

그래서 우리는 하자르인들이 전형적인 쌀 경작자였으며 생선과 와인을 정기적으로 소비했다는 것을 안다. 하지만 하자르 왕국의 커다란 수입원은 통행료였다. 하자르 왕국은 실크로드에 걸쳐있었으며, 주요 교통로였던 볼가강과 돈강도 지배했다. 왕국의 지배하에 있는 수많은 부족에게 부과되는 무거운 세금도 추가적인 수입원이었다. 하자르인들은

---

* league. 켈트족에서 유래하고 로마가 채택, 유럽에서 쓰는 거리 단위. 20리그는 약 100km.

무역을 왕성하게 한 것으로 알려져 있다. 모피와 노예 무역이 특히 번창했다. 그들은 부를 축적함으로써 강하고 잘 훈련된 군대를 유지할 수 있었고, 그 군사력으로 러시아 남부 전역 및 오늘날의 우크라이나 지역을 지배할 수 있었다.

이 지점까지는 아랍 연대기작가들의 서술 내용이 요셉왕의 편지 내용과 큰 틀에서 맞아떨어지며, 정확히 일치하기까지 한다. 그러나 하자르 왕국의 언어 문제는 불분명하다. 섞여있던 여러 부족들과 주민들이 다양한 언어와 방언을 말했음은 의심할 바 없지만, 하자르 왕국 권력엘리트들의 언어는 무엇이었을까? 알 이스타크리는 알 바크리를 따라 이렇게 썼다. "하자르인들의 언어는 튀르크인들의 언어 및 페르시아 언어와 다르며, 다른 어떤 민족의 언어와도 닮지 않았다."[59] 그렇지만 대부분의 연구자들은 하자르인들의 구어에 훈-불가르 방언들이 튀르크어족의 다른 방언들과 섞여있었다고 가정한다.

그러나 하자르인들의 성스러운 언어 및 문서 언어가 히브리어였음은 의심의 여지가 없다. 얼마 되지 않지만 현존하는 하자르 문서들이 이를 충분히 시사하고 있고, 10세기 바그다드에 살았던 아랍 작가 알 나딤(al-Nadim)이 이를 확인해준다. "튀르크인들과 하자르인들로 말하자면… 그들에게는 그들만의 문자가 없다. 하자르인들은 히브리어로 글을 쓴다."[60] 크림반도에서는 히브리어 철자들로 쓰인 비-셈어계 언어로 된 비문들이 발견되고 있다. 히브리어 알파벳 중 두 개—ש(shin)과 צ(tzadik)—는 결국 키릴문자에 편입되었는데, 아마 하자르인들이 러시아인들을 지배하던 초기에 섞여 들어갔을 것이다.

왜 하자르 왕국은 종교언어 및 고급 의사소통 언어로 그리스어나 아랍어를 채택하지 않았을까? 이웃들은 전부 그리스도교나 이슬람교로 집단 개종했는데 왜 하자르인들은 유대인이 되었을까? 또 한 가지 질문이 더 있다. 유대교로의 그 놀라운 집단 개종은 언제 시작되었을까?

4. 하자르인과 유대교—밀월의 시작과 끝

그들은 왜 하필 유대교를 택했을까?

하자르인들이 직접 남긴 증언은 극소수만 남아 있는데, 그중 하나로 학자들에게 「케임브리지 문서」(Cambridge Document)로 알려진 중요 문서가 있다. 요셉 왕의 편지에 비하면 진위에 대한 논란도 훨씬 덜하다. 요셉 왕 궁정 출신인 유대 하자르인이 쓴 이 히브리어 원고는 유명한 '카이로 게니자'*에서 발견되었고, 1912년 공개된 후 케임브리지대학교 도서관에서 보관하고 있다.[61] 작성자와 수신자에 대해서는 알려진 바가 거의 없지만 10세기에 쓰인 것으로 보이며, 어쩌면 하스다이의 질문에 대한 또 하나의 답신일 수도 있다. 텍스트는 불완전하고 많은 단어가 사라졌지만, 그래도 풍성한 정보 출처로 손색이 없다. 앞쪽에서 몇 줄인가 지워진 편지는 다음과 같이 이어진다.

---

* Cairo genizah. 카이로의 벤 에스라 시나고그에 딸린 고문서 보관소로, 19세기 말 대량의 고문서가 발견되었다.

아르메니아와 우리 선조들은 그들에게서… 도망 나왔다. 우상숭배자들의 멍에를 견딜 [수가 없었기 때문이다]. 그리고 [하자르의 군주들이] 그들을 받아주었다. 하자르[의 사람들]는 처음에는 토라 없이 살았기 때문이다. 그리고 [그들도 또한] 토라와 성서가 없는 채로 계속 살았는데, 이 땅의 주민들과 결혼해 [그들과 섞였다]. 그리고 그들은 이 땅의 주민들의 행동을 배웠고, 이 땅의 주민들과 함께 [지속적으로 전쟁에] 나갔다. 그리하여 그들은 [하나의] 백성이 되었다. 그들은 오직 할례의 계약에만 의지했고, [그들 중 일부는] 안식일을 지켰다. 그리고 하자르 땅에는 왕이 없었다. 그저 전투에서 승리한 이를 뽑아서 군사령관으로 앉혔다. 그러던 어느 날 (이런 일이 있었으니) 유대인들이 평소처럼 그들과 함께 전장에 나갔는데, 그날 한 유대인이 자신의 검으로 강한 힘을 증명해보이고 하자르와 겨루던 적을 패주시켰다. 그러자 하자르 사람들은 그들의 고대 관습에 따라 그를 자신들을 이끄는 군사령관으로 뽑았다.[62]

이 문서에는 또한 이슬람교도 한 사람, 그리스도교 신자 한 사람, 유대인 한 사람 등 삼자가 모여 브레인스토밍을 하는 장면도 묘사되어 있다. 요셉 왕의 편지 내용과 본질적으로 비슷한 것이다. 삼자대면은 물론 유대교라는 적절한 결정으로 귀결된다.

이러한 문학적-역사적 모형은 그 시기에 꽤 유행했던 것으로 보인다. 왜냐하면 러시아 초기 연대기들도 키예프 공국 블라디미르 1세의 개종을 거의 동일한 방식—물론 선택된 종교는 당연히 달랐지만—으로 서술하고 있기 때문이다. 당대 아랍의 한 작가 역시 하자르 왕이 격렬한 신학적 논쟁 끝에 유대교로 개종하는 이야기를 썼는데, 다만 그의 텍스트에는 결정의 날이 오기 전에 유대 학자가 암살범을 고용해 이슬람 학자를 독살한다는 내용이 들어있다. 그렇게 해서 "그 유대인은 왕의 마음을 유대교로 돌려 개종시켰다"는 것이다.[63]

「케임브리지 문서」의 나머지 부분도 서두처럼 하자르인들의 유대교 개종에 관해 흥미로운 가설을 제시한다.

> 이스라엘은 하자르 사람들과 함께 완전히 회개하며 돌아왔다. 하지만 또한 유대인들이 바그다드에서, 호라산(Khorasan)에서, 그리스 땅에서 오기 시작해, 이 땅의 사람들에게 힘을 실어주었다. 유대인들은 '많은 이들의 시조'[아브라함]의 계약에 참여하고자 힘썼다. 그리고 이 땅의 사람들이 지혜로운 이들 중 한 사람을 그들을 이끄는 판관으로 지명했다. 그들은 그 판관의 이름을 하자르 말로 '카간'이라 불렀다. 그리하여 그의 뒤를 이어 판관이 된 이들은 오늘날까지도 카간이라는 이름으로 불린다. 하자르의 위대한 군주 이야기를 하자면, 그들이 그의 이름을 사브리엘(Sabriel)로 바꾸고 그들을 다스리는 왕으로 세웠다.[64]

이 사브리엘은 요셉 왕의 편지에 언급된 불란 왕의 개종 전 이름일 수도 있다. 그리고 이 이야기는 신뢰할 수 없을 가능성이 크고, 유대교 개종에 대한 저 극적인 묘사들도 단지 우화나 설교에 지나지 않을 가능성이 크다. 하지만 유대인들이 이주해 와서 유대교 포교에 촉매제가 되었다는 이야기는 하자르 역사를 이해하는 데 깊은 관련이 있는 것으로 보인다. 아르메니아, 오늘날의 이라크, 호라산(오늘날의 이란, 투르크메니스탄, 우즈베키스탄, 타지키스탄, 아프가니스탄, 파키스탄 등의 일부에 걸친 지역), 비잔틴 등지에서 유대교 신자들이 온 것이 이 이상한 왕국이 유대교로 개종하는 데 도화선이 되었을 가능성도 충분하다. 개종을 주도한 유대인들은 경쟁 일신교인 그리스도교나 이슬람교의 무대에서 쫓겨나 이교의 땅으로 왔던 것이다. 유대교로의 대규모 개종이 있었던 다른 지역에서와 마찬가지로, 하자르에서도 이주자들이 이교도들에게 자기들 신앙이 더 좋다고 설득하면서 개종이 시작되었다. 2세기에 하스몬 왕국이 부상하면서 시작된 거대한 집단개종 운동이 8세기 하자르에서 정점에 이른 것이다.

유대인들이 이주해왔다는 이 하자르-히브리어 증언을 뒷받침해주는 아랍 문헌이 있다. 아랍 연대기작가 알 마수디(al-Mas'udi)는 다음과 같이 썼다.

> 유대인들이 누구냐 하면, 그 왕과 그 신하들과 그의 백성 하자르인들이다. 그 왕과 하자르인들이 유대교로 개종한 것은 하룬 알 라시드 칼리프 때였다. 모든 이슬람 도시 및 비잔틴의 많은 유대인이 그 소문을 듣고 그 왕에게로 갔다. 그 까닭은 우리 시대인 332년[서기 944년], 비잔틴 왕 아르마누스[로마누스]가 그의 왕국 유대인들을 강제로 그리스도교로 개종시켰기 때문이다. … 그 때문에 많은 유대인이 비잔틴에서 도망쳐 하자르인들의 땅으로 갔다.[65]

아바스 왕조의 칼리프 하룬 알 라시드(Harun al-Rashid)는 763년에 태어나 809년에 세상을 떠났다. 알 마수디의 글에서 비잔틴 황제로 추정되는 로마누스는 10세기 전반기에 재위했다. 알 마수디의 글은 하자르 왕국과 유대교의 관계가 단계별로 발전했으며, 그 첫 단계가 8세기에 있었다는 것을 시사한다. 8세기에 하자르 군대가 아르메니아를 침략했으며, 오늘날 쿠르디스탄에 있는 도시 모술에까지 이르렀다는 것을 우리는 앞에서 살펴본 바 있다. 그 지역에는 여전히 유대 공동체들이 있었다. 그들은 고대 아디아베네 왕국의 후손들로, 아르메니아 깊숙이 흩어져 살고 있었다. 아마 하자르인들은 이때 이들과 만나면서 처음으로 야훼 종교를 접했을 것이고, 이때 몇몇 유대교 신자들이 본국으로 돌아가는 하자르 군을 따라갔을 것이다. 또한 그리스식 이름을 가진 개종 유대인들이 흑해 북쪽 연안, 특히 크림반도에 살고 있었다는 사실도 알려져 있다.[66] 그들 중 일부가 뒤늦게 비잔틴 황제들의 지독한 박해를 피해 도망갔던 것이다.

예후다 할레비는『쿠자리』에서 하자르인들이 740년에 개종했다고 적어놓았지만, 그 연대는 올바른 것이 아닐 수도 있다. 멀리 프랑스 서부에서 864년경 작성된 한 그리스도교 문서에는 "모든 '가자리'(Gazari, '하자르'의 라틴어)는 유대교 계율을 따른다"는 진술이 있다.[67] 하자르인들은 8세기 중반과 9세기 중반 사이의 어느 단계에 유대 일신교를 그들의 특별한 신앙 및 의례로 채택했다. 그것은 기적처럼 한 번에 일어난 일이 아니라 오랜 과정 속에서 일어난 일이라고 가정하는 것도 타당성이 있다. 의심스러운 요셉 왕의 편지조차 개종이 단계별로 일어난 것으로 서술하고 있다. 불란 왕 때에 왕이 모세 율법의 논리에 설득되어 유대인이 되기는 했지만, 이후 그의 손자 혹은 증손자인 오바댜 왕 때에 와서야 "왕국을 개혁하고 순리에 따라 법을 정해서" 시나고그와 신학교를 지었으며 미슈나와 탈무드를 받아들였다는 것이다. 또한 오바댜 왕이 백성들 사이에도 이 참된 신앙이 퍼지도록 하기 위해 먼 곳에서 유대 현자들을 초빙해왔다고도 한다.

19세기에는 학자들이 하자르 왕국의 유대교 개종 자체에 의문을 품었지만, 오늘날 그 문제는 더 이상 논란이 되지 않는다. 확산되고 있던 유대 일신교는 코카서스와 볼가강-돈강의 스텝지대—오늘날의 러시아 남부지역—에 퍼졌고, 통치자들과 부족 엘리트들은 단일 신성을 믿으면 장점이 많다는 확신을 갖게 되었다. 하지만 여전히 이런 질문이 남는다. 왜 하자르는 하필이면 다른 일신교가 아닌 유대교를 택했을까? 유대교가 다른 일신교들보다 요구사항도 더 많았을 텐데? 일단 요셉 왕의 편지와 「케임브리지 문서」, 그리고 예후다 할레비의 책에서 신비로운 설교 부분을 제외하고 나면, 힘야르 왕국의 개종 이유와 동일한 이유가 남는다. 즉 강대국의 손아귀—이 경우에는 정교회의 비잔틴제국과 이슬람교의 아바스 왕조—에 장악당하지 않고 독립을 유지하고자 하는 열망 때문에 하자르 통치자들은 이데올로기적 방어무기로 유대교를 채택했던 것이다. 일례로 만약 하자르인들이 이슬람교를 받아들였다면 그들은 칼리프의 백성이 되었을 것이다. 여전히 이교를 유지했다면 이슬람교도들에게 학살 대상이 되었을 것이다. 이슬람교도들은 우상숭배에는 관용을 보이지 않았기 때문이다. 또한 그리스도교를 채택했다면 동로마제국에 오랫동안 종속되었을 것이다. 이 지역이 고대 샤머니즘에서 유대 일신교로 서서히 단계적으로 이행한 일은 하자르 왕국이 기틀을 다지고 중앙집권을 강화하는 데 적잖이 도움이 되었을 것이다.

하자르 유대교의 성격

하자르인들에 대한 자료를 누구보다 열심히 모은 이들 중에는 아브람 피르코비치(Abram Firkovich)라는 카라이트 러시아인이 있었다. 그는 연구 활동에도 지치는 일이 없었지만 또한 매우 독실한 신앙인이기도 했다. 그래서 하자르 왕국이 랍비 유대교가 아니라 카라이트 유대교로 개종했다는 인상을 만들어내겠다는 일념으로 여러 문서와 경전들, 무덤 비문 등에서 자료들을 마음대로 더하고 삭제해버렸다. 가치 있는 보존 작업에 힘썼으면서도 동시에 많은 문헌을 훼손하고 전체적으로 불신을 낳았던 것이다. 그가 자행한 위조행위는 결국 다른 학자들에게(중요 역사가인 아브라함 엘리야후 하르카비Abraham Eliyahu Harkavy에게 주로) 발각되었고, 면밀한 조사 결과 하자르인들의 유대교는 카라이트와는 조금도 관계가 없음이 밝혀졌다. 하자르 왕국의 광대한 영토, 특히 크림반도에는 카라이트 유대교가 탈무드 유대교에 뒤지지 않을 만큼 퍼져나갔을 가능성도 충분히 있지만, 그래도 왕국 내 유대교 관습은 정도의 차이는 있을지언정 랍비 유대교였다. 역사적으로 카라이트 유대교가 확고하게 자리 잡는 시기는 꽤나 나중 시기이기에 하자르인들의 유대교 개종을 촉발하는 최초의 촉매제가 될 수 없었고, 또 그것이 뒤늦게 등장해서 하자르인 전체를 장악했다고 가정할 이유도 전혀 없다. 뿐만 아니라 하자르 왕국이 개종할 당시에는 여전히 탈무드 사본이 귀했던 터라 많은 개종자가 고대 의례를, 심지어는 제사장의 희생 의식조차 계속 이어나가고 있었다. 크림반도 인근 파나고리아(Phanagoria)의 매장 동굴에서 한 시신의 유해가 가죽수의에 싸여 발견되었는데, 수의를 입힌 방식이 구약성서에 상세히 설명되어 있는, 예루살렘 성전에서 수의를 입히는 이들이 하던 방식 그대로였다.

　그러나 이 동유럽 유대 왕국의 경이로운 점 중 하나는 종교적 다원성이었다. 그 점에 관하여 하자르 왕국은 지금도 찬사를 듣고 있다. 그 종교적 다원성은 초기 다신교적 샤머니즘에서 물려받은 것으로, 이 샤머니즘은 유대교 개종 후에도 그 지역에서 여전히 성행하고 있었다. 알 마수디는 다음과 같이 썼다. "하자르 수도의 법률은 일곱 명의 재판관을 둘 것을 명한다. 두 재판관은 이슬람교도를 판결하고, 두 재판관은 하자르인들을 토라에 의거해 판결하며, 두 재판관은 그들 가운데 그리스도교 신자들을 복음에 의거해 판결하고, 한 재판관은 사칼리바(불가르인들)와 러시아인들과 기타 우상숭배자들을 판결한다."[68]

하자르 지배층이 유대인, 이슬람교도, 그리스도교 신자, 이교도 등에게 모두 거주를 허용했다는 것과 시나고그, 모스크, 교회가 하자르 도시들 안에 나란히 존재했다는 것은 거의 확실하다. 이븐 하우칼(Ibn Hawqal)은 976~7년에 쓴 글에서 사만다르를 묘사하면서 그 사실을 다음과 같이 확인시켜주었다. "그곳에는 이슬람교도들이 살고 있고 모스크도 있다. 그리스도교 신자들에게는 교회가 있고 유대인들에게는 시나고그가 있다."[69] 야쿠트 알 하마위(Yaqut al-Hamawi)는 이븐 파들란의 글에 의거해서 다음과 같이 썼다.

이 도시[이틸] 이슬람교도들에게는 큰 모스크가 한 채 있어서 그들은 이곳에서 기도하고 금요일마다 이곳을 방문한다. 과거 이 모스크에는 기도 시간을 알리는 데 쓰는 높은 미너렛(모스크의 첨탑)과 몇 명의 무아딘(미너렛에 올라 예배시간을 알리는 이)이 있었다. 그런데 310년[서기 922년]에 하자르인들의 왕이 달 알 바부나지(Dal al-Babunaj)에서 이슬람교도들이 시나고그 한 채를 파괴했다는 소식을 듣고 이 모스크의 미너렛을 허물 것을 명했다. 왕의 명령은 이행되었고 무아딘들도 처형되었다. 왕은 이슬람 땅의 시나고그들이 모두 파괴되는 것이 걱정되지 않았더라면 이 모스크를 파괴했을 거라고 말했다.[70]

유대교의 결속감이 가끔씩 종교관용 원칙을 벗어나긴 했지만, 그 원칙이 폐기되지는 않았다. 물론 비잔틴제국에서 로마누스 황제 재임기에 유대인들이 박해를 받았을 때에는 요셉 왕도 하자르의 그리스도교 신자들을 박해함으로써 앙갚음하기는 했다. 하지만 그래도 카간들이 실시한 정책은 알 안달루스의 이슬람 왕국이 실시한 정책과 유사했다. 그것은 동시대 그리스도교 문명이나 하스몬 왕국의 '전체주의적' 기풍과는 상당히 다른, 온건한 일신론적 모형이었다. 이슬람교도들과 그리스도교 신자들도 카간의 군대에서 복무했으며, 적군이 같은 종교 신자들일 때는 싸움에서 면제받기까지 했다.

「케임브리지 문서」는 요셉 왕 편지에서 발견되는, 카간들이 히브리어 이름을 갖고 있었다는 진술을 뒷받침한다. 요셉 왕 편지에는 히스기야, 므낫세, 이츠하크, 스불론, 메나헴, 비냐민, 아하론 등의 이름이 언급되어 있는데, 「케임브리지 문서」에도 '비냐민'이라는 이름의 왕과 '아하론'이라는 이름의 왕이 언급되어 있다. 이는 요셉 왕 편지의 진실성에 부분적으로나마 힘을 실어준다.

「케임브리지 문서」 저자는 또 이런 얘기도 썼다. "이제 우리 땅에서 들리는 말로는 우리 선조들이 시므온 지파 출신이라고 하나, 그것의 진실성을 증명할 방도는 없다."[71] 유대교 개종자들은 언제나 성서신화 속 족장들과 어떤 직접적인 계보상의 연결고리를 찾고자 애써왔으며, 이러한 경향은 많은 하자르인에게도 영향을 끼쳐서 이들 역시 자신들을 이스라엘 지파들의 후손으로 믿고 싶어 했다. 종교적 각성은 다음 세대에서 더 명징해졌으며, 시간이 지나면서 우상숭배와 관련된 이전의 부족적 정체성을 넘어서게 되었다. 자기 종교에 자부심을 가진 이 새로운 일신교 신자들의 눈에 이교 숭배는 혐오스러운 것으로 보였다. 그 후손들과 또 그 후손들의 상상된 정체성 앞에서는 그런 혐오감이 훨씬 더했다.

그리하여 하자르 왕국은 스스로를 '하자르' 왕국이라기보다 '유대' 왕국이라고 보았다. 그래서 동시대 러시아 서사시들 속에는 슬라브 이웃들이 하자르인들의 땅이 아닌 '유대인들의 땅'(Zemlya Zhidovskaya)에 경외감을 가졌다고 기록되었다.

성스러운 계보에 대한 욕구는 새로운 문화적 표지를 낳기도 했다. 요셉 왕 편지에서 언급되는 왕들의 이름 중에는 마카베오 축제를 가리키는 '하누카'라는 이름이 있고, 「케임브리지 문서」에는 유월절의 히브리어인 '페사'(Pessah)라는 이름이 군 지휘관 이름으로 언급된다. 종교 축제 이름을 사람에게 붙이는 이 독특한 관습은 성서시대나 하스몬 왕국 때는 알려진 바 없고, 힘야르 왕국과 그 후손들, 또는 멀리 북아프리카 유대인들 사이에서도 지금까지 발견된 예가 없다. 더 나중 시기에는 이러한 이름들이 서쪽으로, 즉 러시아, 폴란드, 심지어 독일에까지 전파되었다.

집단개종의 증거들

그러나 아직 답을 얻지 못한 질문이 있다. 히지르 왕국의 전체 일신교 신자들 가운데 과연 유대교도들이 다수를 차지하고 있었을까? 문헌들은 서로 다른 이야기를 한다. 아랍 작가들 중 일부는 주장하기를, 하자르의 유대인은 권력을 쥔 소수 엘리트들뿐이었다고 한다. 예를 들어 알 이스타크리는 "유대인들은 가장 작은 공동체들을 이루고 있었던 반면 주민들 대부분은 이슬람 및 그리스도교 신자였는데, 왕과 신하들만큼은 유대인"이라고 진술한다.[72] 하지만 다른 아랍 작가들은 하자르인들이 전부 다 유대인이었다고 진술한다. 야쿠트는 그 시기에 대한 가장 신뢰할 만한 출처인 이븐 파들란에 의거해 "하자르인들과 그들의 왕은 모두 유대인"이라고 진술했다.[73] 마찬가지로 알 마수디도 "유대인들이 누구냐 하면, 그 왕과 그 신하들과 그의 백성 하자르인들"이라고 주장했다.[74] 규모가 큰 하자르 부족에서는 많은 이가 유대인이 된 반면 다른 부족들에서는 부분적으로만 유대교 개종이 일어나 많은 이가 이슬람교도나 그리스도교 신자가 되거나 이교를 유지했을 가능성이 상당히 크다.

유대교로 개종한 하자르인 공동체의 규모는 얼마나 컸을까? 지금까지 연구를 통해 어떤 수치가 나온 적은 없다. 역사를 연구할 때 주된 어려움은 일반 대중의 영적인 믿음에 대해 결코 많은 것을 알 수가 없다는 것이다. 대부분의 전통 유대 역사학, 그리고 소련 민족주의 학계 주류는 군주와 상류 귀족층만이 유대인이었으며 하자르 대중은 이교도였거나 이슬람교를 받아들였다고 역설했다. 우리가 명심해야 할 것은, 8~10세기만 해도 유럽 소농들 모두가 그리스도교 신자였던 것은 아니며 중세의 사회적 위계상 하층에서는 그리스도교 신앙이 상당히 미약했다는 점이다. 게다가 이슬람교가 생기기 전의 두 일신교 시대에는 노예들이 거의 항상 주인의 종교를 받아들일 것을 강요당했다는 사실도 잘 알려져 있다. 노예를 많이 가진 부유한 하자르인들도 다르지 않았다. (요셉 왕 편지가 이에 대해 분명하게 진술한다.) 이전 하자르 땅의 많은 비석에 새겨진 비문들은 유대교가 널리 확산돼 있었음을 시사한다. 다만 혼합주의의 영향으로 원래의 유대교에서 벗어난 모습도 종종 뚜렷하게 보인다.[75]

하자르 왕국이 유대 왕국으로 존속했던 기간은 약 200~400년 동안인 것으로 추정된다. 관습과 신앙이 더 넓은 계층으로 흘러내려갔다는 가정을 받아들일 수 있을 만큼 오랜 기간이다. 비록 그 유대교가 순수하고 치밀한 율법적 유대교는 아니었겠지만, 적어도 계율과 의식 가운데 일부는 광범위한 신도 무리 속에 퍼졌던 것이 틀림없다. 그렇지 않았다면 그 지역 전역에서 유대 종교가 그토록 많은 관심과 상당한 경쟁력을 이 끌어내지는 못했을 것이다. 유대교 개종은 알란인들 중에도 있었던 것으로 알려져 있다. 이란어계 방언을 쓰는 알란인들은 코카서스 북부 산악지대에서 하자르 보호 하에 살고 있었다. 「케임브리지 문서」에는 하자르인들이 이웃들과 벌인 많은 전쟁 중 어느 한 전쟁에서 "오직 알란인들의 왕만이 [하자르를] 도왔는데, 그건 알란인들 중 일부가 유대인들의 토라를 준수했기 때문"이라는 설명이 있다.[76]

규모가 큰 카바르(Kabar) 부족에서도 유대교 개종이 있었다. 카바르 부족은 하자르 왕국의 손에서 벗어나 마자르인들이 서쪽으로 이주할 때 그들에게 합류했다. 오늘날 헝가리인의 선조들 중 하나인 마자르인들도 중유럽으로 이주하기 전에는 하자르 왕국에 속해 있었다. 하자르 주민의 일부였던 카바르인들은 무슨 이유에서인지 카간에게 반기를 들고는 마자르인들에게 합류해 그들과 함께 하자르 왕국을 떠났다. 그들 가운데는 상당히 많은 유대교 개종자들이 있었다고 알려져 있다. 헝가리 왕국 형성과정에서 그들의 존재 및 헝가리 왕국 내 유대 공동체의 출현 등이 의미가 없지는 않을 것이다.[77]

하자르에 관한 문서는 요셉 왕의 편지와 장문의 「케임브리지 문서」 외에 하나가 더 있다. 이것 역시 '카이로 게니자'에서 발견되어 케임브리지대학교로 보내졌다. 1962년에야 공개된 이 문서는 하자르 왕국의 슬라브 지역에 유대교가 확산되었음을 증언한다.[78] 이 문서는 930년경 키예프에서 보낸 히브리어 편지로, '야코프 벤 하누카'라는 이름의 키예프 현지 유대인이 재산을 모조리 잃었으니 그를 도와달라는 내용을 담고 있다. 편지에 서명한 이들의 이름은 전형적인 히브리어 이름들과 하자르-튀르크계 이름들이며, 그들은 함께 "키요프(Kiyov) 신도 무리"를 대표한다고 쓰여 있다. 편지에는 튀르크 철자로 "읽었음"이라고 배서도 되어 있다. 이 문서는 얼마 후 러시아 왕국의 첫 번째 수도가 되는 이 도시에 하자르 유대교 개종자들이 일찍부터 존재했음을 거의 확실하게 시사한다. 이 유대인들의 선조가 키예프를 처음 건설했을 가능성마저 있다. '키예프'라는 이름부터가 튀르크어계 방언에서 파생된 것이기 때문이다. 오래된 도시 성벽의 넓은 통로가 '유대인들의 문'이라 불리고, 그 통로가 '유대구역'이라는 곳과 '하자르구역'이라 불리던 곳으로 이어진 데는 분명히 어떤 이유가 있을 것이다.[79]

하자르인들의 집단 개종을 증언하는 또 다른 초기 문헌으로는 카라이트 문헌이 하나 더 있다. 973년경 하자르 왕국 주변 지역을 상당히 잘 알고 있었던 야코프 키르키사니(Yaakov Qirqisani)라는 학자풍 여행자가 "하느님이 야벳을 창대케 하사"(창세기 9:27)라는 성서 구절에 대해 아랍어로 주석을 썼다. "이 구절이 의미하는 바는 이렇다. 야벳이 셈의 장막에 거하게 되면 야벳은 호의를 얻고 덕을 보게 될 것이다. 그리고 일부 주석가들은 이것이 유대인이 된 하자르인들을 가리키는 것이라고 생각한다."[80]

하자르인들의 유대교 개종이 단지 아랍 학자들의 '오리엔탈' 판타지가 아니었음을 확인시켜주는 것은 이 카라이트의 증언 말고도 더 있다. 하스다이 이븐 샤프루트의 편지와 라바드의 진술처럼 그것 역시 랍비의 기록으로, 10세기에 바그다드에 몇 년 간 살았던 위대한 랍비 사아디아 가온이 하자르인들에 대해 쓴 것이다. 우리는 제3장에서 가온이 성스러운 땅에서 유대인들이 이슬람화한 것에 대해 한탄한 것을 보았다. 그러면 그는 왕국 하나가 통째로 유대교로 개종한 데 대해서는 보상심리로 기뻐했을까? 바빌로니아 북쪽 먼 곳에 등장한 이 새로운 유대인들에 대해 가온이 의구심을 가졌던 것도 무리는 아니다. 이들이 모세의 율법을 믿는다고는 하지만 또 한편으로는 말을 타는 거친 전사들이었으며, 자기들 왕을 정기적으로 처형시키는가 하면 노예무역에도 굉장히 열성적인 이들이었던 것이다. 이데올로기적으로 카라이트파의 가장 엄한 적이라 할 가온은 이 거친 유대인들이 토라의 모든 의무와 탈무드의 모든 계율을 받아들이지는 않았을 것이라 우려하며 낙심한 듯하다. 가온은 하자르인들의 유대교 개종을 사무적인 태도로 기술했고, 카간을 한 번 언급했으며, 하자르 땅으로 여행을 가서 거기 정착한 '이츠하크 바르 아브라함'이라는 유대인에 대해 쓰는 것으로 그쳤다.[81]

왕국은 무너져도 믿음은 살아남았다

시간이 흘러 12세기 초 어느 즈음에 독일 레겐스부르크(옛 이름 Ratisbon)의 랍비 페타히야가 바그다드로 여행을 떠났다. 여행길에 그는 키예프와 크림반도를 비롯해 이미 쇠퇴해버린 하자르 왕국의 일부였던 지역들을 통과했다. 여행길에서 그가 받은 인상은 다음과 같았다. 이 글은 실제로는 그의 제자가 기록한 것이다.

케다르 땅과 하자르 땅에서는 부모가 죽으면 하루 종일 밤새도록 애도하고 슬퍼하는 것이 관습이다. … 케다르에는 유대인이 없고 이단들이 있어서, 랍비 페타히야가 그들에게 왜 현자[들]의 말씀을 믿지 않느냐고 물어보니, 그들의 대답은 그들 부모가 가르쳐주지 않았기 때문이라는 것이었다. 안식일 전날 밤에 그들은 안식일에 먹을 빵을 다 잘라놓고 어둠 속에서 먹으며 하루 종일 한 장소에 앉아 보내는데, 기도는 하지 않고 「시편」을 노래한다. 랍비 페타히야가 그들에게 우리들이 드리는 기도와 음식에 축복하는 법을 가르쳐주니, 그들은 좋아하며 탈무드에 대해서는 한 번도 들어본 적이 없다고 말했다.[82]

이 서술은 그 지역에 카라이트 유대교가 널리 퍼져 있었다는 추정, 또는 스텝지역에 성격이 불분명한 유대 혼합주의가 있었다는 추정에 힘을 실어준다. 그러나 페타히야는 나중에 바그다드에 도착했을 때에는 좀 다른 이야기를 했다.

메섹*의 일곱 왕에게 천사가 꿈에 나타나 이르기를, 그들의 종교와 법을 버리고 아므람의 아들 모세의 법을 따르지 않으면 그들의 나라가 파괴되리라 하였다. 그들이 지체하자 천사가 결국 그들의 땅을 황폐하게 만들기 시작했고, 그리하여 메섹의 모든 왕과 그들의 백성이 유대교로 개종하고는 신학교 수장에게 토라 학생들을 보내달라고 청하니, 가난한 학생들이 그곳에 가서 그들과 그들의 아들들에게 토라와 바빌로니아 탈무드를 가르쳤다. 학생들은 이집트로부터 가서 그들을 가르쳤다. 페타히야는 이 교육사절들을 보았고 에스겔이 말한 무덤에 묻힌 자들**을 보았으며, 이 기적에 대한 이야기와 그 숭배자들의 탄원이 응답받았다는 말을 들었다.[83]

그들은 꺼져가고 있던 한 유대 왕국의 마지막 숨결이었을까? 예전에

* Meshech. 구약에 나오는 나라 이름으로 하자르 지역에 해당.
** 선지자 에스겔이 하느님께 전해 들었다는 이교도들의 무덤. (에스겔서 32:26)

영화를 누리고 남은 신앙에 절박하게 매달린 것이었을까? 선뜻 의견을 내놓기에는 12세기 하자르의 상황에 대해 우리는 아는 게 너무 없다.

거대한 하자르 제국은 언제 멸망했을까? 과거에는 많은 이가 그 시기를 10세기 후반으로 가정했다. 나중에 최초의 러시아 왕국이 되는 키예프 공국은 오랜 세월 하자르 통치자들에게 예속된 속국이었다. 키예프 공국은 10세기에 강성해지더니 돌연 동로마제국과 동맹을 맺고 주변의 유력한 하자르 이웃들을 공격했다. 965년(또는 969년)에 키예프의 대공 스비아토슬라브 1세는 돈강을 관할하고 있던 하자르 도시 사르켈을 공격해 점령했다. 사르켈은 원래 비잔틴 기술자들이 건설한 요새화된 도시로 하자르 제국의 전략적 요충지였기에, 이곳을 잃은 뒤부터 제국은 쇠퇴하기 시작했다. 그러나 널리 퍼져 있는 인식과 달리 이것이 하자르의 최후는 아니었다.

이 전쟁에서 수도 이틸이 어떤 운명을 맞았는지에 대해서는 상반된 이야기들이 전한다. 아랍 문헌들 중 일부는 이틸이 몰락했다고 진술하지만, 일부는 러시아인들의 승리에도 이틸은 살아남았다고 진술한다. 이틸은 대체로 오두막집과 천막으로 이루어져 있었으니, 재건되었을 가능성이 높다. 하지만 분명한 것은 10세기 후반에 히지르기 그 지역에서 패권을 잃었다는 것이다. 스비아토슬라브 1세의 젊은 아들로 키예프 대공이 된 블라디미르 1세는 키예프 공국의 경계를 크림반도까지 확장했고 그리스도교로 개종했다. 그리스도교 개종은 러시아의 미래에 큰 의미를 지닌 조치였다. 블라디미르 1세와 동로마제국의 동맹으로 동로마제국과 하자르의 오랜 관계는 약화되었고, 1016년 비잔틴-러시아 연합군의 공격에 유대 하자르 왕국은 패배했다.[84]

그 후 러시아 교회는 콘스탄티노플 대주교를 수장으로 삼았지만, 이 신성한 동맹은 오래 지속되지 못했다. 튀르크계 부족인 셀주크인들이 새로 등장해 1071년 동로마제국의 대군을 물리쳤고, 키예프 공국도 결국 와해되었다. 11세기 말 하자르의 상황에 대해서는 알려진 바가 거의 없다. 하자르 전사들이 다른 군대에 속해 싸웠다는 언급은 일부 있지만, 왕국 자체에 대한 정보는 별로 없다. 거의 같은 시기에 셀주크인들이 바그다드 아바스 왕조를 공격하기 시작하면서 이 왕조의 활기찼던 지적 르네상스도 끝이 났고, 대부분의 아랍 연대기들은 오랫동안 침묵에 빠졌다.

제국들은 역사에 걸쳐 흥망성쇠를 거듭했지만, 제1장에서 언급한 것처럼 일신론 종교들은 훨씬 더 영속적이고 안정적이었다. 부족사회가 쇠퇴한 시점부터 근대에 이르기까지, 사람들은 제국이나 왕국, 공국 등과의 피상적인 관계에서보다 종교적 정체성에서 훨씬 더 큰 의미를 찾았다. 그리스도교는 그 승리의 역사 속에서 어떤 정치체제보다 더 오랜 수명을 자랑했고, 이슬람교도 마찬가지였다. 유대교라고 왜 아니겠는가? 유대교 역시 하스몬 왕국의 멸망 후에도, 아디아베네와 힘야르의 몰락 후에도, 디흐야 알 카히나의 영웅적인 패배 후에도 살아남았다. 카스피해에서 흑해까지 뻗어있던 마지막 유대 제국이 무너지고 난 뒤에도 유대교는 살아남았다.

하자르의 정치권력이 쇠퇴했다고 해서, 그 주요 도시들이나 슬라브 영토 깊숙한 곳까지 뻗어나갔던 하자르 땅에서 유대교가 몰락한 것은 아니었다. 그 지역에 유대인들이 계속 존재했다는 기록은 여럿 남아 있다. 산간지대에서, 스텝지대에서, 강가와 골짜기에서, 그리고 크림반도에서 유대인들이 그들의 종교를 지켜왔다는 사실을 증언하는 것은 페타히야만이 아니다. 그리스도교 증언들 역시 다양한 장소에 모세 율법

추종자들이 존재했음을 밝혀준다.[85]

　그런데 카스피해와 흑해와 코카서스산맥 사이에 이리저리 뻗어있는 평원 안에서 벌어진 지역 내부자들 간의 싸움에서는 주민들과 종교들이 전멸하는 일이 없었지만, 13세기 초 칭기즈칸과 그 아들들이 이끈 몽골인들의 폭풍 같은 침략에서는 그들이 가는 길에 눈에 띈 모든 것이 흔적도 없이 사라졌고, 서아시아와 동유럽의 모든 정치적, 문화적 형태를 비롯해 경제적 형태까지도 모조리 파괴되었다. 몇몇 새로운 왕국이 '금장한국'(金帳汗國)*의 보호 아래 출현했고 그 중에는 소규모 하자르 왕국도 있었다고 하지만, 몽골인들은 그들이 점령한 광대한 영토 내 토지경작에 대한 요구를 이해하지 못했고, 그래서 피정복민들의 농사에 대한 요구를 충분히 보살피지 못했다. 넓은 강에서 물을 끌어대서 벼농사와 포도밭 경작을 지탱해온 관개 시스템은 몽골 점령기간에 해체되었고, 사람들이 대거 도주하는 바람에 대평원에는 수백 년 동안 사람이 살지 않았다. 그러한 이주민들 중에는 하자르 유대인들도 많았다. 그들은 이웃들과 함께 우크라이나 서부지역으로 들어갔고 자연히 폴란드와 리투아니아 땅으로도 들어갔다. 오직 코카서스 산간지대의 하자르인들만이 어느 정도 자기 땅에서 계속 살아갈 수가 있었다. 그런 곳은 주로 강수량을 바탕으로 농사를 짓는 지역이었다. 13세기 전반기를 넘어서면 하자르에 대한 언급은 어디에서도 찾아볼 수가 없다. 하자르 왕국은 역사의 망각 속으로 가라앉았다.[86]

---

* Golden Horde. 칭기즈칸 이후 4개로 갈라진 몽골제국의 하나인 킵차크한국을 이르는 말.

5. 하자르 과거를 어떻게 볼 것인가?

회의론과 동정론 사이

이자크 요스트는 하자르인들에게 관심을 가졌고, 그들에 대해 글도 썼다. 나중에 하인리히 그레츠도 마찬가지였다. 19세기에 손에 넣을 수 있는 하자르 관련 자료는 하스다이와 요셉 왕의 편지 같은 얼마 안 되는 단편밖에 없었다. 이 뛰어난 역사가 두 사람은 서로 많이 달랐지만, 동유럽 문화, 특히 동유럽 유대인들에 대해 게르만적 우월감을 갖고 있다는 점에서는 같았다. 그뿐만 아니라 유대인의 역사를 재구성하면서 특히 영적으로 표현된 역사를 찾으려 한 점에서도 같았다. 그런데 하자르가 남긴 빈약한 자료는 지나치게 게르만적인 두 지식인에게 감흥을 줄수 없었다. 요스트는 요셉 왕의 편지를 전혀 신뢰하지 않았고, 묘사에 탐닉했던 그레츠는 하자르인들이 유대교로 개종하기 전에는 "관능과 음란함이 결합된 천박한 종교를 믿었다"고 썼다.[87] 이런 수사법은 '선택된 백성'의 대열에 합류한 과거 개종자들을 체계적으로 지우고자 할 때

쓰는 특유의 방식이었다.

그레츠는 기본적으로 실증주의적 접근법을 따랐지만, 성서 이야기들을 통째로 믿은 것처럼 하스다이와 요셉 왕 사이에 오간 히브리어 서신도 신뢰했다. 그는 일시적으로 유대 하자르인의 강대한 왕국의 이미지에 매료되었던 것 같고, 또 유대교가 주민 다수에게 퍼져나갔다고 확신했던 것 같다. 하지만 최종적으로는 하자르인들의 개종을 유대인들의 역사에 아무런 영향도 끼치지 않은, 그저 의미 없이 지나가버린 현상으로 보았다.[88]

하지만 이들 독일계 아시케나지 역사가들이 하자르인들에게 중요성을 부여하지 않은 것과 달리, 동유럽의 학자들은 이 문제를 좀 다르게 보았다. 러시아, 우크라이나, 폴란드에서는 사라진 이 유대 왕국에 대한 관심이 활발했다. 특히 유대계 러시아 학자들이 지대한 관심을 가졌다. 1834년에 상트페테르부르크대학교 동유럽학부의 초창기 학자인 그리고리예프(V. V. Grigoriev)가 하자르인들에 대한 연구 논문을 발표했다. 이 논문에서 그는 다음과 같이 진술했다. "하자르 민중은 중세에 있었던 특이한 현상이다. 거친 유목부족들 중에서도 그들만큼은 문명화된 민족의 품성을 다 가지고 있었다. 질서 잡힌 행정, 번창한 상업, 상비군… 하자르는 유럽의 어두운 하늘에서 밝게 빛난 유성이었다."[89] 19세기 초에는 러시아 민족이 유대 왕국의 빛 아래서 출현했다는 생각이 그다지 이상해보이지 않았다. 이 선구적인 연구가 나온 뒤 하자르에 대한 관심이 확산되었다. 다른 역사가들도 하자르의 과거를 찬미하려는 의도가 짙은 동정론의 시각으로 이 주제를 연구하기 시작했다. 당시 러시아 민족주의는 걸음마 단계에 있었다. 그래서 동유럽의 이국적인 고대 슬라브계 여러 민중에 대해 관대함을 보이는 게 가능했다.

이런 저작들이 나오면서 그 메아리가 유대 공동체들에게도 가닿았다. 1838년 요제프 페를은 『보헨 차디크』라는 풍자적인 책을 펴냈다.[90] 이 책은 유대인 삶의 다양한 측면을 이야기하는 가상 랍비들의 편지 41통으로 구성되어 있으며, 그 중 몇 통의 편지에서 하자르인들을 언급한다. 하스다이의 편지 속 진술을 과학적으로 인정하던(요셉 왕의 진술에 대해서는 아니었지만) 당시 분위기와 달리, 25번 편지는 이 동유럽 왕국의 유대교 개종을 둘러싼 과거의 의구심에 대해 논한다. 이 편지에 대해 다른 가상의 랍비는 하자르인이 역사적으로 존재했다는 사실을 알게 되어 기쁘다고 쓴다.[91]

하자르에 대한 관심은 거기서 끝나지 않고 19세기 후반 들어 더욱 커졌다. 예를 들어 1867년에는 하자르 역사를 직간접적으로 다룬 책 두 권이 출간되었다. 요셉 예후다 레르너의 짧은 저작 『하자르인』과 아브라함 하르카비의 『유대인과 슬라브 언어』였다.[92] 레르너는 하스다이와 요셉 왕이 주고받은 히브리어 편지들을 신뢰했으며 그 편지들에 다소 무비판적으로 의존했다. 레르너는 아랍 연대기들 중 일부도 이미 알고 있었고, 그래서 그 연대기들을 활용해 하자르를 역사적으로 재구성했다. 하지만 레르너의 글에서 가장 흥미로운 부분은 그가 하자르 왕국의 멸망을 965년(혹은 969년)으로 보는 것을 거부했다는 점이다. 레르너는 크림반도에 '다윗'이라는 이름의 왕이 통치하는 유대 왕국이 존속했으며, 1016년이 되어서야 비잔틴의 정복으로 이 독립 유대 왕가가 멸망했고 유대 주민이 대거 카라이트가 되었다고 주장했다.[93] 레르너의 책은 아브람 피르코비치의 연구 성과들을 변호하면서 끝난다. 앞에서 살펴보았듯이, 피르코비치는 유대인 무덤 비문들을 위조하고 왜곡했다는 혐의를 받은 이였다. 이 모든 것을 통틀어 봤을 때 레르너 자신도 카라이트 배경을 지니고 있었던 것 같다.

초기 유대계 러시아인 역사가인 아브라함 하르카비는 피르코비치와 카라이트 가설을 가장 신랄하게 비판한 학자 중 한 명이었다. 하르카비는 1877년에 상트페테르부르크의 제국도서관에서 유대문학 및 동방문서부 부서장으로 임명되어 평생 그 직책을 수행했다. 그는 신중하고 고지식한 연구자였다. 『유대인과 슬라브 언어』를 비롯해 『하자르인 및 하자르 왕국에 대한 유대 작가들의 이야기 모음』 등 하자르인에 대해 그가 쓴 여러 저서는 신뢰할 수 있는 연구서로 여겨진다. 하르카비는 하자르 왕국에 유대인이 많았으며 그들이 랍비 유대교를 따랐다는 데 대해 조금도 의심하지 않았다. 요셉 왕 편지로 생각되는 것 중 긴 편지를 피르코비치가 수집한 자료 속에서 찾아낸 것도 하르카비였다. 그는 동유럽 전통 및 문학에 깊은 조예가 있었기에 하자르 연구 분야에서 최고 권위자가 되었다. 하르카비는 동료이자 세례 받고 그리스도교로 개종한 동양학자 다니엘 아브라모비치 크볼손(Daniel Abramovich Chwolson)과 격렬한 논쟁을 벌이기도 했다.[94]

이후 지몬 두브노프가 유대 역사학에서 그 위치를 굳혔을 때는 이미 하자르 왕국에 대한 자료가 상당량 나와 있었다. 1912년에 「케임브리지 문서」가 공개되었고, 20세기 전반기에 하스다이와 요셉 왕 사이에 오간 편지도 비록 수정이 대거 이루어지긴 했으나, 신뢰할 만한 자료로 취급받기 시작했다. 두브노프는 광범위한 내용을 담고 있는 자신의 역작 『세계-민중의 역사』에서, 선배 요스트와 그레츠가 할애한 것보다 더 많은 분량을 하자르 왕국에 배정했다.[95] 두브노프는 하자르 왕국의 발전과정을 전체적으로 약술했고, 요셉 왕 편지를 토대로 하자르인들의 자발적인 유대교 개종을 생생하게 그려냈으며, 아랍 연대기 다수를 신뢰했다.

하자르 왕국의 강성했던 힘에 매료된 건 그레츠와 비슷했지만, 그래도 두브노프는 상류층만이 유대교로 개종했으며 중간층과 하층은 이교도나 이슬람교도, 그리스도교 신자 등으로 남아 있었다는 것을 강조하는 데 실패하지 않았다. 두브노프는 짧지 않은 서지 분석을 포함한 특별부록을 덧붙였으며, "하자르인들의 이야기는 유대인들의 역사에서 가장 문제적인 사안"이라고 진술했다.[96] 하지만 어째서 가장 문제적인지 그 이유는 설명하지 않았다. 또한 이유는 분명치 않지만 하자르인들에 대한 그의 글에서는 어떤 불편함 같은 것이 묻어난다. 아마 이 다루기 까다로운 하자르인들이 정확히 '이스라엘의 종족생물학적 후손'은 아니어서, 그들의 역사가 유대 역사 서술에 이질적이기 때문이었을 것이다.

하자르를 되살려낸 학자들

옛 소련 정부는 정권 초기에 하자르 연구를 독려했다. 그래서 젊은 역사가들은 러시아제국 이전의 과거를 열정적으로 연구하기 시작했다. 그 결과 1920년대 초에서 1930년대 중반까지 역사학적 성과가 쏟아져 나왔는데, 그 연구결과들은 나오는 족족 훌륭한 연구로 이상화되었다. 소련 학자들이 하자르에 대해 그토록 공감했던 것은 그 왕국이 그리스정교회의 지배를 받지 않았다는 사실, 그리고 모든 종교에 관대하고 개방적이었다는 사실 때문이었다. 하자르가 유대 왕국이었다는 사실은 연구자들을 불편하게 하지 않았다. 그것은 연구자들 다수가 마르크스주의를 표방하고 있음에도 유대 배경을 지니고 있었기 때문이기도 했다. 프롤레타리아 세계주의 정신 속에 유대인의 자부심이 조금 주입된들 또 어떻겠는가? 그러나 그 학자들 가운데 더 돋보였던 이들은 유대 배경을 지니고 있지 않았다.

파벨 코콥초프(Pavel Kokovtsov)는 1932년에 모든 '히브리어 하자르 문서'를 체계적인 비평서에 담아 출간했다. 코콥초프는 그 문서들 중 일부의 진위에 대해서는 의구심을 표했지만, 책의 출간을 계기로 추가적인 연구와 함께 돈강 저지대의 고고학 발굴이 활기를 띠게 되었다. 고고학 임무를 주도한 젊은 학자는 미하일 아르타모노프(Mikhail Artamonov)였다. 그는 자신의 발굴기를 요약해 『하자르 고대사 연구』(*Studies on Khazaria's Ancient History*)라는 책으로 펴냈다.[97] 아르타모노프의 저작은 하자르 이야기에 공감을 표하는 러시아 및 소련 전통을 그대로 따랐으며, 초기 키예프러시아의 성장을 촉발한 고대 통치자들을 칭송했다.

소련이 하자르에 대해 커다란 관심을 보이고 남동유럽 역사학에서 하자르가 두드러진 위치를 차지하자, 소련 밖 유대인 학자들의 작업도 영향을 받지 않을 수 없었다. 예를 들어 중요한 폴란드계 유대인 역사가 이츠하크 쉬퍼(Yitzhak Schipper)는 양차 대전 사이에 펴낸 몇 권의 책에서 여러 장을 하자르 역사에 할애했다. 배런 역시 광범위한 내용이 들어가는 자신의 역작에서 하자르 현상을 길게 검토해보기로 마음먹었다. 두브노프가 하자르 역사를 '유대 민중' 역사의 정당한 한 챕터로 포함시켰다면, 배런은 1930년대 말에 책을 쓰면서 놀랍게도 하자르 역사를 주요 사안으로 다루었다. 이에 대해서는 앞으로 살펴보게 될 것이다.

배런은 본질적으로 종족중심주의적 세계관을 가졌으면서도, 주저함 없이 하자르 수수께끼와 씨름하여 그것을 유대인들의 역사 속에 집어넣었다. 배런은 하자르인들을 유대인들의 역사 흐름 속에 통합시키기 위해, 유대인들이 하자르 영토 안으로 대규모로 이주한 적이 있다고 상정했다. 그 이주의 결과, 하자르 주민들이 배런의 표현대로 혼혈 하자르계 유대인이 되었다는 것이다.[98] 그것을 제외하면 배런의 하자르 서사는 탄탄하며, 당시 그가 이용할 수 있었던 자료 대부분에 근거를 두고 있다. 배런은 1950년대 말에 증보판을 펴내면서 새로운 분석들을 포함시켰고, 많은 설명을 보강하여 이 주제를 더 확장시켰다.

디누어도 그의 값진 자료모음집 『유배된 이스라엘』에서 다르지 않은 모습을 보였다. 『유배된 이스라엘』 1961년판에는 하스다이-요셉 왕 편지들, 「케임브리지 문서」, 아랍 및 비잔틴의 여러 연대기 등에서 인용한 인상적인 자료들과 함께 많은 학술적 논평 및 풍부한 새로운 정보가 포함되어 있다. 50페이지가 넘는 분량이 하자르 역사에 할애되었으며, 디누어는 하자르 역사에 대해 다음과 같이 명확한 입장을 보였다. "하자르 왕국', '유대인들의 나라', 그리고 그 안의 '유대인들의 도시들'은 중대한 의미를 지닌 역사적 사실이다. 그들은 유대 민중이 걸어간 길에서 멀리 떨어져 있었지만 유대 역사 발전에 힘입어 큰 변화를 겪었고, 또한 그들이 남긴 여파는 유대 민중의 삶 속에 느껴졌다."[99]

그런 진술이 가능하려면 먼저 몇 가지 가정이 전제되어야 했다. 하나는 하자르 땅에 일찍부터 유대 거주민, 이른바 '유대 부족 공동체'가 있었다는 가정이고, 또 하나는 바로 그러한 공동체가 있었기 때문에 하자르 왕국이 유대교로 개종할 수 있었다는 가정이다. 하자르로 이주한 유대인들도 단순히 낯선 지역에 가서 놀라운 솜씨를 발휘해 개종을 이뤄낸 난민과 이주민 중 일부에 불과한 것이어서는 안 되고, "그 지역으로 지속적인 유대인 이주가 있었으며 유대인들은 주민들 중 상당히 비중 있는 계층으로서 그 지역에 유대적 요소를 다져놓았다"[100]는 가정이 전제되어야 했다. 이런 가정들을 전제함으로써 하자르인들 중 다수가 이른바 '혈통에 따른 유대인'이었다는 것을 확실히 해놓은 다음에야, 우리

428

는 비로소 그들의 영토적, 군사적 강대함에 자부심을 가질 수 있고, 옛날에 유대인이 다스린 나라가 있었다는 기억을, 그리고 중세의 하스몬 왕국이라 할 만한 이 나라가 하스몬보다 훨씬 더 컸다는 기억을 마음껏 누릴 수가 있는 것이다.

배런과 디누어의 증보판에서 보강된 하자르 역사는 대부분 아브라함 폴락의 인상적인 연구에서 가져온 것이었다. 1944년에 히브리어로 출간된 폴락의 책 『하자르: 유럽 내 한 유대 왕국의 역사』는 뒤에 개정판이 두 번 더 나왔으며 마지막 개정판은 1951년에 나왔다. 처음으로 하자르를 포괄적으로 다룬 이 책은 텔아비브 시로부터 상을 받기도 했지만, 몇몇 서클 안에서는 일부가 의구심을 표하는 등 엇갈린 반응을 얻었다. 서평들은 이 책이 다루고 있는 폭넓은 영역, 에너지, 그리고 학문적 철저함에 대한 찬사 일색이었다. 키예프에서 태어난 폴락은 러시아어, 터키어, 고전 아랍어, 고대 페르시아어, 라틴어 등 많은 언어를 알고 있었다. 그리스어도 알고 있었을 것이다. 역사 자료에 대한 지식도 인상적이었다. 하지만 일부 평자들은 폴락이 역사를 '정신없이' 다룬다고 비판했다. '정신없다'는 표현은 폴락의 책에 대해 가장 거칠게 비판한 평론 중 히니의 제목에서 따온 말이다.[101] 그 평론에서 폴락은 전체 서사에 세부 사항들을 너무 많이 집어넣었고 여러 문헌에서 필요 이상으로 자료를 뽑아냈다는 비판을 받았다. 이런 비판에도 어느 정도 일리는 있었다. 폴락은 하자르 세계로 통하는 길을 내기 위해서, 현지 역사가들이 이른바 '제1성전 시기' 및 '제2성전 시기' 역사를 재구축하는 데 지침으로 썼던 실증주의적 원리와 동일한 원리를 따랐다. 그래도 폴락은 그것을 훌륭한 솜씨로 해냈고, 그의 진술들은 논박하기 어려웠다.

일부 평자들은 또 비판하기를, 폴락의 가장 큰 죄는 그가 책을 마무리하면서 내세운 가정에 있다고 보았다. 이스라엘 학자 폴락은 동유럽 유대인 대다수가 그 기원을 하자르 영토에 두고 있다고 단정적으로 주장했다. 폴락의 책 때문에 '어지러웠다'던 그 논평자는 이렇게 불평했다. "우리한테 우리의 유대인 기원이 아닌 이 튀르크-몽골 족보를 내밀어줘서 얼마나 기쁘고 영광스러운지 모르겠다."[102]

하지만 이런저런 비판에도 불구하고 배런과 디누어는 폴락의 책을 폭넓게 참조했고, 그것을 하자르 역사에 대한 결정판으로 간주했다. 물론 하자르 역사 초기에 유대인의 종족생물학적 씨앗이 심어졌다는 전제조건 하에서였다. 폴락의 책을 출판한 출판사는 미심쩍어하는 독자들을 안심시킬 수 있도록 책의 뒤표지에 눈에 잘 띄게 다음과 같은 글귀를 적어놓았다. "이 제국[하자르]이 유대 왕국이었던 것은 비단 그 종교 때문만이 아니었다. 이 제국에는 이스라엘 주민이 대규모 존재했고, 개종한 하자르인들은 그 중 소수에 불과했다." 개종자들이 그 광대한 유대 왕국의 작은 일부에 불과했다고 하면, 하자르에 대한 논지도 시오니스트 역사 서술에 부합하며 더 정당성을 얻게 되기 때문이다. 저자 자신도 무책임하다는 평판에도 불구하고 이 문제를 부분적으로 인식하고서, 자신이 제조한 쓴 약에 달콤한 맛을 입히고자 다음과 같은 종족중심주의적 발언을 내세워 임시처방된 위안을 제공했다.

하자르인들이 개종하기 전부터 이 지역에는 유대 정착민들이 있었다. 하자르가 정복 활동에 나서기 전에도 있었다. 게다가 하자르 왕국에서는 다른 비-하자르인들 사이에도 유대교 개종이 있었다. 유대인들은 다른 지역, 주로 이슬람 중앙아시아, 이란 동부, 비잔틴 등지에서 이주해 왔다. 그렇게 하여 대규모 유대 공동체가 성장하게 되었으며, 개종한

430

하자르인들은 그 중 일부에 불과했다. 그리고 그 유대 공동체의 문화적 특징을 형성한 이들은 주로 코카서스 북부와 크림반도의 옛 주민들이었다.[103]

1940년대 말과 1950년대 초에는 이런 표현으로도 어느 정도 시오니스트 역사학의 요구에 부합할 수 있었으며, 앞에서 보았듯이 디누어 같은 이도 이 '대담한' 조치에 대해 승인 도장을 찍어줄 수 있었다. 게다가 폴락은 자신의 지적, 언어적 능력을 이스라엘군 정보부에 거리낌 없이 제공한 충실한 시오니스트였다. 폴락은 1950년대 말에 텔아비브대학교 중동 및 아프리카 역사학과 학과장에 임명되었고, 그러한 배경 덕분에 아랍 세계에 대한 저작을 여러 권 펴낼 수 있었다. 하지만 폴락과 같이 독립적인 정신을 가진 학자는 타협이 적성에 맞지 않았다. 그의 역사적 접근방식이 유대 역사 기억을 재구축하는 지배적 추세에서 점점 더 벗어나면서, 폴락은 자신의 선구적인 작업에 대해 끊임없이 변호해야 했다.

그들이 침묵하는 이유

1951년부터 지금 이 순간까지 하자르인들을 다룬 히브리어 역사 저작은 단 한 권도 나오지 않고 있다. 폴락의 『하자르』도 다시는 재출간되지 않았다. 폴락의 책은 1950년대 말까지만 해도 이스라엘 연구자들에게 정당한 출발점이었지만, 세월이 흐르면서 그러한 지위를 잃어버렸다. 대담성 없는 석사논문 한 편과 틀에 박힌 세미나 보고서 한 편을 제외하고는 이 주제를 다룬 히브리어 저작은 볼 수 없게 되었다.[104] 이스라엘 학계는 하자르인들에 대해 침묵을 지켰고, 의미 있는 연구는 전혀 이루어지지 않았다. 이스라엘에서 하자르인들에 대한 이야기를 공적인 장에서 꺼내는 것은 서서히 그리고 일관되게, 별스럽고 기이하며 위협적이기까지 한 것으로 여겨지게 되었다. 1997년에는 이스라엘의 유명 방송인인 에후드 야아리가 수년 간 하자르인들의 특이한 힘에 매료된 끝에 이 주제에 대해 짧은 TV시리즈 하나를 제작했다. 조심스럽긴 했지만 매혹적인 정보들이 가득한 방송이었다.[105]

유대 이스라엘의 기억에서 하자르인들에 대한 침묵이 이렇게 이어진 까닭은 무엇일까? 전통적인 종족중심적 관념이 어떤 형태로든 유대 민족주의의 모든 측면을 지배하게 된 탓이겠지만, 그것 말고도 두 가지 가능한 가설이 있다. 하나는 1950년대와 1960년대에 탈식민주의 물결이 밀어닥치면서 이스라엘의 기억장사꾼들이 하자르 과거라는 그림자를 멀리했다는 가설이다. 시오니즘 사업의 정당성에 대한 의심이 곳곳에 남아 있었기에, 만약 정착한 유대인 대중이 이른바 '이스라엘의 자식들'의 직계후손이 아니라는 것이 널리 알려지게 된다면, 시오니즘 사업이 정당성을 잃게 되어 이스라엘국이 존재할 권리가 여러 곳에서 도전받게 될 것이다. 또 하나의 가설은 크고 인구가 밀집되어 있는 팔레스타인인들의 영토를 점령한 것이 이스라엘 정체성 정치의 종족적 요소를 심화시켰다는 것이다. 이 가설은 첫 번째 가설과 반드시 상충하는 것은 아니다. 팔레스타인 대중과 가까이 있는 것이 가상적인 '민족' 이스라엘에게 위협으로 여겨지기 시작했고, 그래서 더 강한 정체성의 결속과 그것에 대한 규정이 요구되었다는 얘기다. 그 영향으로 하자르에 대한 어떤 기억에도 재갈이 물리게 되었다. 이렇게 하여 20세기 후반이 되면서 고아가 된 하자르인들과의 인연은 점차 약해져갔다. '유대 민중'이 2천년 동안 세계를 유랑한 후에 자기들의 원래 '고향땅'으로 다시 모여들었기 때문이다.

이스라엘에서 하자르에 대한 침묵의 시기는 많은 면에서 소련에서
있었던 침묵의 시기와 비슷하다. 다만 사회주의 러시아 땅에서는 그 침
묵이 한 세대 전에 있었다는 게 다를 뿐이다. 1937년 아르타모노프의 책
이 나오고 나서 1960년대에 이르기까지, 러시아에서 하자르인들에 대
한 책은 거의 아무것도 나오지 않았다. 출간된 극소수의 책들도 주로 하
자르인들을 부인하고 중상하는 것들이었다. 동유럽에 저 이상한 유대인
들이 존재했다는 사실은 어쩌면 당연하게도, 마르크스-레닌주의 역사
논리 및 스탈린 치하에서 다시 태어난 '어머니 러시아'의 성격에는 맞지
않는 일탈적인 것이었다. 1920년대 및 1930년대 전반기의 프롤레타리
아 세계주의는 2차 세계대전이 일어나기도 전에 벌써 독단적인 러시아
민족주의로 대체되었다. 1945년 이후 냉전이 시작되고 주변 영토에 대
한 러시아화가 가속화하면서, 러시아 민족주의는 한층 더 냉혹하고 배
타적인 종족중심주의가 되었다.

하자르에 대해 글을 썼던 러시아 역사가들 및 이후의 소련 역사가들
은 전부, 공통된 슬라브적 특성을 이해하지 못한 나머지 고대 키예프러
시아의 중요성을 폄하한 부르주아들이리 비난받았다. 1951년에는 일
간지 『프라우다』마저 합세하여 하자르라는 기생충과 그들을 잘못 해석
한 이들을 맹비난했다. '기관 역사가'라며 글을 쓴 P. 이바노프(아마 스탈
린이었을 것이다)는 하자르인들에 대한 빈약한 연구 실력이 드러나는 한
중요 기사를 기고하면서 다음과 같이 주장했다. "우리 선조들은 스텝인
들의 침략으로부터 우리 고향땅을 지키기 위해 무기를 들어야 했다. 고
대 러시아는 슬라브 부족들의 방패였다. 고대 러시아는 하자르를 물리
치고… 옛 슬라브 땅을 하자르의 지배에서 해방시켰고, 다른 부족들과

민족들의 등에서 하자르의 멍에를 끌어내렸다."[106] 기사는 아르타모노
프가 하자르 문화에 대해 부적절한 공감을 나타냈고 하자르가 러시아
탄생에 역사적으로 긍정적인 역할을 한 것으로 평가했다며, 아르타모노
프를 공격하는 데 주력했다. 『프라우다』의 기사가 나온 뒤 소련과학아
카데미 역사연구소 과학위원회가 소집되어, 이 기사의 추론이 전적으로
옳다는 결론을 내렸다. 그리하여 하자르를 폄하하기 위해 모든 노력이
동원되었고, 하자르인들은 어쩌다 운 없게도 러시아 역사에 끼어들게
되는 바람에 저주받고 오명을 뒤집어 쓴 존재가 되어버렸다. 1960년대
들어 스탈린주의의 서리가 부분적으로 녹고 나서야 하자르인들에 대한
연구는 조심스럽게 재개되었다. 하지만 이때부터는 하자르 연구가 명백
한 민족주의적 색채를, 때로는 반유대주의적 색채를 띠게 되었다.[107]

이렇듯 하자르 과거와 가장 관련이 깊은 두 국가인 이스라엘과 소련
에서는 하자르 연구가 오랜 세월 동안 금기시되었지만, 서구에서는 신
선한 자료들이 등장하고 있었다. 1954년에는 영국 학자 더글러스 던롭
이 쓴 유대 하자르에 대한 철저하고 종합적인 연구서가 프린스턴대학
교 출판부에서 출간되었다. 던롭은 이 주제에 관한 아랍 문헌을 철두철
미하게 꿰고 있었으며, 하자르제국 멸망 후 그들의 운명에 대해 대단히
신중한 태도를 보였다.[108] 1970년에 피터 골든은 방대한 박사논문을 제
출했다. 제목은 『하자르인: 이슬람, 비잔틴, 코카서스, 히브리, 고대 러
시아 문헌에 비친 역사와 언어』였다. 논문의 일부는 1980년에 출간되
었다.[109]

1976년에는 아서 케스틀러가 『열세 번째 지파』라는 폭탄을 투척했
다. 이 책은 여러 언어로 번역되어 다양한 반응을 일으켰다. 1982년에는
노먼 골브와 오멜리얀 프리차크의 책 『10세기 하자르 히브리어 문서들』

이 이 주제에 대한 비평적 토대를 마련했다.[110] 1999년에는 케빈 브룩이 쓴 대중서 『하자르의 유대인』이 나왔다. 학계 출신이 아닌 브룩은 하자르에 대한 방대한 웹사이트도 운영하기 시작했다.[111] 그 외에 스페인어, 프랑스어, 독일어 등으로도 여러 책이 나왔으며, 최근에는 앞서 언급한 책들 중 다수가 러시아어, 터키어, 페르시아어 등으로 번역되었다.[112] 그러나 어느 것도 히브리어로 출간되지는 않았다. 케스틀러의 『열세 번째 지파』는 어느 개인 출판사가 예루살렘에서 발간하기는 했지만, 위험을 무릅쓰면서까지 서점에 배포하지는 못했다.[113]

그 외에도 그 세월 동안 수십 편의 에세이, 기사, 그리고 역사책 속 챕터들이 하자르인들의 역사 및 그 역사와 유대 역사와의 관련성을 다루었다. 1999년에는 해외 학자들이 주로 참석한 학회가 예루살렘에서 열리기까지 했다. 그러나 이스라엘 학계에서는 그 학회에 관심을 보인 이가 거의 없었다.[114] 1980년대 말과 1990년대의 이데올로기적 압력은 어느 정도 누그러들었지만, 이스라엘 역사가들 중에서 하자르라는 주제를 다시 집어든 이는, 그리고 자신이 지도하는 학생들을 이 막혀버린 역사의 길로 인도하는 이는 아무도 없었다.

그런데 하자르인들에게 집먹고 물러나 그 주세에 내해 누구 한 사람 단 한 편의 논문도 발표하지 못했던 이스라엘 역사가들이, 케스틀러의 『열세 번째 지파』가 나오자 화를 내며 거센 반응을 쏟아냈다. 오랫동안 이 책을 접할 방법이 없었던 히브리어 독자들은 오직 독기 어린 비난을 통해서만 이 책의 내용을 전해들을 뿐이었다.

6. 수수께끼—동유럽 유대인의 기원

정치에 짓눌린 역사

아서 케스틀러(Arthur Koestler, 1905~1983)는 젊은 시절에는 시오니즘 개척자였고, 시오니스트 우익 지도자인 블라디미르 야보틴스키를 가까이하며 그를 지지하기도 했지만, 정착사업과 유대 민족운동에 환멸을 느끼게 되었다. (이후 그는 공산주의자가 되었다가 스탈린에 대한 혐오감으로 격렬한 소련 반대자가 되었다.) 그래도 그는 이스라엘 국가 결성을 계속 시시했으며, 그곳으로 모여든 유대인 난민들을 염려했다. 케스틀리는 평생에 걸쳐 모든 형태의 인종주의에 반대했고, 특히 반유대주의에 반대했으며, 무시할 수 없는 문학적 재능을 이용해 그것들과 싸웠다. 그의 책 대부분이 히브리어로 번역되어 상당한 성공을 거뒀다. 『열세 번째 지파』를 쓰도록 그를 떠밀었던 충동 중 하나는 이 세상에 남아 있는 히틀러의 유산을 물리치겠다는 결심이었다. 그에게는 그럴 능력이 있었다. 그는 다음과 같이 썼다.

이 세계에 살아남은 유대인들 중 대다수는 그 기원이 동유럽—따라서 아마도 주로 하자르—이다. 그렇다면 이는 곧 그들의 선조들이 요르단강에서 온 게 아니라 볼가강에서 왔다는 것, 그리고 가나안이 아니라 한때 아리아 인종의 요람이라 믿어진 코카서스에서 왔다는 것을 의미하게 될 것이다. 그리고 유전적으로 아브라함, 이삭, 야곱의 후손보다는 훈족, 위구르족, 마자르족과 더 밀접한 관계가 있다는 것을 의미하게 될 것이다. 만약 정말로 그렇다는 것이 밝혀진다면, 셈족을 겨냥한 '반유대주의'(anti-Semitism)라는 말은 의미 없는, 살인자들과 희생자들의 공통된 오해에 기초한 공허한 말이 될 것이다. 하자르제국의 이야기는, 그것이 과거로부터 그 모습을 천천히 드러낼수록, 역사가 지금까지 자행했던 거짓말 중 가장 잔인한 거짓말처럼 보이기 시작한다.[115]

1970년대에 케스틀러는 동유럽 유대인들이 유다지역 사람들의 후손인지 아닌지 확실히 알 수 없었고, 또 하자르인들의 개종이 유대 역사에서 예외적인 경우인지 아닌지도 알 수 없었다. 또한 자신이 벌이는 반유대적 인종주의에 대한 투쟁이 시오니즘의 주요 허상에 치명타를 날릴 수 있다는 점도 이해하지 못했다. 아니 그건 이해했을 수도 있다. 그가 이해하지 못했던 것은, 자신이 책 마지막 부분에 정치적 입장을 다음과 같이 명확하게 표명해 놓는다면 그의 결백이 증명될 거라는 생각이 얼마나 순진한가 하는 것이었다.

이 책이 악의적으로 잘못 해석되어 이스라엘국이 존재할 권리를 부정하는 것으로 받아들여질 수 있는 위험이 있다는 것은 나도 알고 있다. 하지만 이스라엘국의 존재 권리는 가설에 불과한 유대 민중의 기원이나 신화에 가까운 아브라함과 신의 약속에 근거를 둔 것이 아니라, 국제법―
즉 1947년 유엔 결의안 등―에 근거를 둔 것이다. 이스라엘 국민들의
인종적 기원이 무엇이든 간에, 그리고 그들이 그런 기원에 대해 어떤 환
상을 품고 있든 간에, 그들의 국가 이스라엘은 법률적으로도 실질적으
로도 존재하며, 그 존재는 대량학살이 일어나지 않는 이상 무효화될 수
없다.[116]

하지만 소용없었다. 1970년대에 이스라엘은 영토 확장의 기세에 휩
쓸려 있었고, 손에 구약성서를 들지 않거나 기억 속에 '유대 민중의 유
배'를 저장해 놓지 않는다면 아랍인들의 예루살렘을 합병하고 서안지
구와 가자지구, 골란고원, 그리고 시나이반도에까지 정착촌을 건설하
는 일에서 정당성을 확보할 수 없다고 믿었다. 고전이 된 소설 『한낮의
어둠』(*Darkness at Noon*)에서 공산주의의 수수께끼를 풀었던 케스틀러도,
시오니즘의 수수께끼가 영원한 '종족적' 시간의 신화 속에 완전히 붙잡
혀 있다는 것은 이해하지 못했다. 그리고 1967년 이후의 시오니스트들
이 스탈린주의자들과 다를 바 없는 격한 반응을 보이리라는 것도 내다
보지 못했다. 스탈린주의자들과 1967년 이후 시오니스트들은 모두 케
스틀러를 돌이킬 수 없는 반역자로 보았다.

『열세 번째 지파』가 출간되었을 때, 영국주재 이스라엘 대사는 이 책
을 일러 "팔레스타인인들에게서 자금 지원을 받은 반유대주의적 저술"
이라 평했다.[117] 세계시오니스트기구(World Zionist Organization)의 기관
지『유배의 디아스포라 중에서』는 "세계시민주의자이던 케스틀러도 결
국에는 자기 뿌리가 슬슬 궁금해지기 시작한 모양"이라고 하더니, 이내
케스틀러가 작가로서 사람들의 기억에서 잊히는 것이 두려웠던 것 같

다며 "유대적인 테마를 비상식적이고 자기모순적인 관점에서 바라본 다음 솜씨 좋게 정리해 책으로 내면 대중의 관심을 다시 얻을 수 있을 거라 판단했을 것"이라고 재단했다.[118] 이 기관지는 또한 이 책이 "이국적인 요소들과 케스틀러의 명성 덕에 역사적 이해나 비판적 능력이 부족한 독자들에게 호응을 얻을 수 있고, 그리하여 이 책의 논지와 의미가 글자 그대로 받아들여질 수 있다"며 심각한 우려를 표명하기도 했다.[119]

다른 기관도 아닌 텔아비브대학교 유대 역사학과의 교수 즈비 앙코리는 케스틀러를 야콥 팔머라이어(Jacob Fallmerayer)와 비교했다. 팔머라이어는 근대 그리스인들이 그들의 상상처럼 고대 그리스인들의 후손이 아니라 슬라브인, 불가르인, 알바니아인 등등이 펠로폰네소스반도로 쏟아져 들어와 원주민들과 서서히 섞여 뒤범벅이 된 이들의 후손이라는 제안을 19세기에 이미 내놓은 독일 학자다. 과거에 가치를 잃은, 그리고 이제는 이스라엘에 해를 끼칠 수도 있는 아브라함 폴락의 옛 논지를 굳이 가지고 온 케스틀러의 심리에 대해서 우리는 추측해봐야 할 거라고, 앙코리는 썼다.[120] 이후 같은 대학교의 존경받는 교수 슐로모 시몬슨도, 케스틀러가 하자르 유대인들에 대해 글을 쓴 이유가 영국 문화 속 동유럽 이민자로서 자신의 정체성 갈등과 상관있는 것은 아닌가 하는 의문을 표했다. 이스라엘 원로 역사가 시몬슨은 다음과 같은 말도 덧붙였다. "유대인의 자기혐오의 역사를 다루는 책 한 권이 최근에 출간되었는데, 이 책이 케스틀러에 대해 상당한 분량을 할애한 것도 전혀 놀라운 일이 아니다."[121] 시몬슨도 앙코리와 마찬가지로, 동유럽 유대인들의 기원에 대한 이 불명예스러운 이야기의 근원이 같은 텔아비브대학교 교수인 폴락의 저작이라는 점을 명시했다.

하지만 동유럽 유대인들 다수의 기원이 하자르 제국의 영토에 있다는 주장을 처음 내세운 이는 직업 역사가인 폴락도 아니고, 직업 역사가라고 자임한 적이 없는 케스틀러도 아니다. 강조하건대 1970년대 이후 수치스럽고 불명예스럽고 반유대주의적이라 매도되었던 이 가설은 이전부터 시오니스트와 비-시오니스트를 막론하고 학계의 다양한 서클들 안에서 받아들여져 왔다. 다만 이 가설이 합의에 이르지는 못했다. 종족중심주의자들 사이에서 두려움을 불러일으켰기 때문이다.

예를 들어 위대한 유대 학자 아브라함 하르카비는 1867년에 이미 자신의 책『유대인과 슬라브 언어』의 머리말에 이렇게 썼다. "러시아 남부 지역에 온 최초의 유대인들의 기원은 많은 작가가 믿는 것처럼 독일이 아니다. 그들은 흑해 연안에 있는 그리스인 도시들에서 왔으며, 아시아에서도 코카서스산맥을 경유해 왔다."[122] 나중에 이주가 확산되면서 독일에서도 유대인들이 왔으며, 이들의 수가 더 많았기 때문에 결국 동유럽 유대인들 사이에서 이디시어가 우세를 점하게 되었지만, 동유럽 유대인들은 17세기에도 여전히 슬라브어를 말했다고 하르카비는 진술한다. 두브노프 역시, 저명하고 책임이 막중한 역사가가 되기 전에 쓴 초기의 한 편지에서 다음과 같은 궁금증을 나타냈다. "폴란드와 러시아에 온 최초의 유대인들은 그 기원이 어디였을까? 서유럽 여러 나라였을까? 아니면 하자르인들의 땅과 크림반도였을까?"[123] 그 답은 고고학이 발전하여 역사 서술에 추가적인 증거를 제공해줄 때에야 찾을 수 있을 거라고 두브노프는 가정했다.

폴란드의 원로 사회경제사가이자 저명한 시오니스트였던 이츠하크 쉬퍼는 '하자르 논지'가 동유럽에 유대인들이 인구통계학적으로 대량 존재한 것에 대한 좋은 설명이 된다고 오랫동안 믿었다. 이런 점에서 쉬퍼는 폴란드, 리투아니아, 벨라루스, 우크라이나 등지에 유대교 신자들이 처음 정착한 사실에 대해 썼던 일군의 유대계·비유대계 폴란드 학자들을 따르고 있었다. 쉬퍼는 또한 유대화되고 있던 하자르 땅에 '진짜' 유대인들이 있었으며, 그들이 볼가강에서 드네프르강까지 뻗어있던 이 강력한 제국의 수공업과 상업 발달에 기여했다고 가정하기도 했다. 하지만 쉬퍼는, 동유럽에 대규모 유대 공동체들이 생겨난 것은 하자르인들과 동유럽 슬라브인들이 유대교를 널리 받아들였기 때문이라고 확신했다.[124]

살로 배런이 폴락을 따라 상당히 많은 분량을 하자르 문제에 할애했다는 것은 앞서 살펴본 바 있다. 배런의 저작에는 종족주의가 붙박이로 들어가 있지만, 그런 배런도 하자르라는 중간 기착지에 멈췄을 때에는 예외적으로 단선적인 역사에서 벗어났다. 이스라엘 역사가 폴락의 포괄적인 저작은 말할 것도 없고, 양차 대전 사이 폴란드 역사가들 대부분의 관점을 무시하고 넘어갈 수 없었기 때문이다. 그리하여 배런은 다음과 같이 썼다.

몽골 침략을 전후해 하자르인들은 몽골인들에게 정복되지 않은 슬라브 땅에 많은 분파를 내보냈다. 이는 궁극적으로 동유럽 등지에 거대한 유대 중심지들이 구축되는 데 도움이 되었다. 하자르제국이 존재했던 오백년(740~1250) 동안, 그리고 하자르제국 멸망 후에도 동유럽 공동체들 속에서 명맥을 이어가며 진행된 유대 국가 경영이라는 이 주목할 만한 실험이 우리가 상상하는 것보다 훨씬 더 커다란 영향력을 유대 역사에 행사했다는 데는 의심의 여지가 없다.

유대인들은 하자르 땅에서부터 동유럽의 탁 트인 스텝지대로 흘러들어가기 시작했다. 그들의 나라가 흥성하던 시기에도 그랬고 쇠퇴하던 시기에도 … 그랬다. 스비아토슬라브가 연이어 싸움에서 승리하고 그 결과 하자르제국이 쇠퇴한 후에도, 유대인들을 포함해 파괴된 지역에서 나온 난민들은 오히려 그들의 땅을 정복한 이들의 땅으로 가서 안식처를 찾았다. 그곳에서 그들은 다른 유대인 집단 및 개인들을 만났다. 서쪽과 남쪽, 즉 독일과 발칸 지역에서 이주해온 이들이었다. 하자르 난민들과 이들은 함께 유대 공동체의 초석을 놓기 시작했다. 이 유대 공동체는, 특히 16세기 폴란드에서는, 인구밀도뿐 아니라 경제력과 문화에서도 당대의 다른 모든 유대 정착지들을 능가했다.[125]

배런은 소위 '자기혐오 유대인'이 아니었고 시오니즘 사업에도 분명히 적대적이지 않았다. 배런의 예루살렘 동료인 벤 시온 디누어도 마찬가지였다. 1950년대에 이스라엘 교육부 장관을 역임한 디누어는 이런 경력에도 불구하고 아무 망설임 없이 배런과 폴락을 따라 동유럽 유대인들의 기원에 관해 다음과 같이 분명한 입장을 표명했다. "러시아 정복자들이 하자르 왕국을 완전히 멸망시킨 것은 아니었다. 다만 이 왕국을 해체함으로써 왕국의 힘을 약화시켰다. 그리고 많은 유배지에서 유대인 이민자들과 난민들을 흡수해왔던 이 왕국이 디아스포라의 한 모태가 되었음이 틀림없다. 디아스포라들 중에서 가장 큰 디아스포라의 하나, 즉 러시아, 리투아니아, 폴란드 내 이스라엘의 모태가 되었던 것이다."[126]

1950년대 이스라엘에서 기억을 관장하는 제사장이었던 디누어가 아무 망설임 없이 하자르를 동유럽 유대인의 '디아스포라 모태'로 묘사했다는 것을 들으면 오늘날의 독자들은 놀라 입이 쩍 벌어질지도 모르겠다. 물론 여기에서도 그의 수사법에는 특유의 종족생물학적 사고가 짙게 묻어 있다. 배런이 그랬듯이 디누어에게도 하자르가 유대화되기 전부터 그곳에 살았던 '태생적 유대인들'과의 역사적 연결점이 꼭 있어야 했다. 그렇다 하더라도, 이디시 민중의 대다수가 독일이 아니라 코카서스, 볼가강 스텝지대, 흑해, 슬라브 지역에 기원을 두고 있다는 가정은 1960년대까지는 받아들일 수 있는 가정이었다. 1970년대 초 이후처럼 충격적이거나 반유대주의적인 것으로는 여겨지지 않았다.

이디시어는 어디에서 왔는가?

이탈리아 철학자 베네데토 크로체가 말한, "어떤 역사든 우선적으로는 그 역사가 쓰인 시대의 산물"이라는 표현은 이미 상투어가 된 지 오래이지만, 유대 과거를 다루는 시오니스트 역사학에는 아직도 이 표현이 완벽하게 들어맞는다. 1967년 '다윗의 도시' 정복을 완수한 이들은 다윗 가문의 직계후손이어야 했다. 그 정복이 볼가강-돈강 스텝지대나 아라비아반도 남부 사막, 혹은 북아프리카 해안에서 온 거친 기마인들의 후손에 의해 이루어졌다는 것은 어림도 없는 얘기였다. 다시 말해서 '쪼개지지 않은 완전한 이스라엘 땅'에는 이전 어느 때보다도 '쪼개지지 않은 완전한 이스라엘 민중'이 필요했다.

전통적인 시오니스트 역사학은 동유럽 유대인들이 독일에서 왔다는 (그 이전에는 로마에서 '일정 기간'을 보냈고, 그렇게 된 건 '이스라엘 땅'에서 추방되었기 때문이라는 것인데) 입장을 항상 유지하고 있었다. 추방으로 유랑을 하게 된 민중이라는 근본주의적 견해에 독일과 같이 '문명화된' 나라의 명망이 결합하여, 유럽 낙후 지역의 낮은 지위를 가리고 우수한 상품(아랍지역 출신 유대인들이 스스로를 세파르디로 설명하고 싶어 하는 것처럼, 동유럽 유대인들은 스스로를 독일계 아시케나지로 보는 것을 선호한다)

을 만들어냈던 것이다. 유대인들이 서쪽의 독일에서 유럽대륙 동쪽으로 이주했음을 보여주는 역사적 증거는 전혀 없는데도, 폴란드, 리투아니아, 러시아의 유대인들이 이디시어를 썼다는 사실은 동유럽 유대인들이 원래 독일 유대인 곧 아시케나지 유대인이었음을 보여주는 증거처럼 여겨졌다. 이 유대인들이 쓰던 이디시어 어휘의 80퍼센트가 독일어였으니, 이전까지 튀르크어계나 슬라브어계 방언을 말하던 하자르인들과 온갖 슬라브인들이 이디시어를 쓰게 된 것은 대체 어찌된 일일까?

러시아 내 유대 계몽주의의 아버지로, 리발(Rival)이라는 이름으로도 불리는 이삭 베어 레빈손(Isaac Baer Levinsohn)은 1828년 출간한 책 『이스라엘의 증언』에서 다음과 같이 말했다. "우리 어르신들이 우리에게 말씀하시기를, 몇 세대 전에는 이 지역 유대인들이 오직 러시아 말만 썼고, 우리가 지금 쓰고 있는 이 아시케나지 유대 언어도 그때까지는 이 지역에 사는 모든 유대인들에게 퍼지지 않았었다고 한다."[127] 하르카비 역시 17세기 전에는 동유럽 유대인들 대부분이 슬라브어계 방언들을 말했다고 확신했다.

폴락은 이 문제에 대해 많은 생각을 한 끝에 몇 개의 가설을 제시했다. 설득력 있는 가설이 있는가 하면 부족한 것도 있다. 설득력이 좀 떨어지는 가설은, 유대교로 개종한 하자르 주민들 중 특히 크림반도에 살던 이들을 비롯한 많은 이가 16세기까지 크림반도에서 흔히 쓰였던 어느 고대 고트어를 여전히 사용하고 있었는데, 그 고대 고트어는 당시 게르만 땅에서 쓰이고 있던 독일어보다는 이디시어와 훨씬 더 많이 닮았다는 가설이었다. 더 그럴 듯한 가설은, 14~15세기에 게르만 식민지가 동쪽으로 확장되면서 독일어를 쓰는 상업 인구 및 장인 인구가 대거 동쪽으로 진출했으며, 그 결과 이 경제적 유력자들과 슬라브어계 방언을 계속 쓰던 현지 귀족들 및 소농들 사이에서 중개자 역할을 하던 이들 안에서 독일어가 확산되었다는 가설이다.[128] 약 4백만에 달하는 게르만인들이 독일 동부에서 폴란드로 이주하여 그곳에서 동유럽 최초의 부르주아지를 만들어냈고, 이때 로마가톨릭 성직자들도 함께 데려갔다. 유대인들은 주로 동쪽과 남쪽으로부터—하자르 땅만이 아니라 하자르 영향 하에 있던 슬라브 지역으로부터—와서, 근대화의 최초 징후를 보이며 형성된 노동 분화 속에서 특정 기능들을 떠맡았다. 세금징수인 및 수입 좋은 주화 주조인(히브리어 철자로 폴란드어 단어를 새겨 넣은 은화들이 발견되었다)에서부터 미천한 짐마차꾼, 목공기술자, 피혁장인에 이르기까지 유대인들은 생산 체계상의 중간층 위치를 채웠고, 여러 다른 계급의 문화들 및 언어들과 한데 뒤섞였다(이런 기술들 중 일부는 하자르제국에서 가져온 것이었을 수도 있다). 케스틀러는 이러한 역사적 광경을 다음과 같이 생생하게 묘사했다.

슈테틀*에 사는 장인 한 사람을 상상해보자. 구두수선공일 수도 있고 목재상일 수도 있다. 자신의 고객에게는 엉터리 독일어로 말하고, 이웃 토지를 경작하는 농노들에게는 엉디리 폴란드이로 말힌다. 그리고 집에서는 두 언어의 어휘 중에서 입에 붙고 가장 표현력 있는 어휘들을 히브리어와 섞어서, 일종의 내밀한 사적인 언어로 이야기한다. 이 뒤범벅된 언어가 어떻게 이디시어라는 공통의 언어가 되고 표준화되었는지는 언어학자가 추측하기 나름일 것이다.[129]

* shtetl. 동유럽의 소규모 유대인 마을을 통칭하는 말.

이후로는 한정된 숫자의 유대인 엘리트층—랍비들과 늙거나 젊은 탈무드 학자들—이 독일에서 이주해오면서 그 과정이 완료되었다. 대중의 새로운 언어가 더 뚜렷하게 성립되었고, 그들이 행하는 의식도 조정을 거쳐 자리를 잡았을 것이다. 초빙을 받고 이주해온 것으로 보이는 이 서쪽 출신의 종교 엘리트들은 많은 이가 모방하고 공유하고픈 명망을 누렸으니, 덕분에 독일어 어휘가 확대되고 공고해졌을 것이다. 다만 '기도하다'와 같은 중추적 단어—의례라는 상상 행위에서 핵심이 되는 개념—는 'davenen'이라는 튀르크어계 방언 형태가 유지되었다. 이디시어의 다른 많은 단어가 그렇듯이, 이 단어도 독일어 방언에서 파생된 것이 아니다.[130]

서쪽에서 이주해온 엘리트들의 기여가 상당 부분 있었다 할지라도, 이디시어는 독일 서부지역 게토들 안에서 발전한 독일어계 유대 방언과는 닮지 않았다. 독일 서부지역에서 유대인 주민들은 라인강 지역에 밀집해 있었으며, 그들이 쓰던 방언에는 현지 프랑스어계 방언 및 독일어계 방언에서 나온 단어들과 표현들이 많이 포함되어 있었다. 동쪽에서 쓰던 이디시어에는 그런 흔적이 조금도 없다. 1924년에 이미 문헌학자 마티아스 미제스는, 그 시기에 유대인 밀집지역이 독일어 사용지역 가운데 동부보다는 서부에 있었던 것이 사실이지만, 그렇다고 해서 이디시어가 서부지역에서 왔을 리는 결코 없다고 주장했다.[131]

더 최근에는 텔아비브대학교 언어학자인 파울 벡슬러가 면밀하게 수행한 연구 몇 가지를 공개했다. 이디시어가 확산된 원인은 유대인들이 서쪽에서 이주해온 데 있지 않다는 가정을 뒷받침하는 연구들이었다. 이디시어의 토대는 슬라브어이며, 이디시어 어휘에는 남동쪽 독일어 어휘가 우세하게 나타난다. 그 기원을 따져보면 이디시어는 소르브* 언어와 닮아 있는데, 소르브어는 슬라브어계 방언을 말하는 이들과 독일어계 방언을 말하는 이들 사이의 경계지역에서 발달한 언어였다. 이디시어처럼 소르브어도 20세기에는 거의 자취를 감추었다.[132]

인구통계학이 말해주는 것

동유럽 유대인들이 독일 서부지역에 기원을 두고 있다는 논지는 인구통계학적으로도 한 가지 불편한 사실의 도전을 받는다. 11~13세기에 마인츠와 보름스 사이, 그리고 쾰른과 스트라스부르 사이 지역의 유대교 신자들 수가 굉장히 적었다는 사실이다. 정확한 데이터는 없지만 몇 백에서 몇 천 정도로 추정되며, 결코 그보다 많지는 않았다. 십자군 원정 때 일부 유대인들이 몸을 피해 동쪽으로 갔을 가능성은 있다. 하지만 그런 가능성을 암시하는 증거는 없으며, 게다가 당시 학살을 피해 도망갔던 피난민들은 멀리 가지 않고 대개는 고향으로 돌아갔던 것으로 알려져 있다. 하지만 어떻든 간에, 그렇게 적은 수의 유대인들에게서 폴란드, 리투아니아, 러시아의 대규모 유대 공동체들이 생겨났을 수는 없다.

오늘날 이스라엘의 제도권 역사가들이 주장하듯이, 만약 그 대규모 유대 공동체들이 독일 서부지역에 기원을 두고 있다면, 왜 동쪽의 유대인 인구는 그렇게 큰 폭으로 증가한 반면에 서쪽의 유대인 인구는 계속 적게 유지된 것일까? 산아제한 방법도 없던 시기에? 아무리 서유럽이 '고갈되고 주리고 비위생적'이었다 할지라도 동유럽의 식량 및 위생 상태가 그보다 월등히 나았을 리 없다는 건 물어볼 필요도 없지 않은가?

---

* Sorb. 독일 동부, 폴란드와 체코 국경 쪽에 거주하는 슬라브계 소수민족.

결론적으로 말해서 동쪽의 가난에 찌든 작은 마을들에서의 삶이 영국, 프랑스, 독일 도시들에서의 삶보다 번식에 더 유리한 면은 없었다. 그런데도 인구통계학적인 '빅뱅'이 일어난 곳은 동쪽이었고, 그 결과 이디시어계 방언들을 말하는 이들이 20세기에 들어서기 직전에는 전 세계 유대인의 80퍼센트를 차지하게 되었다.

하자르가 멸망하고 얼마 안 있어 동유럽 유대인의 존재를 말해주는 최초의 징후가 나타났다. 그러니 그 둘을 연결시키지 않기란 어려운 일이다. 비록 러시아, 우크라이나, 폴란드, 리투아니아, 헝가리의 유대교 신자들이 그들의 하자르 과거 내지 슬라브 과거를 기억에서 지웠을지언정, 그리고 힘야르와 북아프리카의 개종자 후손들처럼 그들이 '이집트 땅 종 되었던 집에서 어떻게 빠져나왔는지'를 대신 기억하고 있을지언정, 그들의 진실한 역사적 과거를 말해주는 흔적들은 다양하게 남아 있다. 그들은 서쪽으로 이주하면서, 길가에 몇 가지 자국을 남겨놓고 갔던 것이다.

1920년대에 이츠하크 쉬퍼는 우크라이나, 트란실바니아, 이스트라, 폴란드, 리투아니아 등지의 몇몇 지명에 '하자르' 혹은 '카간'이라는 단어의 어떤 형태가 포함되어 있는 것을 발견했다.[133] 인명 중에도 어떤 성이나 이름들은 독일식의 서쪽이 아니라 하자르 혹은 슬라브식의 동쪽을 떠올리게 한다. 매(balaban)와 사슴, 늑대, 곰 등과 같은 동물 이름들도 유다지역 왕국이나 힘야르 왕국, 혹은 스페인과 북아프리카 유대인들 사이에서는 알려져 있지 않았고, 상당히 늦은 시기에 서유럽에 등장했다. 다소 사소해 보이는 이러한 지표들 외에 사회학적이고 인류학적인 요소들도 얼마간 있다. 서쪽 어디에서도 발견되지 않는, 동유럽 유대인들에게만 독특하게 해당하는 요소들이다.

방언 쓰는 것을 포함해 이디시 소읍에서 전형적으로 볼 수 있는 핵심 생활방식은 라인강 지역이나 그 인근에서는 한 번도 발견된 적이 없다. 유대교가 세계로 퍼져나가기 시작한 기원전 2세기부터, 유대교는 주로 도시와 소도시 변두리에 있는 소규모 신앙공동체들 안에서 번성했지, 시골에서 번성하는 일은 극히 드물었다. 서유럽과 남유럽에서 유대인들이 별도의 정착지를 만드는 일은 결코 없었다. 하지만 저 유대인 소읍—항상 작지는 않았으며, 언제나 유대인들만 오로지 살았던 것은 아닌—에서는 주민들이 종교적 관습과 규범에서만이 아니라 더 세속적인 부분, 이를테면 언어나 기도원 건축양식 등에서도 이웃 마을과 다르게 사는 게 가능했다.

　이 유대인 소읍의 중심부에는 시나고그가 세워져 있었다. 시나고그에는 동양식 '파고다'를 연상시키는 이중 돔이 있었다. 동유럽 유대인들이 입던 옷은 프랑스나 독일의 유대인들이 입던 옷과 닮지 않았다. 야물커[*] 역시 튀르크어 단어에서 파생된 이름인데, 이 야물커와 야물커 위에 쓰는 털모자는 마인츠 출신 탈무드 학자들이나 보름스 출신 상인들보다 코카서스 사람들과 스텝지역 기마인들을 더 연상시켰다. 또한 주로 안식일에 입는 긴 실크 카프탄[**] 같은 의상들은 벨라루스나 우크라이나 소농들이 입던 옷과도 달랐다. 하지만 이런저런 특징들, 음식에서 유머까지, 옷에서 기도문 암송까지, 그들 일상생활의 구체적인 문화 형태와 그들 역사에 연결된 모든 특징을 아무리 언급해도, '이스라엘 민중'의 영원한 역사를 창조하는 데 몰두해 있던 학자들은 거의 관심도 두지 않았다. 유대 민중의 문화라는 건 결코 존재한 적이 없으며, 그저 서유럽이

[*] yarmulke. 유대인 남자들이 쓰는 납작모자. '키파'(kippah)라고도 한다.
[**] caftan. 터키 사람 등이 주로 입는 기장이 길고 소매가 헐렁한 상의.

나 북아프리카 유대 공동체들의 문화보다 동유럽 이웃들의 문화를 훨씬 더 많이 닮은 통속적인 이디시 문화만이 존재했다는 골치 아픈 사실을 학자들은 받아들일 수가 없었다.[134]

오늘날 '이디시 땅' 유대인들의 후손은 주로 미국과 이스라엘에 살고 있다. 다른 수백만 유대인의 유해는 20세기에 히틀러가 건설한 도살장 아래에 묻혀 있다. 이스라엘의 기억 중개자들은 그들이 죽어가던 순간을 기념하는 데 엄청난 노력을 기울였다. 반면 그 악랄한 대학살이 일어나기 전 이디시 땅에서 살아가던 그들의 풍성한 삶(보기에 따라서 비참한 삶일 수도 있겠지만)을 찾아내는 데는 극히 미미한 노력만 기울였을 뿐이다. 그 점을 생각해보면, 근대 역사학의 정치적·이데올로기적 역할에 대해 슬픈 결론을 도출할 수밖에 없다.

러시아 남부와 우크라이나에서 하자르 유적을 찾아내기 위해 막대한 비용의 고고학 발굴 작업을 실시하지 않는 것이 어찌 보면 당연한 일인 것처럼, 폴란드와 리투아니아의 여러 촌락에서 오랜 세월 이어져 내려온 생활방식에 대한 사회학적·언어학적·민족지학적 연구—이것은 단순히 민속학적 탐구가 아니라 혁신적인 역사 연구 작업인데[135]—가 이루어지지 않는 것도 어찌 보면 당연한 일이다. 독을 잔뜩 품은 전갈이 도사리고 있을지도 모르는데 그 돌을 들춰보고 싶은 사람이 어디 있겠는가. 기존의 '에트노스'와 그 영토적 야망이 만들어낸 자아상을 공격할 독침이 숨어 있을지도 모르는데 말이다. 민족 역사를 쓰는 작업은 과거 문명을 찾아내는 것을 의미하는 것이 아니다. 지금까지 그 작업의 목적은 상위 정체성을 구축하는 데 있었으며, 현재를 정치적으로 공고히 하는 데 있었다.

과거에 극히 적은 수의 엘리트층이 만들어낸 종교적, 행정적, 이데올로기적 텍스트들을 해석하는 데 평생을 바친 이른바 '애국적인' 학자는,

역사는 문헌을 다루는 작업이지 사물을 다루는 작업이 아니라고 주장할지도 모른다. 전통적인 연구방식에서는 그 말이 맞다. 하지만 인류학적 역사학의 등장은 시오니스트적으로 해석된 역사의 기반을 서서히, 그러나 확실하게 허물어뜨리기 시작했다.

이스라엘 민중의 역사를 전문적으로 연구하는 학자들 대부분이 아직도 이 낯설고 새로운 형태의 역사학에 대해 들어보지 못한 듯 보일 때가 있다. 과거 유대 공동체들의 생활방식과 교류를 더 깊이 탐구해본다면, 어떤 작고 얄궂은 사실 하나가 더 분명하게 드러날지 모른다. 즉 우리가 종교적 규범에 대한 관심을 줄이고 다양한 일상 관습에 연구 초점을 맞추면 맞출수록, 아시아·아프리카·유럽 등지에 퍼져있는 유대교 신자들 사이의 세속적인 민족지적 공통분모는 결코 없다는 것을 더더욱 발견하게 된다는 사실이다. '세계 유대인'(World Jewry)이란 언제나 일류 종교 문화를 가리키는 말이었다. 다양한 요소로 구성되어 있지만, 어느 이상한, 유랑하는 민족은 아니었다는 것이다.

러시아인들과 우크라이나인들이 도착하기 전 볼가강과 돈강 사이 지역에 모세 종교를 받아들인 이들이 살고 있었다는 사실과, 프랑크 부족들이 침입하기 전 골(Gaul) 지역에도 유대교 개종자들이 살고 있었다는 사실을 함께 놓고 보면, 참 아이러니하다. 북아프리카에서도 페니키아인들이 유대교로 개종한 뒤 아랍인들이 들이닥쳤고, 이베리아반도에서도 유대교 문화가 번성하고 뿌리내린 뒤 그리스도교의 영토회복운동(레콩키스타)이 일어났다. 그리스도교 유대인 혐오자들이 조장하기 시작했고 근대의 반유대주의자들이 다시 불러들인 과거의 이미지와는 전혀 다르게도, 신의 아들인 메시아를 죽였다는 이유로 성스러운 땅에서 쫓겨나 다른 '민족들' 사이에 불청객처럼 정착한 저주받은 민족-종족이란 역사를 통틀어 결코 존재한 적이 없었다.

기원전 및 기원후 지중해 부근과 아디아베네의 유대교 개종자들의 후손, 힘야르인들과 베르베르인들과 하자르인들의 후손은 모두 유대 일신교를 통해 연결되었다. 유대 일신교는 넓은 땅 어딘가에서 등장해 각자 다른 역사의 길을 따라간 다양한 언어·문화 집단들을 연결하는 다리였다. 유대교를 버린 이도 많았지만 다른 이들은 끈질기게 유대교를 지켰고, 결국 그것을 세속시대 문턱까지 가져오는 데 성공했다.

힘야르와 베르베르와 하자르의 시간은 회복할 수 없을 정도로 사라져버린 것일까? 새로운 역사학이 후손들에게 잊힌 그 고대 유대인들을 불러와 공공 기억의 정당한 장에 다시 등장하게 할 가능성은 없을까?

새로운 지식의 몸체를 구축하는 일은 그 몸체가 작동하는 배경이 되는 민족 이데올로기와 언제나 직접적으로 연결된다. 민족 개념이 잉태되던 시기에 성립된 서사에서 벗어나는 역사적 통찰을 받아들이려면, 이 통찰이 품고 있는 함의에 대한 노여움을 가라앉혀야만 한다. 그 노여움은 어떻게 해야 가라앉는가? 그것은 현새의 집단 정체성을 그 모습 그대로 받아들이고 더 이상 초조하게 향수에 빠져 신화적 과거에 매달리지 않을 때 가능하다. 정체성이 삶의 목적이 아니라 삶의 기반이 될 때 가능하다. 그때가 역사학에 변화가 일어날 수 있는 때이다.

지금으로서는 이스라엘의 정체성 정치 때문에 유대 신앙공동체들의 기원 및 역사 탐구를 위한 신선한 패러다임들이 21세기 초에 출현할 여지가 있을지, 예측하기 어렵다.

제5장

구별하기
이스라엘의 정체성 정치

이스라엘국은 … 모든 주민의 이익을 위해 이 지역 발전을 촉진할 것이다. 이스라엘국은 이스라엘 선지자들이 내다보았던 것처럼 자유, 정의, 평화에 토대를 둘 것이다. 이스라엘국은 종교, 인종, 성별에 관계없이 모든 주민에게 사회적, 정치적 권리의 완전한 평등을 보장할 것이다. 이스라엘국은 종교, 양심, 언어, 교육, 문화의 자유를 보장할 것이다. 「이스라엘 국가수립선언문」, 1948년

크네세트(이스라엘 국회) 후보는 그 목적이나 행동을 명시적으로 표현하든 하지 않든 다음 사항들 중 한 가지에 해당하면 선거에 출마할 수 없다. (1) 유대 민중의 국가로서 이스라엘국의 존재 부정. (2) 국가의 민주주의적 성격 부정. (3) 인종주의 선동. 「이스라엘 기본법: 의회」, 7A조항, 1985년

　　유럽에서 종교와 정치의 분리를 원칙으로 하는 세속화의 거대한 흐름이 있기 전까지, 유대교 신자들은 어려운 시기에 그들을 지탱해준 종교 좌우명을 꼭 붙들고 있었다. 그 좌우명이란 그들이 '선택된 백성'이고 하느님의 성스러운 신도들이며, '다른 민족들에게 빛을 비출' 운명이라는 것이었다. 그러나 현실에서 그들은 자신들이 다른 종교의 그늘 아래 존재하는 소수집단으로서 더 강한 힘에 종속된 처지라는 것을 잘 알고 있었다. 과거 이 공동체의 특징이었던 개종에 대한 열의는 세월의 흐름과 함께 거의 사라졌다. 대체로 지배 종교에 대한 두려움 때문이었다. 수백 년에 걸쳐 자신들의 신앙을 전파하는 것에 대한 불신과 두려움이 쌓이면서 신자들의 자기 정체성이 두터워지는 한편, 집단적 고립도 강화되었다. 그리고 그러한 성향은 결국 그들을 남다르게 해주는 독특한

표지가 되었다. 중세 때는 '남들과 떨어져 사는 특별한 민족'이라는 배타적 믿음이, 신도들이 다른 일신교 종교로 대거 빠져나가는 것을 막아주는 기능을 하기도 했다.

압박과 고난의 시기를 보내는 여느 소수집단이 그러하듯이, 유대 신앙공동체들도 집단적 연대감으로 얽혀 있었다. 평화로운 시기에는 랍비 엘리트들끼리 계율과 종교적 규범에 대한, 그리고 의전과 행사의 다양한 측면에 대한 정보를 서로 나누며 살았다. 마라케시(모로코)와 키예프(우크라이나) 사이, 그리고 사나(예멘)와 런던 사이에는 세속적 측면뿐아니라 종교적 관습에도 커다란 차이가 있었지만, 탈무드 율법에 대한 랍비들의 애착, 유랑에서 구제되리라는 관념의 공유, 구원이 찾아올 성스러운 도시 예루살렘에 대한 깊은 종교적 믿음 등 언제나 공통된 핵심이 있었다.

그러나 유럽에서 세속화가 확산되고 종교 체제들의 지위가 약화되자, 유대 공동체들의 전통적 지식인인 랍비의 권위도 떨어지게 되었다. 다른 종교·문화·언어 집단의 구성원들이 그러했듯이 유대인들도 자신들의 종교를 포기하고 휘몰아치는 근대화의 폭풍 속으로 휘말려 들어갔다. 시오니즘 이론 및 역사 저작들은 유대인들의 고통을 특별한 것처럼 묘사했지만, 당시 부상하던 민족 문화에 합류하기 위해 힘겨운 싸움을 벌인 건 유대인들만이 아니었다. 작센의 소농들, 프랑스의 신교도 가게 주인들, 영국 웨일스의 노동자들 모두가 생활방식의 급격한 변화와 몰아치는 격변으로부터 제각기 다른 영향을 받았고, 그들의 고생이 유대교 신자들의 고생보다 덜했던 것도 아니다. 그때까지 알던 세상들이 모두 사라져버렸고, 경제, 정치, 언어, 상위문화의 보편 시스템에 합류하기 위해서는 고통스럽더라도 오랫동안 지켜온 관습과 풍습을 포기해야만 했다.

유대인이기에 겪어야 하는 어려움은 어디에나 있었지만, 프랑스, 네덜란드, 영국, 독일 등 몇몇 나라에서는 유대인들 대부분이 부정적 함의를 가진 '유대인'이 아닌 '이스라엘인'이 되고자 했다. 다시 말해 모세 신앙을 지닌 프랑스인, 네덜란드인, 영국인, 독일인이 되고자 했다는 얘기다. 그들은 새로운 국가의 열렬한 지지자가 되었다. 어떤 이들은 민족 정체성을 외치고 그것에 강한 자부심을 갖기까지 했다. 어찌 보면 당연한 일인 것이, 그들이 누구보다 앞장서서 민족 언어를 말하고 민족 문화를 굳건히 했던 것은 무엇보다 도시에 집중 거주했기 때문이다. 이렇게 해서 그들은 최초의 영국인, 프랑스인, 독일인의 대열에 함께 섰다. (이 점에서는 유대계인 하인리히 하이네가 독일인이 된 것이 아돌프 히틀러의 조부가 독일인이 된 것보다 훨씬 먼저라고 해도 과장은 아닐 것이다. 물론 소문대로 히틀러의 조부가 정말로 유대인이었다면 말이다.) 유럽에서 대중적 민족주의가 정점에 이른 1차 세계대전 기간에 그들은 새로운 고향땅을 지키기 위해 나섰고, 그래서 반대편 전선에서 싸우는 유대인 군인들을 별로 대단한 가책 없이 죽이기도 했을 것이다.[1] 독일의 유대인 개혁주의자, 프랑스의 유대인 사회주의자, 영국의 유대인 자유주의자 거의 전부가 새로 발견한 공동재산, 즉 민족국가와 그 영토를 지키기 위해 전쟁에 자원했다.

참으로 이상한 일이지만, 시오니스트들은 별도의 민족적 실체에 대한 믿음이 있었으면서도 유럽의 민족 경계에 초점이 맞춰진 이 전쟁 문화에 끼어들었다. 당시 시오니스트들은 아직 힘이 약해서, 그 지지자 및 활동가들의 서로 다른 민족애에서 나온 투쟁심을 진정시켜 줄 만한 대안적 정체성을 제공할 수가 없었던 것이다. 사실 시오니스트 회의가 처음 열린 1897년부터 1차 세계대전이 끝날 때까지 시오니즘은 세계 유대 공동체들에게 있어 미약하고 중요치 않은 운동에 불과했으며, 비유대인들의 민족적 요구에 굴복해버리는 일도 종종 있었다. (1914년 독일에서는 시오니스트 수가 유대계 독일인 수의 2퍼센트도 되지 않았고, 프랑스에서는 그 비율이 더 적었다.)

시오니즘 이념이 처음 탄생한 것은 19세기 후반 중유럽과 동유럽, 즉 빈과 오데사 사이에 걸친 지역에서였다. 시오니즘은 이처럼 게르만 민족주의 주변부에서 불안하게 성장했으나, 곧 이디시 주민들의 활기찬 문화 시장에 당도하게 되었다. 사실 시오니즘은 그 모든 주변부적 특성에도 불구하고 유럽에서 일어난 민족주의적 각성의 마지막 흐름 중 하나로서, 유럽대륙의 다른 정체성 이념들과 동시에 등장한 이념이었다. 시오니즘은 집단적으로 근대성에 동참하려는 시도로 볼 수도 있었다. 그렇게 본다면 당시에 막 꼴을 갖추기 시작한 주변 민족들의 기획과 조금도 다르지 않았다.[2] 시오니즘 이념을 주창한 주요 인물들이 대체로 게르만 문화권에 속해 있었다고는 해도(모제스 헤스, 테오도르 헤르츨, 막스 노르다우가 그러하다), 실제로 그 이론을 발전, 전파, 실행한 이들은 폴란드, 우크라이나, 리투아니아, 러시아, 루마니아의 도시와 마을에 밀집해 사는 광범위한 이디시어 사용 주민들 가운데 지식층이었다.

제2장에서도 언급했듯이, 그 지역들에는 런던이나 마라케시 등지의 유대 공동체들에는 없는 세속적이고 근대적인 이디시 문명이 있었다. 원-민족주의 및 민족주의 열기를 배양한 것은 종교라기보다는 바로 그 독특한 문화였다. 그 반(半)자치적 세계에서 젊은 지식인들도 출현했다. 그들은 상위문화 중심부로 가는 길, 이를테면 학계, 자유직, 관료가 되는 길이 막혀있다는 걸 깨닫고는 많은 수가 사회주의 혁명가 내지 민주주

458

의 혁신가가 되었고, 소수는 시오니스트가 되었다.

이와 함께 이디시 공동체들의 독특한 존재감 때문에 반-유대 감정도 다시 살아났다. 동유럽에서 모자이크를 이루듯 일어난 민족들은 눈에 띄게 다른 이디시 공동체들을 동유럽 중심부에서 쫓아내고자 했다. 차르 정권 및 루마니아 왕국에서의 탄압과 예로부터 있었던 제약 외에도, 1880년대에 새로운 민족주의적 특성을 띤 대중의 집단학살이 연쇄적으로 일어나면서 수백만 유대인들은 충격을 받고 서쪽으로의 대량 이주를 서둘렀다. 1880~1914년 사이에 이디시어를 사용하는 유대인 약 250만 명이 독일을 통과해 그들을 받아주는 서구 국가로 갔다. 그들 중 일부는 아메리카 대륙의 안전한 해안가에 발을 디뎠다. 그들 중 3퍼센트가 채 되지 않는 수가 오스만제국 통치 하의 팔레스타인으로 이주하기를 선택했고, 그중 극소수가 그곳에 계속 머물렀다.

이 대규모 인구이동이 낳은 부산물 중 하나는, 이동시 통과했던 독일에서 표면 아래 끓고 있던 전통적인 적대감을 간접적으로 악화시켰다는 것이다. 아직도 많은 부분이 설명되지 않는 그 맹렬한 증오감은 20세기에 와서 가장 참혹했던 집단학살 행위로 이어지게 된다. 그 과정은 기술적 진보 또는 문화석 세련됨과 도덕성 사이에는 직집직인 싱관관계가 없다는 것을 보여주었다.

근대의 반유대주의는 유럽적 근대성이 대두한 세계 전역에서 성했지만, 서유럽, 남유럽, 아메리카 대륙 등에서 표출된 양상과 중유럽 및 동유럽에서 표출된 양상은 그 외관과 표현에서 상당한 차이가 있었다. 미성숙한 민족 정체성이 지닌 불확실성과 그 내부적 투쟁이 거의 모든 곳에서 우려와 공포를 자아냈다. 민족 구축에는 문화적 문제들이 내재해 있었는데, 정확히 말하자면 바로 그것이 오랫동안 이어져온 '같지 않음에 대한 혐오'(dislike of the unlike)를 새로운 민주적 대중정치의 필수불가결한 부분으로 바꿔놓았던 것이다. 새로운 민족의식을 품고서 스스로를 뚜렷한 집단으로 규정하고 구분하고자 애쓰는 이들에게는 다른 피부색, 다른 방언, 친숙하지 않은 종교 관습 등 어떤 형태의 '다름'도 거슬리기만 했다. 추상적 차원에서 민족의 이미지를 구축하기 위해서는 민족의 일부가 아닌 이들을 확실하고 분명하게 구분할 필요가 있었다. 그리하여 민족이란 오래전부터 있었던 '혈연' 가족의 확장이라는 상상이 생겨났고, 그러기 위해서는 가장 가까운 이웃을 가장 위협적인 적으로 삼는 것이 편리했다. 그리스도교 문명이 이미 수백 년 동안 유대교 신자를 궁극의 타자로 묘사해 왔으니, 새로운 집단 정체성이 그 관념을 오랜 전통에서 꺼내어 새로운 민족 공동체의 경계표지로 세우는 건 간단한 문제였다.

시민적, 정치적 민족주의가 널리 퍼진 지역에서는 그리스도교 유산의 일부인 낡은 증오감을 철저히 막아 봉인해버리고, 외면 받는 유대인을 새로운 정체성 안에 포함시키는 것이 가능했다. 충분히 유연했던 미국 헌법, 프랑스혁명, 영국법 등은 포용적인 경향을 발전시킬 수 있는 안정된 기반을 제공해주었고, 그러한 포용적 경향은 점진적인 투쟁을 거쳐 마침내 공공의 장에서도 우위를 점하게 되었다. 이들 나라를 비롯한 여러 나라에서는 유대인들이 민족의 필수불가결한 일부가 되었다.

그러나 이 성공적인 과정에도 혼란과 퇴보가 없지는 않았다. 1894년 프랑스에서 극적으로 불거진 '드레퓌스 사건'(Dreyfus Affair)은 직선적이지 않고 불안정하게 진화하던 근대 민족주의의 행보를 보여주는 역사적 사례였다. 골-가톨릭 민족의 몸체로부터 드레퓌스를 쫓아내려는 격렬한 반유대주의가 터져 나오면서, 상충하는 감수성들 사이의 긴장이

고스란히 노출되었다. 유대인 장교 드레퓌스는 프랑스 민족에 속하는가, 아니면 동방에서 서서히 스며들어온 이질적 민중을 대표하는가? 프랑스는 그 위대함을 지키기 위해 더 철저한 그리스도교 국가가 되어야 하는 것 아닌가? 에밀 졸라가 이탈리아계라는 사실이야말로 반역자 유대인 대위를 두둔하는 그의 반애국적 행동을 설명해주는 것 아닐까? 이와 유사한 질문들이 민족이라는 허상을 휘저어놓았고 나라를 토대까지 뒤흔들었다.

그러나 시민적 영역의 가치를 이해하고 있었던 정치 서클들과 지식인 서클들이 결국 반유대주의의 물살을 돌려놓았고, 핍박받던 육군 장교 드레퓌스는 프랑스 민족에 '재부착'되었다. 그렇다고 해서 종족적-종교적 민족 정체성을 지지하는 이들이 사라진 건 아니었다. 그들은 나치 점령 하에서 다시 고개를 들었고, 일부는 오늘날까지도 집요하게 존재하고 있다. 하지만 드레퓌스 사건 이후로 문화적 포용성을 띤 민족주의가 힘을 얻었고, 2차 세계대전 기간에 끔찍한 퇴행을 보이기는 했어도 20세기 내내 계속해서 굳건히 자리를 지켰다.

똑같지는 않아도 비슷한 이행과정이, 덜 극적이지만 더 미묘한 방식으로 미국(예컨대 매카시즘 같은 방식으로), 영국, 그리고 대서양 양안의 민족국가들 대부분에서 발생했다. 다른 형태의 인종주의들이 그러하듯이 반유대주의도 그 나라들에서 완전히 사라졌다고 하기는 어려우나, 그래도 집단적 상위정체성의 발전 추세가 꾸준히 이어진 덕분에 더 이상 의미 있는 기표가 되지는 못했다.

한편, 제1장에서 언급했듯이 독일, 러시아, 오스트리아-헝가리제국, 폴란드 등의 지역에서는 종족생물학 내지 종족종교적 이데올로기가 승리함으로써 그 지역 민족주의의 성격을 오랫동안 결정짓게 되었다. 조급하고 배타적인 이 사고방식이 지배하면서, 유대인 증오 코드가 '올바른' 상위정체성의 중심 표지로 계속 남는 것이 가능했다. 반유대주의가 항상 공공연하게 표출된 것은 아니었고, 인쇄매체 및 교과서의 글들이 언제나 악의를 담은 것은 아니었을지라도, 유대인 혐오는 정체성의 중요한 접점마다 계속 배어들었다.

그 이유로는 다음 사항을 들 수 있을 것이다. 즉 마구 가지를 치고 뻗어나가는 문화적 공간들 내부에서 민족이라는 실체를 정의하려면, 공통의 기원을 표시하는 '과거' 지표가 대단히 많이 필요했다는 것이다. 따라서 통합의 원천이 되는 신화를 저해할 만한 요소라면 무엇이든 혐오와 공포를 불러일으켰다. 확고한 무신론자인 민족주의자들조차 자민족을 정의할 때는 전통적인 종교적 상징들을 끌어다 썼고, 존경받는 성직자가 '혈연'이라는 원리를 민족의 경계표지로 받아들이는 일도 흔했다. 달리 말하자면, 독일다움(Germanity)이 자기규정을 위해 풍성한 아리안주의 신화를 필요로 했듯이, 폴란드다움과 러시아다움도 민족 정체성과 민족 이미지를 감아 두르기 위해 각각 가톨릭주의와 범슬라브 정교회주의를 필요로 했다는 얘기다.

유대 개혁주의 운동과 달리, 또는 부상하는 민족 문화에 참여하는 길을 모색하던 자유주의 및 사회주의 지식인 그룹과도 달리, 시오니즘은 그 이념이 태동하여 유아기를 보낸 바로 그 땅에 번성한 민족 이데올로기로부터 많은 것을 빌려와 시오니즘이라는 새로운 플랫폼 안에 통합시켰다. 그 안에는 독일 폴키즘*의 흔적들이 포함되었는가 하면, 그 수사법의 많은 부분에서는 폴란드의 낭만적인 민족주의 특징들을 이어

---

* Volkism. 문자 그대로 민족(Volk)의 의미가 아니라 인종주의적 의미의 민족주의를 이르는 말.

받았다. 하지만 그것들을 단지 모방하기만 한 것은 아니었다. 웃고 있는 사형집행인의 어떤 부분을 닮은 것처럼 보이기도 하는 가련한 희생자와 같은 사례는 아니었다는 얘기다.

널리 확산돼 있던 좌파 유대운동 분트(Bund)가 세속적이고 반(半)민족주의적인 관점에서 전 세계 유대인들의 단일한 독립 정치조직보다는 '이디시 땅 민중'을 위한 문화적 자치체를 요구했던 반면, 교육 받은 시오니스트들은 유럽의 다른 민족주의자들처럼 종족종교 내지 종족생물학적 정체성을 통해 자기규정을 뚜렷이 하고자 했다. 언어와 관습이 제각각인 과거 유대교 신자들을 하나로 연결하는 다리를 놓는 데 있어서, 그들은 '분트'처럼 활기찬 대중 습속을 바탕으로 그것을 하나의 동질적이고 잘 길들여진 근대 문화로 바꿀 능력이 없었다. 목적을 달성하기 위해 시오니스트들은 기존에 존재하는 그들 사이의 민족지적인 차이들을 지우고, 제각기 가진 고유의 역사들을 잊고, 고대의 신화적이고 종교적인 과거로 훌쩍 건너뛰어야 했다.

앞의 여러 장에서 보았듯이, 이렇게 선택된 역사는 표면적으로는 종교적 상상과 맞아떨어지는 것처럼 보였지만, 그것이 정말로 종교적이었던 것은 아니다. 원래 유대 일신론은 역사적이고 발전적인 시간관에 기초해 있지 않기 때문이다. 그렇다고 해서 그 역사를 전적으로 세속적이라 말할 수도 없는 것이, 새로운 집단 정체성을 조직하기 위해 유대교의 옛 종말론적 신앙으로부터 끝없이 재료를 갖다 썼기 때문이다. 여기서 우리가 기억해야 할 점은, 유대 민족주의가 거의 불가능한 임무—매우 다양한 문화적·언어적 특징에다가 기원도 제각기 다른 집단들로부터 단일한 '에트노스'를 제련해내겠다는 임무—를 수행하고자 했다는 것이다. 구약성서를 민족의 기억 창고로 채택한 것도 그런 이유에서였다.

민족 역사가들은 그 '민중'의 공통적 기원을 긴급하게 세울 필요가 있었기에, 유대인이 영원한 유배에 처해졌다는 그리스도교의 개념을 무비판적으로 수용했다. 그 과정에서 그들은 초창기 유대교가 수행한 대규모 개종을 삭제하거나 잊어버렸다. 모세 종교가 인구통계학적이고 지적인 면 모두에서 엄청나게 성장할 수 있었던 원동력인 개종을 지워버린 것이다.

유대 민족주의자들에게 유대교는 더 이상 풍성하고 다양한 종교문화가 아니었다. 독일의 '폴크'(Volk)나 폴란드와 러시아의 '나로드'(Narod)처럼 다른 것이 침투할 틈새 없이 밀봉한 무언가로 탈바꿈했다. 거주하는 영토와 관련이 없는, 타지에서 온 유랑 민중으로 구성되어 있다는 유별난 특징을 지니고 있음에도 그랬다. 이런 의미에서 시오니즘은 동유럽과 중유럽의 민족 집단들이 일어날 때 함께 자라난 반-유대 이미지를 부정적으로 투영한 이념이었다. 이 부정적 투영은 그 지역의 민족 감수성들과 정확히 일치하는 것이었고, 그들 사이의 물리적 근접성 또한 그들이 느끼는 위협감을 최대치로 보이게 했다.

시오니즘의 기본 전제들은 정당한 것이었고, 또 앞서 지적한 것처럼 그것이 속해 있던 민족주의 환경으로부터 많은 요소를 빌려왔다는 점에서도 특별한 게 아니었다. 하지만 그와 동시에 시오니즘은 유대교 전통 중에서 가장 배타적이고 자만심 넘치는 측면인, "이 백성은 홀로 살 것이라, 그들을 여러 민족 중의 하나로 여기지 않으리라"(민수기 23:9)는 예언을 신성한 계명으로 받아들였다. 선택받은 신성한 일신교 무리라는 고대의 종교적 이상은 고립주의적이고 세속적인 행동 계획을 위해 재해석되었다. 이렇듯 시오니즘은 그 시초부터 종족중심적인 민족주의 운동이었다. 스스로 고안해낸 역사적 민중에 엄격한 울타리를 치고, 막 설

464

계를 시작한 이 민족 플랫폼 속으로 어떤 시민도 자발적으로 진입할 수는 없도록 빗장을 건 운동이었다. 그와 동시에 그 민중에서 탈퇴하는 것 역시 용서받을 여지가 없는 위법 행위로 그려졌고, 타 민족으로의 '동화' 또한 어떤 대가를 치르더라도 피해야 할 실존적 위험이자 재앙으로 묘사되었다.

흩어지기 쉬운 세속적 유대 정체성을 하나로 묶어야 하는 상황에서, 문화적으로 그토록 이질적이며 연대기적으로도 파편화되어 있는 유대인의 역사를 쓰는 것만으로는 당연히 충분치 않았을 것이다. 그래서 시오니즘은 또 다른 학문 분야에 호소해야 했다. 이 '고대 유대민족'의 토대를 강화하기 위하여 이번에는 생물학이 징발되었다.

1. 시오니즘과 유전

생물학에 호소하다

이 책 제2장에서 나는 하인리히 그레츠를 종족적 민족주의 역사학의
아버지로 묘사했다. 그레츠는 민족에 대한 독일 역사가들의 가정, 즉 민
족이란 원시시대에 탄생하여 역사를 통해 일직선으로 발전해온 변치
않는 실체라는 가정을 받아들였다. 하지만 그레츠는 그의 개인적 '영성'
때문에 역사를 지나치게 유물론적으로 해석하는 것은 받아들일 수 없
었다. 반면에 그의 친구이자, 전통에서 벗어난 가정을 바탕으로 유대 민
족주의를 제창한 최초의 인물인 모제스 헤스는 유대 민중을 상상해내
기 위해 많은 인종 이론들을 섭렵했다. 헤스는 당시 유행하던 수상쩍은
과학 개념들을 특히 자연인류학* 안에 흡수했고, 그것들을 통합해 새로
운 정체성 이론을 고안해냈다. 헤스는 유대 민족주의 형성과정에서 이

---

* 인간 및 인간집단의 문화적 특성을 연구하는 문화인류학과 달리, 신체 및 형질적 특성에 초점을
맞춰 생물로서의 인간을 연구하는 학문. '형질인류학'이라고도 한다.

러한 이데올로기적 경로를 밟은 최초의 인물(물론 마지막은 아닌)일 것이다.

헤스의 『로마와 예루살렘』이 출간되고 35년의 세월이 흐르는 동안 유럽에서는 시오니스트 수와 반유대주의자 수 모두 상당한 증가세를 보였다. 19세기 말 제국주의 시대에 유럽의 모든 학문 연구실에서 번성하던 인종주의적 사이비과학은 종족적 민족주의를 통해 중앙의 공공영역으로 스며들었고, 새로운 정치 당파들이 엮어낸 이념적 직조물의 일부가 되었다. 그런 당파들 중에는 젊은 시오니스트 운동도 있었다.

제각기 다른 시오니즘 진영 전체가 제각기 다른 강도로 민족을 종족적 실체로 보는 관념을 지지했다. 새로이 떠오른 생물학이 그토록 많은 이를 사로잡았던 건 그 때문이었다. 유전 개념은 팔레스타인에 대한 소유권 주장을 정당화하는 데도 도움이 되었다. 시오니스트들은 옛 유다 땅을 더 이상 구원이 찾아올 성스러운 중심지로 보지 않고, 패러다임을 대담하게 전환시켜 전 세계 모든 유대인의 민족적 고향으로 운명 지어진 땅이라 보았다. 이런 역사적 신화를 위해서는 적절한 '과학적' 이념이 필요했다. 만약에 근대 유대인들이 최초 유배자들의 직계후손이 아니라면, 그들이 이른바 '이스라엘의 배타적 고향'인 성스러운 땅에 정착하는 것을 어떻게 정당화할 수 있겠는가? 역사의 운영을 전능자에게 맡겨온 수동적 전통에 저항하는 민족주의의 세속적 백성들에게는 신성한 약속을 들먹이는 것만으로는 충분치 않았다. 종교 형이상학에서 정당성을 찾을 수 없다면, 생물학 속에서 부분적으로나마 정당성을 찾아야 했다.

1890년에 '시오니즘'이라는 용어를 만들어낸 최초의 시오니스트 지식인이라 할 나탄 비른바움은 헤스가 손을 놓은 곳에서부터 논의를 재개했다.

한 민중의 특별한 정신적, 감정적 특징은 자연과학을 통해서가 아니면 설명할 수 없다. "인종이 전부"라고 우리의 위대한 민족 동료 비콘스필드 경[벤저민 디즈레일리]도 말하지 않았던가. 민중의 특징은 인종의 특징에서 비롯된다. 인종이 다양하기 때문에 민족도 그만큼 다양한 것이다. 독일인이나 슬라브인이 유대인과 다르게 생각하는 것은 인종이 다르기 때문이다. 이러한 차이 때문에 독일인은 〈니벨룽의 노래〉를 만들어냈고, 유대인은 성서를 만든 것이다.[3]

비른바움의 견해에 따르면, 민족들의 출현을 설명할 수 있는 것은 언어도 문화도 아니고 오직 생물학뿐이었다. 생물학이 아니면 유대 민족의 존재를 설명하기가 불가능한 것이, 그들 자손이 다양한 민족 문화들 속에 흩어져서 제각기 다른 언어를 말하고 있었으니까 말이다. 부족들과 민족들이 존재하게 된 것은 "자연이 여러 계절과 기후를 만들어내듯 인간에 대해서도 다양한 인종을 만들어왔고 또 지금도 계속 만들어가고 있기 때문"[4]이다. 1899년 H. S. 체임벌린(Houston Stewart Chamberlain)이 유명한 인종주의 저서 『19세기의 기반』을 펴냈을 때 비른바움은 고개를 끄덕이며 그 책을 읽었고, 오직 그 영국 출신 이론가의 잘못된 반유대주의 입장만을 거부했다. 유대인은 체임벌린이 주장하는 것처럼 '천한 인종'이 아니었다. 유대인들은 자기들끼리만 결혼함으로써 자신들의 혈통을 실제로 보존했고, 나아가 백인종의 필수불가결한 일부가 되었다.

시오니즘 운동이 출현했을 때 비른바움의 역할이 중요치 않았던 것은 아니지만, 유대 민족주의 개념의 진화과정을 추적하면서 여기서 너무 꾸물거릴 필요는 없다. 비른바움은 '시오니즘'이라는 용어를 만들어 낸 장본인이기는 하지만 이 새로운 민족주의의 선도적 사상가는 되지 못했고, 결국 시오니즘 운동을 그만두고 유대교 정통파*가 되었다.

시오니즘 운동의 진정한 창시자 테오도르 헤르츨은 유대인들이 동질적인 근원에서 나왔다는 것에 대해 확신이 덜했고 쉽게 결론을 내리지 못했다. 그가 쓴 글은 어떤 부분에서는 명백하게 종족중심주의적인 세계관을 반영하고 있지만, 어떤 부분에서는 그것에 대해 반박한다. 그가 쓴 『유대 국가』에는 '인종'이라는 용어가 몇 번인가 등장하지만, 이 용어는 그 시기에 일반적으로 쓰던 방식, 즉 '민중'을 의미하는 또 다른 단어일 뿐 생물학적 함의는 들어있지 않았다.

어느 날 헤르츨은 런던에서 영국계 유대인 작가이자 나중에 시오니즘 운동에 합류하게 되는 이스라엘 장윌(Israel Zangwill)과 저녁식사를 함께했다. 그런데 유명할 정도로 못생겼던 장윌이 잘생긴 헤르츨과 같은 기원을 가지고 있다고 생각하는 것에 대해 헤르츨은 그날 일기에 불쾌감을 표시했다. "그는 인종적인 측면에 집착하는데, 나는 그것을 받아들이지 않는다. 내 얼굴을 보고 그 친구 얼굴을 보면 알 수가 있다. 그냥 이렇게만 말해두자. 우리는 하나의 역사적 실체, 한 민족이되 여러 다른 인류학적 요소로 구성되어 있다. 유대 국가를 세우는 데는 그것으로 충분할 것이다. 천편일률적으로 똑같은 인종으로 구성된 민족은 없다."[5] 헤르츨은 이론가가 아니었던지라, 과학적 사안은 그의 정치적 작업에 당장

---

* 유대교는 율법에 대한 엄격하거나 유연한 입장에 따라 몇 개 분파로 나눈다. 의례와 전통을 철저하게 고수하는 정통파(Orthodox), 상대적으로 온건한 보수파(Conservative 또는 Masorti), 역사와 문화에 따라 율법의 수정과 부분적 폐기까지 가능하다고 보는 개혁파(Reformative)로 흔히 나눈다.

필요하지 않은 이상 큰 흥미를 끌지 못했다. 그는 역사적 논의나 생물학적 논의를 지나치게 끌어들이는 일 없이 목표를 달성하고자 했다.

유대 민족주의에 더 의미 있는 이데올로기적 차원을 부여한 이는 헤르츨의 절친한 친구이자 오른팔로 초기의 모든 시오니스트 회의를 주관했던 막스 노르다우였다. 재능 있는 언론인이자 저술가였던 노르다우는 세기말 유럽의 지식인 사회에서 헤르츨보다 더 잘 알려져 있었다. 당시 보수주의자들은 모던아트, 동성애, 정신병 등 신체적인 인종적 퇴화와 관련돼 있는 모든 것의 위험성에 대해 세상에 경고하고자 했는데, 노르다우는 인기를 끈 책 『퇴화』(*Entartung*)의 저자로서 그런 보수주의자들 사이에서 가장 잘 알려진 인물이었다.

노르다우는 헤르츨과 만난 후 열정적인 시오니스트로 변신했지만, 그이전에는 유대인들의 신체적, 정신적 상태에 대해 불안감을 갖고 있었다. 태어날 때 이름이 지몬 막시밀리안 쥐트펠트(또는 마이어 심하 쥐트펠트, 여기서 Südfeld는 '남쪽 들판'의 뜻)였지만, 그는 자신의 '천한' 유대 이름을 자랑스러운 유럽식 이름 '노르다우'(Nordau는 '북쪽 초원'의 뜻)로 바꾸었다. 헝가리 태생인 헤르츨과 마찬가지로 부다페스트 출신인 노르다우는 역시 헤르츨이 그랬던 것처럼 모든 면에서 독일인으로서의 정체성을 찾고자 했다. 그런데 1880년대와 1890년대의 추악한 반유대주의 때문에 동유럽 유대인 노르다우는 더 이상 독일 민족에 합류할 수가 없었다. 개인적인 동화가 어려움에 봉착한 것을 깨달은 다른 유대인들처럼 노르다우도 집단으로 근대 세계에 통합되는 길을 선택했다. 바로 시오니즘이었다. 물론 노르다우가 스스로 그 방법을 생각해냈다는 얘기는 아니다. 노르다우가 생각했던 바는, 반유대적 증오가 생산적인 것은 아니지만 그 덕분에 이미 존재하고 있던 인종의 잠든 의식이 깨어났고, 자기 인종이 다른 인종과 다르다는 우월감이 소생했다는 것이었다. '게르만화'에 실패함으로써 노르다우는 유대인을 독자적으로 정의하는 입장을 받아들이게 되었고, 또한 "인종은 교체될 수 없으며 오직 향상될 수만 있을 뿐"이라는 비관적인 결론에 도달했던 것이다.

유대인들이 동질적인 생물학적 기원을 공유한다고 확신한 시오니스트 지도자 노르다우는 '이스라엘족 안에 존재하는 혈연적 끈'에 대해 글을 썼다.[6] 하지만 그는 유대인들이 원래부터 항상 신체적으로 왜소했는지, 아니면 지난한 삶의 조건 때문에 약해지고 퇴화되어 작아졌는지 궁금했다. 시오니즘은 이런 의문에 대해 흥미로운 시각을 열어주었다. 즉 선조들이 살던 탁 트인 고향땅에서 농사일을 하며 체조와 신체단련을 병행한다면 인종을 향상시킬 수 있을 거라는 생각이었다. 노르다우는 제2차 시오니스트 회의의 유명한 연설에서 사라져버린 '근육질 유대인'에 대해 처음 이야기했고, 건장한 민족-종족에 대한 뜨거운 열망을 표현했다.[7] 그는 이렇게 썼다. "다른 인종이나 민중에게는 체조가 그리 중요한 교육적 기능을 담당할 수 없겠지만, 우리 유대인에게는 그래야만 한다. 우리는 등을 쭉 펴야 한다. 몸과 정신 모두 다."[8] 고대의 피를 소생시키기 위해서라도 유대인들에게는 흙이 있어야 했고, 오직 시오니즘만이 그것을 제공할 수 있었다.

노르다우는 '진짜' 독일인이 되는 데는 실패했지만, 독창적인 시오니스트적 폴키스트(Volkist)가 되는 데는 성공했다. 게르만 문화의 다양한 채널 안에서 육성된 근본주의적 낭만주의는 이데올로기적 기획에까지 들어와서 새로운 민족 이데올로기의 방향을 제시하기 시작했다.

노르다우가 어떤 면에서는 소심한 폴키스트였던 반면, 시오니즘 운동의 주류 기관지였던 『디 벨트』(Die Welt) 편집장을 수년 간 역임한 마르틴 부버는 대담하고 일관성 있는 폴키스트였다. 종교적 실존주의 철학자로서 나중에는 평화를 외치며 팔레스타인에 유대-아랍 국가를 실현하고자 분투했던 부버는, 민족주의 운동을 시작할 때에는 유대 민중을 '혈연 공동체'(Blutsgemeinschaft)로 묶어내기 위한 틀을 짠 주역의 한 명이었다. 부버가 상상한 민족이란 옛날부터 현재까지 세대와 세대가 생물학적으로 연결된 것으로, 그 혈연적 연결은 측정할 수도 없을 만큼 옛날 옛적에 생겨난 것이었다. 그 생각을 풀어낸 부버의 다음 글에서는 유대신비주의적인 모호함이 상당히 묻어난다.

피는 개인 안에 깊이 뿌리박혀 있는, 개인을 키우는 힘이며…, 우리 존재의 가장 깊은 층들은 피에 의해 결정된다. 우리의 가장 내밀한 생각과 우리 의지는 피의 영향을 받는다. 한 사람을 둘러싼 세계가 각인과 영향의 세계일진대, 피는 각인이 새겨지고 영향을 받는 기능을 하는 물질, 모든 것을 그 특유의 형태로 흡수하고 동화시키는 물질이다…. 한 개인에게 민중이란 예전에 있었던 사람들, 지금 있는 사람들, 나중에 있게 될 사람들의 공동체, 즉 죽은 이들, 살아있는 이들, 아직 태어나지 않은 이들의 공동체이다. 이들이 다함께 한 통일체를 구성하는 것이다.

그럼에도 불구하고 한 개인의 실체가 유대인에게 현실이 될 수 있는 것은, 한 개인의 기원이 단지 과거에 있었던 것들과의 연결에 불과한 것이 아니라는 사실에서 기인한다. 우리 기원은 우리 안에 어떤 순간에도 떠나지 않는 무언가를 심어놓았다. 우리 삶의 음영과 색조 하나하나를 결정하는 무언가를, 우리가 행하는 모든 것과 우리에게 닥쳐오는 모든 것을 결정하는 무언가를 심어놓았다. 그것은 바로 피, 우리 존재의 가장 깊고 가장 강력한 층이다.[9]

이 유전과 흙의 신낭만주의적 신비주의가 카리스마 넘치는 사상가 부버의 영적 민족주의의 바탕을 이루었고, 그는 이것을 통해 동유럽의 젊은 유대 지식인들을 사로잡았다. 프라하의 부버 추종자 모임인 '바르 코크바' 서클에는 제1장에서 언급했던 한스 콘도 있었다. 장차 역사가가 되어 최초로 '유기적' 민족주의라는 주제를 결정적으로 개념화하고자 했던 콘은 자신이 다루려고 하는 주제를 잘 알고 있었다. 유전적 민족주의에 대한 탐구는 그의 지적 편력에서 첫 정거장이었던 셈이다.

우파와 좌파가 다함께 믿은 이론

부버는 언제나 온건하고 신중한 시오니스트였고, 궁극적으로는 그의 종교적 휴머니즘이 '피의 종족적 요구'를 극복했다. 반면에 수정주의 시오니스트 지도자인 블라디미르 제예프 야보틴스키는 권력을 갈망했고 양보와 타협을 싫어했다. 그러나 부버와 야보틴스키는 정치적 인식에서는 무척이나 달랐음에도, 기본적인 이데올로기적 가설은 같은 것을 공유했다. 즉 유대인은 독특한 피 때문에 다른 민중과 구별된다는 가설이었다. 1930년대부터 지금까지 시오니스트 우파의 지적 시조로 여겨지는 야보틴스키는 이 가설을 추호도 의심치 않았다.

> 민족 정서의 근원은 교육 안에서는 찾을 수 없고, 교육에 선행하는 어떤 것 안에서만 찾을 수 있음이 분명하다. 그것은 무엇인가? 나는 이 질문에 대해 생각해보다가 스스로 답을 얻었다. 그것은 피다. 그리고 나는 이 견해를 고집한다. 민족 정체성이라는 감각은 인간의 '피' 속에, 인간의 신체적-인종적 유형 안에 내재해 있으며, 그밖에 다른 곳에는 없다….

민중의 정신구조는 개인의 정신구조보다 훨씬 더 완벽하고 완전하게 신체적 형태를 반영한다…. 그래서 우리가 정신적 동화라는 것을 믿지 않는 것이다. 다른 피가 섞이지 않은 순수한 유대 피만으로 몇 세대를 거쳐 태어난 유대인이 독일인이나 프랑스인의 정신성을 받아들인다는 것은 신체적으로 불가능한 일이다. 그건 마치 니그로가 니그로이기를 그만두는 것처럼 불가능한 일이다.[10]

야보틴스키가 보기에 민족이란 인종집단(오늘날 용어로는 '종족성 ethnicity')에서 생겨난 것이고, 인종집단의 생물학적 기원이 민중의 영혼(오늘날 용어로는 '멘털리티')을 형성하는 것이다. 공통의 역사와 언어, 혹은 몇 백 년 간 거주해온 영토가 있었다면 공통의 민족지적 문화를 만들 수 있었겠지만, 유대인들에게는 그런 것이 없었기 때문에 이 지점에서는 논리적으로 다음과 같은 결론에 이르게 된다.

민족의 정수를 구성하는 것은 자연지형, 언어, 종교, 공유된 역사 등이 아니다. 이런 것들은 단지 민족을 설명해주는 요소들일 뿐이다…. 민족의 정수, 그 독특한 특징을 만드는 알파와 오메가는 민족의 독특한 신체적 속성이고 그 인종적 조합 공식이다…. 역사, 기후, 자연환경, 외부 영향 등의 모든 껍질을 제거한 마지막 분석 단계에서 '민족'에 남는 것은 그 인종적 핵심뿐이다.[11]

야보틴스키에게 '인종'은 언제나 과학적인 개념이었다. 그는 비록 진정으로 순수한 인종은 없다 해도 이른바 '인종적 조합 공식'은 있다고 믿었다. 또한 미래에는 혈액 검사나 내분비선 검사 등을 이용해 그러한 조합 공식에 따른 분류체계를 세우는 것이 가능할 거라고, 그리하여 '이탈리아 인종'과 '폴란드 인종', 그리고 물론 '유대 인종'도 체계적으로 구분할 수 있을 거라고 확신했다. 유대인들과 그들의 역사 속 활동을 이해하기 위해서는 그들의 기원을 파악할 필요가 있고, 특히 그들의 독특함을 보존할 필요가 있다. 종교라는 보호갑옷이 없었더라면, 다른 민족들 틈에서 오랜 시간을 살아가는 동안 그 독특함이 용해되어 그들의 존재 자체가 사라져버렸을지도 모를 일이다. 그러므로 그들은 최대한 빨리 그들만의 국가로 모여들어야 한다. 야보틴스키는 사실 자유주의적인 면모도 지니고 있었고, 심지어는 놀랍게도 보편주의적 세계관까지 가지고 있었지만(어쩌면 놀라운 사실이 아닐 수도 있는 것이, 그는 독일이 아니라 이탈리아에서 교육을 받았기 때문이다), 그럼에도 불구하고 유대 민중의 신체적·생물학적 연속성을 믿었다. 유대 민중은 단일한 종족적, 영토적 근원에서 생겨났으며, 그 근원으로 최대한 빨리 돌아가야만 한다. 이것이 그의 역사적 사고 전체를 관통하는 핵심이었다.

그런데 민족에 대한 이런 근본주의적 이해는, 비록 이스라엘 역사학이 그런 인상을 주고는 있지만, 우파 시오니스트인 야보틴스키만의 전유물은 아니었다는 점을 지적해야겠다. 잘 알려진 마르크스주의자 베르 보로코프도 '생물학'에서 자유롭지 않았다. 시오니스트 사회주의도 동일한 관념적 메커니즘을 공유했고, 아울러 그 메커니즘에 보편주의적 수사법(비록 종류는 달랐지만)을 덧붙이기도 했다.

제3장에서 보았듯이, 보로코프는 팔레스타인 '펠라힌'을 유대 민중의 필수불가결한 부분으로, 사회주의 시오니즘이라는 강철구조물에 쉽게 접합될 수 있는 거주민으로 간주했다. 그의 제자들과 장래의 이스라엘 국 창설자인 벤구리온과 이츠하크 벤츠비도 1929년 아랍인들의 봉기가

일어날 때까지는 같은 시각을 가졌다(보로코프는 1917년에 세상을 떠났다). 처음에 보로코프는 팔레스타인 현지인들이 전 세계 유대인들과 별로 다를 바 없는 고대 유다지역 민중의 후손이므로, 그들도 민족의 몸체 속으로 돌아와야 하고, 세속적인 면에서도 문화적으로 동화되어야 한다고 주장했다. 만약 그들이 생물학적 기원이 전혀 다른 이슬람교도 소농이었다면, 보로코프도 그들을 유대 민중의 따뜻한 품속으로 받아들여야 한다는 생각을 결코 하지 않았을 것이다. 아무튼 1929년에 소위 '유대인 학살'이 일어난 후, 그 이슬람 소농들은 눈 깜짝할 사이에 완전한 이방인이 되었다.

아르투어 루핀도 1929년의 운명적인 사건이 일어난 후 정치적 세계관이 심각하게 흔들린 좌파 시오니스트 중 한 명이었다. 그때부터 그는 평화주의 단체 '브리스 샬롬'(Brith Shalom, 평화동맹)과 거리를 두기 시작했다. '브리스 샬롬'은 팔레스타인에서 유대인이 다수가 되어 주권을 갖자는 요구를 단념함으로써 아랍계 주민들과 화해하고자 한 지식인 운동이었다. 루핀은 민족적–식민주의적 충돌은 피할 수 없다고 확신—이 확신은 정확히 사실이 되었다—했고, 열성적인 시오니스트가 되었다.

루핀은 시오니스트 역사에서 독특하고도 흥미로운 인물이다. 루핀도 한스 콘과 마찬가지로 프라하의 소규모 '혈연 공동체' 단체인 바르 코크바 서클에서 유대 민족주의 운동의 첫발을 내디뎠다. 하지만 그보다 앞선 1900년에 다음과 같은 주제가 걸린 독일의 한 논문 공모전에 참여한 일이 있었다. '국내 정치적 발전과 정치적 입법에 관하여 진화론에서 배울 수 있는 점은 무엇인가?' 1등상은 우생학의 개척자로 사후 나치스의 요란한 칭송을 받게 되는 빌헬름 샬마이어에게 돌아갔다. 루핀은 2등상을 받았다. 그는 다윈 진화론과 사회과학에 대해 논했으며, 그 논문으로

2년 후 박사학위를 받았다.

루핀은 평생에 걸쳐 확고한 다윈주의자였다. 그는 유대 민족이 기본적으로 생물학적 단일체라고 믿었다. 그는 유대인들이 세계를 유랑하면서 외래 요소들을 흡수했기 때문에 '순수한 인종'이 아니라는 것쯤은 인식하고 있었다. 그럼에도 불구하고 유대인들이 하나의 유전적 단위를 구성해왔고, 그 유전적 단위만이 그들의 민족적 요구에 실체를 부여해준다고 믿었다.

유대인들이 2천 년 동안이나 아시아 여러 민중과 떨어져 있었음에도 그들과 이토록 비슷하다는 건 유대인들이 변하지 않았다는 것을 보여주는 증거다. 우리는 오늘날 유대인들 안에 다윗 왕 치하에서 싸워 이겼던 바로 그 민중이 있다고, 에스라와 느헤미야의 지도로 실수를 뉘우쳤던 바로 그 민중이 있다고, 바르 코크바의 지휘 아래 자유를 위해 싸우다 죽은 바로 그 민중이 있다고, 중세 초에 유럽과 동방 사이에서 크게 무역을 이끌었던 바로 그 민중이 있다고 말해도 될 것이다…. 따라서 유대인들이 타고난 훌륭한 인종적 재능은 단지 보존되기만 한 것이 아니라 오랜 선택 과정 속에서 더 강화된 것이나. 지난 5백 년 산 유대인들은 악조건 속에 살면서 쓰라린 삶의 투쟁을 벌여야 했고, 그 속에서 가장 지혜로운 이들과 가장 강한 이들만이 살아남았다…. 그 결과 오늘날의 유대인 중에는 어떤 면에서 특히나 가치 있는 인간 유형이 있게 된 것이다. 다른 민족들도 다른 부분에서 우월한 점이 있겠지만, 지적 재능이라는 측면에서는 유대인을 능가할 수 있는 민족이 거의 없다.[12]

그렇다면 전 세계 유대인 모두가 그런 뛰어난 정신적 능력을 보유했는가? 젊은 루핀은 그렇지는 않다고 생각하고 각주에서 다음과 같이 강조했다. "모두 공통의 조상을 가졌음에도 불구하고, 아시케나지 유대인들이 오늘날 세파르디 유대인들과 아랍 유대인들보다 행동, 지성, 학문적 능력 등에서 우월한 것은 어쩌면 그런 가혹한 선택 과정을 겪어야 했기 때문일 것이다."[13] 그래서 시오니즘 지도자 루핀은 예멘, 모로코, 코카서스 등지의 유대인들이 이스라엘 땅으로 쇄도해 들어오는 것이 과연 긍정적인 현상인지 선뜻 판단을 내리지 못했다. "그 유대인들의 정신적, 지적인 수준이 너무 낮기 때문에 대량 이주는 팔레스타인 유대인들의 전체 문화수준을 떨어뜨릴 수가 있으며 여러 관점에서 좋지 않을 것이다."[14]

심각할 정도로 유럽중심적인 이 관점은 유대 인종에 대한 관념을 넘어설 만큼 강했으며, 이런 식의 단순한 오리엔탈리즘은 모든 시오니즘 운동 내에 흔한 것이기도 했다. 그런데 동방의 아랍권역에서 유대인들이 이주해오는 데 대한 회의와 달리, 아시케나지 유대인들은 그들에게 남아 있는 인종적 특징을 보존하고 보호하기 위해서라도 서둘러 고향 땅으로 돌아오라는 독촉을 받았다. 다른 시오니즘 지지자들과 마찬가지로 루핀도 유대인들이 비유대인들에게 동화되는 것이 비유대인들의 증오보다 민중의 존립에 훨씬 더 커다란 위협이 된다고 보았다. "확실한 사실은, 통혼 때문에 인종-특성이 사라지고 통혼으로 생겨난 후손들이 우수한 재능을 갖지 못할 가능성이 크다는 것이다."[15] 통혼으로 생겨난 후손들이 결국에는 유대 '에트노스'를 소멸시켜 버릴 수도 있다는 얘기였다. 그런데 자주 언급되지는 않았지만 그래도 널리 퍼졌던 다음과 같은 생각을 1923년에 표명했던 이도 바로 루핀이었다.

지금 시오니즘은 유대인이 인종적으로 근동지역 민중들에 속한다는 사실을 받아들이지 않고서는 어떤 것으로도 정당화되기 어렵다고 나는 생각한다. 그래서 나는 유대인을 인종 문제에 기초해 다루는 책을 하나 쓰기 위해서 자료를 모으고 있는 중이다. 나는 오리엔트의 고대 여러 민중과 현대 주민들을 보여주는 삽화를 넣어서, 시리아와 소아시아에 살고 있는 여러 민중 가운데 예전에, 그리고 지금도 두드러지게 나타나는 유형들을 보여주고 싶다. 그리고 그와 동일한 유형들이 오늘날 유대인들 중에도 여전히 존재한다는 것을 입증하고 싶다.[16]

루핀의 『유대인의 사회학』 히브리어판과 독일어판 초판은 1930년에 나왔다. 1930년대 초라는 출간 시기와 베를린/텔아비브라는 출간 장소는 이 책의 기본적인 수사와 밀접한 관련이 있다. 책의 1장 제목은 '에레츠 이스라엘 거주 유대인들의 인종적 구성', 2장 제목은 '에레츠 이스라엘 밖 유대 인종의 역사'였다. 저자는 머리말에서 유대인의 기원이라는 주제가 수년 간 뇌리에서 떠나지 않았으며 여전히 그렇다고 진술한다. 이 예루살렘 히브리대학교 사회학과 창설자는, 실제로는 낯선 피가 유대 민중 속에 스며들었다고 보면서도, "내나수 유대인들은 인종 구성에서 에레츠 이스라엘에 살았던 그들의 옛 선조들을 [여전히] 닮았다"고 계속해서 믿었다.[17]

루핀의 책 제1권 말미에는 '전형적으로 유대적인' 얼굴을 한 사진들이 여럿 실려 있다. 상이한 공동체들에 속한 유대인들 간의 독특한 차이성 및 통일성의 이유를 시각적으로 뒷받침하는 사진들이다. 그 얼굴 특징과 두개골 모양으로 모든 유대인이 고대 아시아에 기원을 두고 있다는 것이 증명되었다는 것이다. 하지만 아시아와 인종적 관계를 맺고 있다고 해서 걱정할 필요는 없다. 문화적으로 열등한 팔레스타인 토착민들과 통혼하고 싶어 하는 유대인 정착민은 분명 없을 것이기 때문이다.

　루핀은 '오리엔트'를 잘 알고 있었다. 1908년에 루핀은 시오니즘 운동 중앙집행부 팔레스타인사무소 소장으로 임명되면서 땅을 매입하는 구체적인 임무를 부여받았다. 루핀은 유대인 정착의 시조였다. 헤르츨이 민족 운동을 조직한 주역이었다면 루핀은 시오니즘 식민사업의 주역이었다고 해도 과장이 아닐 것이다. 1948년까지 매입한 팔레스타인 땅은 전체의 약 10퍼센트밖에 되지 않았지만, 이스라엘이 자리 잡을 수 있도록 농업-경제적인 하부구조를 구축한 것은 거의 루핀의 공로였다. 그는 팔레스타인 전역에 걸쳐 땅을 매입했고, 그 땅을 분배하는 중앙기관들도 설립했다. 루핀은 시오니즘에 따른 토지 확보가 기존의 팔레스타인 농업경제와는 완전히 분리된 채 이루어지도록 하기 위해 애썼다. 체계적인 '종족' 분리를 통해 유대인들의 생물학적 특징을 유지하고 싶었던 것이다.

　이 같은 실무 작업이 루핀의 이론적 작업을 전적으로 방해하지는 않았던 모양이다. 1926년에 루핀은 히브리대학교에서 '유대인 사회학' 강의를 맡았다. 그때부터 루핀은 1943년 세상을 떠날 때까지 유대 인종의 진화론적 투쟁에 대한 인구통계학적 개념을 발전시키는 작업을 이어갔다. 2차 세계대전이 일어나기 전까지는 독일에서 왕성하게 활동하던 우생학 이론가들과 학술적 교류를 유지하기까지 했다. 놀랍게도 독일에서 나치즘이 승리했을 때에도 그러한 교류를 완전히 중단하지 않았다. 예루살렘의 대학에서 학생들을 가르치는 인물이 히틀러 집권 후에 독일에 가서 인종 이론의 '교황'이라 할 한스 귄터(Hans Günther)를 만났다. 귄터는 1932년 나치스에 입당해 집시 말살계획을 지휘했으며, 죽는 날

까지 홀로코스트를 부정한 인물이다.[18]

유대 생물학이 진짜로 원했던 것

그러나 루핀과 같은 시오니스트와 나치스 사이의 이런 기이한 관계를 오해해서는 안 된다. 종족적 민족주의와 생물학이 손잡으면서 20세기 전반기에 가공할 도착적 사태가 벌어지지만, 시오니스트들 대부분은 피의 순수함이라는 측면에 대해서는 생각하지 않았고 그런 순수함을 추구하지도 않았다. '이방인들'을 체계적으로 중심부에서 몰아내는 프로젝트 같은 것은 결코 등장하지 않았다. 그런 게 거의 필요 없었기 때문이다. 또한, 전통적인 유대 종교가 더 이상 지배력을 행사하지는 못했어도 유대인 정체성을 확인하는 수단으로는 여전히 부분적으로 유용했기 때문이다. 세속적 시오니스트들은 종교 개종을 환영하지는 않아도 계속 인정하기는 했다. 인종주의 지지자들 중 일부, 즉 모제스 헤스에서부터 노르다우를 거쳐 부버에 이르기까지 적지 않은 인물들이 이방인의 피를 지닌 비유대인 여자와 결혼했다는 사실도 잊어서는 안 된다.[19]

유대 생물학의 목적은 다른 민속들로부터 분리되는 데 있었지, 그들 틈에서 순수성을 유지하는 데 있지 않았다. 상상된 옛 고향땅을 넘겨받으려는 목적으로, 종족 민족주의적 통합이라는 프로젝트에 기여하려는 의도밖에 없었다. 게다가 피 이론을 지지하는 시오니스트들조차 노골적이고 결정론적인 인종집단 간의 위계는 받아들이지 않았다. 우월하거나 열등한 인종에 대한 이론은 그들 관점에서는 그리 중요한 것이 아니었다. 물론 유대인 천재에 대한 찬사가 부족한 적은 없었고, 유대인의 비범한 자질에 대한 자랑도 부족한 적이 없었다(그런 점에서는 가끔씩 반유대주의를 전형적으로 닮긴 했다). 하지만 그런 찬사나 자랑은 무력하고 박해받는 소수집단의 입에서 나오는 것이었기에, 위협적이기보다는 오히려 우스꽝스러운 것이었고 위험하기보다는 애처로운 것이었다.

그러나 유대인 피 이론이 위에서 언급한 일류 사상가들 소수에게만 배타적으로 수용된 것은 아니었다는 사실을 지적해야겠다. 그 이론은 시오니즘 운동의 모든 조류에서 인기를 얻었으며, 그것이 각인된 흔적을 시오니즘 운동의 거의 모든 출판물, 회의, 학회 안에서 발견할 수가 있다. 시오니즘 운동 내 2등 위치에 있던 젊은 지식인들이 그 이론을 그대로 활동가들과 지지자들에게 전파했고, 그리하여 그 이론은 고대 유대 민중이라는 꿈과 상상을 불러일으키는 일종의 공리가 되었다.[20]

특히 시오니즘에 합류한 과학자들과 의사들이 이런 유대 유전 개념에, 그리고 심지어는 그것과 관련된 우생학 이론에까지도 지대한 관심을 보였다. 라파엘 포크는 『시오니즘과 유대인 생물학』이라는 대담한 책에서 그런 과학자들과 의사들의 이야기를 상세하게 들려준다.[21] 독일의 지도적 시오니스트로 1934년 위임통치하 팔레스타인으로 이주해 와서 예루살렘 히브리대학교 의학교수가 된 아론 샌들러 박사는 순수한 인종이란 없다는 것을 알고 있었지만, 유대인들이 사실상 하나의 인종적 실체가 되었노라고 주장했다. 한편 1905년에 하이파에 정착한 엘리아스 아우어바흐 박사는 유대 민중이 언제나 순수한 인종이었다는 것을 믿어 의심치 않았으며, 티투스 시대 이후로 비유대인들과 통혼하지 않았다고 확신했다. 팔레스타인으로 이주한 뒤 유명한 '헤르츨리야 김나지움'의 의사가 된 아론 비냐미니 박사는 자연선택 이론을 증명하기 위해 끊임없이 학생들의 키와 몸무게를 측정했다. 역시 위임통치하 팔레스타인에 살았던 모르데하이 보루코프 박사는 1922년에 이런 주장을 펼쳤다. "민족들 간의 투쟁에서는, 한 민족과 다른 민족 간의 비밀스럽고 '문화적'인 전쟁에서는, 인종을 향상시키고 후손을 생물학적으로 강화시키는 민족이 승리한다."[22]

1929년 아랍인들의 폭력적인 봉기가 일어난 시기에 역시 의사였던 야코프 제스 박사는 『몸과 마음의 위생』이라는 제목의 논저를 펴냈는데, 그 책에서 "우리에게는 다른 민족들보다 더한 인종 위생이 필요하다"고 강조했다. 노동연맹 산하 질병기금 수장으로 나중에 이스라엘 보건부 초대 사무총장이 되는 요셉 마이어 박사는 제스의 의견에 동의했으며, 1934년 질병기금 회원 편람에서 다음과 같은 의견을 표명했다. "우리에게는, 큰 틀에서는 우생학이, 구체적으로는 유전병의 전파를 예방하는 것이 다른 민족들에게보다 훨씬 더 중요한 가치를 지닌다!"[23]

이들 중 가장 뛰어난 인물은 잘 알려진 의사이자 생물학자인 레드클리프 네이선 살라만(Redcliffe Nathan Salaman)이었다. 영국 출신 시오니스트로 예루살렘 히브리대학교 생명과학부에 큰 기여를 했으며 생명과학부 이사회 위원이었던 살라만은 또한 자연인류학적 가정을 유전학적 가정으로 바꾸고자 노력했던 최초의 인물이기도 했다. 당시 유전학은 앞날이 창창한 유망 학문이었다. 1911년 선구적인 잡지 『유전학 저널』 창간호에는 그가 쓴 「유대인들의 유전」(The Heredity of the Jews)이라는 제목의 기사가 실렸다. 이후에도 살라만은, 비록 유대인들이 순수한 인종이 아니라 해도 그건 문제가 되지 않으며, 그들이 여전히 뚜렷한 생물학적 독립체라는 사실에는 변함이 없다는 주장을 고수했다. 두개골 모양, 특징, 신체지수 등을 통해 유대인을 구별할 수 있다는 점 외에도, 특징적인 신체적 외양에 상응하는 유대인만의 대립형질도 있다고 보았다.[24] 물론 잘생긴 아시케나지와 까무잡잡한 세파르디 사이에 차이는 있지만, 그 차이가 생긴 이유는 간단했다. 세파르디가 이웃들과 더 많이 섞였던 것이다. 눈에 띄는 아시케나지의 아름다움은 고대에 유대 민족에 흡수된 팔레스타인인들에게서 온 것이다. 두개골이 긴 유럽인 침략자들도 히브리 민중의 일부가 되었다. 하얀 외모는 그들에게서 온 것이다. 예멘 유대인들이 키가 더 작고 성격이 순종적인 이유는 "그들이 유대인이 아니기 때문"이다. "그들은 검고 두개골이 길쭉한 것으로 보아 아랍 혼혈이다…. 진정한 유대인은 유럽 아시케나지이며, 나는 다른 모든 유대인들에 반하여 유럽 아시케나지만을 지지한다."[25]

살라만은 유전학자라기보다는 우생학자였다. 살라만에게 시오니즘이란 유대 인종을 향상시키기 위한 우생학 프로젝트였다. 그의 눈에 팔레스타인의 젊은이들이 몸집도 더 크고 힘도 더 세어 보이자 그는 "어떤 힘이 그들에게 작용해 필리스티아(Philistia)에서 팔레스타인인 유형을 새로 만들어냈다"고 말했다. 그 신비로운 힘이란 자연선택인데, 이 자연선택이 유대인들의 유전적 형질 중에서 팔레스타인인 유전자를 다시 활성화시켰다는 것이다. 비슷한 과정이 영국에서도 일어나고 있는데, 영국계 유대인, 특히 시오니즘 사업에 돈을 기부한 이들은 틀림없이 히타이트 유전자 형질을 획득한 경우라는 것이다.[26]

20세기 우생학이 가져온 비극적 결과만 없었다면, 그리고 살라만이 이스라엘 땅 유대과학 초창기의 보잘 것 없는 인물에 불과했다면, 이 글을 읽으며 우리는 그냥 웃어넘기고 말았을 것이다. 하지만 우생학은 끔찍한 이데올로기적 도착 사태들을 낳는 데 일조했으며, 또 앞으로 살펴보겠지만 유대 민중이 세운 국가의 생명과학 분야에는 살라만의 후예들이 너무 많았다.

이스라엘 역사학은 전반적으로, 시오니즘 담론 안에 '생물학'을 끌어들인 데 대해 변명하는 옹호론을 상당히 많이 포함하고 있다. 이 옹호론은 그런 풍조가 19세기 말과 20세기 전반기에 흔하지 않았느냐고 변명한다. 물론 당시에는 많은 과학 출판물이 유전과 문화를 혼동하고 피와 민족 정체성을 구별하지 못하는 문건들을 일간지와 통속 주간지만큼이나 많이 담아내긴 했다. '인종'이라는 용어는 반유대주의자들이 빈번하게 사용했지만, 점잖은 언론이나 자유주의 서클 및 사회주의 서클 안에서도 사용되었다. 옹호론이 주장하는 바는, 피와 인종 이론에 대해 논했던 시오니스트 사상가들과 주창자들이 그 이론을 정말로 심각하게 받아들인 건 아니며, 나아가 그 이론들이 그 끔찍한 결과를 불러오는 데 일조하리라고는 정말이지 그 누구도 예상하지 못했다는 것이다. 하지만 이런 논리에 기댄 역사적 주장은 편리하기는 할지언정 정확함과는 거리가 멀다.

생물학을 차용해 역사 발전을 설명하는 관행이 2차 세계대전이 일어나기 전까지 널리 퍼져 있었던 건 사실이지만, 또한 잊어서는 안 될 점은 인종을 분류하고자 한 자연인류학과 그것을 보완하는 피의 과학에 대해 적지 않은 학자들이 이의를 제기했다는 사실이다. 다양한 분야의 사상가들과 과학자들이 자연법칙을 인간 사회 및 문화에 그대로 적용시키는 데 대해 우려를 나타냈다. 비판자들 중 일부는 유대 인종이라는 개념에 대해, 즉 반유대주의자들과 시오니스트들이 찬사를 던졌던 그 개념 자체에 대해 직접적으로 도전하기까지 했다. 19세기 말과 20세기 초 이념적 스펙트럼의 좌우 양쪽에서 뽑아낸 두 개의 중요한 장면에서 그 논의를 잘 살펴볼 수 있다.

에르네스트 르낭과 카를 카우츠키의 경우

1883년 프랑스의 유명 학자 에르네스트 르낭은 파리의 생시몽 서클에 연사로 초청받았다. 생시몽 서클에는 프랑스계 이스라엘인 회원들도 상당수 있었다. 르낭의 초기 문헌학 저술들은 1850~60년대에 유럽 전역에서 오리엔탈리즘과 이른바 '과학적' 인종주의가 자리 잡는 데 적잖이 기여했던 터였다. 르낭이 상당한 편견을 덧붙여 아리안계 언어와 셈계 언어들을 분류해놓은 것에서 모든 부류의 인종주의자들이 많은 용기를 얻곤 했다. 그런데 1880년대 초 인종주의적 반유대주의가 부상하는 것을 보면서 르낭은 꽤 걱정이 되었던 모양이다. 그래서 그는 생시몽 서클 강연 제목을 「인종으로서의 유대교, 종교로서의 유대교」로 정했다.[27]

르낭의 수사에는 여전히 '인종'이나 심지어 '피'와 같은 용어가 가득했지만, 그는 역사적으로 박식했기 때문에 지배적인 언어 관습에 매몰되지 않을 수 있었다. 짧고 날카로운 경험적 분석을 한 끝에 르낭은 독일 역사가 테오도르 몸젠의 관점(제2장 171~175쪽 참조)에 동의를 표했고, 단일 기원을 가진 고대의 어떤 폐쇄적인 인종의 특성을 유대인에게 부여하는 대중적 관점에 대해 공격을 가했다.

전 인류에게 유일신을 믿을 것을 촉구한 최초의 종교는 그리스도교가 아니며, 대규모 종교개종 운동을 처음 시작한 것도 그리스도교가 아닌 유대교라고 르낭은 분명히 말했다. 자신의 논지를 입증하기 위해 그는 헬레니즘 및 로마 시대에 있었던 유대 개종의 물결을 훑어보는 데서 시작하여, 3세기 초 카시우스 디오가 했던 유명한 주장, 즉 '유대인'이라는 명칭이 더 이상 유다지역 혈통을 가진 사람들에게만 적용되는 것은 아니라는 주장(제3장 310쪽 참조)을 소개했다. 거느린 노예를 개종시키

486

는 일도 흔했으며, 유대교 회당인 시나고그 역시 이웃들을 끌어들이기에 효과적인 장소였다는 것이다. 이탈리아, 골, 기타 여러 지역의 유대교 신자 대중은 대부분 개종한 현지인들이었다.[28] 르낭은 계속해서 아디아베네 왕국, 팔라샤(Falasha, 에티오피아의 흑인 유대인), 하자르 왕국에서의 광범위한 개종에 대해 이야기했다.

연설을 마무리하면서 르낭은 유대 인종이란 없으며, 전형적인 유대인 외양이란 것도 없다는 이야기를 반복했다. 기껏해야 자기 고립과 내부 결혼, 그리고 오랜 기간에 걸친 게토 생활 등의 결과로 특정한 유대인 유형들이 생겨났을 뿐이다. 고립된 사회생활이 그들의 행동과 심지어 인상에까지 영향을 준 것이다. 여기에 유전과 피는 아무 관계도 없다. 그런 사회적 삶은 그들이 택한 게 아니며, 유대인의 전형적인 직업들 역시 자유로이 선택한 게 아니라 중세에 그들에게 부과된 것이다. 많은 점에서 프랑스 유대인들은 프로테스탄트와 다를 바 없다. 그들 대부분은 골족으로, 고대에 일찌감치 개종을 한 후 억압받는 종교적 소수가 된 것뿐이다. 그러나 프랑스혁명이 게토를 없애버림으로써 그들도 해방을 맞이했다. 그 후로 유대인들은 프랑스 민족 문화의 본질적 부분이 되었으며, 인종 문제는 이제 아무런 의미도 가질 수 없게 되었다.

당대 프랑스의 일류 지식인, 그 시대의 장 폴 사르트르가 제시한 이런 의견은 의심할 것도 없이 자유민주주의 진영에 큰 힘을 실어주었고, 그리하여 드레퓌스 사건이 불러온 종족중심주의적이고 반유대주의적인 민족주의 물결도 결국 뒤로 물러나게 된다. 또 다른 정치적·민족적·문화적 무대에서 비슷한 역할을 한 이는 카를 카우츠키였다.

제2인터내셔널*에서 '마르크스주의의 교황'으로 불리기도 한 카우츠키는 체코 태생의 체계적 사상가로, 마르크스와 엥겔스를 계승해 19세기 말과 20세기 초 유럽 사회주의 진영의 지도적 위치에 오른 인물이었다. 비록 반유대주의적 요소가 기존의 노동자 정당들 안에 여전히 남아 있긴 했지만, 사회주의 운동 자체는 인종주의에 반대했고, 카우츠키는 이념적 혼란에 빠져 있던 근대화의 미로 속에서 앞장서서 길을 이끈 안내자 중 한 명이었다. 1914년 1차 세계대전이 일어나기 직전에 카우츠키는 독일 문화 현장에서 가장 시급한 문제가 된 사안 하나를 따져보기로 했다. 그가 쓴 『유대교와 인종』—1926년 영국에서 『유대인은 과연 인종인가?』라는 제목으로 재출간—은 이 치명적이고 골치 아픈 문제를 명확하게 밝혀보려는 책이었다.[29]

마르크스와 달리 카우츠키는 유대인 및 유대교에 대한 편견에서는 자유로웠지만, 유물사관에서는 그 위대한 독일 사상가의 길을 벗어나지 않았다. 그래서 카우츠키는 다윈주의 이론들을 받아들이면서도, 한편으로는 그것을 인간 영역에 적용하는 것은 거부했다. 모든 생명체는 생존을 위해 환경에 적응하지만, 인간은 또한 환경을 자기 필요에 맞게 적응시키기도 한다고 주장했다. 따라서 인간 노동은 다른 종류의 진화과정을 만들어낸다. 즉 인간은 노동을 통해, 다시 말해서 자신의 환경을 바꾸는 과정을 통해 자신의 의식을 변화시킨다.

카우츠키는 자본주의 시대의 과학이론 중 많은 것들이 지배계급의 독점과 착취를 정당화하는 데 이용되었다고 보았다. 인종에 대한 새로운 관념은 식민주의적 확장욕망과 손을 잡고서 거대 열강의 야만적인 힘을 정당화하는 데 주로 동원되었다. 이를테면 이런 식이었다. 주인과 노예를 만든 게 사회역사가 아니라 자연이라면 불평할 이유가 무엇이

---

* '국제노동자협회'의 줄임말로, 제1인터내셔널이 해산한 후 1889년 7월 파리에서 결성된 사회주의자들의 연합체. 사회민주주의 성격의 점진적, 개량적 노선을 추구했다.

겠는가? 독일에서는 인종주의 이데올로기를 유럽 내 권력지형에 적용하기도 했다. 금발 튜턴족 후손들은 재능을 타고났지만, 짙은 머리색 켈트인의 후예로 프랑스혁명으로 비로소 일어난 라틴족은 생산적 능력이 없다, 이 두 인종은 영원히 다툴 처지에 있다, 하지만 가장 위험한 최악의 인종은 유대인이라는 낯선 외래 요소라는 것이 새로운 인종주의 과학자들의 주장이었다.

유대인들은 두개골 모양, 코, 머리카락, 눈 등 외모로 쉽게 구분이 되었다. 이 모든 것이 유랑하는 이 위험한 인종의 독특한 특징을 이루었다. 하지만 카우츠키는 이런 신체적 특징들에도 다양한 변형이 있음을 말해주는 의미 있는 통계들이 있으며, 따라서 그런 특징들을 이용해 모세 종교 추종자들을 분간하는 것은 불가능하다고 주장했다. 일례로 코카서스 출신 유대인들은 두개골이 짧은(단두) 반면에 북아프리카와 아랍 지역 유대인들은 두개골이 길고(장두), 유럽 유대인들에게는 평균치와 다양한 길이가 다 있는 것으로 나타났다. 유대인들은 외모로 볼 때 여러 곳에 흩어져 있는 같은 종교 신자들보다 그들이 사는 곳의 주민들과 훨씬 더 많이 닮았다. 그들의 신체적 행동, 제스처, 정신적 특성에 대해서도 같은 말을 할 수 있을 것이다.

만약 어떤 유대 공동체들이 서로 공통된 특성을 띠고 있다면, 그 특성은 역사 때문에 생겨난 것이지 생물학 때문에 생긴 게 아니다. 유대인들이 경제적 기능을 담당하게 되면서 특정 하위문화와 그에 수반하는 언어적 표지들이 생겨났다. 하지만 근대화가 그런 전통적인 유대인의 경계를 서서히 지워갔고, 유대교 신자들을 새로운 민족 문화 속으로 통합시켜 나갔다. 그러므로 반유대주의 주장이 과학적으로 가치가 없다면, 유사한 추론으로 그 주장을 보완하는 역할을 하는 시오니스트 이데올로기 역시 과학적으로 가치 없는 것이다. 카우츠키는 동유럽 유대인들이 고난을 겪는 모습, 특히 차르 정권의 선동 하에 박해받는 모습을 목격한 바 있다. 하지만 사회주의자로서 카우츠키가 반유대주의 문제에 대해 제안할 수 있는 해결책은 단 하나뿐이었다. 그것은 새롭고 평등한 세상을 만들기 위한 투쟁이었다. 그런 세상이 오면 민족 문제들은 해결될 것이며, 인종이라는 사안은 정치적 의제에서 자취를 감출 것이다.

유대 인종 개념을 반박하는 이 논설에서 카우츠키는 특히 두 명의 인류학자를 언급했다. 미국 인류학의 아버지로 종종 거론되는 프랜츠 보애스와 인류학자이자 인구통계학자이기도 한 모리스 피시버그였다. 두 사람 다 유대계 미국인으로, 인간 역사를 생물학적으로 해석하는 통속적 방식과 유대인을 인종적으로 구분하는 것 모두에 이의를 제기했다. 1911년에 두 학자는 각각 중요한 책을 출간했다. 보애스의 책『원시인의 정신』은 인종적 기원과 문화를 관련시키는 근거 없는 추측을 분쇄하고자 했고, 피시버그의 책『유대인: 인종과 환경 연구』는 실증주의적 접근법을 활용해 유대인들의 신체적 형태와 기원이 어느 단계에서도 균일하지 않다는 것을 보여주었다.[30] 보애스가 미국 인류학을 19세기 생물학적 다윈주의의 속박에서 구해내는 데 결정적인 영향을 끼쳤다는 것은 이미 충분히 거론된 얘기다. 1933년 독일에서 광분한 나치 학생들이 보애스의 독일어판 책을 모아놓고 불을 지른 것은 놀라운 일이 아니다.[31]

피시버그의 책은 보애스의 책만큼 주목받지는 못했지만 반유대적 인종주의자들의 견해가 잘못되었음을 밝히는 데 기여했다. 그의 연구는 뉴욕에 거주하는 유대 이주민 3천 명에 대한 형태학적 조사를 토대로 한 것인데, 넓은 범위에 걸쳐 있는 그들의 특성이 유대인들의 '역사'와 관계있음을 독창적인 관찰을 통해 보여준 연구였다. 이 폭넓은 저작은 근대 유대인들의 종족적 실체 혹은 유대 인종을 가정할 근거는 아무데도 없다는 결론과 함께 끝난다. 그건 우리가 그리스도교 신자들이나 이슬람교도들의 종족적 실체에 대해, 혹은 유니테리언이나 장로교나 감리교 신자의 인종에 대해 아무것도 말할 게 없는 것과 같다.

2. 꼭두각시 과학과 인종주의 난쟁이

인종주의, 유전학으로 옷을 바꿔 입다

피시버그의 책은 결코 히브리어로 번역되지 못했고, 그의 과학적 유산을 물려받은 세 권의 다른 책도 이스라엘에서 전혀 주목을 끌지 못했다. 세 권의 책이란 1960년에 출간된 해리 샤피로의 반인종주의적 저작 『유대 민중: 생물학적 역사』, 라파엘 파타이와 그의 딸 제니퍼 파타이가 쓴 두꺼운 책 『유대 인종이라는 신화』, 알랭 코르코스의 『유대 인종이라는 신화: 생물학자의 관점』 등이다.[32] 이 책들 중 어느 한 권도 히브리어로 번역되지 않았으며, 저자들의 논지 역시 이스라엘 문화계 및 학술 현장에서 한 번도 거론되지 않았다. 1930~40년대에 루핀과 살라만이 예루살렘에 설치해 놓은 이른바 '과학적' 구조물이 이 문헌들의 이스라엘 유입을 효과적으로 막은 게 아닌가 생각된다. 이 인류학과 유전학 문헌들이 유대 인종-민족의 존재 자체를 의심케 하고, 시오니즘 사업의 이데올로기 생산라인을 지체시킬 수도 있었기 때문이다.

물론 2차 세계대전 종전 후 '인종'과 '피'라는 용어를 사용하는 것은 세련되지 못한 일이었다. 1950년에는 유네스코 후원 하에 원로과학자 몇 명이 생물학과 민족 문화 사이의 어떤 연관성도 전적으로 거부한다는 선언을 했다.『인종 개념』책자를 통해 대대적으로 홍보된 이 선언에서 '인종'은 과학적 사실이 아니라 사회적 신화임이 표명되었고, 이후 진지한 연구자들은 이 용어의 사용을 기피했다.[33] 하지만 이런 전반적인 분위기에도 불구하고 이스라엘 생명과학계의 일꾼들은 포기하지 않았고, 이 유랑 민중들의 공통 기원에 대한 시오니즘의 깊은 믿음도 흔들리지 않았다. '유대 인종'이라는 용어는 연구자들이 관례적으로 쓰는 어휘 목록에서는 사라졌지만, '유대 공동체들의 기원에 대한 연구' 같은 점잖은 제목을 붙인 과학 분야가 그 자리를 대신 차지했다. 통속 저널리즘은 그것을 간단하게 '유대인 유전자 찾기'라고 불렀다.

유럽 유대인 사회로부터 인력을 수입하다가 나중에는 이슬람권에서 다수 유대인들을 수입한 이스라엘은 새로운 민족을 긴급하게 창조해야 할 상황에 직면했다. 앞의 여러 장에서 언급했듯이, 그러한 문화적 생산 과정에서 주된 역할을 담당한 것은 위임통치하 팔레스타인으로 이주해와서 국가수립 이전부터 교육에 힘썼던 히브리 지식인들이었다. 성서에서부터 '팔마'(Palmah, 국가수립 이전에 활동했던 전투부대)에 이르는 '유대 민중의 유기적 역사'가 국가 교육시스템 전 과정에서 교육되었다. 시오니즘 교육은 자기 민족의 종족적 특별함을 전폭적으로 믿는 학생들을 수 세대에 걸쳐 길러냈다. 하지만 과학적 실증주의의 시대에 민족주의 이데올로기는 인문학에서 생산한 '소프트한' 자료들보다는 더 튼튼한 물질적 기반을 필요로 했다. 그리하여 생물학 연구소들에 그것을 제공해달라는 요청이 전해졌고, 그들은 처음에는 상당히 조심스러운 태도로 그 요청에 응했다.

텔아비브대학교에서 최근에 박사논문을 완성한 누리트 커쉬는 이스라엘 유전학 연구의 초기 단계를 조사한 연구자다.[34] 그녀의 결론은 명확하다. 당시의 고고학과 마찬가지로 유전학도 민족 역사 관념에 종속된 편향적 과학이었고, 어떤 수단을 써서라도 전 세계 유대인들 사이의 생물학적 동질성을 찾아내려고 노력했다는 것이다. 유전학자들은 시오니즘 신화를 내면화했고, 그래서 의식적으로든 무의식적으로든 그들의 연구 결과를 그 신화에 끼워 맞추려고 노력했다. 커쉬가 보기에 국가수립 이전에 활동했던 시오니스트 인류학자들과 이스라엘의 새로운 과학자들 사이의 주된 차이점이라면, 유전학이 이스라엘의 공공영역에서 덜 눈에 띄었다는 것뿐이다. 그러나 이런 이데올로기적 편향에도 불구하고 국제 과학저널에 게재된 연구 결과들은 히브리어 언론의 관심을 거의 받지 못했다. 이것은 유전학이 일반 교육시스템에서는 미미한 기능밖에 하지 못했다는 것을 의미한다.

1950년대 및 60년대 초까지만 해도 이 새롭고 조심스러운 이스라엘 유전학은 오로지 전문 엘리트층에게만 도움이 되었다고 볼 수 있다. 하지만 예컨대 유대인들의 지문에서 그들만의 특징을 찾아낸다든지, 유대인들만이 걸리는 질병을 찾아낸다든지 하는 시도들은 결국 성공하지 못했다. 알고 보니 그 옛날 예수를 죽인 이들이 가졌던 지문을 지금의 유대인들이 가지고 있는 것은 아니며, 동유럽 유대인들에게서 발견되는 질병(예를 들면 테이-삭스병)이 이라크나 예멘 유대인들에게서 발견되는 질병(예를 들면 마마콩중독증)과 별로 닮지 않았더라는 얘기다. 하지만 이스라엘 실험실들 안에 축적된 이 가치 있는 생의학적, 유전학적 정보들은 나중에 더 중요한 대접을 받게 된다.

1978년 옥스퍼드대학교 출판부는 아서 모란트가 이끄는 연구팀의 책 『유대인들의 유전학』을 펴냈다.[35] 영국 학자 모란트는 깊이 믿고 따르며 영향을 받은 정신적 스승이 한 명 있었는데, 그 스승은 영국인들을 '사라진 열 지파'의 후손이라 믿는 어떤 종파에 속해 있었고, 그래서 모란트도 유대인에게 관심을 갖게 되었다. 열성적이었던 모란트는 생애의 많은 시간 동안 자신과 자신의 주변 사람들 모두가 진짜 유대인이라고 믿었다. 영국군이 팔레스타인을 점령했을 때에는 이 사건이 구원의 시작을 알리는 것이라고 확신했다. 몇 년 후 모란트는 '실제' 유대인들의 공통된 생물학적 기원을 밝히는 작업에 착수했고, 자신의 유전인류학을 성서 이야기에 끼워 맞췄다. 이스라엘 유전학자 라파엘 포크는 모란트의 작업을 이렇게 묘사했다. "먼저 화살들을 쏘아놓고, 그 다음에 표적을 그 주위로 끌어왔다."[36]

아시케나지 유대인들과 세파르디 유대인들 사이에 뚜렷한 차이가 있음에도, 모란트와 그 동료들에게는 그 유대인들 모두가 단일한 공통 기원을 갖고 있어야 했다. 모란트는 각기 떨어져 있는 유대 공동체들에서 대립형질 A와 대립형질 B가 출현하는 빈도를 조사했다. 그러고는 서로 다른 이 유대인들이 가진 유전자가, 이들의 유전자와 비유대인 이웃의 유전자를 비교했을 때보다 더 높은 정도의 유사성을 갖는다는 것을 보여주고자 노력했다. 하지만 이 유전학 실험 결과가 자신들의 이데올로기적 목적을 정확히 뒷받침하지 못했더라면, 다른 결과를 보여줄 수 있는 실험을 또 찾았을 것이다.

모란트의 이론은 취약점이 많았고 근거도 없었다. '아시케나지'와 '세파르디'란 다양한 종교적 관습을 대표하는 사람들일 뿐인데 그렇게 넓게 분산된 범주에 유전학을 적용하는 것은 무의미한 일이었다. 하지만 이 이론 때문에 이스라엘 여러 대학의 생명과학부에서는 유대인 유전자를 찾는 작업이 타당성을 부여받고 활기를 띠게 되었다. 2차 세계대전 이후 세월이 지남에 따라 그때까지 남아 있던 거리낌도 사라졌다. 게다가 1967년 서안지구 점령 후 이스라엘의 지배를 받는 비유대인 인구가 늘어나면서 명확한 종족생물학적 구분선을 찾고자 하는 열망도 심화되었다. 1980년 이스라엘 과학월간지 『마다』(*Mada*, '과학')에는 텔아비브대학교 의과대학의 밧 셰바 본느 타미르가 쓴 「유대인 유전학에 대한 새로운 관점」이라는 기사가 게재되었다. 다음과 같은 진술로 기사를 시작한 글쓴이는 유대인 유전자를 찾는 새로운 탐색법의 독창성에 대해 자랑스럽게 서술했다. "1970년대에 들어오면서 유대인 유전인류학 분야에서는 많은 새로운 연구가 공개되었다. '유대 민중의 기원은 무엇인가?'와 '유대 인종이란 존재하는가?'와 같은 주제를 다루는 연구들이었다."[37]

그녀의 주장은 이러했다. 1970년대 전까지는 그런 연구들이 반인종주의적 동기를 깔고 있었기 때문에, 시각이 편향되어 있었고 유대 공동체들 간의 유전적 차이를 강조하는 데 주안점을 두고 있었다. 하지만 새로운 연구들은 이 분야의 엄청난 발전을 바탕으로 다양한 공동체들 사이에 기본적인 유전적 유사성이 있으며, 유대인들의 독특한 유전적 성분 중에서 '외래' 유전자는 작은 부분에 불과하다는 것을 보여주고 있다. "눈에 띄는 연구 결과 중 하나는 북아프리카, 이라크, 아시케나지 유대인들이 유전적으로 친족관계임을 말해준다. 대부분의 사례에서 이들은 단일 블록을 형성하고 있는 반면, 비유대인(아랍인, 아르메니아인, 사마리아인, 유럽인)과는 확연히 거리가 먼 것으로 나타났다."[38] 과학자 본느 타미르는 자신은 원래 유대인을 따로 떼어낼 생각이 없었고, 오히려 혈연집단들을 이용해 유대인적 특징이라는 것이 각기 다른 요소들로 구성되어 있다는 것을 밝히려는 의도였는데, 이 새로운 연구에 깜짝 놀랐다는 이야기를 굳이 서둘러 꺼낸다. 이 연구 결과가 유대인들이 고대부터 현재까지 흩어져 유랑하고 있다는 문헌의 이야기를 입증해준다는 얘기였다. 마침내 생물학이 역사를 확인시켜 준 것이다.

이렇게 하여 유대 민족-종족에 대한 시오니즘의 관념은 생명과학이라는 물질적 기반을 얻게 되었고, 새로운 학문인 '유대인 유전학'으로 이어지게 되었다. 새 학문을 위해서는 앵글로색슨 세계에서 나오는 점잖은 저널에 기사가 게재되는 것만큼 신빙성을 얻는 방법이 또 어디 있을까? 부지런한 이스라엘 연구자들에게 서구 정규 과학계의 문—주로 미국이었다—이 활짝 열렸다. 이스라엘 연구자들은 정기적으로 역사적 신화와 사회학적 가정에다가 의심스럽고 빈약한 유전학적 연구 결과를 혼합시켜 발표하곤 했다. 이스라엘에는 학문 연구에 쓸 수 있는 자원이 제한돼 있었음에도, 유대인 유전학은 이른바 '거주민 기원 조사'에서 세계를 이끄는 학문이 되었다. 1981년에는 인간 유전을 논하는 국제학회의 여섯 번째 회의가 이스라엘 주최로 열렸고, 본느 타미르 교수가 이 회의의 산사를 맡았다. 이때부터 이스라엘 연구자들은 정부 및 사설재단들로부터 풍성한 기금을 받았고, 이에 부응해 학문적 결과물들도 뒤따랐다. 이후 20년 동안 유대인 유전학에 대한 관심은 예루살렘의 히브리대학교, 레호보트의 바이츠만연구소(Weizmann Institute), 하이파의 테크니온(Technion) 공대 등으로 확산되었다. 또 하나 중요한 것은 1950년대의 조심스러웠던 분위기와 달리 이때부터는 연구 결과들이 대중에게 대대적으로 알려졌다는 점이다. 그리하여 20세기 말에는 이스라엘 일반인들도 자신이 상당히 비슷한 고대적 기원을 가진 명확한 유전 집단에 속한다는 생각을 갖게 되었다.

당황스런 연구 결과들

2000년 11월 이스라엘 일간지 『하아레츠』(*Haaretz*)는 예루살렘 히브리대학교 아리엘라 오펜하임 교수와 그녀의 동료들이 수행한 연구에 대한 해설기사를 게재했다. 실제 연구 논문은 같은 달에 독일 슈프링거 출판사가 간행하는 과학 정기간행물 『인간 유전학』에 공개되었다.[39] 언론이 관심을 보인 까닭은 오펜하임 교수팀의 연구에서 유대인들('아시케나지'와 '세파르디' 모두)의 Y염색체에 나타나는 어떤 돌연변이들과 소위 '이스라엘 아랍인들' 및 팔레스타인인들의 Y염색체에 나타나는 돌연변이들 사이에 놀랄 만한 친연성이 발견되었기 때문이다. 결론은 팔레스타인인들 중 3분의 2와 유대인들 중 거의 3분의 2의 조상이 같으며, 8천 년 전에 살았던 세 명의 남자가 그들의 공통된 조상이라는 것이었다. 사실 논문 원본에는 뭔가 더 복잡하고, 훨씬 더 혼란스러운 결과가 들어 있었다. 그 Y염색체 돌연변이들이 암시하는 바에 따르면, '유대인'은 체코인보다 '레바논 아랍인'을 더 닮았고, 또 한편 '세파르디'와 달리 '아시케나지'는 '아랍인'보다 '웨일스인' 쪽에 비교적 더 가까웠던 것이다.

이 논문은 오슬로협정 기간 중에, 그러니까 제2차 인티파다가 일어나기 전에 집필되고 편집되었다.* 하지만 안타깝게도 이 논문이 활자화되어 나온 때는 제2차 인티파다가 이미 일어난 후였다. 유대인들과 팔레스타인인들의 조상이 같다는 것을 보여주는 유전 데이터가 있다고 해

---

* 오슬로협정은 1993~95년 사이에, 팔레스타인인의 봉기를 말하는 제2차 인티파다는 2000년 9월에 일어났다.

도, 두 집단 간의 충돌이 '내전'으로 묘사되지는 않았다. 오히려 그 유전 데이터는 이전에 뿌리내린 가정, 즉 모든 유대인의 기원이 의문의 여지 없이 근동에 있다는 가정만 간접적으로 강화했다.

오펜하임 연구팀이 시도한 생물학적 모험의 후속편은 이스라엘에서 유대인 DNA를 조사하는 이들의 노고를 고스란히 보여준다. 연구팀의 중요한 첫 발견이 있고 1년이 조금 지난 후에, 『하아레츠』는 큰 관심을 불러일으킬 만한 새로운 특종을 안쪽 지면에 게재했다. 오펜하임 연구팀이 지난 번 연구에서 내놓은, 유대인들과 팔레스타인인들이 유전적으로 닮았다는 연구 결과는 잘못된 것이라는 내용이었다. 오펜하임 연구팀 과학자들은 이전 실험이 충분히 근거 있거나 세부적이지 못했으며, 성급한 결론을 내렸다고 인정했다. 사실 유대인들은, 혹은 어쨌거나 유대인 남자들은, 이웃한 팔레스타인인들이 아니라 멀리 있는 쿠르드인들과 친족관계였다. 『미국 인간유전학회』에 먼저 공개된 새로운 논문은 저 교활한 Y염색체가 일전의 미숙한 과학자들을 속였다는 것을 보여주었다.[40] 하지만 두려워할 것은 없으니, 업데이트된 정보에 의하면 아시케나지와 세파르디 유대인들은 서로 친족관계이며, 단지 그들이 현지 아랍인들과 닮은 것이 아니라 아르메니아인과 튀르크인, 그리고 주로 쿠르드인과 닮았을 뿐이라는 얘기였다. 당연한 말이지만, 맹렬한 인티파다가 이스라엘 유전학을 이상하게 발전시켰다는 이야기는 나오지 않는다. 다만 같은 조상을 두고 있다던 피를 나눈 형제는 그때부터 다시 남이 되었다.

이때, 유대인들이 고대 히브리인의 후손이라고 확신하고 있던 『하아레츠』의 과학담당 기자는 고대 전공 역사가들과 접촉해, 이상한 기원을 이야기하는 이 불편한 연구 결과를 설명해달라고 요청했다. 하지만 몇

몇 저명한 교수들은 도와줄 수가 없었다. 고대의 조상이 '비옥한 초승달' 지역 북부로부터 가나안 지역으로 이주했다는 데(족장 아브라함이 이라크 남부에서 '알리야' 곧 성지로 이주했다는 얘기는 유명하다) 대한 정보가 전혀 없었기 때문이다. 그렇다면 저 연구 결과는 유대인들이 유서 깊은 아브라함의 후손이 아니라 하자르인들의 후손이라는 주장을 입증하는 것이라고 보아야 하지 않을까? 미국 스탠퍼드대학교의 저명한 과학자 마크 펠드먼(Marc Feldman) 교수는 『하아레츠』 기자와의 전화 통화에서, 그런 극단적인 결론에 이를 필요는 없다고 확인시켜 주었다. 쿠르드인과 아르메니아인, 그리고 유대인의 Y염색체에 나타나는 그 특정 돌연변이는 '비옥한 초승달' 지역의 다른 여러 주민들에게서도 발견되며, 반드시 하자르인들(신과 역사의 기억에서 사라져버린)에게서만 발견되는 것은 아니라는 설명이었다.

그로부터 약 1년 후『하아레츠』는 새로운 보도를 내놓았다. 유대인 남성이 근동에 기원을 두고 있다는 것은 이제 거의 확실해졌는데, 다만 유대인 여성의 경우에는 연구가 떨떠름한 난관에 봉착했다는 내용이었다.[41] 9개 유대 공동체 내 미토콘드리아 DNA(모계로만 유전된다)를 조사한 새로운 과학 연구에서, 이른바 '코셔'로 여겨지는 여성들의 기원이 전혀 근동에 있지 않은 것으로 드러났던 것이다. 이 걱정스런 발견이 보여주는 것은, "각각의 공동체들에는 소수의 공동체 시조 어머니들이 있지만" 이 어머니들끼리는 아무 관련이 없다는 사실이었다. 그렇다면 유대인 남자들이 근동에서 홀몸으로 와서 어쩔 수 없이 현지 여성을 아내로 맞았으며, 그렇게 아내가 된 여자들이 적당한 방식으로 개종을 했다는 게 불편할지언정 이에 대한 틀림없는 결론이었다.

마지막에 나온 이 미심쩍은 폭로는 유대인 유전자를 성원하던 이들에게 걱정을 안겨주었고, 심지어 하이파의 테크니온 공대에서는 박사 논문 한 편이 나오기도 했다. 이 논문의 결론은 비록 고대의 어머니들이 유대인들의 독특함에 수치스런 오점을 남겼다고는 해도, 전 세계 모든 아시케나지의 약 40퍼센트는 (성서에 나와 있는 대로) 족장 부인 네 명의 후손이라는 것이었다. 『하아레츠』는 이 발견을 언제나처럼 충실하게 대 대적으로 보도했다. 더 대중적인 일간지 『마리브』(Maariv)는 다음과 같 은 말을 덧붙여 보도했다. "그 고대 조모들은 약 천오백 년 전에 에레츠 이스라엘에서 태어났는데, 그들의 가문이 거기서 이탈리아로, 나중에는 라인강과 샹파뉴 지역으로 이주했던 것이다."[42]

'아시케나지 미토콘드리아 DNA'에 대한 걱정을 덜어주는, 도론 베하 르가 쓴 이 박사논문의 요약은 『미국 인간유전학저널』에 게재되었다.[43] 논문의 지도교수는 유대인 유전학의 베테랑 연구자인 카를 스코레츠 키(Karl Skorecki)였다. 토론토대학교에서 테크니온 공대 의학부로 옮겨 온 이 유대교 정통파 교수는 이전에 '제사장 인장(印章)'에 대한 놀라운 발견으로 주목을 끈 적이 있었다. 스코레츠키 자신도 물론 제사장을 의 미하는 '코헨'(Cohen) 핏줄인데, 1990년대 캐나다에 있을 때 다니던 시 니고그에시의 우연한 민님이 계기가 되어 그의 '귀족적' 기원을 소사하 게 되었다고 한다. 운 좋게도 거기서 역시 코헨이자 예루살렘 코하님센 터('cohanim'은 'cohen'의 복수형)의 소장인 랍비 야코프 클라이만을 만나, '코헨'이란 성을 가진 이 시대 모든 사람의 기원을 조사해보지 않겠느냐 는 제의를 받았던 것이다.[44] 코하님센터는 예루살렘에서 제3차 성전 건 설을 준비하고 있는 기관이다. 그 목적을 위해 센터에서는 미래의 제사 장들을 훈련시키고 있는데, 예루살렘의 알 아크사 모스크가 허물어지고 그 자리에 유대교 성전이 올라가면 그때 성전에서 일할 제사장들이다.

코하님센터는 바라마지않던 저 연구에 자금을 댈 만큼 재정적으로 충분한 기부를 받은 것이 분명했다.

제사장 핏줄을 연구한다는 이야기는 비밀스럽고 기상천외하게 보이기도 하지만, 20세기 말의 '종족적' 현실 앞에서 하나의 '굳건한' 과학이되어 보기 드문 관심을 끌었고, 이스라엘과 유대 세계에서 많은 지지자들을 만들어냈다. 모세의 형 아론으로부터 내려오는 고대의 혈연귀족 '코하님'이 분자생물학 시대를 맞아 뜻하지 않은 인기를 끌게 된 것이다. 단상형(haplotype, 동일 염색체 내에서 특정한 대립형질을 만드는 서로 다른 유전자들의 블록으로, 보통 하나의 단위를 이루어 유전된다) 형태를 이루는 게놈의 특정 단위들이 '코헨'이라는 성을 가진 남자들의 50퍼센트 이상에서 뚜렷이 나타났다는 것이다. 스코레츠키의 조사에는 영국, 이탈리아, 이스라엘 과학자들이 참여했고, 그 연구 결과는 영국의 명망 있는 저널 『네이처』에 게재되었다.[45] 유대인 제사장 가문이 정말로 3,300년 전 한 공통의 조상에서 비롯되었음이 의심할 바 없이 증명된 것이다. 이스라엘 언론은 엄청난 유전학적 기쁨에 들떠 이 발견을 서둘러 보도했다.

그런데 이 이야기에서 재미있는 부분은 그 '제사장 유전자'라는 게 또한편으로는 쉽사리 '비유대인 유전자'가 될 수도 있다는 점이다. 유대교는 모계로 상속되는데, 19세기 이래 상당히 많은 비신자 코헨들이 율법의 금지에도 불구하고 '비유대인' 여자와 결혼해왔다고 가정하는 것은 무리가 아닐 것이다. 유대교 모계 상속에 따라 이들이 낳은 자식은 '비유대인'이 된다. 스코레츠키의 연구대로라면, 이 비유대인 후손들도 이른바 '코헨의 유전적 인장'을 지니고 있는 셈이 된다. 하지만 유대 과학자들이 이런 사소한 세부사항까지 신경 쓸 것으로 보이지는 않는다. 특히나 신은 더 이상 상관이 없기 때문이다. 계몽된 합리주의 시대가 오자 이제는 순수 유대 과학이 편견이라는 짐을 안고 있던 고대의 유대 신앙을 대체해버린 것이다.

난쟁이가 조종하는 인형

언론이 유대 제사장 유전자의 논리 속에 잠재된 모순을 간과한 채 이 발견을 떠들썩하게 보도하고 있는 동안, 왜 생물학 조사라는 값비싼 비용을 종교적 세습특권을 찾는 데 들이는지 묻는 이는 아무도 없었다. 이와 비슷한 사례로, 예루살렘 히브리대학교 유전학과의 우치 리테(Uzi Ritte) 교수가 Y염색체 상의 동일한 제사장 단상형들을 조사한 결과 아무런 특이점도 발견하지 못했는데, 그 연구 결과는 어느 언론도 굳이 보도하려 하지 않았다.[46]

소위 '하드'한 과학에 대한 대중의 숭배가 다시 한 번 기세를 올린 것이다. 일반인들은 과학이 정확하다고 여기기 때문에 거기서 나오는 정보의 진실성을 굳이 의심할 이유를 찾지 않는다. 19세기 말과 20세기 초 자연인류학이 의심스러운 과학적 성과물들로 '인종'에 복받라하던 대중의 욕구를 채워줬던 것처럼, 20세기 말과 21세기 초에는 분자생물학이 단편적인 결과물들과 절반의 진실들로 '정체성'을 갈구하는 언론매체의 배를 채워주었다. 하지만 지금까지의 어떤 연구도, 종족적 기원을 미리 알 수 없는 유전적 자료에서 무작위로 뽑아낸 결과로부터 유대인 유전자라는 독특하고 일관된 특성을 찾아낸 적은 없다. 조사 대상을 선택하는 방법에 대해서도 알려진 것이 거의 없는데, 전반적으로 대단히 의심스럽다. 게다가 성급하게 도출된 연구 결과가 연구 자체와 상관없는 역사적 수사에 의해 구축되고 뒷받침되는 일이 너무나 잦다. 요점은 이 것이다. 아무리 값비싼 '과학적' 노력을 들인다 해도, 한 사람의 유대인 을 어떤 생물학적 기준으로도 정의하기는 어렵다는 것이다.

물론 유전인류학이 인류 역사의 중요한 측면들을 밝혀내고 특히 질 병과 싸우는 데 기여할 수 있는 잠재력이 있음을 부인하자는 얘기는 아 니다. 비교적 젊은 과학인 DNA 연구는 앞날이 창창하다고 할 수 있다. 하지만 '유대인'과 '비유대인'의 결혼이 법으로 금지된 국가에 살고 있는 우리는 이른바 '선택된 백성'에게서 공통된 유전적 표지를 찾고자 하는 연구를 심히 경계해야 한다. 마케도니아 인종주의자들, 레바논 팔랑헤 당, 스칸디나비아 북부(라플란드)의 라프인들(Lapps)이 실시했던 유사한 연구들[47]과 마찬가지로, 유대-이스라엘인들에 대한 연구 역시 천박하 고 위험한 인종주의에서 전적으로 자유로울 수가 없다.

1940년에 철학자 발터 벤야민은 유명한 체스 두는 자동인형('터키인' 이라고 부르던)에 대한 이야기를 했다. 이 자동인형은 수준급의 실력을 선보이며 관객들을 경악시켰는데, 사실은 탁자 아래에 숨어 있는 꼽추 난쟁이가 체스를 둔 것이었다. 벤야민의 비유에서 자동인형은 유물론적 사고를, 숨어 있는 난쟁이는 신학을 나타낸다. 즉 근대 합리주의 시대에 도 종교적 신앙은 숨은 채로 존재한다는 것이다.[48]

이 이미지는 이스라엘 생물학 문화와 그로부터 진기한 이야기들을 주기적으로 제공받는 대중 영역에도 적용할 수 있을 것이다. 겉보기에 는 유전학이라는 로봇이 체스를 두고 있는 것 같지만, 사실은 꼽추가 탁 자 밑에 숨어서 말을 옮기고 있는 것이다. 전통적인 인종 개념을 나타내 는 이 꼽추는 정치적으로 올바름을 지향하는 세계 담론 때문에 숨어 있 을 수밖에 없지만, 관객을 속이며 스릴 넘치는 염색체 쇼를 계속해서 펼치고 있다.

스스로를 유대 국가로 규정하면서도, 전 세계 세속 유대인들을 규정할 수 있는 특별한 문화적 표지라고는 종교적 전승의 잔재—이제는 그마저 고갈되고 세속화된—밖에 없는 국가. 이런 국가의 집단 정체성을 위해서는 공통된 고대의 생물학적 기원이라는 막연하고도 뭔가 '있어 보이는' 이미지가 필요한 것이다. 이스라엘 정체성 정치에서 이루어지고 있는 조치들 하나하나의 배후에는, 영원한 민중과 인종이라는 개념이 길고 검게 드리운 그림자처럼 도사리고 있다.

3. '에트노스' 국가 수립

이스라엘 국가수립선언문의 양면성

1947년 유엔 총회는 이전까지 '팔레스타인/에레츠 이스라엘'로 알려진 지역에 '유대인 국가'와 '아랍인 국가'를 수립할 것을 다수결로 결정했다.[49] 당시 유럽에는 아직 수천 명의 유대인 난민이 떠돌고 있었는데, 시오니즘 정착사업으로 탄생한 소규모 공동체가 이들을 받아들여야 할 상황이었다. 미국은 1924년 이전까지는 이디시 유대인을 대거 받아들였지만, 이때에는 나치 대학살에서 살아남은 이 비참한 이들에게 문을 열기를 거부했다. 다른 부자 나라들도 마찬가지였다. 결국 이 나라들 입장에서는 자기들 땅이 아닌 어디 먼 곳의 땅을 주는 것으로 이 골치 아픈 유대인 문제를 해결하는 게 더 편했던 것이다.

이 결정에 찬성표를 던진 정부들은 '유대인'이라는 용어의 정확한 의미에 대해 신경 쓰지 않았고, 새로운 국가가 자리 잡은 후에 그 용어가 어떤 의미를 갖게 될지도 상상하지 못했다. 당시의 시오니스트 엘리트들—유대인이 주권을 갖기를 열망했고 그것을 위해 투쟁했던 이들—도 누가 유대인이고 누가 유대인이 아닌지 명확하게 규정하기 어려웠을 것이다. 자연인류학도, 그리고 나중에 수입해 들어온 분자유전학도 한 사람의 유대인의 기원을 결정할 수 있는 과학적 척도를 제공하는 데 실패했다. 사실 나치스 자신들도, 그들의 이데올로기적 왕관에 박힌 보석이라 할 만한 생물학적 인종 원리가 있었음에도, 유대인을 명확히 규정하지 못했다는 것을 잊지 말아야 한다. 그래서 나치스는 결국 관공서 문서를 토대로 유대인들을 추려낼 수밖에 없었다.

새로운 국가가 수행해야 했던 첫 번째 중요한 임무는 스스로 유대인이 아니라고 명확하게 생각하는 이들을 최대한 치워버리는 것이었다. 아랍 국가들이 1947년 유엔의 분할 결의안을 받아들이기를 완강하게 거부하고 이제 막 탄생한 유대인 국가에 합동 공격을 개시한 것은 오히려 이 유대인 국가가 자리 잡는 것을 도와준 셈이 되었다. 전쟁이 없었더라면 약 90만 명의 팔레스타인인이 이스라엘 땅과 이스라엘이 군사적 승리로 추가 획득한 영토에 남아 있었을 텐데, 그 중 약 73만 명이 피난가거나 추방되었던 것이다. 당시 그 지역 유대인 수를 전부 합친 것(63만 명)보다 더 많은 수였다.[50] 그리고 그 지역 앞날에 더 중대한 의미를 띤 것은, 그 땅이 '유대 민중'의 역사적 유산이라는 이데올로기적 원칙이 공고화되었다는 점이다. 그리하여 이스라엘은 전쟁이 끝난 뒤 수십만 명의 난민이 그들의 고향과 농토로 돌아오는 것을 죄책감 없이 거부할 수 있었다.

하지만 이 부분적인 '정화'로도 새로운 국가의 정체성 문제들이 완전히 해결되지는 않았다. 약 17만 명의 아랍인들이 이스라엘 영토에 남아 있었고, 유럽에서 온 난민들 중 많은 이가 비유대인 배우자를 데리고 왔던 것이다. 유엔의 1947년 결의안은 새로 수립되는 두 국가에 남는 소수자들에게도 반드시 시민권을 부여해야 한다는 것을 분명하게 천명하였고, 그것을 두 국가의 유엔 가입 조건으로 내걸었다. 이에 따라 이스라엘은 자국 내에 남은 팔레스타인인들에게 시민권을 부여해야 했다. 이스라엘은 팔레스타인인들이 소유하고 있던 땅 절반 이상을 몰수하고 그들을 1966년까지 군정 통치 및 가혹한 규제 하에 두었지만, 어쨌든 그들은 법적으로 이스라엘 국민이었다.[51]

이러한 양면성은 이스라엘의 독립선언서라 할 「이스라엘 국가수립선언문」에서도 엿볼 수 있다. 「선언문」은 일단 국가의 민주주의적 성격에 대해서는 유엔의 요구사항을 따랐다. "종교, 인종, 성별에 관계없이 모든 주민에게 사회적, 정치적 권리의 완전한 평등을 보장할 것"과 "종교, 양심, 언어, 교육, 문화의 자유를 보장할 것"을 약속했던 것이다. 하지만 다른 한편으로는 국가를 세운 이들이 품고 있던 시오니즘적 비전을 구현하고자 했다. 그 비전이란 "에레츠 이스라엘에 유대인 국가를 수립하는 것"을 통해 "유대 민중이 자신의 땅에서 민족적으로 재탄생할 권리"를 실현하는 것이었다. 이것은 어느 만큼이나 양면적이었을까? 앞으로 그 질문에 답하고자 한다.

비록 한 번도 단일 백성이었던 적이 없고 또 그 과거가 전적으로 상상된 것이라 하더라도, 스스로를 하나의 민중이라고 생각하는 대규모 인간 집단은 모두 민족자결권을 가진다. 실로 민족들은 민족을 위한 투쟁보다는 정치적 독립을 위한 투쟁 과정에서 태어나는 경우가 더 많았다. 어떤 인간 집단의 자결권을 부정하면 할수록 오히려 주권에 대한 요구가 커지고 그 집단의 집단 정체성이 더욱 강화된다는 것은 잘 알려진 사실이다. 물론 그렇다고 해서 스스로를 단일 민중으로 보는 어떤 특정한 집단이 자기들의 자결권을 획득하기 위해 또 다른 집단의 땅을 빼앗을 권리는 주어지지 않는다. 하지만 바로 그런 일이 20세기 전반기 위임통치하 팔레스타인에서 일어났다. (1880년에 팔레스타인에는 유대인 2만 5천 명에 아랍인 30만 명이 있었고, 1947년에도 여전히 유대인은 65만 명뿐이었지만 팔레스타인인은 130만 명이었다.) 그럼에도 불구하고 시오니즘 정착사업은 박해받고 배척당하던 유대인들 안에서 시작되어 독립 이스라엘을 세우는 데까지 왔으니, 그 입헌적 토대를 잘 닦음으로써 적시에 진정한 민주주의 국가를 이룰 수도 있었을 것이다. 그렇게 하여 '평등'이라는 원칙을 이 나라 유대인들뿐 아니라 모든 국민에게 적용할 수 있었을 것이다.

이 책 제1장에서 나는 민족주의와 민주주의가 내적으로 서로 모순되지 않을 뿐 아니라 사실은 서로를 보완하는 관계라고 주장했다. 지금까지 출현한 근대 민주주의 체제 중에서, 다시 말해 국민이 주권자인 근대 민주주의 국가 중에서, 그 주권을 포함하고 표현하는 민족적인 틀 또는 다민족적인 틀을 갖지 않은 경우는 없었다. 민족 정체성의 힘은 그 국가의 모든 국민이 평등하다는 의식에서 비롯된다. '민주주의'라는 용어와 '민족 정체성'이라는 용어는 일반적으로 동일한 역사적 과정을 아우르면서 서로 겹친다고 말해도 틀리지 않을 것이다.

새로운 국가의 이름을 결정하는 과정에서 오간 논의를 살펴보면 유대인의 재탄생이라는 암상자(暗箱子) 속을 잠깐이나마 들여다볼 수 있을 것이다. 오므리 왕조가 통치한 고대 이스라엘 북왕국은 종교적 전통에서 그리 좋은 평가를 받지 못했기 때문에 국명을 '이스라엘'로 하는 데는 재고에 재고가 거듭되었다. '유다국'(State of Judea)이라는 이름을 지지하는 이들도 있었다. 그 이름은 다윗 가문과 하스몬 왕국의 직접적인 계승자임을 표방한다. 그런가 하면 이 국가를 태동시킨 시오니즘 운동을 기념하는 의미에서 '시온국'(State of Zion)이라는 이름을 지지하는 이들도 있었다. 하지만 '유다국'이라는 이름을 갖게 되면 그 국민들 모두가 유다인(Judean)이라 불리게 된다. 그것은 유대인(Jew)과 다름없는 말이었다. 그리고 '시온국'이라는 이름을 갖게 되면 그 국민들은 시오니스트로 불리게 될 것이다. 전자를 택했다면 전 세계에 퍼져 있는 유대교 신자들의 정체성이 침해되었을 것이고, 또한 (오래 전에 베르 보로코프와 젊은 시절의 벤구리온이 꿈꾸었던 것처럼) 아랍인 국민들도 완전한 시민권을 가진 유대인 국민이 되었을 것이다. 후자를 택했다면, 세계 시오니즘 운동은 국가 독립 후에 해산해야 했을 것이고, 아랍인 국민들도 시오니스트로 분류되었을 것이다.

그래서 새로운 국가 이름은 '이스라엘'로 정할 수밖에 없었다. 그 뒤로 이스라엘의 모든 국민은 유대인이고 비유대인이고 할 것 없이 '이스라엘인'으로 불리게 되었다. 앞으로 살펴보겠지만 이스라엘국(State of Israel)은 '이스라엘'이라는 이름과 국기, 국가(國歌), 그리고 국가 상징 등에 의해 표현되는 유대인 주도권으로는 만족하지 못하게 된다. 이스라엘은 그 종족적 민족주의 성격 때문에 모든 국민에게 소속되는 것을 공식적으로나 실제적으로나 거부하게 된다. 이스라엘은 '유대 민중'을 위해서라는 것을 표방하면서 탄생했다. 비록 그 '에트노스' 중의 주요 부분이 국경 안에서 자결권을 행사하지 못함에도, 이스라엘국은 국가가 그 '에트노스'에 소속되어 있다고 줄기차게 주장해왔다.

유대 '에트노스'란 무엇일까? 우리는 지금까지 유대인의 가능한 역사적 기원들을 조사해왔고, 다채로운 기원을 지닌 유대인들의 자취와 기억에서 하나의 '민중'을 구축하고자 한, 19세기 후반기에 시작된 근본주

510

의적 노력에 대해서도 살펴보았다. 하지만 '이스라엘만의 독점적인 땅'에 2천 년 후 다시 수립되고 있던 유대 국가의 공인된 소유주에 포함될 수 있는 이는 과연 누구일까? 스스로를 유대인으로 보는 이는 누구라도 포함될 수 있을까? 아니면 이스라엘 국민이 된 이는 누구라도 포함될 수 있을까? 이스라엘의 정체성 정치는 이 복잡한 문제를 축으로 삼고 회전하게 된다.

종교에 굴복한 민족주의

그러한 발전과정을 이해하기 위해서 우리는 이스라엘 독립선언 직전으로 돌아가 보아야 한다. 1947년에는 새로운 국가에서 유대인이 비유대인과 결혼할 수 없다는 결정이 이미 내려진 상태였다. 세속성이 뚜렷한 사회에서 이런 시민분리정책을 시행한 공식적인 이유는 세속 대 종교 간 균열을 발생시키기 싫다는 것이었다. 다비드 벤구리온이 유대기구(Jewish Agency) 수장으로서 종교연합 지도자들과 공동으로 서명한 유명한 '현상유지' 문서에서, 그는 새로운 국가의 가족법을 랍비들에게 맡기기로 약속했다.[52] 벤구리온은 종교 신념에서 성문 헌법을 단호하게 반대하는 것을 개인적인 이유로 지지하기도 했다. 그는 노련한 정치가로서 자신이 원하는 것을 얻는 데 뛰어난 솜씨를 보였다.

이스라엘에서 시민 간 결혼을 금지하기로 한 그 정치적 약속은 1953년에 법적인 토대가 마련되었다. 랍비 법정의 법적 지위를 규정한 법률은 이 법정이 이스라엘 내 유대인들의 결혼 및 이혼에 대해 독점적인 사법권을 가진다고 결정했다. 지배 이데올로기인 사회주의 시오니즘은 이런 방식으로 전통적인 랍비 원칙을 동화와 '통혼'에 대한 두려움을 감추

는 알리바이로 활용했다.[53]

　이것은 국가가 시오니즘의 목적을 달성하기 위해 유대 종교를 냉소적으로 이용했음을 보여주는 첫 번째 사례였다. 이스라엘 내 종교와 국가 간 관계에 대해 연구해온 많은 학자는 그 관계를, 힘 있는 랍비 진영과 그 부담스러운 이론적 전통이 가하는 압력 앞에 유대 민족주의가 무기력하게 굴복한 것으로 묘사해 왔다.[54] 시오니즘 운동 및 이후 이스라엘국에서 세속 부문과 종교 부문 사이에 긴장과 오해와 충돌이 있었던 것은 사실이다. 하지만 자세히 들여다보면 민족주의가 종교적 압력을 필요로 했으며, 민족주의 의제를 부각시키기 위해 종교적 압력을 일부러 끌어들이는 일도 종종 있었음을 알 수 있다. 다른 이들보다 통찰력이 뛰어났던 고(故) 예샤야후 레이보비츠(Yeshayahu Leibowitz) 교수는 이스라엘을 종교와 동거하는 세속 국가로 묘사했다. 세속적인 유대 정체성을 규정하는 것의 엄청난 어려움, 이 난감한 실체의 극도로 불확실한 경계 등을 고려했을 때, 이스라엘국은 랍비 전통에 굴복하는 것 외에 선택의 여지가 없었다.[55]

　하지만 여기서 분명히 말해둬야 할 것은, 이스라엘에서 어떤 세속 문화가 곧 그리고 놀랄 만큼 빠른 속도로 출현하기 시작했다는 것이다. 비록 그 특징들 중 일부—축제, 휴일, 상징 같은 것들—가 유대교 원천에서 파생되었다고는 해도, 이 문화가 '세계 유대 민중'의 공통된 토대가될 수는 없었다. 이 새로운 문화는 언어, 음악, 음식에서부터 문학, 예술, 영화에 이르기까지 그 특유의 요소들을 가지고 새로운 사회의 경계선을 긋기 시작했다. 이 '새로운 사회'란 런던, 파리, 뉴욕, 모스크바 등지에서 유대인으로 알려진 이들 및 그들의 자식들이 경험하는 것과는 상당히 다른 것이었다. 세계에 흩어져 있는 '유대 민중'의 구성원들은 히브리어로 말하거나 읽거나 쓰지 않으며, 이스라엘의 도시나 시골 풍경이 마음속에 각인되어 있지도 않고, 이스라엘 사회의 분리, 비극, 기쁨 등을 경험한 바도 없으며, 축구팀을 어떻게 응원하는지도 알지 못하며, 나라에서 매기는 세금 때문에 투덜대지 않으며, '이스라엘 사람들'을 번번이 실망시키는 정당 지도자들을 반대하지도 않는다.

따라서 시오니스트 진영 내에서 이 젊은 이스라엘 문화를 바라보는 태도는 애매모호할 수밖에 없었다. 여기에 귀여움 받는 아기가 있는데 완전히 적자라고 할 수는 없었다. 소중히 여기되 그 특징적인 이목구비는 자세히 들여다보고 싶지 않은 서자였다. 그 이목구비는 참 매력적이지만 역사와 전통에서 선례를 찾을 수 없었기 때문이다. 이 근대적인 이목구비, 즉 전통에서 비롯되었으면서도 동시에 전통을 거부하고, 서구와 동방 양쪽에서 가져온 정체성 요소들을 포함하면서도 또한 그것들을 지운 이 근대적 특징들로 인해 새롭고 낯선 공생 관계가 형성되었다. 이 세속 문화를 전적으로 유대 문화라 규정하기 어려운 건 다음 세 가지 이유 때문이다.

1. 과거와 현재의 모든 유대 종교문화와 이 분화 간의 불일치가 너무나 뚜렷하다.
2. 전 세계 유대인들이 이 문화에 익숙지 않고 이 문화의 풍성한 다양성과 발전에 아무 기여도 하지 않았다.
3. 팔레스타인-이스라엘인이든 러시아 이주민이든 심지어 이스라엘에 거주하는 외국인 노동자든 간에, 이스라엘 국가 내 비유대인들이 이 문화의 뉘앙스를 전 세계에 흩어져 있는 유대인들보다 훨씬 더 잘 알고 있다. 이 비유대인들은 자기들만의 독특함은 보존하면서도 이 문

화를 점점 더 깊이 체험한다.

시오니스트적으로 사고하는 쪽에서는 이 새로운 이스라엘 사회를 '민족'은 고사하고 '같은 민중'으로도 부르지 않으려고 항상 조심해왔다. 시오니스트적 사고방식은 저 대중적인 분트 운동과 달리, 과거에도 수많은 이디시 주민들을 하나의 뚜렷한 동유럽 민중으로 정의하기를 거부했으며, 지금도 마찬가지로 어떠한 기준—언어, 대중문화, 영토, 경제, 주권 등의 기준—에 의해서도 유대-이스라엘만의 실체가 따로 있다는 것을 인정하지 않는다. 이 새로운 민중의 독특한 역사적 성격은 이 민중을 만들어내고 형성한 이들에 의해 거듭해서 부정되어 왔다. 시오니즘도 아랍 민족주의도 이 민중을 "민중으로도 민족으로도 여기지 않는다." 이 민중은 '에레츠 이스라엘로' (또는 팔레스타인으로) '알리야 하기를 원하는' (또는 침략하고자 하는) 전 세계 유대인들의 일부에 불과한 것이다.

하지만 각국의 유대인들을 통합시키는 주요 기반은 고통스런 홀로코스트의 기억—안타깝게도 홀로코스트는 이제 반유대주의가 유대인을 정의할 때도 쓸 수 있는, 비록 간접적이기는 해도 영구적인 어휘가 되어버렸다—을 제외하면, 이제는 낡고 앙상해진 종교문화밖에 남지 않았다. (조용히 등 뒤에서 기어 다니는 유전학이라는 악령이 있기는 하다.) 전 세계 모든 유대인에게 공통된 유대 세속 문화라는 것은 단 한 번도 존재한 적이 없었다. "[세속적인 유대의] 수레는 텅 비어있다"라는 랍비 예샤이야후 카렐리츠(Yeshaiahu Karelitz)의 유명한 주장은 과거에도 옳았고 지금도 옳다. 다만 이 위대한 랍비 학자는 전통주의적인 순진함으로 그 텅 빈 세속의 수레가 짐을 가득 실은 종교적인 수레가 되기를 기대했다. 똑똑한 근대 민족주의가 무겁던 수레에서 짐을 내려 유료하중을 줄이고, 그 수레를 민족주의만의 목적지로 보내는 데 성공했다는 것을 그는 보지 못했던 것이다.

2차 세계대전 이전의 폴란드와 그리스와 아일랜드, 그리고 오늘날의 에스토니아와 스리랑카 같은 나라에서처럼, 오늘날 시오니즘 정체성은 종족적 민족주의와 전통적인 종교가 한데 섞인 매우 독특한 혼성물을 포함하고 있다. 이 혼성물에서 종교는 상상된 '에트노스'의 지도자들이 활용하는 도구가 되고 있다. 이러한 문제 많은 민족주의의 특정 유형들을 리아 그린펠드는 다음과 같이 설명했다.

> … 종교는 더 이상 진실을 드러내어 표현하는 것도, 개인의 내면적 확신을 표현하는 것도 아니다. 이제는 집단의 독특함을 보여주는 외적 표지이자 상징이 되었다. 더 중대한 사실은, 종교가 주로 이런 외적인 기능으로 평가되면, 그 종교는 종족을 나타내는 특성 곧 한 집단에 귀속되는 대체 불가능한 속성이 된다는 것이다. 그리고 그럼으로써 종교는 개인적 책임과 선택을 반영하는 것이 아니라 필요성을 반영하는 것이 된다. 즉 최종적으로 인종을 반영하게 되는 것이다.[56]

나중에 세속적 시오니즘의 사회주의적 기풍과 신화가 자유시장이 가져온 자본 충격 아래로 침몰하게 되자, 시오니즘은 그 허구적인 '에트노스'를 장식하기 위해 종교라는 페인트를 훨씬 더 두껍게 칠해야 했다. 하지만 그렇게 한다 해도 20세기 말을 향해 가던 그때에 이스라엘이 더 신정적인 국가가 될 것 같지는 않았다. 이스라엘 정치 역학 내 종교적인 요소들이 더 강해지기는 했지만, 바로 그 종교적 요소들의 근대화도 그만큼 강했기 때문이다. 종교적 요소들이 점점 더 민족주의적 성격을 띠면서, 그에 따라 더욱 더 인종주의적 성격을 띠게 된 것이다. 랍비 권력과 국가 사이의 분리가 이루어지지 않은 것은 결코 신앙의 힘이 강했기 때문이 아니다. 신앙이 가진 진정한 종교적인 힘은 세월의 흐름 속에서 사실상 시들어가고 있었다. 종교와 국가가 분리되지 못한 것은 불안정한 민족주의가 고질적으로 가진 약점에 그 직접적 이유가 있었다. 불안정한 민족주의는 어쩔 수 없이 전통적인 종교 및 그 텍스트로부터 민족주의의 이미지와 상징 대부분을 빌려올 수밖에 없었고, 그러다보니 자연히 종교의 포로가 되었던 것이다.

두 얼굴의 귀환법

이스라엘은 영토 경계를 결정할 수 없었던 것처럼 그 민족 정체성의 경계선도 그을 수가 없었다. 처음부터 이 나라는 유대 '에트노스'의 자격요건을 규정하기를 주저했다. 이 나라도 맨 처음에는 '누구든 스스로를 유대인으로 여기는 사람은 유대인'이라는 열린 정의를 받아들이는 것처럼 보였다. 1948년 11월 8일 실시된 첫 인구센서스에서 주민들은 설문지에 직접 자신의 민족과 종교를 기재했고, 이것이 주민등록의 토대가 되었다. 이제 막 태어난 이스라엘국은 이런 식으로 유대인이 아닌 많은 배우자들을 조용히 유대인으로 만들어낼 수 있었다. 1950년에는 신생아들이 민족과 종교 항목을 묻지 않는 별도의 페이지에 등록되었다. 다만 등록용지가 두 종류로, 하나는 히브리어로 다른 하나는 아랍어로 쓰여 있었고, 히브리어 등록용지로 등록된 아기는 유대인으로 여겨졌다.[57]

1950년에는 '귀환법'(Law of Return)이 이스라엘 의회 '크네세트'(Knesset)에서 통과되기도 했다. 귀환법은 「이스라엘 국가수립선언문」에서 선언한 내용에 법적 효력을 부여한 최초의 기본법이었다. 이 법의 내용은 "유대인은 누구나 '올레'(*oleh*, 이민자) 자격으로 이 나라로 올 권리가 있다"는 것으로, 다음 사항에 저촉되면 안 된다는 단서가 있다. "(1) 유대 민중에게 반하는 활동에 가담한 자 (2) 공공보건 혹은 국가안보에 위험을 초래할 가능성이 있는 자." 이어 1952년에는 귀환법에 의거해 자동적으로 시민권을 허가하는 법이 통과되었다.[58]

1940년대 말부터 세계는 이스라엘을 박해받고 갈 곳 없는 이들을 위한 피난처로 보았고, 그러한 시각은 틀리지 않았다. 유럽 유대인들이 체계적인 학살의 희생양이 되고 이디시어를 사용하는 이들이 완전히 파멸되자, 남은 유대인들을 위한 안전한 피난처가 될 국가를 만드는 데 대한 공감의 여론이 확산되었다. 1950년대에는 이스라엘과 아랍의 갈등 때문에, 그리고 권위주의적인(준-종교적이고 별로 관용적이지 않은) 아랍 민족주의가 출현하면서, 아랍 유대인 수십만 명이 고향땅에서 쫓겨났다. 그들 모두가 유럽이나 캐나다에 갈 수는 없었다. 일부는 원했든 원치 않았든 이스라엘로 갔다. 이스라엘은 좋아했고 그들을 끌어오려 하기까지 했다(그들이 재산은 얼마 안 가져오면서 다양한 아랍 문화를 끌어들인 데 대해서는 불편함과 경멸을 표시했지만 말이다).[59] 신앙이나 출신 때문에 박해받는 모든 유대인 난민에게 이민의 권리를 허가하는 법은 이런 상황에서 상당한 정당성을 부여받았다. 오늘날에도 그런 법률은 어떤 자유민주주의 체제의 기본 원칙과도 상충하지 않을 것이다. 국민들 중 많은 이가 다른 나라에서 동족이 차별받는 것을 자기 일처럼 여기고 공통의 역사적 운명을 느끼곤 하니까 말이다.

하지만 귀환법은, 과거나 현재나 미래에 유대인이기 때문에 박해받는 이들에게 이스라엘을 안전한 피난처로 제공하기 위해 고안한 법령이 아니었다. 만약 이 법의 틀을 잡은 이들에게 그런 의도가 있었다면, 그들은 이 법을 인도주의적 원칙 위에 놓고 망명 특권을 현존하는 반유대주의의 위험에 결부시킬 수도 있었을 것이다. 하지만 귀환법 및 귀환법과 관련된 '시민권법'(Law of Citizenship)은 종족적 민족주의 세계관이 낳은 직접적인 산물로, 이스라엘국이 전 세계 유대인들에게 속한다는 관념에 대해 법적 기초를 제공하려고 고안한 법령이었다. 의회에서 귀환법을 논의하던 당시 벤구리온은 기조연설을 하며 다음과 같이 선언했다. "우리나라가 유대 국가인 것은 단지 살고 있는 주민 대부분이 유대인이기 때문인 것만은 아닙니다. 우리나라는 어디에 사는 유대인이건 상관없이 유대인들을 위한 국가이며, 이곳에 오고 싶어 하는 유대인이 있다면 누구를 막론하고 그를 위한 국가입니다."[60]

'유대 민중'에 포함되는 이는 누구라도 이 유대 국가의 잠재적 시민이었고, 그들이 이 국가에 정착할 권리는 귀환법에 의해 보장되었다. 1950년대 초 프랑스 총리였던 피에르 망데스 프랑스, 1970년대에 오스트리아 총리였던 브루노 크라이스키, 당시 미국 국무장관이었던 헨리 키신저, 2000년 미국 대선 당시 민주당 부통령 후보였던 조 리버먼 같은 명사들도 마찬가지였다. 이들 '유대 민족'의 일원들은 다른 자유주의 민주국가에서 동등한 권리를 가진 완전한 시민이고, 심지어 그런 체제에서 선거를 통해 높은 직위에 오른 인물일지라도, 시오니즘 원리는 그런 사람 역시 이스라엘로 이주해서 이스라엘 국민이 될 운명을 지녔고, 나아가 그럴 책임까지 지녔다는 입장을 유지했다. 뿐만 아니라 이주자들은 도착 즉시 이스라엘을 떠나도 평생 동안 이스라엘 시민권을 유지할 수 있었다.

비유대인 이스라엘 국민의 경우에는 가까운 가족에게조차 적용되지 않던 이런 특권을 실제로 누릴 자격이 있는 사람들이 과연 누구인지에 대해 명확한 정의가 있어야 했다. 귀환법과 시민권법 덕분에 시오니스트연맹(Zionist Federation)과 유대민족기금(Jewish National Fund)이 이스라엘 내에서 공식적인 지위를 계속 유지할 수 있었고, 이스라엘이 전 세계 유대인들의 국가로 더욱 자리매김할 수 있었음에도, 두 법령 어디에도 그런 자격 규정은 들어있지 않았다. 이러한 의문은 이스라엘 건국 후 첫 10년 동안은 거의 나오지 않았다. 꼴을 갖춰가면서 그 주민 수를 세 배로 늘리고 있었던 이 사회는 이주민 대중을 위한 공통의 문화적 토대를 만들어내는 데만 골몰하고 있었다. 하지만 정말로 다급한 문제는 이것이었다. '이스라엘인이 되는 기준은 무엇인가?'

수에즈전쟁에서의 군사적 승리 후 과열돼 있던 분위기는 1956년의 정치적 실패 및 시나이반도에서의 강제철수 때문에 냉각되었다. 1958년 3월, 민족적인 정서가 좀 더 가라앉은 시기에 내무부 장관이자 '노동연맹' 지도자로서 시오니스트 좌파의 믿음직한 대표였던 이스라엘 바르 예후다(Israel Bar Yehudah)는 내무부에 "자기가 유대인이라고 신실하게 선언하는 사람은 유대인으로 등록될 수 있으며, 그 밖의 증거는 필요치 않다"는 지침을 내렸다.[61] 민족-종교 진영 대표들은 예상대로 분노했다. 기민한 총리 벤구리온은 이주민 국가가 순수 자발적인 방식에 의거해 누가 유대인인지를 결정하는 것은 불가능하다는 것을 잘 알고 있었기에, 내무 장관이 취한 세속적 제스처를 곧 뒤집었고 애매모호한 질서가 복원되었다. 이후 내무부는 유대교 정통파 진영의 손으로 넘어갔고, 정통파 진영은 다시 어머니의 '정체성'에 의거해 유대인으로 등록하는 시스템으로 돌아갔다.

이스라엘 법에 내재해 있는 유대 민족주의 성격은 4년 후 첨예한 관심을 받게 되었다. 1962년 '다니엘 수사'라고 불리는 슈무엘 오스발트 루페이센(Shmuel Oswald Rufeisen)이 이스라엘 대법원에 자신의 민족 범주를 유대인으로 인정해달라는 청원을 냈기 때문이다. 루페이센은 1922년 폴란드의 한 유대 가정에서 태어났으며, 십대 때 시오니즘 청년운동에 참여했다. 나치 점령에 대항해 게릴라로 싸우며 많은 유대인의 목숨을 구했다. 그러던 중 어느 수도원에 몸을 숨겼고 그곳에서 가톨릭으로 개종했다. 종전 후 사제가 되기 위해 공부했고, 이스라엘에 가기 위해 카르멜수도회 수사가 되었다.[62] 이 수도회가 이스라엘 갈멜산에서 창설된 유래가 있었기 때문이다. 1958년 루페이센은 결국 이스라엘로 갔다. 유대인의 운명에 함께하고 싶었고, 또 여전히 스스로 시오니스트라 자부하고 있었기 때문이다. 그는 폴란드 시민권을 포기하고, 비록 종교는 가톨릭이지만 '민족'은 여전히 유대인이라고 주장하면서 귀환법에 따라 이스라엘 시민권을 신청했다. 그런데 내무부가 그의 신청을 거부하자 대법원에 청원을 냈던 것이다. 귀환법에 의거해 이스라엘 시민권을 부여해달라는 그의 청원은 4대 1의 판결로 기각되었다. 그래도 루페이센에게는 이스라엘 신분증이 주어졌다. 그의 신분증에는 "민족: 불명"이라고 기재되어 있었다.[63]

다니엘 수사가 나사렛 종교에 들어가 유대교를 배신한 일은 결과적으로는 결정론적 생물학의 허구를 폭로한 일이 되었다. 종교적 외피 없이는 유대 민족주의도 없다는 것이 단적으로 드러났으니 말이다. 종족 중심적 시오니즘은 그 주요 기준으로 할라카적 계율을 필요로 했고, 세속적인 판사들도 그러한 민족적-역사적 필요성을 매우 잘 이해하고 있었다. 그리고 이 판결은 이스라엘 내 정체성 관념에 대해 또 다른 면에서도 영향을 끼쳤다. 개인 스스로 유대인이라고 선언할 권리가 부정된 것이다. 이때부터는 오로지 최고 권력을 지닌 사법당국만이 자신의 나라에서 살아가는 한 시민의 '민족'을 결정할 수 있게 되었다.[64]

유대인을 정의하는 데 중요한 판례가 될 또 하나의 사건이 1960년대 말에 발생했다. 1968년 비냐민 샬리트(Binyamin Shalit) 소령이 대법원에 그의 두 아들을 유대인으로 등록할 수 있도록 내무부에 명령을 내려 달라는 청원을 냈다. 다니엘 수사의 경우와 달리, 이 아이들의 어머니는 혈통적 유대인이 아니었고 비유대계 스코틀랜드인이었다. 이스라엘 승전 군대에서 인정받던 장교인 샬리트는 자신의 두 아들이 유대인으로 자라나고 있으며 유대 민중의 국가에서 완전한 시민으로 대우받기를 바란다고 주장했다. 어떻게 보면 기적적이게도, 청원을 판결한 9명의 판사 중 5명이 이 아이들이 종교는 유대교가 아닐지라도 민족은 유대인이라는 결정을 내렸다. 하지만 이 예외적인 판결은 정치구조 전체를 흔들어 놓았다. 이때로 말하면 이스라엘이 1967년 6일 전쟁에서 승리함으로써 새로 차지한 영토 안에서 대규모 비유대인 주민들을 갖게 된 즈음이었기 때문이다. 이로 인해 비유대인과 쉬이는 네 대한 반대도 실제로 너 심해지고 있던 터였다. 1970년에 종교 진영의 압력 하에 귀환법이 개정되어, 마침내 누가 이스라엘 민중의 진정한 일원인지에 대한 완전하고 정확한 조항이 포함되었다. "유대인은 유대인 어머니에게서 태어난 자 혹은 유대교로 개종하고 다른 종교에 속하지 않은 자이다." 망설임과 회의의 22년 세월 끝에 랍비 종교와 근본주의적 민족주의 간에 상호를 수단으로 하는 연결이 완전하게 이루어진 것이다.

말할 필요도 없이, 세속적 민족주의의 지지자들은 유대인을 규정할 수 있는 더 유연한 기준이나 과학적인 기준을 선호했을 것이다. 예를 들면 아버지가 유대인인 경우도 유대인으로 받아들인다거나, 어떤 사람이 유대인임을 말해주는 특정한 유전적 표지를 찾아본다거나 하는 것이다. 하지만 더 느슨한 기준이나 신뢰할 만한 과학적인 기준이 없는 상황에서 유대 이스라엘인 대다수는 할라카의 결정에 맡기기로 했다. 그들에게는 유대인의 특별함이 심각하게 중화되거나, 이스라엘이 단순히 모든 국민에게 속하는 자유주의적 민주주의 국가가 되는 것보다, 그 엄격한 전통을 따르는 편이 더 나았다. 물론 모든 이스라엘인이 그들이 유대인임을 규정하는 그 엄격한 정의를 받아들인 것은 아니다.

유대인이 되지 못한 이민자들

귀환법이 개정된 뒤, 한 사람이 자신의 신분증에 적힌 유대인이라는 민족 범주를 이스라엘인으로 바꿔달라고 청원을 냈다. 그의 이름은 게오르그 라파엘 타마린(Georg Rafael Tamarin)으로, 텔아비브대학교 교육학과 강사였다. 타마린은 1949년에 유고슬라비아에서 이스라엘로 왔고, 자신이 유대인임을 선언했다. 타마린이 1970년대 초에 민족 범주를 유대인에서 이스라엘로 바꿔달라는 신청을 낸 것은 다음 두 가지 이유에서였다. 첫째, 유대인을 규정하는 새로운 기준은 그가 보기에 민족적 기준이 아닌 '인종적-종교적' 기준이었다. 둘째, 이스라엘 국가가 수립되었으니 이스라엘 민족이 탄생했으며, 자신은 그 이스라엘 민족에 소속감을 느낀다는 것이었다. 타마린의 청원은 만장일치로 기각되었다. 판사들은 이스라엘 민족이란 존재하지 않으므로, 타마린이 민족상 유대인임을 유지해야 한다고 결정했다.[65]

'이스라엘상' 수상자이기도 한 대법원장 시몬 아그라나트(Shimon Agranat)는 이상하게도 본인 판결의 근거를 단순히 「이스라엘 국가수립 선언문」에 두는 것에 그치지 않았다. 그는 유대 민족은 존재하지만 왜 이스라엘 민족은 결코 존재하지 않는지 그 이유를 계속해서 설명해 나갔다. 아그라나트가 설명하는 민족 및 민족성의 개념은 앞뒤가 맞지 않았다. 전적으로 주관적인 측면에 의존하고 있으면서도 개인의 선택을 허용하는 것은 거부하고 있었기 때문이다. 사실 그 개념은 이스라엘 내 지배적인 이데올로기를 반영하는 것이었다. 아그라나트는 이스라엘 낙하산부대원들이 '통곡의 벽'*을 점령하면서 눈물을 흘렸다는 이야기를 유대 민족이 존재한다는 증거로 인용했다. 그럼으로써 자신이 역사책과 정치철학 서적보다 신문에 등장하는 이야기에 더 영향을 받는다는 사실을 드러냈다. 그러면서도 서면 판결문 곳곳에다가는 자신의 학식을 과시해 놓았지만.

귀환법에서 유대인을 편협하게 정의해 놓았음에도, 다른 '백인' 이주민들을 배제해버리기에는 국가의 실용적인 요구가 너무 컸다. 1968년 폴란드에서 반유대주의가 확산된 뒤 이주해온 가구들 중 많은 가구에 비유대인 배우자가 한 명씩 있었다. 20세기 후반에는 소련을 비롯한 공산권에서든 자유주의적 민주주의 여러 나라에서든 '통혼'이 수도 없이 있었고, 그리하여 다양한 민족 문화로의 동화가 촉진되었다. (이런 현상 때문에 이스라엘의 호전적인 총리 골다 메이어는 비유대인과 결혼하는 유대인은 사실상 나치스에게 희생된 6백만 희생자의 대열에 합류하고 있는 거나 마찬가지라는 발언을 했다.)

---

* '통곡의 벽'(Wailing Wall)은 이전까지 요르단 영토였지만 이스라엘이 1967년 전쟁으로 동예루살렘을 차지하면서 이스라엘 영토에 속하게 되었다. '서벽'(Western Wall)이라고도 한다.

상황이 이렇게 심각한데 유대인에 대한 정의조차 편협했으니, 입법자들은 어쩔 수 없이 '알리야'의 권리, 즉 이스라엘로 이주해올 권리를 얻을 수 있는 범위를 상당히 넓게 확대해야 했다. 귀환법에 '4a' 조항이 추가되었다. '손주 조항'이라 불리는 이 조항은 유대인만이 아니라 유대인의 '비유대인' 자식, 손주, 배우자도 이스라엘로 이주해올 수 있게 해주었다. 조부모 한 명만 유대인의 조건을 갖추고 있으면 그 후손들도 이스라엘 국민이 될 수 있게 한 것이다. 이 중요한 조항이 추가됨으로써, 이후 1990년대 초 공산주의의 몰락과 함께 대규모 이주민이 유입되기 시작했을 때 그들을 받아들일 수 있었다. 이데올로기적인 면은 없었던 이 이민 물결—이스라엘은 1980년대부터 이미 미국에 소련 유대인 난민들을 받아들이지 말아달라고 촉구하기 시작했다—에서, 새로 시민이 된 이들 중 30퍼센트 이상은 신분증에 유대인으로 등록될 수가 없었다.

거의 30만 명에 이르는 새로운 이민자들이 유대 민중의 일원으로 분류되지 못했는데도(한 이스라엘 언론은 이들을 일러 '동화된 시한폭탄'이라 칭했다), 이와 상관없이 종족중심주의적 정체성은 계속해서 강화되었다. 이 정체성 강화 현상은 1970년대 말에 시작된 것이었다. 메나헴 베긴(Menahem Begin)이 이끄는 우파 연합정당 리쿠드(Likud) 당이 부상하면서, 이스라엘 정치문화 내에 명확히 자리 잡고 있던 자유주의화와 종족주의화라는 두 작용이 역설적이지만 얼마 동안 강화되었다.

주로 동유럽에 기원을 두고 있는 시오니즘 사회주의도 특별히 관용적이거나 다원론적인 것은 아니었다. 그러나 시오니즘 사회주의가 쇠퇴하고 이스라엘 지식인들 대부분이 좋아하지 않던 대중적 우파 정당이 권력을 잡으면서, 정치적·문화적 대결구도에 이전보다 더 큰 정당성이 부여되었다. 이스라엘은 주기적인 정권 교체에 익숙해지게 되었다. 정권 교체란 건국 이후 첫 30년 동안은 없었던 일이다. 시위와 비판의 전통 역시 바뀌었다. 레바논에서 일어난 첫 전쟁에서는, 전투가 한창일 때조차도 정부를 비난하는 것이 가능하다는 것, 그리고 그렇게 해도 매국노로 비난받지 않을 수 있다는 것을 확인할 수 있었다.

이와 함께 사회주의-시오니즘적 사회복지가 서서히 축소되고 경제적 신자유주의가 부상하면서, 국가의 초정체성이 가하는 제약도 어느 정도 느슨해졌다. 전능하던 민족주의 국가가 유한책임 기관이 되자, 대안적인 하위정체성들, 특히 종족적이고 집단적인 하위정체성들이 더 힘을 얻었다. 이는 이스라엘에 국한된 것이 아니라 전 세계적으로 진행된 과정이며, 이에 대해서는 뒤에 더 논의할 것이다.

1967년 점령한 영토에 권력을 행사한 첫 20년 동안(이 20년은 상당히 조용하게 지나갔다) 이스라엘 문화는 계속해서 발전하고 번성했지만, 이스라엘의 시민적 정체성이 확립될 가능성은 약해졌다. 서안지구와 가자지구 내 대규모 정착 정책은 공공연한 인종분리적(아파르트헤이트) 방식으로 수행되었다. 이스라엘은 시민들이 점령지에 정착하도록 유도하는한편, 점령지 대부분을 법적으로 합병하지는 않음으로써 점령지 원주민들에 대한 책임을 회피했다. 그 결과 이 새로운 공산에서는 국가 보조를 받는 '주인들만의 민주주의'가 탄생했고, 이스라엘에서 비교적 민주주의적인 서클들 내에서조차도 거만한 종족중심주의적 의식이 강화되었다.

유대인 주민, 그중에서도 특히 전통적인 사고방식을 가지고 있고 사회경제적으로 취약한 계층 내에서 배타적인 근본주의적 경향을 고조시킨 요인이 또 한 가지 있었으니, 공동의 고향땅에서 평등한 몫을 나눌 권리를 감히 주장하는 새로운 종류의 팔레스타인-이스라엘인 인물들이 대중 영역 및 시청각 매체 속으로 쏟아져 들어온 것이었다. 그동안 국가의 '유대적' 특성 덕분에 보장받았던 시오니스트적 특권을 잃을 수도 있다는 두려움이 대중 속에서, 특히 문화적으로 이스라엘에 충분히 동화되지 못해 사회경제적으로 제대로 대접받지 못했던 '동쪽 유대인'들이나 '러시아 유대인'들 속에서 이기적인 '종족적' 배타성을 부채질했다. 이 집단들은 아랍 주민을 대표하는 이들의 평등에 대한 요구가 커질수록 특히 위협감을 느꼈다.

4. '유대적이면서 민주주의적'이란 네모난 동그라미인가?

유대인의 나라인가, 이스라엘인의 나라인가

1980년대에 진행된 자유주의화와 종족주의화로 여러 가지 변화가 일어났지만, 그 가운데 빼놓을 수 없는 것이 새로운 아랍인-유대인 정당의 출현이다. 모하마드 미아리가 이끈 '평화를 위한 진보연합'(Progressive List for Peace, 약칭 PLP)은 이전까지 아랍인의 저항을 대변해왔던 전통적인 공산당보다 더 과격한 비판적 태도를 취했고, 이스라엘의 정체성 정치에 대한 태도도 훨씬 도전적이었다. PLP는 이스라엘의 탈시오니즘을 주장하는 등 이스라엘 국가의 성격에 대해 지금까지와는 다른 종류의 비판을 가했다. 이는 시작에 불과했다. 크네세트 선거가 다가오자 선거관리위원회는 랍비 메이르 카하네가 이끄는 극우정당과 함께 PLP를 부적격으로 선언했다. 후보를 낼 수 없게 된 것이다. 그러나 당시 이스라엘 자유주의의 근거지로 변모한 대법원이 선관위의 결정을 기각함으로써 두 정당 모두 선거에 참여할 수 있게 되었다.

1960년대 '알 아르드'(al-Ard)와 '마을의 아들들'(Sons of the Village) 등 더 앞선 시기의 팔레스타인-이스라엘인 운동과 달리, PLP는 퇴역한 이스라엘방위군 소장 마티트야후 펠레드를 당내 2인자로 내세우면서 1984년 선거에서 총 120석 중 2석을 차지할 수 있었다. 새로 구성된 의회는 이 대단치 않은 성과에 화들짝 반응하여, 1985년 「기본법: 의회」의 수정안을 반대표 없는 대다수 찬성으로 통과시켰다.[66] 7A 조항은 어떤 정당의 강령이 다음 사항들 중 한 가지에라도 해당되면 그 정당은 이스라엘 의회 선거에 후보자를 낼 수 없다고 명시했다. "(1) 유대 민중의 국가로서 이스라엘국의 존재 부정. (2) 국가의 민주주의적 성격 부정. (3) 인종주의 선동."

이 새로운 조항에도 불구하고 다시 한 번 대법원이 개입한 덕분에 PLP는 1988년 선거에도 후보를 낼 수 있었다. 이후, 아랍인 정당들이 더 등장해 그 법을 거스르지 않으면서도 계속해서 이스라엘 대중에게 국가의 성격에 대한 질문을 도전적으로 제기했다. 젊은 세대의 팔레스타인 지식인들 모두가 점점 더 자신감을 가지고 당면한 정치 상황에 대해 불만의 목소리를 내기 시작했다. 이들은 '나크바'*와 군정 통치를 겪어보지 않았고, 자신들의 아랍 문화에 더해 히브리 문화도 받아들임으로써 '이스라엘화'를 겪은 세대였다. 이들은 이스라엘에서 태어났고, 이스라엘 전체 인구의 5분의 1을 차지했으며, 공식적으로는 이스라엘의 완전한 국민이었다. 그런데도 이스라엘은 이 국가가 이들의 것이 아니라 다른 사람들의 것, 심지어 그 대부분이 바다 건너 외국에 살고 있는 사람들에게 속한 나라라고 고집하고 있다는 점을 이들은 지적했다.

* 51쪽 옮긴이 주 참조.

유대인의 배타성에 대해 항의하는 이들 가운데 특히 돋보인 인물은 작가이자 번역가인 안톤 샴마스였다. 2개 언어를 구사하는 재능 있는 지식인으로, 둘로 나뉜 자신의 민족 정체성을 다룬 소설 『아라베스크』(1986)를 쓰기도 한 그는 이스라엘 사회에 도전장을 던졌다. 우리 모두 다문화적 이스라엘인이 되자, 그리고 공통된 민족 정체성을 만들어내자, 그 공통된 민족 정체성은 우리 기원에서 비롯되는 정체성을 지우지 않으면서도 국가의 유대인 시민들과 아랍인 시민들 사이의 이스라엘적인 공생을 지향할 것이다.[67] 이스라엘 대표 작가의 한 명이자 시오니스트 좌파의 전형적 대변자인 A. B. 예호슈아는 특유의 자신감 어린 어조로 샴마스의 제안을 거절했다. 즉 이스라엘은 흩어진 유대 민중의 국가로 남아 있어야만 하며, 모든 국민의 국가가 되어서는 안 된다는 얘기였다. "귀환법은 시오니즘의 도덕적 기반"이라고 예호슈아는 주장했다. 그러니 유대 국가에 이중 정체성을 만들자는 위험한 제안은 거부되어야 한다. 인정받는 작가였던 예호슈아로서는 유대-이스라엘인(뭔가 부족한 유대계 미국인과 유사하게 느껴지는)이 된다는 생각 자체가 섬뜩했던 것이다. 그는 '하이픈이 붙지 않은' 완전한 유대인이 되고 싶었다. 만약 안톤 샴마스 같은 '새로운 이스라엘인'이 그것을 불쾌하게 여긴다면, 그런 이는 짐을 싸서 장차 팔레스타인인이 세울 민족국가로 가면 된다고 생각했다.[68]

저명한 팔레스타인-이스라엘인 지식인이 다원적이되 평등주의적인 자유민주주의 체제 내에서 공동의 문화적 삶을 함께 살아가자고 제안한 것은 아마 이것이 마지막이었을 것이다. 이스라엘 시오니스트 좌파의 부정적인 응답과 더불어 1987년 말에 '인티파다'가 터지면서, 그런 제안이 나오는 일은 극히 드물어졌다. 이스라엘 팔레스타인인들은 점령지 내 팔레스타인인들의 민족해방투쟁에 연대감을 표하기는 했어도, 그 때까지 민족적인 영토 분리를 주장하지는 않았다. 다만 억압받는 팔레스타인 문화에 대한 자존심 때문에, 그리고 어떤 일이 있더라도 그 문화를 지키겠다는 열의로, 이스라엘이 다극공존형 민주주의(consociational democracy) 또는 디문회적 민주주의 국가가 되기를 요구했을 뿐이다. 일치된 하나의 요구는 이스라엘이 그들의 국가가 되는 것, 그리하여 그들이 이 국가에 소속되는 것뿐이었다.

'유대 민중의 국가'를 둘러싼 논란은 점점 가열되었다. 1990년대 들어 포스트시오니즘이라는 주제가 여러 다양한 지식 서클들 사이에서 크게 부각되면서, 이스라엘 국가에 대한 정의가 그 핵심 이슈의 하나가 되었다. 그전까지만 해도 반시오니즘은 이스라엘이 존재할 권리를 부정하는 것과 동일시되었고, 모든 시오니스트는 이스라엘이 전 세계 모든 유대인들의 배타적 국가로 남아야 한다는 하나의 원칙에 동의했다. 그런데 이제 포스트시오니즘이 등장해서 1967년에 정해진 국경 내의 이스라엘 국가를 전적으로 인정하면서도, 이스라엘이 이스라엘 시민 모두의 국가가 되어야 한다는 단호한 요구를 함께 제기하기 시작한 것이다.

1993년 오슬로협정이 체결되고 특히 2000년에 제2차 인티파다가 발발하면서, '이스라엘 땅 전체'가 유대 민중의 세습 유산이라는 영토적 신화는 소멸되기 시작했다. 하지만 그 과정에서도 '이스라엘국'에 대해서만큼은 유대 민중이 배타적 소유권을 갖는다는 고집스런 주장이 끈질기게 따라붙었다. 예전에 영토에 관심을 집중했던 우파 중 다수가 완고한 인종주의 우파가 된 한편, 중도자유주의 진영은 시오니스트 입장을 고수하면서 그 입장을 법적으로 그리고 철학적으로 정당화하는 길을 찾고자 했다.

1988년, 대법원장이자 '이스라엘상' 수상자인 메이르 샴가르는 다음과 같이 선포했다. "이스라엘국(the State of Israel)이 유대 민중의 국가로서 존재하는 것은 그 민주주의적 성격에 배치되지 않는다. 이는 프랑스의 프랑스적인 성격이 그 민주주의적 성격에 배치되지 않는 것과 마찬가지이다."[69] 프랑스의 모든 국민은 남녀노소를 불문하고 프랑스인으로서의 정체성을 가지며, 어떤 비프랑스계 국민도 그 주권 내에서 숨겨진 동거인 취급을 받지 않는다. 대법원장의 저 터무니없는 비교를 신호탄으로, 각양각색의 아이디어로 장식된 사법적 공정(工程)이 개시되었다.

1992년에는 기본법 중 「인간 존엄과 자유에 관한 법」과 「직업선택의 자유에 관한 법」에 이스라엘은 '유대인의 국가이자 민주주의 국가'라는 단정적인 진술이 포함되었다. 같은 해에 통과된 「정당에 관한 기본법」 역시 유대인의 국가이자 민주주의 국가로서 이스라엘의 존재를 부정하는 정당은 선거 참여가 금지된다고 선포했다.[70] 역설적이게도 이것은, 이후로는 자유주의-민주주의적인 절차를 통해 이 유대인의 국가를 이스라엘인의 민주주의 국가로 바꾸는 것이 가능하지 않으리라는 것을 의미했다. 이 법의 위험한 측면은, 국민들에게 봉사하도록 되어 있는 주권적 실체인 한 국가를 유대인의 국가로 만든다는 것이 무엇인지 정확히 밝히지 않았다는 점, 그리고 그 유대인의 국가라는 것을 위협하거나 무효화시킬 수 있는 것이 무엇인지도 정확히 밝히지 않았다는 점이었다.

이스라엘은 민주주의 국가인가—학자들의 논쟁

하이파대학교의 사회학자 새미 스무하 교수는 스스로를 유대인의 것이라 칭하는 민주주의가 지닌 문제점과 그 기형적 측면을 꼼꼼하게 폭로했다. 1990년에 스무하는 예일대학교 정치사회학자 후안 호세 린츠 (Juan José Linz)에게서 '종족적 민주주의'라는 용어를 빌려와 그것을 이스라엘에 적용했다.[71] 스무하는 수년에 걸쳐 분석을 발전시켰고, 그리하여 여러 민주주의 정체(政體) 중에서 이스라엘을 매우 낮은 순위에 놓는 획기저인 분석을 완성했다. 스무하는 이스라엘을 자유주의적 민주주의, 공화적 민주주의, 다극공존형 민주주의, 다문화적 민주주의 등과 체계적으로 비교한 다음, 이스라엘이 이 범주들 중 어느 범주에도 들어가지 않는다는 결론을 내렸다. 이스라엘은 대신 에스토니아, 라트비아, 슬로바키아 등과 함께 '불완전 민주주의' 혹은 '하급 민주주의'로 분류될 수 있었다.

자유민주주의(liberal democracy)는 그 경계 안에 존재하는 사회 전체를 대변하며, 모든 시민은 그 기원이나 문화적 소속에 관계없이 완벽하게 평등하다. 이 민주주의는 무엇보다도 야경꾼으로 기능하면서 권리와 법을 보호하고, 시민들의 문화 형성에는 약소하게, 최소한으로만 개입한다. 앵글로색슨 국가들 및 스칸디나비아 국가들 대부분이 좀 더하든 덜하든 이 모형의 전형적인 예가 된다. 공화적 민주주의(republican democracy)는 시민들의 완전한 평등이라는 점에서는 자유민주주의 모형과 닮았지만, 그 민족 집단의 문화 형성에는 훨씬 더 많이 개입한다. 이런 국가는 이차적인 문화 정체성에 대해 덜 관대하여 그것을 상위의 포괄적인 문화 안에 동화시키고자 한다. 프랑스가 이 범주의 가장 두드러진 예이다. 다극공존형 민주주의(consociational democracy) 또는 연합체적 민주주의(associative democracy)는 복수의 문화·언어 집단들을 공식적으로 인정하고, 그 집단들의 정부 내 동등한 지위를 제도적으로, 즉 공동결정 시 거부권을 주는 식으로 보장한다. 그런 한편 각각의 집단 모두의 완전한 자치를 육성한다. 스위스, 벨기에 그리고 현대 캐나다가 이 모형의 가장 전형적인 예이다. 한편 다문화적 민주주의(multicultural democracy)는 체재 내 여러 다른 문화 집단을 지탱하는 공식적 역할은 다극공존형 민주주의보다 작다. 하지만 여러 문화 집단을 존중하고 그들에게 해를 끼치는 것을 피하며, 소수집단들에게도 공적 권리를 허가하고 한 가지 특정 문화를 강요하려는 시도는 하지 않는다. 영국과 네덜란드가 이 범주의 대표적인 예이다. 이 목록에서 모든 체제가 공통적으로 지닌 가장 중요한 속성은, 저마다가 스스로를 국가 내 모든 시민을 대변하는 정체(政體)로 여긴다는 점이다. 하나의 패권적 문화·언어 집단과 여러 개의 소수집단이 공존하는 사회도 그런 면에서 다를 바가 없다.

스무하의 의견에 따르면, 이스라엘은 위 범주 가운데 어느 것에도 포함될 수 없다. 이스라엘이 스스로를 그 경계 안에 존재하는 시민 사회에 대한 정치적 구현체로 여기지 않는다는 점만 보아도 그러하다. 시오니즘은 이 유대 국가가 탄생할 당시에만 공식 이데올로기로서 지배력을 행사했던 게 아니다. 이 국가의 시민들은 세상이 끝날 때까지 그 배타적 사명을 계속해서 달성하리라는 기대를 받고 있다. 이스라엘의 1967년 이전 경계 내에는 시민권노 있고 표현 및 정치적 결사의 자유도 있고 주기적으로 자유선거도 실시되는 등 일종의 민주주의가 존재하고는 있지만, 그렇다 해도 기본적인 시민적, 정치적 평등이 부재하기 때문에 서구의 번영하고 있는 민주주의와는 확연히 구별된다.

스무하는 지나친 규범적 판단을 피하려 했지만, 그럼에도 그의 분석에는 이스라엘국에 대한 급진적인 비판이 함축되어 있었다. 다만 그가 내린 정치적 결론은 예상보다 훨씬 더 온건했다. 스무하가 보기에 이스라엘은 시민 모두의 국가가 될 현실적 가능성이 거의 없었다. 그래서 가장 합리적인 전망을 갖고 제시한 것이 보다 향상된 종족적 민주주의였다. 차별은 최소화하되 배타적인 핵심은 보존되어 있는 체제였다. "이스라엘의 아랍인들에게 가장 좋은 해결책은 물론 다극공존형 국가, 즉 2민족 1국가일 것이다. 하지만 그 방안은 유대인의 국가가 없어지는 것을 의미하기에 유대인들이 결사적으로 반대할 것이고, 그렇다면 그 방안을 강행하는 것은 주민 대부분에게 심각한 부당행위가 될 것이다."[72]

우리는 스무하의 개념적 구도를 받아들일 수도 있고 받아들이지 않을 수도 있다. 예를 들어 스위스 같은 다극공존형 민주주의 국가는 정확하게는 다민족국가가 아니다. 또 종속적인 소수집단에 대한 차별을 철폐하는 것이 지배적인 다수에게 '심각한 부당행위'가 될 거라는 그의 생각 역시 받아들일 수도 있고 받아들이지 않을 수도 있다. 하지만 하이파의 학자 스무하가 이스라엘 학계에서는 최초로 이스라엘의 정체성 정치라는 판도라의 상자를 비집어 열었다는 점은 부인할 수 없다. 그동안 이 분야에서는 이론적 분석이 심각하게 결핍돼 있었는데, 스무하의 논문들은 예외적인 비판적 통찰을 보여주었다. 이 획기적인 성과가 시오니스트 지식인들뿐 아니라 포스트시오니스트들과 팔레스타인-이스라엘인들에게서도 많은 반응을 이끌어냈다는 것은 말할 필요도 없을 것이다.[73]

스무하의 비판에 대한 응답으로, 그리고 더 직접적으로는 1990년대 초의 '유대인 법'에 대한 반응으로, 이스라엘의 대표 학자들 일부(전통적인 이들과 진보적인 이들을 막론하고)는 이스라엘이 표준적인 민주주의 국가라는 걸 증명하고자 했다. 이제부터 소개하는 견해들은 가장 눈에 띄는 이들 중 일부의 의견인데, 이들은 모두 '이스라엘상' 수상자이다. 이는 우연한 일이 아니다. '이스라엘상'은 이스라엘 국가가 인문학과 과학 분야에서 뛰어난 인물에게 수여하는 가장 영예로운 상으로, 결국 국가의 입장을 확인하는 상이기 때문이다. 이스라엘상 수상자들은 이스라엘 문화 세계의 중추이기에, 그들의 견해는 민족 이데올로기의 정수를 반영하고 그것의 성격을 드러낸다.

예를 들어 예루살렘 히브리대학교 유대철학과 교수 엘리에제르 슈바이트는 '유대인의 국가이자 민주주의 국가'라는 구절에서 모순을 발견할 수가 없었다. 그가 보기에 이스라엘은 "유대 민중이 많은 세대를 거치며 유랑하는 동안 줄곧 부정당했던 기본적인 민주적 권리를 복원하기 위해" 건설된 국가였다. "이 국가에서 되찾은 권리를 유대 민중이 포기해야 할 도덕적 이유는 전혀 없다. 이 나라는 유대 민중이 스스로를 위해 스스로의 힘으로 어마어마한 창조적 에너지를 기울여 건설한 곳이다. 유대 민중은 이 나라를 위해 피를 흘렸고 이 나라의 경제, 사회, 문화를 발전시켜 왔다."[74] 슈바이트는 유대교와 민주주의 간 모순에 대해 이야기하는 것이 무의미하다고 보았다. 그 까닭은 "유대 종교와 유대 민족주의에는 입헌 민주주의 수립을 위한 사회적 합의의 개념과 인권을 규정한 윤리적 원천이 이미 포함되어 있기 때문"이다. 뿐만 아니라, 만약 이스라엘이 유대 민중의 국가로서 존재하지 않는다면 그 존재를 지속시킬 이유도 없다는 게 슈바이트의 의견이었다.

히브리대학교 교수이자 이전에 외무부 사무총장을 역임한 슐로모 아비네리는 여러 정체성을 동화시키고 지워버리는 프랑스 공화정보다 '유대 국가'인 이스라엘이 헤아릴 수 없을 정도로 더 우월하다고 생각했다. 이스라엘의 관용은 영국의 관용과 닮았으며, 오히려 그보다 여러 면에서 훨씬 더 월등하다고 아비네리는 말했다. 예를 들어 아랍계 시민에게 민법상의 혼인절차를 면제해주고 오스만 통치 때부터 내려오는 공동체적-고백적 혼인을 보장해준 것만 보아도, 뿐만 아니라 교육을 분리하여 시행하는 것만 보아도, 이스라엘에는 사실 비유대인 시민들을 위한 폭넓은 문화적 자치가 있음을 알 수가 있다. "이스라엘 국가는 한 번도 그런 결정을 내린 적이 없으면서도, 아랍계 시민들의 평등권을 개인으로서만이 아니라 집단으로서도 인정한다."[75] 그러므로 이 유대 국가는 국가 상징과 국기, 국가(國歌), 유대인 법(특히 다른 나라 이민법들과 별반 다를 게 없는 귀환법) 등을 유지해야 한다. 그래서 유대인 다수 및 그 속에서 나란히 살아가는 소수집단들 사이의 법적인 분리가 이뤄지도록 하고, 그러면서도 가치 있는 다문화적 민주주의 국가가 될 수 있도록 해야 한다. 세계에서 가장 자유주의적인 여러 국가에서도 비슷한 상황이 발견된다는 게 예루살렘의 교수 아비네리의 의견이었다.

아비네리는 정치철학자—비록 전공은 독일철학이었지만—로서, 미국 대법원이 1954년 '브라운 대 교육위원회' 사건[*]에 대해 내린 유명한 판결을 틀림없이 알고 있었을 것이다. 이 사건에서 미 대법원은 "분리되어 있지만 평등"이라는 것은 '평등'일 수가 없으며, 따라서 "모든 미국 시민은 평등하다"고 명시한 수정헌법 제14조에 위배된다는 판결을 내렸다. 이 역사적 판결로 시민권 투쟁은 큰 힘을 얻었고, 결국 미국의 정체성 정치에 전면적인 변화가 일어났다. 하지만 예루살렘에 있는 이 원로학자의 시오니스트적 마음에는 이 사건이 와 닿지 못했던 게 분명하다. 예루살렘이 어떤 도시인가. 이스라엘의 '통합된' 수도로 여겨지는 한편, 1967년에 통합된 수만 명의 팔레스타인인들이 그곳에 영구거주하

---

[*] 백인과 유색인종이 같은 학교에 다닐 수 없게 한 것에 대해 흑인 브라운이 캔자스주 토피카시 교육위원회를 상대로 제기한 소송. 이 판결로 미국 남부 17개 주법이 불법이 되는 등 인종 평등의 획기적 전기가 마련된다.

고 있지만 시민은 아니기에 자신들에게 행사되는 주권에 대해 자기 몫을 갖지 못하는, 그런 도시 아닌가.

텔아비브대학교 철학교수 아사 카셔의 입장도 다르지 않았다. 카셔 역시 다른 이들처럼 이스라엘상 수상자로, 도덕에 관한 여러 저작으로 그 상을 수상했다. 카셔도 이스라엘이 세계에서 가장 훌륭한 민주주의 국가들과 다르지 않으며, '유대인의 국가이자 민주주의 국가'라는 구절에 내재된 모순은 없다고 주장했다. 그가 보기에 이스라엘이 가지고 있는 문제들은 민주주의적 민족국가라면 어느 국가든 가지고 있는 것들로서 이스라엘에만 해당되는 특별한 문제들이 아니었다. "스페인에는 바스크인, 네덜란드에는 프리지아인, 프랑스에는 코르시카인이 있다. 이 점에서는 인구 20퍼센트가 다른 민족에 속하는 이스라엘국도 예외가 아니다."[76] 그렇기 때문에 이스라엘국은 '실행 가능한 이상'이라는 점에서 볼 때 민주적이며, 모든 시민의 국가임을 공개적으로 표명하라고 요구해서는 안 된다. 다수가 느끼는 소속감은 소수가 느끼는 소속감과 당연히 다를 수밖에 없다. 하지만 근대 민족국가란 원래 그런 것이라는 게 카셔의 견해였다.

카스티야 언어와 문화가 스페인에서 우세하긴 해도 그 나라에서는 카스티야인이든 카탈루냐인이든 바스크인이든 모두가 스페인인에 속한다는 사실을 아사 카셔는 그 폭넓은 학식에도 불구하고 잘 몰랐던 것 같다. 만약 스페인이 모든 스페인인의 국가가 아니라 카스티야인의 국가라고 선포하는 정부가 나온다면, 그 정부는 오래 살아남지 못할 것이다. 프랑스공화국도 본토 가톨릭 시민들에게만 속한 것이 아니라 코르시카 사람들에게도 속해 있다. 마찬가지로 프랑스계 유대인들에게도, 신교도들에게도, 나아가 이슬람교도들에게까지도 속해 있다. 하지만 이스라엘에 살고 있는 이 유대인 철학자에게는 '유대 민중의 민주주의'가 그 도덕적 수준에서만 여느 서구 사회와 비슷하면 될 뿐, 민족 규정상의 그런 차이점은 너무 사소해서 고려할 문제가 아니었던 모양이다.

법학자들의 '평등'

이스라엘을 유대 민중의 민주주의 국가로 정의하는 것에 대해 이론적 버팀목을 제공한 저명인사들 중에는 법학자들도 다수 있었다. 기본법 몇 가지에 '유대'라는 용어가 들어가기 시작한 이후, 여러 판사와 법학교수들은 새로운 입법에 대해 충분한 근거를 갖춘 방어논리를 제공할 의무감을 느꼈다. 회의의 눈으로 바라보는 이들을 납득시키기 위해, 한 국가가 유대 전통을 고수하면서도 비유대인들을 완전히 평등하게 대우하는 것이 가능하다고 주장하는 글들이 수없이 쏟아졌다. 그 글들을 읽고 받은 인상은, 그들의 평등 개념이란 '무관심'과 다름없다는 것이다.

부 대법원장과 법무부 장관을 지냈고 역시 이스라엘상을 수상한 퇴임 판사 하임 헤르만 코헨에게 그 문제는 간명했다. "우리가 원하든 원하지 않든 우리 선조들의 유전자는 우리 안에 있다. 스스로를 존중하는 사람은 자신이 어디에 서 있고 어디를 향해 가고 있는지만이 아니라 자신이 어디에서 왔는지도 알아내고자 노력한다. 이스라엘의 유산이란 광의의 의미에서 보자면 이스라엘 국가가 선천적으로 물려받은 유산으로, 그 유산이 이스라엘을 선천적으로 유대 국가로 만든다."[77]

이런 진술을 했다고 해서 하임 코헨이 인종주의자인 것은 아니다. 그는 언제나 진보적인 판사였다. 루페이센 사건에서도 그는 의지주의

(voluntarism)적 시각을 담은 반대의견을 냈다. 그리고 "생물학적-유전학적 연속성이라는 것이 굉장히 의심스럽다"라는 점도 코헨은 잘 알고 있었다. 하지만 자기 국가의 비종교적인 유대성을 규정하기 위해 상당한 노력을 들이면서 그는 다음과 같이 주장했다. "유대 정체성이란 생물학적-유전학적 연속성을 뜻하는 것이 아니다. 더 중요한 것은 영적-문화적 연속성이다. 전자는 이스라엘을 유대인들의 국가(the state of the Jews)로 규정한다. 후자는 이스라엘을 유대 국가(a Jewish state)로 규정한다. 그러나 이 두 가지 정체성은 모순되지 않는다. 이 둘은 서로를 보완한다. 어쩌면 상호의존적인 동시에 상호조건적일 것이다."[78]

코헨이 성서, 탈무드, 탈무드의 우화들뿐 아니라, 유대교를 버림으로써 유대인들에게 배척당한 철학자 스피노자의 저작까지 유대적 연속성 및 이스라엘의 유산에 포함시킨 것은 틀림없이 그 조건성 때문이었을 것이다. 하지만 코헨은 유대 민주주의의 성격을 규명하고자 열심히 분투하면서도, 전 국민의 20퍼센트를 차지하는 아랍계 시민들과, 히브리어를 말하고 세금을 꼬박꼬박 내는데도 내무부가 꼼꼼하게 비유대인으로 등록해놓은 5퍼센트의 시민에 대해서는 아무런 언급도 하지 않았다.

전 대법원상으로 또 한 명의 이스라엘상 수상자인 아하론 바라크 역시 이스라엘 법조계에서 가장 진보적이고 학구적인 판사들 중 한 명으로 여겨지는 인물이었다. 바라크는 2002년 제34차 시오니스트 회의에서 '유대 및 민주주의 국가로서 이스라엘의 가치들'이라는 주제로 연설을 했다.[79] 이스라엘국을 떠받치는 유대적 표준이란 무엇인가? 할라카 요소와 시오니즘 요소가 결합된 것이다. 시오니즘의 세계가 언어, 국가 상징, 국기, 국가, 축제, 귀환법 등에 한정되어 있는 반면, 할라카의 세계는 '끝없는 바다'와 같은 것이다. 그런데 이스라엘도 이제는 "유대인 정착을 위해 국가 땅을 해방"시키고 있는 중이다. 그렇다면 이스라엘국의 민주주의적 가치들은 무엇인가? 권력분립, 법치, 인권 보호이며, 거기에는 소수자 권리도 포함된다. 두 묶음의 가치들 사이에서 종합과 균형을 찾을 필요가 있다. "유대인들에게 이주할 권리를 주는 것이 유대인이 아닌 이들에게 차별로 작용하는 것은 아니다. 이스라엘은 차별이 아닌 차이가 있음을 인정한다. 차이가 있다 해도, 우리 민족의 고향에 살고 있는 사람은 종교와 민족에 관계없이 평등권을 갖는다."[80] 그래서 판사 바라크는 아랍 소수자를 공평하게 대하기 위해 노력했던 것이다. 평등이 근대 민주주의의 핵심이라는 것을 그는 다른 법학자들보다 훨씬 더 잘 인식하고 있었다.

그런데 "유대인 정착을 위해 국가 땅을 해방시키는" 것을 가치로 삼은 나라에 과연 평등이 있을까? 대법관 바라크는 예루살렘에서 열린 시오니스트 회의에서는 그런 질문에 답하지 않아도 되었다. 그의 연설을 듣는 청중들도 이 민주적인 성향의 판사가 그런 말을 했다는 데 대해 별로 놀라지 않았다. 바라크는 이전에도 이스라엘국의 성격을 다음과 같은 방식으로 규정한 적이 있기 때문이다. "유대 국가란 유대인을 들판, 도시, 마을 등에 정착시키는 것을 다른 어떤 것보다도 우선시하는 국가이다…. 유대 국가란 히브리법(Hebrew Law)이 중요한 역할을 하는 국가이며, 유대인들의 결혼과 이혼에 관한 법률의 기반을 토라에 두고 있는 국가이다."[81] 달리 말해서 세속적 진보주의자 아하론 바라크에게 이스라엘은 저 유명한 '갈릴리의 유대화' 같은 프로젝트 덕분에 유대적일 수 있는 것이다. '갈릴리의 유대화'* 프로젝트는 유대인과 비유대인에 대한

---

* 이스라엘 정부가 갈릴리 지역에 사는 아랍인 수를 줄이고 유대인 수를 늘리기 위해 유대인 이주를 적극 장려한 장기 프로젝트.

장기적인 법적 분리를 바탕에 둔 정책이다.

다니엘 프리드먼은 판사는 아니지만 총리 에후드 올메르트의 지명을 받아 법무부 장관이 된 인물이다. 그 전에는 텔아비브대학교 법학교수로 있었고 역시 이스라엘상을 수상했다. 2000년에 몇 번의 비무장 시위 중 팔레스타인-이스라엘인 13명이 경찰 손에 사망한 일이 벌어진 후 내가 기사를 한 편 썼는데, 프리드먼은 그 기사에 답하면서 "유대 국가라는 국가 정의 자체에 비평등주의적 요소가 내포되어 있다"[82]는 내 주장에 대해 경악을 금치 못했다. 대부분의 국가들이 민족국가인데 왜 이스라엘은 민족국가가 되면 안 된다는 것인가, 하고 그는 주장했다. 이스라엘이 '잉글랜드'와 다를 게 무엇인가? "잉글랜드에는 평등한 권리를 누리는 유대인 소수와 이슬람교도 소수가 있다. 그럼에도 불구하고 그들은 잉글랜드가 성공회에 속한 잉글랜드 사람들의 나라라고 불평하지 않으며, 지배 언어가 영어이고 공적 영역에서는 반드시 영어를 써야 한다고 해서 불평하지 않는다. 이 소수자들은 유대인이나 이슬람교도가 왕의 자리에 앉기를 요구할 수 없으며, 다른 언어에도 동등한 대접을 해 달라고 요구할 수도 없다."[83]

이 이스라엘 법학교수는 자신의 국가가 완벽한 민주주의 국가라는 것을 그토록 증명하고 싶어 하면서도 왜 더 정확한 용어를 사용하지는 못하는 걸까? 물론 '잉글랜드'라는 단어가 '영국'(Britain)과 동의어로 사용되는 일이 종종 있는 건 사실이지만, 그래도 민족과 민족성을 논하는 복잡한 논의에서라면 그런 부주의한 용어 사용은 부적절하다. 1801년 이래 잉글랜드는 스코틀랜드, 웨일스, 그리고 (1922년 아일랜드의 독립 이후로는) 북아일랜드와 함께 '유나이티드 킹덤'(United Kingdom, UK)을 구성하는 일부였다. 이 나라의 역사적 배경 및 문화적 배경은 그리스도교이지만, 그렇다고 해서 그리스도교 국가인 잉글랜드가 그곳에 사는 유대인의 배우자 선택에 간섭하는 일은 없다. 그곳에 사는 유대인은 스코틀랜드 그리스도교인과 결혼할 수도 있고, 파키스탄 출신의 이슬람교도와도 결혼할 수 있다. 또 프리드먼 교수의 나라 이스라엘은 전 세계 유대인들의 국가이지만, 잉글랜드가 전 세계 성공회 신자들의 나라라고 주장하지 않는다는 것은 말할 필요도 없다. 잉글랜드어(English)가 공용어이긴 하지만 잉글랜드가 잉글랜드인만의 나라인 것도 아니다. 유대인이 영국 왕이 될 수 없는 건 분명하지만, 다른 잉글랜드인 역시 왕가의 일원이 아닌 이상 군주가 될 수 없다. 그 부분이야 어찌됐든 영국에서는 왕이 아닌 의회가 실권을 쥐고 있다. 그런데 21세기 초에 보수당 당수가 된 마이클 하워드는 루마니아 유대인 이민자의 아들이었다. 당이 총선에서 이겼다면 그가 영국 총리가 되었을 것이다(이스라엘로 '알리야' 하는 대신에 말이다).

영국은 모든 시민의 국가이다. 잉글랜드인, 스코틀랜드인, 웨일스인, 북아일랜드인, 이주해 와서 시민이 된 이슬람교도, 심지어 오로지 신의 통치만을 인정하는 정통파 유대인까지도 법의 눈으로 봤을 때는 그들 모두가 영국인(Briton)이며, 영국은 모든 시민에게 속해 있다. 만약 이스라엘이 유대인들의 국가이듯 잉글랜드가 영국을 잉글랜드인의 국가라고 선포한다면, 파키스탄 이민자의 자식들이 시위하러 나서기 전에 스코틀랜드인들과 웨일스인들이 먼저 UK를 깨고 나가버릴 것이다. 뿐만 아니라 영국은 다문화적인 나라로, 그 주요 소수집단들은 오랫동안 상당한 자치를 누려왔다. 그런데 다니엘 프리드먼은 이스라엘의 아랍 시민들을 잉글랜드의 스코틀랜드인들 및 웨일스인들과 동급으로 여기지 않고, 새로 귀화한 이민자와 동급으로 여기고 있다.

그 외에도 여러 법학자가 '유대 민중의 국가'를 변호하는 글을 썼지만, 한 사람만 더 살펴보기로 하자. 한 역사가와 함께 이 주제를 다룬 책 한 권을 쓴 이가 있다. 법학교수이자 전 교육부 장관이며 역시 이스라엘 상 수상자인 암논 루빈슈타인이다. 그는 2003년에 역사가 알렉산더 야콥손과 함께 『이스라엘과 민족들』이라는 책을 저술했다. 이 책은 지금까지 포스트시오니즘에 대한 가장 진지한 비판서일 것이다.[84]

루빈슈타인과 야콥손은 '유대 민주주의'의 작동방법을 설명하는 데 만족하지 않았다. 그들은 이스라엘 내 인권 및 평등의 확대를 드러내놓고 요구했을 뿐 아니라, 보편적인 규범에 기초해 논증을 펼치기 위해 굉장히 공을 들였다. 그러는 동시에 이스라엘이 유대 국가라는 것과 민주주의 국가라는 것 사이에는 아무런 모순도 없다고 단호하게 주장했다. 이스라엘이 안고 있는 문제들은 자유세계에서는 표준적인 것들로, 통치 방법과 법의 토대를 발전시킴으로써 합리적으로 해결될 수 있을 거라고 그들은 말했다. 그들의 출발점은 모든 민중에게 자결권이 있으니 '유대 민중'에게도 자결권이 있다는 낯익은 가정이었다. 뿐만 아니라 어떤 국가도 문화적으로 완전히 중립적이지는 않으니, 유독 이스라엘만 그렇게 되라고 요구할 이유는 없다는 게 그들의 의견이었다.

1947년 유엔이 유대인들의 자결권을 인정했으므로 이 유대 국가는 마지막 유대인이 '알리야' 할 때까지 존속해야 한다고 루빈슈타인과 야콥손은 주장했다. 그들은 근동의 이 지역에 새로 만들어진 유대-이스라엘 민중을 위해 이 권리를 주장한 게 아니었다. 그들은 어떤 이스라엘 민족 실체도 인정하지 않았다. 그러나 시오니스트 법 이론가들에게 현실은 생각대로 흘러가지 않았다. 21세기가 된 지금 유대인들은 세계 어느 곳에서도 금지되는 일 없이 그 나라를 떠날 수 있지만, 세계 각국의 유대인들은 자신들에게 주어진 민족 주권을 행사하기를 거부한다. 이스라엘로의 이주는 역전되었다. 지금 이 글을 쓰고 있는 시점에도 이스라엘로 들어가는 이들보다 이스라엘을 떠나는 이들이 더 많다.[85]

야콥손과 함께 쓴 이 책에서 루빈슈타인이 보여준 장점이 따로 있기는 하다. 여타 시오니스트 사상가들 및 법학자들과 달리 그는, 민족국가로서 이스라엘이 서구의 자유주의적 민주주의 국가들과 비교될 수 없다는 것을 인식하고 있었다. 그래서 그는 대부분의 유사 사례들을 동유럽 국가들로부터 가져왔다. 루빈슈타인과 야콥손은 헝가리인의 정치적 권리에서, 입헌 개혁이 일어나기 전의 아일랜드와 그리스에서, 1990년대 이전의 독일에서, 유고슬라비아 해체 후 슬로베니아에서 민족성의 개념을 신나게 끌어왔다. 이스라엘의 종족중심주의적 정책을 정당화하기 위해 인용한 그 사례들을 보고 있자니 불쑥 이렇게 묻고 싶어진다. 두 사람은 과연 두 사람이 칭찬하고 있는 동유럽 국가들 중 한 국가에서 유대인으로 살아볼 의향이 있는지, 아니면 더 표준적이고 자유주의적인 민주주의 국가에서 살 것인지?

책 전체에 걸쳐서 저자들은 많은 유대인이 이스라엘에 대해 느끼는 순수한 애착이 마치 민족의식인 것처럼 제시한다. 고통스러운 역사적 기억, 종교와 멀어진 이후의 감수성, 그리고 일말의 전통 등에 주로 기반을 두고 있는 애착과, 민족 주권에 대한 열망을 구분하지 못하는 것이 이 책의 가치를 떨어뜨린다. 안타깝게도 두 저자는 민족성이 단순히 어떤 집합체에 대한 소속감이 아니라는 걸 인식하지 못하는 듯하다. 민족성은 연대감과 공동 관심사 이상의 것이다. 민족성이 그런 정도에 불과하다면 전 세계 개신교인들도 하나의 민족이라 할 수 있으며, 고양이 애호가들도 민족이 될 것이다. 민족의식이란 무엇보다도 독립적인 정치적 실체 안에서 살고자 소망하는 것이다. 민족의식은 그 백성이 동질적인 민족 문화 안에서 살아가고 교육받기를 원한다. 그것이 시오니즘이 태동하던 때부터 시오니즘의 정수였고, 최근에 이르기까지 시오니즘 역사 대부분의 기간에 남아 있었다. 민족의식은 독립된 주권을 추구했고 결국 그것을 성취했다. 유대인의 연대는 시오니즘 외에도 더 있었지만, 그 대부분은 민족주의적 성격이 없었고 일부는 드러내놓고 반민족주의를 표명하기까지 했다.

그러나 유대 대중이 굳이 유대 주권 하에서 살아가고자 하는 열망이 있었던 것은 아니기에, 시오니스트들의 주장은 모든 민족적 이유 너머로 뻗어나가야 했다. 오늘날 시오니스트 논리의 약점은 이 복잡한 현실을 인정하지 않는다는 데 있다. 오늘날의 복잡한 현실에서 유대인들은 다른 유대인들의 운명을 염려는 할지언정 그들과 민족적인 삶을 나누고 싶어 하지는 않는다. 루빈슈타인과 야콥손의 책에서 발견되는 또 하나의 심각한 결점은 근대 민주주의에 관련된 것으로, '유대 민주주의'를 옹호하는 모든 것에서 공통적으로 발견되는 결점이기도 하다. 이 부분을 이야기하기 위해서는 근대 민주주의라는 논쟁적인 개념 체계를 간단하게나마 분석해보아야 한다.

'민주주의'라는 말을 붙일 수 있으려면

오늘날 민주주의는 많은 방식으로 정의될 수 있다. 서로 보완하는 정의들도 있고 상충하는 정의들도 있다. 18세기 말부터 20세기 중반까지 민주주의는 주로 '인민에 의한 통치'를 의미했고, 군주가 신의 은총을 받아 백성을 통치한다는 근대 이전의 주권 개념에 반대되는 의미로 썼다. 그러다가 2차 세계대전 이래, 특히 냉전 이후로 서구에서는 이 용어가 '자유민주주의'를 의미하는 용어로 사용되었다. 물론 이와 별도로 사회주의 국가들은 의회를 중심으로 다양한 형태를 보이는 서구 체제보다 자신들의 것이 훨씬 더 높은 수준의 대중 민주주의 체제라고 보았다.

이처럼 끈질긴 이데올로기적 혼란 때문에 자유주의와 민주주의를 분석 상에서나 역사적으로나 분리해서 볼 필요가 있다. 자유주의는 서유럽 군주제의 한복판에서 탄생했다. 자유주의는 의회, 정치적 다원주의, 권력 분립 등을 창안해냈고, 나아가 자의적인 권력에 맞서는 백성의 권리와 더불어 역사상 어떤 사회에서도 알려져 있지 않던 개인의 권리들을 창조해내면서 차근차근 군주제를 제한해 나갔다. 19세기 영국은 자유주의적이지만 전혀 민주주의는 아닌 정부의 좋은 본보기다. 선거권은 여전히 소수 엘리트층에 국한되어 있었고, 민중 대다수는 아직 근대 정치 영역으로 진입하는 것이 허용되지 않았다.

이와 대조적으로, 민주주의의 근대적 개념—즉 인민 전체가 그 자신을 통치하는 주권자가 되어야 한다는 원리—은 반자유주의적 성격을 뚜렷하게 내비치면서 무자비한 폭풍의 모습으로 역사의 장에 벼락같이 뛰어들었다. 초창기에 이 개념을 대변했던 이들은 프랑스혁명 당시의 로베스피에르나 생쥐스트 같은 자코뱅 당원들이었다. 그들은 보통선거 및 정치적 평등의 원칙을 발전시키고자 했지만, 이 목적을 위해 그들이 이용한 수단은 극도로 권위주의적이었고 심지어 전체주의적이기까지 했다. 19세기 말에 가까이 가서야, 여기에서 설명하기에는 너무 복잡한 이유로 자유주의적 민주주의가 확산되기 시작했다. 자유민주주의는, 발전하고 있는 자유주의가 이전에 성취했던 권리 및 자유를 유지하는 동시에 인민이 주권을 가진다는 원리를 인정했다. 자유민주주의는 그러한 권리, 자유, 인민 주권의 원리 등을 확대하고 공고히 함으로써 그것들을 오늘날 정치문화의 토대가 되게 하였다.

북아메리카 및 유럽에 등장한 자유주의적 민주주의는 모두 민족적인 것이었고, 그 초기 국면에는 전혀 완벽하지 않았다. 일부는 여성에게 투표권을 주지 않았다. 또 일부는 상당히 높은 연령층에게만 투표권을 부여했다. 몇몇 나라에서는 사회의 특정 구성원에게 복수 투표권을 주기도 했다. '종족적'인 민족국가든 '비종족적'인 민족국가든 투표권이 주민 모두에게 동등하게 확대되기까지는 오랜 시간이 걸렸다. 그런데 고대 그리스 세계에 존재했던 한 움큼의 민주주의와 달리, 근대 민주주의는 태생적으로 독특한 특징을 가지고 있었다. 시민들 간의 보편적 갈등이 그 발전을 이끌었으며, 시민적 평등을 점차 증가시키는 방향으로 민주주의를 발전시켰다는 것이다. '인간'—고대세계에서는 그리 잘 알려져 있지 않았던 범주—이 '시민' '민족' '국가'와 연결되어 근대 정치의 중심 담론에서 핵심 용어로 등장했다. 그리하여 어떤 국가든 민주주의 국가가 되기 위해서는, 시민사회 내에서 함께 살아가는 모든 인간이 주권을 가지고 평등하다는 것을 최소한의 자격요건으로 갖추어야 했다. 그와 동시에 각 개인과 소수집단들에게 권리와 자유를 얼마만큼 보장하느냐가 권력 분립 및 사법 독립 못지않게 그 민주주의의 자유주의적 성격을 증명하는 기준이 되었다.

그렇다면 이스라엘은 민주주의적 집합체로 규정할 수 있을까? 확실히 이스라엘은 자유주의적 특징을 많이 띠고 있다. 이스라엘의 1967년 이전 경계 안에서는 표현 및 결사의 자유가 서구 민주주의 국가들에 비교해도 뒤지지 않을 정도이다. 대법원도 꾸준히 정부의 독단에 제동을 걸어왔다. 놀랍게도 군사적 충돌이 격화된 시기에도 다원주의는 유지되었고, 다른 자유민주주의 국가의 전시상황보다 못하지 않았다.

그러나 이스라엘 자유주의는 한계를 가지고 있으며, 시민권이 침해되는 일도 이 유대 국가에서는 다반사로 일어나고 있다. 비종교적 시민 결혼이 허용되지 않으며, 공공묘지에서의 세속적 장례도 허용되지 않는다. 토요일과 유대교 축제일에는 대중교통도 운행하지 않는다. 아랍계 시민들의 토지소유권을 짓밟는 일이 종종 벌어지는 것은 말할 것도 없다. 이스라엘 법제도와 일상문화의 대단히 반자유주의적인 면모가 이런 부분에서 고스란히 드러난다. 더욱이 1967년 이후 점령한 영토에서 한 민족 전체의 모든 권리를 박탈하며 40년 이상을 지배한 일은 이스라엘 관할권 내에 진정한 자유주의가 뿌리내리거나 확대될 수 없게 한 사건이었다. 하지만 이처럼 개인의 권리 면에서 심각한 결점이 있음에도 기본적 자유는 유지되고 있고, 민주주의의 주요 원리인 주기적인 총선거도 실시되고 있으며, 정부는 모든 시민의 투표를 통해 구성된다. 그렇다면 이스라엘은 과거 유럽 열강처럼 식민지를 지배하는 고전적 민주주의—비록 시대에는 뒤떨어졌지만—로 특징지을 수 있지 않을까?

이스라엘을 민주주의 국가로 규정하기 어려운 것은 안식일과 유대교 축제일이 공휴일이라는 사실 때문이 아니며, 국가 상징들이 유대교 전통에서 나왔다는 사실 때문도 아니라는 것 역시 밝혀두어야겠다. 같은 의미에서, 유대-이스라엘 사회와 다른 나라의 유대 공동체들 사이의 역사적이고 정서적인 애착도 이스라엘 내 민주주의에는 문제가 되지 않는다. 미국에서도 다양한 문화적·언어적 공동체들이 그들이 떠나온 땅과 긴밀한 관계를 유지하고 있고, 스페인에서도 카스티아어가 패권을 쥐고 있으며, 세속 프랑스에서도 공휴일 중 여러 날이 가톨릭 전통에서 비롯된 것들인데, 이스라엘의 문화적·상징적 배경이 유대교라고 해서 문제될 이유는 없다. 물론 정상적인 민주주의 국가라면 나라 안에 존재하는 여러 문화적·언어적 소수집단을 배려해서 모든 국민이 공유할 수 있는 국민적 상징과 축제를 따로 마련할 것이다. 그러나 놀랄 것도 없이 이 유대 국가에서는 지금까지 그런 노력을 기울인 적이 한 번도 없다. 이스라엘의 국가적 상위정체성이 보여주고 있는 원시성은 시오니즘 안에 처음부터 내재해 있었다. 그 정체성의 기이한 특성이 이 '유대' 국가도 민주주의 국가가 될 수 있다는 것을 의심케 한다.

이스라엘 사회를 지배하는 유대 민족주의는 개방적이고 포용적인 정체성이 아니다. 그것은 결코 타자에게 일부가 되어줄 것을 청하거나, 평등의 기반과 공생의 환경에서 공존할 것을 청하지 않는다. 반대로 그것은 노골적으로 다수와 소수의 문화를 분리하고, 이 국가는 오로지 다수에게만 속한다고 반복적으로 주장한다. 게다가 앞서 밝혔듯이, 이 나라에 살겠다는 선택을 하지도 않은 훨씬 많은 대중에게 이 나라에 대한 영원한 소유권을 약속하기까지 한다. 유대 민족주의는 이런 식으로 주권과 민주주의 절차에 소수자가 적극적이고 조화롭게 참여하지 못하도록 배제하고, 소수자가 이 나라를 정치적으로 동일시하지 못하게 막는다.

민주주의 정부가 유권자를 고려할 때는, 우선적으로는 누구보다 국민을 보도록 되어 있다. 국민에 의해 선출되고, 국민의 세금으로 운영되며, 원칙적으로 국민을 섬길 것이라는 기대가 있기 때문이다. 공공복지 역시 비록 이론에 그칠지라도, 모든 국민을 대상으로 해야 한다. 민주적인 정부라면(자유주의적이라면 더욱)는 그런 다음에야 이차적 또는 삼차적으로 다양한 문화적 하위집단들을 고려할 수 있다. 물론 그럴 때에도 강한 하위집단들은 억제하고 약한 하위집단들을 옹호해야 하며, 그들 사이의 관계를 최대한 조율함과 동시에 그들의 정체성을 해치지 말아야 한다. 민주주의가 문화적으로 중립을 지킬 필요는 없지만, 혹시라도 단일한 민족문화를 지향하는 상위정체성이 있다면, 그것을 모두에게 열어놓거나 적어도 열어놓으려고 노력해야 한다. 설사 소수집단이 패권을 쥔 민족의 따뜻한 포옹에 안기지 않겠다고 고집해도 그래야만 한다. 현존하는 모든 종류의 민주주의 체제에서 그 독특함과 정체성을 지키려는 쪽은 문화적 소수이기 때문이다. 문화적 소수가 힘센 다수에 대해 그렇게 하는 것이다. 집단의 규모가 작을수록 특권을 보장받을 자격이 더 있다.

그런데 이스라엘에서는 상황이 뒤바뀌어 있다. 특권을 보유하고 있는 쪽은 유대인 다수와 '여전히 추방된 채로 유랑하고 있는 그 친족들'이다. 수많은 제도들이 이런 특권을 보장하고 있다. 부재자 재산에 관한 법과 토지 구입에 관한 법률은 일찌감치 국가수립 초기에 의결된 바 있고, 귀환법과 결혼 및 이혼에 관한 법률도 그런 제도에 속한다. 또한 다양한 법규와 법령이 군전역자를 분리 우대하는 개념—즉 징병 대상이 아닌 팔레스타인-이스라엘인들을 특혜 및 장려금 제공에서 배제하는—을 채택하고 있고, 공공자원 대부분이 유대인 주민 전용으로 정해져 있다. '새 이주민'에게 주는 후한 '적응 보조금'에서부터 점령지 정착민들(이들은 국경 바깥에 거주하는데도 총선에서 투표권을 행사한다)에게 주는 묵직한 보조금까지 일련의 정책들을 통해서 이스라엘은 고대 유다 왕국의 생물학적 후손들에게만 공공연한 혜택을 주고 있는 것이다.

만약 '유대인'라는 단어가 '이스라엘인'이라는 단어로 대체되고, 그래서 이 국가가 모든 시민에게 열려 있고 모든 시민이 접근할 수 있는 국가가 된다면, 그리하여 모든 시민이 자기 의지에 따라 국가의 정체성 지형에서 길을 찾아나가게 된다면, 사람들은 좀 더 유연한 비판을 하거나 이스라엘을 민주주의라는 궁극의 상태로 나아가기 위해 노력하는 정치적 실체로 대할 수 있을지 모른다. 하지만 이스라엘에서는 그런 이동의 자유가 영구적으로 금지되어 있다. 내무부가 시민 한 사람 한 사람의 '민족'을 결정하는 나라에서, 시민은 유대교로 개종해서 공식적으로 유대교 신자가 되는 것 외에는 자신의 민족을 선택하거나 바꾸기가 불가능하다. 이 유대 국가는 국가의 공인된 소유주라 할 유대인들을 신분증이나 주민등록부에 기재하는 데 엄청난 공을 들인다. 그러면서 다른 비유대인 시민들의 '민족'도 꼼꼼하게 규정하는데, 이게 때로는 어처구니없기까지 하다. 이를테면 1989년 이전에 라이프치히에서 비유대인 어머니에게서 태어난 이스라엘인은 여전히 '동독' 민족으로 등록된다.

그러나 아무리 상황이 이렇다 할지라도, 역사적 추세가 종족중심주의적인 속박을 늦추고 의식적인 노력으로 이스라엘화를 공고히 하는 쪽으로 가고 있다는 증거가 있다면, '유대 민주주의'라는 관념은 여전히 그럴듯해 보일 수 있을 것이다. 그 출발점이 아무리 배타적이었다 할지라도(유대 민주주의 관념은 동유럽 시오니스트들이 위임통치하 팔레스타인에 들여온 후 식민화 과정에서 더 경직되었다), 정체성의 외형을 점차 시민적인 것으로 만들려는 노력이 있었다면 민주주의 개념도 발전할 수 있었을 것이다. 하지만 그런 추세가 교육체제와 사법체제는 물론 일반 문화 안에도 존재하지 않았기에, 게다가 정치·사법·지식 엘리트들이 이 '유대 국가' 내부의 지배적 정체성을 어떤 식으로든 더 널리 보편화하는 데 확고한 반대를 표명해왔기에, 이스라엘을 민주주의 국가로 분류하고자 하는 어떤 이론적이고 호의적인 노력도 막다른 길에 봉착할 수밖에 없었다. 유대인과 비유대인의 구별에 입각한 근본주의적 시각을 버리지 않고 그 시각을 통해 국가를 규정하는 한, 그리고 이스라엘이 모든 이스라엘 시민의 공화국이 되는 것에 대해 공공연하고 고집스런 거부가 계속되는 한, 이스라엘은 그런 뿌리 깊은 장벽에 가로막혀 어떤 종류의 민주주의에도 다가갈 수 없을 것이다.

따라서 우리가 비록 동물학 분야의 논의를 하는 것도 아니고 생명과학에서 요구하는 정도의 정밀한 용어를 사용하는 것도 아니지만, 이스라엘은 여전히 '종족정'(ethnocracy) 상태에 있다고 기술할 수밖에 없다.[86] 또는 '자유주의적 특징을 가진 유대 종족정'이라 부르는 게 나을 것이다. 이 말은 그 주요 목적이 시민적-평등주의적인 '데모스'(demos)를 섬기는 데 있지 않고, 역사적으로는 완전히 허구적이지만 정치적 표현에서는 역학적이고 배타적이며 차별적인 생물학적-종교적 '에트노스' (ethnos)를 섬기는 데 있는 나라를 가리키는 말이다. 이런 국가는 아무리 자유주의와 다원주의를 표방한다 할지라도, 이데올로기적이고 교육적이고 입법적인 수단을 통해 그렇게 선택된 '에트노스'를 분리시키는 데 전력을 다한다. 그럼으로써 이 선택받은 이 '에트노스'는 유대인으로 분류되지 않은 여타 국민들로부터 고립될 것이고, 외국인 노동자의 자식으로 이스라엘에서 태어난 이들로부터 고립될 것이며, 결국 나머지 인류 전체로부터도 고립될 것이다.

5. 글로벌 시대의 '종족정'

이스라엘의 존립을 위협하는 요소들

많은 격변을 겪으면서도 이스라엘은 '자유주의적 종족정'으로 60년 이상을 존재해왔다. 그 세월 동안 자유주의적인 면모는 점점 더 강해졌지만, 이 국가의 종족주의적인 토대가 여전히 그 발전을 가로막는 장애가 되고 있다. 게다가 이 민족국가를 건설할 때 효과적 지침을 제공해준 신화들이 앞으로는 이 국가의 존립 자체를 위협하는 시험대가 될지 모른다.

에레츠 이스라엘에 대한 역사적 소유권을 주장하는 근거가 되었던 성서신화는 최초 시오니스트 정착민들의 자기희생적인 노력을 고무시켜 주었고 미래 국가의 기초가 될 영토의 획득을 정당화해 주었지만, 독립한 지 19년 후 이 국가는 그 신화 때문에 억압적인 식민주의적 상황에 갇히게 되었고, 지금도 이 상황에서 벗어나지 못하고 있다. 1967년의 영토 점령은 많은 시오니스트들(세속적이든 종교적이든 불문하고)로 하여금 새 영토를 조상의 땅 중에서 핵심 부분으로 생각하게 만들었다. 순수하게 신화적인 측면에서 보면 그들 생각이 맞다. 아브라함과 다윗과 솔로몬이 살았다고 하는 가상의 공간은 텔아비브나 해안지역이나 갈릴리가 아니라 헤브론과 예루살렘이고 유다왕국이 있던 산악지대이니까 말이다. 그런데 '온전한 에레츠 이스라엘'을 지지하는 이들은 인종적 이유를 들어 평등한 기반 위에서 이 지역 주민들과 합친다는 생각은 무엇이든 거부했다. 그렇다고 해서 1948년 해안 평지와 갈릴리에서 했던 것처럼 현지 주민 다수를 나누어 결정적으로 제거하는 것도 1967년에는 불가능한 일이었다. 그럼에도 그것은 암묵적인 희망으로 남아 있다. 이스라엘은 새 영토를 공식적으로 합병하기를 회피했다. 그랬다가는 2민족 1국가가 될 수도 있고, 유대인이 다수를 차지하는 국가를 유지할 가능성이 사라질 수도 있기 때문이다.

이스라엘의 정치 엘리트들은 40년 넘게 이 상황을 진단한 끝에, 고도의 테크놀로지 시대에 얼마 되지도 않는 땅덩이를 통제하는 것이 언제나 힘의 원천이 되는 것은 아니라는 사실을 이제야 이해하는 듯하다. 하지만 이 글을 쓰는 지금까지도 이스라엘은 '에레츠 이스라엘'을 해체할 수 있는 대담한 지도력을 발휘하지 못하고 있다. 역대 모든 정부가 이 '성서적 고향'의 중심부에 정착하는 것을 지지하고 장려하기만 했을 뿐, 그곳에서 활개치고 있는 정착민들을 해산시키려는 시도를 한 적은 단한 번도 없다.[87] 그러나 이스라엘이 설사 1967년에 점령한 영토를 포기한다 해도 이스라엘이라는 구성물 자체에 내재해 있는 모순은 여전히 해결되지 않을 것이며, 또 다른 신화—영토에 대한 신화보다 훨씬 더 단단하게 배선되어 있는 신화—가 계속해서 유령처럼 배회할 것이다.

이방인의 합류를 늘 막아왔고 또 그렇기 때문에 계속 막아야 하는 자기고립적인 역사적 몸체로서 유대 '에트노스'의 신화는 이스라엘을 내부로부터 와해시킬 수 있는 해로운 요소다. 배타적인 '종족적' 실체를 유지하기 위해 국민 중 4분의 1—아랍인들, 그리고 오도된 역사와 율법 때문에 유대인으로 인정받지 못하는 이들—을 차별하는 일은 반복적 마찰로 이어질 것이며, 결국 어느 시점에 가서는 치유하기 힘든 폭력적 분열을 낳을 수 있다. 팔레스타인-이스라엘인들은 이스라엘의 일상 문화와 접촉하는 매 국면마다 더 가속적인 정치적 소외를 겪고 있다. 이 말이 역설적으로 들릴 수도 있을 것이다. 그러나 유대인으로 인정된 이들만을 위해 마련된 이스라엘의 문화적·정치적 가치와 기회를 사회적으로 마주치고 더 가까이 접촉하다 보면, 평등의 욕구가 더 커지고 정치 참여 의사도 더 적극적이 되는 건 당연하다. 배타적인 유대 국가 이스라엘에 대한 '1948년 아랍인'*의 반대가 점점 더 커지고 있는 것도 그런 이유 때문이다. 그리고 이러한 반대가 어디까지 나아갈지, 또는 어떻게 해야 중지될 수 있는지도 알 수가 없다.

점점 더 숫자가 늘고 있고 힘을 키우고 있는 이 대중들이 정치적·문화적 중심에서 배제되는 것을 언제까지고 받아들일 거라 자기만족적으로 가정하는 것은 위험한 환상이다. 그것은 마치 제1차 인티파다가 일어나기 전 가자지구와 서안지구의 식민주의적 지배에 대해 이스라엘 사회가 눈을 감았던 상황과도 유사하다. 1987년과 2000년에 발생한 두 번의 팔레스타인인 봉기는 이 '아파르트헤이트' 지역에 대한 이스라엘 통제력의 취약성을 드러낸 사건이었다. 하지만 이스라엘 국경 안에 사는 좌절한 팔레스타인인들이 앞으로 가할 잠재적 위협에 비한다면, 그

---

* 1948년 이스라엘 건국 전후에 벌어진 전쟁 때 고향을 지킨 아랍인들을 가리키는 말로, 당시 집을 떠난 난민, 점령지 팔레스타인인 등과 구별하기 위해 쓴다.

봉기가 국가 존립에 가한 위협은 무시해도 될 정도다. 가혹한 억압에 대한 반작용으로 갈릴리 아랍인 지역에서 봉기가 일어날 거라는 파멸의 시나리오는 지나친 억측이 아닐 것이다. 만약 사태가 그렇게 진행된다면 근동에서 이스라엘의 존재는 파국을 맞을 수도 있다.

글로벌 유대인 공동체, 그 속에 숨은 잇속

이 나라는 너희들 것이 아니라고 주장하는 국가에 살고 있는 팔레스타인-이스라엘인들이 겪는 차별과 배제를, 오늘날 자유로운 서구 민주주의 국가에 사는 유대인은 어느 누구도 견뎌내지 못할 것이다. 하지만 세계에 퍼져 있는 유대인들 가운데 시오니즘 지지자들은 이스라엘인들 대부분이 그렇듯이, 이 '유대 국가'가 그 비민주주의적인 법률 때문에 유럽연합의 일원이 될 수 없을 것이고 미국 50개 주 가운데 한 주가 될 수도 없을 거라는 사실에 별로 관심이 없고, 그런 사실을 알고 싶어 하지도 않는다. 그들은 이런 문제 많은 현실에는 아랑곳없이 이스라엘에 연대를 표명하고, 이스라엘을 그들의 예비 고향으로 간주하기까지 한다. 그런데 그렇게 연대를 표명한다고 해서 그들이 자기들의 고향을 버리고 이스라엘로 이주해 오는 것도 아니다. 무엇하러 그러겠는가? 팔레스타인-이스라엘인들이 매일 겪는 것과 같은 일상적 차별과 소외를 자기들 나라에서 겪으면서 사는 것도 아닌데?

최근 수년 간 이스라엘은 대규모 이주에 관심을 덜 갖게 되었다. '알리야' 개념에 중심을 두고 있던 옛 민족주의 담론은 그 매력을 많이 잃어버렸다. 현재의 시오니즘 정치를 이해하기 위해서는 '알리야' 대신 그 자리에 '디아스포라'라는 단어를 놓는 것이 좋다. 오늘날 이스라엘은 더 이상 인구 증가를 통해 힘을 키우려 하지 않는다. 그보다는 해외에 있는 유대 조직들 및 공동체들의 충성을 붙잡아두는 것이 그 힘을 유지하는 더 좋은 방법이다. 만약 이 친-시오니즘 압력단체들이 모조리 성스러운 땅으로 이주해 들어온다면 이스라엘의 앞날에는 막대한 차질이 생길 것이다. 그들은 서구 세계의 권력 및 언론매체 중심부 가까이에 남아 있는 편이 훨씬 더 유용하다. 그리고 사실 그들 자신도 부유하고 자유주의적이고 안락한 '디아스포라' 상태에 남고 싶어 한다.

20세기 말 서구 세계에서 민족국가가 약화되면서 시오니즘은 간접적으로 새로운 이익을 얻었다. 경제적·정치적·문화적 글로벌화가 진행되면서 고전적인 민족주의는 상당한 정도로 무너졌지만, 정체성 및 대안 집단 결성의 기본적 필요성은 사라지지 않았기 때문이다. 물질적, 문화적 교역이 엄청나게 증가한 서구의 후기산업사회 흐름 속에서도 사람들은 언제나처럼 손으로 만질 수 있는 사회적 틀을 찾아왔다. 게다가 20세기의 전능한 존재였던 국가가 그 전능함을 서서히 잃어감에 따라, 이 새로운 세계의 달라진 형태학적 구조 안에서 하위정체성을 찾으려는 움직임이 두드러지게 나타났다. 그 정체성이 종교적인 것이든, 지역적인 것이든, 송속적인 것이든, 공동체적인 것이든, 아니면 아예 분파주의적인 것이든 관계없이 말이다. 이런 진행과정이 어느 방향을 향하고 있는지는 분명치 않다.

이런 진행과정 가운데서 유대 종족성도 다시 재기를 노리고 있다. 특히 미국에서 이런 움직임은 한동안 뚜렷한 유행을 이루기까지 했다. 전형적인 이주민 국가이자 자유주의적이고 다원주의적인 초강대국 미국에서는 합법적인 하위정체성들이 움직일 여지가 언제나 충분히 있었다. 미국의 집단적 내셔널리즘도 이전부터 있었던 문화적 지층이나 옛 믿음의 잔여물들(미국이 탄생할 때 박멸해버리고 남은 것)을 지워버리려고 하지 않았다. 앵글로색슨계 미국인이나 라틴계 미국인, 아프리카계 미국인들 틈에서, 새로 온 동유럽 유대인의 후손은 자신의 정체성을 유대계 미국인으로 설정하는 수밖에 없었다. 물론 그가 위대한 이디시 문화의 요소들을 간직하고 있지 않을 수도 있다. 하지만 어떤 특정한 공동체에 속할 필요성을 느낀다는 것은 거센 문화적 소용돌이 속에서 정체성의 초점을 찾겠다는 뜻이기도 하다.

그런데 이디시 문화가 활력을 잃어감에 따라, 많은 미국인 유대인들에게는 이스라엘의 중요성이 커졌고 시오니즘 지지자들의 수도 증가했다. 2차 세계대전 중 유럽에서 벌어진 집단학살에 대해 미국 유대인들이 다소 냉담하게 행동했었다면, 이스라엘에 대해서는, 특히 이스라엘이 1967년 전쟁에서 승리한 이후에는 이들도 공감과 지지를 보냈다. 한편 유럽에서는 유럽연합이 부상하고 거기에 속한 국가들의 민족주의가 약해지면서, 런던과 파리의 유대인 기구들 역시 초국가적인 종족적 결집으로 나아가게 되었고, 그에 따라 이스라엘국도 그러한 전 세계적인 유대인 권력 네트워크로부터 정치적 이익을 최대한 끌어내는 법을 익히게 되었다.

1970년대 말 이래 이스라엘이라는 유대 종족국가의 영속화는 꽤 쏠쏠한 배당금을 얻을 수 있는 일이 되었다. 그렇게 브루클린의 유대인들이 예루살렘에 가까워질수록 나사렛의 아랍인들은 유대-이스라엘 정치의 박동소리에서 더 멀어져갔다. 이스라엘을 그 국민들의 공화국으로 바꿀 것을 제안하는 어떤 프로젝트도 다 환상처럼 보이는 건 그런 이유 때문이다. 팔레스타인-이스라엘인 공동체와 특히 그 중에서도 더 젊고 교육받은 층의 급진적 민주화에 대해 유대-이스라엘인들이 눈을 감고 있는 것은 늘 그렇듯이 눈에 보이는 물질적 이익 때문이다. 신화화된 과거의 무게가 그들의 눈꺼풀을 내리눌렀고 단순한 무지가 그 무게를 더하기도 했지만, 기꺼이 돈을 대고자 하는 해외 '동족'의 존재에서 나오는 이익과 힘이 그 무게를 더욱 늘리기도 한 것이다.

하지만 옥에도 티가 있는 법. 20세기 말의 글로벌화 덕분에 해외 유대 공동체들 사이에서 친-시오니즘적 종족화가 확대되기도 했지만, 또 한편 기층에서는 걷잡을 수 없는 동화가 일어나 유대인들과 그들 곁에 살고 있는 이들, 즉 유대인들과 같은 학교에 다니고 같은 직장에 다니는 이들 간의 통혼이 계속 이어져 왔다. 지역 차원과 글로벌 차원을 불문하고 일상문화가 끼치는 영향은 시나고그나 시오니스트적인 안식일 풍습이 끼치는 영향보다 더 강력하다. 그 결과 일정 인구의 확보에서 오는 유대인 기득권의 권력 기반이 꾸준히 침식되고 있다. '디아스포라' 유대인들의 안락한 생활, 저항할 수 없는 젊은 사랑의 힘, 그리고 반가운 현상인 반유대주의의 쇠퇴 등이 전부 그 권력 기반에 타격을 가하고 있다. 설문조사에 따르면 통혼이 늘어나고 있을 뿐 아니라, 35세 이하 유대인 가정에서는 이스라엘에 대한 지지가 줄어들고 있다. 이스라엘과의 연대는 오직 60대 이상에서만 안정적이고 높은 지지를 얻고 있다. 이 데이터는 '초국적 디아스포라'에서 이스라엘로 힘이 유입되는 것이 영원히 지속되지 않을 수도 있다는 것을 시사한다.[88]

이스라엘도 강대한 서구의 지원이 결코 흔들리지 않을 것이라 여겨서는 안 된다. 21세기 초의 신식민주의—예를 들어 이라크와 아프가니스탄 침공에서 예증된—에 이스라엘의 권력 엘리트들이 도취되긴 했지만, 이 글로벌한 세상에서도 서구는 여전히 멀리 있는 반면 이스라엘은 바로 근동 지역 안에 위치해 있다. 모욕에 대한 동방 아랍권의 반작용으로 폭력적인 사태가 일어난다면, 그것은 멀리 떨어져 있는 서구 대도시가 아니라 가까이 있는 그 전초기지에 가해질 것이다. 아랍 및 이슬람 세계 한 구석에 있는 자기분리적 '에트노스' 국가의 운명은 불확실하다. 언제나 그렇듯이 미래를 볼 수는 없지만, 현재의 역사적 단계에서 미래를 두려워할 이유는 충분히 있다.

예를 들면 평화운동 진영도 팔레스타인인 국가와의 타협 이후를 고려해야 한다. 어떤 협정이 이루어진다 해도 그것으로 길고 고통스러웠던 과정이 끝나는 게 아니라 새로운 고난의 과정이 시작될 수도 있음을, 다시 말해서 이전보다 더 복잡하면 복잡했지 덜하지 않은 과정이 이스라엘 내부에서 시작될 수 있다는 점을 고려해야 한다. 긴 악몽에 시달리다가 맞이한 아침에도 그 고통이 줄어들지 않고 계속될 수 있는 것이다. 만약 코소보와 비슷한 사태가 갈릴리에서 일어난다면, 이스라엘의 재래식 군사력도, 핵무기도, 이스라엘을 둘러싸고 있는 저 거대한 콘크리트 벽도 별 소용이 없을 것이다. 이스라엘이 그 내부에서 입을 벌리고 있는 블랙홀에 빠지지 않으려면, 그리고 이스라엘을 둘러싸고 있는 아랍 세계가 이스라엘에 대해 보이는 위태로운 관용을 더 견고하게 만들려면, 유대 정체성 정치가 전면적으로 바뀌어야 하며, 팔레스타인-이스라엘인들과 엮어갈 관계 역시 전적으로 달라져야 한다.

세기에 걸친 갈등을 해결하고 유대인과 아랍인들이 긴밀한 공존 관계를 엮어나가기 위한 이상적 해법으로는 지중해와 요르단강 사이에 민주주의적인 2민족 1국가(binational state)를 건설하는 방법이 있다. 물론 피에 어린 기나긴 갈등이 있었고 또 건국 이민자들 다수가 20세기 유럽에서 겪은 비극을 고려해볼 때, 유대-이스라엘 대중에게 자신의 국가에서 하루아침에 소수자가 되라고 요구하는 것은 결코 지혜로운 해법이 아닐 것이다. 하지만 유대-이스라엘인들이 자신의 국가를 붕괴시키기를 기다리는 것이야말로 진정 어리석은 일인 이상, 그들에게 최소한 그들 나라를 더 이상 그들만의 것으로 독점하지는 말아달라고 요구할 수 있을 것이다. 국민들 중 많은 수를 달갑지 않은 이방인으로 배제하고 격리시키고 차별하는 정치 조직체로 이 나라를 내버려두지 말자는 것이다.

유대 정체성은 철저하게 바뀌어야 하고, 그것이 지배하고 있는 활기찬 문화적 현실에 적응해야만 한다. 그 정체성은 이스라엘화 과정을 거쳐 모든 국민에게 열린 것이 되어야 할 것이다. 이스라엘을 균일한 동질적 민족국가로 만들기에는 너무 늦었다. 그러니 '타자'를 따뜻이 환대하는 이스라엘화에 더해, 팔레스타인-이스라엘인들에게 완전한 평등뿐만 아니라 진정하고 확고한 자치까지 부여하는 민주주의적인 다문화주의 정책—영국이나 네덜란드와 비슷한—의 개발도 뒤따라야 한다. 그들의 문화와 제도를 보존하고 육성함과 동시에 그것을 패권적인 이스라엘 문화의 권력 중심 안에 들어올 수 있게 해야 한다. 팔레스타인-이스라엘인 아이들이 원한다면 얼마든지 이스라엘의 사회적, 생산적 중심에 접근할 수 있도록 해야 한다. 그리고 유대-이스라엘인 아이들에 대해서도 그들이 사는 나라에 '타인들'이 많다는 사실을 인식하도록 교육해야 한다.

◎

오늘날의 상황에서 이런 이야기는 환상적이고 유토피아적인 것처럼 들릴 것이다. 시오니즘 국가에서 그들이 누리고 있는 특권을 기꺼이 포기하려고 할 유대인이 과연 얼마나 있을까? 이스라엘 엘리트들이 이 세계화 추세를 좇아서 정신적 개혁을 실행하고 더 평등주의적인 기풍을 채택할 수 있을까? 그들 중에 비종교적인 시민 혼인절차를 제도화하고 국가를 랍비들로부터 완전히 분리시키는 것을 정말로 원하는 사람이 한 명이라도 있기는 할까? 유대기구(Jewish Agency)가 더 이상 국가 기관이 아니라, 이스라엘 유대인들과 전 세계 유대 공동체들 간의 문화적 유대를 다지는 역할만 하는 사설 단체가 될 수 있을까? 유대민족기금(Jewish National Fund)은 그 차별적인 종족중심주의를 언제쯤 내려놓을까? 그리고 국가로부터 상징적인 가격으로 매입한 소위 '부재자' 땅 1천 300평방킬로미터*를 언제쯤에야 돌려줄까? 더 구체적으로 말하자면, 그 땅들을 팔레스타인 난민 보상을 위한 기본 자금으로 활용할 수 있도록 당시와 똑같은 상징적인 가격으로 국가에 재매각하는 것은 언제쯤 가능할까?

　더 나아가, 과연 누가 나서서 귀환법을 폐지하고 박해에 못 이겨 피난처를 찾는 유대인들에게만 이스라엘 시민권을 제공하자고 할까? 뉴욕에 사는 랍비가 이스라엘에 잠깐 왔다가 다시 자기 나라로 돌아가기 전에 자동으로 이스라엘 시민권을 취득하는 경우(이런 일은 대개 총선거 전날 밤에 일어나곤 한다), 그런 시민권을 내주지 않는 것은 언제 가능할까? 그리고 그런 식으로 시민권을 취득한 유대인이 가령 도피자(범죄행위 때문이 아닐지라도)라고 가정했을 때, 그가 국민 모두의 공화국 이스라엘에서 만족스러운 유대 종교적 생활을 영위하고 또 미국에 가서 그렇게 하는 것을 과연 무엇으로 막을 수 있을까?

---

* 이스라엘이 1948년 전쟁 당시 피난을 떠난 팔레스타인인들에게서 몰수해 유대민족기금에 매각한 땅.

그리고 마지막으로 아마도 가장 어려운 질문이 남아 있다. 유대 이스라엘 사회는 그 속에 깊이 뿌리박은 '선택된 백성'의 이미지를 폐기할 용의가 얼마만큼이나 있을까? 또 상상에 가까운 역사나 미심쩍은 생물학의 이름으로 그 자신을 고립시키고 그 중심에서 '타자'를 배제하는 일을 중지할 의사가 얼마나 있을까?

답보다 질문이 더 많고, 이 책 마지막의 분위기도 책 서두에 꺼낸 개인적 이야기의 분위기와 다를 바 없이 희망적이기보다는 비관적이다. 하지만 유대 과거에 대해 물음표를 다는 저작물로서 이 책은 불확실한 미래에 대한 짧고 건방진 질문지를 내밀며 끝을 맺는 편이 적절할 것이다.

마지막으로 총결산 질문을 던진다. 역사적 허상을 그렇게 깊은 곳까지 심는 일이 가능했다면, 역시 그만한 상상력을 아낌없이 동원해 다른 미래를 창조해보는 건 어떻겠는가? 이 민족의 역사가 주로 꿈이었다면, 이 민족의 미래를 새롭게 꿈꾸어보는 건 어떻겠는가? 그 미래가 악몽이 되기 전에?

땅 없는 민중, 민중 없는 땅

비판에 답함

그리하여 디아스포라 유대인은 이스라엘에서 다시 집단을 이룸으로써 사라졌지만 아직 하나의 민중을 이루지는 못하고 있으며, 한 민족으로서의 비전을 주입받지 못한 채 언어도, 교육도, 뿌리도 없이 그저 하나의 인구 집단으로 뿔뿔이 흩어져 있을 뿐이다.

다비드 벤구리온, 「이스라엘의 부활과 운명」, 1950년

나는 이 책『만들어진 유대인』을 히브리어로 썼고, 당연히 그 최초 리뷰들도 히브리어로 나왔다. 책이 프랑스어로 출간되고 다시 영어로 출간되면서 더 많은 반응이 나왔지만, 내가 그것들 모두를 충분히 다룰 정도의 범위로 논쟁과 방어 논리를 펴기란 이 글의 맥락에서는 불가능할 것이다. 특히 내가 쓴 모든 것이 이미 낯익은 얘기이며 완전히 잘못되었다는 주장 앞에서는 오히려 무력감만 느낀다. 이런 이유로 해서 나는 이 책에서 제시한 불편한 메타-내러티브에 대해 이제껏 제기된 몇 가지 주요 반론에만 초섬을 맞추기로 한다.

우선, 오해를 피하고 싶다. 이 책은 유대인의 역사를 쓰려는 의도와는 거리가 멀고, 나는 기본적으로 이 주제 영역에서 오랫동안 만연해온 역사학 개념들과 그 구축과정을 비판하는 일에 손댔을 뿐이다. 그런 다음 나는 이스라엘국의 요람 역할을 했으며 역사가들이 지대한 기여를 한 '민족성' 개념을 규명할 수 있는 일정 기준을 제안하고자 했다. 신화를 꽃피우고 여물게 한 이데올로기상의 준비과정이 없었더라면, 시오니즘의 식민화 사업은 시작될 수 없었을 것이다. 물론 우리들의 민족 신화에

연료를 대준 역사 재구축 작업은 시오니즘 사업에서만 발견되는 것이 아니라 근대 세계 전반에 있어 집단의식을 형성시킨 본질적 부분이기도 하다는 점을 강조할 필요가 있겠다. '공인된 추도사'의 헌신적 개입 없이는 민족 기억도 탄생할 수 없다는 것을 오늘날 우리는 잘 알고 있다.

유대인은 언제나 단일 민중으로 살아왔다?

'민중'(people)이라는 유동적인 용어에 의지하는 것은 오늘날에도 꽤나 흔한 일이다. 먼 과거에는 이 단어가 '이스라엘 백성', '그리스도인', '하느님의 백성'처럼 종교집단에 주로 붙여졌다면, 오늘날에는 문화와 언어 같은 세속적 요소를 공통으로 가진 인간 집단을 가리키는 데 더 많이 사용된다. 인쇄, 서적, 신문, 국가교육이 발달하기 이전에는 '민중' 또는 '인민'이라는 개념을 사용해서 인간 집단을 정의하는 일이 매우 드물었다. 부족 또는 마을 사이의 연락망이 취약하고 믿을 수 없던 시대에, 골짜기마다 다른 사투리를 쓰던 시대에, 그리고 농부나 양치기가 쓰던 어휘가 그들의 생업이나 종교를 겨우 넘을 정도로 제한되어 있던 시대에, 과연 근대적인 의미의 '민중'이라는 것이 실재했는지는 매우 의심스러울 수밖에 없다. 농업 생산자들로 이루어진 문맹 사회를 '민중'이라는 말로 정의하는 것을 볼 때마다 나는 문제점 많은, 혼란스런 시대착오의 징표를 보는 듯한 느낌이 든다.

시오니즘 역사교과서가 그렇듯이, 하스몬 왕국을 '민족국가'(nation-state)로 정의하는 것부터 웃음이 난다. 수도에 자리 잡은 통치자들은 아람어를 사용한 반면, 백성들 대부분은 갖가지 히브리어 방언을 사용하고, 왕국의 상인들은 그리스 방언 '코이네'로 사업을 하던 사회, 그래서

568

결코 한 민족에 이르지 못한 이들을 같은 '민중'으로 정의할 수 있는지 진지하게 질문해야 한다.

역사가들은 늘 그렇듯이 지식 권력의 한때 중심에 있던 이들이 남긴 문자 언어에 의존해 한 사회 전체를 이해하려는 경향이 있다. 문서에 기록된 소수 엘리트층의 정체성을 그 사회 전체에 성급하게 일반화하여 적용한다. 하지만 행정언어가 따로 있는 왕국이나 공국에서 그 행정 기구와 자신을 동일시하는 정도는, 대부분의 백성에게 있어 거의 제로에 가까웠다. 만약 어떤 식으로든 왕국과 이념적 동일시를 하는 경우가 있었다면, 그것은 통치자를 인정하고 그들에게 권력 기반을 제공한 지주 귀족층과 도시 엘리트들에게나 해당하는 일이었다.

근대화가 일어나기 전까지 '민중'의 의견을 대변하거나 전달하는 일을 맡은 계급은 존재하지 않았다. 궁정의 연대기작가나 역사가를 제외하고, 광범위한 인구 속에 정체성을 퍼뜨리고 발전시키는 일에 관심을 가진 지식인은 성직자들뿐이었다. 그들이 정부와의 관계에서 확보하고 누린 자율성은 종교적 믿음과 그것을 떠받치는 토대가 얼마나 튼튼한가에 좌우되었다. 또 이들 종교 '대리인'의 권력은 이념적 결속력과 그들의 소동 능력이 어느 수준인가에 달려 있었다. 즉 이들은 한편으로 신앙을 유지하면서, 다른 한편으로는 집단 기억을 만들고 전달하는 유일한 사람들이었다. 유대교로 개종한 아틀라스 산맥 기슭의 베르베르인들이 먼 수도에서 그들을 통치하던 군주에 대해서보다 출애굽 사건과 시내산에서 모세가 십계명을 받은 일에 대해 더 잘 알았던 까닭이 여기에 있다. 프랑스 왕국에서 농민들이 왕의 이름보다 예수 탄생 이야기를 더 잘 알았던 것도 같은 이유 때문이다.

5백 년 전에는 프랑스인이 없었고 이탈리아인과 베트남인 역시 없었다. 마찬가지로, 세계에 뿔뿔이 흩어져 사는 '단일한' 유대 민중이란 것도 존재하지 않았다. 물론 종교 의식과 신앙에 기초한, 어떤 무시 못할 유대 정체성이 존재했던 것은 분명하다. 살아온 내력과 환경에 따라 정체성의 강도는 달랐겠지만 말이다. 하지만 이 공동체들이 지닌 문화적 요소가 종교적 관습에서 멀어지면서 주변의 비유대적 환경이 가진 문화적, 언어적 관습과 닮아간 경우도 많았다. 각기 다른 유대 공동체들 간의 이런 주목할 만한 차이 때문에 시오니스트 역사가들이 단일한 '종족적' 기원을 더욱 강조할 수밖에 없었던 것이다. 모두는 아닐지라도 대부분의 유대인 인구가 고대 히브리인이라는 단일 기원에서 유래했다는 가설은 이렇게 세워졌다.

하지만 시오니스트들 대다수는 순수 인종이라는 것을 믿지 않은 것이 확실하다. 내가 이 책에서 설명했듯이, 유대교 자체부터 그런 생각을 받아들이지 않았다. 그럼에도 거의 모든 이스라엘 역사가들은 공통된 생물학적 기원이야말로 단일 민중의 회원이 될 수 있는 결정적 자격조건이라고 주장해왔다. 프랑스인들이 골족을 그들 조상이라고 주장하고 독일인들이 자신들을 아리안계 튜턴족의 직계 후손이라고 생각했듯이, 유대인들도 이집트에서 탈출한 '이스라엘의 자식들'의 진정한 후손이어야 했다. 히브리 조상에 대한 이 신화만이 그들이 주장하는 팔레스타인에 대한 권리를 정당화할 수 있었기 때문이다. 오늘날에도 많은 사람들이 여전히 이런 얘기를 믿는다. 하지만 현대 사회에서는 종교 공동체의 회원이라 해도 영토 소유권이 주어지지 않지만, '종족적' 민중에 속하면 언제든 조상의 유산이라 주장하는 땅을 가질 수 있음을 모두가 안다.

최초의 시오니스트 역사가들 눈에 성서가 더 이상 감동적인 신학 텍스트가 아니라 세속의 역사를 다룬 책이 된 이유가 여기에 있다. 초등학교 1학년부터 고등학교 졸업 때까지 특별히 지정한 수업을 통해 모든 유대인 이스라엘 학생들에게 가르치는 책이 된 것이다. 그 가르침에 따르면 이스라엘 민중은 하느님이 택한 백성이라기보다는 아브라함의 씨에서 나온 민족이다. 그래서 현대 고고학이 출애굽 사건이 없었다는 것과 다윗과 솔로몬의 위대한 통일 왕국이 전혀 존재하지 않았다는 사실을 보여주기 시작하자, 이 연구들은 이스라엘 대중의 격렬하고도 당혹스런 반발에 부딪혔다. 어떤 사람들은 망설임 없이 이들 '신 고고학자들'을 '성서 부정론자'로 비난하기까지 했다.

유배와 역사적 기억

성서를 세속화하는 작업은 '유배'를 민족화하는 작업과 병행하여 진행되었다. 로마인들이 유대 민중을 추방했다는 신화는, 시오니즘 수사법에서 '이스라엘 땅'이라 부르는 일부 팔레스타인 땅에 대한 역사적 권리를 정당화하는 최상의 근거가 되었다. 우리는 여기서 집단 기억의 형성에 관한 특히 놀라운 사례를 본다. 즉 로마인들이 유다지역 주민들을 추방하지 않았다는 것을 모든 유대 고대사 전문가들이 알고 있었음에도(심지어 이 주제에 대한 역사적 연구가 거의 이루어지지 않았는데도 그랬다), 다른 무자격자들과 나머지 대다수 사람들은 「이스라엘 국가수립선언문」이 엄숙하게 선언한 대로, 고대 '이스라엘 민중'이 고향땅에서 강제로 뿌리 뽑혔다는 것을 확신해온 것이다.

시오니스트 역사가들은, 유대교에서 그리스도교적 구원을 부정하는 의미로 쓰는 '유배'(히브리어의 'golah' 또는 'galut')라는 용어를 포착하여 현세적 또는 정치적 의미를 부여했다. 무슨 자랑스러운 일이라도 되는 듯이 그들은 '유배 – 속죄'라는 형이상학적이고 신학적인 대립 개념을 '유배 – 귀향'이라는 말로 바꿔버렸다. 수 세기 동안 유대인들은 거룩한 도시 시온을 애타게 그리워했지만, 그곳에 가까이 사는 사람들조차 이 생에서 그곳에 정착할 생각은 하지 않았다.[1] 거룩한 곳 중심부에서 산다는 건 확실히 어려운 일이었고, 더군다나 그들이 유배 중에 어떻게 살아왔는지를 그곳에 남은 소수들이 잘 알고 있으니 더욱 그러했다. 오직 메시아의 도래만이 그들을 형이상학적 예루살렘—모든 죽은 이와 더불어 잊지 말아야 할 곳—에 이르도록 해줄 터였다.

이 부분이야말로 어떤 해명이 필요한 지점이다. 여러 평자들이 주장하는 것[2]과 정반대로, 나는 '시온'에 대한 유대인의 역사적 권리에 도전하기 위해 이 책을 쓴 것이 아니다. 나는 몇 년 전까지만 해도 여전히, 유배가 정말로 그리스도교 시대 초기에 일어났다고 순진하게 믿었다. 하지만 이천 년 동안의 부재자도 땅에 대한 권리를 가지는데, 천이백 년 동안 거주한 사람들에게 아무 권리도 없다고는 생각지 않았다.

미국 건국 당시에 원주민들이 땅을 강탈당했기 때문에 미국의 존재를 부정해야 한다고 보는 사람은 아무도 없을 것이다. 노르만 정복자들을 영국 섬에서 추방해야 한다거나, 아랍인들이 스페인에 돌아와야 한다고 주장하는 사람 역시 아무도 없을 것이다. 이 세계를 거대한 정신병원으로 바꾸는 것을 피하려면, 우리는 이런 과거 역사에 맞춰 인구를 원래대로 되돌려 놓겠다는 충동에 저항해야 한다. 이스라엘 또한 하나의 고통스런 역사적 과정을 통해 탄생했고, 또 이런 사실을 부정하는 모든 시도가 새로운 비극을 낳을 뿐이라는 점을 받아들일 때에만 오늘날 이스라엘이 존재할 권리도 주장할 수 있을 것이다.

팔레스타인인은 고대 유대인의 후손인가?

유다지역 인구가 추방된 것이 아니라면, 그들은 이후 어떻게 되었을까? 나는 오늘날의 팔레스타인인들이 고대 유다지역 주민들의 후손이라고 주장했다는 비난을 줄곧 받아왔다. 그러나 이것은 분명코 내가 생각해낸 것이 아니다. 나는 이 책에서 다비드 벤구리온, 이츠하크 벤츠비, 이스라엘 벨킨드 등을 비롯한 저명한 시오니즘 지도자들의 선언을 인용했는데, 이들은 모두 식민사업 초기에 만난 '펠라힌'이 고대 유대 민중의 후손이며 두 주민이 재결합해야 한다고 믿었다. 그들은 기원후 1세기에 추방이 없었다는 것을 아주 잘 알고 있었고, 7세기 초에 아랍 군대가 오면서 대다수 유대인들이 이슬람교로 개종했다고 논리적으로 결론지었다. 벤구리온은 나중에 「이스라엘 국가수립선언문」 초안 작성에 참여했을 때는 완전히 다른 입장을 표명했지만, 이런 전향에 대해서는 아무런 설명도 하지 않았다.

그들은 그렇다 치고, 나는 어쨌든 오늘날의 팔레스타인인들이 동시대 다른 사람들과 마찬가지로 다양한 기원에서 유래했다고 생각한다. 모든 정복자들은 정복 지역에 그들의 흔적을 남겼다. 이집트인, 페르시아인, 비잔틴인 모두가 정복지 여성들과 짝을 맺었으며, 수많은 후손들이 여전히 그 지역에 사는 것이 틀림없다. 하지만 이것이 나의 주안점은 아니다. 나는 젊은 시절의 벤구리온이 (비록 정확하지는 않았더라도) 옳았다고 믿는다. 즉 헤브론 주민 한 사람이 전 세계에서 자신을 유대인으로 규정하는 대다수 사람보다 고대 히브리인의 기원에 더 가까울 것이다.

최후의 수단—유대인 유전자

쓸 만한 역사적 논증을 죄다 갖다 붙인 다음에 몇몇 이론가들이 포착한 것은 유전학이었다. 시오니스트들이 인종을 거론한 적이 없다고 주장한 바로 그 사람들이 유대인 공통 유전자라는 것을 들고 나와 자기들의 논거로 삼은 것이다. 그들의 생각은 다음과 같이 요약할 수 있다. "우리를 순수 인종이라고 할 수는 없다. 그러나 우리는 똑같은 하나의 인종이다." 1950년대에는 특징적인 유대인 지문에 대한 연구가 이스라엘에서 있었고, 1970년대부터는 실험실의 생물학자들이 나서서(때로는 미국학자들까지 가세해서) 모든 유대인에게 공통된 유전적 표지를 찾아왔다. 나는 이 책에서 턱없이 부족한 그들의 데이터, 엉뚱하게 유도되곤 하는 결론, 어떤 진지한 과학적 발견의 뒷받침도 없는 그들의 종족 민족주의적 열정을 지적했다. 유전학을 통해 시오니즘을 정당화하려는 이런 시도는, 19세기 후반의 인류학자들이 유럽인들 고유의 특징을 찾아내기 위해 실로 '과학적으로' 밟았던 과정을 연상시킨다.

오늘날까지 익명의 DNA 샘플을 기반으로 한 연구 가운데 그 어떤 연구도 유대인들에게만 고유한 유전적 표지를 가려내는 데 성공한 적은 없으며, 앞으로도 영원히 성공하지 못할 것이다. 홀로코스트 생존자들의 후손이 유대인의 생물학적 정체성을 찾는 일에 착수한 것을 보는 건 쓰라린 아이러니다. 히틀러가 이것을 보았다면 분명히 매우 기뻐했을 것이다! 그리고 더욱 역겨운 것은, '국가의 유대화'라는 선언적 정책을 수십 년 동안 유지하면서 오늘날까지도 유대인과 비유대인의 결혼을 허용하지 않는 나라에서 이런 종류의 연구가 수행되어야 한다는 사실이다.

개종자들, 하자르인들, 그리고 역사가들

기원후 1세기 또는 2세기에 유대 민중이 강제추방당한 일이 없다는 나의 주장에 대해 학문적 반박이 나온 적은 거의 없으며, 대부분의 비평가는 성서가 역사책이 아니라는 것을 충분히 알고 있다. 그러나 내 책에서 하자르를 주제로 한 장은 많은 논평자들의 이목을 끌었다. "우리는 모두 어렸을 때부터 하자르에 대해 읽었다. … 그것은 진부하고 근거 없는 신화에 불과하다. … 그 얘기를 발명한 사람은 반유대주의 작가인 아서 케스틀러이며… 아랍인들은 오래전부터 이런 말을 해왔다" 등등. 이런 반응들에서 특히 놀라운 것은, 하스몬 왕국이 그 이웃들에게 강제한 개종에 대해서는 한 마디도 하지 않는 평자들에게서 이런 말들이 나왔다는 점이다.[3] 이런 침묵은 고대 지중해 연안에서 있었던 대규모 개종이나, 메소포타미아의 아디아베네 왕국, 아라비아 반도 남쪽의 힘야르 왕국, 북아프리카의 유대 베르베르인들의 개종에 대해서도 마찬가지다.

현재 생각하는 것과 반대로 기원전 2세기부터 기원후 4세기 초까지 유대교는 개종에 힘쓰는 종교였으며, 오늘날의 어떤 자료로도 이 역동적이고 확대 지향적인 성격을 반박할 수 없다. 공동체 내로의 후퇴는 훨씬 나중에 일어난 현상으로, 당시 지배적이던 그리스도교 및 이슬람 세계에서 소수 유대교가 살아남으려면 포교를 완전히 중단하는 길밖에 없었기 때문이다. 그러나 '이교' 지역에서는 계속해서 새로운 신자들을 끌어들였고, 이로부터 우리는 하자르인의 주제에 이르게 된다.

하자르 왕국은 유대교 개종의 마지막 사례로, 아마도 그 일이 일어난 것은 8세기경이었을 것이다. 여기까지는 논쟁의 여지가 없는데, 시오니스트 역사가들이 분노한 것은 동유럽에 뚜렷하게 존재하는 유대인들을 하자르 왕국과 연결시키려는 시도 때문이었다. 하자르 왕국이 몰락한 뒤 그 유대교 백성들이 우크라이나, 러시아, 폴란드, 헝가리 등지로 이주했다는 아서 케스틀러의 설명이 그들의 분노를 일으켰던 것이다. 그러나 하자르라는 유대 왕국의 존재가 아니면 이들 지역에 확고하게 존재하는 유대인 인구를 설명하기 어렵다는 논지는 케스틀러가 고안한 것이 아니다. 그의 유일한 문제라면 그가 다소 늦게 자신의 책 『열세 번째 지파』를 출판했다는 것뿐이다. 사실 1960년대까지 시오니스트들을 포함한 거의 모든 역사가들이 이 입장을 지지했고, 나도 이 책에서 그 몇 가지를 인용했다.[4]

이스라엘 역사학의 아버지이자 전 교육부 장관인 벤 시온 디누어는 하자르 왕국을 "디아스포라의 한 모태, 디아스포라들 중에서 가장 큰 디아스포라의 하나로 러시아, 리투아니아, 폴란드 내 이스라엘의 모태"라고 불렀다. 또 이스라엘에 대한 공감을 감추지 않았던 미국의 유대인 역사가 살로 배런은 이렇게 썼다.

몽골 침략을 전후해 하자르인들은 몽골인들에게 정복되지 않은 슬라브 땅에 많은 분파를 내보냈다. 이는 궁극적으로 동유럽 등지에 거대한 유대 중심지들이 구축되는 데 도움이 되었다. 하자르제국이 존재했던 반세기(740~1250) 동안, 그리고 하자르제국 멸망 후에도, 동유럽 공동체들 속에서 명맥을 이어가며 진행된 유대 국가 경영이라는 이 주목할 만한 실험이 우리가 상상하는 것보다 훨씬 더 커다란 영향력을 유대 역사에 행사했다는 데는 의심의 여지가 없다. 유대인들은 하자르 땅에서부터 동유럽의 탁 트인 스텝지대로 흘러들어가기 시작했다. 그들의 나라가 흥성하던 시기에도 그랬고 쇠퇴하던 시기에도 그랬다.

위대한 역사가 마르크 블로크는 유대인들을 정의할 필요가 생기자, 그들을 "지중해 연안, 튀르크-하자르, 슬라브 세계 등 각지를 기원으로 하여 하나로 합쳐진 공통 종교 집단"[5]이라고 설명했다. 또한 대다수 동유럽 유대인의 기원이 하자르 왕국을 구성한 튀르크인과 슬라브인들임을 보여주는 가장 중요한 연구로는 텔아비브대학교 중동역사학과 창설자이자 교수인 아브라함 폴락의 연구가 있다. 그럼에도 '하자르 문제'를 보는 시오니스트와 비-시오니스트 사이의 차이는 전자가 하자르 유대인의 존재를 아예 무시하는 데 반해, 후자는 매우 믿기 어려운 명제를 제시하고 있다는 것밖에 없다. 즉 하자르 왕국의 유대인 집단이 '에레츠 이스라엘'에서 왔으며 아브라함에게서 물려받은 신조를 새로운 땅에서 지키려 했다는 주장이다.

아마도 이들은 모두 틀렸을 것이다. 그러나 어찌됐건 위대한 하자르 왕국의 개종 유대인들과 동유럽에서 번성한 '이디시 민중'의 관계는 1940년대에 쓰인 아브라함 폴락의 저술 이후로 진지한 연구의 대상이 되지 못했다. 그 후로는 어떤 새로운 역사적 발견도 빛을 보지 못했고 어떤 연구도 이뤄지지 않았다. 그간 주장하던 대로, 서쪽 독일에 작게 존재하던 유대인 소집단으로부터 어떻게 대규모 이주가 이루어져서(러시아, 우크라이나, 루마니아, 헝가리, 보헤미아를 제외하고도) 폴란드-리투아니아 연방에만 75만 명 이상(19~20세기의 인구 폭발 전까지는 매우 많은 숫자)의 유대인이 존재하는 상황에 이르게 되었는지를 설명하는 연구는 전혀 나오지 않았다. 유대인들이 특히 식사 전에 손을 씻는 습관이 있기 때문에 다른 이웃보다 10배 빨리 증가했다고 주장하는 여러 시오니스트 인구통계학자들의 계산은 전혀 근거가 없다.[6] 신뢰할 만한 새 논지가 나와서 이런 주장을 반박하기 전에는, 동쪽에 있었던 중세 유대 왕국의 존재만이 동시대 다른 지역에서는 전혀 볼 수 없는 이 인구 '폭발'을 설명할 수 있다. 게다가 최근의 문헌학적 연구는 이디시어의 기원이 독일 게토의 유대-게르만 방언의 기원과 어떻게 다른지 보여준 바 있다.

그러나 전 세계적인 탈식민화와 팔레스타인 민족운동이 일어나던 시기에도 여전히 이스라엘이 지중해와 요르단강 사이의 지역을 장악하고 있는 한에서는, 더 이상 이 예루살렘 정복자들의 기원에 대해 의문을 표명하는 것이 불가능했다. 그들 모두 또는 적어도 대다수가 다윗과 솔로몬 왕국의 후손임을 보여주어야 했다. 그리하여 유대-하자르인들은 두 번이나 역사에서 추방되었다. 첫 번째는 2차 세계대전 이후 소비에트 역사학에 의해서, 두 번째는 1967년 6일 전쟁 이후 시오니스트 역사학에 의해서. 두 경우 모두 이데올로기적인 요구가 민족 기억을 개조했다.

'이스라엘 민중'의 존재를 부정하기

나는 유대 민중의 존재를 부정한다는 비난을 자주 받았는데,[7] 이런 내 생각이 홀로코스트를 부인하는 망언과 다르지 않다는 걸 암시하는, 공격적 의도가 분명한 비난 때문에 종종 부담을 느끼긴 하지만, 그 주장이 완전히 근거 없는 것은 아님을 인정할 수밖에 없다. 여기서 질문해야 할 것은 이러하다. 더 광범위하고 믿을 만한 의사전달 체계가 천천히 출현하고, 그것을 통해 기존 인구가 중앙집권화된 왕국과 초기 민족국가라는 맥락 안의 민중으로 주조됨에 따라 유대 민중이 탄생한 것 아닌가?

답은 부정적일 수밖에 없다. 높은 인구학적 비중과 유대적 삶의 독특한 구축을 통해 특정 형태의 대중문화와 방언을 형성할 수 있었던 동유럽 유대인들을 제외하면, 하나의 응집력 있는 실체로서 유대 민중이 출현한 적은 없다. 동유럽 유대인의 원-민족 의식이 표출된 사례 가운데 하나인 '분트' 운동 역시, 그들이 대표하고 옹호하려는 민중의 범위가 이디시어 범위와 일치한다는 것을 알고 있었다. 게다가 서유럽의 초창기 시오니스트들이 팔레스타인 땅을 자신들이 아닌 이디시어권 유대인들에게 배정하려 했다는 사실도 흥미롭다. 자신들만큼은 영국인, 독일인, 프랑스인, 또는 미국인에 걸맞은 역할을 하기를 원했으며, 그래서 각자의 나라가 벌인 민족 전쟁에도 열정적으로 참여했던 것이다.

유대 민중이라는 것이 과거에 존재하지 않았다면, 시오니즘이 근대 들어서 그것을 성공시킨 것은 아닌가? 하지만 민족이 만들어진 곳 어디서나, 다시 말해서 인간 집단이 그들의 주권을 위해 싸운 곳 어디서나 민중은 발명되었고, 장구한 내력과 먼 역사적 기원을 부여받았다. 시오니즘 운동 역시 같은 방식으로 진행되었다. 만일 시오니즘이 '영원한 민중'이라는 것을 상상하지 못했다면 세계 유대인이라는 민족도 만들어내지 못했을 것이다. 그리하여 유대인은 오늘날 어디에 살건 이스라엘로 이주할 수 있는 선택권을 갖게 되었지만, 그럼에도 대다수는 유대 주권 아래 사는 것보다 다른 국적을 유지하기를 선호한다.

그러나 시오니즘이 세계 유대민중을 창안하지 않았고 유대 국가를 세우지도 않았다면, 두 종류의 민중이 탄생하거나 심지어 두 개의 국가가 세워졌을지도 모른다. 불행히도 서로를 사생아로 간주하고 인정하지 않으려는 두 국가 말이다. 그 대신 오늘날에는 식민화 사업의 직접적 결과인 팔레스타인 민중들, 즉 자신들만의 주권을 갖기를 간절히 바라고 고향땅에 남은 것들을 위해 필사적으로 싸우는 이들이 존재하게 되었고, 이들과 마찬가지로 온 힘을 다해 나라의 독립을 지킬 준비가 되어 있는 '이스라엘인들'이 출현하게 되었다. 특히 후자는 오늘날의 팔레스타인인들과 달리 고유한 언어, 보편교육 시스템, 활발하고 역동적인 세속 문화를 표현하는 문학, 영화, 연극 등의 예술적 유산 등을 가지고 있음에도 어떤 인정도 받지 못하는 실정이다.

전 세계 시오니스트들이 이스라엘에 얼마만큼의 후원금을 보내고 이스라엘 정책을 지지하느라 자국 정부에 어떤 압력을 가하고 있는지는 몰라도, 그들 대부분은 자신들의 것이라 여기는 나라의 언어를 이해하지도 못하며, '고향으로 이주한 사람들의 대열'에 동참하기도 거부하는 게 사실이다. 중동 전쟁에 자식들을 참전시키는 것도 당연히 사양한다. 이 글을 쓰고 있는 지금도 서구 국가로 이주하는 이스라엘인 숫자가 이스라엘에 새로 정착하는 시오니스트들 숫자보다 많다. 구소련에서 온 유대인들 대다수도 선택할 수만 있었다면 한 세기 전 동유럽의 이디시 유대인들처럼 바로 미국으로 이주했을 것이다. (나아가 1920년대 미국이 중유럽 및 동유럽 이민자들에 대해 빗장을 걸고서, 이후 10년 간 나치의 박해로부터 피신한 난민들이나 2차 세계대전의 여파를 피해 유럽에서 탈출한 유대인들을 막는 정책을 강력하게 고수하지 않았더라면, 과연 이스라엘이라는 나라가 빛을 보기나 했을까?)

오늘날 중동은 자신을 유대인이라고 여기는 사람들에게는 세계에서 가장 위험한 지역일 것이다. 그 이유 가운데 하나는 시오니스트들이 '이스라엘 민중'의 존재를 거부하기 때문이다. 그들은 이들 이스라엘 민중을, 식민화 사업에 매진하고 있는 '유대 민중'의 한낱 교두보로 여길 뿐이며, 이들을 자기폐쇄적인 종족중심적 이데올로기 안에 가둬두려고만 한다.

종족적 민족과 이스라엘이라는 국가

'민족'이 첫 걸음을 뗄 때는 거의 언제나, '종족'을 이루고 있는 민중들의 의식과 기억을 구현하는 꿈의 인도를 받는다. 민족 집단을 정의하겠다는 요구는 19세기 내내 갈등을 일으켰고, 그런 갈등은 오늘날에도 여러 곳에서 계속되고 있다. 대부분의 자유민주주의 국가들에서는 시민적이고 정치적인 민족 개념이 결국 승리를 거둔 반면, 다른 국가들에서는 국가의 회원권과 소유권에 대한 종족적인 정의가 우위를 점하게 되었다. 중유럽과 동유럽에서 태동한 시오니즘도 그 배경이 된 환경의 종족생물학적이고 종족종교적인 흐름과 뚜렷이 닮은 모습을 하고 있다. 이런 점만 봐도, 민족의 윤곽이 언어, 일상의 세속 문화, 영토적 기반, 집단으로 통합하려는 정치적 욕구에 따라 그려졌다고 보기는 어렵다. 그보다는 '민족화된' 종교에서 떼어낸 조각들과 생물학적 기원이 결합하여 '유대 민중'인지를 가르는 기준이 된 것이다. 따라서 자발적이고 비종교적인 회원 자격을 기초로 이 민족을 통합한다는 것은 애초부터 불가능했고, 유대 민중에 속한 사람이 자의로 거기서 탈퇴한다는 것 역시 불가능했다. 이런 출신 성분은 오늘날에도 여전히 이스라엘 안에서 효력을 발휘하고 있으며, 이것이야말로 문제의 진정한 근원이다.

이런 형태의 민족 자격을 더 강화한 것이 바로 시오니즘이 수행한 식민화 사업이다. 그 초기 단계에서는 유대 민족의 경계를 정하는 데 다소 망설임이 있었던 것도 사실이다. 즉 한때는 팔레스타인 거주 아랍인들을 '종족생물학적' 기원에 근거하여 민족에 포함시키는 방안을 궁리하기도 했다. 하지만 그들이 식민화에 격렬하게 저항하기 시작하자마자, 민족을 정의하는 문제는 종족중심적이고 종교적인 노선에 발맞춰 결정적으로 초점을 바꾸게 되었다. 하지만 이런 종족생물학적 기준이 식민화에 의해 생겨난 사회들 모두에서 그렇게 확고하게 유지된 것은 아니다. (청교도들의 식민화로 시작된 북아메리카에서는 이 기준이 오래도록 민족에 대한 정의를 지배한 반면, 가톨릭이 우세했던 중앙아메리카와 남아메리카의 신생 국가들에서는 이 기준이 매우 빠르게 해체되었다.)[8] 1960년대는 이스라엘에서 시민권에 의거한 민족 개념이 처음 배태되던 시기였다. 그러나 1967년 이후 지중해와 요르단강 사이의 서안지구에 거주하는 아랍 주민 전체를 예속적 지위에 두면서, 유대인이라는 상상된 '에트노스'에 대한 정의도 더욱 좁아지게 되었다.

유대 종족중심주의는 최근 몇 년 간 더욱 자주 표출되고 있다. 특히 영토 신화의 약화는 거꾸로 '에트노스' 신화의 강화를 불러오는 작용을 했고, 지난 총선 결과*는 이러한 경향을 웅변적으로 보여주는 것이었다. 이와 병행하여 서구 세계에서 문화의 글로벌화 및 이민자 증가와 맞물려 고전적인 시민적 민족주의가 후퇴하고 포용적인 형태의 공동체주의가 부상하면서, 그 반작용으로 이스라엘에서는 배타적인 유대 정체성으로 후퇴하려는 경향이 더욱 고조되었다. 물론 종교적이든 세속적이든 유대 정체성 그 자체는 결코 비난받을 일이 아니며, 히틀러와 나치즘 이후 그것에 반대하는 일은 어리석거나 심지어 의심받아 마땅한 것이 되었다. 그러나 이러한 정체성 강화가 정신적, 문화적, 윤리적 경험을 결여하고 있거나, 이웃으로부터 유대인을 단절시키고 무력으로 다른 민중을 지배하려는 이스라엘의 군국주의적 정책과 동일시될 경우, 우려할 만한 이유가 된다.

21세기 초에 와서도 이스라엘은 여전히 자신을 유대인의 나라이자 '유대 민중'의 소유물로, 다시 말해서 이스라엘 시민이라는 집합체의 소유가 아니라 전 세계에 퍼져 살고 있는 유대인의 소유물로 정의한다. 이

---

* 2009년 2월의 총선을 말하며, 총선 결과 좌파-중도 연립정권이 물러나고 보수 강경파인 리쿠드 당의 베냐민 네타냐후가 총리에 취임했다.

것이야말로 이스라엘의 정체(政體)를 민주주의보다 민족주의로 정의하는 것이 적절한 이유이다.

시민권이 허용되지 않은 채로 있는 외국인 노동자와 그 가족들은 이스라엘에서 수십 년을 살았다 해도 사회 체제에 편입될 가능성이 전혀 없으며, 그 아이들이 여기서 태어나서 히브리어를 말하며 자란다고 해도 마찬가지다. 내무부가 '비유대인'으로 규정한 4분의 1 인구는 시민권을 가지고 있어도 이스라엘을 '그들의' 국가라고 주장할 수 없다. 우리는 이스라엘 인구의 20퍼센트를 차지하는 이스라엘 아랍인들이 자기 나라에서 외국인으로 간주되는 것을 얼마나 더 두고 봐야 할지 모르겠다. 이 나라가 이스라엘인의 나라가 아니고 유대인의 나라이기에, 문화와 언어 면에서 이스라엘인이 된 아랍계 시민들이 더 많아질수록 그들은 더욱 반-이스라엘적인 정치적 입장을 취하게 될 것이다. 이것은 전혀 역설적인 것이 아니다. 다음의 '인티파다'가 일어날 곳이 아파르트헤이트식 통치가 행해지고 있는 서안지구 점령지가 아니라 분리주의적 종족정의 심장부이리라는 것, 말하자면 이스라엘의 1967년 이전 경계 내가 될 거라고 상상하는 것이 그리 어려운가?

진실에 눈을 감는 것은 여전히 가능하다. 낮은 목소리가 계속해서 '유대 민중'이 사천 년 동안 존재해 왔으며, '에레츠 이스라엘'이 언제나 이들의 소유였다고 주장할 것이다. 하지만 한때 풍부한 상상력의 도움으로 이스라엘 사회를 창조하게 한 역사적 신화는 이제 이 사회의 붕괴 가능성을 높이는 강력한 힘이 되고 있다.

2010년 텔아비브 대학에서

들어가는 글

1 허구적인 과거의 창조에 대해서는 다음 책 참조. E. Hobsbawm and T. Ranger (eds.), *The Invention of Tradition*, Cambridge: Cambridge University Press, 1983.

2 다음 책에서 재인용. Patrick J. Geary, *The Myth of Nations: The Medieval Origins of Europe*, Princeton: Princeton University Press, 2002. 이 뛰어난 책은 중세를 다루는 대부분의 근대 민족 역사학이 쉽게 '종족적'(ethnic)이라는 말을 붙이는 것의 오류를 폭로한다.

3 이 논쟁을 이해하기 위해서는 다음 책 참조. Laurence J. Silberstein, *The Postzionism Debates: Knowledge and Power in Israeli Culture*, New York: Routledge, 1999. 그리고 내가 쓴 다음 책 도 참조. *Les mots et la terre: Les intellectuels en Israël*, Paris: Fayard, 2006, pp. 247-287.

4 대표적인 저작으로는 다음 두 권이 있다. Baruch Kimmerling, *Zionism and Territory: The Socio-Territorial Dimensions of Zionist Politics*, Berkeley: University of California Press, 1983. 그리고 Gershon Shafir, *Land, Labor, and the Origins of the Israeli-Palestinian Conflict, 1882-1914*, Cambridge: Cambridge University Press, 1989.

5 Boas Evron, *Jewish State or Israeli Nation?*, Bloomington: Indiana University Press, 1995과 Uri Ram, "Zionist Historiography and the Invention of Modern Jewish Nationhood: The Case of Ben Zion Dinur," *History and Memory* 7:1 (1995), pp. 91-124 참조. '가나안 운동' (Canaanite movement, 1940년대에 팔레스타인의 유대인들 사이에서 일어난 운동으로, 유 대 과거와는 관련이 없는 중동의 아랍계 주민들까지 끌어안는 '히브리 민족'을 만들어 고 대 히브리어 문명을 부흥시키려 한 운동—옮긴이)의 지식인들은 시오니스트 역사학의 고 전적 패러다임에 도전한 최초의 이스라엘인들이었다. 하지만 그들은 신화를 거의 이용하지 않았다.

6 다음 책 참조. Benedict Anderson, *Imagined Communities: Reflections on the Origin and Spread of Nationalism*, London: Verso, 1991. 그리고 Ernest Gellner, *Nations and Nationalism*, Oxford: Blackwell, 1983.

7 Marcel Detienne, *Comment être autochtone*, Paris: Seuil, 2003, p. 15. 프랑스 역사가 마르크 페로(Marc Ferro)와 몇 회에 걸쳐 대화를 나눈 뒤 내가 이 책에 대한 소재와 영감을 얻었 다는 사실도 여기에 언급해둔다. 페로의 다음 글 참조. "Les Juifs: tous des sémites?" in *Les Tabous de l'Histoire*, Paris: Nil éditions, 2002, pp. 115-135.

제1장

1 이 책에서 쓰는 '민족주의'라는 용어는 같은 용어를 쓰는 극단주의 이데올로기(국수주의 또는 국가주의를 말함—옮긴이)와 바로 일치하는 의미로 쓴 것이 아니다.

2 Marc Bloch, *The Historian's Craft*, Manchester: Manchester University Press, 1954, p. 28. 니체도 이렇게 쓴 적이 있다. "원시인들은 단어 하나를 찾아낼 때마다 새로운 발견을 했다고 생각했다. 하지만 실상은 얼마나 다른가! … 지금 우리는 새로운 지식이 한 조각 한 조각 나타날 때마다 화석이 된 단어들과 박제된 개념들에 걸려 비틀대면서 다리가 부러지고 있지 않은가. 단어를 부수지는 못하고서." Friedrich Nietzsche, *The Dawn of Day*, New York: Russell & Russell, 1964, p. 53.

3 이와 관련한 용어의 함의와 그 발전에 대해서는 다음 책에 수록된 논문들을 참조. S. Remi-Giraud and P. Retat (eds.), *Les Mots de la nation*, Lyon: Presses Universitaires de Lyon, 1996.

4 예를 들면 성경에 이런 구절이 있다. "두 국민(*le'umim*)이 네 태중에 있구나 두 민족(*goyim*)이 네 복중에서부터 나누이리라…."(창세기 25:23) "열국(*le'umim*)이여 너희는 나아와 들을 지어다 민족들이여 귀를 기울일지어다."(이사야 34:1)

5 '민중'(people)으로 번역되는 *'am'*은 구약성서에 다양한 의미로 빈번하게 등장한다. 씨족(clan)을 의미하기도 하고, 도심에 모인 군중(throng)을 의미하기도 하며, 심지어는 군대(fighting force)를 의미하기도 한다. 예를 보자. "이에 여호수아가 일어나서 군사(*am*)와 함께 아이(Ai)로 올라가려 하여…"(여호수아 8:3), "백성들(*am ha'aretz*)이 아몬 왕을 반역한 사람들을 다 죽이고 그 아들 요시야를 대신하여 왕으로 삼으니라."(역대하 33:25) 이 단어는 또한 '성스러운 공동체' 즉 신의 선택을 받은 이스라엘 민족을 지칭할 수도 있다. "너(희)는 여호와 네 하나님의 성민(*am*)이라 네 하나님 여호와께서 지상 만민 중에서 너(희)를 자기 기업의 백성(*am*)으로 택하셨나니."(신명기 7:6)

6 이 모델의 예외에 속하는 것으로 그리스의 몇몇 폴리스를 들 수 있다. 초기 로마공화국이 보여준 몇 가지 측면 역시 예외에 속한다고 할 수 있겠다. 그리고 두 경우 모두 소규모 시민 집단이 형성되어 있었다는 점에서 근대의 '민중' 및 '민족'과 약간 닮은 면이 있기는 하다. 하지만 지중해를 기반으로 하고 노예를 소유했던 두 사회의 초기 단계에 있었던 그리스의 *'demos'*(시민), *'ethnos'*(종족), *'laos'*(백성)와 로마의 *'populus'*(인민) 개념에는 근대 시민 개념이 가진 '이동성'과 '포괄성'이 없었다. 여자, 노예, 외국인 등은 배제되었고, 평등한 시민권은 그 지역에서 태어나고 노예를 소유한 남자에게만 부여되었다. 즉 그 시민 집단은 엄격하게 제한된 사회집단이었다.

7 이 용어의 허술한 용법에 대한 논평은 다음 중요한 책 참조. Dominique Schnapper, *La Communauté des citoyens: Sur l'idée moderne de nation*, Paris: Gallimard, 2003, p. 18.

8 Anthony D. Smith, *The Ethnic Revival*, Cambridge: Cambridge University Press, 1981, p. 66. 또한 스미스의 다음 책 참조. *The Nation in History: Historiographical Debates about Ethnicity and Nationalism*, Hanover, NH: University Press of New England, 2000. 다음 책에 나오는

매우 비슷한 정의도 참조. John Hutchinson, *Modern Nationalism*, London: Fontana Press, 1994, p. 7.

9 유대 민족을 정의하려 했던 시오니스트 역사가들에게 스미스는 하늘이 내린 선물이나 다름없었다. 일례로 다음 책 참조. Gideon Shimoni, *The Zionist Ideology*, Hanover, NH: Brandeis University Press, 1995, pp. 5-11.

10 Étienne Balibar, "The Nation Form: History and Ideology," in *Race, Nation, Class*, Étienne Balibar and Immanuel Wallerstein, London: Verso, 1991, p. 96.

11 역설적이지만, 이란에서 일어난 이슬람혁명이라는 극단적 사례조차 이러한 입장과 전적으로 모순되는 것은 아니다. 이슬람혁명은 이슬람의 메시지를 전 세계에 전파하려 했지만, 실제로는 (제3세계 다른 지역에서 공산주의가 그랬던 것처럼) 그 무엇보다 이란 대중을 '민족화'하는 데 성공했다. 이란의 민족주의에 대해서는 다음 책 참조. Haggay Ram, "The Immemorial Iranian Nation? School Textbooks and Historical Memory in Post-Revolutionary Iran," *Nations and Nationalism* 6:6 (2000), pp. 67-90.

12 John Stuart Mill, *Considerations on Representative Government*, Chicago: Gateway, 1962, p. 303. 밀이 가졌던 민족에 대한 의문에 관해서는 다음 책도 참조. Hans Kohn, *Prophets and Peoples: Studies in Nineteenth-Century Nationalism*, New York: Macmillan, 1946, pp. 11-42.

13 "What Is a Nation?" 참조. *www.cooper.edu/humanities/core/hss3/e_renan.html*에서도 볼 수 있다.

14 마르크스주의자들이 생각한 '민족'에 대한 더 상세한 논의는 다음 책 참조. Horace Davis, *Nationalism and Socialism: Marxist and Labor Theories of Nationalism to 1917*, New York: Monthly Review Press, 1967; Ephraim Nimni, *Marxism and Nationalism: Theoretical Origins of a Political Crisis*, London: Pluto Press, 1991.

15 다음 책에서 재인용. G. Haupt, M. Lowy, and C. Weil, *Les Marxistes et la question nationale, 1848-1914*, Paris: Maspero, 1974, p. 254.

16 Joseph Stalin, *Marxism and the National Question*, first published in Prosveshcheniye 3-5 (1913).

17 민족주의 문제에 대한 마르크스주의 접근법에 대해서는 다음 책도 참조. John Breuilly, *Nationalism and the State*, New York: St. Martin's Press, 1982, pp. 21-28.

18 Karl W. Deutsch, *Nationalism and Social Communication*, New York: MIT Press, 1953.

19 Karl W. Deutsch, *Nationalism and Its Alternatives*, New York: A. A. Knopf, 1969.

20 Anderson, *Imagined Communities*, p. 6.

21 Gellner, *Nations and Nationalism*, p. 7.

22 대체로 겔너를 지지하면서 비판적 접근을 시도한 다음 논문집 참조. John A. Hall (ed.), *The State of the Nation: Ernest Gellner and the Theory of Nationalism*, Cambridge: Cambridge University Press, 1998.

23 물론 이런 결과는 다른 문화 요소들을 통합하는 과정에서 일어난 것이며, 높은 수준의 지방분권화 및 시민의 정치참여와 함께 이루어졌다. 스위스 사례에 대해서는 다음의 오래된

책 참조. Hans Kohn, *Nationalism and Liberty: The Swiss Example*, London: Allen & Unwin, 1956. 그리고 새로운 저작으로는 다음 책이 있다. Oliver Zimmer, *A Contested Nation: History, Memory and Nationalism in Switzerland, 1761-1891*, Cambridge: Cambridge University Press, 2003.

24 Gellner, *Nations and Nationalism*, p. 55.

25 Ibid., p. 1.

26 Eric Hobsbawm, *Nations and Nationalism since 1780*, Cambridge: Cambridge University Press, 1992, pp. 10-11.

27 이후 영국에서 일어난 민족주의에 대한 더 심도 깊은 논의는 다음 책 참조. Krisham Kumar, *The Making of English National Identity*, Cambridge: Cambridge University Press, 2003.

28 유럽 외 지역의 민족주의에 대해서는 다음 저자가 쓴 두 권의 책 참조. Partha Chatterjee, *Nationalist Thought and the Colonial World*, Tokyo: Zed Books, 1986. 그리고 *The Nation and Its Fragments: Colonial and Postcolonial Histories*, Princeton: Princeton University Press, 1993.

29 Carlton J. H. Hayes, "Nationalism as a Religion," in *Essays on Nationalism*, New York: Russell, [1926] 1966, pp. 93-125; *Nationalism: A Religion*, New York: Macmillan, 1960.

30 Anderson, *Imagined Communities*, pp. 10-12.

31 민족의 자기구축은 근대 노동계급의 자기창조와는 다르다. 하지만 민족과 계급이라는 두 가지 '실체'에 대한 근본주의적 이해가 와해되는 과정에는 공통점이 많다. E. P. Thompson, *The Making of the English Working Class*, London: Penguin, [1963] 2002.

32 한스 콘의 매혹적인 삶과 사상의 발전에 대해서는 다음 글 참조. Ken Wolf, "Hans Kohn's Liberal Nationalism: The Historian as Prophet," *Journal of the History of the Ideas* 37:4 (1976), pp. 651-672.

33 Hans Kohn, *The Idea of Nationalism*, New York: Collier Books, [1944] 1967. 콘이 초기에 쓴 다음의 선구적 저서도 여전히 주목할 만하다. *A History of Nationalism in the East*, New York: Harcourt, 1929.

34 다음 책들도 참조. Hans Kohn, *Nationalism, Its Meaning and History*, Princeton: Van Nostrand, 1955, pp. 9-90; *The Mind of Germany: The Education of a Nation*, London: Macmillan, 1965; Hans Kohn and Daniel Walden, *Reading in American Nationalism*, New York: Van Nostrand, 1970, pp. 1-10.

35 다음 글 참조. Taras Kuzio, "The Myth of the Civic State: a Critical Survey of Hans Kohn's Framework for Understanding Nationalism," *Ethnic and Racial Studies* 25:1 (2002), pp. 20-39.

36 미국의 민족주의에 대해서는 다음 흥미로운 글을 참조. Susan-Mary Grant, "Making History: Myth and the Construction of American Nationhood," in *Myths and Nationhood*, G. Hoskin and G. Schöpflin (eds.), New York: Routledge, 1997, pp. 88-106.

37 그와 달리, 프랑스가 '골족의 후손'이 아니라는 의식에 대해서는 프랑스 민족 역사학의 '교

육학적 아버지'인 에르네스트 라비스(Ernest Lavisse)의 증언을 참조. 다음 책에 실려 있다. Claude Nicolet, *La Fabrique d'une nation: La France entre Rome et les Germains*, Paris: Perrin, 2003, pp. 278-280.

38 폴란드 민족주의의 성격에 대해서는 다음 책 참조. Brian Porter, *When Nationalism Began to Hate: Imagining Modern Politics in Nineteenth-Century Poland*, Oxford: Oxford University Press, 2003.

39 20세기 말 발칸을 비롯한 여러 지역의 민족주의에 대해서는 다음 흥미로운 책 참조. Michael Ignatieff, *Blood and Belonging: Journeys in the New Nationalism*, New York: Farrar, 1993.

40 Hobsbawm, *Nations and Nationalism since 1780*, pp 101-130.

41 다음 책 Liah Greenfeld, *Nationalism: Five Roads to Modernity*, Cambridge, MA: Harvard University Press, 1992와 다음 논문 참조. Liah Greenfeld, "Nationalism in Western and Eastern Europe Compared," in *Can Europe Work? Germany and the Reconstruction of Postcommunist Societies*, S. E. Hanson and W. Spohn (eds.), Seattle: University of Washington Press, 1995, pp. 15-23.

42 Gellner, *Nations and Nationalism*, p. 100.

43 Rogers Brubaker, *Citizenship and Nationhood in France and Germany*, Cambridge, MA: Harvard University Press, 1992, pp. 5-11. 브루베이커는 나중에 시민적 민족주의와 종족적 민족주의라는 관념적 구분을 거부했다. 대신 '국가적 틀을 가진'(state-framed) 민족주의와 '대항국가'(counter-state) 민족주의로 구분하는 것을 선호했다. 다음 글 참조. Rogers Brubaker, "The Manichean Myth: Rethinking the Distinction Between 'Civic' and 'Ethnic' Nationalism," in Hanspeter Kries, et al. (eds.), *Nation and National Identity: The European Experience in Perspective*, Zürich: Rüegger, 1999, pp. 55-71.

44 Hayes, *Essays on Nationalism*, p. 110.

45 Tom Nairn, *The Break-Up of Britain: Crisis and Neo-Nationalism*, London: New Left Books, 1977, p. 340.

46 엘리 케두리의 다음 고전적인 책이 그러한 접근방식을 택했다. Elie Kedourie, *Nationalism*, London: Hutchinson, 1960.

47 Antonio Gramsci, "The Formation of Intellectuals," in *The Modern Prince and Other Writings*, New York: International Publishers, 1957, p. 118.

48 Gellner, *Nations and Nationalism*, p. 11.

49 Anderson, *Imagined Communities*, pp. 15-16.

50 Gramsci, *The Modern Prince and Other Writings*, p. 125.

51 사실 그람시는 '군주'라는 용어를 프롤레타리아의 이름으로 국가 구조를 장악하고자 하는 정치 조직에만 적용했지만, 나는 여기에서 그 개념을 국가기구 전체에 적용한다.

52 Raymond Aron, *Les Désillusions du progrès: Essai sur la dialectique de la modernité*, Paris: Calmann-Lévy, 1969, p. 90.

53 고대 유대 세계에서 혈통에 의해 정체성을 구분한 것은 주로 제사장직에서였다(모세가 형 아론에게 제사장직을 맡긴 이후로 제사장직은 세습되는 것으로 여겨졌다—옮긴이). 중세 말기에는, 이상하게 들리겠지만, 스페인 종교재판에서 그러했다.

54 다음 책 참조. Alexis de Tocqueville, *Democracy in America*, London: Oxford University Press, 1946.

55 민족 언어의 출현과 공고화에 대해서는 다음 책 참조. Michael Billing, *Banal Nationalism*, London: Sage Publications, 1995, pp. 13-36.

56 서구 민족국가에서 대중들의 민족화에 대한 실증적 연구는 충분히 나와 있지 않다. 예외가 있다면 비교적 초기에 나온 다음 책이다. Eugen Weber, *Peasants into Frenchmen: The Modernization of Rural France, 1870-1914*, Stanford: Stanford University Press, 1976.

57 Gellner, *Nations and Nationalism*, p. 34.

58 Ibid., p. 32.

59 동유럽 및 중유럽에서 전개된 민족적 소수들의 운동에 대해서는 체코 학자 미로슬라프 흐로흐가 쓴 다음의 중요한 실증적 연구서 참조.. Miroslav Hroch, *Social Preconditions of National Revival in Europe*, New York: Columbia University Press, 2000. 이 책의 어색한 제목과 시대에 뒤진 용어 사용은 이 책의 초판이 1970년대 초에 나왔다는 사실 때문이라고 저자 자신이 밝힌 바 있다.

60 민족에 대한 시각적 묘사는 다음 훌륭한 책 참조. Anne-Marie Thiesse, *La Création des identités nationales: Europe XVIIIe-XXe siècle*, Paris: Seuil, 1999, pp. 185-224.

61 민족 영웅들이 왜 그리고 어떻게 만들어졌는지에 대해서는 다음 책 참조. P. Centlivres, et al. (eds.), *La Fabrique des héros*, Paris: Maison des sciences de l'homme, 1998.

제2장

1 요세푸스의 『유대고대사』에는 유다지역(Judea) 바깥에서 급증하고 있던 유대교 신자들의 공동체들에 대한 이야기는 거의 언급되지 않는다. 다음 글 참조. Shaye J. D. Cohen, "Iou-daios, Iudaeus, Judaean, Jew," in *The Beginnings of Jewishness: Boundaries, Varieties, Uncertain-ties*, Berkeley: University of California Press, 1999, pp. 69-106.

2 Flavius Josephus, *Antiquities of the Jews*, 1, 1, 1.

3 다음 책 참조. Dionysius of Halicarnassus, *Roman Antiquities*, Loeb Classical Library edn. Cambridge, MA: Harvard University Press, 1937.

4 요세푸스 저작과 비슷한 연대기들은 대체로 창조, 다윗 왕의 등장, 요시야 왕 통치에서 시작해 예수와 사도들, 이어서 그리스도교로 개종한 프랑크 왕들의 등장으로 나아간다. 그 예로 다음 책 참조. Gregory of Tours, *The History of the Franks*, London: Penguin Classics, 1976. 요세푸스 저작을 모방한 히브리어 저작 *Sefer Yosiphon* (Jerusalem: Bialik, 1974)가 10세기에 나왔다는 사실도 언급할 가치가 있다. 랍비 아히마아즈(Ahimaaz)가 히브리어로 쓴 족보서 *Megillat Ahimaaz* (Jerusalem: Tarshish, 1974)는 11세기에 나왔다. 유대인들의 고난을 묘사하는 더 짧은 연대기들은 12세기에 나오기 시작했다. 유대 역사학이 부진했던 이유에 대해서는 다음 책 참조. Yosef Hayim Yerushalmi, *Zakhor: Jewish History and Jewish Memory*, Washington: University of Washington Press, 2005.

5 Jacques Basnage, *Histoire de la religion des juifs, depuis Jésus-Christ jusqu'à present: Pour servir de supplément et de continuation à l'histoire de Josèphe*, Den Haag: Henry Scheurleer, 1706-7.

6 다음 논문 참조. Jonathan M. Elukin, "Jacques Basnage and the History of the Jews: Anti-Catholic Polemic and Historical Allegory in the Republic of Letters," *Journal of the History of Ideas* 53:4 (1992), pp. 603-630.

7 Isaak Markus Jost, *Geschichte der Israeliten seit der Zeit der Makkabäer bis auf unsere tage: Nach den Quellen bearbeitet*, 9 vols., Berlin: Schlesinger'sche Buch, 1820-28,

8 이 지식인 운동에 대해서는 다음 두 책을 참조. Maurice-Ruben Hayoun, *La Science du judaïsme*, Paris: Presses Universitaires de France, 1995; Paul Mendes-Flohr (ed.), *Modern Jewish Studies: Historical and Philosophical Perspectives*, Jerusalem: Zalman Shazar, 1979 (in Hebrew).

9 레오폴트 춘츠와 성서에 대해서는 다음 책 참조. Reuven Michael, *Historical Jewish Writing*, Jerusalem: Bialik, 1993 (in Hebrew), p. 207.

10 성서에 대한 요스트의 입장은 다음의 매력적인 책 참조. Ran HaCohen, *Reviving the Old Testament*, Tel Aviv: Hakibutz Hameuhad, 2006 (in Hebrew), pp. 54-77.

11 Michael, *Historical Jewish Writing*, p. 220에서 인용.

12 이 주제에 대해서는 다음 책 참조. Nathan Rotenstreich, *Jewish Thought*, Tel Aviv: Am Oved, 1966 (in Hebrew), p. 43.

13 다음 책에서 인용. Reuven Michael, I. M. *Jost: Founder of Modern Jewish Historiography*, Jerusalem: Magness Press, 1983 (in Hebrew), pp. 24-25.

14 이 편지는 다음 책에 나온다. Ismar Schorsch, *From Text to Context: The Turn to History in Modern Judaism*, Hanover, NH: Brandeis University Press, 1994, p. 238.

15 I. M. Jost, *Allgemeine Geschichte des Israelitischen Volkes*, Karlsruhe: D. R. Marx, 1836(1832).

16 Heinrich (Hirsch) Grätz, *Geschichte der Juden von den ältesten Zeiten bis auf die Gegenwart*, Leipzig: O. Leiner, [1853-1876] 1909. 이 책의 일부는 1870년대에 히브리어로 번역되었으나, 완역은 20세기에 이루어졌다. 영역은 1860년대에 나오기 시작했으며, 그 완역본은 1890년대에 런던에서 나왔다. 나는 다음 판본을 사용했다. Heinrich Graetz, *History of the Jews*, Philadelphia: JPS, 1891-98.

17 슈무엘 파이너에 따르면, 그레츠의 저작은 시오니즘 운동의 선구격인 '호베베이 시온'(*Hovevei Zion*은 '시온을 사랑하는 이들'이라는 뜻) 조직의 민족사 교과서가 되었다. 파이너의 다음 책 참조. Shmuel Feiner, *Haskalah and History: The Emergence of a Modern Jewish Historical Consciousness*, Oxford: Littman Library of Jewish Civilization, 2002, p. 347.

18 Graetz, *History of the Jews*, vol. 5, p. 595. 요스트에 대한 그레츠의 분노는 이후 레오폴트 춘츠를 비롯한 초기 유대학 역사가들에 대해 게르숌 숄렘이 민족주의적 입장에서 표명한 불쾌감을 예고하는 것이었다. 숄렘은 그들이 "지금 서 있는 곳이 어떤 곳인지에 대한 생각도 없고, 유대 민족과 유대 민중을 건설하고 싶은 것인지 아니면 무너뜨리는 데 일조하고 싶은 것인지의 생각도 없다"고 썼다. Gershom Scholem, *Explications and Implications: Writings on Jewish Heritage and Renaissance*, Tel Aviv: Am Oved, 1975 (in Hebrew), p. 388.

19 이 책을 쓰던 때의 배경에 대해서는 다음 책 참조. Reuven Michael, *Hirsch (Heinrich) Graetz: The Historian of the Jewish People*, Jerusalem: Bialik, 2003 (in Hebrew), pp. 69-93 및 pp. 148-160.

20 예를 들어 1853년 성서 히브리어로 쓰인 최초의 소설인 Abraham Mapu, *The Love of Zion* (London: Marshall Simpkin, 1887)을 보면, 유다왕국에 민족주의적이고 낭만적인 영광의 옷을 입히고 있는 것을 볼 수 있다.

21 Graetz, *History of the Jews*, vol. 1, p. 7.

22 Ibid., p. 213 및 다음 책 참조. Heinrich Graetz, *Essays-Memoirs-Letters*, Jerusalem: Bjalik, 1969 (in Hebrew), p. 131.

23 Graetz, *History of the Jews*, vol. 1, pp. 367-368.

24 Moses Hess, *Rome and Jerusalem: A Study in Jewish Nationalism* (The Last Nationalist Question), New York: Bloch Publishing Company, 1918.

25 Ibid., p. 39.

26 Robert Knox, *The Races of Man*, London: Beaufort Books, 1950; James W. Redfield, *Comparative Physiognomy, or, Resemblances between Men and Animals*, Whitefish, MT: Kessinger Publishing, 2003; Carl Gustav Carus, *Symbolik der Menschlichen Gestalt*, Hildescheim: G.

Olms, 1962; Joseph-Arthur de Gobineau, *The Inequality of the Human Races*, New York: Howard Fertig, 1999. 또 유념할 만한 것은, 요하네스 노르트만(Johannes Nordmann)의 새로운 발상이 담긴 책 『유대인과 독일 국가』(*Die Juden und der Deutsche Staat*, Berlin: Nicolai, 1861)가 『로마와 예루살렘』이 나오기 1년 전에 출간되었으며, 반유대주의에 인종주의적 근거를 댄 최초의 책으로 자리매김했다는 사실이다.

27 Hess, *Rome and Jerusalem*, p. 40.

28 Ibid., p. 59, p. 61.

29 Ibid., p. 85. 이런 헤스의 입장을 옹호한 저술로는 다음 책 참조. Shlomo Avineri, *Moses Hess: Prophet of Communism and Zionism*, New York: New York University Press, 1985.

30 "The Rejuvenation of the Jewish Race" in *Graetz, Essays-Memoirs-Letters*, pp. 103-109.

31 Ibid., pp. 213-214. 이 논쟁의 많은 부분이 이 책에는 히브리어로 나와 있다. 다음 책도 참조. Michael A. Meyer, "Heinrich Graetz and Heinrich von Treitschke: A Comparison of Their Historical Images of the Modern Jew," *Modern Judaism* 6:1 (1986), pp. 1-11.

32 Graetz, *Essays-Memoirs-Letters*, p. 218.

33 Ibid., p. 222.

34 Ibid., pp. 226-227.

35 Theodor Mommsen, *Auch ein Wort über unser Judenhtum*, Berlin: Weidmannsche Buchhandlung, 1881.

36 Ibid., p. 4.

37 Theodor Mommsen, *Römische Geschichte*, VII, München: Deutscher Taschenbuch Verlag, 1976, pp. 188-250 (English translation, The History of Rome, New York: Meridian Books, 1958). 책의 다음 장에서는 이런 관점을 더욱 확장하여 논한다.

38 Mommsen, *Auch ein Wort*, pp. 9-10. 몸젠과 트라이치케의 접근법에 대한 비교는 다음 책 참조. Hans Liebeschütz, "Treitschke and Mommsen on Jewry and Judaism," *Leo Baeck Institute Yearbook*, vol. 7, 1962, pp. 153-182.

39 Joseph Goebbels, "Rassenfrage und Weltpropaganda," in *Reichstagung in Nürnberg 1933*, Julius Streicher (ed.), Berlin: Vaterländischer Verlag C. A. Weller, 1933, pp. 131-142.

40 한 가지 예로 그레츠의 다음 글 참조. "Judaism and the critic of the Bible," *Essays-Memoirs-Letters*, pp. 238-240.

41 Julius Wellhausen, *Prolegomena*, Charleston: BiblioBazaar, 2007. 다음 책도 참조. Ernest Nicholson, *The Pentateuch in the Twentieth Century: The Legacy of Julius Wellhausen*, Oxford: Oxford University Press, 2002.

42 Heinrich Grätz, *Volkstümliche Geschichte der Juden*, 3 vols., Leipzig: O. Leiner, 1889-1908.

43 다음 책 참조. Simon Dubnow, *La Livre de ma vie: souvenirs et réflexions, matériaux pour l'istoire de mon temps*, Paris: Cerf, 2001, p. 289.

44 일례로 다음 책 참조. Simon Dubnow, *Letters on the Old and New Judaism*, Tel Aviv: Dvir,

[1897-1906] 1937 (in Hebrew), p. 18.

45 Ibid., p. 29.

46 두브노프는 초판의 첫 부분을 1901~06년에 러시아어로 펴냈다. 책을 완성한 것은 1914~21년이며, 이 저작은 1925~29년 사이 두브노프 본인의 감수 하에 독일어 및 히브리어로 출간되었다. 나는 다음 판본을 사용한다. *History of the World-People*, 10 vols. Tel Aviv: Dvir, 1962 (in Hebrew).

47 Ibid., vol. 1, p. 10.

48 Ibid., p. 3.

49 Ibid., p. 8.

50 Ibid., pp. 271-272.

51 Ibid., p. 21.

52 Ibid., p. 34.

53 Ibid., p. 148.

54 Ibid., p. 85.

55 Ibid., p. 109.

56 Ibid., p. 127.

57 Ibid., p. 223.

58 Ze'ev Yavetz, *The Book of the History of Israel After the Primary Sources*, Tel Aviv: Ahiavar, 1932 (in Hebrew).

59 Salo Wittmayer Baron, *A Social and Religious History of the Jews*, New York: Columbia University Press, 1952.

60 예루살렘 히브리대학교의 역사학파에 대한 소개는 다음 책 참조. David N. Myers, *Re-Inventing the Jewish Past: European Jewish Intellectuals and the Zionist Return to History*, New York: Oxford University Press, 1995.

61 Baron, *A Social and Religious History*, p. 32.

62 Ibid., p. 34.

63 Ibid., p. 17.

64 Ibid., p. 97.

65 Ibid., pp. 46-53.

66 Ibid., p. 96.

67 에스라와 느헤미야의 분리주의 정책에 대해 배런은 이렇게 썼다. "분리를 통해 이 민중의 이상적 거룩함을 지켜내겠다는 것, 에스라와 느헤미야가 고집한 종족적 순수성과 이교도와의 통혼 금지에는 바로 그런 의미가 있었다. 이 종족적 배타성의 원리는 팔레스타인 지역에서도 이후 수백 년간 유대 민중을 보존하는 필수요소가 되었다. 하지만 본질적으로 그것은 뿔뿔이 흩어진 민중을 민족 소멸 사태로부터 막아내기 위한 주된 안전장치였다." Ibid., p.

163.

68 다음 글 참조. Salo Wittmayer Baron, "Jewish Ethnicism," *Modern Nationalism and Religion*, New York: Meridian Books, 1960, p. 248.

69 베어에 대한 추가 소개는 다음 글 참조. Israel Jacob Yuval, "Yitzhak Baer and the Search for Authentic Judaism," in *The Jewish Past Revisited: Reflections on Modern Jewish Historians*, D. N. Myers and D. B. Ruderman (eds.), New Haven: Yale University Press, 1998, pp. 77-87.

70 Yitzhak Baer, "A Social and Religious History of the Jews," *Zion*, vol. 3, 1938, p. 280.

71 Yitzhak Baer, *Studies in the History of the Jewish People*, Jerusalem: The Historical Society of Israel, 1985 (in Hebrew), pp. 27-32.

72 Yitzhak Baer, *Galut*, New York: Schoken Books, 1947, p. 11.

73 Ibid., pp. 118-120.

74 다음 글 참조. Ariel Rein, "History and Jewish History: Together or Separate? The Definition of Historical Studies at the Hebrew University, 1925-1935," in *The History of the Hebrew University of Jerusalem: Origins and Beginnings*, S. Katz and M. Heyd (eds), Jerusalem: Magnes, 1997 (in Hebrew), pp. 516-540. 유대역사학에 유대사회학이 추가된 것은 팔레스타인 지역 최초의 시오니스트 사회학자인 아르투어 루핀(Arthur Ruppin)에게 교수직을 만들어주기 위해서였다.

75 『시온』의 편집 지침은 다음과 같았다. "유대사란 이스라엘 민족의 역사이다. … 유대사는 각기 다른 시기 및 장소를 반영하는 것들 모두를 관통하는 어떤 동질적 일체성에 따라 일관된 통일성을 띤 것이다. 따라서 우리의 중세사도 근대사도 제2차 성전건설 시기에 빛을 비출 수 있으며, 성서 없이 이후에 이어진 세대들의 투쟁을 이해하거나 지금 우리 시대의 문제들을 이해하기란 불가능하다." Yitzhak Baer, *Zion*, vol. 1, p. 1.

76 유대사가 아닌 일반 역사학에서는 단독 연구가 몇 번 시도되었지만, 그밖에는 언제나 몇 명의 학자가 공동으로 연구하곤 했다. 예를 들면 다음 책이 그러했다. Benjamin Mazar (ed.), *History of the People of Israel*, Tel Aviv: Masada, 1967 (in Hebrew). 또한 다음 책도 같은 경우였다. H. H. Ben-Sasson (ed.), *History of the Jewish People*, Tel Aviv: Dvir, 1969 (in Hebrew). 앞의 주(註)들과 마찬가지로 여기에서도 히브리어로만 출판된 책에는 임의로 영어 제목을 붙였다.

77 Baer, *Studies in the History of the Jewish People*, p. 33.

78 Yitzhak Baer, *Israel Among Nations*, Jerusalem: Bialik, 1955 (in Hebrew), p. 14.

79 앞에서도 언급한 다음 글 참조. Uri Ram, "Zionist Historiography and the Invention of Modern Jewish Nationhood: The Case of Ben-Zion Dinur." 또한 디누어는 '이스라엘상' (Israel Prize)이라는 이름의 민족적인 상도 제정했으며, 그 자신이 그 상을 두 번 수상했다.

80 Ben-Zion Dinur (Dinaburg), *History of Israel*, Kiev: Society of Distributors of Education in Israel (in Hebrew).

81 Ben-Zion Dinur (Dinaburg), *Israel in Exile*, Tel Aviv: Dvir, 1926 (in Hebrew).

82 Ben-Zion Dinur (Dinaburg), *The History of Israel: Israel in Its Land*, Tel Aviv: Dvir, 1938 (in Hebrew).

83 히브리어로 '이스라엘의 땅'을 뜻하는 '에레츠 이스라엘'(Eretz Israel)이라는 용어의 사용에 대해서는 나의 다음 책 참조. *Les Mots et la terre*, pp. 193-208. 이 용어는 서기 2세기부터 현자들의 글에서 이 지역을 부르는 이름의 하나로 등장하기 시작했다. 성서에서는 보통 '가나안'(Canaan)이라 칭하고, 제2성전 시대에는 '유다'(Judea)라 칭했다. 위대한 그리스 지리학자 스트라보도 이 지역을 '유다'라 불렀다. *The Geography of Strabo*, 6. 2. 21, Cambridge, MA: Harvard University Press, 1989, p. 756.

84 디누어의 다음 책에 수록된 이츠하크 아비슈어(Yitzhak Avishur)의 서문 참조. Ben-Zion Dinur, *Historical Writings*, vol. 3, Jerusalem: Bialik, 1977 (in Hebrew), pp. 7-12.

85 Ibid., p. 51.

86 Ibid., p. 167.

87 Ben-Zion Dinur, *Historical Writings*, vol. 4, Jerusalem: Bialik, 1978 (in Hebrew), p. 3. "유대 민중이 겪은 독특한 경험과 유대 민중의 영적 통합"을 강조하는 성서의 역할에 대해서는 다음 책 참조. *Values and Roads*, Tel Aviv: Urim, 1958 (in Hebrew), pp. 101-108.

88 Ben-Zion Dinur, *Historical Writings*, vol. 4, p. 30.

89 유대 역사에서 '에레츠 이스라엘'이 중심적인 위치를 차지하게 된 데 대해 디누어가 한 공헌은 다음 책 참조. Jacob Barnai, *Historiography and Nationalism*, Jerusalem: Magnes, 1996 (in Hebrew), pp. 120-121.

90 고대 히브리어와 오늘날 이스라엘에서 사용되는 언어의 차이점에 대해서는 다음 책 참조. Ghil'ad Zuckermann, *Language Contact and Lexical Enrichment in Israeli Hebrew*, Hampshire: Palgrave Macmillan, 2004.

91 벤구리온의 전보 내용은 1956년 9월 7일 일간지 『다바르』(Davar)에 게재되었다. 인용 출처는 A. Israeli (A. Or and M. Machover), *Peace, Peace, When There is No Peace*, Jerusalem: Bokhan, 1961 (in Hebrew), pp. 216-217.

92 이 성서모임에 대해서는 다음 책 참조. Michael Keren, *Ben Gurion and the Intellectuals: Power, Knowledge and Charisma*, Dekalb: Northern Illinois University Press, pp. 100-117.

93 David Ben Gurion, *Biblical Reflections*, Tel Aviv: Am Oved, 1969 (in Hebrew).

94 Ibid., p. 87.

95 "성서 연구에서 코페르니쿠스적 혁명을 일으킨" 카우프만과 "성서를 산산조각 낸" 벨하우젠에 대한 비교는 벤구리온의 같은 책 pp. 95-96 참조. 성서가 기록된 연대와는 별개로, 그것이 담고 있는 역사적 진실에 대한 카우프만의 열성적인 옹호는 다음 책을 참조. Yehezkel Kaufmann, *The Biblical Story About the Conquest of the Land*, Jerusalem: Bialik, 1955 (in Hebrew).

96 Ben Gurion, *Biblical Reflections*, pp. 60-61.

97 Ibid., 87.

98 Ibid., p. 98. 이스라엘 초대 총리 벤구리온이 아브라함의 씨를 거론하면서 사라를 언급한 것을 눈여겨보아야 한다. 아마도 '이스마엘의 후손들'(이스마엘은 아브라함이 하녀 하갈에게서 먼저 낳은 아들로, 아랍인의 조상이라고 한다―옮긴이)과 유전적 혼동을 하는 것을 방지하기 위해서였을 것이다.

99 이주해온 교사들과 학교제도를 통해 성서에 대한 인식을 심어준 기술에 대해서는 다음 책 참조. S. D. Goitein, *Teaching the Bible: Problems and Methods of Modern Bible Teaching*, Tel Aviv: Yavneh, 1957 (in Hebrew), 특히 pp. 240-253.

100 시오니즘 식민지 건설 초기에 유행한 역사 및 성서 역사에 대해서는 다음 박사학위 논문을 참조. David Shahar, *The Teaching of National History in Zionist-Oriented Education on Eretz-Israel, 1882-1918: Trends and Roles*, Hebrew University in Jerusalem, 2001 (in Hebrew), p. 131, pp. 140-141, pp. 143-146, pp. 259-267.

101 Moshe Dayan, *Living with the Bible*, Jerusalem: Idanim, 1978 (in Hebrew), p. 15.

102 Ibid., p. 163.

103 고고학에 대한 다얀의 애정은 성서에 관련된 것에만 국한되었다. 고대 모스크들은(심지어 훨씬 후대인 11세기 것까지도) 다얀의 주도하에 조직적으로 파괴되었다. 다음 글 참조. Meron Rapoport, "The operation to blow up the mosques," *Haaretz*, 6 July 2007.

104 그리스도교와 고고학과 성서 사이의 공생 사례를 다룬 책으로는 다음 책을 들 수 있다. Werner Keller, *The Bible as History*, New York: Bantam Books, 1982. 이 책의 히브리어 번역본은 1958년에 출간되었지만, 독일어 원서에 있었던 예수에 관한 장은 빠진 채 출간되었다.

105 William F. Albright, *The Archaeology of Palestine and the Bible*, London: Penguin, [1949] 1960, p. 83.

106 Ibid., pp. 123-124.

107 William F. Albright, *The Archaeology of Eretz-Israel*, Tel Aviv: Am Oved, 1965 (in Hebrew), p. 239.

108 그 사례로는 다음 논문 참조. "The Exodus from Egypt and the Conquest of Canaan" in *Canaan and Israel: Historical Essays*, Benjamin Mazar, Jerusalem: Bialik, 1974 (in Hebrew), pp. 93-120. 또는 요하난 아하로니의 마지막 책 가운데 "The Unified Kingdom"을 다룬 장 참조. Yohanan Aharoni, *Archaeology of Eretz-Israel*, Jerusalem: Shikmona, 1978 (in Hebrew), 주로 pp. 169-170. 이스라엘 고고학에 대해서는 다음의 흥미로운 저작 참조. Nadia Abu El-Haj, *Facts on the Ground: Archaeological Practice and Territorial Self-Fashioning in Israeli Society*, Chicago: The University of Chicago Press, 2002.

109 이 주제에 대해서는 다음 책 참조. Keith W. Whitelam, *The Invention of Ancient Israel*, London: Routledge, 1996, pp. 1-10.

110 Yohanan Aharoni, *Carta's Atlas of the Bible*, Jerusalem: Carta, 1964 (in Hebrew).

111 '장기 지속' 개념에 대해서는 다음 논문 참조. Fernand Braudel, "History and Social Sciences: The Long Durée," in *Histories: French Constructions of the Past*, J. Revel and L. Hunt (eds.), New York: The New Press, 1995, pp. 115-145.

112 Mazar, *Canaan and Israel*, p. 136.

113 Thomas L. Thompson, *The Historicity of the Patriarchal Narratives: The Quest for the Historical Abraham*, Berlin: Walter de Gruyter, 1974, pp. 4-9.

114 Niels Peter Lemche, "The So-called 'Israel-Stele' of Merneptah," in *The Israelites in History and Tradition*, London: SPCK, 1998, pp. 35-38.

115 가나안 정복 이야기에 대해서는 이미 1920년대 및 30년대에 알브레히트 알트(Albrecht Alt)와 마르틴 노르트(Martin North) 등 독일 성서학자들이 의문을 제기한 바 있다. 1960년대와 70년대에는 미국의 조지 멘덴홀(George Mendenhall)과 노먼 갓월드(Norman Gottwald)가 히브리인들의 등장에 대한 새로운 사회역사학적 가설들을 추가했다.

116 유대교는 돼지고기를 금하고 있는데, 이 반유목 농민들이 과연 유대교와 관련이 있는지에 대해서는 다음 책을 참조. Israel Finkelstein and Neil Silberman, *The Bible Unearthed*, New York: Free Press, 2001, pp. 105-113.

117 이스라엘왕국과 유다지역에서 신앙체계가 어떻게 발전했고, 이 지역에서 어떻게 일신론이 장기적으로 출현했는지에 대해서는 다음의 야심찬 논문집 참조. Diana V. Edelman (ed.), *The Triumph of Elohim: From Yahwisms to Judaisms*, Michigan: Eerdmans, 1996.

118 Nadav Na'aman, *Ancient Israel's History and Historiography: The First Temple Period*, Winona Lake: Eisenbrauns, 2006. 다음 논문도 참조. Ze'ev Herzog, "Deconstructing the Walls of Jericho: Biblical Myth and Archaeological Reality," *Prometheus* 4 (2001), pp. 72-103.

119 Finkelstein and Silberman, *The Bible Unearthed*, pp. 248-249.

120 성서에서 요시야 왕에게 토라를 가져다준 이가 서기 사반이었다.(열왕기하 22:1-13)

121 일례로 아시리아인 아히카르의 잠언들과 성서 속 우화들 사이의 연관성 참조. Avinoam Yalin (ed.), *The Book of Ahiqar the Wise*, Jerusalem: Hamarav, 1937 (in Hebrew). 다음 책도 참조. James M. Lindenberger, *The Aramaic Proverbs of Ahiqar*, Baltimore: Johns Hopkins, 1983.

122 다음 책들을 참조. Niels Peter Lemche, *Ancient Israel: A New History of Israelite Society*, Sheffield: Sheffield University Press, 1988; Philip R. Davies, *In Search of "Ancient Israel,"* Sheffield: Sheffield University Press, 1992; Thomas L. Thompson, *The Mythic Past: Biblical Archaeology and the Myth of Israel*, London: Basic Books, 1999.

123 "나 여호와 너의 하느님은 질투하는 하느님인즉 나를 미워하는 자의 죄를 갚되 아비로부터 아들에게로 삼-사대까지 이르게 하거니와."(출애굽기 20:5, 신명기 5:9도 참조)

124 후일 유대 전통문화에서 사마리아인들의 이스라엘 기원설이 거부된 이유에 대해서는 다음 책 참조. Gedaliah Alon, *Studies in Jewish History*, vol. 2, Tel Aviv: Hakibutz Hameuhad, 1958 (in Hebrew), pp. 1-14.

125 초기 북아메리카 식민지 시대에는 많은 청교도가 스스로를 이스라엘의 자식이라고 여겼

고, 자신들에게 새로운 젖과 꿀이 흐르는 땅이 약속되어 있다고 생각했다. 이 초기 식민 지인들은 구약성서를 손에 들고 스스로를 정복자 여호수아의 진정한 후손이라고 상상하며 서쪽을 향해 길을 떠났다. 아프리카에 도착했던 백인들도 그와 비슷한 성서적 상상력에 이끌렸다. 다음 글 참조. Bruce Cauthen, "The Myth of Divine Election and Afrikaner Ethnogenesis," in *Myths and Nationhood*, pp. 107-131.

제3장

1 유배의 관념에 대해서는 다음 글 참조. Arnold M. Eisen, "Exile," in *Contemporary Jewish Religious Thought: Original Essays on Critical Concepts, Movements, and Beliefs*, A. A. Cohen and P. Mendes-Flohr (eds.), New York: Free Press, 1988, pp. 219-225. 다음 책도 참조. A. M. Eisen, *Galut: Modern Jewish Reflection on Homelessness and Homecoming*, Bloomington: Indiana University Press, 1986.

2 유배 또는 추방이란 일반적으로 중심지에서 밖으로 내모는 것을 말한다. 다음 책 참조. Gordon P. Kelly, *A History of Exile in the Roman Republic*, Cambridge: Cambridge University Press, 2006.

3 Flavius Josephus, *Wars of the Jews* 6. 9. 타키투스는 포위된 이들의 수가 60만 명이었다고 한다. Tacitus, *History* 5. 13.

4 로마 인구 및 그와 관련된 논의에 대해서는 다음 책 참조. Jérôme Carcopino, *Daily Life in Ancient Rome*, New Haven: Yale University Press, [1940] 1968, pp. 16-21.

5 Magen Broshi and Israel Finkelstein, "The size of the population in Eretz Israel in 734 BCE," *Cathedra* 58, 1991 (in Hebrew), pp. 3-24.

6 Magen Broshi, "The population in Eretz Israel in the Roman-Byzantine period," in *Eretz Israel From the Destruction of the Second Temple to the Muslim Conquest*, Zvi Baras, et al. (eds.), Jerusalem: Ben Zvi, 1982 (in Hebrew), pp. 442-455; "Demographic changes in ancient Eretz Israel: Methodology and estimation," in *Man and Land in Eretz Israel in Antiquity*, A. Kasher, A. Oppenheimer, and U. Rapaport (eds.), Jerusalem: Ben Zvi, 1986 (in Hebrew), pp. 49-55. 또 중요한 것으로, 이미 1930년대에도 히브리대학교 최초의 인구통계학자인 아르투어 루핀이 유다지역 인구를 약 1백만 명으로 추산한 바 있다. 다음 책 참조. Arthur Ruppin, *The War of the Jews for Their Existence*, Tel Aviv: Dvir, 1940 (in Hebrew), p. 27.

7 Shmuel Safrai, "The Recovery of the Jewish Population in the Yavneh Period," in *Eretz Israel From the Destruction of the Second Temple to the Muslim Conquest*, pp. 18-39.

8 Cassius Dio, *Roman History* 69. 14.

9 에우세비우스 역시 대규모 유배에 대한 언급은 전혀 하지 않는다. Eusebius Pamphilius *Ecclesiastical History* 4. 6. 이 주제에 대해서는 다음 두 개의 흥미로운 논문도 참조. Ze'ev Safrai, "The condition of the Jewish population in Eretz Israel after the Bar Kokhba Revolt," 그리고 Joshua Schwartz, "Eretz Yehudah following the oppression of Bar Kokhba Revolt," in A. Oppenheimer and U. Rapaport (eds.), *The Revolt of Bar Kokhba: New Researches*, Jerusalem: Ben Zvi, 1984 (in Hebrew), pp. 182-223.

10 다음 글 참조. Lee Israel Levine, "The Age of Rabbi Yehudah Hanassi," in *Eretz Israel From the Destruction of the Second Temple to the Muslim Conquest*, pp. 93-118.

11 Chaim Milikowsky, "Notions of Exile, Subjugation and Return in Rabbinic Literature," in

Exile: Old Testament, Jewish and Christian Conceptions, James M. Scott (ed.), Leiden: Brill, 1997, pp. 265-296.

12 Israel Jacob Yuval, "The myth of the exile from the land: Jewish time and Christian time," *Alpayim* 29, 2005 (in Hebrew), pp. 9-25. 사실 가나안주의 운동(Canaanite movement)의 지적 선구자였던 아디야 호론도 오래 전에 이와 다르지 않은 이야기를 했다. "'유배'가 주로 성전 파괴 후에, 즉 티투스와 하드리아누스가 '유대인들'을 팔레스타인에서 추방시켰다고 하는 그때에 발생했다고 하는 주장에는 신빙성이 없다. 역사에 대한 무지에 근거한 그런 생각은 그리스도교 교부들이 적대감을 갖고 날조한 데서 비롯된 것이다. 그들은 유대인들이 예수를 십자가에 못 박은 데 대한 징벌을 받았다는 것을 보여주고 싶었던 것이다." A. G. Horon, *East and West: A History of Canaan and the Land of the Hebrews*, Tel Aviv: Dvir, 2000 (in Hebrew), p. 344.

13 순교자 유스티누스에 대해서는 다음 책 참조. David Rokéah, *Justin Martyr and the Jews*, Leiden: Brill, 2002; 다음 책도 참조. Justin Martyr, *Dialogue with Trypho* 2. 92, 2.

14 유배 관념에 대한 분석은 다음 책에서도 찾을 수 있다. Amnon Raz-Krakotzkin, *Exil et souveraineté: Judaïsme, sionisme et pensée binationale*, Paris: La Fabrique, 2007.

15 13세기 랍비 모세 벤 나흐만(나흐마니데스)이나 1700년 유다 하시드가 이끈 집단이주와 비슷한 일이 몇 번 있었지만, 이런 행동은 극히 이례적인 것이었다. '유대 민족'이 만들어지기 직전에 성지에서 살았던 유대인들의 삶에 대해서는 다음 책 참조. Israel Bartal, *Exile in the Homeland: Essays*, Jerusalem: Hassifria Hazionit, 1994 (in Hebrew).

16 세 가지 서약이 지닌 의의에 대해서는 다음 책 참조. Aviezer Ravitzky, *Messianism, Zionism, and Jewish Religious Radicalism*, Tel Aviv: Am Oved, 1993 (in Hebrew), pp. 277-305.

17 Graetz, *History of the Jews*, vol. 2, pp. 309-310.

18 Ibid., p. 311.

19 Ibid., pp. 321-322.

20 Ibid., p. 419.

21 Dubnow, *History of the World-People*, vol. 3, pp. 28-29.

22 Baron, *A Social and Religious History*, vol. 2, p. 104.

23 Baer, *Galut*, p. 10.

24 Ibid., p. 13.

25 Dinur, *Israel in Exile*, vol. 1, 1, pp. 5-6.

26 Dinur, *Historical Writings*, vol. 1, Jerusalem: Bialik, 1955 (in Hebrew), p. 26.

27 Dinur, *Israel in Exile*, vol. 1, 1, p. 6.

28 Dinur, *Historical Writings*, vol. 4, p. 14. 그런데 언어에 대한 이런 가정은 근거가 거의 없다.

29 Ibid., p. 182.

30 Ibid., p. 192.

31 Joseph Klauzner, *The History of the Second Temple*, Jerusalem: Ahiassaf, 1952 (in Hebrew), p.

290.

32 Joseph Klauzner, *In the Time of the Second Temple*, Jerusalem: Mada, 1954 (in Hebrew), p. 80.

33 Yehezkel Kaufmann, *Exile and Estrangement*, Tel Aviv: Dvir, 1929 (in Hebrew), p. 176.

34 Flavius Josephus, *Antiquities of the Jews* 12. 1.

35 Philo Judaeus, *Flaccus*, p. 43.

36 Marcus Tullius Cicero, *Oration For Flaccus* 38.

37 Josephus, *Antiquities of the Jews* 14. 7. 그리스 용어 'phylon'은 근대의 '민중'과 꼭 일치하는 단어는 아니다. 'phylon'은 부족이나 소규모 집단을 의미하는데, 거의 언제나 어떤 광신적 공동체를 가리킬 때 쓰였다. 요세푸스가 보기에(혹은 다른 이가 이 용어를 넣은 것이라면 그 다른 이가 보기에) 그리스도교 신자들 역시 'phylon'이었다(Josephus, *Antiquities* 18. 64). 당시에도 개념이 이미 변화하고 있었던 것이다. 이와 비슷하게 라틴어 'tribus'도 원래는 기원을 공유하는 공동체를 의미했지만, 나중에는 기원과 상관없이 특정 지역에 사는 공동체를 지칭하는 말이 되었다.

38 Baron, *A Social and Religious History*, vol. 1, p. 170.

39 다음 두 권의 책 참조. Ruppin, *The War of the Jews*, p. 27. 그리고 Adolf Harnack, *The Mission and Expansion of Christianity in the First Three Centuries*, Gloucester, MA: P. Smith, 1972, p. 8.

40 Graetz, *History of the Jews*, vol. 2, pp. 200–201.

41 Dubnow, *History of the World-People*, vol. 2, p. 112.

42 Ibid., p. 255.

43 Baron, *A Social and Religious History*, vol. 1, p. 167, p. 169, p. 172.

44 Menahem Stern, "The Time of the Second Temple," in *History of the People of Israel*, Haim Ben Sasson (ed.), Tel Aviv: Dvir, 1969 (in Hebrew), p. 268.

45 Flavius Josephus, *Against Apion* 1. 12.

46 Baron, *A Social and Religious History*, vol. 1, p. 167, p. 172. 배런은 또 이렇게 쓰기도 했다. "팔레스타인으로부터의 꾸준한 유입이 더 앞선 시기 유대 정착민들의 뛰어난 다산능력과 함께 모든 인종적 혼합을 극복하고 상당한 정도의 종족적 단일성을 보존하는 데 기여했다." (Ibid., p. 183) 이슬람 내 유대인 역사에 관한 전문가이자 저명한 역사가인 모셰 길(Moshe Gil)은 어느 인터뷰에서 다음과 같이 말했다. "유대인들의 출생률은 대체로 높았다. 게다가 다른 민족들과 달리 유대인들은 자식들 중 일부를 버리거나 심지어 죽이기까지 하는 관습을 따르지 않았다…. 유대인들 사이에서 자식을 버리거나 죽이는 것은 다른 살인만큼이나 심각한 범죄였다. 그것이 유대인 인구가 그처럼 크게 증가했던 이유다. 문헌에도 나와 있다." *Zmanim* 95, 2006 (in Hebrew), p. 97. 여기서 말하는 '문헌'이란 타키투스의 논평이다. 타키투스는 유대인들에 대해 적대적으로 묘사하면서, 위(僞) 헤카타이오스(Pseudo-Hecataeus, 그리스 역사가 헤카타이오스의 이름을 도용하여 쓴 『유대인에 대하여*On the Jews*』라는 책의 저자—옮긴이)를 따라 이렇게 썼다. "신생아를 하나라도 죽이는 것은 그들 사이에서는 범죄다." Tacitus *History* 5. 5.

47 그레츠는 이 문제에 대해 특별논문을 한 편 쓰기도 했다. 그 논문에서 그레츠는 유대인들이 개종운동을 벌였다는 것을 적극적으로 받아들이기까지 한다. 다음 논문 참조. "Die jüdischen Proselyten im Römerreiche unter den Kaisern Domitian, Nerva, Trajan und Hadrian," in *Jahres-Bericht des jüdisch-theologischen Seminars Fraenkel'scher Stiftung*, Breslau: 1884.

48 20세기 말 서구세계에서 유대 '종족적' 정체성이 더욱 강력해졌을 때, 개종 역사를 폄하하고 유대교의 포교적 성격을 부정하려는 시도들이 다시 있었다. 다음 책 참조. Martin Goodman, *Mission and Conversion: Proselytizing in the Religious History of the Roman Empire*, Oxford: Clarendon Press, 1994. 이 책의 최종 판본은 이른바 '통합된' 예루살렘에서 만들어졌는데, 이스라엘 학자들이 이 책을 높이 평가한 것은 당연한 일이다. 두 명의 프랑스 학자가 쓴 다음 책에도 유사한 세계관이 표현되어 있다. Edouard Will and Claude Orrieux, *Prosélytisme juif? Histoire d'une erreur*, Paris: Les Belles Lettres, 1992.

49 "이에 보아스가 룻을 맞이하여 아내로 삼고 그와 동침하였더니 야훼께서 그에게 임신하게 하시므로 그가 아들을 낳은지라… 그 이름을 오벳이라 하였는데 그는 다윗의 아버지인 이새의 아버지였더라."(룻기 4:13, 17)

50 「유딧」14:6~7. 그런데 신기하게도 고립주의적인 「여호수아서」 기자들마저 여리고의 가나안인 기생 라합의 공을 인정하면서, 그 지역을 무력으로 정복한 이 특별한 민중 안에 라합이 계속 거하는 것을 허가한다. "여호수아가 기생 라합과 그 아버지의 가족과 그에게 속한 모든 것을 살렸으므로 그가 오늘까지 이스라엘 중에 거하였으니 이는 여호수아가 여리고를 정탐하려고 보낸 사자를 숨겼음이었더라."(여호수아 6:25)

51 엘레판티네 파피루스 속에서 성서 텍스트는 단 하나도 발견되지 않았다. 이 사실은 중요한 의미를 담고 있다. 엘레판티네 파피루스 중 일부는 기원전 5세기 말에 쓰였기 때문이다. 엘레판티네에서 발견된 유일한 저작물은 아람계 아시리아인 아히카르(Ahiqar)의 저작이었다. 니푸르와 엘레판티네의 유대교 개종에 대해서는 다음 박사학위 논문 참조. Uriel Rapaport, *Jewish Religious Propaganda and Proselytism in the Period of the Second Commonwealth*, Jerusalem: The Hebrew University, 1965 (in Hebrew), pp. 14-15, 37-42.

52 Ibid., p. 151. 이 논문이 1960년대에 작성되어 히브리대학교에서 무난히 통과되었다는 사실은 그리 이상한 일이 아니다. 그때는 1967년 전쟁이 일어나기 전으로, 이스라엘과 나아가 서구의 유대 공동체들에서 종족중심주의가 더 강경해지기 전이었기 때문이다.

53 Mommsen, *Römische Geschichte*, vol. 6, p. 193. 개종 유도의 강도에 대해서는 다음 책 참조. Louis H. Feldman, *Jew and Gentile in the Ancient World*, New Jersey: Princeton University Press, 1993, pp. 288-341.

54 다음 책 참조. Lee I. Levine, *Judaism and Hellenism in Antiquity: Conflict or Confluence?*, Peabody, MA: Hendrickson, 1998, pp. 119-124.

55 유다지역에서 사용된 여러 언어에 대해서는 앞의 책 참조. Ibid., pp. 72-84.

56 하스몬 왕국의 인명과 동전, 군대 등에 대해서는 다음 논문 참조. Uriel Rapaport, "On the 'Hellenization' of the Hasmoneans," in *The Hasmonean State: The History of the Hasmoneans during the Hellenistic Period*, U. Rapaport and I. Ronen (eds.), Jerusalem: Ben Zvi and The

Open University, 1993 (in Hebrew), pp. 75-101.

57 마카베오 가문과 성서 신화에 대해서는 다음 논문 참조. Katell Berthelot, "The Biblical Conquest of the Promised Land and the Hasmonaean Wars According to 1 and 2 Maccabees," in *The Books of the Maccabees: History, Theology, Ideology*, G. G. Xeravits and J. Zsengellér (eds.), Leiden: Brill, 2007, pp. 45-60.

58 Josephus *Antiquities of the Jews* 13. 9. 요세푸스는 이 사건을 나중에 다른 식으로 또 언급한다. "히르카누스는 그들의 정치적 통치체제에 변경을 가했고, 유대 관습과 법을 받아들이게 했다."(Ibid., 15. 7.) 다음 논문도 참조. Steven Weitzman, "Forced Circumcision and the Shifting Role of Gentiles in Hasmonean Ideology," *Harvard Theological Review* 92:1 (1999), pp. 37-59.

59 이 주제에 대해서는 다음 책 참조. Cohen, *The Beginnings of Jewishness*, pp. 104-106.

60 Strabo, *Geography* 16. 2. 34.

61 다음 책에서 재인용. Menahem Stern (ed.), *Greek and Latin Authors on Jews and Judaism*, vol. 1, Jerusalem: The Israel Academy of Sciences and Humanities, 1976, p. 356.

62 Graetz, *History of the Jews*, vol. 2, pp. 8-9; Dubnow, *History of the World-People*, vol. 2, p. 73; Baron, *A Social and Religious History*, vol. 1, p. 167.

63 Klauzner, *History of the Second Temple*, vol. 3, p. 87.

64 Aryeh Kasher, *Jews, Idumaens, and Ancient Arabs*, Tübingen: Mohr, 1988, pp. 44-78.

65 Josephus, *Antiquities of the Jews* 13.11.

66 Ibid., 15. 6.

67 Ibid., 13. 15. 갈릴리에서 거처를 찾던 두 이방인에 대한 요세푸스의 이야기도 유대교 강제 개종 관행이 널리 퍼져있었음을 보여준다. "두 사람이 유대인들 사이에 머물겠다면 유대인들은 그들을 강제로 할례했을 텐데" 요세푸스가 중재를 했다는 것이다.(Josephus, *The Life of Flavius Josephus*, 23) 반란군에게 포로가 되었던 로마군 지휘관 메틸리우스가 어떻게 목숨을 구했는지도 참조할 만하다. "그가 자비를 구하며 유대인이 되겠다고, 할례를 받겠다고 약속했기에 그들은 그를 살려주었다."(Josephus, *The War of the Jews* 2.17)

68 요세푸스는 다음과 같이 썼다. "그 다음에 히르카누스는 사메가(Samega)와 그 주변 지역을 취했다. 그리고 거기에 더해 세겜과 게리짐, 그리고 구다인들(사마리아인들)의 민족을 취했다. 구다인들이 살던 곳에는 예루살렘에 있던 저 성전과 닮은 성전이 있었는데… 이제 지어진 지 200년 만에 버려졌다."(Josephus, *Antiquities of the Jews* 13.9)

69 Philo Judaeus, *On the Life of Moses* 2. pp. 41-44.

70 이 과정에서 대해서는, 본서와 다른 개념적 방법론으로 분석한 다음 논문 참조. Cohen, "From Ethnos to Ethno-religion," in *The Beginnings of Jewishness*, pp. 109-139.

71 다음 책 참조. Valentin Nikiprowetzky, *La Troisième Sibylle*, Paris: Mouton, 1970.

72 기원전 1세기 말에 쓰인 「마카베오서」 하권에는 '사악한' 안티오코스(Antiochus)가 노년에 유대 종교에 설득되어 개종하고 전파에 나섰다는 경이로운 이야기가 인용되어 있다. "그뿐

만 아니라 자신도 유다인이 되어, 사람이 사는 곳이면 어디나 가서 하느님의 권능을 선포하 겠다고 맹세하였다."(마카베오서하, 9:17)

73 다음 책 참조. Walter T. Wilson, *The Sentences of Pseudo-Phocylides*, New York: Walter de Gruyter, 2005.

74 Josephus, *Against Apion* 2. 40.

75 Ibid., 1. 29.

76 Ibid., 1. 25.

77 Josephus, *Wars of the Jews* 2. 20.

78 Ibid., 7. 3.

79 Josephus, *Antiquities of the Jews* 20. 2-4. 그 북쪽인 아르메니아에도 기원후 1세기에 유대교 왕조가 있었다고 한다.

80 "유프라테스 너머 우리 민족 사람들과 아디아베네 사람들은 내 덕에 그 전쟁이 어디에서 시작되었는지, 우리에게 어떤 불행을 안겨다주었는지, 그리고 어떤 식으로 끝났는지를 정 확하게 알게 되었다." Josephus, *Wars of the Jews* 1. 2.

81 다음 논문 참조. Jacob Neusner, "The Conversion of Adiabene to Judaism," *Journal of Biblical Literature* 83 (1964), pp. 60-66.

82 Cassius Dio, *Roman History* 37.17.

83 다음 책에서 재인용. Cohen, *The Beginning of Jewishness*, p. 134.

84 발레리우스 막시무스는 또 다른 곳에서 이렇게 진술한다. "동일인 히스팔루스(Hispalus)가 유대인들을 로마에서 추방시켰다. 유대인들이 그들의 성스러운 의식을 로마인들에게 전염 시키려 했기 때문이다. 그래서 히스팔루스는 공공장소에서 유대인들의 사적인 제단들을 몰 아내버렸다." 다음 책에서 재인용. Stern (ed.), *Greek and Latin Authors*, vol. 1, p. 358.

85 Ibid., p. 210.

86 Tacitus, *Annals* 2. 85.

87 Suetonius, "Tiberius," *The Lives of the Caesars* 3. 36.

88 Cassius Dio, *Roman History* 57. 18.

89 Josephus, *Antiquities of the Jews* 18. 3.

90 Suetonius, "Claudius," *The Lives of the Caesars* 5. 25.

91 Cassius Dio, *Roman History* 60. 6.

92 Horatius, *Satires* 1. 4.

93 Seneca, "De Superstitione," 다음 책에서 재인용. Stern (ed.), *Greek and Latin Authors*, vol. 1. p. 431.

94 Tacitus, *The Histories* 5. 5.

95 Juvenalis, *Satires* 14. 아버지 대에는 안식일만 지키다가 아들에 와서는 할례까지 받는 것으 로 발전했다는 말은 유대화의 단계적 발전이 어떻게 이루어졌는지에 대한 주목할 만한 묘

사이다.

96 다음 책에서 재인용. Origenes, *Contra Celsus* 5. 41.

97 다음 책에서 재인용. Stern (ed.), *Greek and Latin Authors*, vol. 1, p. 524.

98 다음 논문 참조. Nurit Meroz, *Proselytism in the Roman Empire in the First Centuries AD*, MA thesis, Tel Aviv University, 1992 (in Hebrew), pp. 29-32. 유대인 묘비 수백 개 중 극소수에만 히브리 이름이 새겨져 있고, 대다수 묘비에는 그리스 이름이나 라틴 이름이 새겨져 있다.

99 Ibid., p. 44. 개종자 중 다수가 노예 또는 자유민이 된 노예였다. 유대인 가족들과 개종자 가족들은 남자 노예들을 할례받게 하고 여자 노예들을 개종시킬 의무가 있었다.

100 '야훼를 경외하는 자들'은 말라기 3:16과 시편 115:11~13에 언급된다. '엘로힘을 경외하는 자들'은 출애굽기 18~21에 언급된다. 반(半)유대인(semi-Judaized) 혹은 유대교 동조자(Judaism-sympathizers)에 대해서는 다음 책 참조. Jean Juster, *Les Juifs dans l'Empire romain*, vol. 1, Paris: Geuthner, 1914, pp. 274-290. 그리고 다음 글도 참조. Louis H. Feldman, "Jewish 'Sympathizers' in Classical Literature and Inscriptions," *Transactions and Proceedings of the American Philological Association*, vol. 81, 1950, pp. 200-208.

101 사도행전 10:1~2, 고넬료(Cornelius)에 대한 이야기도 참조.

102 이것이 개종 시도가 아니었음을 복잡하게 주장하는 책으로는 다음 책 참고. Martin Goodman, *Mission and Conversion*, pp. 69-72. 랍비들의 여행이 특별히 개종을 위한 것이라는 기록은 없다. 다만 가말리엘 2세(Gamaliel the Second), 여호수아 벤 하나냐(Yehoshua ben Hananiah), 엘라자르 벤 아자랴(Elazar ben Azariah)와 같은 중심적 위치에 있는 랍비들의 여행과 랍비 아키바(Akiva)의 로마 여행은 유대교를 전파하기 위한 시도였다. 하지만 시오니즘을 따르는 종족중심적 역사학은 그런 해석을 거부해 왔다. 다음 논문 참조. Shmuel Safrai, "The Visits of the Yavneh's Sages in Rome," in *The Book of Memory to Shlomo Umberto Nachon*, Reuven Bonfil (ed.), Jerusalem: Mossad Meir, 1978 (in Hebrew), pp. 151-167. 하지만 그 6개월간의 방문 후 로마에 예시바(탈무드학교)를 세웠다는 사실은 다른 것을 시사하는 것일 수도 있다.

103 사례는 다음 책 참조. Bernard J. Bamberger, *Proselytism in the Talmudic Period*, New York: Ktav Publishing House, [1939] 1968. 그리고 다음 책도 참조, William G. Braude, *Jewish Proselytizing in the First Centuries of the Common Era: The Age of the Tannaim and Amoraim*, Wisconsin: Brown University, 1940.

104 개종에 대한 유대교의 입장에 대해서는 다음 책 참조. Marcel Simon, *Versus Israel*, Paris: Boccard, 1964, pp. 315-402.

105 다음 글 참조. Amnon Linder, "The Roman power and the Jews in the time of Constantine," *Tarbiz* 44 (1975 [in Hebrew]), pp. 95-143.

106 Dinur, *Israel in Exile*, vol. 1, 7, p. 30. 그런데 디누어는 유대인들의 뿌리 뽑힘과 유랑에 대한 자신의 논지를 입증하는 데 있어 당혹스러울 정도로 자료 인용이 부족하다. 다음을 보라. Ibid., pp. 49-51.

107 사도행전 4:4 및 21:20.

108 이스라엘의 학술 문헌은 대체로 유대인의 그리스도교 개종 범위를 최대한 축소하고자
했다. 그 사례는 다음 논문 참조. Joseph Geiger, "The expansion of Christianity in Eretz
Israel," in *Eretz Israel From the Destruction of the Second Temple*, pp. 218-233. 랍비 문헌도
유대인의 그리스도교 개종 현상에 대해 자기검열을 했지만, 간혹 암시적 방법으로 이런
검열을 우회하기도 했다. 다음 책 참조. Binyamin Sofer, *The Jews' Civilization*, Jerusalem:
Carmel, 2002 (in Hebrew), pp. 240-241.

109 다음 책에서 재인용. Dinur, *Israel in Exile*, vol. 1, 1, p. 164.

110 세베오스의 증언은 다음 책에서 인용. Dinur, Ibid., pp. 6-7.

111 Ibid., p. 32. 예루살렘을 수중에 넣은 이슬람 군대에는 이 편지를 쓴 사람처럼 예멘계 유대
교 개종자도 일부 있었던 것 같다. 다음 책 참조. Shlomo Dov Goitein, *Palestinian Jewry in
Early Islamic and Crusader Times*, Jerusalem: Ben Zvi, 1980 (in Hebrew), p. 11.

112 Dinur, *Israel in Exile*, vol. 1, 1, p. 42.

113 Abraham Polak, "The Origin of the Arabs of the Country," *Molad* 213 (1967 [in He-
brew]), pp. 297-303. 이 논문에 대한 적대적인 반응과 폴락의 예리한 대응은 다음 호 참
조. *Molad* 214 (1968), pp. 424-429.

114 이 특별한 인물에 관련하여 다음 책 참조. Israel Belkind, *In the Path of the Biluim*, Tel Aviv:
Ministry of Defence, 1983 (in Hebrew). 벨킨드는 최초의 히브리 학교를 세웠을 뿐 아니
라, 이스라엘 국가(Hatikvah anthem) 노랫말을 최종적으로 손보았다.

115 Israel Belkind, *The Arabs in Eretz Israel*, Tel Aviv: Hameir, 1928 (in Hebrew), p. 8.

116 Ibid., pp. 10-11.

117 Ibid., p. 19.

118 Ber Borochov, "On the Issue of Zion and the Territory," in *Works*, vol. 1, Tel Aviv: Hakib-
butz Hameuhad, 1955 (in Hebrew), p. 148. 히브리어로 쓰인 이 텍스트는 '팔레스타인'을
항상 '에레츠 이스라엘'로 표기하고 있다. 그러나 초기 시오니스트 사상가들 대부분은 1차
세계대전 전까지는 '팔레스타인'이라는 이름을 사용했다.

119 Ibid., p. 149.

120 David Ben-Gurion and Yitzhak Ben-Zvi, *Eretz Israel in the Past and in the Present*, Jerusa-
lem: Ben-Zvi, 1979 (in Hebrew), p. 196.

121 Ibid., p. 198.

122 Ibid., p. 200.

123 Ibid., p. 201.

124 Ibid., p. 205.

125 Itzhak Ben-Zvi, *Our Population in the Country*, Warsaw: The Executive Committee of the
Youth Alliance and the JNF, 1929 (in Hebrew).

126 Ibid., p. 38.

127 Ibid., p. 39. 팔레스타인인들의 기원에 관한 시오니즘의 입장에 대해서는 다음 논문도 참조. Shmuel Almog, "'The Land for its Workers' and the Proselytizing of the Fellahin," in *Nation and History*, vol. 2, Shmuel Ettinger (ed.), Jerusalem: Zalman Shazar, 1984 (in Hebrew), pp. 165-175.

128 팔레스타인 역사에 대한 오늘날 이스라엘의 좀 더 균형 잡힌 태도를 찾고자 한다면 다음 책 참조. B. Kimmerling and J. S. Migdal, *The Palestinian People: A History*, Cambridge, MA: Harvard University Press, 2003.

제4장

1 Baron, *A Social and Religious History*, vol. 3, p. 65.

2 베이트 셰아림에서 발견된 무덤들에 대해서는 다음 상세한 저작 참조. Haim Ze'ev Hirschberg, *Israel in Arabia: The History of the Jews In Hedjaz and Himyar*, Tel Aviv: Byalik, 1946 (in Hebrew), pp. 53-57.

3 여기에서 '백성'(people)이라는 단어는 종교 공동체를 가리키는 뜻이지 민족을 가리키는 뜻은 아니다. 다음 글 참조. Shlomo Dov Goitien, "A Himyarite-Hebrew 'bilingual' inscription," *Tarbiz* 41, 1972 (in Hebrew), pp. 151-156.

4 다음 논문 참조. Michael Lecker, "The Conversion of Himyar to Judaism and the Jewish Banū Hadl of Medina," in *Jews and Arabs in Pre- and Early Islamic Arabia*, Aldershot: Ashgate, 1998, pp. 129-136. 같은 책에서 다음 논문도 참조. "Judaism among Kinda and the *Ridda* of Kinda," pp. 635-650.

5 이 이야기가 나오는 그리스도교 문서의 번역은 다음 훌륭한 논문에서 볼 수 있다. Ze'ev Rubin, "The Martyrdom of Azqir and the Struggle Between Judaism and Christianity in Southern Arabia in the 5th century CE," in Dor Le-Dor: *From the End of Biblical Times to the Redaction of the Talmud*, A. Oppenheimer and A. Kasher (eds.), Jerusalem: Bialik, 1995 (in Hebrew), pp. 251-285.

6 그 지역 동로마제국의 이해관계에 대해서는 다음 논문 참조. Ze'ev Rubin, "Byzantium and Southern Arabia: The Policy of Anastasius," in *The Eastern Frontier of the Roman Empire*, D. H. French and C. S. Lightfoot (eds.), *British Archaeological Reports* 553, 1989, pp. 383-420.

7 유대교가 힘야르에서 악슘으로 흘러들어가 대규모 개종을 일으키고 팔라샤 베타 이스라엘 (Falasha Beta Israel, 에티오피아의 흑인 유대인을 가리키는 말—옮긴이)을 출현시켰을 가능성이 상당히 높다. 성서는 서기 4~6세기 사이에 고대 에티오피아어인 게즈어(Ge'ez)로 번역된 것으로 알려져 있다. 그렇게 유대교를 받아들인 부족이 10세기에 여왕 유디드 혹은 주디트를 앞세워 악슘 왕국을 차지한 걸까? 이 '역사'는 전설 속에 가려져 있고 학술적 평가를 내릴 만큼 기록이 충분치가 않다. 다음 책 참조. Steven Kaplan, *The Beta Israel (Falasha) in Ethiopia*, New York: New York University Press, 1992, pp. 44-47.

8 이 편지의 부분 번역은 다음 글에서 볼 수 있다. H. Z. Hirschberg, "Jews in the Islamic Countires," in Hava Lazarus-Yafeh (ed.), *Chapters in the History of the Arabs and Islam*, Tel Aviv: Reshafim, 1970 (in Hebrew), p. 264.

9 이 아랍 문헌들 및 아랍어 문학에서 나온 증언들에 대해서는 다음 책 참조. Israel Ben Ze'ev, *The Jews in Arabia*, Jerusalem: Ahiassaf, 1957 (in Hebrew), pp. 47-72.

10 다음 글 참조. Hirschberg, "The Jewish Kingdom of Himyar," in Y. Yeshaiahu and Y. Tobi (eds.), *The Jews of Yemen: Studies and Researches*, Jerusalem: Ben Zvi, 1975 (in Hebrew), p, xxv.

11 Graetz, *History of the Jews*, vol. 3, pp. 61-67.

12 Dubnow, *History of the World-People*, vol. 3, pp. 79-83.

13 Baron, *A Social and Religious History*, vol. 3, pp. 66-70.

14 그 사례는 다음 책 참조. Yosef Tobi, *The Jews of Yemen*, Leiden: Brill, 1999, pp. 3-4.

15 Hirschberg, *Israel in Arabia*, p. 111.

16 한편 예멘 역사가들은 다음과 같이 주장한다. "예멘의 유대인들은 예멘 민중에게서 분리될 수 없는 일부분이다. 그들은 자신의 고향땅에서 유대 종교를 받아들이고 개종했으며, 그때 그 땅은 종교적으로 관대했다." 이는 엘 쿼다이 무함마드 하템(el-Qodai Mohammed Hatem)과 벤 살렘 무함마드(Ben-Salem Mohammed)가 쓴 편지에서 나오는 진술로, 원래 『예멘타임스』에 실린 것을 이스라엘 일간지 『하아레츠』(*Haaretz*)가 「예멘인이 바라본 시오니즘」(Zionism in Yemeni Eyes)라는 제목으로 게재했다. 놀랍게도 이스라엘 예루살렘에는 두 누와스 왕의 이름을 딴 거리가 있다.

17 Cassius Dio, *Roman History* 68, 32. 다음 문헌도 참조. Eusebius, *Ecclesiastical History* 4, 2.

18 Marcel Simon, *Recherches d'Histoire Judéo-chrétienne*, Paris: Mouton, 1962, pp. 44-52.

19 유대교에 대한 테르툴리아누스의 견해는 그의 저작 『유대인들을 논박함』(*Aduersus Iudaeos*)에 드러나 있다. 다음 영역본 참조. Geoffrey D. Dunn, *Tertullian*, London: Routledge, 2004, pp. 63-104. 카르타고의 유대인들에 대한 정보는 다음 책에서 추론할 수 있다. Claude Aziza, *Tertullien et le judaïsme*, Paris: Les Belles Lettres, 1977, pp. 15-43.

20 Ibn Khaldun, *Histoire des Berbères et des dynasties musulmanes de l'Afrique septentrionale*, Paris: Geuthner, 1968, pp. 208-209. 시리아에서 베르베르인 조상들이 이스라엘인들에 맞서 싸운 전쟁과 이후 그들이 마그레브로 이주한 것에 대한 이븐 할둔의 진술도 참조. Ibid., p. 198.

21 Ibid., p. 168, p. 176.

22 이 저자들에 대해서는 다음 책 참조. Abdelmajid Hannoum, *Colonial Histories, Post-Colonial Memories: The Legend of the Kahina, A North African Heroine*, Portsmouth: Heinemann, 2001, pp. 2-15. 다음 논문도 참조. H. Z. Hirschberg, "The Berber Kahina," *Tarbiz* 27 (1957 [in Hebrew]), pp. 371-376.

23 슬루쉬츠에 앞서 다비드 카즈(David Cazes)라는 프랑스계 유대인이 위대한 여왕 카히나가 유대인이 아니었으며 사실은 유대인들을 박해했다고 주장한 적이 있다. '이스라엘의 자식들'은 언제나 약하고 박해를 받아왔으며, 결코 포악한 통치자가 될 수 없다고 알려져 있었기 때문이다. 이런 연결방식에 대해서는 다음 책 참조. Hannoum, *Colonial Histories*, pp. 51-55.

24 Nahum Slouschz, *Un voyage d'études juives en Afrique: Judéo-Hellènes et Judéo-Berbéris*, Paris: Imprimerie Nationale, 1909. 그리고 "La race de la Kahina," *Revue Indigène: Organe des Intérêts des Indigènes aux Colonies* 44 (1909), pp. 573-583.

25 Nahum Slouschz, *Dihya al-Kahina (Judith the Priestess): A Heroic Chapter from the History of the*

610

Faraway Jews in the Wilderness of the "Dark Continent," Tel Aviv: Omanut, 1933 (in Hebrew).

26 Ibid., p. 31.

27 Ibid., p. 62.

28 Ibid., pp. 68-69. 많은 이가 디흐야 알 카히나의 이미지에 매혹되었다. 그녀는 몇몇 역사적 로맨스의 소재였다. 사례는 다음 책 참조. Gisele Halimi, *La Kahina*, Paris: Plon, 2006.

29 다음 책 참조. Nahum Slouschz, *Israel's Diasporas in North Africa from Ancient Times to Our Era*, Jerusalem: Kav LeKav, 1946 (in Hebrew), p. 2

30 Haim Ze'ev Hirschberg, *A History of the Jews in North Africa*, vol. 3, Leiden: Brill, 1974, pp. 12-13.

31 Ibid., pp. 94-97.

32 H. Z. Hirschberg, "The Judaized Berbers in North Africa," *Zion*, vol. 22, 1957, p. 19. 히르 쉬베르크의 '종족적' 세계관을 조심스럽게 받아들이고 있는 다음 논문도 참조. J. Chetrit and D. Schroeter, "Les rapports entre Juifs et Berbères en Afrique du Nord," in P. Balta, C. Dana, and R. Dhoquois-Cohen (eds.), *La Méditerranée des Juifs*, Paris: L'Harmattan, 2003, pp. 75-87.

33 André Chouraqui, *Between East and West: A History of the Jews of North Africa*, Philadelphia: The Jewish Publication Society of America, 1968, pp. 37-38.

34 이 문장들은 영어판에는 빠져 있지만 히브리어판에는 나온다. 다음 판본 참조. *A History of the Jews of North Africa*, Tel Aviv: Am Oved, 1975 (in Hebrew), p. 65.

35 Paul Wexler, *The Non-Jewish Origins of the Sephardic Jews*, New York: SUNY, 1966, p. xv.

36 Ibid., pp. 105-106.

37 Ibid., p. 118.

38 다음 책 참조. Alfredo M. Rabello, *The Jews in Spain before the Arab Conquest in the Mirror of Legislation*, Jerusalem: Zalman Shazar, 1983 (in Hebrew), pp. 29-30. 개종에 대한 서고트인 들의 태도에 대해서는 다음 책의 '유대교 개종'(Jewish Proselytism) 장 참조. Solomon Katz, *The Jews in the Visigothic and Frankish Kingdoms of Spain and Gaul*, New York: Kraus Reprint, [1937] 1970, pp. 42-56.

39 Dinur, *Israel in Exile*, vol. 1, 1, pp. 116-117.

40 Ibid., pp. 24-25. 디누어는 독자들에게 다음 책을 언급한다. Eduardo Saavedra, *Estudio sobre la invasión de los árabes en España*, Madrid: Progreso Editorial, 1892, p. 89.

41 Jane S. Gerber, *The Jews of Spain: A History of the Sephardic Experience*, New York: The Free Press, 1992, p. 19.

42 Yitzhak Baer, *A History of the Jews in Christian Spain*, vol. 1, Philadelphia: The Jewish Publication Society of America, 1971, p. 24. 베어는 이 진술 다음에 사제 보도(Bodo)에 대해 이야기한다. 보도는 839년 이베리아 북동부의 사라고사로 가서 유대교로 개종하고 이름을 '엘르아살'(Eleazar)로 바꾼 인물이다.

43 이 시인에 대해서는 다음 논문 참조. Tova Rosen-Mokked, "Khazars, Mongols and pre-Messianic Sufferings," in *Between History and Literature,* Michal Oron (ed.), Tel Aviv: Di-onon, 1983 (in Hebrew), pp. 41-59.

44 하스다이 이븐 샤프루트의 편지와 하자르의 왕 요셉의 답신은 다음 책에서 찾아볼 수 있다. Abraham Kahana (ed.), *The Literature of History*, Warsaw, 1922 (in Hebrew), p. 38.

45 Ibid., pp. 42-43. 이 서신의 최초 인쇄본은 1577년 혹은 그 전후한 시기에 이삭 아브라함 아크리스(Isaac Abraham Akris)가 펴냈다.

46 이 편지들의 진위에 대해서는 다음 훌륭한 글을 참조. Menahem Landau, "The actual status of the problem of the Khazars," *Zion* 13 (1953), pp. 94-96. 다음 책도 참조. D. M. Dun-lop, *The History of the Jewish Khazars*, Princeton: Princeton University Press, 1954, pp. 125-170.

47 이에 관한 전체 구절 및 논평은 다음 글에서 볼 수 있다. Simcha Assaf, "Rabbi Yehudah al-Barceloni on the missive of Joseph the Khazar King," *Sources and Research on Israel's History*, Jerusalem: Harav Kook, 1946 (in Hebrew), pp. 92-99.

48 할레비는 책 서두에서 이렇게 말한다. "나는 하자르 왕과 함께 공부했던 랍비가 했던 주장이 기억났다. 약 4백 년 전에 유대교로 개종한 그 왕의 이야기는 역사책에 잘 기록되어 있다." Yehuda Halevi, *The Kuzari: In Defense of the Despised Faith*, Northvale: Jason Aronson, 1998, p. 1.

49 "The book of the Kabbalah of Abraham ben David" in *The Order of the Sages and the History*, copied from Clarendon at Oxford, 1967 (in Hebrew), pp. 78-79.

50 야쿠트 알 하마위(Yaqut al-Hamawi)는 『세계 각지에 대한 책』(*Kitab mu'jam al-buldan*)에서 이븐 파들란(Ibn Fadlan)을 인용해 하자르인들의 신체적 생김새를 묘사하기까지 한다. "하자르인들은 튀르크인을 닮지 않았다. 하자르인들은 머리가 검고, 두 종류로 나뉜다. 하나는 카라 하자르[검은 하자르]라 불리는데 마치 인도인의 한 종이라도 되는 듯 거의 짙은 검은색이라고 할 정도로 까무잡잡하다. 또 하나는 아크 하자르[하얀 하자르]라 불리는데 기가 막히게 잘생겼다." 다음 책에서 재인용. Kahana (ed.) *Literature of History*, p. 50.

51 다음 책에서 재인용. Dinur, *Israel in Exile*, vol. 1, 2, pp. 47-48. (세베오스가 그 책을 썼는지는 확실치 않다.)

52 Ibid., p. 51.

53 Ibid., p. 48.

54 Ibid., p. 24. 10세기 연대기작가 아마드 이븐 루스타흐(Ahmad Ibn Rustah)는 이 대리인이 '아이샤'(Aysha)라 불리기도 했다고 썼다. 다음 책 참조. Abraham Polak, *Khazaria: History of a Jewish Kingdom in Europe*, Tel Aviv: Bialik, 1951 (in Hebrew), p. 286.

55 Dinur, *Israel in Exile*, vol. 1, 2, pp. 42-43.

56 Ibid., p. 23.

57 Ibid., p. 24.

58 다음 책에서 재인용. Polak, *Khazaria*, p. 282.

59 Ibid., p. 281. 어떤 증언들은 하자르인들의 언어가 고대 불가리아어와 닮았음을 시사하기도 한다.

60 Dinur, *Israel in Exile*, vol. 1, 2, p. 17.

61 Solomon Schechter, "An Unknown Khazar Document," *Jewish Quarterly Review* 3 (1912-13), pp. 181-219. 다음 논문도 참조. Vladimir A. Moin, "Les Khazars et les Byzantins d'après l' Anonyme de Cambridge," *Byzantion*, 6 (1931), pp. 309-325.

62 The Cambridge Manuscript, in Schechter, "An Unknown Khazar Document," p. 213.

63 다음 책에 인용되어 있는 지리학자 알 바크리의 진술 참조. Kahana, *The Literature of History*, p. 53.

64 The Cambridge Manuscript, in Schechter, "An Unknown Khazar Document," pp. 215-216.

65 다음 책에서 재인용. Polak, *Khazaria*, p. 287.

66 Ibid., p. 107. 또 다른 이론은 유대인들이 카스피해 동쪽 호라산에서 하자르로 갔다고 제안한다. 다음 글 참조. Yitzhak Ben-Zvi, "Khorasan and the Khazars," *The Lost Communities of Israel*, Tel Aviv: The Ministry of Defense, 1963 (in Hebrew), pp. 239-246.

67 다음 글 참조. Peter B. Golden, "Khazaria and Judaism," in *Nomads and their Neighbors in the Russian Steppe*, Aldershot: Ashgate, 2003, p. 134. 유대교 개종을 861년으로 보는 견해에 대해서는 다음 글 참조. Constantine Zuckerman, "On the Date of the Khazars' Conversion to Judaism and the Chronology of the Kings of the Rus Oleg and Igor," *Revue des Études Byzantines* 53 (1995), pp. 237-270.

68 다음 책에서 재인용. Polak, *Khazaria*, p. 288. 알 이스타크리에게서도 비슷한 정보가 발견된다. 다음 책 참조. Dinur, *Israel in Exile*, vol. 1, 2, p. 45.

69 다음 책 참조. Kahana, *Literature of History*, p. 5.

70 다음 책에서 재인용. Polak, *Khazaria*, p. 295.

71 Schechter, "An Unknown Khazar Document," p. 216. '단 지파 엘다드' 전설(북이스라엘왕국 멸망 후 단Dan 지파가 아프리카로 가서 에티오피아 흑인 유대인의 시조가 되었다는, 9세기 엘다드Eldad라는 유대인이 지은 전설—옮긴이)에서도 하자르인들이 이른바 '열 지파'(이스라엘 12지파 중 북이스라엘왕국의 멸망과 함께 사라진 10개 지파—옮긴이)의 후손으로 묘사된다. "시므온 지파와 므낫세 반 지파는 칼데아인들의 땅에 살고 있다. 여기서 여섯 달 가는 거리에 있는 땅이다. 그들은 다른 모든 이들보다 수가 많고, 스물다섯 왕국으로부터 공물을 받는다. 공물을 바치는 이들 중에는 약탈자 이스마엘인들도 있다." 다음 책 참조. Abraham Epstein (ed.), *Eldad the Danite*, Pressburg, AD: Alkalai, 1891 (in Hebrew), p. 25.

72 다음 책 참조. Dinur, *Israel in Exile*, vol. 1, 2, p. 44. 다음 책도 참조. Polak, *Khazaria*, p. 285.

73 Dinur, *Israel in Exile*, vol. 1, 2, p. 54.

74 Polak, *Khazaria*, p. 287.

75 Ibid., pp. 158-176.

76 Schechter, "An Unknown Khazar Document," p. 216. 12세기 말 '멈추지 않는 여행자'라는 별명을 가진 투델라의 베냐민(Benjamin of Tudela)은 알란인 땅의 유대 공동체에 대해 언급했다. 다음 책 참조. Mordechai Ben Nathan Adler (ed.), *The Travel Book of Rabbi Benjamin*, Jerusalem: The Publishing House of the Students Association of the Hebrew University, 1960 (in Hebrew), p. 31.

77 카바르인들에 대해서는 다음 책 참조. Arthur Koestler, *The Thirteenth Tribe: The Khazar Empire and Its Heritage*, London: Hutchinson, 1976, pp. 99-105. 다음 논문도 참조. István Erdélyi, "Les relations hungaro-khazares," *Studia et Acta Orientalia* 4 (1962), pp. 39-44.

78 이 문서와 다른 히브리어 문서들에 대해서는 다음 책 참조. N. Golb and O. Pritsak, *Khazarian Hebrew Documents of the Tenth Century*, Ithaca: Cornell University Press, 1982.

79 키예프 편지와 키예프에서 유대인들이 출현하기 시작한 것에 관해서는 다음 글 참조. Joel Raba, "Conflict and Integration: Slavs, Khazars and Jews in the Beginning of Kievan Rus," in *The Contribution and the Recompense: The Land and the People of Israel in Medieval Russian Thought*, Tel Aviv: The Goldstein-Goren Diaspora Research Center, 2003 (in Hebrew), pp. 46-61. 다음 논문도 참조. Julius Brutzkus, "The Khazar Origin of Ancient Kiev," *Slavonic and East European Review* 3:1 (1944), pp. 108-124.

80 다음 글에서 재인용. Menahem Landau, "The actual status of the problem of the Khazars," p. 96. 10세기 말 오늘날의 이라크 바스라에 살았던 카라이트 유대인 예페트 벤 알리(Yefet ben Ali)도 하자르인들의 왕에 대해 언급한다. 다음 책 참조. Polak, *Khazaria*, p. 295.

81 Abraham Harkavy (ed.), *Answers of the Geonim: For the Memory of the Rishonim*, Berlin: Itzkevsky, 1887 (in Hebrew), p. 278.

82 Petahiah ben Ya'acov, *The Travels of Rabbi Petahiah of Ratisbon*, Jerusalem: Greenhut, 1967 (in Hebrew), pp. 3-4.

83 Ibid., p. 25.

84 다음 책 참조. Dunlop, *The History of the Jewish Khazars*, p. 251.

85 Baron, *A Social and Religious History*, vol. 3, pp. 206-213. 다음 책도 참조. Polak, *Khazaria*, pp. 219-222.

86 하자르 왕국의 마지막에 대해서는 다음 글 참조. Polak, "The last days of Khazaria," *Molad* 168 (1962 [in Hebrew]), pp. 324-329.

87 Graetz, *History of the Jews*, vol. 3, p. 139.

88 Ibid., pp. 138-141.

89 다음 석사논문에서 재인용. Yehoshua Lior, *The Khazars in the Light of the Soviet Historiography*, Ramat Gan: Bar Ilan University, 1973 (in Hebrew), p. 122.

90 Joseph Perl, *Sefer Bohen Tzadic*, Prague: Landau, 1838 (in Hebrew).

91 Ibid., pp. 89-91, p. 93.

92 레르너의 책은 히브리어로 출간되었고, 하르카비의 책은 1865년에 러시아어로 나왔다가
2년 후 히브리어로 번역, 출간되었다. Joseph Yehuda Lerner, *The Khazars*, Odessa: Belinson,
1867 (in Hebrew). 그리고 Abraham Albert Harkavy, *The Jews and the Language of the Slavs*,
Vilnius: Menahem Rem, 1867 (in Hebrew).

93 Lerner, *The Khazars*, p. 21.

94 1차 세계대전 이전에 나온 연구 성과에는 다음 책도 포함되어야 할 것이다. Hugo Von
Kutschera, *Die Chasaren: Historische Studie*, Vienna: A. Holzhausen, 1910.

95 Dubnow, *History of the World-People*, vol. 4, pp. 140-147.

96 Ibid., p. 272.

97 다음 책 참조. Lior, *The Khazars in the Light of the Soviet Historiography*, p. 126.

98 Baron, *A Social and Religious History*, vol. 3, pp. 196-197.

99 Dinur, *Israel in Exile*, vol. 1, 2, p. 3.

100 Ibid., p. 4.

101 Aharon Ze'ev Eshkoli, "The Vertigo of History," *Moznaim*, 18:5 (1944 [in Hebrew]), pp.
298-305, pp. 375-383.

102 Ibid., p. 382. 이에 대한 폴락의 응답도 참조. *Moznaim* 19:1 (1945), pp. 288-291. 그리고
그 다음 호(19:2) pp. 348-352도 참조.

103 Polak, *Khazaria*, pp. 9-10.

104 이 석사논문은 앞에서 언급한 예호슈아 리오르(Yehoshua Lior)의 소련 역사학에 대한 연
구로, 지도교수는 하임 제예프 히르쉬베르크였다. 또 여기서 언급한 세미나 보고서의 서지
사항은 다음과 같다. Menahem Zohori, *The Khazars: Their Conversion to Judaism and History
in Hebrew Historiography*, Jerusalem: Carmel, 1976 (in Hebrew).

105 *The Kingdom of the Khazars with Ehud Ya'ari*, television serial, Naomi Kaplansky (producer),
Ehud Ya'ari (narrator), Jerusalem: Israeli Television Channel 1, 1997. 하자르인들에 대한
소설이 상당수 있다. 그중 세르비아 작가 밀로리드 파비치의 『하자르 사전』이 있다. Milo-
rad Pavic, *Dictionary of the Khazars*, New York: Knopf, 1988. 그리고 Marc Alter, *The Wind
Of The Khazars*, New Milford: The Toby Press, 2003.

106 다음 책에서 재인용. Lior, *The Khazars in the Light of the Soviet Historiography*, p. 130.

107 1950년대에 아르타모노프는 자신이 1930년대에는 충분히 민족주의적이지 못했다고 고
백했다. 그는 1962년에 하자르인들을 다룬 두 번째 책 『하자르인들의 역사』(*History of the
Khazars*)를 펴냈다. 이 책은 반유대적 어조가 어느 정도 가미된 적절히 애국적인 저작이었
다. 슈무엘 에팅거(Shmuel Ettinger)가 다음 지면에 기고한 유익한 서평 참조. *Kiriat Sefer*
39 (1964 [in Hebrew]), pp. 501-505. 이 서평에서 에팅거는 아르타모노프가 이스라엘인
아브라함 폴락의 책을 읽지 않은 것을 비판하기도 한다.

108 이 저작에 대한 훨씬 더 신중한 태도의 요약이 다음 책에 짧은 장으로 소개되었다. Bezalel
Roth (ed.), *The Dark Ages: The Jews in Christian Europe*, Tel Aviv: Masada, 1973 (in He-

brew), pp. 190-209. 던롭은 『히브리백과사전』(*Hebrew Encyclopedia*)에 하자르인들에 대한 항목을 쓰기도 했다. vol. 20, 1971, pp. 626-629.

109 Peter B. Golden, *The Q'azars: Their History and Language as Reflected in the Islamic, Byzantine, Caucasian, Hebrew and Old Russian Sources*, New York: Columbia University, 1970. 그가 쓴 다음 책도 참조. *Khazar Studies: An Historico-Philological Inquiry into the Origins of the Khazars*, Budapest: Akadémiai Kiadó, 1980.

110 Norman Golb and Omeljan Pritsak, *Khazarian Hebrew Documents of the Tenth Century*, Ithaca: Cornell University Press, 1982.

111 Kevin A. Brook, *The Jews of Khazaria*, Northvale: Jason Aronson, 1999. 다음 웹사이트도 참조. www.khazaria.com.

112 Félix E. Kitroser, *Jazaria: El imperio olvidado por la historia*, Cordova: Lerner Ediciones, 2002. 그리고 Jacques Sapir et Jacques Piatigorsky (eds.), *L'Empire khazar VIIe-XIe siècle: L'énigme d'un peuple cavalier*, Paris: Autrement, 2005. 그리고 Andreas Roth, *Chasaren: Das Vergessene Großriech der Juden*, Stuttgart: Melzer, 2006.

113 이름을 밝힐 수 없는 이 출판인은 사석에서 내게, 이스라엘 사회가 아직 이 책을 받아들일 준비가 되어있지 않기 때문에 배포하기를 망설였다고 말했다.

114 이 학회에서 발표된 원고들 중 훌륭한 것들을 묶은 책이 영어로 출간되었다. (히브리어로 출간되지 않았음은 말할 것도 없다.) 다음 책 참조. P. B. Golden, H. Ben-Shammai and A. Rona-Tas (eds.), *The World of the Khazars*, Leiden: Brill, 2007.

115 Arthur Koestler, *The Thirteenth Tribe: The Khazar Empire and Its Heritage*, London: Hutchinson, 1976, p. 17.

116 Ibid., p. 223.

117 다음 글에서 재인용. Jacques Piatigorsky, "Arthur Koestler et les Khazars: L'histoire d'une obsession," in *L'Empire Khazar*, p. 99.

118 Israel Margalit, "Arthur Koestler Found the Thirteenth Tribe," *In the Diasporas of the Exile*, vol. 11, 83-4, 1978 (in Hebrew), p. 194.

119 Ibid.

120 Zvi Ankori, "Sources and History of Ashkenazi Judaism," *Kivunim: Periodical of Judaism and Zionism* 13 (1981, in Hebrew), pp. 29-31.

121 Shlomo Simonson, "The Thirteenth Tribe," *Michael: On the History of the Jews in the Diaspora*, vol. 14, 1997 (in Hebrew), liv-lv.

122 Harkavy, *The Jews and the Languages of the Slavs*, p. 1.

123 Dubnow, *Discovery and Research*, Odessa: Abba Dochna, 1892 (in Hebrew), p. 10.

124 쉬퍼의 저작 대부분이 폴란드어와 이디시어로 쓰여 있으므로, 하자르인들에 대한 쉬퍼의 관점에 대해서는 다음 책에서 그 개념을 얻을 수 있다. Jacob Litman, *The Economic Role of Jews in Medieval Poland: The Contribution of Yitzhak Schipper*, Lanham: University Press of

America, 1984, pp. 116-117.

125 Baron, *A Social and Religious History*, vol. 3, p. 206.

126 Dinur, *Israel in Exile*, vol. 1, 2, p. 5.

127 Isaac Baer Levinsohn, *Document in Israel*, Jerusalem: Zalman Shazar, 1977 (in Hebrew), p. 33, n2.

128 Polak, *Khazaria*, pp. 256-257.

129 Koestler, *The Thirteenth Tribe*, p. 176.

130 'davenen'에 관해서는 다음 논문 참조. Herbert Guy Zeiden, "Davenen: A Turkic Etymology," *Yiddish: A Quarterly Journal Devoted to Yiddish and Yiddish Literature* 10: pp. 2-3, pp. 96-99. 그리고 "Khazar/Kipchak Turkisms in Yiddish: Words and Surnames," *Yiddish* 11: 1-2 (1998), pp. 81-92. 또한 다음 논문도 참조. Paolo Agostini, "Once Again on the Etymology of Davenen," *Yiddish* 11: 1-2 (1998), pp. 93-118.

131 Mathias Mieses, *Die Jiddische Sprache*, Berlin: Benjamin Harz, 1924.

132 Paul Wexler, *The Ashkenazic Jews: A Slavo-Turkic People in Search of a Jewish Identity*, Columbus: Slavica Publishers, 1993. 다음 책의 한 장도 참조. "The Khazar Component in the Language and Ethnogenesis of the Ashkenazic Jews," in *Two-tiered Relexification in Yiddish*, Berlin: Mouton de Gruyter, 2002, pp. 513-541. 오늘날 소르브인들은 독일 남부의 한 작은 슬라브 공동체로 남아있다.

133 Tadeusz Lewicki, "Kabarowie (Kawarowie) na Rusi, na Węgrzech i w Polsce we wczesnym średniowieczu," in *Studia nad etnogenezą Słowian i kulturą Europy wczesno-średniowiecznej*, G. Labuda and S. Tabaczyński (eds), vol. 2, Wrocław: Zakład im. Ossolińskich, 1988, pp. 77-87.

134 부연하자면, 미국에서는 '유대인 유머'라는 것을 이야기하는 게 가능하다. 미국의 유대인들 거의 전부가 동유럽에 기원을 두고 있기 때문이다. 하지만 이스라엘에는 '유대인 유머'라는 용어가 없다. '그리스도교 유머'가 없는 것과 마찬가지로, '유대인(유대교) 유머'라는 건 무의미하기 때문이다. '이디시 유머'라든가 '마그레브 유머'는 있을 것이다. 유머는 종교가 아닌 지역 또는 언어-문화적 집단에 대한 것이기 때문이다. 가장 어처구니없는 일은 한 미국인 역사가가, 아마 우디 앨런과 제리 사인펠트(두 사람 다 유대인이다―옮긴이)의 팬인 것 같은데, 디아스포라 유대인들의 정신세계를 설명해주는 유머의 출처를 고대 텍스트에서 찾으려 했던 것이다. 다음 책 참조. Erich S. Gruen, *Diaspora: Jews amidst Greeks and Romans*, Cambridge, MA: Harvard University Press, 2002, pp. 135-212.

135 머뭇거리면서도 이 방향으로 나아가는 발걸음을 다음 책에서 조금은 찾아볼 수 있을 것이다. Antony Polonsky (ed.), *The Shtetl: Myth and Reality*, Oxford: The Littman Library of Jewish Civilization, 2004.

제5장

1 Amos Elon, *The Pity of It All: A History of Jews in Germany, 1743-1933*, New York: Metropolitan Books, pp. 305-337. 프랑스 이스라엘인들과 독일 이스라엘인들은 연민을 별로 보이지 않았다. 그들은 동유럽 유대인들, 이른바 '열등한' 동쪽 유대인들(Ostjuden)을 차갑게 대하고 업신여겼다. 그리고 바로 그 동유럽 유대인들이 나중에 이스라엘에서 만난 새로운 '동방 유대인들'(Eastern Jews)에게 거의 똑같은 태도를 보였다.

2 그럴 수밖에 없겠지만 유대 민족주의 지지자들은 자신들의 민족주의를 다른 민족주의 운동과는 근본적으로 다른 독특한 것으로 본다. 예를 들어 역사가 야곱 카츠는 이렇게 썼다. "근대 여명기에 유대인들은 유럽의 다른 어떤 종족 집단보다 민족운동에 대한 준비가 더 잘 되어 있었다." 이러한 관점은 다른 민족 집단의 역사가들에게게서도 전형적으로 발견된다. 다음 책 참조. Jacob Katz, *Jewish Nationalism: Essays and Studies*, Jerusalem: The Zionist Library, 1983 (in Hebrew), p. 18. 비슷한 위상을 지닌 역사가 슈무엘 에팅거는 다음과 같이 주장했다. "유대인들은 그 민족의식을 수천 년 간 보존한 것으로 알려진 역사상 유일한 집단일 것이다." 다음 책 참조. Shmuel Ettinger, *Studies in Modern Jewish History, I: History and Historians*, Jerusalem: Zalman Shazar, 1992 (in Hebrew), p. 174.

3 Nathan Birnbaum의 1886년 글 "Nationalism and Language"에서. 다음 책에서 재인용. Joachim Doron, *The Zionist Thinking of Nathan Birnbaum*, Jerusalem: The Zionist Library, 1988 (in Hebrew), p. 177.

4 Ibid., p. 63.

5 시오니스트 지도자 헤르츨의 1895년 11월 21일 일기. 다음 책 참조. Theodor Herzl, *Die Judensache* (The Jewish Cause: Diaries), vol. 1, Jerusalem: The Zionist Library, 1998 (in Hebrew), p. 258.

6 Max Nordau, "History of Israel's Children," in *Zionist Writings*, vol. 2, Jerusalem: The Zionist Library, [1901] 1960 (in Hebrew), p. 47.

7 Max Nordau, "Address to the Second Congress," in *Zionist Writings*, vol. 2, p. 117. 이 연설에 앞서 리하르트 바그너의 오페라 〈탄호이저〉의 음악이 연주되었다.

8 Ibid., p 187.

9 Martin Buber, "Judaism and the Jews," in *On Judaism*, New York: Schocken Books, 1972, pp. 15-16. 나중에는 부버 스스로가 폴키즘 이미지를 떨쳐내려 했지만 그다지 성공적이지는 못했다.

10 Ze'ev Jabotinsky, "Letter on Autonomism," in *Selected Writings: Exile and Assimilation*, Tel Aviv: Shlomo Zaltzman, 1936 (in Hebrew), pp. 143-144.

11 야보틴스키가 쓴 원고에 있던 것을 다음 책에서 재인용. Gideon Shimoni, *The Zionist Ideology*, Hanover: Brandeis University Press, 1995, p. 240.

12 Arthur Ruppin, *The Jews of To-Day*, London: Bell and Sons, 1913, pp. 216-217.

13 Ibid., p. 271.

14 Ibid., p. 294. 하지만 아랍 국가의 유대인들이 소규모로 유입되는 것은 여전히 바람직한 일로 여겨졌다. 그들은 작은 것에 만족할 뿐 아니라 아랍 노동자들을 대체할 수 있기 때문이다.

15 Ibid., p. 217.

16 Alex Bein (ed.), *Arthur Ruppin: Memoirs, Diaries, Letters*, London: Weidenfeld & Nicolson, 1971, p. 205.

17 Arthur Ruppin, "The Social Structure of the Jews," in vol. 1 of *The Sociology of the Jews*, 2nd edn., Berlin-Tel Aviv: Shtibel, [1930] 1934, p. 15.

18 루핀은 1933년 8월 일기에 이렇게 썼다. "란다우어 박사의 제안으로 8월 11일에 예나에 가서 나치스 인종 이론의 창시자 귄터 교수를 만났다. 우리는 두 시간 동안 이야기를 나눴다. 귄터 교수는 굉장히 서글서글했다. 그는 자기가 아리안주의를 독자적으로 만들어냈다고 할 수는 없다고 했으며, 유대인들은 열등하지 않고 오직 다를 뿐이며 그 문제가 잘 해결되어야 한다는 데 나와 의견을 같이했다." Arthur Ruppin, *Chapters of My Life*, Tel Aviv: Am Oved, 1968 (in Hebrew), p. 223. 또한 같은 책 pp. 181-182 참조.

19 1898년 1월 22일 노르다우는 헤르츨에게 보내는 편지에서 이렇게 썼다. "내 아내는 프로테스탄트 기독교인이라네. 물론 나는 정서의 문제에는 어떤 식의 강요에도 반대하도록, 그리고 민족적인 것보다는 인간적인 것을 더 선호하도록 교육받았지. 그런데 오늘 나는 민족적인 요소에 더 강조점을 두는 것이 필요하다는 생각이 드네. 그리고 통혼은 상당히 바람직하지 못하다고 생각돼. 만약 내가 아내를 오늘 만났더라면, 혹은 지난 18개월 사이에 만났더라면, 난 아마 아내에 대한 감정이 커져가는 데 대해 강하게 저항했을 것이네. 또한 나 스스로에게 이렇게 말했을 걸세. 한 사람의 유대인으로서 나는 내 감정이 나를 지배하도록 내버려둘 권리가 없다고…. 나는 시오니스트가 되기 전에 아내를 사랑했네. 그리고 우리 인종이 아내 인종에게 박해당한 것에 대해 내가 아내를 벌할 권리는 없지." Shalom Schwartz, *Max Nordau in His Letters*, Jerusalem: Schwartz, 1944 (in Hebrew), p. 70.

20 시오니스트 서클들 내부에 퍼진 유대 인종이론의 실상에 대해서는 다음 훌륭한 기사 참조. Rina Rekem-Peled, "Zionism: A Reflection of Anti-Semitism: On the Relationship Between Zionism and Anti-Semitism in Germany of the Second Reich," in J. Borut and O. Heilbronner (eds.), *German Anti-Semitism*, Tel Aviv: Am Oved, 2000 (in Hebrew), pp. 133-156.

21 다음 책 참조. Raphael Falk, *Zionism and the Biology of the Jews*, Tel Aviv: Resling, 2006 (in Hebrew), pp. 97-109. 이 책은 비록 개념적으로 취약한 부분이 (특히 요약 부분에) 다소 있기는 하지만, 그럼에도 인종과 유전에 대한 이스라엘 시오니스트 과학자들의 견해를 보여주는 귀중한 정보의 보고이다. 유대 인종을 열심히 탐구했던 영국과 독일 과학자들에 대해서는 다음 책 참조. John M. Efron, *Defenders of the Race: Jewish Doctors and Race Science in Fin-de-Siècle Europe*, New Haven: Yale University Press, 1994.

22 다음 책에서 재인용. Falk, *Zionism and the Biology of the Jews*, p. 147.

23 Ibid., p. 150.

24 Ibid., pp. 106-109. 대립형질이란 유전자의 바뀔 수 있는 몇몇 형질 중 하나를 말하는 것으로, 이것에 따라 유전적 변형이 결정된다.

25 Ibid., p. 129.

26 Ibid., p. 180.

27 Ernest Renan, *Le Judaïsme comme race et religion*, Paris: Calmann Lévy, 1883. 르낭은 이 강연에서도 한 해 전의 강연에서 드러낸 경향, 즉 민족을 의지주의적(자발적) 기초 위에서 정의하고자 한 경향(제1장 참조)을 계속 보여주었다. 미국유대인위원회(American Jewish Committee)는 다음 책을 펴내면서 독일 인종주의에 대한 응답으로 유대교에 대한 이 강연을 영어로 번역해 수록했다. *Contemporary Jewish Record* 6:4 (1943), pp. 436-448.

28 Ibid., p. 444.

29 Karl Kautsky, *Are the Jews a Race?*, New York: Jonathan Cape, 1926. 인용문구들은 www.marxists.org 웹사이트에 게재되어 있는 온라인 판에서 취한 것이다. 이 사이트에서 텍스트 전문을 볼 수 있다. 카우츠키의 저작들 중 몇 권은 히브리어로 번역된 데 반해, 이 책이 아직 번역되지 않은 점은 유의할 만하다.

30 Franz Boas, *The Mind of Primitive Man*, New York: The Free Press, 1965. 1911년에 초판이 출간된 이 책은 고전으로 여겨진다. 다음 책도 참조. Maurice Fishberg, *The Jews: A Study of Race and Environment*, Whitefish: Kessinger Publishing, 2007.

31 보애스의 이론에 대해서는 다음 책 참조. Vernon Williams Jr., *Rethinking Race: Franz Boas and His Contemporaries*, Lexington: University Press of Kentucky, 1996.

32 원서명은 각각 다음과 같다. Harry L. Shapiro, *The Jewish People: A Biological History*, Paris: UNESCO, 1960. Raphael Patai and Jennifer Patai, *The Myth of the Jewish Race*, Detroit: Wayne State University Press, 1989. Alain F. Corcos, *The Myth of the Jewish Race: A Biologist's Point of View*, Bethlehem: Lehigh University Press, 2005.

33 *The Race Concept: Results of an Inquiry*, Paris: UNESCO, 1952.

34 Nurit Kirsh, *The Teaching and Research of Genetics at the Hebrew University (1935-1961)*, unpublished, Tel Aviv University, 2003 (in Hebrew). 커쉬의 다음 글도 참조. "Population Genetics in Israel in the 1950s: The Unconscious Internalization of Ideology," *ISIS, Journal of the History of Science* 94 (2003), pp. 631-655.

35 Arthur E. Mourant et al., *The Genetics of the Jews*, Oxford: Oxford University Press, 1978.

36 Falk, *Zionism and the Biology of the Jews*, p. 175.

37 Bat Sheva Bonne-Tamir, "A New Look at the Genetics of the Jews," *Mada* 44: 4-5, 1980 (in Hebrew), pp. 181-186. 본느 타미르의 훨씬 더 조심스러운 다음 글도 참조. Bonne-Tamir et al, "Analysis of Genetic Data on Jewish Populations. I. Historical Background, Demographic Features, Genetic Markers," *American Journal of Human Genetics* 31:3 (1979), pp. 324-340.

38 Bonne-Tamir, "A New Look at the Genetics of the Jews," p. 185.

39 Tamara Traubman, "The Jews and the Palestinians in Israel and the Territories Have Common Ancestors," *Haaretz*, November 12, 2000. 그리고 Ariela Oppenheim et al., "High-Resolution Y Chromosome Haplotypes of Israeli and Palestinian Arabs Reveal Geographic Substructure and Substantial Overlap with Haplotypes of Jews," *Human Genetics* 107 (2000), pp. 630-641.

40 Tamara Traubman, "A Great Genetic Resemblance Between the Jews and the Kurds," *Haaretz*, December 21, 2001. 그리고 Oppenheim et al., "The Y Chromosome Pool of Jews as Part of the Genetic Landscape of the Middle East," *American Society of Human Genetics* 69 (2001), pp. 1095-1112. Y염색체 돌연변이들은 아버지 쪽 혈통 전체가 아니라 단일한 부계 유전을 나타낼 수도 있다는 것을 언급해야겠다.

41 Tamara Traubman, "The Ancient Jewish Males Have Origins in the Middle East: The Origin of the Females is Still a Mystery," *Haaretz*, 16 May 2002.

42 Tamara Traubman, "40% of the Ashkenazis Descend from Four Mothers," *Haaretz*, January 14, 2006. 그리고 Alex Doron, "40% of the Ashkenazis: Descendants of Four Mothers from the 6th Century," *Maariv*, January 3, 2006.

43 Doron M. Behar et al., "The Matrilineal Ancestry of Ashkenazi Jewry: Portrait of a Recent Founder Event," *American Journal of Human Genetics* 78 (2006), pp. 487-497.

44 랍비 클라이만의 책을 보면, 캐나다의 그 시나고그에서 스코레츠키 교수가 '코하님' 유전자에 관심을 갖게 된 결정적인 사건이 서두에 나온다. Yaakov Kleiman, *DNA and Tradition: The Genetic Link to the Ancient Hebrew*, Jerusalem, New York: Devora Publishing, 2004, p. 17. 스코레츠키는 직접 이 책의 머리말을 썼고, 이 책을 일러 '뛰어난 책'이라 했다.

45 K. Skorecki et al., "Y-Chromosomes of Jewish Priests," *Nature* 385 (1997).

46 Falk, *Zionism and the Biology of the Jews*, p. 189. 여러 과학자가 활용한 방법론에 대해서는 다음 기사 참조. John P. A. Ioannidis, "Why Most Published Research Findings Are False," *PLos Med* 2(8) (2005): e124.

47 마케도니아 유전자에 대한 사례로는 다음 논문 참조. Antonio Arnaiz-Villena et al., "HLA Genes in Macedonians and the Sub-Saharan Origins of the Greeks," *Tissue Antigens* 57: 2 (2001), pp. 118-127. '유대인들의 사례'에 대해서는 다음 유익한 논문 참조. Katya Gibel Azoulay, "Not an Innocent Pursuit: The politics of a 'Jewish' Genetic Signature," *Developing World Bioethics* 3: 2 (2003), pp. 119-126. 또한 다음 글도 참조. Avshalom Zoossmann-Diskin et al., "Protein Electrophoretic Markers in Israel: Compilation of Data and Genetic Affinities," *Annals of Human Biology* 29: 2 (2002), pp. 142-175.

48 Walter Benjamin, "On the Concept of History," in *Selected Writings*, vol. 4, Cambridge, MA: The Belknap Press of Harvard University Press, 2003, p. 389.

49 선언문은 www.knesset.gov.il 웹사이트에서 볼 수 있다.

50 팔레스타인 난민 문제의 기원에 대해서는 다음 책 참조. Benny Morris, *The Birth of the Palestinian Refugee Problem Revisited*, Cambridge: Cambridge University Press, 2003. 그리고 Ilan

Pappe, *The Ethnic Cleansing of Palestine*, Oxford: Oneworld Publications, 2007. 다음 책도 참조. Dominique Vidal, *Comment Israël expulsa les Palestiniens (1947-1949)*, Paris: L'Atelier, 2007.

51 이스라엘 내 토지 압류의 정치학에 대해서는 다음 인상적인 책 참조. Oren Yiftachel, *Ethnocracy: Land and Identity Politics in Israel/Palestine*, Philadelphia: University of Pennsylvania Press, 2006.

52 이 문서는 다음 기사 부록에서 참조. Menacem Friedman, "The history of the Status-Quo: Religion and State in Israel," in *The Transition from "Yishuv" to State 1947-1949: Continuity and Change*, Varda Pilowsky (ed.), Haifa: Herzl Institute, 1990 (in Hebrew), pp. 66-67.

53 이스라엘의 교육시스템도 마찬가지로 거의 완전히 분리되어 있다. 유대-이스라엘인과 팔레스타인-이스라엘인이 함께 다니는 학교는 거의 없다. 그렇다고 해서 팔레스타인의 문화적 자치와 기억의 망각을 염려해 시스템을 분리시켜 놓은 것은 아니다. 교육시스템과 교과과정은 전적으로 이스라엘 교육부에 종속되어 있다. 이스라엘 사회주의의 백미라 할 키부츠운동에서도 그런 분리는 언제나 관행이었다. 아랍인들은 키부츠에 받아들여지지 않았다. 다른 유대 공동체적 틀에도 아랍인들이 통합된 적은 한 번도 없었다.

54 그 사례로는 다음 책 참조. Gershon Weiler, *Jewish Theocracy*, Leiden: Brill, 1988.

55 이 주제에 대해서는 다음 글도 참조. Baruch Kimmerling, "The Cultural Code of Jewishness: Religion and Nationalism," in *The Invention and Decline of Israeliness: State, Society, and Military*, Berkeley: University of California Press, 2001, pp. 173-207.

56 Liah Greenfeld, "The Modern Religion," in *Nationalism and the Mind: Essays on Modern Culture*, Oxford: Oneworld Publications, 2006, p. 109.

57 이 주제에 대해서는 다음 책 참조. Yigal Elam, *Judaism as a Status Quo*, Tel Aviv: Am Oved, 2000 (in Hebrew), p. 16.

58 다음 웹사이트 참조. www.knesset.gov.il/laws/special/heb/chok_hashvut.htm.

59 이 이민자 흡수에 대해서는 다음 책 참조. Yehouda Shenhav, *The Arab Jews: A Postcolonial Reading of Nationalism, Religion, and Ethnicity*, Stanford: Standford University Press, 2006.

60 다음에서 발췌. *Divray Haknesset* ("Protocols of the Knesset") 6, 1950, p. 2035.

61 Elam, *Judaism as a Status Quo*, p. 12.

62 이 독특하고 영웅적인 인물에 대해서는 다음 책 참조. Nechama Tec, *In the Lion's Den: The Life of Oswald Rufeisen*, New York: Oxford University Press, 1990.

63 Ibid., p. 231.

64 판사들의 다른 입장에 대해서는 다음 책 참조. Ron Margolin, (ed.), *The State of Israel as a Jewish and Democratic State*, Jerusalem: The World Union for Jewish Studies, 1999 (in Hebrew), pp. 209-228.

65 "Tamarin versus the State of Israel" in the High Court of Justice, decision 630/70, January 20, 1972. 타마린이 청원의 근거로 삼은 것은 프랑스 사회학자 조르주 프리드만의 다음 책

이었다. Georges Friedmann, *The End of the Jewish People?*, New York: Doubleday, 1967. 극도로 친이스라엘적인 이 책의 결론은 이스라엘 민족이라는 것이 서서히 형태를 갖춰나가고 있으며, 그 특징은 역사 속 유대인의 특징과 다르다는 것이다.

66 『하아레츠』 1985년 8월 2일자에 실린 아모스 벤 베레드(Amos Ben Vered)의 기사 참조.

67 샴마스가 쓴 다음 몇 개의 글 참조. Anton Shammas, "The New Year for the Jews," *Ha'hir*, September 13, 1985; "The Blame of the Babushka," *Ha'hir*, January 24, 1986; 그리고 "We (Who Is That?)," *Politika*, October 17, 1987, pp. 26-27.

68 Abraham B. Yehoshua, "Reply to Anton," in *The Wall and the Mountain*, Tel Aviv: Zmora, Bitan, 1989 (in Hebrew), pp. 197-205.

69 Moshe Neuman versus the president of the central electoral commission, decision (4) 177, 189.

70 www.knesset.gov.il/laws/special/heb/yesod1.pdf와 www.knesset.gov.il/elections16/heb/laws/party_law.htm#4. 웹사이트 참조.

71 Sammy Smooha, "Minority Status in an Ethnic Democracy: The Status of the Arab Minority in Israel," *Ethnic and Racial Studies* 13 (1990), pp. 389-413.

72 다음 논문 참조. Sammy Smooha, "The Regime of the State of Israel: Civic Democracy, Non-Democracy or an Ethnic Democracy?," *Israeli Sociology* 2: 2 (2000, in Hebrew), p. 620. 다음 논문도 참조. "The Model of Ethnic Democracy: Israel as a Jewish and Democratic State," *Nation and Nationalism* 8: 4 (2002), pp. 475-503.

73 스무하와 그의 분석에 대한 반응에 관해서는 다음 논문 참조. Eyal Gross, "Democracy, Ethnicity and Legislation in Israel: Between the 'Jewish State' and the 'Democratic State,'" *Israeli Sociology* 2: 2 (2000), pp. 647-673.

74 Eliezer Schweid, "Israel: 'a Jewish State' or 'a State of the Jewish people'?" in *Zionism in a Post-Modernist Era*, Jerusalem: The Zionist Library, 1996 (2000, in Hebrew), p. 116.

75 Shlomo Avineri, "National Minorities in the National Democratic State," in *The Arabs in Israeli Politics: Dilemmas of Identity*, Eli Rekhes (ed.), Tel Aviv: Moshe Dayan Center, 1998 (in Hebrew), p. 24.

76 Asa Kasher, "The Democratic State of the Jews," in *The State of Israel: Between Judaism and Democracy*, Yossi David (ed.), Jerusalem: Israeli Democracy Institute, 2000 (in Hebrew), p. 116.

77 Haim Hermann Cohen, "The Jewishness of the State of Israel," *Alpayim* 16 (1998), p. 10.

78 Ibid., p. 21.

79 Aharon Barak, "The values of the State of Israel as a Jewish and democratic state." 다음 웹사이트에 수록. www.nfc.co.il/archive/003-D-1202-00.html?tag=21-53-48#PTEXT1767.

80 Ibid.

81 다음 책 참조. Margolin (ed.), *The State of Israel*, p. 11.

82 Shlomo Sand, "To Whom Does the State Belong?," *Haaretz*, October 10, 2000.

83 Daniel Friedman, "Either Confrontation or Integration," *Haaretz*, October 17, 2000.

84 Alexander Yakobson and Amnon Rubinstein, *Israel and the Family of Nations: The Jewish Nation-State and Human Rights*, New York: Routledge, 2008.

85 다음 글 참조. Gad Lior, "More Emigrants than Immigrants," *Yediot Ahronot*, April 20, 2007 (in Hebrew).

86 '종족 국가'(ethnic state)와 '종족정'(ethnocracy)이라는 용어를 이스라엘에 처음 적용한 이들은 나딤 로우하나, 아사드 가넴, 오렌 이프타켈 등이다. 다음 책과 논문 참조. Nadim N. Rouhana, *Palestinian Citizens in an Ethnic Jewish State: Identitites in Conflict*, New Haven: Yale University PRess, 1997; As'ad Ghanem, "State and Minority in Israel: The Case of Ethnic State and the Predicament of Its Minority," *Ethnic and Racial Studies* 21: 3 (1998), pp. 428–447; Oren Yiftachel, *Ethnocracy: Land and Identity Politics in Israel/Palestine*, Philadelphia: University of Pennsylvania Press, 2006.

87 가자지구에 대한 민족적 애착도 헤브론과 베들레헴에 대한 소유욕에는 결코 미치지 못했다. 이 지역에서 평화 합의를 이끌어내지 못하는 이스라엘 정치 엘리트들의 무능함에 대해서는 다음의 가치 있는 책을 참조. Lev Luis Grinberg, *Politics and Violence in Israel/Palestine*, New York, Routledge, 2009.

88 다음 기사 참조. Shmuel Rozner, "Mixed Marriages Create Two Jewish Peoples," *Haaretz*, December 29, 2006. 그리고 『예디오트 아흐로노트』(*Yediot Ahronot*) 2007년 8월 31일자에 게재된 여러 기사도 참조.

후기

1 시몬 샤마(Simon Schama)는 이와 관련해서 내 책이 "선조의 땅과 유대인의 경험 사이에 연결된 기억의 고리를 끊는 데 실패했다"고 썼는데, 유대인들이 그들의 성지에 대해 느끼는 역사적 친밀감에 대한 내 분석을 오해했기 때문인 것 같다. 그의 다음 리뷰 참고. *Finacial Times*, November 13, 2009.

2 그 사례로는 다음 기사를 참조. Patricia Cohen, "Book Calls Jewish People an 'Invention'," *New York Times*, November 24, 2009.

3 예외적인 경우로는 마틴 굿맨이 있는데, 그는 유대인이 낙태를 금지하고 자녀를 죽이지 않은 유일한 집단이라는 것을 근거로 해서 고대 세계에서 그 인구가 성장한 이유를 설명하는 시오니즘의 신화를 순진하게 받아들이고 있다. 그의 다음 리뷰를 참조. Martin Goodman, "Secta and Natio," *Times Literary Supplement*, February 26, 2010. 이 주제에 대한 훨씬 흥미로운 연구는 다음 논문에서 볼 수 있다. Maurice Sartre, "A-t-on inventé le peuple juif?", *Le Débat, Histoire, Politique, Société*, 158, January 2010, pp. 177-184.

4 이것이 바로 내가 비평가들에 대해 놀란 이유이다. 그들은 시오니스트 학자들이 이미 하자르인들에 대해 알고 있었고 글을 써왔다는 사실을 내가 무시했다고 비난했다. 다음 사례를 참조. Israel Bartal, "Inventing an Invention," *Haaretz*, July 6, 2008.

5 Marc Bloch, *Strange Defeat*, New York: Norton, 1999, p. 3.

6 버나드 웨인리브(Bernard D. Weinryb)와 세르지오 델라 페르골라(Sergio Della Pergola) 같은 역사가 및 인구통계학자에 대한 이츠 판 스트라텐(Jits van Straten)의 뛰어난 비판은 다음 글을 참조. "Early Modern Polish Jewry: The Rhineland Hypothesis Revisited," *Historical Methods: A Journal of Quantitative and Interdisciplinary History Quarterly*, 40:1 (2007), pp. 39-50.

7 이에 관해서는 다음 사례를 참조. Anita Shapira, "The Jewish-People Deniers," *Journal of Israeli History*, 28:1 (2009), pp. 63-72.

8 내가 "시오니즘의 이스라엘 프로젝트를 이해함에 있어 정착민 민족주의의 중요성을 무시하고 있다"는 주장에 대해서는 다음을 참조. Gabriel Piterberg, "Converts to Colonizers?" *New Left Review*, 2:59 (2009), pp. 145-151.

Adler, Mordechai Ben Nathan (ed.), *The Travel Book of Rabbi Benjamin*, Jerusalem: The Publishing House of the Students Association of the Hebrew University, 1960 (in Hebrew).

Agostini, Paolo, "Once Again on the Etymology of Davenen," *Yiddish: A Quarterly Journal Devoted to Yiddish and Yiddish Literature* 11: 1-2 (1998).

Aharoni, Yohanan, *Carta's Atlas of the Bible*, Jerusalem: Carta, 1964 (in Hebrew).

Ahimaaz, *Megillat Ahimaaz*, Jerusalem: Tarshish, 1974.

Albright, William F., *The Archaeology of Eretz-Israel*, Tel Aviv: Am Oved, 1965 (in Hebrew).

_____, *The Archaeology of Palestine and the Bible*, London: Penguin, [1949] 1960.

Almog, Shmuel, "'The Land for its Workers' and the Proselytizing of the Fellahin," in *Nation and History*, vol. 2, Shmuel Ettinger (ed.), Jerusalem: Zalman Shazar, 1984 (in Hebrew).

Alon, Gedaliah, *Studies in Jewish History*, vol. 2, Tel Aviv: Hakibutz Hameuhad, 1958 (in Hebrew).

Alter, Marc, *The Wind Of The Khazars*, New Milford: The Toby Press, 2003.

Anderson, Benedict, *Imagined Communities: Reflections on the Origin and Spread of Nationalism*, London: Verso, 1991.

Ankori, Zvi, "Sources and History of Ashkenazi Judaism," *Kivunim: Periodical of Judaism and Zionism* 13 (1981, in Hebrew).

Aron, Raymond, *Les Désillusions du progrès: Essai sur la dialectique de la modernité*, Paris: Calmann-Lévy, 1969.

Assaf, Simcha, "Rabbi Yehudah al-Barceloni on the missive of Joseph the Khazar King," *Sources and Research on Israel's History*, Jerusalem: Harav Kook, 1946 (in Hebrew).

Avineri, Shlomo, *Moses Hess: Prophet of Communism and Zionism*, New York: New York University Press, 1985.

_____, "National Minorities in the National Democratic State," in *The Arabs in Israeli Politics: Dilemmas of Identity*, Eli Rekhes (ed.), Tel Aviv: Moshe Dayan Center, 1998 (in Hebrew).

Aziza, Claude, *Tertullien et le judaïme*, Paris: Les Belles Lettres, 1977.

Baer, Yitzhak, *A History of the Jews in Christian Spain*, Philadelphia: The Jewish Publication Society of America, 1971.

_____, "A Social and Religious History of the Jews," *Zion*, vol. 3, (1938).

_____, *Galut*, New York: Schoken Books, 1947.

_____, *Israel Among Nations*, Jerusalem: Bialik, 1955 (in Hebrew).

_____, *Studies in the History of the Jewish People*, Jerusalem: The Historical Society of Israel, 1985 (in Hebrew).

Balibar, Etienne and Immanuel Wallerstein, *Race, Nation, Class*, London: Verso, 1991.

Balta, Paul, C. Dana, and R. Dhoquois-Cohen (eds.), *La Méditerranée des Juifs*, Paris: L'Harmattan, 2003.

Bamberger, Bernard J., *Proselytism in the Talmudic Period*, New York: Ktav Publishing House, [1939] 1968.

Baras, Zvi et al. (eds.), *Eretz Israel From the Destruction of the Second Temple to the Muslim Conquest*, Jerusalem: Ben Zvi, 1982 (in Hebrew).

Barnai, Jacob, *Historiography and Nationalism*, Jerusalem: Magnes, 1996 (in Hebrew).

Baron, Salo Wittmayer, "Jewish Ethnicism," *Modern Nationalism and Religion*, New York: Meridian Books, 1960.

_____, *A Social and Religious History of the Jews*, New York: Columbia University Press, 1952.

Bartal, Israel, *Exile in the Homeland: Essays*, Jerusalem: Hassifria Hazionit, 1994 (in Hebrew).

Basnage, Jacques, *Histoire de la religion des juifs, depuis Jésus-Christ jusqu'à present: Pour servir de supplément et de continuation à l'histoire de Josèphe*, Den Haag: Henry Scheurleer, 1706-7.

Behar, Doron M. et al., "The Matrilineal Ancestry of Ashkenazi Jewry: Portrait of a Recent Founder Event," *American Journal of Human Genetics* 78 (2006).

Bein, Alex (ed.), *Arthur Ruppin: Memoirs, Diaries, Letters*, London: Weidenfeld & Nicolson, 1971.

Belkind, Israel, *In the Path of the Biluim*, Tel Aviv: Ministry of Defence, 1983 (in Hebrew).

_____, *The Arabs in Eretz Israel*, Tel Aviv: Hameir, 1928 (in Hebrew).

Ben-Gurion, David, *Biblical Reflections*, Tel Aviv: Am Oved, 1969 (in Hebrew).

Ben-Gurion, David and Yitzhak Ben-Zvi, *Eretz Israel in the Past and in the Present*, Jerusalem: Ben-Zvi, 1979 (in Hebrew).

Ben-Sasson, H. H. (ed.), *History of the Jewish People*, Tel Aviv: Dvir, 1969 (in Hebrew).

Ben-Ze'ev, Israel, *The Jews in Arabia*, Jerusalem: Ahiassaf, 1957 (in Hebrew).

Ben-Zvi, Itzhak, *Our Population in the Country*, Warsaw: The Executive Committee of the Youth Alliance and the JNF, 1929 (in Hebrew).

_____, *The Lost Communities of Israel*, Tel Aviv: The Ministry of Defense, 1963 (in Hebrew).

Berthelot, Katell, "The Biblical Conquest of the Promised Land and the Hasmonaean Wars According to 1 and 2 Maccabees," in *The Books of the Maccabees: History, Theology, Ideology*, G. G. Xeravits and J. Zsengellé (eds.), Leiden: Brill, 2007.

Billing, Michael, *Banal Nationalism*, London: Sage Publications, 1995.

Binyamin Mazar, *Canaan and Israel: Historical Essays*, Jerusalem: Bialik, 1974 (in Hebrew).

Bloch, Marc, *The Historian's Craft*, Manchester: Manchester University Press, 1954.

Boas, Franz, *The Mind of Primitive Man*, New York: The Free Press, 1965.

Borut, J. and O. Heilbronner (eds.), *German Anti-Semitism*, Tel Aviv: Am Oved, 2000 (in

Hebrew).

Braude, William G., *Jewish Proselytizing in the First Centuries of the Common Era: The Age of the Tannaim and Amoraim*, Wisconsin: Brown University, 1940.

Braudel, Fernand, "History and Social Sciences: The Long Duree," in *Histories: French Constructions of the Past*, J. Revel and L. Hunt (eds.), New York: The New Press, 1995.

Breuilly, John, *Nationalism and the State*, New York: St. Martin's Press, 1982.

Brook, Kevin A., *The Jews of Khazaria*, Northvale: Jason Aronson, 1999.

Broshi, Magen, "Demographic changes in ancient Eretz Israel: Methodology and estimation," in *Man and Land in Eretz Israel in Antiquity*, A. Kasher, A. Oppenheimer, and U. Rapaport (eds.), Jerusalem: Ben Zvi, 1986 (in Hebrew).

Broshi, Magen and Israel Finkelstein, "The size of the population in Eretz Israel in 734 BCE," *Cathedra* 58, 1991 (in Hebrew).

Brubaker, Rogers, *Citizenship and Nationhood in France and Germany*, Cambridge, MA: Harvard University Press, 1992.

_____, "The Manichean Myth: Rethinking the Distinction Between 'Civic' and 'Ethnic' Nationalism," in *Nation and National Identity: The European Experience in Perspective*, Hanspeter Kries et al. (eds.), Zürich: Rüegger, 1999.

Brutzkus, Julius, "The Khazar Origin of Ancient Kiev," *Slavonic and East European Review* 3:1 (1944)

Buber, Martin, *On Judaism*, New York: Schocken Books, 1972.

Carcopino, Jérôme, *Daily Life in Ancient Rome*, New Haven: Yale University Press, [1940] 1968.

Cassius Dio, *Roman History*.

Cauthen, Bruce, "The Myth of Divine Election and Afrikaner Ethnogenesis," in *Myths and Nationhood*, G. Hoskin and G. Schöflin (eds.), New York: Routledge, 1997.

Centlivres, Pierre et al. (eds.), *La Fabrique des héros*, Paris: Maison des sciences de l'homme, 1998.

Chatterjee, Partha, *Nationalist Thought and the Colonial World*, Tokyo: Zed Books, 1986.

_____, *The Nation and Its Fragments: Colonial and Postcolonial Histories*, Princeton: Princeton University Press, 1993.

Chouraqui, André, *Between East and West: A History of the Jews of North Africa*, Philadelphia: The Jewish Publication Society of America, 1968.

Cohen, A. A. and P. Mendes-Flohr (eds.), *Contemporary Jewish Religious Thought: Original Essays on Critical Concepts, Movements, and Beliefs*, New York: Free Press, 1988.

Cohen, Shaye J. D., *The Beginnings of Jewishness: Boundaries, Varieties, Uncertainties*, Berkeley: University of California Press, 1999.

Corcos, Alain F., *The Myth of the Jewish Race: A Biologist's Point of View*, Bethlehem: Lehigh University Press, 2005.

David, Abraham ben, "The book of the Kabbalah of Abraham ben David" in *The Order of the*

Sages and the History, copied from Clarendon at Oxford, 1967 (in Hebrew).

Davies, Philip R., *In Search of "Ancient Israel,"* Sheffield: Sheffield University Press, 1992.

Davis, Horace, *Nationalism and Socialism: Marxist and Labor Theories of Nationalism to 1917*, New York: Monthly Review Press, 1967.

Dayan, Moshe, *Living with the Bible*, Jerusalem: Idanim, 1978 (in Hebrew).

Detienne, Marcel, *Comment être autochtone*, Paris: Seuil, 2003.

Deutsch, Karl W., *Nationalism and Its Alternatives*, New York: A. A. Knopf, 1969.

_____, *Nationalism and Social Communication*, New York: MIT Press, 1953.

Dinur (Dinaburg), Ben-Zion, *Historical Writings*, Jerusalem: Bialik, 1977 (in Hebrew).

_____, *History of Israel*, Kiev: Society of Distributors of Education in Israel (in Hebrew).

_____, *Israel in Exile*, Tel Aviv: Dvir, 1926 (in Hebrew).

_____, *The History of Israel: Israel in Its Land*, Tel Aviv: Dvir, 1938 (in Hebrew).

_____, *Values and Roads*, Tel Aviv: Urim, 1958 (in Hebrew).

Dionysius of Halicarnassus, *Roman Antiquities*, Loeb Classical Library edn. Cambridge, MA: Harvard University Press, 1937.

Doron, Joachim, *The Zionist Thinking of Nathan Birnbaum*, Jerusalem: The Zionist Library, 1988 (in Hebrew).

Dubnow, Simon, *Discovery and Research*, Odessa: Abba Dochna, 1892 (in Hebrew).

_____, *La Livre de ma vie: souvenirs et réflexions, matéiaux pour l'istoire de mon temps*, Paris: Cerf, 2001.

_____, *Letters on the Old and New Judaism*, Tel Aviv: Dvir, [1897-1906] 1937 (in Hebrew).

Dunlop, D. M., *The History of the Jewish Khazars*, Princeton: Princeton University Press, 1954.

Dunn, Geoffrey D., *Tertullian*, London: Routledge, 2004.

Edelman, Diana V., (ed.), *The Triumph of Elohim: From Yahwisms to Judaisms*, Michigan: Eerdmans, 1996.

Efron, John M., *Defenders of the Race: Jewish Doctors and Race Science in Fin-de-Sièle Europe*, New Haven: Yale University Press, 1994.

Eisen, Arnold M., "Exile," in *Contemporary Jewish Religious Thought: Original Essays on Critical Concepts, Movements, and Beliefs*, A. A. Cohen and P. Mendes-Flohr (eds.), New York: Free Press, 1988.

_____, *Galut: Modern Jewish Reflection on Homelessness and Homecoming*, Bloomington: Indiana University Press, 1986.

El-Haj, Nadia Abu, *Facts on the Ground: Archaeological Practice and Territorial Self-Fashioning in Israeli Society*, Chicago: The University of Chicago Press, 2002.

Elam, Yigal, *Judaism as a Status Quo*, Tel Aviv: Am Oved, 2000 (in Hebrew).

Elon, Amos, *The Pity of It All: A History of Jews in Germany, 1743-1933*, New York: Metropolitan Books, 2002.

Elukin, Jonathan M., "Jacques Basnage and the History of the Jews: Anti-Catholic Polemic and

Historical Allegory in the Republic of Letters," *Journal of the History of Ideas* 53:4 (1992).

Epstein, Abraham (ed.), *Eldad the Danite*, Pressburg, AD: Alkalai, 1891 (in Hebrew).

Erdélyi, István, "Les relations hungaro-khazares," *Studia et Acta Orientalia* 4 (1962).

Eshkoli, Aharon Ze'ev, "The Vertigo of History," *Moznaim*, 18:5 (1944 [in Hebrew]).

Ettinger, Shmuel, *Studies in Modern Jewish History, I: History and Historians*, Jerusalem: Zalman Shazar, 1992 (in Hebrew).

Eusebius Pamphilius, *Ecclesiastical History*.

Evron, Boas, *Jewish State or Israeli Nation*, Bloomington: Indiana University Press, 1995.

Falk, Raphael, *Zionism and the Biology of the Jews*, Tel Aviv: Resling, 2006 (in Hebrew).

Feiner, Shmuel, *Haskalah and History: The Emergence of a Modern Jewish Historical Consciousness*, Oxford: Littman Library of Jewish Civilization, 2002.

Feldman, Louis H., *Jew and Gentile in the Ancient World*, New Jersey: Princeton University Press, 1993.

_____, "Jewish 'Sympathizers' in Classical Literature and Inscriptions," *Transactions and Proceedings of the American Philological Association*, vol. 81 (1950).

Ferro, Marc, "Les Juifs: tous des sémites" in *Les Tabous de l'Histoire*, Paris: Nil editions, 2002.

Finkelstein, Israel and Neil Silberman, *The Bible Unearthed*, New York: Free Press, 2001.

Fishberg, Maurice, *The Jews: A Study of Race and Environment*, Whitefish: Kessinger Publishing, 2007.

Friedman, Daniel, "Either Confrontation or Integration," *Haaretz*, October 17, 2000.

Friedmann, Georges, *The End of the Jewish People*, New York: Doubleday, 1967.

Geary, Patrick J., *The Myth of Nations: The Medieval Origins of Europe*, Princeton: Princeton University Press, 2002.

Geiger, Joseph, "The expansion of Christianity in Eretz Israel," in *Eretz Israel From the Destruction of the Second Temple to the Muslim Conquest*, Zvi Baras et al. (eds.), Jerusalem: Ben Zvi, 1982 (in Hebrew).

Gellner, Ernest, *Nations and Nationalism*, Oxford: Blackwell, 1983.

Gerber, Jane S., *The Jews of Spain: A History of the Sephardic Experience*, New York: The Free Press, 1992.

Gobineau, Joseph-Arthur de, *The Inequality of the Human Races*, New York: Howard Fertig, 1999.

Goebbels, Joseph, "Rassenfrage und Weltpropaganda," in *Reichstagung in Nürnberg 1933*, Julius Streicher (ed.), Berlin: Vaterlandischer Verlag C. A. Weller, 1933.

Goitein, Shelomo Dov, *Palestinian Jewry in Early Islamic and Crusader Times*, Jerusalem: Ben Zvi, 1980 (in Hebrew).

_____, *Teaching the Bible: Problems and Methods of Modern Bible Teaching*, Tel Aviv: Yavneh, 1957 (in Hebrew).

Golb, N. and O. Pritsak, *Khazarian Hebrew Documents of the Tenth Century*, Ithaca: Cornell

University Press, 1982.

Golden, Peter B., *Khazar Studies: An Historico-Philological Inquiry into the Origins of the Khazars*, Budapest: Akademiai Kiado, 1980.

_____, *The Q'azars: Their History and Language as Reflected in the Islamic, Byzantine, Caucasian, Hebrew and Old Russian Sources*, New York: Columbia University, 1970.

Goodman, Martin, *Mission and Conversion: Proselytizing in the Religious History of the Roman Empire*, Oxford: Clarendon Press, 1994.

_____, "Secta and Natio," *Times Literary Supplement*, February 26, 2010.

Graetz, Heinrich, *Essays-Memoirs-Letters*, Jerusalem: Bjalik, 1969 (in Hebrew).

_____, *Geschichte der Juden von den ältesten Zeiten bis auf die Gegenwart*, Leipzig: O. Leiner, [1853-1876] 1909; (in English) *History of the Jews from the Oldest Times to the Present*, Philadelphia: JPS, 1891-98.

_____, *Volkstümliche Geschichte der Juden*, 3 vols., Leipzig: O. Leiner, 1889-1908.

Gramsci, Antonio, *The Modern Prince and Other Writings*, New York: International Publishers, 1957.

Grant, Susan-Mary, "Making History: Myth and the Construction of American Nationhood," in *Myths and Nationhood*, G. Hoskin and G. Schopflin (eds.), New York: Routledge, 1997.

Greenfeld, Liah, *Nationalism and the Mind: Essays on Modern Culture*, Oxford: Oneworld Publications, 2006.

_____, *Nationalism: Five Roads to Modernity*, Cambridge, MA: Harvard University Press, 1992.

_____, "Nationalism in Western and Eastern Europe Compared," in *Can Europe Work? Germany and the Reconstruction of Postcommunist Societies*, S. E. Hanson and W. Spohn (eds.), Seattle: University of Washington Press, 1995.

Gregory of Tours, *The History of the Franks*, London: Penguin Classics, 1976.

Grinberg, Lev Luis, *Politics and Violence in Israel/Palestine*, New York, Routledge, 2009.

Golden, Peter, *Nomads and their Neighbors in the Russian Steppe*, Aldershot: Ashgate, 2003.

Golden, Peter, Haggai Ben-Shammai, and András Roná-Tas (eds.), *The World of the Khazars*, Leiden: Brill, 2007.

Gruen, Erich S., *Diaspora: Jews amidst Greeks and Romans*, Cambridge, MA: Harvard University Press, 2002.

HaCohen, Ran, *Reviving the Old Testament*, Tel Aviv: Hakibutz Hameuhad, 2006 (in Hebrew).

Halimi, Gisele, *La Kahina*, Paris: Plon, 2006.

Hall, John A. (ed.), *The State of the Nation: Ernest Gellner and the Theory of Nationalism*, Cambridge: Cambridge University Press, 1998.

Hannoum, Abdelmajid, *Colonial Histories, Post-Colonial Memories: The Legend of the Kahina, A North African Heroine*, Portsmouth: Heinemann, 2001.

Harkavy, Abraham, *The Jews and the Language of the Slavs*, Vilnius: Menahem Rem, 1867 (in Hebrew).

_____(ed.), *Answers of the Geonim: For the Memory of the Rishonim*, Berlin: Itzkevsky, 1887 (in Hebrew).

Harnack, Adolf, *The Mission and Expansion of Christianity in the First Three Centuries*, Gloucester, MA: P. Smith, 1972.

Haupt, Georges, Michaël Löwy, and Claudie Weill, *Les Marxistes et la question nationale, 1848-1914*, Paris: Maspero, 1974.

Hayes, Carlton J. H., *Essays on Nationalism*, New York: Russell, [1926] 1966.

Hayoun, Maurice-Ruben, *La Science du judaïme*, Paris: Presses Universitaires de France, 1995.

Herzog, Ze'ev, "Deconstructing the Walls of Jericho: Biblical Myth and Archaeological Reality," *Prometheus* 4 (2001).

Hirschberg, Haim Ze'ev, *A History of the Jews in North Africa*, vol. 3, Leiden: Brill, 1974.

_____, *Israel in Arabia: The History of the Jews In Hedjaz and Himyar*, Tel Aviv: Byalik, 1946 (in Hebrew).

_____, "Jews in the Islamic Countires," in *Chapters in the History of the Arabs and Islam*, Hava Lazarus-Yafeh (ed.), Tel Aviv: Reshafim, 1970 (in Hebrew).

_____, "The Jewish Kingdom of Himyar," in *The Jews of Yemen: Studies and Researches*, Y. Yeshaiahu and Y. Tobi (eds.), Jerusalem: Ben Zvi, 1975 (in Hebrew).

_____, "The Judaized Berbers in North Africa," *Zion*, vol. 22 (1957).

Hobsbawm, Eric, *Nations and Nationalism since 1780*, Cambridge: Cambridge University Press, 1992.

Hobsbawm, Eric and Terence Ranger (eds.), *The Invention of Tradition*, Cambridge: Cambridge University Press, 1983.

Horon, Adiyah, *East and West: A History of Canaan and the Land of the Hebrews*, Tel Aviv: Dvir, 2000 (in Hebrew).

Hroch, Miroslav, *Social Preconditions of National Revival in Europe*, New York: Columbia University Press, 2000.

Hutchinson, John, *Modern Nationalism*, London: Fontana Press, 1994.

Ibn Khaldun, *Histoire des Berbères et des dynasties musulmanes de l'Afrique septentrionale*, Paris: Geuthner, 1968.

Ignatieff, Michael, *Blood and Belonging: Journeys in the New Nationalism*, New York: Farrar, 1993.

Jabotinsky, Vladimir Ze'ev, *Selected Writings: Exile and Assimilation*, Tel Aviv: Shlomo Zaltzman, 1936 (in Hebrew).

Josephus, Flavius, *Against Apion*.

_____, *Antiquities of the Jews*.

, *The Life of Flavius Josephus*.

_____, *The War of the Jews*.

Jost, Isaak Markus, *Geschichte der Israeliten seit der Zeit der Makkabaer bis auf unsere tage: Nach den Quellen bearbeitet*, 9 vols., Berlin: Schlesinger'sche Buch, 1820-28.

Juster, Jean, *Les Juifs dans l'Empire romain*, Paris: Geuthner, 1914.

Justin Martyr, *Dialogue with Trypho*.

Kahana, Abraham (ed.), *The Literature of History*, Warsaw, 1922 (in Hebrew).

Kaplan, Steven, *The Beta Israel (Falasha) in Ethiopia*, New York: New York University Press, 1992.

Kaplansky, Naomi (producer) and Ehud Ya'ari (narrator), *The Kingdom of the Khazars with Ehud Ya'ari*, television serial, Jerusalem: Israeli Television Channel 1, 1997.

Kasher, Aryeh, *Jews, Idumaens, and Ancient Arabs*, Tübingen: Mohr, 1988.

Katz, Jacob, *Jewish Nationalism: Essays and Studies*, Jerusalem: The Zionist Library, 1983 (in Hebrew).

Katz, Solomon, *The Jews in the Visigothic and Frankish Kingdoms of Spain and Gaul*, New York: Kraus Reprint, [1937] 1970.

Kaufmann, Yehezkel, *Exile and Estrangement*, Tel Aviv: Dvir, 1929 (in Hebrew).

_____, *The Biblical Story About the Conquest of the Land*, Jerusalem: Bialik, 1955 (in Hebrew).

Kautsky, Karl, *Are the Jews a Race?(Judaism and Race)*, New York: Jonathan Cape, 1926.

Kedourie, Elie, *Nationalism*, London: Hutchinson, 1960.

Keller, Werner, *The Bible as History*, New York: Bantam Books, 1982.

Kelly, Gordon P., *A History of Exile in the Roman Republic*, Cambridge: Cambridge University Press, 2006.

Keren, Michael, *Ben Gurion and the Intellectuals: Power, Knowledge and Charisma*, Dekalb: Northern Illinois University Press, 1984.

Kimmerling, Baruch, *The Invention and Decline of Israeliness: State, Society, and Military*, Berkeley: University of California Press, 2001.

_____, *Zionism and Territory: The Socio-Territorial Dimensions of Zionist Politics*, Berkeley: University of California Press, 1983.

Kimmerling, Baruch and Joel S. Migdal, *The Palestinian People: A History*, Cambridge, MA: Harvard University Press, 2003.

Kiriat Sefer 39 (1964 [in Hebrew]).

Kirsh, Nurit, "Population Genetics in Israel in the 1950s: The Unconscious Internalization of Ideology," *ISIS, Journal of the History of Science* 94 (2003).

_____, *The Teaching and Research of Genetics at the Hebrew University (1935-1961)*, unpublished, Tel Aviv University, 2003 (in Hebrew).

Kitroser, Félix E., *Jazaria: El imperio olvidado por la historia*, Cordova: Lerner Ediciones, 2002.

Klauzner, Joseph, *The History of the Second Temple*, Jerusalem: Ahiassaf, 1952 (in Hebrew).

Klauzner, Joseph, *In the Time of the Second Temple*, Jerusalem: Mada, 1954 (in Hebrew).

Kleiman, Yaakov, *DNA and Tradition: The Genetic Link to the Ancient Hebrew*, Jerusalem, New

York: Devora Publishing, 2004.

Knox, Robert, *The Races of Man*, London: Beaufort Books, 1950.

Koestler, Arthur, *The Thirteenth Tribe: The Khazar Empire and Its Heritage*, London: Hutchinson, 1976.

Kohn, Hans, *A History of Nationalism in the East*, New York: Harcourt, 1929.

_____, *Nationalism and Liberty: The Swiss Example*, London: Allen & Unwin, 1956.

_____, *Nationalism, Its Meaning and History*, Princeton: Van Nostrand, 1955.

_____, *Prophets and Peoples: Studies in Nineteenth-Century Nationalism*, New York: Macmillan, 1946.

_____, *The Idea of Nationalism*, New York: Collier Books, [1944] 1967.

_____, *The Mind of Germany: The Education of a Nation*, London: Macmillan, 1965.

Kohn, Hans and Daniel Walden, *Readings in American Nationalism*, New York: Van Nostrand, 1970.

Kumar, Krisham, *The Making of English National Identity*, Cambridge: Cambridge University Press, 2003.

Kutschera, Hugo Von, *Die Chasaren: Historische Studie*, Vienna: A. Holzhausen, 1910.

Kuzio, Taras, "The Myth of the Civic State: a Critical Survey of Hans Kohn's Framework for Understanding Nationalism," *Ethnic and Racial Studies* 25:1 (2002).

Landau, Menahem, "The actual status of the problem of the Khazars," *Zion*, vol 13 (1953).

Lecker, Michael, *Jews and Arabs in Pre- and Early Islamic Arabia*, Aldershot: Ashgate, 1998.

Lemche, Niels Peter, *Ancient Israel: A New History of Israelite Society*, Sheffield: Sheffield University Press, 1988.

_____, *The Israelites in History and Tradition*, London: SPCK, 1998.

Lerner, Joseph Yehuda, *The Khazars*, Odessa: Belinson, 1867 (in Hebrew).

Levine, Lee Israel, *Judaism and Hellenism in Antiquity: Conflict or Confluence?*, Peabody, MA: Hendrickson, 1998.

_____, "The Age of Rabbi Yehudah Hanassi," in *Eretz Israel From the Destruction of the Second Temple to the Muslim Conquest*, Zvi Baras et al. (eds.), Jerusalem: Ben Zvi, 1982 (in Hebrew).

Levinsohn, Isaac Baer, *Testimony in Israel*, Jerusalem: Zalman Shazar, 1977 (in Hebrew).

Lewicki, Tadeusz, "Kabarowie (Kawarowie) na Rusi, na Węgrzech i w Polsce we wczesnym średniowieczu," in *Studia nad etnogenezą Słowian i kulturą Europy wczesno-średniowiecznej*, G. Labuda and S. Tabaczyńki (eds), vol. 2, Wrocław: Zakład im. Ossolińskich, 1988.

Liebeschüz, Hans, "Treitschke and Mommsen on Jewry and Judaism," *Leo Baeck Institute Yearbook*, vol. 7, 1962.

Lindenberger, James M., *The Aramaic Proverbs of Ahiqar*, Baltimore: Johns Hopkins, 1983.

Linder, Amnon, "The Roman power and the Jews in the time of Constantine," *Tarbiz* 44 (1975 [in Hebrew]).

Lior, Yehoshua, *The Khazars in the Light of the Soviet Historiography*, Ramat Gan: Bar Ilan University, 1973 (in Hebrew).

Litman, Jacob, *The Economic Role of Jews in Medieval Poland: The Contribution of Yitzhak Schipper*, Lanham: University Press of America, 1984.

Mapu, Abraham, *The Love of Zion*, London: Marshall Simpkin, 1887 (in Hebrew).

Margolin, Ron (ed.), *The State of Israel as a Jewish and Democratic State*, Jerusalem: The World Union for Jewish Studies, 1999 (in Hebrew).

Margalit, Israel, "Arthur Koestler Found the Thirteenth Tribe," *In the Diasporas of the Exile*, vol. 11, 83-4, 1978 (in Hebrew).

Mazar, Benjamin, *Canaan and Israel: Historical Essays*, Jerusalem: Bialik, 1974 (in Hebrew).

_____(ed.), *History of the People of Israel*, Tel Aviv: Masada, 1967 (in Hebrew).

Mendes-Flohr, Paul (ed.), *Modern Jewish Studies: Historical and Philosophical Perspectives*, Jerusalem: Zalman Shazar, 1979 (in Hebrew).

Meroz, Nurit, *Proselytism in the Roman Empire in the First Centuries AD*, MA thesis, Tel Aviv University, 1992 (in Hebrew).

Meyer, Michael A., "Heinrich Graetz and Heinrich von Treitschke: A Comparison of Their Historical Images of the Modern Jew," *Modern Judaism* 6:1 (1986).

Michael, Reuven, *Hirsch (Heinrich) Graetz: The Historian of the Jewish People*, Jerusalem: Bialik, 2003 (in Hebrew).

_____, *Historical Jewish Writing*, Jerusalem: Bialik, 1993 (in Hebrew).

Mieses, Mathias, *Die Jiddische Sprache*, Berlin: Benjamin Harz, 1924.

Milikowsky, Chaim, "Notions of Exile, Subjugation and Return in Rabbinic Literature," in *Exile: Old Testament, Jewish and Christian Conceptions*, James M. Scott (ed.), Leiden: Brill, 1997.

Mill, John Stuart, *Considerations on Representative Government*, Chicago: Gateway, 1962.

Moin, Vladimir A., "Les Khazars et les Byzantins d'aprèes l'Anonyme de Cambridge," *Byzantion*, 6 (1931).

Mommsen, Theodor, *Auch ein Wort über unser Judenhtum*, Berlin: Weidmannsche Buchhandlung, 1881.

_____, *Römische Geschichte*, München: Deutscher Taschenbuch Verlag, 1976; (in English) *The History of Rome*, New York: Meridian Books, 1958.

Mourant, Arthur et al., *The Genetics of the Jews*, Oxford: Oxford University Press, 1978.

Morris, Benny, *The Birth of the Palestinian Refugee Problem Revisited*, Cambridge: Cambridge University Press, 2003.

Myers, David N., *Re-Inventing the Jewish Past: European Jewish Intellectuals and the Zionist Return to History*, New York: Oxford University Press, 1995.

Na'aman, Nadav, *Ancient Israel's History and Historiography: The First Temple Period*, Winona

Lake: Eisenbrauns, 2006.

Nairn, Tom, *The Break-Up of Britain: Crisis and Neo-Nationalism*, London: New Left Books, 1977.

Neusner, Jacob, "The Conversion of Adiabene to Judaism," *Journal of Biblical Literature* 83 (1964).

Nicholson, Ernest, *The Pentateuch in the Twentieth Century: The Legacy of Julius Wellhausen*, Oxford: Oxford University Press, 2002.

Nicolet, Claude, *La Fabrique d'une nation: La France entre Rome et les Germains*, Paris: Perrin, 2003.

Nikiprowetzky, Valentin, *La Troisième Sibylle*, Paris: Mouton, 1970.

Nimni, Ephraim, *Marxism and Nationalism: Theoretical Origins of a Political Crisis*, London: Pluto Press, 1991.

Nordau, Max, *Zionist Writings*, Jerusalem: The Zionist Library, [1901] 1960 (in Hebrew).

Oppenheimer, A. and A. Kasher (eds.), *Dor Le-Dor: From the End of Biblical Times to the Redaction of the Talmud*, Jerusalem: Bialik, 1995.

Orr, Akiva and Moshe Machover, *Peace, Peace, When There is No Peace*, Jerusalem: Bokhan, 1961 (in Hebrew).

Pappe, Ilan, *The Ethnic Cleansing of Palestine*, Oxford: Oneworld Publications, 2007.

Patai, Raphael and Jennifer, *The Myth of the Jewish Race*, Detroit: Wayne State University Press, 1989.

Pavic, Milorad, *Dictionary of the Khazars*, New York: Knopf, 1988.

Perl, Joseph, *Sefer Bohen Tzadic*, Prague: Landau, 1838 (in Hebrew).

Petahiah ben Ya'acov, *The Travels of Rabbi Petahiah of Ratisbon*, Jerusalem: Greenhut, 1967 (in Hebrew).

Polak, Abraham, *Khazaria: History of a Jewish Kingdom in Europe*, Tel Aviv: Bialik, 1951 (in Hebrew).

Polonsky, Antony (ed.), *The Shtetl: Myth and Reality*, Oxford: The Littman Library of Jewish Civilization, 2004.

Porter, Brian, *When Nationalism Began to Hate: Imagining Modern Politics in Nineteenth-Century Poland*, Oxford: Oxford University Press, 2003.

Raba, Joel, *The Contribution and the Recompense: The Land and the People of Israel in Medieval Russian Thought*, Tel Aviv: The Goldstein-Goren Diaspora Research Center, 2003 (in Hebrew).

Rabello, Alfredo M., *The Jews in Spain before the Arab Conquest in the Mirror of Legislation*, Jerusalem: Zalman Shazar, 1983 (in Hebrew).

Ram, Haggay, "The Immemorial Iranian Nation? School Textbooks and Historical Memory in Post-Revolutionary Iran," *Nations and Nationalism* 6:6 (2000).

Ram, Uri, "Zionist Historiography and the Invention of Modern Jewish Nationhood: The Case of Ben Zion Dinur," *History and Memory* 7:1 (1995).

Rapoport, Meron, "The operation to blow up the mosques," *Haaretz*, 6 July 2007.

Rapaport, Uriel, *Jewish Religious Propaganda and Proselytism in the Period of the Second Commonwealth*, Jerusalem: The Hebrew University, 1965 (in Hebrew).

_____, "On the 'Hellenization' of the Hasmoneans," in *The Hasmonean State: The History of the Hasmoneans during the Hellenistic Period*, U. Rapaport and I. Ronen (eds.), Jerusalem: Ben Zvi and The Open University, 1993 (in Hebrew).

Ravitzky, Aviezer, *Messianism, Zionism, and Jewish Religious Radicalism*, Tel Aviv: Am Oved, 1993 (in Hebrew).

Raz-Krakotzkin, Amnon, *Exil et souveraineté: Judaïme, sionisme et pensée binationale*, Paris: La Fabrique, 2007.

Rein, Ariel, "History and Jewish History: Together or Separate? The Definition of Historical Studies at the Hebrew University, 1925-1935," in *The History of the Hebrew University of Jerusalem: Origins and Beginnings*, S. Katz and M. Heyd (eds), Jerusalem: Magnes, 1997 (in Hebrew).

Rekem-Peled, Rina, "Zionism: A Reflection of Anti-Semitism: On the Relationship Between Zionism and Anti-Semitism in Germany of the Second Reich," in J. Borut and O. Heilbronner (eds.), *German Anti-Semitism*, Tel Aviv: Am Oved, 2000 (in Hebrew).

Rémi-Giraud, Sylvianne et Pierre Rétat (eds.), *Les Mots de la nation*, Lyon: Presses Universitaires de Lyon, 1996.

Renan, Ernest, *Le Judaïsme comme race et religion*, Paris: Calmann Levy, 1883.

Rokéah, David, *Justin Martyr and the Jews*, Leiden: Brill, 2002

Rosen-Mokked, Tova, "Khazars, Mongols and pre-Messianic Sufferings," in *Between History and Literature*, Michal Oron (ed.), Tel Aviv: Dionon, 1983 (in Hebrew).

Rotenstreich, Nathan, *The Jewish Thought*, Tel Aviv: Am Oved, 1966 (in Hebrew).

Roth, Andreas, *Chasaren: Das Vergessene Großriech der Juden*, Stuttgart: Melzer, 2006.

Roth, Bezalel (ed.), *The Dark Ages: The Jews in Christian Europe*, Tel Aviv: Masada, 1973 (in Hebrew).

Rozner, Shmuel, "Mixed Marriages Create Two Jewish Peoples," *Haaretz*, December 29, 2006.

Ruppin, Arthur, *Chapters of My Life*, Tel Aviv: Am Oved, 1968 (in Hebrew).

_____, *The Jews of To-Day*, London: Bell and Sons, 1913.

_____, *The Sociology of the Jews*, 2nd edn., Berlin-Tel Aviv: Shtibel, [1930] 1934.

_____, *The War of the Jews for Their Existence*, Tel Aviv: Dvir, 1940 (in Hebrew).

Rubin, Ze'ev, "Byzantium and Southern Arabia: The Policy of Anastasius," in *The Eastern Frontier of the Roman Empire*, D. H. French and C. S. Lightfoot (eds.), *British Archaeological Reports* 553, 1989.

Saavedra, Eduardo, *Estudio sobre la invasión de los árabes en España*, Madrid: Progreso Editorial, 1892.

Safrai, Shmuel, "The Recovery of the Jewish Population in the Yavneh Period," in *Eretz Israel From the Destruction of the Second Temple to the Muslim Conquest*, Zvi Baras et al. (eds.), Jerusalem: Ben Zvi, 1982 (in Hebrew).

_____, "The Visits of the Yavneh's Sages in Rome," in *The Book of Memory to Shlomo Umberto Nachon*, Reuven Bonfil (ed.), Jerusalem: Mossad Meir, 1978 (in Hebrew).

Safrai, Ze'ev, "The condition of the Jewish population in Eretz Israel after the Bar Kokhba Revolt," in *The Revolt of Bar Kokhba: New Researches*, A. Oppenheimer and U. Rapaport (eds.), Jerusalem: Ben Zvi, 1984 (in Hebrew).

Sand, Shlomo, *Les mots et la terre: Les intellectuels en Israël*, Paris: Fayard, 2006.

_____, "To Whom Does the State Belong" *Haaretz*, October 10, 2000.

Sapir, Jacques et Jacques Piatigorsky (eds.), *L'Empire khazar VIIe-XIe siècle: L'énigme d'un peuple cavalier*, Paris: Autrement, 2005.

Schechter, Solomon, "An Unknown Khazar Document," *Jewish Quarterly Review* 3 (1912-13).

Schnapper, Dominique, *La Communautédes citoyens: Sur l'idé moderne de nation*, Paris: Gallimard, 2003.

Scholem, Gershom, *Explications and Implications: Writings on Jewish Heritage and Renaissance*, Tel Aviv: Am Oved, 1975 (in Hebrew).

Schwartz, Joshua, "Eretz Yehudah following the oppression of Bar Kokhba Revolt," in *The Revolt of Bar Kokhba: New Researches*, A. Oppenheimer and U. Rapaport (eds.), Jerusalem: Ben Zvi, 1984 (in Hebrew).

Schwartz, Shalom, *Max Nordau in His Letters*, Jerusalem: Schwartz, 1944 (in Hebrew).

Sefer Yosiphon, Jerusalem: Bialik, 1974.

Shafir, Gershon, *Land, Labor, and the Origins of the Israeli-Palestinian Conflict, 1882-1914*, Cambridge: Cambridge University Press, 1989.

Shahar, David, *The Teaching of National History in Zionist-Oriented Education on Eretz-Israel, 1882-1918: Trends and Roles*, Hebrew University in Jerusalem, 2001 (in Hebrew).

Shammas, Anton, "The Blame of the Babushka," *Ha'hir*, January 24, 1986.

_____, "The New Year for the Jews," *Ha'hir*, September 13, 1985.

_____, "We (Who Is That)," *Politika*, October 17, 1987.

Shapiro, Harry L., *The Jewish People: A Biological History*, Paris: UNESCO, 1960.

Shenhav, Yehouda, *The Arab Jews: A Postcolonial Reading of Nationalism, Religion, and Ethnicity*, Stanford: Standford University Press, 2006.

Shimoni, Gideon, *The Zionist Ideology*, Hanover, NH: Brandeis University Press, 1995.

Silberstein, Laurence J., *The Postzionism Debates: Knowledge and Power in Israeli Culture*, New York: Routledge, 1999.

Simon, Marcel, *Recherches d'Histoire Judeo-chrétienne*, Paris: Mouton, 1962.

_____, *Versus Israel*, Paris: Boccard, 1964.

Skorecki, Karl et al., "Y-Chromosomes of Jewish Priests," *Nature* 385 (1997).

Slouschz, Nahum, *Dihya al-Kahina (Judith the Priestess): A Heroic Chapter from the History of the Faraway Jews in the Wilderness of the "Dark Continent,"* Tel Aviv: Omanut, 1933 (in Hebrew).

_____, *Israel's Diasporas in North Africa from Ancient Times to Our Era*, Jerusalem: Kav LeKav, 1946 (in Hebrew).

_____, "La race de la Kahina," *Revue Indigène: Organe des Interets des Indigènes aux Colonies* 44 (1909).

_____, *Un voyage d'éudes juives en Afrique: Judéo-Hellènes et Judéo-Berbéis*, Paris: Imprimerie Nationale, 1909.

Smith, Anthony D., *The Ethnic Revival*, Cambridge: Cambridge University Press, 1981.

Smith, Anthony D., *The Nation in History: Historiographical Debates about Ethnicity and Nationalism*, Hanover, NH: University Press of New England, 2000.

Sofer, Binyamin, *The Jews' Civilization*, Jerusalem: Carmel, 2002 (in Hebrew).

Stalin, Iosif, *Marxism and the National Question*, first published in Prosveshcheniye 3-5 (1913).

Stern, Menahem (ed.), *Greek and Latin Authors on Jews and Judaism*, vol. 1, Jerusalem: The Israel Academy of Sciences and Humanities, 1976.

_____, "The Time of the Second Temple," in *History of the People of Israel*, Haim Ben Sasson (ed.), Tel Aviv: Dvir, 1969 (in Hebrew).

Strabo, *The Geography of Strabo*, Cambridge, MA: Harvard University Press, 1989.

Tacitus, *History* 5.

Thiesse, Anne-Marie, *La Création des identités nationales: Europe XVIIIe-XXe sièle*, Paris: Seuil, 1999.

Thompson, E. P., *The Making of the English Working Class*, London: Penguin, [1963] 2002.

Thompson, Thomas L., *The Historicity of the Patriarchal Narratives: The Quest for the Historical Abraham*, Berlin: Walter de Gruyter, 1974.

_____, *The Mythic Past: Biblical Archaeology and the Myth of Israel*, London: Basic Books, 1999.

Traubman, Tamara, "A Great Genetic Resemblance Between the Jews and the Kurds," *Haaretz*, December 21, 2001.

_____, "The Ancient Jewish Males Have Origins in the Middle East: The Origin of the Females is Still a Mystery," *Haaretz*, 16 May 2002.

_____, "The Jews and the Palestinians in Israel and the Territories Have Common Ancestors," *Haaretz*, November 12, 2000.

Tocqueville, Alexis de, *Democracy in America*, London: Oxford University Press, 1946.

UNESCO, *The Race Concept: Results of an Inquiry*, Paris: UNESCO, 1952.

Vidal, Dominique, *Comment Israë expulsa les Palestiniens (1947-1949)*, Paris: L'Atelier, 2007.

Waldman, Morris David et al., *Contemporary Jewish Record*, American Jewish Committee, 6:4 (1943).

Weber, Eugen, *Peasants into Frenchmen: The Modernization of Rural France, 1870-1914*, Stanford:

Stanford University Press, 1976.

Weiler, Gershon, *Jewish Theocracy*, Leiden: Brill, 1988.

Weitzman, Steven, "Forced Circumcision and the Shifting Role of Gentiles in Hasmonean Ideology," *Harvard Theological Review* 92:1 (1999).

Wexler, Paul, *The Ashkenazic Jews: A Slavo-Turkic People in Search of a Jewish Identity*, Columbus: Slavica Publishers, 1993.

_____, *The Non-Jewish Origins of the Sephardic Jews*, New York: SUNY, 1966.

_____, *Two-tiered Relexification in Yiddish*, Berlin: Mouton de Gruyter, 2002.

Whitelam, Keith W., *The Invention of Ancient Israel*, London: Routledge, 1996,

Will, Edouard and Claude Orrieux, *Prosélytisme juif? Histoire d'une erreur*, Paris: Les Belles Lettres, 1992.

Williams Jr., Vernon, *Rethinking Race: Franz Boas and His Contemporaries*, Lexington: University Press of Kentucky, 1996.

Wilson, Walter T., *The Sentences of Pseudo-Phocylides*, New York: Walter de Gruyter, 2005.

Wolf, Ken, "Hans Kohn's Liberal Nationalism: The Historian as Prophet," *Journal of the History of the Ideas* 37:4 (1976).

Yakobson, Alexander and Amnon Rubinstein, *Israel and the Family of Nations: The Jewish Nation-State and Human Rights*, New York: Routledge, 2008.

Yalin, Avinoam (ed.), *The Book of Ahiqar the Wise*, Jerusalem: Hamarav, 1937 (in Hebrew).

Yehoshua, Abraham B., *The Wall and the Mountain*, Tel Aviv: Zmora, Bitan, 1989 (in Hebrew).

Yerushalmi, Yosef Hayim, *Zakhor: Jewish History and Jewish Memory*, Washington: University of Washington Press, 2005.

Yiftachel, Oren, *Ethnocracy: Land and Identity Politics in Israel/Palestine*, Philadelphia: University of Pennsylvania Press, 2006.

Yuval, Israel Jacob, "The myth of the exile from the land: Jewish time and Christian time," *Alpayim* 29, 2005 (in Hebrew).

_____, "Yitzhak Baer and the Search for Authentic Judaism," in *The Jewish Past Revisited: Reflections on Modern Jewish Historians*, D. N. Myers and D. B. Ruderman (eds.), New Haven: Yale University Press, 1998.

Zeiden, Herbert Guy, "Davenen: A Turkic Etymology," *Yiddish: A Quarterly Journal Devoted to Yiddish and Yiddish Literature* 10: 2-3 (1997).

Zeiden, Herbert Guy, "Khazar/Kipchak Turkisms in Yiddish: Words and Surnames," *Yiddish: A Quarterly Journal Devoted to Yiddish and Yiddish Literature* 11: 1-2 (1998).

Zimmer, Oliver, *A Contested Nation: History, Memory and Nationalism in Switzerland, 1761-1891*, Cambridge: Cambridge University Press, 2003.

Zohori, Menahem, *The Khazars: Their Conversion to Judaism and History in Hebrew Historiography*, Jerusalem: Carmel, 1976 (in Hebrew).

Zuckerman, Constantine, "On the Date of the Khazars' Conversion to Judaism and the

Chronology of the Kings of the Rus Oleg and Igor," *Revue des Études Byzantines* 53 (1995).

Zuckermann, Ghil'ad, *Language Contact and Lexical Enrichment in Israeli Hebrew*, Hampshire: Palgrave Macmillan, 2004.

'나는 누구인가?'

'나는 누구인가?'라는 질문처럼 당혹스런 것이 없다. 왜냐하면 대부분의 사람들은 자신의 정체성에 대해 깊이 생각해 본 적이 없기 때문이다. 그들의 정체성은 그(녀)를 둘러싼 사람들이 '나라는 인간'에 대해 말해준 그것 이상을 넘어서지 않기 때문이다. 그는 타인이 말하는 그를 진정한 자신이라고 착각한 채 일생을 산다. '나'라는 인간이 그들이 말하는 내가 아니라면, 나는 자신의 정체성을 찾기 위해 무엇을 해야 하는가?

'우리는 누구인가?'라는 질문은 더 당혹스럽다. 인간들은 오래전부터 타인들로부터 자신들을 보호하기 위해 마을과 도시를 건설하였다. 그들은 자연스럽게 가족과 친족을 중심으로 뭉쳤다. 더 나아가 다른 도시들과 경쟁하기 위해 친족을 넘어 혈연관계가 없는 사람들과 연대해야 했다. 그들은 타인을 자신의 일부로 수용하기 위해 혈연을 넘어선 강력한 공동체를 구축하였다. 그러기 위해서는 이 공동체를 하나로 묶어줄 보이지 않는 끈도 필요했다. 이 끈이 '이야기' 혹은 '신화'이다. 신화(神話)는 생김새, 습관, 관습 그리고 세계관이 제각기 다른 사람들이 서로 다른 사람이 아니라 '다 같은 자손'이라고 하는 허상을 그 공동체 구성원들의 기억에 정교하게 심는다. 그들은 이 기억을 통해 자신들이 까마득한 옛날에 살았던 한 시조의 자손이라고 믿는다.

나와 우리의 진정한 정체성은 그런 '신화'를 용감하게 걷어낼 때, 조금씩 드러난다. 신화란 어떤 의도를 가진 사람들이 현재 상태에 의미를 부여하기 위한 허구다. 서양인들은 오랫동안 인류가 한 사람, 곧 「창세기」에 등장하는 '아담'의 후손이라고 믿었다. 그들은 아담을 신화적이며 상징적인 인물로 여기지 않았다. 특히 노아의 세 자녀, 함, 야벳, 그리고 셈을 통해 흑인, 백인 그리고 황인종이 유래했다는 사실을 신봉했다.

이스라엘 텔아비브대학교 역사학 교수인 슐로모 산드의 『만들어진 유대인』은 용감한 책이다. 산드는 유럽사와 그중에서도 특히 근대 프랑스사를 가르치는 역사학자이다. 그는 유럽사 안에서 유대 역사와 유대 역사의 '신화화'를 객관적으로 살핀다. 그리고 우리가 흔히 아는 유대민족 기원에 대한 환상을 깨뜨린다. 그는 유대인들이 이스라엘 땅을 온전히 자신의 것이라고 주장할 만큼 동일한 생물학적 특징과 인종적 과거를 공유하는 민족이 아니라고 주장한다.

산드는 종교-정치적 신화를 통해 구축된 견고하고 복잡한 회로를 지닌 기억을 하나씩 풀어내기 시작한다. 예를 들어, 오늘날 팔레스타인 아랍인들은 오래전에 그곳에 거주하던 유대 농부들의 자손들이다. 1919년 오스만제국으로부터 독립하여 아랍 국가 건설을 추진하던 파이살 1세는 시오니즘 지도자였던 하임 바이츠만과 만나 협약을 맺으면서, "아랍인들과 유대인들 사이에는 고대로부터 인종적으로 한 친족이었다는 것을 기억해야한다"고 말했다.

이 책은 단일 종족으로서 '이스라엘'이라는 신화를 해체하는 작업이다. 이스라엘이 과거에 혹은 현재 존재하고 있다는 사실을 부정하는 것이 아니다. '이스라엘'이라는 한 민족과 한 국가가 지난 2천 년 동안 단절되지 않고 줄기차게 존재해 왔기 때문에 오늘날 이스라엘이라는 영토를 홀로 차지해야 한다는 당위성에 대한 강력한 의문을 제기하는 책이다.

우리는 흔히 유대 역사를 오래도록 고난 받은 어떤 민족의 일관된 이야기로 여긴다. 그 이야기는 대강 이러하다. 구약성서에 등장하는 '떠돌이들'이 이집트에서 탈출하여 유다왕국과 이스라엘왕국을 건설하고, 이후 바빌로니아와 아시리아 제국의 침공을 받아 포로기를 경험한다. 그 뒤에 이들은 다시 예루살렘을 건설하지만 알렉산더가 등장하여 그들의 문화를 말살하고, 또다시 로마제국이 이스라엘을 속국으로 만들었다. 그 후로 유대인들은 2천 년 동안 디아스포라로 세상에 흩어졌다. 그러다가 근대에 이르러서야 신이 유대인들을 기억하고, 약속했던 땅 이스라엘로 다시 모아 유대민족을 건설하였다.

이 책의 히브리어 원제는 『유대 민족은 언제 그리고 어떻게 발명되었는가?』다. 저자는 유대인들이 오늘날 이스라엘이 차지하고 있는 지역으로부터 강제적으로 추방당한 역사적인 기록을 추적하였다. 그는 놀랍게도 그것에 관한 역사적인 근거를 찾을 수 없었다. 유대인들이 외세에 의해 예루살렘으로부터 추방당한 사건은 유대 정체성을 구성하는 핵심이었다. 그는 그런 추방이 일어나지 않았다고 결론을 내리고, 유대인들이 오늘날의 이스라엘 땅에 집중적으로 등장한 이유를 다르게 설명한다. 유대인들은 원래 그 장소에 수 천 년 혹은 수 백 년 동안 살고 있던 원주민들이었다. 그들은 19세기 이후 유대교로 개종한 원주민들이었다.

19세기 말 유대 지도자들은 당시 유럽 민족국가들의 탄생을 보면서 유대 종족민족주의를 조각하기 시작하였다. 찰스 다윈의 '진화론'과 카를 마르크스의 '공산주의' 이론을 적절하게 배합하여, 수 천년동안 억압받던 12지파의 자손들인 유대인들이 약속의 땅 이스라엘로 돌아와 국가를 건설하는 것이 신의 뜻이라고 여겼다. 당시 많은 유대인들이 독일지역에 거주하고 있었다. 이들은 독일인들이 인종과 민족주의를 결합한 '아리안주의'를 통해 독일 민족국가의 기원과 신화를 구축하는 것을 목격하였다. 그들은 당시 성행한 게르만 민족주의에 자극을 받아 '현대 유대 민족'을 창조하기 위해 회고적으로 존재하지 않는 유대 민족을 발명하였다. 몇몇 열성적인 유대인들은 고고학까지 들먹이며 '신화적인 다윗 왕가'를 자신들의 민족 설화의 기원으로 삼았다. 이 발명이 있기 전까지만 해도 유대인들은 종교공동체였지, 종족공동체는 아니었다.

'민족'이라는 개념은 허술하다. 혈연관계를 기반으로 오랜 세월을 거쳐 민족이란 단일한 집단으로 정착되는 것은 사실상 불가능하기 때문이다. 무수한 전쟁과 이주를 거치면서 민족의 순수성을 지킨다는 것은 불가능한 꿈이다. 그래서 모든 민족국가들은 자신의 과거에 대한 신화와 조작된 역사를 창조한다. 이 신화가 유구하고 광범위할수록 단일 민족국가를 염원하는 엘리트들이 단결하기 쉽다. 따라서 공동의 조상으로부터 나온 '유대 종족'은 존재한 적이 없다. 그것은 마치 오늘날의 그리스도인들이나 무슬림들이 1세기 초기 그리스도인이나 7세기 이슬람교도의 자손이라는 주장과 유사하다.

산드는 '유대 민족'이 19세기 독일에 거주하던 유대 지식인들이 만들어낸 창작품임을 근거로 하여, 고대 근동과 중동의 역사적인 사건을 기반으로 첨예하게 증거를 제시하고 증명한다. 예를 들어, 유대인들은 대부분 오늘날 이스라엘-팔레스타인 지역에 거주하고 있던 유대교 개종자들이다. 사람들은 유대인들이 서기 132~136년에 있었던 '바르 코크바 반란' 이후 로마인들에 의해 조직적으로 추방되었다고 믿어왔다. 산드는 그런 추방은 초기 그리스도인들이 만들어낸 신화라고 말한다. 그리스도인들은 예수를 메시아로 인정하지 않는 유대인들의 추방을 신의 형벌이라고 선전하였다. 또 아랍인들이 7세기 팔레스타인을 점령한 후 많은 유대인들이 이슬람으로 개종하였다. 이들이 오늘날 팔레스타인 사람들의 조상이다.

산드는 그 자신이 유대인임에도, 많은 유대인들이 신봉하는 '유대 종족주의'의 위험을 알리기 위해 이 책을 용감하게 저술하였다. 그에게 유대교를 신봉하는 동일한 종족이 오늘날의 이스라엘 국가를 건설했다는 '종족주의' 해석은 오히려 반유대주의를 부채질하는 위험한 이데올로기다. 이스라엘 국가는 오래전부터 그 땅에 살며 다양한 종교, 즉 유대교, 그리스도교, 이슬람교를 믿어왔던 종교개종자들이다. 산드는 민족주의가 판을 치는 유대 사회에서 자신과는 다른 종교를 지닌 민족과 더불어 살 수 있는, 유대 민족에 관한 새로운 시선을 선물해주었다.

사신의 실세 모습을 들여나보는 섯처럼 괴로운 일은 없다. 산드는 그런 일을 자처한다. 과거를 객관적인 사실에 근거하여 이해할 때, 현재 자기 모습에 등장하는 모순들을 관찰할 수 있다. 중동과 유럽뿐 아니라, 한국에서도 오늘날 판을 치고 있는 '단일민족 종족주의'는 재고되고 수정되어야 한다. 그래야 우리 안에 존재하는 다양성을 인정하고 주변국가와의 건설적인 타협과 발전이 가능하기 때문이다. 이 책은 단순히 이스라엘 민족의 종족주의에 대한 고찰에 그치지 않고, 거의 모든 현대 국가들이 품고 있는 민족주의의 발생과 발전에 관한 신선한 시선을 선사한다.

책의 번역을 감수하는 과정에서 저자 슐로모 산드의 해박한 역사적 지식과, 고대-중세-근대의 역사적 사실들을 끈질기게 추적해 나가는 성실성에 감탄하였다. 이 책에서 감수자는 특히 두 가지 지점에 주의했다. 하나는 한국의 독자들에게 생소한 히브리-유대 문화와 중근동 문화를 정확하게 전달하는 것, 그리고 또 하나는 그리스도교 신자들이 사실로 믿고 의심치 않는 성서 속의 신앙적 메시지와 실제 역사적 사실을 엄격하게 구별하는 것. 성서(특히 구약성서)의 이야기들이 고대 유다 땅에 살았던 이스라엘 사람들의 깊은 신앙을 반영하는 내러티브이지 실제로는 존재하지 않은 사건들이라고 해서 현대 한국 사람의 그리스도교 신앙이 상처를 입을 이유는 없다. 문자적 해석을 넘어선 신의 뜻이 그 내러티브에 은유적이고 상징적으로 깃들어 있음을 깨닫는다면, 오히려 성서를 역사적 문헌으로 읽는 오류를 피할 수 있을 것이다. 덧붙여서, 고대 중근동 언어와 종교문화에 대한 그간의 지식이 책의 감수 과정에서 유용하게 쓰일 수 있어서 감사한 마음이다.

특히 이 책을 번역한 김승완 씨는 유대 3천 년 역사의 기록과 근대 유럽국가의 발전 과정을 꼼꼼히 묘사한 학문적 내용을 훌륭하게 번역하였다. 복잡하고 어려운 내용임에도 술술 읽히게 만든 것은 거의 전부 옮긴이의 공로라 할 수 있다. 이스라엘 국가의 탄생뿐만 아니라 민족주의와 종족주의 발생과 이론을 알고 싶은 독자들에게 이 책을 강력하게 추천한다.

2021년 10월
배철현

『10세기 하자르 히브리어 문서들』(골브 & 프리차크) 434

『1780년 이후의 민족과 민족주의』(홉스봄) 95

『19세기의 기반』(체임벌린) 468

『19세기 독일 역사』(트라이치케) 165

1차 세계대전 21, 92, 100, 104-105, 111, 114, 457-458, 607(주118)

2차 세계대전 73, 88, 102, 105, 433, 461, 480, 485, 493, 496, 515, 546, 558, 578, 580

6일 전쟁(1967년 전쟁) 223, 224, 521, 558, 603(주52)

am 68-69

DNA 499-501, 504

가나안 144, 150, 154-156, 185-188, 196, 213-214, 215-216, 219, 222-223, 226, 228-234, 248, 251, 344, 376, 379, 437, 500

가리발디, 주세페 113

가이거, 아브라함 143, 151

가자 30, 230, 261, 299, 334, 340, 438, 525, 555, 624(주87)

가톨릭교회 122

『갈루트』(베어) 201-202, 263

갓월드, 노먼 598(주115)

개종(운동) 278, 282-283, 288-289, 300, 304, 307, 312, 315-331 곳곳, 350-351, 368-377, 378-385, 387-389, 394, 403, 406-416, 422, 428, 430, 455, 464; 개종의 언급을 금한 유대 역사 351; 유대교의 개종 노력 356 ⇒ '그리스도교로의 개종' '유대교로의 개종' '이슬람으로의 개종' 참고

검은 오벨리스크, 샬마네세르 3세의 235

겔너, 어니스트 55, 86, 88-90

결혼/통혼 39, 100, 146, 157, 161, 189, 228, 284, 286-287, 296, 299, 324, 329, 379, 396-397, 405, 468, 478, 480-482, 487, 502, 504, 511, 523, 535-536, 540, 542, 548, 550, 559, 562, 594(주67); 유대인의 결혼 39, 287, 468, 482, 504, 511, 535, 540; 이교도와의 결혼(통혼) 157, 161, 189, 286, 380, 478, 511, 523, 559, 594(주67)

계보/족보 51, 110, 116, 130, 136, 164, 351, 370, 412-413, 430

고고학 183, 187, 193, 214, 239, 251, 273, 283, 362, 373, 427, 450, 494; 가나안 인구에 대한 고고학 연구 251; 고고학 대 신학 187; 고고학과 성서 214-226, 237-238; 새로운 고고학 231-232, 236

고비노, 아르튀르 드 160

고향땅 23, 35, 50-51, 145, 150, 154, 197, 199, 201, 216, 223, 224, 247, 258, 260, 264, 268, 276-279, 301, 332, 346, 349, 383, 432-433, 457, 467, 471, 478, 481, 517, 525, 571, 579, 610(주16) ⇒ '조국' 참고

골브, 노먼 434

『골상 비교, 또는 인간과 동물의 유사성』(레드필드) 160

공산당(이스라엘) 30, 527

공산당(폴란드) 22-23

공산주의 23-24, 587(주11), 102, 524

괴벨스, 요제프 175

괴테, 요한 볼프강 폰 109, 166, 355

교육 23, 30, 46-47, 89-90, 95, 99, 110, 207,

214, 217-218, 238, 241, 270, 278, 350,
370, 383, 455, 471, 473, 475, 493-494,
508, 536, 543, 551; 교육 대(對) 피 473;
교육과 생산 127; 이스라엘의 분리 교육
536

교통의 발전 72

『교회사』(에우세비오스) 252

구약성서 135-136, 139, 143, 147, 149, 152-
157, 169, 176-177, 184-187, 191-193,
208-209, 221, 255, 285-286, 301, 358,
372, 374, 382, 410, 438, 463, 586(주5),
599(주125); 구약성서 기자들 286; 구약
성서와 기억 463; 구약성서와 유대인의 발
명 147; 구약성서의 번역 301-302; 구약
성서의 성립 184; 토대 신화로서의 구약
성서 152

구원 256-257, 456, 495

국가기구 70, 89, 106, 123-124, 126-127; 국
가기구와 지식인 126

국가사회주의 102, 113

권력 주변의 신앙 70

귀환법 517-524, 529, 536, 539, 550, 562

귄터, 한스 480, 619(주18)

그람시, 안토니오 119-120, 123

그레츠, 하인리히 147, 173, 175, 176-178,
190, 192, 194, 203-207, 210, 218, 232,
296, 425-426, 466, 603(주47); 그레츠에
대한 비판 170; 그레츠에 대한 트라이치
케의 비판 166-167; 그레츠와 두브노프
178-182; 그레츠와 성서역사학 176-178,
210; 그레츠와 헤스 158, 159, 162-163;
그레츠의 게르만적 우월감 422; 그레츠의
문헌학 비판 177; 그레츠의 요스트 비판
151; 그레츠의 인기 149-150; 유대 민족
에 대한 갈망 167-168; 유대인 분리에 대
한 시각 166-167; 유배에 대한 시각 259-
261, 275-276; 종족적 민족주의 역사학의
아버지 466

그리고리예프, 바실리 424

그리스 48, 114, 154, 373, 397, 406, 515, 544

그리스도교 57, 138-139, 143, 150, 166, 215,
243, 248, 255, 267, 271, 300, 319, 327,
329, 364, 374, 383, 409, 414, 464, 486,
541, 575; 그리스도교 대 유대교 254-256,
313, 316, 322, 328-330, 336, 356, 358,
364-366, 375; 그리스도교로의 개종 48,
140, 333-334, 347, 361-362, 366, 407,
419; 그리스도교의 쇠퇴 100; 그리스도교
의 승리 285, 316, 319, 323, 336, 419

그린펠드, 리아 65, 114, 515

근대성 72, 78-79, 238, 458-459, 488-489

근대화 85, 88, 95-100, 102, 105, 122, 124,
131, 445, 456, 515; 종교를 대체한 근대화
100

근동 183, 192, 208, 227, 240, 249, 479, 499-
500, 543, 556, 559

기본법 531, 538

기억 211, 232, 248, 378, 452; 계보학으로서
의 기억 51; 기억 구조 흔들기 53; 기억 수
립 작업 395; 기억과 구약성서 463; 기억
과 민족 47-48, 93, 163, 184; 기억과 유배
248, 349-351; 기억에서 지우기 432; 기억
의 대가들 117; 기억의 대리인으로서의 역
사가 182; 기억의 은폐 371; 기억의 재구
축 431; 기억의 제사장 48; 기억의 중개자
348, 450; 기억의 층 55; 새로운 기억의 구
성 60-61; 새로운 역사적 기억 149; 자연
적 과정으로서의 기억 75; 집단 기억 45;
집단 기억을 만드는 민족 93

기원 52, 59-60, 72-74, 110, 161, 177, 182-
183, 195, 198, 201, 203, 210, 218, 236,
242, 244, 343, 345-346, 351, 437-440,
442-443, 452, 464, 471, 474, 479, 486,
490, 493, 495-497, 500-501, 503, 505,
529

길, 모셰 602(주46)

나보니두스 왕 228
나아만, 나다프 238
나치/나치즘 23, 85, 107, 111, 203, 258, 461, 476, 480-481, 490, 506-507, 520, 523
나크바 54, 528
나폴레옹 98, 106, 141
나폴레옹 전쟁 125
냉전 433, 546
네덜란드 59, 106-107, 129, 457, 533, 537, 561
네로 317-318
네부카드네자르 왕 185, 260, 262
네언, 톰 118
『네이처』 502
노동: 자본과의 갈등 102; 노동 분화 89, 91, 119, 124, 127-128, 445
노르다우, 막스 458, 470-471, 481, 619(주 19)
노르트, 마르틴 598(주115)
노르트만, 요하네스 593(주26)
노벨상 247
녹스, 로버트 160
농경사회 69-71, 85, 89, 97, 119, 121, 124-125, 347
니체, 프리드리히 586(주2)

『다바르』596(주91)
다얀, 모셰: 다얀의 저택 220; 모스크 파괴 597(주103)
다윈, 찰스 154
다윈주의 476, 488, 490
다윗 왕 50, 591(주4), 154-157, 173, 184, 187, 196, 213, 218, 220, 223, 232-235, 284, 286, 294, 358, 395, 424, 477, 571
『대중을 위한 유대인 역사』(그레츠) 178
던롭, 더글러스 434, 616(주108)
데이비스, 필립 241

데티엔, 마르셀 60
도시의 성장 72
도이치, 카를 19, 85-86
독일/게르만 50, 105-116, 124, 141-142, 145, 149, 152, 159-161, 165-175, 192, 200, 207-208, 413, 417, 440-449, 457-461, 470, 475-476, 480-482, 488-490, 544; 독일 내 유대 민족 173-174; 독일을 통과해 간 유대인 459; 독일의 유대인 추방 203; 독일의 유대인과 비유대인 공생 146, 169
『동과 서 사이에서: 북아프리카 유대인의 역사』(슈라키) 384
두 누와스 366-367
두브노프, 지몬 178-182, 192-194, 197-198, 204, 218, 226, 229, 282, 296; 두브노프를 따른 시오니스트들 184; 두브노프와 그레츠 181-182, 185; 두브노프와 성서 210; 유배에 대한 시각 261-262, 277
뒤르켐, 에밀 80
드레퓌스 사건 460-461, 487
『디 벨트』471
디누어, 벤 시온 204, 206, 207-210, 212, 214, 215, 232, 277, 332-333, 388, 428-431, 442; 성서에 대한 시각 209-210; 유배에 대한 시각 264-268
디오, 카시우스 252, 310-311, 313, 486
디오니시오스, 할리카르나소스의 136
디즈레일리, 벤저민 166, 468
『디흐야 알 카히나』(슬루쉬츠) 378-379

라비스, 에르네스트 589(주37)
라자루스, 모리츠 170
라파포트, 우리엘 288-289
람, 우리 54
랑케, 레오폴트 폰 141, 182
러시아 42, 50, 105-106, 109-111, 115, 124,

149, 178-180, 402, 409, 413, 419, 423,
426-427, 433-434, 440, 442, 444, 447-
448, 450, 458, 461 ⇒ '소련' '소비에트 러
시아' 참고
레너, 카를 82
레닌, 블라디미르 일리치 22, 30, 82
레드필드, 제임스 160
레르너, 요셉 예후다 424
레바논 32, 298, 373, 504, 525
레빈손, 이삭 베어 444
레이보비츠, 예샤야후 512
렘케, 닐스 페테르 241
로마 48, 66, 136, 173, 242, 250-251, 260,
274-275, 310-318, 360, 372-373, 385,
443; 로마 대 유다지역 265, 311; 로마에
퍼진 유대교 317
로마누스 황제 407, 412
『로마사』(몸젠) 173, 289
『로마와 예루살렘』(헤스) 158-163, 467
로마제국 173, 249, 265, 274-275, 317, 327,
351, 361, 396, 419; 로마제국 전역에 퍼진
유대인 275
로베스피에르, 막시밀리앙 546
루빈슈타인, 암논 543-544
루터, 마르틴 139, 166
루페이센, 슈무엘 오스발트(다니엘 수사)
520
루핀, 아르투어 275, 476-480, 492, 595(주
74), 600(주6), 619(주18)
룻, 모압 사람 157-158, 284
르낭, 에르네스트 81, 160, 178, 180, 288,
486-487, 620(주27)
리버먼, 조 518
리비아 372, 374, 379
리오르, 예호슈아 615(주104)
리쿠드 당 524
리테, 우치 503
리투아니아 110, 207, 421, 440, 442, 444,

447-448, 450, 458, 576
린츠, 후안 호세 532

『마다』496
마르, 빌헬름 168
마르크스, 카를 80-82, 158, 160, 487-488
마르크스주의 85, 426, 433, 487
마르크스주의와 민족 82-84
마르티알리스 317
『마리브』501
마사다 42
마오쩌둥 84
마이모니데스 325
마이어, 에두아르트 288
마이어, 요셉 483
마치니, 주세페 82, 113
『마카베오 시대부터 우리 시대까지 이스라엘
인들의 역사』(요스트) 140, 148
「마카베오서」283, 604(주72)
마키아벨리, 니콜로 123
말리크 카리브 유하민 362-363
망데스 프랑스, 피에르 518
매카시즘 461
메나헴 벤 사루크 390
메르넵타 석비 186, 229, 234
메스트르, 조제프 드 128
메이르, 랍비 325
메이어, 골다 523
멘덴홀, 조지 598(주115)
모란트, 아서 495
모세 50, 135, 144, 155, 178, 196, 212-213,
216, 229-230, 237, 286, 305-306, 315,
348, 358, 408, 417-418, 420, 502, 569,
590(주53)
모세오경 135, 153, 176-177, 227, 235, 237
몸젠, 테오도르 109, 171-175, 262, 289, 486
무솔리니 26

무함마드 335-336, 357, 359, 366, 381
문자해득력 89, 121, 128
미국 49, 75, 86, 104, 106-107, 114, 124, 160,
　　258, 450, 461, 497, 506, 524, 536, 548,
　　557, 562; 미국헌법 460
『미국 인간유전학저널』501
『미국 인간유전학회』499
미슐레, 쥘 82
미아리, 모하마드 527
미제스, 마티아스 446
민족: 거대한 문화적 장관으로서의 민족 128;
　　민족 대 국가 181; 민족 안의 다양성 170,
　　174; 민족 연구의 방치 80; 민족 연구의 변
　　화 52; 민족 연구의 재활성화 85-86; 민족
　　연대기로서의 성서 57; 민족과 교육 127-
　　128; 민족과 기억 47, 93, 116, 163, 184; 민
　　족과 민족주의 94, 102; 민족과 민중 150;
　　민족과 신화 59, 93, 107, 109-110, 153-
　　154, 169, 371, 467; 민족과 역사 169; 민
　　족과 역사학 60; 민족과 인쇄술 87; 민족
　　과 인종 180, 468, 482-483; 민족과 정체
　　성 181; 민족과 종교 180; 민족과 종족(에
　　트노스) 73, 195, 302-303, 467; 민족과 지
　　식인 120, 123, 125-126, 129-130; 민족
　　과 평등 90-92; 민족에 대한 - 겔너의 시
　　각 88-89; 부버의 시각 472; 앤더슨의 시
　　각 86-87; 민족에 대한 낙관주의 132; 민
　　족에 대한 마르크스주의의 연구 82-83;
　　민족에 대한 정의 67, 68, 83-84, 90; 민족
　　으로의 급한 편입 145; 민족을 구성하는
　　문화적 요소들 72, 78, 87, 95; 민족을 아
　　직 이해하지 못한 19세기 82; 민족을 확고
　　히 하기 87; 민족의 고대 기원 173; 민족
　　의 고대적 활력 50; 민족의 민주주의적 핵
　　심 82, 84, 92; 민족의 선조 130; 민족의 영
　　원함 81, 94, 104; 민족의 추상적 이미지
　　460; 민족의 통합 163; 민족의 필수적 일
　　부 70; 민족의 필수적 일부로서의 유대인

460; 민족이 된 민중 77, 92, 110; 식민주
　　의가 만들어낸 민족 99; 역사상 최초의 민
　　족 137; 종족적 경계로서의 민족 107; 한
　　민족 안에 두 민족 167-169 ⇒ '유대 민족'
　　참고
민족 분류 27, 33, 41, 520-522, 551
민족 언어 81, 127, 175, 457
민족 역사 15, 47, 54-55, 78, 130, 151, 248,
　　278, 450
민족 이데올로기 85, 96-97, 109, 452, 471,
　　535
민족 정체성 15, 55, 60, 78, 81, 96-97, 99,
　　105, 108, 110, 115, 125, 130, 181, 203,
　　218, 457, 459, 461, 473, 485, 509, 516,
　　529; 민족 정체성의 신화 110; 민족 정체
　　성의 보편화 99
『민족과 민족주의』(겔너) 86, 88, 94-95, 102,
　　115, 119-121, 128
민족국가 47, 57, 71-72, 95, 114, 116-117,
　　123, 126, 181, 293, 461, 537, 544, 547,
　　557, 561; 민족국가 이전의 종족적 특성
　　77; 민족국가들의 식민주의와 제국주의
　　102; 민족국가와 민족주의 102; 민족국가
　　의 발흥 71; 민족국가의 약화 557; 영원한
　　민족들의 영고성쇠 81
민족성 523, 544; 민족성과 인종 161, 163; 민
　　족성과 종족성 76, 195; 민족을 논한 사상
　　가의 부족 80
민족의식 86, 89, 98, 102, 104, 115-116, 152,
　　202, 210, 268, 348, 460, 544-545; 민족의
　　식과 지식 엘리트 116; 차이를 참지 못함
　　460
민족주의 76, 86, 140, 152, 179, 218-219,
　　243, 460-461, 464, 466-467, 473, 481,
　　515, 521; 각 지역의 민족주의 - 게르만 민
　　족주의 106, 145, 158, 169-170; 게르만 민
　　족주의의 종족주의화 172; 미국 민족주의
　　108; 러시아 민족주의 423, 433; 루마니아

민족주의 48; 발칸 민족주의 589(주39); 아랍 민족주의 514, 517; 앵글로색슨 민족주의 107; 유대 민족주의 58, 104, 154, 187, 236, 351, 432, 466, 469-470, 512, 520, 535, 549, 618(주2); 체코 민족주의 114; 팔레스타인 민족주의 341; 폴란드 민족주의 589(주38); 글로벌화로 인한 민족주의의 약화 557; 민족주의 대 고대 종교 292; 민족주의 연구에 일어난 변화 52; 민족주의 연구의 미결 65, 116; 민족주의 연구의 방치 80; 민족주의에 대한 학술적 연구 104; 민족주의가 마르크스주의자에게 가한 충격 82; 민족주의에 대한 콘의 해석 105-107; 민족주의와 대중 118; 민족주의와 민족 94, 102; 민족주의와 민주주의 98, 509; 민족주의와 사회주의 84; 민족주의와 성서 147; 민족주의와 시오니즘 458, 462; 민족주의와 역사 145; 민족주의와 인쇄혁명 127; 민족주의와 정체성 77, 101; 민족주의와 지식인 118-120, 126, 141; 민족주의의 고대 기원 173; 민족주의의 낙관주의 132; 민족주의의 발흥 72, 258, 348; 민족주의의 성공 96, 98-99, 101; 민족주의의 정점 457; 민족주의의 종족중심적 성격 190; 시민적 민족주의와 종족적 민족주의 110, 112-116, 124, 168, 172-173, 175, 460; 이데올로기적 책략으로서의 민족주의 95; 종교로서의 민족주의 100-101; 최고의 이데올로기로서의 민족주의 101

『민족주의』(그린펠드) 65

『민족주의와 그 대안』(도이치) 19

『민족주의와 사회적 커뮤니케이션』(도이치) 85-86

『민족주의의 개념』(콘) 105, 108

민족화 과정 76, 85, 113, 141

민주주의 80, 84, 98-99, 105, 112, 171, 509, 517-518; 민주주의와 이스라엘 59, 522, 525, 529-552; 민주주의의 유형 531-534; 민주주의의 정의 545-546

민중: 과거와 현재의 다리 72; 근대 이전의 민중 개념 71; 민족이 된 민중 77, 92, 110; 민중과 민족 150; 민중과 역사 163; 민중의 정의 76-77; 민중의 통합 163; 영원한 민중 152; 유대 민중 대 게르만 민중 168; 인종과 종족(에트노스) 73; 히브리어의 민중 68

밀, 존 스튜어트 81

밀리코프스키, 하임 253

바그너, 리하르트 175, 618(주7)

바그다드 258, 377, 402, 406, 416-420

바로 312

바르 아브라함, 이츠하크 417

바르 예후다, 이스라엘 519

바르 코크바 252-254, 261, 263, 269, 283, 314, 328, 333, 342, 346, 473, 476, 477

바빌로니아/바빌론 50, 143-145, 157-158, 162, 177, 185, 189, 197, 227-228, 234, 242, 249, 254-255, 257-258, 260, 271-274, 285, 287, 292, 322, 324, 328, 334, 367-368, 370, 418

바스나주, 자크 139, 152

바우어, 오토 82

반유대적 166, 175, 177-178, 329, 365, 459, 462, 464, 470, 490, 615(주107)

반유대주의 171, 175, 190, 215, 267, 436-437, 459-462, 468, 470, 485, 486-490, 514, 518, 523, 559, 593(주26)

발레리우스 막시무스 311, 605(주84)

발리바르, 에티엔 65, 76

배런, 살로 위트마이어; 191-198, 200-201, 204, 208, 226, 282, 427-428, 429, 441-442

배런과 성서 210; 유배에 대한 시각 262, 275, 277, 297

베긴, 메나헴 524

베냐민, 티베리아스의 334

베르베르인 355, 375-389, 394, 452

『베르베르인들의 역사』(할둔) 355

베버, 막스 80, 91, 109, 114

베어, 이츠하크 200-206, 210, 263, 277, 332, 334, 349, 389; 성서에 대한 시각 204; 신화에 기운 베어 205

베투리아 파울라(사라) 317

베하르, 도론 501

벡슬러, 파울 385-386, 446

벤 제예프 368

벤 하하 325

벤구리온, 다비드 212-217, 344-347, 475, 510-511, 518-519, 573; 성서모임 212-213, 220, 596(주92)

벤야민, 발터 504

벤츠비, 이츠하크 214, 344-348, 475

벨기에 59, 78, 91, 533

벨킨드, 이스라엘 341-343, 346, 349, 607(주114)

벨하우젠, 율리우스 177-178, 184-185, 193, 195, 197, 205, 209, 215, 262, 288

보로코프, 베르 84, 343-344, 475-476, 510

보루코프, 모르데하이 482

보애스, 프랜츠 490

『보헨 차디크』(페를) 424

본느 타미르, 밧 셰바 496-497

부디카 여왕 48

부버, 마틴 471-473, 481

북아프리카 272, 275, 328, 371-389, 413, 443, 448, 450-451, 489, 496; 북아프리카의 개종 성공 373

『북아프리카 유대인들의 역사』(히르쉬베르크) 380-382

불란 왕 392, 406, 408

브라운 대 교육위원회 사건 536

브레슬라우, 해리 170

브로델, 페르낭 78, 597(주111)

브로시, 마겐 251, 600(주5)

브루베이커, 로저스 116, 589(주43)

브룩, 케빈 435

브리스 샬롬 (평화동맹) 476

블라디미르 1세 405, 419

블로크, 마르크 66, 577

비냐미니, 아론 482

비른바움, 나탄 467-469

비잔틴제국 48, 251, 335-338, 364-366, 375, 397, 407-409, 412, 419, 424

사라 216, 286

사아디아 가온, 랍비 339-340, 416-417

사인펠드, 제리 617(주134)

사회주의 433 458 462 488; 사회주의와 민족주의 84, 102

산업사회 89; 후기산업사회 557

산업화 89, 131, 171

살라만, 레드클리프 네이선 483-484, 492

살로메 알렉산드라 293, 325

『상상된 공동체』(앤더슨) 86, 100; 이중언어구사 지식인 122; 인쇄술의 출현 87, 127

새로운 역사가들 53

샌들러, 아론 482

생물학 466-468, 476, 481-485, 489-490, 497, 563

생산 119-120, 123; 생산과 교육 127

생쥐스트 546

샤자르, 잘만 214

샤피로, 해리 492

샬리트, 비냐민 521

샬마이어, 빌헬름 476

샴가르, 메이르 531

샴마스, 안톤 529

샴마이, 랍비 296, 325

서구(서방) 52, 86, 97, 108, 160, 167, 434,

459, 513, 533, 544, 546, 557, 559-560

서안지구 36, 220, 224, 234, 340, 438, 497, 525, 555

선택받은(선택된) 백성/민중/민족/인종 116, 152, 164, 203, 242, 255, 316, 350, 422, 455, 464, 504, 552, 563

성서 42, 46, 57, 71, 140, 143, 147, 153, 162, 184-186, 201-206, 208-227, 229-244, 248, 287, 301, 306, 339, 468, 493, 501, 539, 609(주7); 개종에 대한 언급 284; 교과서가 된 성서 218; 벤구리온의 성서모임 212-213, 220, 596(주92); 성서 기자 237-238; 성서 번역 301-304, 339, 609(주7); 성서를 읽는 태도 242-243; 성서와 고고학 221-226; 성서와 역사 ; 147, 194, 201, 204-206, 209-210, 214-218, 227, 229, 283-286; 성서의 모순점 226-231; 성서의 민족화 210; 식민사업의 정당화 220, 244; 역사적 정확성 176-177, 184, 192-194; 유대인의 신분증으로서의 성서 214 ⇒ '구약성서' '모세오경' '신약성서' 참고

『성서 도해』(아하로니) 223

성서 언어/용어 51, 67, 318, 347, 393

성서 역사 137, 143, 155, 186-187, 191, 194, 201, 209-210, 214-215 227, 232, 239, 283

성서고고학 224-226, 598(주122)

『성시와 함께한 삶』(디얀) 219

『성서적 사색』(벤구리온) 214

성서퀴즈대회 214

성지/성스러운 땅 144, 153, 161, 221, 254-255, 257, 272, 322, 334, 361, 394, 416, 452, 467, 557; 성지 이주 금지 257-258

세계시오니스트기구 438

세계화/글로벌화 13, 60, 83, 557, 559, 582

세네카 314

세베오스 335, 396

세파르디 유대인 344, 385-386, 389, 443,

478, 483-484, 495, 498-499

『세파르디 유대인들의 비유대적 기원』(벡슬러) 385

셰익스피어 242

셰키나 255, 358, 392

소련 23, 40, 114, 414, 426-427, 433-434, 436, 523, 580 ⇒ '러시아' '소비에트 러시아' 참고

소비에트 러시아 102, 578 ⇒ '러시아' '소련' 참고

소수 77, 91, 111-112, 114, 128-129, 171, 455-456, 508, 533-534, 536, 541, 590(주59)

소크라테스 48

솔로몬 50, 156, 173, 184, 187-188, 213, 218, 221-223, 232-234, 239, 286, 305, 358, 370, 371, 395, 400, 554; 솔로몬 왕국의 발굴 232-234; 솔로몬의 「아가」 323

수라흐비일 야카프 363-364

수에즈전쟁 519

수에토니우스 312-313

쉬러, 에밀 288

쉬퍼, 이츠하크 427, 440-441, 448

쉭스 43

슈라키, 앙드레 384-385

슈바이트, 엘리에제르 535

슈퇴커, 아돌프 168, 174

스비아토슬라브 1세 419, 442

스무하, 새미 531-534

스미스, 앤서니 D. 74-75

스위스 59, 91, 105, 110, 163, 533-534

스코레츠키, 카를 501-502

스탈린 23, 82-83, 433-434, 436

스턴, 메나헴 278

스트라보 296, 297-298, 596(주83)

스페인 29, 50, 258, 317, 371, 377, 386-389, 448, 537, 548

스페인내전 25

스피노자, 바뤼흐 135, 176, 237, 539
슬루쉬츠, 나훔 378-380
시(詩) 33, 35
시나고그 272, 317-318, 338
시리아 193, 253, 296, 345, 355-356, 365,
376, 479
시몬 바르 기오라 298, 326
시몬슨, 슐로모 439
시민권 90-92, 110, 112-113, 161, 167, 173,
508, 518-520
『시빌 신탁서』 304
시에예스, 에마뉘엘 98
시오니스트 역사학 54, 181, 192, 210, 262,
268, 291, 297, 329, 333, 338, 355, 367,
369, 383, 431, 443
「시오니스트 역사학, 그리고 근대 유대 민족
의 창안」(람) 54
시오니스트 회의 457, 470-471, 539-540
시오니스트연맹 519
시오니즘 24, 26, 58-59, 268, 349, 437, 458,
462-465, 467, 470-471, 475, 478-479,
482, 484, 511-512, 514-515, 520, 529-
530, 533, 539, 545, 549, 557; 시오니즘
과 민족주의 458; 시오니즘과 반유대주의
464; 시오니즘과 우생학 482-484; 시오니
즘과 인종 향상 471; 시오니즘의 민족 관
념 58; 시오니즘의 좁은 프리즘 59; 시오
니즘이라는 용어의 주조 467; 포스트시오
니즘 13, 530, 543
『시오니즘과 유대인 생물학』(포크) 482
시온 164, 189, 198, 209, 254, 257-259, 321,
351, 510
『시온』 200, 204, 595(주75)
식민사업/식민화 236, 333, 480, 551, 567,
573, 579-581; 탈식민화 378, 578
식민주의 99, 102; 신식민주의 559; 탈식민주
의 432
신분증 24, 28-29, 33, 36, 41-43, 214, 520,

522, 524, 551
신약성서 187, 317-319, 374, 387; 신약성서
기자들 319
신의 섭리 121, 148, 162
신자유주의 525
신화 137, 144, 185, 203, 205, 220, 228, 230,
236, 240, 530, 553-554, 559; 신화 대 의
식적 창작물 227; 신화로서의 인종 493;
신화를 허문 고고학 236; 신화와 민족 60,
93, 107, 109, 153-154, 169, 371, 467; 신
화와 역사 47, 49, 248; 신화와 유전학 494,
497; 신화와 정체성 60, 152, 248, 452; 신
화와 종족성 111, 116; 신화의 저해 요소
462; 유배 신화 248-258, 267, 270, 349-
350
실러, 프리드리히 폰 109
실버먼, 닐 애셔『발굴된 성서』(핑켈슈타인,
실버먼) 238, 598(주116), 598(주119)

아그논, 슈무엘 247
아그라나트, 시몬 523
아디아베네 307-309, 317, 408, 420, 452, 487
『아라베스크』(샴마스) 529
아라비아반도 336, 356-360 외 여러 곳
『아라비아의 유대인들』(벤 제예프) 368
『아라비아의 이스라엘』(히르쉬베르크) 368
아랍: 1929년 봉기 348, 475-476, 483; 아랍
(인) 국가 472, 506-507; 아랍인들의 식민
정책 333; 아랍인들의 정복 263, 334-338,
346, 348-349; 이스라엘에 대한 아랍인들
의 저항 555-556; ⇒ '이슬람의 정복' 참고
아롱, 레몽 125
아르미니우스 48-49
아르타모노프, 미하일 427
『아리스테아스의 편지』 301, 303-304
아리스토불루스, 유다스 293, 297-299
아비네리, 슐로모 535-536

아비슈어, 이츠하크 596(주84)

아사드, 아부 카리브 363, 367

아시케나지 유대인 344, 443-444, 478, 483-484, 495-501

아우구스투스 296, 311, 360

아우구스티누스 374

아우슈비츠 37, 42

아우어바흐, 엘리아스 482

아울루스 플라우티우스 317

아이히호른, 고트프리트 아이히호른 143

아즈키르 363-364

아크나톤 196

아크리스, 이삭 아브라함 612(주45)

아키바 벤 요셉, 랍비 325

아킬레스 325

아프가니스탄 406, 559

『아피온 반박문』(요세푸스) 305-306, 602(주45)

아하로니, 요하난 222-223

아하론, 바라크 539

아히마아즈, 랍비 591(주4)

아히카르, 아시리아인 598(주121), 603(주51)

안토니누스 피우스 318, 328

안티오코스 3세 274, 604(주72)

알 마수디 407, 410, 414

알 바크리, 아브드 알라 357, 402, 613(주63)

알 발라드후리, 아흐마드 378

알 와키디 377

알 이스타크리 399, 401-402, 413

알 하캄, 이븐 아브드 378

알렉산더 대왕 48, 273, 275, 288, 290, 310

알렉산더 야나에우스 293, 298-299

알렉산드리아 274, 291, 301, 303-305, 321, 372

알리야 14, 38, 51, 265, 500, 514, 524, 542-543, 556

알트, 알브레히트 598(주115)

앙코리, 즈비 439

앤더슨, 베네딕트 55; 성장배경 86

앨런, 우디 617(주134)

야곱 184, 195, 219, 221, 223, 226, 236, 248, 255, 284, 351, 369, 437

야딘, 이가엘 221-222, 233

야베츠, 제예프 191

야보틴스키, 블라디미르 436, 473-475

야아리, 에후드 432

야콥손, 알렉산더 543-544

야쿠트 알 하마위 411, 413, 612(주50)

야파 12, 29-32

에레츠 이스라엘 14, 30, 51, 223, 345-347, 479, 501, 506, 508, 514, 553-554, 577, 583, 596(주83), 596(주89), 607(주118)

『에레츠 이스라엘의 과거와 현재』(벤구리온, 벤츠비) 345-347

에브론, 보아스 54

에우세비오스 252

에트노스(종족): 정의 73-74; 발리바르의 정의 76; 앤서니 스미스의 정의 75; 에트노스 대 국가 553; 에트노스와 민족 74-76, 302, 463, 467; 에트노스와 민족성 76, 195; 에트노스와 신화 111, 116; 에트노스의 뜻 302; 에트노스의 불확실한 운명; 에트노스의 이용방식 450; 유대 에트노스 198, 262, 311, 478, 510, 516, 555, 558

에티오피아 361, 364-366, 370

에팅거, 슈무엘 615(주107)

엘레아자르(엘르아살), 랍비 308

엘리에제르 벤 야코프, 랍비 324

엥겔스, 프리드리히 22, 30, 287

역사: 민족 역사 15, 47, 54-55, 78, 130, 151, 278; 민족 역사 대 인류학적 역사 451; 성서와 역사 147, 194, 201, 204-206, 209-210, 214-218, 227, 229, 283-286; 성서의 역사적 난점 226-234; 성서의 역사적 정확성 176-177, 184, 192-193; 역사 대 생

물학 489; 역사 대 유대역사 204; 역사 대
종교 198; 역사 서술방식의 전환 182; 역
사 연구의 전문화 191; 역사가 불필요한
농경시대 131; 역사책/역사교과서 68-69,
81, 367, 383, 386, 435, 523, 568, 575; 역
사에서 알 수 없는 대중의 신앙 414; 역사
와 기억 45-46; 역사와 민족 169; 역사와
민족주의 145; 역사와 민중 163-164; 역
사와 상위정체성 구축 450; 역사와 신화
47-48, 60, 567; 역사와 유배 349-350; 역
사와 인종 163-164; 역사와 정체성 131,
149; 유물사관 488; 종교로서의 역사 153;
지워진 역사 394
역사학 47-56, 59-60, 66, 138, 140, 141, 145,
167, 173, 175, 181-182, 187, 190, 203,
205, 207, 215-216, 222, 225, 265, 277-
278, 288, 296, 341, 350, 379, 426-427,
450-452, 466, 475, 484, 588(주37); 두
브노프 이후 과학이 된 역사학 193; 성서
역사학 209-210; 시오니스트 역사학 54,
181, 192, 210, 262, 268, 291, 297, 329,
333, 338, 355, 367, 369, 383, 431, 443,
606(주102); 아랍 역사학 357; 역사학계
의 변화 225; 역사학과 민족 60; 역사학과
의 편제 52-53, 204; 역사학의 부재 138;
유대 역사학 13-14, 56, 138, 190, 244,
296, 395, 414, 425, 591(주4)
『연대기』(타키투스) 312
『열세 번째 지파』(케스틀러) 434-435, 438
영국/브리튼 49, 59, 77, 86, 88, 98, 106-108,
114, 124, 448, 456, 460-461, 484, 502,
533
예루살렘 39, 51, 145, 192, 200, 202, 204,
210, 224-225, 233-234, 239, 242, 247,
250-258, 261, 266, 271, 285, 287, 291-
293, 304, 308, 311, 318, 324, 333, 337,
339-341, 346, 350, 356, 374, 378, 391,
410, 435, 438, 456, 492, 501, 536, 554,
558; 동예루살렘 34; 예루살렘 인구 250,
257
예멘 50, 367-370, 381, 478, 484, 494
예수 그리스도 139, 327
『예수 그리스도 시대부터 현재까지 유대인의
역사』(바스나주) 139
예이젠시테인, 세르게이 243
예호슈아, 아브라함 529
예후다 바르 일라이, 랍비 357
예후다 알 바르셀로니, 랍비 393
예후다 할레비, 랍비 394, 408
오리게네스 311
오므리 왕조 235, 509
오스만제국 49, 114, 129, 459
오슬로협정 36, 498, 530
오펜하임, 아리엘라 498-499
올메르트, 에후드 541
올브라이트, 윌리엄 221-222, 227
왕권신수(王權神授) 69, 87, 120
요세푸스, 플라비우스 135-136, 138-139,
154, 250, 260-261, 272, 275, 279, 317-
318, 326
요셉, 하자르 왕 390-394, 402, 404-406,
408-409, 412-415, 422-425, 428
요스트, 이자크 마르쿠스 140-141, 173, 175,
183, 215, 422, 425; 요스트에 대한 그레츠
의 비판 151; 요스트의 게르만적 우월감
422; 요스트의 성장배경 141-142
요시 벤 하니나, 랍비 267
요하난, 랍비(벤 박 박) 325
「우리 유대인들에 대한 또 다른 한 마디」(몸
젠) 172, 174
우생학 476, 480, 482-484
우크라이나 105, 110, 190, 207, 402, 421,
423, 440, 448, 450, 458
『원시인의 정신』(보애스) 490
유고슬라비아 111, 522, 544
유네스코 493

유다 57, 135, 138, 140, 157, 173, 184-185,
188, 223-224, 235, 250-253, 260-262,
265, 269, 271, 273-280, 291-298, 300,
304-305, 308-309, 310, 314, 322, 325,
327-328, 330, 332-335, 349, 356, 360,
373, 385-386, 448, 467, 476, 509-510,
550, 554, 596(주83); 유다 대 로마 274,
311; 유다지역 언어들 603(주55); 유다지
역 인구 250-252, 265, 279-280; 팔레스
타인이 된 유다 253, 331
유다 하나시, 랍비 253, 333
유대(인) 국가 36, 40, 167-168, 441, 469,
506-508, 511, 518, 529, 531, 533-536,
538-541, 543, 548-549, 551, 555-556;
유대 국가의 고대적 기원 50, 57; 유대 국
가에 대한 아랍인의 저항 555-556; 유대
국가의 비평등주의적 요소 541; 유대인만
을 위한 국가 58-59 ⇒ '유대 민족' '이스
라엘' 참고
『유대 국가』(헤르츨) 469
『유대 국가인가, 이스라엘 민족인가』(에브
론) 54
유대 민족 50, 54, 57, 147, 155, 161, 169, 173,
176-177, 189, 201, 207, 210-211, 244,
247, 260, 263-264, 296, 348, 369, 465,
468, 477, 484, 497, 518, 523, 587(주9),
592(주18), 601(주15); 독일 내 유대 민족
165-168; 영원한 유대 민족 162; 유대 민
족과 이스라엘 땅 210; 유대 민족의 고립
189-190, 455; 유대 민족의 발명 147, 206,
236; 유대 민족의 생명력 161; 유대 민족
의 예외적 특징 155; 종족으로서의 유대
민족 262; 타민족보다 우월한 유대 민족
202; ⇒ '유대(인) 국가' '이스라엘' 참고
유대 민중 51, 154, 180, 192, 198, 265-266;
동화된 시한폭탄 524; 역사에서 제외된 유
대 민중 204, 431-432; 영원한 민중 152,
175, 195, 438, 449, 505; 유대 민중 대 게
르만 민중 168; 유대 민중과 고고학 187;
유대 민중과 이슬람교도 342; 유대 민중
과 헬레니즘 291; 유대 민중에 대한 격정
적 서사 261; 유대 민중에 대한 과학적 근
거 187; 유대 민중에 대한 상위 서사 351;
유대 민중으로서의 베르베르인 381; 유대
민중으로서의 하자르인 427; 유대 민중
을 만들기 위한 인종 이론 466; 유대 민중
의 고립 198, 455, 481, 487, 563; 유대 민
중의 동질성 210; 유대 민중의 문화 449;
유대 민중의 발명 150, 163, 464; 유대 민
중의 뿌리 뽑힘 85, 150, 215, 247-249,
255, 261-262, 277, 332, 334, 346, 350; 유
대 민중의 신분증으로서의 성서 214; 유
대 민중의 유배 관념 수용 258; 유대 민중
의 전문가들 56; 유대 민중의 통일성 182,
475, 491, 514; 이스라엘 바깥의 유대 민중
512-513, 528, 556; 종교집단인가 종족집
단인가 262; 출생 유대인 대 개종 유대인
324; 튀르크-몽골 계보에서 나온 유대 민
중 430; 특출한 민중 194, 262, 481 ⇒ '유
대인' 참고
『유대 민중: 생물학적 역사』(샤피로) 492
『유대 민중의 세계사』(두브노프) 183, 594주
46
유대 에트노스/유대 종족 262, 478, 510, 516,
555, 558; 생활방식으로서의 유대 종족성
198, 311; 유대 종족과 유대 민족 262
유대 역사: 고고학이 밝혀낸 유대 역사 221-
236 곳곳; 근대 최초의 유대 역사 148; 성
서에 의존한 유대 역사 283; 성서와 유대
역사 216-220; 아라비아반도의 유대 역사
367; 유대 역사 개정의 어려움 59; 유대 역
사 기술의 초기 단계 143; 유대 역사 대 일
반 역사 204; 유대 역사에 대한 - 그레츠
의 이해 149-158, 162-164, 176; 두브노
프의 이해 180-190; 디누어의 이해 206-
210; 몸젠의 이해 172-175; 바스나주의

이해 139-140; 배런의 이해 191-199; 베어의 이해 200-206; 벤구리온의 이해 214-217; 야베츠의 이해 191; 요세푸스의 이해 135-136; 요스트의 이해 140-147; 트라이치케의 이해 165-169; 유대 역사와 개종 321-323, 350-351; 유대 역사와 뿌리 뽑힘 85, 150, 215, 247-249, 255, 261-262, 277, 332, 334, 346, 350; 유대 역사와 사회학 183; 유대 역사와 유배 신화 249-258; 유대 역사와 하자르 427, 435; 유대 역사의 공백기 138; 유대 역사의 단절 없는 서사 179; 유대 역사의 민족적 특성 159; 유대 역사의 분리 204; 유대 역사의 불변성 52-53, 595(주75); 유대 역사의 시작으로서의 유배 144; 유대 역사의 전문가들 57; 유대 역사의 진실성 177-178; 유대 역사의 황금시대 232

유대 연구의 구태의연함 52

『유대 인종이라는 신화』(코르코스) 492

유대(인) 정체성 39, 47; 영원한 민중이라는 유대 정체성 195; 유대 정체성 대 게르만 정체성 168-169; 유대 정체성과 성서 218; 유대 정체성과 유배 신화 249-258, 266-267, 270, 349-350; 유대 정체성과 인종 이론 466; 유대 정체성에 대한 학문적 혐오 165; 유대 정체성에서 출애굽의 중요성 229; 유대 정체성을 위한 고립 189-190; 유대 정체성을 지켜온 인종 161; 유대 정체성을 지키기 위한 역사 198; 유대 정체성의 강인함 195; 유배로 정의되는 유대 정체성 267

유대 종교 39, 58, 161-162, 177, 180, 248, 272, 284-285, 287, 295, 300, 302, 307, 314, 316, 322, 338, 355-356, 362, 374, 393, 415, 481, 512, 535, 604(주72), 610(주16) ⟹ '유대교' 참고

『유대고대사』(요세푸스) 135-136, 274, 283, 295, 307, 313, 602(주37)

유대교: 고향과 이방을 넘어선 유대교 197; 관용 원칙을 벗어남 411; 로마 문서 속의 유대교 311-312; 성서 번역을 통한 유대교 전파 161-62; 301-303; 역사로서의 유대교 대 자연으로서의 유대교 195; 영원한 유대교 162; 유대교 대 그리스도교 255-256, 313, 322, 336, 366; 유대교 역사학 52; 유대교 포교 322-323, 356, 384, 406; 유대교로의 개종 39-40, 282-299 곳곳, 304-305, 307-309, 314-318, 323-328, 349-351, 357-359, 363, 365, 372-373, 376, 381, 384-385, 393-395, 406-408, 418, 422, 425-426, 428, 437, 451, 486-487, 500, 521, 551, 611(주42); 유대교와 그리스도교 혁명 300, 321; 유대교와 민주주의 535; 유대교와 여성 317-318; 유대교와 헬레니즘 291-294, 300-301, 321; 유대교의 고립주의 198, 464; 유대교의 로마 파급 317; 유대교의 발명 158; 유대교의 약화 328-329; 유대교의 인기 307; 유대교의 정체성 정책 330; 유대교의 확산/유대교도의 증가 288-298 곳곳, 305-306, 310, 320, 364, 371-373, 415-416, 447; 유배로 정의되는 유대교 267; 종교 문화 대 민족 문화 58 ⟹ '유대 종교' 참고

『유대교와 인종』(카우츠키) 488

유대기구 24, 38-39, 511, 562

유대민족기금 519, 562

유대인: 독일을 통과해 간 유대인 459; 독일의 유대인 추방 203; 로마의 유대인 274; 민족-종족으로서의 유대인 58, 383, 452, 471, 497; 성서적 족보 164; 세계로 흩어진 유대인 342; 세파르디 유대인 344, 385-386, 389, 443, 495, 498-499; 신이 주신 팔레스타인 땅 202; 아시케나지 유대인 344, 443-444, 478, 483-484, 495-501; 역사에서 제외된 유대인 204, 463; 영원한 백성 151; 유대인 역사학 52; 유대인 유

전자 58, 493, 495-497, 500, 502; 유대인 학살 517; 유대인에 대한 카시우스 디오의 정의 486; 유대인에 대한 표준적 편견 160; 유대인을 죽이는 유대인 457; 유대인의 개종 347-348; 유대인의 고립주의 144, 464; 유대인의 공통점 57-58, 479; 유대인의 쇠퇴 328-329; 유대인의 외모 489; 유대인의 유배 관념 수용 258; 유대인의 자결권 543; 유대인의 정의 310-311, 514, 516, 519, 521-522; 유대인의 특별한 피 472; 유대인이라는 민족 139; 이슬람 정복자를 환영 336; 이슬람에 가담 337; 존재하지 않는 유대인 452, 475, 514; 종교 공동체가 아닌 민족 154, 270; 종족적 강인함 195; 주권에 대한 열망 201; 진정한 유대인 484; 특별한 민중 161, 194, 262, 477, 481; 폴란드의 유대인 거부 23; 프랑스 유대인 38, 40; 필수적인 일부 70, 170, 173, 460; 하스몬 왕조가 만든 수많은 유대인 289 ⇒ '유대 민중' 참고

『유대인: 인종과 환경 연구』(피시버그) 490

『유대인과 독일 국가』(노르트만) 593(주26)

『유대인과 슬라브 언어』(하르카비) 424-425, 440

『유대인들의 사회사 및 종교사』(배런) 191

『유대인들의 유전학』(모란트) 495

『유대인의 사회학』(루핀) 479

『유대전쟁』(요세푸스) 250, 307-308; 믿기 힘든 수치 250-251

유대학 142, 144, 147, 592(주18)

유럽의 세속화 455-456

유발, 이스라엘 야콥 254

유배/유랑/유수 14, 46, 50, 54, 59, 143-144, 157, 162, 177, 197-198, 201-203, 207, 210, 215, 217, 240-241, 247-351 곳곳, 383; 그레츠의 시각 259-261, 275-276; 두브노프의 시각 261-262, 277; 디누어의 시각 264-267; 배런의 시각 262, 275, 277, 296; 베어의 시각 263-264; 시오니스트 역사학의 시각 268-269, 277-278; 요세푸스의 시각 273-275, 279; 유대 역사의 시작 143; 유대 정체성으로서의 유배 신화 248, 253, 256, 267, 349-350; 유배에 대한 유대교의 정의 267-268; 유배와 개종 322-323, 351; 유배와 구원 258; 유배의 수용 257; 유배의 시작 263, 270; 이슬람 정복시기로 늦춰진 유배 사건 332-335, 349; 존재하지 않는 강제추방 332; 형이상학적 의미 255

『유배된 이스라엘』(디누어) 207, 264-265, 367, 388, 428

『유배와 멀어짐』(카우프만) 268-269

유베날리스 315

유스티누스, 순교자 254

유스티니아누스 2세 397

유엔(UN) 438, 506-508, 543

유전 467, 473, 482, 485, 487, 497, 503

유전학 483, 492, 494-495, 497, 499, 504, 574

『유전학 저널』 483

의사소통/의사전달/커뮤니케이션/통신 69, 72, 76, 85-87, 88, 91, 97, 119-120, 238, 290

이라크 49, 396, 406, 494, 496, 500, 559, 614(주80)

이란 49, 406, 415, 430, 587(주11)

이베리아반도 356, 385-387, 388-389

이븐 알 아티르 397

이븐 파들란, 아마드 398, 400, 411, 414, 612(주50)

이븐 하우칼 411

이삭 184, 195, 219, 226, 228, 255, 286, 337, 351, 369, 437

이스라엘: 1948년 증후군 53; 가나안 지역민을 절멸한 이스라엘 230; 가상의 민족 432; 고대 이스라엘왕국 234; 기억 수립

작업 395; 기억이라는 짐 51; 민주주의를 거부하는 이스라엘 58-59; 민중과 민족의 혼동 67, 68; 비유대인 신분증 33; 비유대인의 제거 507; 아랍과의 전쟁 220; 아시리아에 패배함 235; 유대인에게 속한 국가 518, 528, 530; 유한책임 기관 525; 이스라엘 국가/이스라엘국 12, 26, 28, 40, 43, 53, 58, 135, 192, 207, 217-218, 223, 247, 258, 432, 436-437, 455, 475, 508, 510, 512-513, 516, 518, 522, 527-531, 533-534, 536-540, 558, 567; 이스라엘 국가에 대한 정의 530; 이스라엘 국명 509-510; 이스라엘 내부의 블랙홀 560; 이스라엘 내의 평등 508-509, 526, 533, 536, 538, 540-541, 543, 549, 554, 561; 이스라엘 땅 50, 135, 187, 208, 210, 214, 217, 220, 226, 264-265, 331, 338, 340, 368, 384, 443, 467, 478, 484, 530; 이스라엘 땅의 사람들 341-342, 345-346; 이스라엘 문화 512-513; 이스라엘 정당과 선거 527-528, 531; 이스라엘 지지 유대인의 감소 559; 이스라엘과 민주주의 530-552; 이스라엘국 수립 506; 이스라엘에 대한 서구의 지원 558-559; 이스라엘은 달라져야 한다 560-561; 이스라엘은 민족이 아님 522-523; 이스라엘의 기억 은폐 371, 448; 이스라엘의 불변성 50-53, 595(주75); 이스라엘의 성서교육 218; 이스라엘의 역사 185-187; 이스라엘의 자식들 139, 144, 156, 185-186, 229-230, 333, 432, 598(주125), 610(주23); 이스라엘의 정체성 정치 20, 43, 432, 505, 511, 527, 534, 560; 종교 및 민족소속을 기록 24, 27-28; 종족정 국가 552-553; 주민 기원에 대한 연구를 이끈 이스라엘 497; 죽음의 수용소 생존자들의 이스라엘 이주 38; 카탈루냐 민족을 최초로 인정 28; 흩어진 이스라엘 270 ⇒ '유대 민족' '유대(인) 국가' 참고

『이스라엘 역사』(디누어) 207
『이스라엘 역사서』(야베츠) 191
『이스라엘과 민족들』(루빈슈타인 & 야콥손) 543-544
이스라엘방위군 213, 219
『이스라엘사』(르낭) 178
『이스라엘사 서설』(벨하우젠) 177
이스라엘상 222, 268, 523, 531, 534-535, 537, 538, 539, 541, 543, 595(주79)
『이스라엘의 증언』(레빈손) 444
이슬람(교) 57, 138, 243, 271, 289, 328, 336-338, 340-341, 345-349, 357-359, 366-367, 369, 376-378, 380-383, 389, 398, 402, 407, 414, 416, 420, 434, 587(주11); 이슬람교로의 개종 337-338, 346-347, 366-367, 369, 376-377, 389, 398, 402-403, 414; 이슬람교의 관용 338; 이슬람교의 승리 358
이슬람의 정복 332-336, 347-349, 376-377, 382, 386-387; 이슬람 정복자를 환영한 유대인 336 ⇒ '아랍인들의 정복' 참고
이집트 50, 136, 144, 155, 161, 166, 186-188, 195-196, 208. 216, 221, 228-232, 236, 248, 272-274, 278, 304, 307, 356, 368, 372-373, 378-379, 448; 유대인의 이집트 정착 272-273
이탈리아 113-114, 126, 312, 373, 386, 475, 487, 501, 502
이틸 400-401, 411, 419
『인간 유전학』 498
『인간 형태의 상징』(카루스) 160
인쇄 87, 120, 127
인종 72-74, 161-162, 166-167, 180, 189, 471, 478-483, 485-487, 504-505; 신화로서의 인종 493; 인종 이론 160, 466, 480, 619(주20); 인종과 민족 180, 468, 482-483; 인종과 종교 515; 인종주의 110, 114, 125, 160, 173, 437, 461, 481, 486, 488,

504

『인종 개념』(유네스코) 493

『인종 불평등론』(고비노) 160

『인종론』(녹스) 160

인종혐오 111

인티파다 226, 498-499, 529-520, 555, 583

일신교(일신론) 70, 101, 121, 136, 138, 195-196, 201, 215, 228, 232, 238-241, 243, 247, 271-272, 280-281, 284, 286-288, 292, 294-295, 301, 303, 305, 311-312, 327, 330, 335, 338, 356-358, 362-363, 389, 393-394, 407-409, 412, 420, 456, 463-464; 일신교의 포교 성향 284

잉글랜드 66, 243, 541-542

자결주의 92, 508-509, 543

『자본』(마르크스) 22

자본주의 80, 83, 89, 92, 97, 488

잔 다르크 378-379

장월, 이스라엘 469

전쟁: 1948년 전쟁 53, 219; 1956년 전쟁 213, 219, 519; 1967년 전쟁 220, 223, 521, 558, 603(주52) ⇒ '1차 세계대전' '2차 세계대전' '스페인내전' '수에즈전쟁' 참고

〈전함 포툠킨〉(예이젠시테인) 243

정체성: 고대의 고립주의적 정체성 173; 고대의 원시적 정체성 116; 귀족 정체성에서 원-민족 정체성으로 125; 근본주의 정체성의 약화 55; 독일 유대인들의 정체성 142; 민족 정체성 15, 60, 74, 81, 96-97, 99, 105-106, 108, 110, 115, 125, 130, 181, 197-198, 203, 218, 457, 461-462, 473, 485, 509, 516, 529; 민족 정체성에 대한 불안 459; 민족 정체성의 보편화 99; 민족 정체성의 신화 110; 상위정체성 461-462, 549-550; 상위정체성을 구축하기 위한 역사 450; 성서가 형성한 정체성 144;

시민적 정체성 525; 유대(인) 정체성 42, 147, 162, 165, 181, 198, 229, 253, 267, 465, 481, 512, 539, 560; 유대 정체성 대 게르만 정체성 168-169; 유대 정체성의 강화 153, 180; 전근대사회에서 정체성의 모호성 71; 전근대사회에서 종교적 정체성의 중요성 420; 정체성 변화의 필요성 560-561; 정체성 정치 27, 43, 107-108, 146, 236, 432, 452, 505, 511, 534, 536; 정체성 조사 52, 55; 정체성과 관련된 개인 이야기 29-32, 36, 41-44; 정체성과 구약성서 147; 정체성과 민족 181; 정체성과 민족 역사 48-49; 정체성과 민족 형성 78; 정체성과 민족국가 71; 정체성과 민족주의 76, 101; 정체성과 신화 60, 248, 452; 정체성과 역사 131, 149, 248; 정체성과 인종 162; 정체성과 정치적 몸체 114; 정체성과 종교 181; 정체성과 평등 92; 정체성에 대한 불안 108, 171; 정체성의 대리인으로서 역사가 182; 정체성의 신화와 목적론 152-153; 정체성의 필요성 557; 종족 정체성 76, 463; 지배적 정체성 109, 551; 집단 정체성 65, 69, 96, 152, 169, 452, 460, 463, 505, 508; 탈농업사회의 정체성 91-92; 현대 유대인 정체성의 기억을 형성하는 장소 42

『제2성전의 역사』(클라우스너) 268

제3세계 102, 587(주11)

제국들, 민족주의 모델을 따른 99

제스, 야코프 483

제퍼슨, 토머스 49

조국(모국) 32, 36, 67, 96 ⇒ '고향땅' 참고

존 프살테스, 애벗 365

졸라, 에밀 461

좀바르트, 베르너 109

종교: 종교 대 역사 198; 종교로서의 역사 153; 종교를 대체한 근대화 100; 종교와 권력 재생산 70; 종교와 민족주의 99-101;

종교와 인종 515; 종교와 정체성 181; 종교의 장기 생존 121; 종교적 다원성 389, 410

종교 공동체 59, 71, 77-78, 87, 92, 122, 148, 183, 194, 206, 218, 242, 270, 359, 609(주3)

『종의 기원』(다윈) 154

종족정 59, 552, 553

종족주의/종족중심주의 109, 112, 116, 169, 190, 198, 343, 348, 369, 427, 430, 432-433, 440, 464, 469, 481, 487, 510, 515, 520, 524-525, 544, 551, 562, 603(주52)

〈줄리어스 시저〉(셰익스피어) 242

지식 엘리트 116, 124

지식인 117, 118-126, 127-130 ; 그람시의 시각 123-124; 지식인 위계서열 128

지식인 계급 123, 129, 140-141

「지혜서」 304

체임벌린, 휴스턴 스튜어트 468

첼보, 랍비 322

추방 ⇒ '유배' 참고

춘츠, 레오폴트 143, 151 592(주18)

출애굽(이집트 탈출) 136, 154, 185-186, 195, 214, 216, 219, 222-223, 228-229, 236

『츠마님』 204

칭기즈칸 421

카렐리츠, 예샤이야후, 랍비 514

카루스, 카를 구스타프 160

카셔, 아리예 297

카셔, 아사 537

카우츠키, 카를 82, 487-490

카우프만, 예헤즈켈 268-270

카이사르, 율리우스 48, 173, 314

카히나(알 카히나), 디흐야 376-380, 382, 384-385, 420

캐나다 91, 501, 517, 533

커쉬, 누리트 494

케스틀러, 아서 434-440, 445, 575-576

「케임브리지 문서」 404-406, 409, 412-413, 415-416

켈수스 315

코르코스, 알랭 492

코모디아누스 375

코스마스, 탐험가 365

코콥초프, 파벨 427

'코헨' 382, 501-502

코헨, 하임 헤르만 170, 538-539

콘, 한스 104-109, 112, 473, 476, 588(주32); 콘에 대한 비판 107

콘스탄티누스 1세 328

콘스탄티누스 7세 포르피로게니투스 397

콘스탄티우스 2세 361

쿠란 358

『쿠자리』(예후다 할레비) 394, 408

크네세트(이스라엘 의회) 455, 517-518, 527-528

크라이스키, 브루노 518

크로체, 베네데토 443

크볼손, 다니엘 아브라모비치 425

클라우스너, 요셉 268-269

클라이만, 랍비 야코프 501

클로비스 왕 48-49

키부츠 26, 29, 622(주53)

키신저, 헨리 518

키예프 207, 396, 405, 415-420, 427, 429, 433, 456, 614(주79)

키케로, 마르쿠스 툴리우스 274, 314

타리크 이븐 지야드 388

타마린, 게오르그 라파엘 522

타자 561, 563

타키투스 49, 172, 280, 312, 314

탈무드 147, 152-153, 159, 208, 254, 257, 272, 283, 292, 301, 308, 322-323, 326, 355, 362, 408, 410, 417-418, 539

『태고시대부터 현재까지 유대인들의 역사』(그레츠) 149-150, 154-158, 162-164, 259-261

테르툴리아누스 374

토라 22, 153, 155, 238-239, 248, 304, 324-325, 342, 391, 393, 405, 411, 415, 417-418, 540, 598(주120)

토크빌, 알렉시스 드 125

톰슨, 토머스 227, 241

『퇴화』(노르다우) 470

트라이치케, 하인리히 폰 109, 165-175, 190, 203; 트라이치케와 그레츠의 공통점 168; 트라이치케의 그레츠 비판, 166-168; 트라이치케의 민족주의 168

티베리우스 312-313

티투스 247, 251, 260, 299, 341, 346, 482, 601(주12)

파비치, 밀로라드 615(주105)

파시즘 102, 113

팔레스타인 149, 179, 193, 197, 200-201, 207, 221, 253, 258, 263, 331, 333-344, 459, 467, 472, 476, 478, 480, 482, 484, 493, 495, 506, 509, 514, 551, 601(주12), 602(주46); 고대 팔레스타인 주민 341; 신이 유대인에게 주신 땅 202; 영국 위임통치령 팔레스타인 104, 204, 258, 482, 493, 509, 551; 팔레스타인 분할 507; 팔레스타인 인구 구성 509; 팔레스타인에서 토지 강탈 509; 팔레스타인으로 이름이 바뀐 유다 땅 253, 331

『팔레스타인과 성서의 고고학』(올브라이트) 222

팔머라이어, 야콥 439

페로, 마르크 585(주7)

페르시아 144-145, 185, 198, 234, 237, 241-242, 273, 284, 286-289, 321, 340, 351, 360, 378, 395-396, 402, 429, 435

페를, 요제프 424

페타히야, 랍비 417-418, 420

펠드먼, 마크 500

펠라힌 342-349, 475, 573

펠레드, 마티트야후 528

평등: 무관심으로서의 평등 538; 유대인만의 평등 509; 이스라엘에서의 평등 508-509, 526, 532-533, 536, 538, 540-541, 543, 549, 552, 561; 평등과 민족 90-92; 평등과 정착 540; 평등과 정체성 92

포크, 라파엘 482

포파이아 사비나 317

폴락, 아브라함 340-341

폴란드 21-23, 30, 42, 50, 105-106, 110-111, 124, 413, 423, 440-450, 458, 461, 515, 520, 523

폼포니아 그레치나 317

『풍자시집』(유베날리스) 315

『프라우다』 433

프랑스 14, 37, 48, 77, 98, 106-108, 110, 114-116, 124, 129, 277, 378, 448-449, 456-458, 460-461, 487, 531, 532, 535, 537, 548, 569

프랑스혁명 98, 212-213, 460, 487, 489, 546

프랑코 25

『프로이센 연감』 165

프로코피우스 365

프리드먼, 대니얼 541-542

프리차크, 오멜리얀 434

프톨레마이오스 1세 273

프톨레마이오스 2세 301, 303

프톨레마이오스, 아슈켈론의 296

피/혈통/혈연 58, 73, 106, 125, 342, 344, 369, 460, 462, 471-476, 479, 481-482, 485-487, 493, 496-497, 502, 535; 피 대(對) 교육 473
피르코비치, 아브람 409, 424-425
피시버그, 모리스 490
피우수트스키, 유제프 84
피히테 166, 180
필로 유다에우스 274, 302, 321
필로스토르기우스 361
핑켈슈타인, 이스라엘 238

하누카 46, 291, 413, 415
하느님을 경외하는 자들 318, 327, 374
하드리아누스 252, 265, 318, 326, 601(주12)
하룬 알 라시드 407
하르나크, 아돌프 275
하르카비, 아브라함 엘리야후 410, 424-425, 440, 444
하솔 221-222, 231, 233
하스다이 이븐 샤프루트 390-394, 404, 416, 422-425, 612(주44)
하스몬 왕조/왕국 50, 57, 140, 152, 204, 218, 254, 289-300, 304, 311, 325, 351, 363, 407, 412-413, 429, 509, 568, 603(주56); 하스몬 왕조와 유대 일신교 292, 294
『하아레츠』 498-501, 610(주16)
하워드, 마이클 542
하이네, 하인리히 357
하이파 24, 26, 33-34, 361, 482, 497, 534
하자르 390-452 곳곳; 일신교의 채택 408; 하자르식 지명 448; 하자르에 대한 연구 금기 431-434; 하자르에서 정점에 이른 개종 407; 하자르와 시오니즘 사업 432; 하자르의 문화 448-449; 하자르의 멸망 419-420, 448; 하자르의 언어 402, 444-445; 하자르의 유대인 인구 414

『하자르 고대사 연구』(아르타모노프) 427
『하자르: 유럽 내 한 유대 왕국의 역사』(폴락) 429-431
『하자르의 유대인』(브룩) 435
『하자르인』(레르너) 424
『하자르인 및 하자르 왕국에 대한 유대 작가 들의 이야기 모음』(하르카비) 425
『하자르인들의 역사』(아르타모노프) 615(주 107)
『한낮의 어둠』(케스틀러) 438
할둔, 이븐 355, 375-378
할라카 153, 267, 323, 520, 522, 539
할례 29, 228, 253-254, 295-299, 304, 308, 314-315, 318, 326, 372, 379
행정언어 69, 77-78, 87, 122, 127, 187
헤로도토스 283
헤롯 233, 291, 296, 298, 326, 360
헤르더, 요한 고트프리트 82, 180-181
헤르츨, 테오도르 343, 458, 469-470, 480, 618(주5), 619(주19)
헤브론 228, 261, 348, 554, 573
헤스 458, 466-467, 481; 유대 민족주의 주창 466; 헤스와 그레츠 158-159, 162-163, 168-169; 헤스와 인종주의 161-162
헤어초크, 제예프 238
헤이즈, 칼턴 99-100, 104, 118
헬레나, 아디아베네 여왕 308, 317
헬레니즘 237, 273, 290-294, 297, 299, 300-304, 307, 321, 486
헹기스트 49
호라티우스 314
호르사 49
호스로 2세 396
호치민 84
홀로코스트 46, 54, 481, 514, 574, 578
홉스, 토머스 237
홉스봄, 에릭 95, 113-114, 115
히르쉬베르크, 하임 제예프 368-369, 382-

383, 611(주32), 615(주104)

히르카누스, 요하난 293, 295-297, 299,
604(주58, 주68)

『히브리 백과사전』 616(주108)

히틀러, 아돌프 50, 436, 450, 457, 480, 574,
582

힘야르 왕국 360-370, 376, 381, 394-395,
409, 413, 448